Tim Wolfgarten | Michalina Trompeta (Hrsg.)
Bild und Erziehungswissenschaft

Mit dem untenstehenden Download-Code erhalten Sie die farbige PDF-Version dieses Buches mit farbigen Abbildungen.

So laden Sie Ihr E-Book inside herunter:

1. Öffnen Sie die Website: http://www.beltz.de/ebookinside
2. Geben Sie den untenstehenden Download-Code ein und füllen Sie das Formular aus.
3. Mit dem Klick auf den Button am Ende des Formulars erhalten Sie Ihren persönlichen Download-Link.
   [Für den Einsatz des E-Books in einer Institution fragen Sie bitte nach einem individuellen Angebot unseres Vertriebs: buchservice@beltz.de. Nennen Sie uns dazu die Zahl der Nutzer, für die das E-Book zur Verfügung gestellt werden soll.]
4. Der Code ist nur einmal gültig. Bitte speichern Sie die Datei auf Ihrem Computer.
5. Beachten Sie bitte, dass es sich bei Ihrem Download um eine Einzelnutzerlizenz handelt. Das E-Book ist für Ihren persönlichen Gebrauch bestimmt.

Download-Code

2XGFXPAAV2

Tim Wolfgarten | Michalina Trompeta (Hrsg.)

Bild und Erziehungswissenschaft

Eine Skizzierung der thematischen Schnittmenge sowie des disziplinären Feldes

Mit E-Book inside

Das Werk einschließlich aller seiner Teile ist urheberrechtlich geschützt. Jede Verwertung ist ohne Zustimmung des Verlags unzulässig. Das gilt insbesondere für Vervielfältigungen, Übersetzungen, Mikroverfilmungen und die Einspeicherung und Verarbeitung in elektronische Systeme.

Dieses Buch ist erhältlich als:
ISBN 978-3-7799-6451-3 Print
ISBN 978-3-7799-5766-9 E-Book (PDF)
ISBN 978-3-7799-8428-3 E-Book (ePub)

1. Auflage 2024

© 2024 Beltz Juventa
in der Verlagsgruppe Beltz · Weinheim Basel
Werderstraße 10, 69469 Weinheim
Alle Rechte vorbehalten

Herstellung: Ulrike Poppel
Satz: Helmut Rohde, Euskirchen
Druck und Bindung: Beltz Grafische Betriebe, Bad Langensalza
Beltz Grafische Betriebe ist ein klimaneutrales Unternehmen (ID 15985-2104-100)
Printed in Germany

Weitere Informationen zu unseren Autor:innen und Titeln finden Sie unter: www.beltz.de

Inhalt

Bild und Erziehungswissenschaft. Ein Vorwort zum Sammelband
sowie eine Skizzierung der thematischen Schnittmenge
Tim Wolfgarten und Michalina Trompeta   7

Bildliche Kräfte und bildpädagogische Interventionen. Überlegungen
zu Potentialen und Risiken des Bildes in der allgemeinen
Erziehungswissenschaft
Iris Laner   14

Bild – Bildung – Biographie. Eine synoptische
Betrachtung der Bedeutung des Bildes in der qualitativen
erziehungswissenschaftlichen Forschung
Michaela Kramer und Patrick Bettinger   31

Das bilderlose Bild des Menschen. Überlegungen der Pädagogischen
Anthropologie
Moritz Krebs und Jörg Zirfas   55

Bild und Bildung in der Migrationsgesellschaft. Ein Überblick über
die wesentliche Schnittmenge
Tim Wolfgarten und Michalina Trompeta   75

Bilderreichtum und Bilderblindheit in der Schulpädagogik
Jeanette Böhme   116

Bild und Video als didaktische Instrumente, Forschungsgegenstände
und -werkzeuge in der Berufs- und Wirtschaftspädagogik
Mandy Hommel und Karl-Heinz Gerholz   136

„Bild." in der sozialpädagogischen Diskussion
Georg Cleppien   156

Das Bild in den Diskursen der Pädagogik der frühen Kindheit –
Zur Komplexität und Vieldeutigkeit eines Begriffes, Phänomens
und Artefaktes
Kathrin Borg-Tiburcy   181

Bildwissenschaftliche Analysen in der
Erwachsenenbildungsforschung
Olaf Dörner   218

Die Rolle der Bilder in der pädagogischen Freizeitforschung und der Freizeitpädagogik
Renate Freericks und Dieter Brinkmann 241

Geschlechterbilder in Erziehung, Bildung und Sorge
Antje Langer und Ann-Catrin Schwombeck 266

Das Thema „Bild" in der Medienpädagogik
Horst Niesyto 293

… Bild ist ein Bild ist ein Bild ist ein … Repräsentationsstufen der kindlichen Entwicklung und ihre Darstellung in Bildern
Dagmar Ambass 346

„Der ganze mögliche Mensch" als Bezugspunkt von Pädagogik und Erziehungswissenschaft. Perspektiven der Humanistischen Pädagogik
Ulrike Graf, Telse Iwers, Nils Altner und Andreas Brenne 373

Bild und Organisationspädagogik
Susanne Maria Weber und Marc-André Heidelmann 399

Bilder und videografische Daten im Kontext erziehungswissenschaftlicher Inklusionsforschung
Tanja Sturm und Benjamin Wagener 430

Die Autor*innen 459

Bild und Erziehungswissenschaft. Ein Vorwort zum Sammelband sowie eine Skizzierung der thematischen Schnittmenge

Tim Wolfgarten und Michalina Trompeta

Welcher Stellenwert kommt dem Phänomen Bild in der Erziehungswissenschaft zu? In welchen unterschiedlichen Bereichen der Disziplin wird auf welche Bilder Bezug genommen und in welcher Form? Lässt sich ein mögliches Feld skizzieren, das die Schnittmenge von Bild und Erziehungswissenschaft darstellt und über das die Beziehungsstruktur veranschaulicht werden kann? Um diese Fragen kreisen die im Band versammelten Beiträge.

Zur Systematisierung wurde dazu der Zugang über die Deutsche Gesellschaft für Erziehungswissenschaft gewählt. Als Fachgesellschaft mit ihrer ausdifferenzierten Binnenstruktur der verschiedenen Sektionen und Kommissionen deckt sie ein weites Feld der Disziplin ab und bietet einen geeigneten Ausgangspunkt, um die Relevanz von Bildern – seien diese materiell oder imaginär – für die Disziplin zu befragen. Über diesen Zugang kann ein weitreichender Überblick gegeben werden, wobei die unterschiedlichen Bezugnahmen und Bedeutsamkeiten für die jeweilige Teildisziplin über die einzelnen Beiträge ersichtlich werden. Der Sammelband ist demnach über Beiträge von Autor*innen untenstehender Sektionen der Fachgesellschaft gegliedert, die sich mit dem Phänomen Bild in der jeweiligen Teildisziplin auseinandersetzen. Eine zusätzliche Binnendifferenzierung auf Kommissionsebene unterteilt einige Sektionen in mehrere Beiträge, deren Kommissionen aus ihrer Genese heraus zwar institutionell verbunden sind, in denen mit Blick auf das Phänomen Bild jedoch unterschiedliche Bezugnahmen sowie Diskurse ausgearbeitet wurden. Einige Sektionen oder Kommissionen konnten nicht für den Sammelband berücksichtigt werden, obwohl das Ziel verfolgt wurde, die gesamte Spannbreite darzustellen, die sich über die Fachgesellschaft ergibt. So finden sich in diesem Band Beiträge über den Zugang der folgenden Organisationseinheiten der DGFE versammelt:

- Kommission Bildungs- und Erziehungsphilosophie
- Kommission Qualitative Bildungs- und Biographieforschung
- Kommission Pädagogische Anthropologie
- Kommission Erziehung und Bildung in der Migrationsgesellschaft
- Sektion Schulpädagogik
- Sektion Berufs- und Wirtschaftspädagogik

- Kommission Sozialpädagogik
- Kommission Pädagogik der frühen Kindheit
- Sektion Erwachsenenbildung
- Kommission Pädagogische Freizeitforschung
- Sektion Frauen- und Geschlechterforschung in der Erziehungswissenschaft
- Sektion Medienpädagogik
- Kommission Psychoanalytische Pädagogik
- Kommission Pädagogik und Humanistische Psychologie
- Sektion Organisationspädagogik
- Arbeitsgemeinschaft Inklusionsforschung

Zum Vorwort des vorliegenden Sammelbandes

Für die Beiträge bedanken wir uns bei den Autor*innen. Diese sind in einer doppelten Weise gewinnbringend und daher auch zweifach wertzuschätzen. Zum einen ermöglichen die Beiträge ergiebige Einblicke in das jeweilige disziplinäre Teilfeld und die relevanten Bezugnahmen auf das Phänomen Bild werden für dieses herausgearbeitet. Zum anderen stellt jeder einzelne Beitrag einen Mosaikstein im Gesamtgebilde des vorliegenden Sammelbands dar, der mit der Intention einer breiten Überblicksdarstellung zur thematischen Schnittmenge von Bild und Erziehungswissenschaft nur durch sie getragen werden kann und wird.

Darüber hinaus ist den Autor*innen auch hinsichtlich organisatorischer Aspekte zu danken sowie der Geduld, die sie aufbringen mussten, bis ihr Beitrag veröffentlicht wurde. Als wir Mitte des Jahres 2020 auf die ersten Autor*innen mit dem Vorhaben zugegangen sind, waren Corona sowie die damit einhergehenden Schutzmechanismen zwar bereits bekannt und erfahrbar, jedoch stellten uns die pandemische Situation sowie die unterschiedlichen Folgen als Herausgeber*innen vor einige nicht abgesehene Herausforderungen, weshalb es den zeitlichen Plan mehrfach anzupassen galt und sich die Veröffentlichung verzögerte. Dies betraf unter anderem anfangs angefragte Autor*innen, die ihr Vorhaben aufgrund verständlicher Gründe doch nicht weiterverfolgen konnten, so dass erneute Anfragen gestellt werden mussten, um die breiter angelegte Überblicksstruktur des Sammelbandes gewährleisten zu können. Die Folgen der Pandemie betrafen aber auch uns als Herausgeber*innen, die mehrfach Arbeitsphasen unterbrechen mussten, da unter anderem zum Teil simple lebensweltliche Abläufe nicht mehr abgesichert waren. Vor diesen Hintergründen sind wir glücklich über die Veröffentlichung und bedanken uns erneut bei den Autor*innen.

Zur Skizzierung der thematischen Schnittmenge von Bild und Erziehungswissenschaft

Auch wenn von den Autor*innen in ihren Beiträgen auf eine Vielzahl von Bildern eingegangen und über eine Vielfältigkeit des Phänomens berichtet wird – so wird beispielsweise zwischen inneren und äußeren beziehungsweise zwischen materiellen und imaginären Bildern differenziert oder zwischen statischen und bewegten; genannt werden zudem abbildende, symbolische oder sprachliche Phänomene sowie im Konkreten unter anderem Körper-, Menschen-, Gesellschafts-, Welt- und Leitbilder –, sind sich die Autor*innen in ihren Aussagen einig darüber, dass die Stellung des Phänomens Bild in der Disziplin der Erziehungswissenschaft eher randständig wahrgenommen werde. Sie sei weniger exklusiv und die Bearbeitung erziehungswissenschaftlicher Themen werde eher textlastig vollzogen. Dabei wird jedoch hervorgehoben, dass die Transmedialität des Phänomens bzw. die Verschränkung von materiellen und imaginären Bildern für die Disziplin gewinnbringend sei, ja sogar zentral für die Prozesse von Bildung, Erziehung und Lernen. So sind Bilder in der pädagogischen oder didaktischen Praxis fest verankert und auch für nicht angeleitete Bildungsanlässe stellt die mediale Auseinandersetzung mit Bildern einen wesentlichen Bezugspunkt dar und zeigt sich ebenfalls als Produkt von ebendiesen Prozessen: Umgangssprachlich wird infolgedessen davon gesprochen, sich ein Bild von etwas zu machen, und auch über disziplinär verankerte Fachbegriffe werden solche Bezüge hergestellt, wenn zum Beispiel von Selbst- oder Weltbildern die Rede ist. Die perzeptuelle Aneignung von Welt und die Ausbildung eines Erfahrungshorizontes, vor dem unsere Welt sichtbar wird und innerhalb dessen wir in Erscheinung treten können, sind weitere zentrale Schnittstellen zwischen dem Phänomen Bild und der Disziplin der Erziehungswissenschaft.

Neben der pädagogischen Praxis kommen dem Phänomen Bild ebenfalls gewinnbringende Aspekte im Kontext der Empirie zu. Diesbezüglich wird es einerseits als Forschungswerkzeug verstanden, beispielsweise indem lebensweltliche Fotografien für Biografie bezogene Erzählimpulse verwendet werden, andererseits ist das Bild selbst auch Gegenstand der Forschung, wenn zum Beispiel das Interesse verfolgt wird, Aussagen über soziale Repräsentationsformen innerhalb eines festgelegten Untersuchungsrahmen zu tätigen, in dem Bilder als Bildungsanlässe verstanden werden, oder wenn sich beispielsweise dem Thema Bildung über historische Darstellungen hinsichtlich dessen damaligen Verständnisses genähert wird. Auch können Bilder beides zugleich darstellen – Werkzeug und Gegenstand der Forschung –, was sich zum Beispiel über das methodische Vorgehen der Autofotografie zeigt, innerhalb dessen Personen mit unterschiedlichem Grad der Konkretisierung gebeten werden, Fotografien herzustellen, um als Forschende deren Sicht auf Welt einnehmen zu können.

Bilder lassen Einblicke zu, sie geben etwas zu erkennen und über sie lässt sich etwas zeigen sowie zum Ausdruck bringen, was als unterschiedliche Rezeptionsmodi über verschiedene bildtheoretische Strömungen aufgegriffen wird und sich auch innerhalb des erziehungswissenschaftlichen Theorieverständnisses über das Phänomen Bild widerspiegelt. So werden Bilder über den Zugang der Bildanthropologie als Spuren des Menschen verstanden, die Interpretationen auf den Menschen sowie den Entstehungskontext zulassen, insbesondere wenn die Frage danach gestellt wird, weshalb das Bild so ist, wie es ist. Über den bildphänomenologischen Zugang werden eher Aspekte des Erscheinens und des Wahrnehmens unterstrichen, was mit einem anderen Verständnis über das Bild einhergeht: Wie zeigt sich mir das Bild, was wird mir durch das Bild als eigentlich abwesender Gegenstand anwesend gemacht und welche Erfahrungen gehen damit einher? Eine weitere bildtheoretische Strömung, die sich ebenfalls über ein erziehungswissenschaftliches Verständnis zum Phänomen Bild zeigt, ist die Bildsemiotik. Bilder werden über diesen Verständnisrahmen als Zeichen und bedeutungstragende Medien verstanden, wonach Fragen hinsichtlich der Vermittlung von Inhalten und der medial ausgebildeten Bedeutungsstruktur eher im Vordergrund stehen. Was wird, kann oder sollte bildlich sowie bildhaft wie vermittelt werden, wären darauf bezogen relevante Fragestellungen.

Für die Erziehungswissenschaft kommen dem Phänomen Bild, je nach Verständniszugang, somit unterschiedliche Bedeutsamkeiten zu. Eine besondere Relevanz, die dem Bild für die Disziplin zugeschrieben wird, liegt jedoch in dessen Scharnierfunktion zwischen zwei zunächst getrennt angenommenen Entitäten beziehungsweise gegensätzlich verstandenen Polen. Die wesentlichen lauten:

- Innen und außen
- Materiell und imaginär
- Produktion und Rezeption, aktiv und passiv
- Wahrnehmung und Konstruktion
- Bestimmt und unbestimmt, wie auch offen und geschlossen
- Singulär und plural
- Abwesend und anwesend
- Vergangenheit und Gegenwart, Gegenwart und Zukunft
- Ich und Welt sowie ich und mich
- Selbst- und Weltbild
- Denken und Fühlen

So werden innere und äußere Bilder mit einer erziehungswissenschaftlichen Perspektive unzertrennlich miteinander verzahnt, da veräußerlichte materielle Bilder einen Einfluss auf unsere imaginär verinnerlichten Sichtweisen auf Welt und unseren Erfahrungshorizont haben sowie auch andersherum. Veräußerlichte Bilder eröffnen immer eine verinnerlichte Sichtweise und die in den Blick genommene

Welt wird auch von außen in der eingenommenen Ansicht anschaubar gemacht. Innen und außen werden durch das Phänomen Bild aber auch dahingehend miteinander verzahnt beziehungsweise die Differenzierung zwischen inneren und äußeren Bildern wird in der Weise aufgehoben, als dass materielle Bilder erst über imaginäre Vorstellungen erfahren werden: Das Phänomen Bild erscheint uns als etwas Drittes, zwischen Bildträger und Rezipient*in, wie es über das bekannte Kippbild „Ente/Hase" nachvollziehbar gemacht werden kann. Auch wenn das äußere, materielle Bild dasselbe bleibt, sind wir in der Lage, unterschiedliche Dinge darin zu sehen: entweder die Ente oder den Hasen. Dies lässt ebenfalls die Differenzierung von vermeintlich passiver Rezeption und aktiver Produktion aufheben, wie auch die Differenzierung zwischen Wahrnehmung von Bildern und der Konstruktion von ebendiesen, da sie in der Rezeption immer auch produktiv hervorgebracht werden. Bilder sind sodann offen und zugleich geschlossen sowie bestimmt und ebenso unbestimmt. Anders als über die Sprache wird ein Gegenstand über ein Bild in dessen konkreter Form gezeigt und gilt als bestimmt, dennoch lassen Bilder unterschiedliche Aneignungen der dargestellten Inhalte zu und es können verschiedene Sichtweisen auf das Dargestellte innerhalb des Prozesses der Rezeption eingebracht werden – sind somit offen. Daran anknüpfend oder mit diesem Verständnis lässt sich die Singularität eines Bildes in Frage stellen. Auch wenn es als Bildträger nur einmal vorliegen sollte, werden innerhalb der Rezeption und über den Erfahrungshorizont weitere Bilder, Assoziationen und Projektionen evoziert, die dann ebenfalls aktiv sind und im Zusammenspiel ihre Wirkung erzeugen.

Grundsätzlich wird über Bilder etwas Abwesendes anwesend gemacht, sei es das Abgebildete in der konkret dargestellten Weise, was sichtbar ist aber nicht vor Ort, oder auch das nicht Abgebildete, das zusätzlich eingebracht und ebenfalls rezipiert wird, was nicht sichtbar ist. Auch unterschiedliche Zeitpunkte von Vergangenheit und Gegenwart sowie Gegenwart und Zukunft werden über Bilder miteinander verknüpft, beispielsweise über die Betrachtung von Fotografien, indem damalige Ereignisse aufgerufen werden, oder anhand von skizzierten Zukunftsbildern, die uns eine Orientierung bieten und wegweisend sein können.

Hinsichtlich des Aspektes der Orientierung erfüllt das Phänomen Bild eine weitere Scharnierfunktion: Durch Bilder erfahre ich Welt und innerhalb der Rezeption von Bildern erfahre ich ebenso mich selbst – denkend wie auch fühlend. Welt und Selbst lassen sich über Bilder vorstellen und durch den ausgebildeten, bereits genannten Erfahrungshorizont wird Welt sichtbar und das Selbst kann in Erscheinung treten. Orientierung bietet dabei zum einen die sinnhafte Vorstellung von Welt wie zum anderen die darin vorgenommene Positionierung des Selbst sowie dessen Ausrichtung. Welt- und Selbstbilder stehen dabei in einem unzertrennlichen Bezug zueinander. Zwar ist es möglich, das eine losgelöst vom anderen zu betrachten, jedoch kann beides nur in Bezug zueinander hervorgebracht werden. Mit dem Ausbilden ebendieser Welt- und Selbstbilder wird auf einen der zentralsten Begriffe der Disziplin verwiesen – Bildung –, was die Relevanz des Phänomens Bild für die Erziehungswissenschaft nicht nur konzeptuell unterstreicht, sondern auch etymologisch herausstellt.

Neben der erläuterten Scharnierfunktion auf abstrahierter Ebene werden weitere konkrete Bedeutsamkeiten, die dem Phänomen Bild für die Disziplin zugeschrieben werden, innerhalb der Einzelbeiträge ersichtlich. Einige Aspekte beziehen sich ausschließlich sowie spezifisch auf das jeweilige Teilfeld, andere werden von mehreren Autor*innen genannt und betreffen allgemeinere Punkte. So werden Bilder als wesentliche Bestandteile der Wahrnehmung herausgestellt. Bilder vergegenwärtigen. Mit ihnen und durch sie lässt sich Welt erfahren wie auch aneignen. Sie haben einen Einfluss auf unsere Weltsicht und unsere Weltanschauung. Über sie lässt sich ein ästhetischer Weltbezug herstellen, der ebenfalls einen Bezug zum Selbst hat. Bilder, so stellen die meisten Autor*innen heraus, sind Teil des Welt- und Selbstverständnisses und über sie lassen sich Welt und Selbst vergewissern – sie bieten Orientierung. Somit sind sie ein wesentlicher Bestandteil von Bildungsprozessen und sie werden als Hilfsmittel beschrieben, mit der Wirklichkeit umzugehen. Bilder werden als explizite Bildungsanlässe verstanden und sie lassen wichtige Perspektivwechsel zu, um die eigenen Sichtweisen zu reflektieren: Sie haben das Potenzial zu irritieren. Mittels Bilder lässt sich denken, fühlen und wissen. Zudem sind Bilder relevant für die Konstruktion von gesellschaftlicher Wirklichkeit. Über sie oder mit ihnen findet eine gesellschaftliche Repräsentation statt. Diese ist stets in Aushandlung, da eine adäquate Repräsentation dahingehend bedeutsam ist, als dass über Bilder so etwas wie Normalität verhandelt wird, die über symbolische Ein- und Ausschlüsse Vor- und Nachteile für die Repräsentierten beziehungsweise nicht, nicht ausreichend oder nicht angemessen Dargestellten hat. Bilder stellen daher auch Partizipationsmöglichkeiten dar. Sie lassen zudem Vorstellungen und Imaginationen von Selbst und Welt für das erlebte Selbst und die erfahrene Welt zum Ausdruck bringen. Über sie lässt sich Vergangenheit erinnern, Gegenwart gestalten und Zukunft planen. Sie sind außerdem ein Artikulationsmittel und somit ein relevanter Bestandteil des kommunikativen Handelns. Ein Bild ist ein Medium, über das Sichtweisen geteilt werden kann, aber auch Inhalte, die anzuzeigen beziehungsweise zu vermitteln sind. Sie sind daher fester Bestandteil der Didaktik sowie der pädagogischen Praxis und es gilt, so einige Autor*innen, so etwas wie eine ästhetisch sinnliche, bildliche oder visuelle Kompetenz auszubilden, um an den zuvor erläuterten Prozessen teilhaben zu können. Dies wird als allgemeine Querschnittsaufgabe der Erziehungswissenschaft beziehungsweise der pädagogischen Praxis verstanden, mit spezifischer Ausrichtung über den jeweiligen Zugang des disziplinären Teilfeldes oder hat im Rahmen der Medienpädagogik eine inhärente Stellung.

Auch wenn viele Autor*innen das Phänomen Bild als ein in der Disziplin eher weniger in der Breite explizites Thema charakterisieren, lässt sich das Feld zwischen Bild und Erziehungswissenschaft professionsbezogen dennoch als ausdifferenziert beschreiben. Zwar hat sich für die Erziehungswissenschaft kein dementsprechendes Teilgebiet entwickelt, wie es bei anderen Disziplinen der Fall ist, zum Beispiel die Visual History oder die Visual Sociology, allerdings kann neben der inhaltlichen Darstellung zum gefragten Status quo organisational festgehalten werden, dass zu der fokussierten Schnittstelle ein eigenes Vokabular mit daran verbundenen, spezifischen Konzepten ausgebildet wird und auch dahingehende Forschungsprojekte durchgeführt wurden bzw. werden. Dies über den vorliegenden Sammelband abbilden zu können, nehmen wir als Herausgeber*innen produktiv und gewinnbringend war. Von daher sei den Autor*innen auch noch einmal an dieser Stelle der Dank für ihre Beiträge auszusprechen, ohne die eine solche Gesamtschau nicht möglich wäre.

Bildliche Kräfte und bildpädagogische Interventionen. Überlegungen zu Potentialen und Risiken des Bildes in der allgemeinen Erziehungswissenschaft[1]

Iris Laner

Bilder haben Macht: als Plakate auf den Straßen, als Piktogramme in öffentlichen Räumen, als analoge und digitale Visualisierungen von Daten und Fakten, als fotografische Zeugnisse, als bewegte Fernseh-, Film- und Videobilder, als Kunstwerke in und außerhalb von Ausstellungsräumen durchwuchern sie in materialisierter und unterschiedlich medialisierter Form das Leben im 21. Jahrhundert. Bilder besetzen unseren Alltag darüber hinaus als materiell nicht greifbare Vorstellungen, Fantasien oder Träume. Sie sind damit, zumindest der Möglichkeit nach, immer und überall. Auf Grund ihrer Wirkungskraft, ihrer Ubiquität und Vielfältigkeit ist es nicht verwunderlich, dass bereits in der Griechischen Antike das Nachdenken über Bilder einen nicht unwesentlichen Beitrag zu Fragen der Erziehung und Bildung liefert (vgl. Platon 1994; Aristoteles 2011). Seit der Möglichkeit einer „technischen Reproduzierbarkeit" (Benjamin 2007) und einer damit einhergehenden massenhaften Verbreitung von Bildern nehmen die Überlegungen zur Macht und zum Umgang mit diesen stetig zu. Mit den Ende des 20. Jahrhunderts ausgerufenen Wenden zum Bild, allen voran der diskursbestimmenden Reden vom Pictorial Turn (Mitchell 1992) und Iconic Turn (Boehm 1994b), wird die Relevanz des Bildes sowohl für das Individuum wie auch für die Gesellschaft ins Zentrum der Aufmerksamkeit gerückt. Nicht zuletzt der vorliegende Band gibt davon Zeugnis, dass die Erziehungswissenschaft an einer Thematisierung des Bildes keinesfalls vorbeigehen kann, ohne damit zu riskieren, eine der zentralen pädagogischen Wirkungsbereiche unserer Zeit zu ignorieren.

In der allgemeinen Erziehungswissenschaft lassen sich, kursorisch gefasst, zwei Weisen der Auseinandersetzung mit Bildern unterscheiden: Einerseits ist das Bild auf Grund der starken Wirkung, die ihm attestiert wird, in seiner erzieherischen Funktion und in seinem bildenden Potential ein zentrales Thema der Diskussionen. Bilder schaffen neue und andere Perspektiven auf die Welt. Sie können helfen, Sachverhalte klarer zu konturieren ebenso wie sie beitragen

---

[1] Dieser Text wurde im Rahmen des Forschungsprojektes „Ästhetische Praxis und Kritikfähigkeit" (T 835) verfasst, das im Rahmen des Hertha-Firnberg-Programms vom FWF gefördert wird.

können, diese zu verschleiern. Sie besitzen gegenüber sprachlichen Formen der Repräsentation einen Mehrwert, der sowohl für pragmatische, analytische und wissenschaftliche als auch für kreative, ethische und politische Bereiche von Relevanz sein kann. Andererseits ist vor allem seit den 1960er Jahren der pädagogische Vorlauf und der Bildungsweg, die zu einer reflektierten Auseinandersetzung und einer kritischen Haltung insbesondere massenmedialen Bildern gegenüber beitragen können, ein wichtiger Teil der Überlegungen.

Im Folgenden werde ich mich der Rolle des Bildes in der allgemeinen Erziehungswissenschaft nähern, indem ich nach einer bildtheoretischen Positionierung suche, die sich für Debatten um Erziehung und Bildung als anschlussfähig erweist. Danach werde ich mich jenen Auseinandersetzungen mit dem Bild widmen, die ein allgemeines erziehungswissenschaftliches Interesse verfolgen. Dabei werde ich auf für die Disziplin wichtige Diskursformationen an der Schwelle vom 18. zum 19. Jahrhundert zu sprechen kommen: Friedrich Schiller, Wilhelm von Humboldt und Johann Friedrich Herbart entwickeln vor rund 200 Jahren Perspektiven, die für pädagogische Positionierungen zum Bild im 20. und 21. Jahrhundert nach wie vor richtungsweisend und prägend sind, sowohl im Sinne einer positiven Orientierung als auch im Sinne einer Folie für Unternehmungen kritischer Abgrenzung. Im Anschluss werde ich mich den deutschsprachigen Debatten im 20. und 21. Jahrhundert zuwenden und dabei auf die bereits erwähnten Fragen nach der pädagogischen Funktion des Bildes und der kritischen Auseinandersetzung mit Bildern zu Systematisierungszwecken zurückgreifen. Abschließend werde ich ein Fazit ziehen, welches die Rolle der allgemeinen Erziehungswissenschaft in der Debatte um Bilder grob zu bestimmen sucht und auf mögliche Themenbereiche hinweisen, die für die Disziplin im deutschsprachigen Raum zukünftig von Bedeutung sein könnten.

1. Bild ist nicht gleich Bild: Bildtheoretische Annäherungen

Spätestens mit den bereits erwähnten, in den 1990ern ausgerufenen, ikonischen und piktorialen Wenden wird lautstark um eine Klärung dessen gerungen, was ein Bild eigentlich ist. William J. T. Mitchell und Gottfried Boehm können als zwei diskursführende Figuren hervorgehoben werden, die mit ihren Entwürfen die Debatten um Bildlichkeit geprägt haben. Als ehemaliges Mitglied von eikones, dem von Boehm an der Universität Basel mitinitiierten nationalen Forschungsschwerpunkt zum Thema Bildkritik, habe ich die herrschende Uneinigkeit darüber, was ein Bild ist, über drei Jahre hautnah miterleben können. Abgebildet finden sich solche und ähnliche Streitgespräche in zahlreichen Publikationen (vgl. Boehm 1994a; Sachs-Hombach 1995; Krämer/Bredekamp 2003; Maar/Burda 2004; Heßler/Mersch 2009).

Nicht erst seit den 1990er Jahren lassen sich aber bildtheoretische Anstrengungen in geistes-, kultur- und sozialwissenschaftlichen Debatten beobachten. Die Frage danach, was ein Bild ist und wie dieses theoretisch, in Abgrenzung zu nicht-bildlichen Artefakten, Sprache oder Text etwa, zu fassen ist, taucht in der abendländischen Ideengeschichte seit der Antike immer wieder auf. Anfang des 20. Jahrhunderts etwa stellt der Phänomenologe Edmund Husserl ein Verständnis von Bildlichkeit vor, das die Differenz als zentrales Charakteristikum von Bildlichkeit bestimmt: Ein Bild ist laut Husserl ein Differenzphänomen. Es ist zugleich ein gegenwärtig gegebenes Ding, das wahrgenommen wird und dabei auf ein nicht-gegenwärtig gegebenes Sujet verweist, das imaginiert wird (vgl. Husserl 1980: 26). Für eine Theorie des Bildes bedeutet dies, dass es ein Akt des Bewusstseins ist, der ein Ding zu einem Bild macht, indem über das Wahrgenommene hinaus die Auffassung dieses Dinges durch eine begleitende Imagination geprägt ist. Das Bewusstsein kann dabei weder vom Wahrgenommenen noch vom Imaginierten absehen. Nur solange beide die Auseinandersetzung bestimmen und miteinander in Widerstreit (vgl. ebd.: 41) sind, kann laut Husserl von Bildern gesprochen werden. In diesem phänomenologischen Verständnis zeigen sich bereits eine Reihe von Anschlüssen für die erziehungswissenschaftliche Reflexion, auch wenn Husserl selbst pädagogische Aspekte nicht dezidiert zur Sprache bringt: Die Differenzerfahrung, die für die Bildwahrnehmung bezeichnend ist, ist durch ein konfligierendes Moment gekennzeichnet, welches das erfahrende Bewusstsein gewissermaßen auf sich selbst und den innerhalb des eigenen Horizonts sich vollziehenden Widerstreit zurückwirft. Die Wahrnehmung wird mit der Imagination konfrontiert, die Gegenwart mit der Nicht-Gegenwart. In diesem differentiellen Gefüge öffnet sich ein Raum für Auseinandersetzung und Reflexion, der zu transformierenden Prozessen Anlass geben kann. Ein phänomenologischer Blick auf Bildlichkeit ist damit für jene erziehungswissenschaftlichen Ansätze von Interesse, welche das erzieherische und bildende Potential von Bildern fokussieren.

Eine Perspektivierung des Bildes, die die Erfahrung einer Differenz ins Zentrum rückt, findet sich auch bei W. J. T. Mitchell. Mehr als Husserl, der an einer generellen Bestimmung von Bildlichkeit arbeitet, interessiert sich Mitchell aber für die unterschiedlichen Auffassungen von Bildern und Bildlichkeit in den diversen Kulturen, Zeiten und gesellschaftlichen Bereichen. Die moderne Bildwelt ist seines Erachtens durch eine tief sitzende, paradoxe Einstellung dem Bild gegenüber geprägt: Sie schwankt zwischen Ikonoklasmus und Idolatrie, einer maßlosen Begeisterung und Faszination für das Bild, die einer skeptischen und kritischen Haltung Bildern gegenüber entgegentritt (vgl. Mitchell 1986: 8). Gerade dieser beobachtete Widerspruch spiegelt sich auch in der erziehungswissenschaftlichen Auseinandersetzung mit Bildern wider, wie ich später noch im Detail zeigen werde: Dort, wo die erzieherische Wirkung und das bildende Potential des Bildes betont wird, zeigen sich idolatrische Tendenzen. Dort hingegen, wo die Wichtigkeit einer pädagogischen Intervention unterstrichen wird, die eine reflektierte und kritische Begegnung mit Bildern erst ermöglicht, ist eine eher ikonoklastische Haltung vernehmbar.

Im Sprechen über Bilder lässt sich laut Mitchell ablesen, dass der aktuell gebrauchte Begriff des Bildes[2] eine sehr große Bandbreite aufweist. Er reicht von Diagrammen über optische Illusionen und Träume bis hin zu gerahmten Tafelbildern. Trotz dieser Vielfältigkeit dessen, was Bild genannt wird, lässt sich in der abendländischen Kultur doch seit der Neuzeit eine dominante Ideologie ablesen, die unser Bildverständnis prägt. Historische Wegmarken wie die Erfindung der Perspektive prägen die Vorstellung vom naturalistischen, objektiven Bild, indem sie den Anspruch auf eine wirklichkeitsgetreue Darstellung der Welt erheben. Perspektivische Bilder behaupten die Art und Weise zu verbildlichen, wie wir die Welt sehen. Doch ebenso wenig, wie es laut Mitchell ein Bildproduktionsverfahren gibt, das eine wirklichkeitsgetreue Darstellung garantieren kann, existiert ein tatsächliches, reines Sehen. Sowohl in Hinblick auf das Bildwahrnehmen wie auch in Hinblick auf das Sehen ist der Mensch durch die Kontexte geprägt, in denen er lebt und erzogen wird. Die relativistische Position, die Mitchell vertritt, betont die Bedeutung der ideologischen Situationen, in denen wir als Menschen immer schon stehen und die uns als sozialisierte Wesen prägen: „I am not arguing for some facile relativism that abandons ‚standards of truths' or the possibility of valid knowledge. I am arguing for a hard, rigorous, relativism that regards knowledge as a social product, a matter of dialogue between different versions of the world, including different languages, ideologies, and modes of representation" (Mitchell 1986: 38). Mit der Hervorhebung der Bedeutung historischer, kultureller, gesellschaftlicher, wissenschaftlicher usw. Kontexte für die Weise, wie wir Bilder wahrnehmen und auffassen, bietet Mitchells Theorie eine Grundlage für jene erziehungswissenschaftlichen Debatten, die versuchen, die Entfaltung einer kritischen und reflektierten Haltung gegenüber Bildern als pädagogische Aufgabe zu unterstreichen. Neben der Wichtigkeit, über die Verstrickungen in Ideologien nachzudenken, die begleitenden Machtmechanismen zu thematisieren und eine bewusste Positionierung zu diesen anzuregen, erlaubt Mitchells Theorie auch einen pragmatischen Blick auf das Verhältnis von Bild und Sprache. Anders als Boehm, dessen Standpunkt ich im Anschluss noch genauer skizzieren werde, betont Mitchell, dass Bilder nicht in einem diskursfreien Raum begegnen. Der Streit darüber, wo die Grenze zwischen Sprache und Bild gezogen werden kann, ist laut Mitchell stilisiert und geht an dem Umstand vorbei, dass Bilder – ebenso wie Sprache – konventionell und durch Sprache „kontaminiert" sind (vgl. ebd.:

---

2 Obwohl die englischsprachige Debatte etwas anders geartet ist, nachdem sich im Englischen mit den Begriffen image und picture eine grundsätzliche konzeptuelle Differenz findet, ist Mitchell durch seine über Jahre hinweg gepflegten Gespräche mit Vertreter*innen der deutschsprachigen Bildwissenschaft doch auch für Überlegungen zum Bild zentral.

43). Als Differenzphänomene verleihen Bilder keinen direkten und unmittelbaren Blick; wie sprachliche Ausdrücke sind sie dagegen Zeichen und schaffen in dieser Hinsicht einen kodifizierten Kommunikationsraum, den es als solchen anzuerkennen gilt.

Die bereits mehrfach erwähnte Differenz zieht sich als Konzept auch durch das Bildverständnis von Gottfried Boehm. Besonders prominent ist in diesem Zusammenhang die Rede von der ikonischen Differenz als einem „Grundkontrast [...] zwischen einer überschaubaren Gesamtfläche und allem, was sie an Binnenereignissen einschließt" (Boehm 1994b: 29 f.). Anders als Mitchell unterstreicht Boehm mit seinem Hinweis auf das differentielle Moment im Bild nicht primär den zeichenhaften Charakter des Bildes. Er sucht vielmehr zu verstehen, inwiefern das Bild mehr ist als ein bloßes Zeichen, inwiefern es eine Macht besitzt und insofern eine Wirkkraft innehat, die nicht zuletzt für pädagogische Überlegungen Anknüpfungspunkte bietet.

Für Boehm steht das Bild in einem klaren Kontrast zur Sprache; als eine visuelle Ausdrucksform ist es sowohl für sprachliche wie auch für nicht-sprachliche Formen der Reflexion offen. Gerade in der Kunst der Moderne zeigt sich, dass es vielerlei bildnerische Wege gibt, um über das nachzudenken, was und wie Bilder sind (vgl. Boehm 1994c: 326). Dem Bild ist auch daher mit Sprache nicht beizukommen, weil es eine Macht ausübt, die weder sprachlich kompensiert noch angemessen mit Hilfe von Worten gefasst werden kann. Ein Indiz für diese Macht sieht Boehm im alttestamentarlichen Bilderverbot. Nur auf Grund der großen Wirkkraft, die Bilder besitzen, lässt sich erklären, warum es für notwendig befunden wird, sie zu verbannen. Es handelt sich dabei um eine Macht, über eine bloße Wiedergabe oder ein Abbild der Realität etwas zur Darstellung zu bringen: Im Bild zeigt sich mehr als das Abgebildete. „Die Macht erwächst aus der Fähigkeit, ein ungreifbares und fernes Sein zu vergegenwärtigen, ihm eine derartige Präsenz zu verleihen, die den Raum der menschlichen Aufmerksamkeit völlig zu erfüllen vermag. Das Bild besitzt seine Kraft in einer Verähnlichung, es erzeugt eine Gleichheit mit dem Dargestellten. Das goldene Kalb *ist* (in der Perspektive des Rituals) – *der Gott*. Das Bild und der Inhalt verschmelzen bis zur Ununterscheidbarkeit" (ebd.: 330). Im religiösen Kontext wird das Bild durch eine spezifische kulturelle Praxis, das Ritual, zu einem visuellen Substitut für eine nicht sichtbare Präsenz. Das Bild verkörpert etwas Körperloses und bekommt dadurch eine Art magischen Charakter. Obwohl es ein Gegenstand ist, überbrückt es die Distanz hin zu demjenigen, das es darzustellen gemacht worden ist, und hört auf ein bloßes Ding zu sein.

Mit dem Fall des Bilderverbots markiert Boehm ein Extrem in der Beschreibung möglicher Machtwirkungen des Bildes. Das andere Extrem wäre die bloße und beliebige, auf Konventionen beruhende Vertreterposition, die dem Bild zukommt. Die Macht des Bildes entfaltet sich so zwischen dem bloßen Vertreten und der ikonischen Ineinssetzung, wobei das reine Vertreterdasein nicht dem eigentlichen Charakter der Bildlichkeit gerecht wird: „Das plane Abbild ist der banalste, wenn auch der verbreiteste Ausdruck einer ganz leeren Bildlichkeit. Von wirklichen Bildern erwarten wir dagegen nicht nur eine Bestätigung dessen, was wir schon wissen, sondern einen Mehrwert, einen ‚Seinszuwachs' (Gadamer). Wirkliche Bilder implizieren deshalb einen inneren Prozeß, einen ikonischen Kontrast" (ebd.: 332). Der Prozess oder Kontrast, der die Eigenart des Bildes beschreibt, entspricht dem differentiellen Moment, das oben bereits angesprochen wurde. Erst dadurch, dass das Bild Wirklichkeit nicht bloß vertretend wiedergibt, sondern sie gezielt verzerrt und so neu perspektiviert, erhält es Macht. Diese Macht des Perspektivierens und des Sichtbarmachens wird von Boehm weniger als potentielle Manipulation, sondern als verandernde Befreiung des Blicks und der Wahrnehmung beschrieben. Gerade in den Künsten wird das Bildermachen so zu einer Praxis der Reflexion der Erfahrung und der sichtbaren ebenso wie der unsichtbaren Welt. Für die Erziehungswissenschaft ist ein Verständnis des Bildes und seiner verandernden Macht gerade für jene Debatten reizvoll, die das bildende Potential von Bildern hervorheben.

2. Schiller, Humboldt, Herbart: Humanistische Perspektivierungen des pädagogischen Potentials von Bildern

Mit diesem exemplarischen Durchgang durch ausgewählte Positionen der Bildtheorie ist eine erste Annäherung an das Konzept des Bildes gegeben, das für die Erziehungswissenschaft in unterschiedliche Richtungen hin Anknüpfungspunkte bietet. Bevor ich auf rezente Positionen der allgemeinen Erziehungswissenschaft zu sprechen komme und ihren Zugriff auf das Phänomen Bild darstelle, möchte ich eine kurze historische Verortung der deutschsprachigen pädagogischen Debatte um Bild und Bildlichkeit vornehmen. Dazu werden drei humanistische Denker ins Zentrum der Betrachtung gerückt, welche jene erziehungswissenschaftlichen Überlegungen vorzeichnen, die das erzieherische Potential und den bildenden Charakter des Bildes unter Betonung unterschiedlicher Aspekte hervorheben: Friedrich Schiller, Wilhelm von Humboldt und Johann Friedrich Herbart.

Friedrich Schiller kann nicht nur für erziehungswissenschaftliche Diskussionen als zentraler Bezugspunkt ausgewiesen werden, wenn es um Fragen der erzieherischen und transformierenden Kraft des Bildes geht (vgl. Meyer-Drawe 2006; Rancière 2006; Spivak 2007). Er fokussiert dabei nicht das Bild schlechthin, sondern das Bild der klassischen Kunst, das sich durch seine Schönheit auszeichnet. Schönheit wird verstanden als freie und autonome Erscheinung, als Formvollendung (Schiller 1971: 25f.), welche nicht nur eine Wirkung auf das Auge, sondern auch auf den Geist hat. Die Balancierung des widerstreitenden

Verhältnisses von sinnlicher Reizung und Anspruch der Vernunft bildet nämlich den Schwerpunkt von Schillers Überlegungen zur ästhetischen Erziehung. Der Mensch wird von ihm als paradoxes Wesen verstanden. Er zeichnet sich durch eine innere Zerrissenheit aus, indem er einerseits seinen Trieben frönen möchte und andererseits auf die Gesetze der Moral hören will. Beides lässt sich, so viel steht für Schiller fest, nicht in Einklang bringen. Es gilt stattdessen, eine Dynamik zwischen den widerstreitenden Tendenzen im Menschen herzustellen, welche es ihm ermöglicht, weder Sklave seiner Begierden noch blinder Diener der Vernunft zu sein. Freiheit versteht Schiller als ein Abgehen von der Bestimmung durch die triebhafte Natur ebenso wie ein Relativieren des Zwanges des moralischen Gesetzes. Sie ist nur möglich, wenn der Mensch zu einem Ausgleich und zu innerer Balance findet. Die Auseinandersetzung mit dem schönen Bild der Kunst kann für einen solchen Ausgleich sorgen, es kann einen Zustand herbeiführen, der sich durch ein harmonisches Zusammenspiel der unterschiedlichen innerlichen Kräfte auszeichnet (vgl. Schiller 2009: 56).

Das Bild wird bei Schiller so zum Initiator eines Bildungsprozesses, in welchem der Mensch im Lichte der Erfahrung des Schönen sich befreien kann. So verstanden bekommt das Bild nicht nur die Macht einer sinnlichen wie auch übersinnlichen Affektion zugeschrieben; es wird ihm daneben eine außerordentliche erzieherische Funktion zugesprochen. Diese Funktion betrifft nicht nur die Bildung der Einzelnen. Sie bildet auch die Grundlage für eine neue Gesellschaft und hat hierin eine letztlich politische Bedeutung. Der im Angesicht des schönen Bildes frei gewordene Mensch kann mit anderen in einer Gesellschaft zusammenleben, welche egalitär strukturiert ist und in welcher niemand unterdrückt oder ausgebeutet wird (vgl. ebd.: 121 ff.).

Wilhelm von Humboldt – in seinem Einfluss auf die deutschsprachige Pädagogik kaum zu überschätzen – sieht das Bild der Kunst, ähnlich wie Schiller, als Möglichkeit einer ganzheitlichen Bildung, die widerstrebende Kräfte im Menschen in Einklang zu bringen vermag. Beide vertreten eine humanistische Auffassung, welche Kunst und Bildern eine zentrale Stellung im Erziehungs- und Bildungsgeschehen einberaumt. In seiner Schrift *Ästhetische Versuche* legt Humboldt eine umfassende Auseinandersetzung mit der Dichtung vor. Der Dichtung wird dabei eine genuine Erkenntniskraft zugeschrieben. Sie vermag die Leser*innen dahin zu führen, das Sein in seiner Verhältnishaftigkeit „mit lebendiger Klarheit" (Humboldt 1799: 2) zu durchschauen. Obwohl der Fokus von Humboldts Abhandlung auf dem Gedicht und damit auf der speziellen Form sprachlicher Bilder liegt, lässt sich doch ein zentraler Gedanke ablesen, der für Überlegungen zum erzieherischen und bildenden Potential von Bildern generell bezeichnend ist. Die Kunst ist für Humboldt deswegen von so großem Interesse gerade auch für Erziehungsfragen, weil sie berührt und affiziert. Sie vermag es, die Betrachtenden zu treffen und zu involvieren. Neben dieser Eigenart, welche schon von Denkern wie Platon und Aristoteles als das enorme Potential der Künste im

Erziehungsgeschehen hervorgehoben wurde, unterstreicht Humboldt, dass Kunst, im Unterschied zur Wissenschaft etwa, nicht abstrahiert, sondern konkretisiert: Sie entwirft Bilder mit klaren Standpunkten. Diese erlauben es, einen beispielhaften Blick auf das Allgemeine einzunehmen (vgl. ebd.: 4). Auf Basis dieses Schaffens einer Perspektive, die nicht nur geistig, sondern auch sinnlich-affektiv eingenommen und nachvollzogen werden kann, lässt sich durch ein Bild weitaus mehr aufzeigen als das, was in ihm inhaltlich dargestellt ist. Bilder können eine andere Sicht auf Sachverhalte und auf die Welt bieten, und gerade hierin liegt ihr Potential für pädagogische Belange.

An der Schwelle vom 18. zum 19. Jahrhundert sind Schiller und Humboldt nicht die Einzigen, die sich über die erzieherische und bildende Wirkung von Bildern Gedanken machen, welche in der Folge immer wieder aufgenommen und weitergedacht werden. Mit Blick auf die Frage der Erziehung ist die Position von Johann Friedrich Herbart von Interesse, indem sie neben der Erörterung der spezifischen Möglichkeiten des Bildes auch die Grundproblematik des Erziehungsgeschehens als interpersonale Handlung in den Blick nimmt. Für Herbart verfolgt Erziehung das allgemeine Ziel, die Moralität der Zöglinge zu befördern. Dabei liegt die große Krux der Erziehung darin, dass die Erziehenden ihre Vorstellungen nicht einfach den Zöglingen einflößen können, sofern die aufklärerische Absicht einer Steigerung der Mündigkeit verfolgt wird. Erziehung darf sich nicht auf autoritäre Anleitung stützen, sondern sie muss zur Selbsttätigkeit anregen (vgl. Herbart 1982: 108). Um der Herausforderung einer Erziehung zu begegnen, welche die Zöglinge nicht zwingt, sondern in ihnen ein Verlangen nach Eigenständigkeit auslöst, kommt Herbart auf das Bild als ästhetische Darstellung der Welt zu sprechen. Auch hier steht wie bei Schiller und Humboldt das Bild der Kunst im Zentrum der Aufmerksamkeit. Dieses bietet einen Zugang zur Mannigfaltigkeit (vgl. ebd.: 113) und erlaubt durch das Thematisieren des Gegensatzes zwischen Fiktion und Wirklichkeit das Spielen der Fantasie (ebd.: 118). Der erzieherische Effekt der Auseinandersetzung mit Bildern wird von Herbart dahingehend spezifiziert, dass der Sinn für Unterscheidungen geschärft wird (ebd.: 119). Auch hier bildet ein humanistischer Gedanke den pädagogischen Horizont der Überlegungen: Erziehung mittels Bildern der Kunst zielt auf eine Vermittlung von Mensch, Natur und Gesetz. Die problematische Aufgabe der Erzieher*innen wird bei Herbart dabei mit der Funktionsweise künstlerischer Darstellungen parallelisiert: Beide gruppieren Individualitäten und legen dabei Wert auf Reinheit und Sauberkeit. Das Bild ist dadurch nicht allein eine wertvolle erzieherische Instanz; es liefert darüber hinaus Anlass für ein Nachdenken über erzieherische Handlungen auch diesseits von einer Auseinandersetzung mit künstlerischen Darstellungen, wobei Herbart dezidiert darauf hinweist, dass im Erziehungsgeschehen das Gemälde ohne Rahmung ist.

3. Bildern ihren Raum lassen oder den Zugang zu Bildern bereiten? Potentiale, Chancen und Probleme von Bildern aus Sicht der allgemeinen Erziehungswissenschaft

Die jüngsten Debatten über das Bild und die Bilder der Kunst in der deutschsprachigen Erziehungswissenschaft zeigen sich fast durchgehend von den humanistischen und aufklärerischen Ideen beeinflusst, wie sie das Denken von Schiller, Humboldt und Herbart bestimmen (vgl. dazu auch Ehrenspeck 1998). Käte Meyer-Drawe ist eine derjenigen Autor*innen, die sich direkt mit Schiller auseinandersetzen. Sie betont, dass Schiller eine Idee von Bildung vertritt, die auf die Harmonisierung ebenso wie die gegenseitige Befruchtung von Sinnlichkeit und Denken drängt. Der Fokus wird auf die „Mischstruktur menschlicher Existenz" (Meyer-Drawe 2006: 44) gelegt. Eine Differenzierung zwischen den Bereichen des Ethischen und des Ästhetischen bleibt dabei aus. Laut Meyer-Drawe kann und sollte Schiller heute noch ein Vorbild sein, insofern er einen Gegenentwurf zur funktionalistischen, ökonomisierten Bildung liefert, mit Blick auf Gestaltungsmöglichkeiten in einem riskanten Feld des Spielens zwischen Sinnlichkeit und Denken, Empfinden und Vernunft (ebd.: 45).

Nicht nur das Einbeziehen der Dimension des Ethischen ist in den Augen Meyer-Drawes wesentlich, wenn es um ästhetische Bildung geht. Auch der Bereich des Politischen sollte von jenen Bildungsprozessen berührt werden, die durch Bilder ausgelöst werden (ebd. 2020: 103). Mit Verweis auf den französischen Semiotiker und Fotografietheoretiker Roland Barthes sieht sie in Bildern eine Kraft am Werk, die gewohnte Wahrnehmung und normalisierte Weisen des Erfahrens zu stören. Das punctum im Bild versteht sie als jenes affizierende, irritierende Moment, das den Blick an sich zieht und in diesem Zuge in andere Richtungen drängen kann. Meyer-Drawe erachtet die punktierende Kraft des Bildes dabei als nicht nur eine Möglichkeit unter vielen, offen für neue und andere Erfahrungen zu werden. Folglich hält sie es für eine Notwendigkeit, dieses Potential zu erkennen und es nicht beiseite zu schieben, weil die Prozesse des Durchstoßens und Störens schmerzhaft sein können. Ganz generell versteht Meyer-Drawe das Reich der Bilder als essenziell für Bildungsbewegungen, die als die Erfahrung verandernd und erneuernd begriffen werden.

Nicht nur materialisierte Bilder spielen in diesem Zusammenhang eine Rolle; auch die inneren Bilder werden in ihrer Bedeutung für Bildungsprozesse besprochen. Sie dürfen nicht der Betrachtung entzogen werden, da Wirklichkeit und Vorstellungskraft miteinander verwirkt sind. Selbst dort, wo das Grauen der Wirklichkeit das Vorstellungsvermögen übersteigt, ist die Vorstellungskraft jene entscheidende Instanz, die die Wirklichkeit begreifbar macht. Die Fantasie als das Reich der inneren Bilder wird in diesem Sinne als strategischer Ort verstanden, um mit der Wirklichkeit umzugehen. Sie schafft Alternativen zur aktualen Wahrnehmung bzw. zur erfahrenen Wirklichkeit. Dabei kann sie produktiv oder destruktiv agieren. Fantasie wird in der heutigen Gesellschaft jedoch mehr und mehr versklavt, indem die Vorstellungen massenhaft durch die Bildwelten, die den Alltag prägen, generiert und in bestimmte Richtungen hin eingegrenzt werden (ebd. 2017: 317). Durch jene Bilderflut, die mit den gesteigerten Möglichkeiten der technischen und digitalen Reproduzierbarkeit des Bildes die Welt in immer größerem Ausmaß überschwemmt, hat sich nicht nur die Freiheit des Fantasierens vermindert; auch das Bildbewusstsein als Fähigkeit, die Differenz zwischen Wirklichkeit und Dargestelltem zu erfassen, ist laut Meyer-Drawe im Schwinden begriffen. Sie sieht daher eine nicht zuletzt politische Notwendigkeit, einen angemessenen Umgang mit Bildern zu fördern. Bildung muss in diesem Zusammenhang einerseits auf das Bewahren der Fantasie fokussieren. Andererseits muss sie die Verhältnismäßigkeit von Wirklichkeit und Vorstellbarem thematisieren (ebd.: 321).

Das Thema der massenhaften Bebilderung der Welt und der damit verbundenen Herausforderungen für die Pädagogik greift auch Michael Parmentier auf. Er stellt die Frage danach, was ein angemessener Umgang mit den weit verbreiteten Bildern der Massenkultur sein könnte, aber anders als Meyer-Drawe. Für ihn rückt der Aspekt der Zugänglichkeit in den Vordergrund. In einer Auseinandersetzung mit dem französischen Soziologen Pierre Bourdieu, der die beschränkte Verfügbarkeit und die hohe Schwelle in der Auseinandersetzung mit den Bildern der hohen Kunst problematisiert (vgl. Bourdieu 1987; Bourdieu/Darbel 2006), überlegt er, ob die Bilder der Kunst bewusst für ein nicht kunstaffines Publikum zugänglich gemacht werden sollen oder ob die Differenz zwischen hoher Kunst und Massenkunst, sprich den Bildern der elektronischen und digitalen Medien, gewahrt bleiben soll, um der Avantgardekunst nicht ihr revolutionäres Potential zu rauben. Jene zwei Rezeptionsformen, die für die Postmoderne bezeichnend sind, nämlich sich entweder gänzlich distanziert dem Bild gegenüber oder distanzlos involviert mit diesem zu zeigen, kranken an dem Umstand, dass sie unkritisch sind (Parmentier 1988: 70). Für Parmentier steht fest, dass eine kritische Form der Auseinandersetzung Voraussetzung dafür ist, das bildende Potential der Bilder der Kunst ausschöpfen zu können. Ästhetische Bildung würde damit auch bedeuten, den Differenzsinn zu kultivieren.

In Anlehnung an Theodor W. Adornos *Ästhetische Theorie* entwickelt Parmentier seine Theorie der reflexiven Auseinandersetzung mit Kunstwerken. Das Kunstwerk gilt dabei als ein Erfahrungsraum, der zugleich die Grenzen des eigenen Horizonts erschüttert und gleichzeitig Anlass zum selbstbestimmten Neupositionieren bietet. Das künstlerische Bild, als Differenzphänomen verstanden, thematisiert die Kluft zwischen der eigenen Perspektive und dem Blick, den es eröffnet. Es besitzt einen ausgezeichneten Status, unterscheidet sich aber nicht generell von Dingen. Parmentier fordert nämlich ein, die Verwandtschaft zwischen Dingen und Bildern anzuerkennen und jene Idealisierung zu problematisieren, dass Dinge eine größere Lebensnähe und direktere Anschaulichkeit besäßen als Bilder (vgl. ebd. 2001). Sowohl Dinge als auch Bilder sind verweisende, symbolisch aufgeladene Objekte, die ihre Bedeutung nicht durch eine reine Selbstbezüglichkeit erhalten, sondern durch eine Bezogenheit auf Anderes.

Jenen Differenzsinn zu kultivieren, der für eine kritische Begegnung mit Bildern Voraussetzung ist, betrifft also nicht nur die Auseinandersetzung mit Bildern im engeren, gerahmten Sinn. Er muss, konsequenterweise, auch die Auseinandersetzung mit Dingen betreffen. Neben dieser pädagogischen Vorarbeit steht im Zentrum von Parmentiers Bestrebungen aber das Herausstreichen des erzieherischen Potentials und der bildenden Wirkung der Bilder der Kunst: Auch Parmentier knüpft hier, wie Meyer-Drawe an den humanistischen Geist der Aufklärung an und bezieht sich neben Adorno auf Schiller (vgl. ebd. 2011). Die ästhetische Bildung braucht das Bild der Kunst, da es kritisches Potential in sich birgt. Aufgabe der Pädagog*innen ist, sie nicht einem exklusiven Kreis von Kenner*innen zu überlassen, sondern dabei zu unterstützen, die notwendige Distanz herzustellen, die für eine angemessene Rezeption des Kunstwerks Voraussetzung ist (ebd. 1988: 73). Die Distanz dem Bild der Kunst gegenüber darf nicht zu groß, sie darf aber auch nicht zu klein sein.

Mit seinen Überlegungen zum pädagogisch angemessenen Weg, das bildende Potential des Bildes für möglichst viele greifbar zu machen, ohne dabei aber den herausragenden Charakter des künstlerischen Bildes zu dezimieren, grenzt sich Parmentier entschieden von einem seit den 1960er Jahren im deutschsprachigen Raum geführten Diskurs ab, der von der bildenden Kraft des Bildes absieht und dagegen die Notwendigkeit in den Fokus der Aufmerksamkeit rückt, einen kritischen Umgang mit Bildern zu erwerben. Gunter Otto (Otto 1974; Otto/Otto 1987) ist einer der Autor*innen im kunstpädagogischen Feld, welcher auch in der allgemeinen Erziehungswissenschaft rezipiert wird. Seit den späten 1960er Jahren arbeitet er an einem Konzept der ästhetischen Erziehung, welches zu klären versucht, wie die Bedingungen für eine reflektierte Auseinandersetzung mit Bildern, allem voran im schulischen Kontext, geschaffen werden können. Nicht nur Parmentier positioniert sich kritisch Otto gegenüber, wenn er darauf beharrt, dass das bildende Potential von Bildern nicht durch eine Überbetonung der Alphabetisierung vergessen werden darf (vgl. Parmentier 2011). Auch Klaus Mollenhauer, einer der meistzitierten deutschsprachigen Erziehungswissenschaftler*innen, der sich der bildenden Dimension ästhetischer Phänomene und Bilder zuwendet, nimmt die Bewegung der sogenannten ästhetischen Erziehung unter Vorbehalt in den Blick. Er versteht diese als Pädagogisierung der Ästhetik, die letztlich darum bemüht ist, das Sperrige und Widerständige der ästhetischen Erfahrung zu bändigen. Die vorrangige Möglichkeit dazu wird in der Alphabetisierung gesehen, dem Erlernen des Codierens und Decodierens von Bildern und ästhetischen Ereignissen. Alphabetisierung hat den Vertreter*innen der ästhetischen Erziehung gemäß in chronologischen Abläufen zu erfolgen, welche das Curriculum regelt (Mollenhauer 1990: 486). Für Mollenhauer liegt das bildende Potential des Bildes nun aber nicht vorrangig in seinem Informationsgehalt, welcher im Rahmen eines Decodierungsprozesses erschlossen werden kann. Vielmehr liegt es im Wirken der Differenz, welche das Bild als Bild auszeichnet. Das Bild wird nicht als ein bloßes Abbild verstanden, dessen Verweisungsbeziehung als fixierte und feststehende erfasst werden könnte. Es gibt dagegen als Differenzphänomen Anlass zu einer ästhetischen Erfahrung, die einen Raum zwischen Wahrnehmung und Erinnerung, Sein und Schein, Wirklichkeit und Fiktion öffnet (vgl. ebd.: 488).

Wenn es eine Chance für ästhetische Bildung geben soll, dann muss das Projekt der modernen Bildung hinterfragt werden: Die ästhetische Wirkung, die vom Bild ausgeht, passt nämlich weder in den Bereich der Erkenntnis noch in den der Praxis, sie ist nicht sozial und nicht politisch. Ihr muss ihr eigener Bereich überlassen werden als eine Möglichkeit, welcher Raum lässt für eine ästhetische Emanzipation, in welcher das „Ich-Selbst-Verhältnis" als „Leibverhältnis" (ebd.: 492) das Zentrum der Bildungsbewegung ausmacht.

Mollenhauer thematisiert Bilder aber nicht nur als Auslöser ästhetischer Erfahrungsprozesse. Für ihn gelten Bilder auch als Objektivationen, als Äußerungen, welche ein Problem, das ein*e Bildermacher*in (mit sich selbst) hat, „zu sinnlicher Anschauung" (ebd. 2008: 167) bringen. Als solche Veräußerungen innerer Zustände spielen Bilder nicht zuletzt als Zeugnisse persönlicher Entwicklungen im Kontext kultureller Etappen eine wesentliche Rolle für pädagogische Reflexionen. Vor allem für ein Bedenken des erziehungswissenschaftlich zentralen Konzepts „Identität" sind Bilder von Interesse. Identität ist laut Mollenhauer ein Konstrukt, das der Vereinfachung von Vieldeutigkeiten dient. Für Bildungsbewegungen ist es wesentlich, nicht als Tatsache allerdings, sondern als Problem (ebd.: 159), das in Selbstverhältnissen zum Ausdruck kommt. Selbstverhältnisse sind nicht direkt beobachtbar. Für die Pädagogik ist es daher entscheidend, eine „Aufmerksamkeit für die Spuren von Selbstverhältnissen" (ebd.: 160) zu entwickeln. Solche Spuren finden sich zum Beispiel in Selbstbildnissen manifestiert. Da Bilder innere Vorgänge veräußern können, markieren sie ein Wechselspiel zwischen Innen und Außen, das gerade für jene erziehungswissenschaftlichen Reflexionen von enormem Gewicht ist, die Interesse für das hegen, was sich im Inneren einer Person abspielt.

Auch Karl-Josef Pazzini interessiert sich für jenen Grat zwischen Innen und Außen, den Bilder entlangwandern. Vor psychoanalytischem Hintergrund versteht er die Bildung vor Bildern als sehr vielfältig: Sie kann sich gewollt wie auch ungewollt vollziehen, sie kann innerhalb von Institutionen wie Schule oder Museum aufgegleist werden, sie kann aber auch außerhalb fest gesetzter institutioneller Bahnen erfolgen (Pazzini 2015: 13). Pazzini sieht im Rahmen der Vielfalt der Bildungsprozesse, die sich im Anbetracht von Bildern abspielen, sowohl die Möglichkeiten der Öffnung wie auch der Schließung und Einengung von Perspektiven als bedenkenswert. Einbildungen, so wie er sie nennt, können Blicke eröffnen. Einbildungen können „Neubildungen" (ebd.) aber ebenso erschweren oder gar verhindern. Sie können damit zu Grenzziehungen führen und Schließungen befördern.

Als pädagogische Intervention erachtet Pazzini daher eine Entbildung als wesentlich. Sie wird verstanden als Bewusstmachen von begrenzenden Einbildungen, die eine Konfrontation mit diesen umfasst und schließlich zu ihrer Auflösung führen soll. Gerade in Anbetracht künstlerischer Bilder können Erfahrungen gemacht werden, die mit Entbildungen einhergehen. Diese Macht der Bilder ersetzt allerdings nicht die Notwendigkeit pädagogischer Arbeit. Kunstpädagog*innen sollen laut Pazzini dabei unterstützen, Entbildungen aufzulösen und Möglichkeiten neuer Bildungen zu forcieren. Ein Thema ist in diesem Zusammenhang die ikonische Differenz, die von Boehm in den Diskurs eingeführt wird. Aber auch die Trennung, die die Bilder der Kunst vornehmen, sollen im Rahmen pädagogischer Bestrebungen forciert werden. Sie sollen dazu ermutigen, Umwege zu gehen (Pazzini 2012: 20).

4. Debatten von heute und Perspektiven für morgen

Grundsätzlich fällt bei einem Blick auf jene Debatten über das Bild, die in den letzten 40 Jahren für das Feld der allgemeinen Erziehungswissenschaft vordergründig waren, auf, dass dem Bereich der Kunst ein sehr großer Stellenwert eingeräumt und eine außerordentliche Chance für Bildungsprozesse zugesprochen wird. Meyer-Drawe, Parmentier, Mollenhauer und Pazzini sehen in den Bildern der Kunst ein enormes irritierendes, transformierendes, kritisches, reflexives wie auch entbildendes Potential. Ihnen wird daher von allen genannten Autor*innen die Kraft zugesprochen, in den rezipierenden Personen Bildungsbewegungen anzustoßen, die sehr bewusst im Gegensatz zu ökonomisierten und funktionalistischen Formen der Bildung gezeichnet werden. Auch bei anderen Theoretiker*innen im Feld der Erziehungswissenschaft findet sich der Fokus auf die Wirkung und die Macht des Bildes in den Vordergrund gerückt. Eckart Liebau und Jörg Zirfas (2008) betonen allerdings stärker die Bedeutung des Sinnlich-Ästhetischen als jene des Künstlerischen. Auch beim phänomenologisch inspirierten Blick auf das Bild, wie er die Überlegungen von Malte Brinkmann und Carlos Willatt (2019) prägt, werden der reflexive Zugang zur Sinnlichkeit und Leiblichkeit unterstrichen. Christian Rittelmeyer (1996) setzt ebenso an einer ähnlichen Stelle an und hebt den holistischen Aspekt einer Bildung im Lichte des Bildes hervor, wenn er die synästhetischen Prozesse in der Auseinandersetzung mit ästhetischen Phänomenen betont. Hier werden die Sinne nicht vereinzelt, sondern in ihrem Zusammenspiel angesprochen.

Auch wenn das Konzept des Bildes bei den diskutierten Ansätzen nicht durchwegs vordergründig ist und auch terminologisch nicht überall vorkommt, werden Bilder doch in der Konzentration auf ästhetische Phänomene und Artefakte an zentraler Stelle mitbedacht. In den dargestellten Perspektiven wird das Bild in seiner erzieherischen Funktion und in seinem bildenden Potential untersucht. Es entfaltet für die Autor*innen Kräfte, die für unterschiedliche Bereiche eine Rolle spielen können, für politische und ethische ebenso wie für evaluative und psychologische. Der Erkenntnisgewinn im Rahmen der Bildbetrachtung wird dabei interessanterweise aber kaum als Chance begriffen. Ein möglicherweise anderes Wissen, das durch das Bild der Erfahrung zugänglich werden kann, wie es von klassischen Autoren wie Alexander Gottlieb Baumgarten (1988) herausgestrichen wird und in den philosophischen wie auch kulturwissenschaftlichen Debatten heute ein großes Thema ist (vgl. etwa Gaut 2006; Laner 2015a; 2015b; Mersch 2015), wird von erziehungswissenschaftlicher Warte aus kaum in den Blick genommen und reißt ein Feld auf, das für weitere Reflexionen im Bereich der allgemeinen Erziehungswissenschaft künftig von Interesse sein könnte.

Neben der Betonung der erzieherischen Funktion und der bildenden Kraft von Bildern finden sich bei den im vorherigen Teil fokussierten Autor*innen auch verstreute Überlegungen zum pädagogischen Vorlauf, der für eine angemessene Auseinandersetzung mit Bildern die Grundlage bildet. Bei Meyer-Drawe taucht der Hinweis auf jene Gefahr auf, die die massenhaft erscheinenden Bilder bergen und die zum einem Verlust das Bildbewusstseins ebenso führen können wie zu einer Reduktion der Entfaltungsmöglichkeiten der eigenen Fantasie. Um diesen Problemen, die die bilderüberflutete Gegenwart mit sich bringt, zu begegnen, ist es ihrer Ansicht nach notwendig pädagogische Strategien zu entwickeln. Von Alphabetisierung spricht sie dabei nicht, anders als Mollenhauer und Parmentier. Beide verweisen auf die Bedeutung eines Erwerbs von Fertigkeiten des Bilderlesens und Bilderverstehens. Gleichzeitig äußern sich beide kritisch in Bezug auf den sehr begrenzten pädagogischen Horizont, der sich aus einer Fokussierung auf Vorgänge der Alphabetisierung ergibt. Bildpädagog*innen wären damit auch nicht primär als Vermittler*innen basaler Vorgänge des De-Codierens zu begreifen, sondern vielmehr als Unterstützer*innen beim Finden eines eröffnenden und nicht beschließenden Zugangs zu Bildern. Pazzini setzt an einer ähnlichen Stelle an, wenn er betont, dass es in einer Bildpädagogik darum gehen muss, Entbildungen aufzulösen und damit einen möglichst unverstellten Zugang zu Bildern zu entwickeln. Über die in den Fokus genommenen Positionen hinaus wird von Gabriele Weiß (2015) in Bezug auf den Bildungsweg hin zu einer Auseinandersetzung mit Bildern die ethische Dimension mitbedacht. Philipp Knobloch und André Schütte (2017) sind zwei der wenigen Autor*innen, die sich den massenmedialen Bildern des Alltags proaktiv zuwenden und überlegen, wie gerade der Auseinandersetzung mit Bildern des Konsums pädagogisch beizukommen ist.

Zusammenfassend lässt sich mit Blick auf die Fragen nach jener Erziehung und Bildung, die notwendig scheint, um Bildern angemessen zu begegnen, eine klare Tendenz ablesen: Für Bilder der Kunst scheint es wünschenswert zu sein, einen möglichst unverstellten, offenen und entgrenzten Zugang zu entwickeln. Pädagog*innen sollten hier unterstützen, den Blick nicht zu richten, sondern ihn möglichst frei schweifen zu lassen und empfänglich zu sein. Für die massenmedialen Bilder allerdings wird es eher als notwendig erachtet, pädagogische Interventionen dahingehend zu forcieren, Mechanismen der Abgrenzung und Distanznahme zu fördern, kritische Bezugnahmen also, die die Bilder auf Abstand bringen. Interessant ist dabei, dass das Problem der Zugänglichkeit der Bilder der Kunst und die durchaus mit Privilegien behaftete Haltung, die für eine Auseinandersetzung mit künstlerischen Bildern und kulturelle Praxis etabliert ist, kaum problematisiert wird. Eine Ausnahme bildet Parmentier (1988), der allerdings auch zum Schluss kommt, dass die Frage nach der Zugänglichkeit die Exklusivität und Autonomie der Avantgardekunst nicht einschränken dürfe. Für künftige Überlegungen im Rahmen der allgemeinen Erziehungswissenschaft wäre es daher durchaus von Interesse, Fragen nach Privilegien und Macht gerade dort zu stellen, wo die Bilder der Kunst im Fokus stehen. Autor*innen wie Gayatri C. Spivak (2007), Nora Sternfeld (2014) oder Carmen Mörsch (2019) könnten hier Denkanregungen geben.

Literatur

Aristoteles (2011): Politik. Berlin: Akademie Verlag.
Baumgarten, Alexander G. (1988): Theoretische Ästhetik. Die grundlegenden Abschnitte aus der „Aesthetica" (1750/58). Hamburg: Meiner.
Benjamin, Walter (2007): Das Kunstwerk im Zeitalter seiner technischen Reproduzierbarkeit. Und weitere Dokumente. Frankfurt a. M.: Suhrkamp.
Boehm, Gottfried (Hrsg.) (1994a): Was ist ein Bild?, München: Fink 1994.
Boehm, Gottfried (1994b): Die Wiederkehr der Bilder. In: Ders. (Hrsg.), Was ist ein Bild? München: Fink, 11–38.
Boehm, Gottfried (1994c): Die Bilderfrage. In: Ders. (Hrsg.), Was ist ein Bild? München: Fink, 325–343.
Bourdieu, Pierre (1987): Die feinen Unterschiede. Kritik der gesellschaftlichen Urteilskraft. Frankfurt a. M.: Suhrkamp.
Bourdieu, Pierre/Darbel, Alain (2006): Die Liebe zur Kunst. Europäische Kunstmuseen und ihre Besucher. Konstanz: UVK.
Brinkmann, Malte/Willatt, Carlos (2019): Ästhetische Bildung und Erziehung. Eine phänomenologische und bildungstheoretische Vergewisserung. In: Zeitschrift für Pädagogik, 2019/6, 825–844.
Ehrenspeck, Yvonne (1998): Versprechungen des Ästhetischen. Die Entstehung eines modernen Bildungsprojekts. Opladen: Leske + Budrich.
Gaut, Berys (2006): Art and Cognition. In: Kieran, Matthew (Hrsg.): Contemporary Debates in Aesthetics and the Philosophy of Art. Malden: Blackwell, 115–126.
Heßler, Martina; Mersch, Dieter (Hrsg.) (2009): Logik des Bildlichen. Zur Kritik der ikonischen Vernunft. Bielefeld: transcript.

Herbart, Johann Friedrich (1982/1804): Über die ästhetische Darstellung der Welt als das Hauptgeschäft der Erziehung (1804). In: Pädagogische Schriften. Erster Band. Kleinere pädagogische Schriften. Stuttgart: Klett-Cotta, 105–121.

Humboldt, Wilhelm von (1799): Ästhetische Versuche. Braunschweig: Friedrich Vieweg.

Husserl, Edmund (1980): Phantasie, Bildbewusstsein, Erinnerung. Zur Phänomenologie der anschaulichen Vergegenwärtigungen. Texte aus dem Nachlass (1898–1925). Husserliana Band XXIII. Den Haag: Martinus Nijhoff.

Knobloch, Philipp/Schütte, André (2017): Konsumästhetik und Bildung. Grundzüge einer Theorie konsumästhetischer Bildungsprozesse. In: Thompson, Christiane/Casale, Rita/Ricken, Norbert (Hrsg.): Die Sache(n) der Bildung. Schöningh: Paderborn, 87–106.

Krämer, Sybille; Bredekamp, Horst (Hrsg.) (2003): Bild – Schrift – Zahl. München: Fink.

Laner, Iris (2015a): Goodman and Husserl on Practical Aesthetic Knowledge. In: Estetika. The Central European Journal of Aesthetics, LII/VIII, 164–189.

Laner, Iris (2015b): Kontemplatives Wissen. Zur epistemischen Dimension ästhetischer Erfahrung nach Merleau-Ponty. In: International Yearbook of Hermeneutics, Nr. 14 (2015), 316–346.

Liebau, Eckart/Zirfas, Jörg (2008) (Hrsg.): Die Sinne und die Künste. Perspektiven ästhetischer Bildung, Bielefeld: transcript.

Maar, Christa; Burda, Hubert (Hrsg.) (2004): Iconic Turn. Die neue Macht der Bilder. Köln: DuMont.

Mersch, Dieter (2015): Epistemologien des Ästhetischen. Über das Denken der Kunst. Zürich/Berlin: Diaphanes.

Meyer-Drawe, Käte (2006): Der „Weg zu dem Kopf durch das Herz". Grundlinien von Schillers Bildungsbegriff. In: Fuchs, Brigitta/Koch, Lutz (Hrsg.): Schillers ästhetisch-politischer Humanismus. Die ästhetische Erziehung des Menschen. Würzburg: Ergon, 33–48.

Meyer-Drawe, Käte (2017): Auf den Flügeln der Fantasie. In: Vierteljahrsschrift für wissenschaftliche Pädagogik, 3/2017, 315–323.

Meyer-Drawe, Käte (2020): „Bilder trotz allem". Fragilität und Verletzlichkeit von Wahrnehmungen. In: Aktas, Ulas (Hrsg.): Vulnerabilität. Pädagogisch-ästhetische Beiträge zur Korporalität, Sozialität und Politik. Bielefeld: transcript, 101–118.

Mitchell, William J. Thomas (1986): Iconology. Image – Text – Ideology. Chicago: University of Chicago Press.

Mitchell, William J. Thomas (1992): The Pictorial Turn. In: Artforum 30/March 1992, 89–94.

Mollenhauer, Klaus (1990): Ästhetische Bildung zwischen Kritik und Selbstgewissheit. In: Zeitschrift für Pädagogik, 36, 481–494.

Mollenhauer, Klaus (2008): Vergessene Zusammenhänge. Über Kultur und Erziehung. Weinheim/München: Juventa.

Mörsch, Carmen (2019): Die Bildung der A_N_D_E_R_E_N durch Kunst. Eine postkoloniale und feministische Kartierung der Kunstvermittlung. Wien: Zaglossus.

Otto, Gunter (1974): Didaktik der Ästhetischen Erziehung. Braunschweig: Westermann.

Otto, Gunter/Otto, Maria (1987): Auslegen. Ästhetische Erziehung als Praxis des Auslegens in Bildern und des Auslegens von Bildern. Velber: Friedrich.

Parmentier, Michael (1988): Ästhetische Bildung zwischen Avantgardekunst und Massenkunst. In: Neue Sammlung, 28. Jahrgang, 63–74.

Parmentier, Michael (2001): Der Bildungswert der Dinge oder: Die Chance des Museums. In: Zeitschrift für Erziehungswissenschaft, 1/2001, 39–50.

Pazzini, Karl-Josef (2012): Sehnsucht der Berührung und Aggressivität des Blicks. Kunstpädagogische Positionen, Band 24, Hamburg.

Pazzini, Karl-Josef (2015): Bildung vor Bildern. Kunst – Pädagogik – Psychoanalyse. Bielefeld: transcript.

Platon (1994): Politeia. In: Sämtliche Werke. 2. Lysis, Symposion, Phaidon, Kleitophon, Politeia, Hamburg: Rowohlt.

Rancière, Jacques (2006): Schiller und das ästhetische Versprechen. In: Felix Ensslin (Hrsg.): Spieltrieb. Was bringt die Klassik auf die Bühne? Berlin: Theater der Zeit, 39–55.

Rittelmeyer, Christian (1996): Synästhesien. Entwurf zu einer empirischen Phänomenologie der Sinneswahrnehmung. In: Mollenhauer, Klaus/Wulf, Christoph (Hrsg.): Aisthesis/Ästhetik. Zwischen Wahrnehmung und Bewußtsein. Weinheim: Deutscher Studien Verlag, 138–153.

Sachs-Hombach, Klaus (Hrsg.) (1995): Bilder im Geiste. Zur kognitiven und erkenntnistheoretischen Funktion piktorialer Repräsentationen. Amsterdam: Rodopi.
Schiller, Friedrich (1971): Kallias oder über die Schönheit. Fragment aus dem Briefwechsel zwischen Schiller und Christian Gottfried Körner. Über Anmut und Würde. Stuttgart: Reclam.
Schiller, Friedrich (2009): Über die ästhetische Erziehung des Menschen in einer Reihe von Briefen. Frankfurt a. M.: Suhrkamp.
Spivak, Gayatri Chakravorti (2007): An Aesthetic Education in the Era of Globalization. Cambridge: Harvard Univ. Press.
Sternfeld, Nora (2014): Verlernen vermitteln. Kunstpädagogische Positionen. Band 30. Hamburg.
Weiß, Gabriele (2014): Gewissen zwischen Geschmacks- und Charakterbildung. In: Bunke, Simon/ Mihaylova, Katerina (Hrsg.): Gewissen zwischen Gefühl und Vernunft. Interdisziplinäre Perspektiven auf das 18. Jahrhundert. Würzburg: Königshauen & Neumann 2015, 149–164.

Bild – Bildung – Biographie. Eine synoptische Betrachtung der Bedeutung des Bildes in der qualitativen erziehungswissenschaftlichen Forschung

Michaela Kramer und Patrick Bettinger

1. Einführung: Bilder in der qualitativen Bildungs- und Biographieforschung

Mit dem Satz „Bilder und Bilderfahrungen sind heute zentraler Bestandteil der Wahrnehmung, der Wirklichkeitserfahrung und des kommunikativen Austauschs von Kindern und Jugendlichen" (Marotzki/Niesyto 2006: 7) leiten Winfried Marotzki und Horst Niesyto im Jahr 2006 den Sammelband zu Bildinterpretation und Bildverstehen ein. Auch Burkhard Schäffer, Heide von Felden und Barbara Friebertshäuser (2007: 7) sehen mit Blick auf die Frage des Bildhaften und Visuellen die Tendenz einer „ubiquitären Bedeutungszunahme […] in öffentlichen und privaten Räumen". Diesen Befunden kann auch rund 15 Jahre später noch zugestimmt werden. Mehr denn je scheint Bildkommunikation über soziale Milieus, Lebensalter und Kontexte hinweg einen zentralen Platz in der Alltagsrealität einzunehmen, was nicht zuletzt der gesteigerten Verbreitung entsprechender digitaler Plattformen zuzurechnen ist, deren Strukturlogik häufig auf Bildhaftigkeit und visuelle Kommunikation ausgelegt ist.

Deutlich zeigt sich bereits vor einigen Jahren ein Bewusstsein über die Notwendigkeit, diesen Entwicklungen forschend zu folgen. Ehrenspeck und Schäffer (2003: 9) konstatieren vor mehr als 20 Jahren, dass „trotz des ‚iconic turn' und der unbestrittenen Bedeutung der medialen Kultur für gesellschaftliche Selbstbeobachtung sowie Sozialisations-, Bildungs- und Erziehungsprozesse mediale Dokumente als Quelle erziehungswissenschaftlicher qualitativer Forschung bislang weitgehend ungenutzt [bleiben]". Auch Marotzki und Niesyto bemängeln in ihrem Sammelband eine „Bildvergessenheit der Erziehungswissenschaft" (Marotzki/Niesyto 2006: 7) und ebenso Bohnsack, der im Jahr 2007 eine „Marginalisierung des Bildes in der empirischen Sozialforschung und den qualitativen Methoden" (Bohnsack 2007: 21) feststellt. Vor dem Hintergrund dieses Desiderats prognostizieren Schäffer, von Felden und Friebertshäuser (2007: 8) eine stärkere Verankerung spezifischer interpretativer Verfahren, um erziehungswissenschaftliche Fragestellungen in Bezug zu bildhaftem Material zu bearbeiten: „Beide Befunde zusammen genommen – die allgemeine Zunahme des Visuellen in öffentlichen und privaten Kontexten und die spezifische Bedeutung von Bildhaftigkeit in pädagogischen Handlungskontexten – lassen die Annahme plausibel erscheinen, dass sich Bildinterpretationskompetenzen mehr und mehr zu einer Schlüsselqualifikation im Kanon erziehungswissenschaftlich relevanter Forschung entwickeln werden". Es stellt dahingehend sich die Frage, inwiefern diese Entwicklung tatsächlich eingetreten ist und ob sich erziehungswissenschaftliche Bildanalysen – hier mit Fokus auf qualitative Bildungs- und Biographieforschung – etablieren konnten.

In den vergangenen Jahren haben zahlreiche erziehungswissenschaftliche Publikationen und Arbeitsgruppen – etwa im Rahmen von Methodenworkshops – dazu beigetragen, diese Desiderate zu bearbeiten. Ein Blick auf die ‚qualitative Bildungs- und Biographieforschung' der Kommission der Sektion ‚Allgemeine Erziehungswissenschaft' in der DGfE lässt erkennen, dass das Thema ‚Bild' in Publikationen und Tagungen immer wieder zum Thema gemacht und insbesondere vor dem Hintergrund methodischer und methodologischer Fragestellungen diskutiert wird. So liegen einerseits die beiden bereits oben erwähnten Sammelbände von Friebertshäuser, von Felden und Schäffer (2007), die dem Zusammenhang von Bild und Text in der qualitativen Sozialforschung nachgehen, sowie von Marotzki und Niesyto (2006), die ein Spektrum unterschiedlicher qualitativ-rekonstruktionslogisch verfahrender Methoden der Bildanalyse darstellen, vor. Andererseits finden sich im Rahmen der Auseinandersetzung mit Fragen der Methodentriangulation in der qualitativen Bildungsforschung (Ecarius/Miethe 2011/2018) sowie im Kontext der Bedeutung von Erinnerung, Reflexion und Geschichte (Dörr/von Felden/Klein/Macha/Marotzki 2008) und jüngst auch dem Zusammenhang von Dingen und Raum (Tervooren/Kreitz 2018) Bezüge zum Thema Bild in bildungs- und biographieanalytischer Absicht. Aber auch bereits früher wurde zu spezifisch bildbezogenen Fragestellungen aus bildungs- und biographietheoretischer Perspektive publiziert: So befasst sich Mollenhauer 1983 in Form eines Essays mit einer bildungstheoretisch inspirierten Bildinterpretation. Ausgangspunkt seiner Überlegungen ist unter anderem die kritische Feststellung einer Marginalisierung des Bildes, welches etwa in historischen Arbeiten zur Pädagogik nur illustrative Zwecke erfülle (Mollenhauer 1983: 174). Eine ebenfalls vergleichsweise frühe pädagogische Auseinandersetzung mit Bildern findet sich bei Rittelmeyer und Wiersing (1991), die sich mit den Möglichkeiten einer ikonologischen Interpretation von Dokumenten im Kontext von Erziehung und Bildung befassen. Schäfer und Wulf (1999) setzen sich aus anthropologisch-historischer Sicht mit den Zusammenhängen von Bildung und Bildern auseinander. Daneben sind auch (fach-)didaktische Überlegungen zum Einsatz von Bildern in institutionalisierten Bildungssetting fester Bestandteil pädagogischer Überlegungen (u. a. Holzbrecher/Oomen-Welke/Schmolling 2006).

Insbesondere methodische und methodologische Problemstellungen bilden einen Schwerpunkt von Diskursen rund um Bilder, Bildung und Biographie. Im Rahmen einer Schwerpunktausgabe der Zeitschrift ‚bildungsforschung' befassen sich etwa Dörner und Schäffer (2011) mit diesem Zusammenhang und blicken dabei sowohl auf Bilder „im Sinne von didaktischer Instrumentalisierung, Aufarbeitung, Reflexion und/oder Nutzung in pädagogischen Zusammenhängen" (ebd.: 8) sowie auf die Frage, wie sich Lern-, Bildungs- und Erziehungsprozesse in Bildern materialisieren. Einen inzwischen umfassend ausgearbeiteten Strang, auf den viele Arbeiten aus dem Feld der Bildungs- und Biographieforschung zurückgreifen, bildet die dokumentarische Bildanalyse (Bohnsack 2007; 2013; Bohnsack/Michel/Przyborsky 2015). Im Bereich der empirischen Auseinandersetzung mit Bildern finden sich nicht nur Arbeiten, die die analytischen Möglichkeiten von Bildern als Datenmaterial ergründen, sondern auch Erkundungen der Möglichkeiten, Bilder methodisch im Zuge der Datengenerierung einzusetzen, z. B. in Form von Bild-Text-Collagen als gestalterisches Element im Rahmen qualitativer Datenerhebung (Grell 2008). Im Überblick lässt sich feststellen, dass an unterschiedliche Forschungstraditionen und -zugänge angeknüpft wird, die sowohl genuin der Bildungs- und Biographieforschung zuzuschreiben sind, darüber hinaus aber auch Entwicklungen aus Bereichen wie der visuellen Soziologie (Breckner 2010), der Sozialsemiotik (Meier 2014) oder der Visual Culture Studies (Mitchell 2008) aufgreifen.

Nimmt man zur Kenntnis, dass bereits Anfang der neunziger Jahre von einem *pictoral* (Mitchell 1994) bzw. *iconic turn* (Boehm 1994) die Rede ist, scheint die vergleichsweise späte Hinwendung der qualitativen Bildungs- und Biographieforschung zu Bildern überraschend. Auch wenn visuelle Kommunikation in den vergangenen Jahrzehnten einen immer größeren gesellschaftlichen Stellenwert eingenommen hat, war die Einführung des Begriffs des iconic oder pictoral turn in den wissenschaftlichen Diskurs nicht in erster Linie als Gegenwartsdiagnose gedacht, sondern zunächst als Auftrag, methodologische und methodische Antworten auf die Erforschung der sich ausweitenden bildkommunikativen Formen und deren Auswirkungen auf menschliches Denken und Handeln zu finden (vgl. Burda 2010: 17). Als Reaktionen auf diese Befunde kann das Aufkommen der Bildwissenschaft im deutschsprachigen Raum (z. B. Belting 2001; Bredekamp 2011; Sachs-Hombach 2006) gedeutet werden. Diese Strömung widmet sich insbesondere grundlegenden Theorien des Bildes und fragt nach den historischen, epistemologischen Ausgangspunkten von Bildern. Eine weitere Reaktion auf die Feststellung der Bedeutungszunahme von Bildhaftigkeit kann in der Entstehung der Visual (Culture) Studies im angloamerikanischen Raum (bspw. Larsen/Sandbye 2013; van House 2011) ausgemacht werden. Bilder werden hier im Zusammenhang mit sozialen und kulturellen Praktiken untersucht (vgl. Rimmele/Sachs-Hombach/Stiegler 2014: 10). Diesen Entwicklungslinien kann entscheidender Einfluss auf erziehungswissenschaftliche Auseinandersetzungen zu Fragen der Bedeutung von Bildern unterstellt werden. Sie bilden folglich auch den diskursiven Hintergrund für die Debatten um Möglichkeiten der empirischen Erschließung der Bedeutung von Bildhaftigkeit für bildungs- und biographiebezogene Fragen. Exemplarisch lässt sich etwa die Forderung anführen, Fotografien als erziehungswissenschaftliche Quelle stärker zu berücksichtigen (Fuhs 2010; Moser 2005; Niesyto 2017; 2001; Pilarczyk/Mietzner 2005).

Zum Fokus des Beitrags

Zum Verständnis der nachfolgenden Ausführungen scheint es geboten, den hier behandelten Gegenstand näher einzugrenzen, insofern stellt sich also die Frage: *Auf welche Art von Bildern fokussiert sich dieser Beitrag?* Die breite wissenschaftliche Diskussion zur Frage ‚Was ist ein Bild?' zeigt die Komplexität und Diversität des Begriffs und veranlasst uns dazu, gewisse Formen von Bildern zu berücksichtigen und andere wiederum in den Hintergrund zu rücken. In diesem Beitrag werden wir uns auf solche Bilder beschränken, die erstens als *materialisiert* bezeichnet werden können. Hierunter verstehen wir sowohl die haptisch erfahrbare Materialität etwa eines Fotoabzugs als auch digitale Materialisierung von Bildern, wie sie beispielsweise in sozialen Medien vorliegt. Ausgeschlossen werden mit dieser Fokussierung rein imaginäre Bilder und Metaphern oder Konzepte wie ‚Selbstbilder' (siehe zur Unterscheidung der Begriffsverständnisse von ‚Bild' z. B. Mietzner 2014: 466 f.). Diese Eingrenzung meint gleichwohl nicht, dass dem materialisierten Bild eine imaginäre Sinnebene aberkannt wird – im Gegenteil soll die Annahme von Mitchell (2008) bekräftigt werden, dass Bilder (im Sinne von ‚picture') immer eine materielle und eine immaterielle Ebene (‚image') umfassen (vgl. ebd.: 85). Zweitens wird es um *statische Bilder* gehen, nicht aber um Bewegtbilder. Diese Eingrenzung – wenngleich sie nur schwerlich vollkommen trennscharf vollzogen werden kann (man denke etwa an Gifs oder andere Formen von minimalistisch animierten Bildern) – begründet sich in erster Linie mit der Absicht einer Komplexitätsreduktion.[1] Die folgenden Ausführungen bleiben jedoch offen für verschiedene Verwendungskontexte,

---

[1] Da sich die theoretischen und empirischen Zugänge deutlich unterscheiden, würde der Einschluss von Bewegtbildformaten wie Videos den Rahmen des Beitrags sprengen. Gleichwohl sind wir uns um die Bedeutung dieser Formate für die qualitative Bildungs- und Biografieforschung bewusst. Neben theoretischen Erweiterungen des Bildbegriffs, die ein solcher Einbezug von Bewegtbildformaten mit sich bringt, zeichnen sich besonders in methodologischer und methodischer Hinsicht Herausforderungen ab. So erweitert sich die zu untersuchende Modalität im Falle vieler Bewegtbildformate um die auditive Ebene, hinzu kommt die Zeitachse, ggf. eine sich entfaltende ‚Storyline' uvm. Wennlgeich bildhafte Elemente hierbei eine wesentliche Rolle spielen können, geraten bildanalytische Verfahren hier schnell an ihre Grenzen und müssen gegenstandsangemessen erweitert und modifiziert werden.

Darstellungsformen, Funktionen, Genres, Perspektiven (Produzent*innen- oder Rezipient*innenperspektive) der jeweiligen Bilder, um die jeweils unterschiedlichen Bezugnahmen auf das Bild in der qualitativen Bildungs- und Biographieforschung aufzugreifen und herauszustellen.

Das Ziel des Beitrags besteht in der Entwicklung und Darstellung einer Synopse des genannten Forschungsfeldes. Da jedoch Überschneidungen zu angrenzenden erziehungswissenschaftlichen Subdisziplinen (bzw. Sektionen und Kommissionen der DGfE) wie bspw. der Migrationsforschung, Erwachsenenbildung oder Medienpädagogik ebenso vorhanden sind wie interdisziplinäre Schnittmengen mit u. a. der (visuellen) Soziologie, ist hier keine gänzliche Trennschärfe möglich. Der Beitrag gliedert sich in drei Teile: Es wird zunächst der Bedeutung des Bildes auf inhaltlich-gegenstandsbezogener Ebene nachgegangen und daran anschließend die mit Bildern verbundenen methodologisch-methodischen Zugänge strukturiert dargelegt. Abschließend werden die zentralen Punkte zusammengefasst und ein Ausblick auf offene Fragen und aktuelle Herausforderungen gegeben.

2. Das Bild als Forschungsgegenstand

Während sich erziehungswissenschaftliche Subdisziplinen wie die Kunstdidaktik seit jeher mit bildungsbezogenen Fragen der Rezeption oder Produktion von Bildern befasst, stellt sich die Situation in der qualitativen Bildungs- und Biographieforschung anders dar. Hier steht traditionell textuelles Datenmaterial bzw. typografisierte Sprache im Mittelpunkt sowohl empirischer Studien als auch theoretischer Abhandlungen (vgl. Kauppert/Leser 2018: 624; Breckner 2018: 404). Die erkenntnistheoretischen Ausgangspunkte von Ansätzen, die das Feld über die vergangenen Jahre hinweg geprägt haben, rekurrieren meist auf linguistische Traditionslinien (wie etwa die erzähltheoretischen Grundlagen der Narrationsanalyse nach Schütze oder der biographischen Fallanalyse nach Rosenthal) und gerade der Konnex zwischen Bildung und Biographie rückt meist sprachlich verfasste Erzählungen ganz selbstverständlich in den Mittelpunkt. Auch die in jüngerer Vergangenheit zu beobachtenden Hinwendungen zur Bedeutung von Diskursen für biografische Zusammenhänge (vgl. Spies/Tuider 2017) oder auch das Interesse an pragmatischen oder praxeologischen Grundlegungen im Feld der qualitativen Bildungsforschung (vgl. Nohl 2006; v. Rosenberg 2011) lässt diese Fundierung meist unberührt (als Ausnahme vgl. u. a. Marotzki/Stoetzer 2006; Mitterhofer 2018; Wulf 2007).

Regelmäßig wird im bildungstheoretischen Zusammenhang, oft mit Rekurs auf Wilhelm von Humboldt, die konstitutive Funktion von Sprache für Bildungsprozesse betont (vgl. Marotzki 1990: 95 ff.; Koller 2007: 69), die analog auch für die bildungstheoretisch orientierte Biographieforschung von zentraler Bedeutung ist und meist als „exklusives Medium der Sinnbildung" (Przyborski 2018: 22) gilt. Wenngleich unbestritten ist, dass biographische Artikulation sich nicht nur verbalsprachlich vollzieht, sondern in sehr vielfältiger Weise in Erscheinung tritt, wird dieser Vielfalt eher selten im Rahmen von rekonstruktiven Forschungszugängen oder in Fragen der theoretischen Grundlegung von Biographisierungsprozessen Rechnung getragen. Die in diesem Zusammenhang relevanten Konzepte wie Selbstreflexivität oder Transformation von Selbst- und Weltverhältnissen sind – sofern diese Ebene überhaupt zur Diskussion kommt – in aller Regel als sich in Sprache vollziehende, internale Denkvorgänge oder Handlungsvollzüge konzipiert, kaum aber als dezidiert auf Bilder bezogene Prozesse.[2] Es ist insbesondere die Fähigkeit, Erfahrung sprachlich auf den Begriff zu bringen, welche für den bildungstheoretisch als wichtig erachteten Prozess der Distanznahme in den Vordergrund gerückt wird (Dörpinghaus 2015: 47). Als Besonderheit des Bildes wird – gerade im Unterschied zum Text – die spezifische Eigenlogik gesehen, die etwa von Bohnsack, Michel und Przyborski (2015: 17) in Anlehnung an den Kunsthistoriker Max Imdahl als „Simultanstruktur" bezeichnet und gegenüber einer sequenziellen Struktur sprachlich-textueller Daten abgegrenzt wird. Den Kern dieser Debatte bildet die Frage, inwiefern Bilder auf vorsprachlicher Ebene – also unabhängig von Formen der Verbalisierung und Übersetzung in Text – konstitutiv für Sinnbildungsprozesse sein können. In anthropologischer Hinsicht wird etwa der Gedanke geäußert, Bilder als „des Menschen andere Sprache" (Wuketits 2009) zu begreifen und der Mensch als „homo pictor" gefasst (Wulf 2007).

Auch wenn sich ein ‚pictoral' bzw. ‚iconic turn' in der qualitativen Bildungs- und Biographieforschung (noch) nicht deutlich abzeichnet, lassen sich zumindest Tendenzen erkennen, bildhaften Daten sowohl in empirischer Hinsicht als auch mit Blick auf die theoretische Anschlussfähigkeit mehr Aufmerksamkeit zu schenken. Ein Schwerpunkt wird im Bereich von Fragestellungen hinsichtlich der Bedeutung von Fotografie für biographische Prozesse deutlich (z. B. Autsch 2000; Roberts 2011; Breckner 2018; Kramer 2018). Bezüglich der gegenwärtigen Intensivierung von Bildpraktiken gehen Kauppert und Leser (2018) von einer veränderten Bedeutung fotografischer Praktiken aus, die immer weniger als Möglichkeit der reflexiven Selbstthematisierung fungieren und stattdessen zunehmend eine Öffentlichkeit durch visuelle Artefakte adressieren (ebd.: 627): „Fotografiert wird nicht mehr so sehr, um sich selbst – und signifikant anderen – ein Zeugnis davon abzulegen, dass (und wie!) man einmal gewesen sein wird. Fotografiert wird jetzt vorwiegend, um das eigene Erleben anderen visuell mitzuteilen – gegebenenfalls auch unbekannt vielen gegenüber."

---

2 An dieser Stelle sollen Konzepte wie Imaginaries/Imaginäre nicht unterschlagen werden, die bspw. in der Psychoanalyse eine wichtige Rolle spielen. Wie zuvor bereits angemerkt wurde, bezieht sich der vorliegende Beitrag jedoch nicht auf imaginäre oder metaphorische, sondern nur auf einen materialisierten Bildbegriff und damit nur auf solche Bilder, die auch von Dritten betrachtet und damit zum Gegenstand gemacht werden können.

Bildpraktiken werden auch im Hinblick auf die leibliche Dimension der Biographie diskutiert, wie bspw. Maschke (2013) in ihrer Studie zeigt. Verbunden mit dem Begriff der ‚Entäußerung' legt die Autorin dar, wie sich durch Fotografien „als ein Ausdruck der Selbstinszenierung, Bildung in ihrer habituellen Überformung zeigt" (ebd.: 138). Es zeigt sich, wie habituelle Spannungen in Phasen biographischer Übergänge entstehen und durch selbst inszenierte Fotografien performativ zum Ausdruck gebracht werden können. Auch Mietzner (2015) hebt die Bedeutung fotografischer Artikulation für Bildungsprozesse hervor. Sie betont, dass das „deiktische Potential der Bilder" (ebd.: 125) gerade durch die Schwierigkeit, das Visualisierte in Worte zu fassen, Erkenntnis über menschliche Selbst- und Weltverhältnisse ermöglicht. Eine solche vorsprachliche Ebene von Bildung adressiert wesentlich stärker den Bereich der Ungewissheit und stellt zugleich das Moment des affekthaften Erlebens in den Vordergrund.

Bilder und Biographie werden zudem vor dem Hintergrund erziehungswissenschaftlicher Migrationsforschung thematisiert. Priem (2007) zeigt am Beispiel einer über mehrere Jahre ausgelegten Fotoserie über ein Mädchen mit bosnischer Fluchtgeschichte, „wie visuelle Kultur einen zeitdiagnostischen Rahmen bieten kann, in dem soziale Differenzen in Bezug auf kulturelle Formeln von Kindheit und Jugend gewinnbringend thematisiert werden können" (ebd.: 117f.). Sie verdeutlicht, wie die Fotografien durch das Spiel mit „Diskrepanz zwischen Bild und sozialer Realität, zwischen Klischee und Tatsachentreue" (ebd.: 123) reflexive Potenziale freisetzen. Wolfgarten (2018) geht in seiner Arbeit der Frage nach, welche Rolle Bildausstellungen über Migration, etwa in Form visueller Narrative, von einer bildungstheoretischen Perspektive aus betrachtet, entfalten können. Er analysiert hierzu einen großen und bis in das Jahr 1974 zurückreichenden Materialkorpus von mehr als 13.000 Bildern anhand formalgestalterischer Gesichtspunkte und legt die adressierten Affektgestalten dar, um diese in Bezug zur Frage nach den Bildungsanlässen zu diskutieren, die aus den Ausstellungen hervorgehen können.

Als eine lange erziehungswissenschaftliche Traditionslinie erweist sich darüber hinaus die Forschung zu Kinderzeichnungen, die insbesondere in der Kunstpädagogik vielfach thematisiert wurde. Bereits 1949 befasst sich Kornmann mit den „Gesetzmäßigkeiten und de[m] Wert der Kinderzeichnung". Unter anderem sind Kinderzeichnungen Gegenstand erziehungswissenschaftlicher Fragen rund um Bildung und Biographie, so versteht Schrader (2004: 20) frühe Kinderzeichnungen „nicht als Abbildungen der sichtbaren Oberfläche der Gegenstände, sondern als Spuren von jenen Eigenbewegungen, in denen Kinder sich selbst spüren, wie sie den realen Gegenstand im Umarmen oder Festhalten als Besitz haben". Kinderzeichnungen werden also als Aspekt der sich entwickelnden Selbst- und Welthaltungen begriffen, wobei die Tätigkeit des Zeichnens die „Vergegenwärtigung von Welt im Bewusstsein des Menschen" (ebd.: 25) darstellt. Gerade die noch nicht voll entwickelte Fähigkeit zur verbalsprachlichen Artikulation bei

Kindern verleiht Kinderzeichnungen einen besonderen Status, da hierdurch Bedürfnisse, Dispositionen und Konflikte zum Ausdruck gebracht werden können (Wittmann 2018). Kinderzeichnungen werden unter anderem auch im Kontext der Entstehung von Geschlechterbeziehungen (Wopfner 2008) oder im Kontext interkultureller Bildung und Kommunikation (Richter 2001; Wolter 2007) als Forschungsgegenstand herangezogen. Jüngere Publikationen blicken unter anderem auf Kinderzeichnungen als kulturelle Ausdrucksform (Kirchner/Kirschenmann/Miller 2010) oder fragen nach den Möglichkeiten, diese als Ausdruck von Bildungs- und Subjektivierungsprozessen zu verstehen (Stenger/Fröhlich 2003).

Seit einiger Zeit rücken Bilder im Kontext digital-medialer Strukturgefüge zunehmend in den Fokus der erziehungswissenschaftlichen Bildungs- und Biographieforschung. Hierbei stehen bspw. identitätsbezogene Fragestellungen im Vordergrund (Flasche 2020; Kramer 2020), wobei verdeutlicht wird, dass die Spezifika der medialen Repräsentation von Bildern besonderer Berücksichtigung bedürfen. Gegenwärtig werden für bildhafte Darstellungen vermehrt algorithmisierte Formen des Kuratierens oder des Gatekeeping relevant, die sich als „rechnerische Konstruktion der Wirklichkeit" (Seyfert/Roberge 2017) verstehen lassen. Automatisierte Darbietungs- und Distributionsformen aber auch Empfehlungsalgorithmen bis hin zu Bildern, die durch künstliche Intelligenzen überhaupt erst erzeugt werden, sind Phänomene, die auch für die qualitative Bildungs- und Biographieforschung neue Fragen aufwerfen. Mit Blick auf diese Entwicklungen lässt sich festhalten, dass besonders digitale Bilder zunehmend zu einem wichtigen Bestandteil pluraler „kommunikativer Figurationen" (Hepp/ Breiter/Hasebrink 2018) und damit zu einem immer selbstverständlicheren Teil alltäglicher Erfahrungs- und Ausdrucksformen werden. Diese Entwicklung zieht sowohl hinsichtlich der Vorstellung von Bildern als Gegenstand der qualitativen Bildungs- und Biographieforschung Konsequenzen nach sich als auch in Bezug auf die Möglichkeiten der empirischen Analyse.

3. Bilder auf methodologisch-methodischer Ebene

Qualitative Bildungs- und Biographieforschung kann als eine nicht nur vom theoretischen Erkenntnisinteresse, sondern ebenso von der empirischen Datengrundlage her bestimmte Forschungsrichtung verstanden werden. So sind es lebensgeschichtliche Konstruktionen, die im Sinne einer Darstellung von gelebtem Leben, Lebensführung sowie Lebens- und Bildungserfahrungen analysiert werden. Die Frage, wie dieses Datenmaterial erhoben und interpretiert wird, verweist auf den methodologisch-methodischen Diskurs im Feld der qualitativen Bildungs- und Biographieforschung, bei dem auch die Rolle des Bildes in verschiedenen Facetten relevant wird. Im Folgenden wird zunächst die Bedeutung des Bildes als Erzählanlass im Rahmen von Erhebungsmethoden der qualitativen

Bildungs- und Biographieforschung dargelegt. Daran anschließend wird das Bild als Datenmaterial näher beleuchtet. Wir wenden uns hierbei sowohl Formen der Erhebung als auch der Analyse bildlicher Daten zu.

3.1 Das Bild als Erzählanlass

Die Qualität des in der qualitativen erziehungswissenschaftlichen Forschung zugrunde gelegten Datenmaterials hängt wesentlich davon ab, wie ausführlich, kontextualisierend und frei die erforschten Subjekte sich äußern (können). Besondere Bedeutung kommt daher der Formulierung einer Erzählaufforderung beziehungsweise der Wahl eines konkreten Erzählanlasses zu. Dass Bilder in besonderer Weise zur Narration anregen, wurde bereits aus verschiedenen Disziplinen begründet. Im Anschluss an Harper (2002) etwa lässt sich dies mit Unterschieden der symbolischen Repräsentationssysteme von Text und Bild erklären:

> „This has a physical basis: the parts of the brain that process visual information are evolutionarily older than the parts that process verbal information. Thus, images evoke deeper elements of human consciousness than do words" (ebd.: 13).

Jenes Potenzial macht sich auch die qualitative Bildungs- und Biographieforschung zunutze. Hierbei differieren die eingesetzten bildgestützten Erhebungsformen grundlegend hinsichtlich der Frage, wer die Bilder in das Interview einbringt: Einerseits werden *Bilder von den Forschenden* ausgewählt und gezielt als Erzählanlass eingesetzt. Andererseits kommen *Bilder aus dem privaten Korpus der Beforschten* zur Anwendung, um bildungs- und biographierelevante Phänomene zu erfassen. Zudem liegen sowohl Ansätze vor, in denen *Einzelpersonen* interviewt werden, als auch solche, die auf dem Verfahren der *Gruppendiskussion* basieren. Zuletzt unterscheiden sich Studien hinsichtlich der Frage, ob die eingesetzten Bilder später als Datenmaterial *analysiert werden oder nicht*. Auf dieses Spektrum an Zugängen wird im Folgenden überblicksartig eingegangen.

Die Kombination aus visuellem Erzählimpuls und Gruppendiskussion gehört inzwischen zu den etablierteren bildgestützten Erhebungsmethoden in der Disziplin.[3] So werden vermehrt Bildrezeptionsprozesse zum Ausgangspunkt kollektiver Sinnbildung zu verschiedenen Themen genommen. Michel (2007) arbeitet diesen Ansatz methodologisch heraus, indem er den Habitus als ‚modus recipiendi' spezifiziert. In seiner Studie zu Bildaneignungsprozessen werden insgesamt drei

---

3   Einen ähnlichen Ansatz bildet die videogestützte Gruppendiskussion (siehe bspw. Nentwig-Gesemann 2007).

Realgruppen – also solche Gruppen, die nicht erst für die Forschung als solche zusammengestellt wurden – sechs Fotografien mit der folgenden Initialfrage präsentiert: *Was geht Euch durch den Kopf, wenn Ihr dieses Bild seht?*

> „Damit gelingt nicht nur die Verbalisierung der Rezeptionsprozesse, ohne dass sie dabei dem reflektierenden Bewusstsein und dem Raster begrifflichen Denkens unterworfen werden. Zugleich wird durch dieses Verfahren auch der ganz wesentlich kollektiven Ebene habitusspezifischen Handelns Rechnung getragen" (Michel/Wittpoth 2006: 85 f.).

Mit Fokus auf die Frage nach Geschlechtlichkeit im Handlungsfeld Schule legt auch Carnap (2019) die Fotogruppendiskussion (vgl. u. a. Degele et al. 2009) als Erhebungsmethode zugrunde. Gruppen aus Lehrer*innen (und kontrastierend Gruppen aus Künstler*innen) wird jeweils ein Set aus sieben künstlerischen Portraitfotografien vorgelegt, die auf verschiedene Weise Geschlechtlichkeit thematisieren. Im Sprechen über diese visuellen Anreize lassen sich ‚Genderfiktionen' rekonstruieren, die beeinflussen, wie jemand gesehen wird und mit welchen spezifischen Eigenschaften das Gegenüber entworfen wird. Während bei diesem Ansatz Bildrezeptions- und Aneignungsprozesse im Zentrum stehen, werden bei den Methoden ‚Gruppenwerkstatt' (Bremer/Teiwes-Kügler 2007) und ‚Forschende Lernwerkstatt' (Grell 2008) die Beforschten selbst zum Produzieren visueller Erzählanreize angehalten. Aus von den Forschenden vorselektierten Zeitschriften werden in Kleingruppen Collagen angefertigt, die „einen Zugang zu den Tiefenschichten, d. h. zu den latenten, weniger reflektierten und emotionalen Ebenen des Habitus" (Bremer/Teiwes-Kügler 2007: 85) bieten sollen. Das zur Verfügung gestellte Bildmaterial dient als „Anstoß" (ebd.), um implizite Wissensbestände bildhaft zum Ausdruck bringen zu können. Die Resultate werden anschließend zum Ausgangspunkt verbaler Äußerungen und eigener Interpretationen der Beforschten genommen. Dass somit nicht die Collagen allein als Datenmaterial fungieren, argumentiert Grell (2008) mit einem „erweiterten Verstehen" (ebd.: 182) durch die sprachliche Kontextualisierung.

Bei einem weiteren Ansatz der bildgestützten Erhebung verbalen Materials wird auf Privatbilder der Interviewpartner*innen zurückgegriffen. Diese Bilder, die explizit nicht erst für die Forschung produziert wurden, werden in der Interviewsituation besprochen und kommentiert. Bei diesem als „biografische Fotobefragung" (Fuhs 2010: 630) bezeichneten Verfahren vermögen Bilder, die eng mit dem Alltag der Beforschten verbunden sind, Erinnerungen an die persönliche Vergangenheit zu wecken. Den eigenen Bildern wird in der Rezeptionssituation des Interviews eine spezifische Bedeutung zugewiesen, die in verbal formulierten Biographiekonstruktionen zum Ausdruck gebracht wird. Zum Einsatz kommen im Rahmen biographischer Forschung beispielsweise private Fotoalben, die aufgrund ihrer chronologisch-sequenziellen Struktur für sich genommen bereits als lebensgeschichtlicher Entwurf bezeichnet werden können (vgl. Starl 1995). Die beiden Autor*innen dieses Beitrags wenden diesen Ansatz mit jeweils unterschiedlichen Erkenntnisinteressen im Schnittfeld biographieanalytischer Fragestellungen und digital-medialer Manifestationen von Bildern an. So werden die persönlichen (multimodal präsentierten) Profile bzw. Webseiten der Beforschten im Interview gemeinsam betrachtet und im Sinne eines lauten Denkens zum Ausgangspunkt von Narrationen genommen. Mit der Frage „*Was ist die Geschichte hinter dem Bild?*" wurden in der Studie von Kramer (2020) Jugendliche dazu angeregt aus ihrer alltäglichen Bildpraxis zu erzählen. Bei Bettinger (2018) wurde durch die gemeinsam vollzogene Betrachtung archivierter Versionen von persönlichen Webseiten der Interviewpartner*innen im Anschluss an ein narratives Interview versucht, weitere (medien-)biographische Erzählanlässe zu generieren

3.2 Das Bild als Datenmaterial

In bildungs- und biographieanalytischen Studien werden neben mündlichen und schriftlichen Selbstpräsentationen zunehmend – wenn auch im Vergleich noch selten – visuelle Selbst- und Fremdpräsentationen zum Analysegegenstand. Gemeinsam ist den bildanalytischen Studien die notwendige Reflexion der spezifischen Konstruktionsprinzipien bildhafter Darstellungsformen bzw. der Funktion des Bildes als Medium einer sinnstiftenden Zusammenhangsbildung. Die unterschiedlichen Zugänge lassen sich auf Ebene der Erhebung von Bildern (a) sowie auf Ebene der Methodologien und Auswertungsmethoden (b) aufzeigen. Da Bilder in der qualitativen Bildungs- und Biographieforschung in den seltensten Fällen das alleinige Datenmaterial darstellen, sind darüber hinaus Spezifika triangulierender Verfahren zentral (c).

(a) Erhebung der Bilder

Die Erhebung von Bildern umfasst Gesichtspunkte des Samplings (*Welche und wie viele Bilder bilden den Datenkorpus?*) und der Autorisierung (*Durch wen, wie und als was werden die Bilder für die Analyse ausgewählt?*). Für die Möglichkeiten und Grenzen der späteren Auswertung des visuellen Materials in bildungs- und biographietheoretischer Absicht sind die daran gebundenen empirischen Entscheidungen von großer Relevanz. Sie werden in vorliegenden Studien je nach Forschungsgegenstand und Erkenntnisinteresse unterschiedlich getroffen und begründet, wie in diesem Abschnitt herausgestellt werden soll.

Das Spektrum der zur Analyse herangezogenen Bilder reicht von Fotografien – genauer: Selbstportraits (u. a. Klika 2018), Gruppenportraits (u. a. Müller/Potzel/ Petschner/Kammerl 2023), Fotografien auf Webseiten (u. a. Schäffer 2010) und in sozialen Medien (u. a. Flasche 2021; Kramer 2020) – bis hin zu Zeichnungen bzw.

Skizzen (u. a. Kirchner/Kirschenmann/Miller 2010; Maschke/Hentschke 2015), Collagen (u. a. Grell 2008), fotografischen Dokumentationen in pädagogischen Settings (u. a. Dreke 2017), Bildern in Schulbüchern (u. a. Heinze/Matthes 2010) und Malereien (u. a. Mollenhauer 1983). In qualitativ ausgerichteter Forschung geht es dabei größtenteils um vergleichsweise kleine Samples, bei denen die fallbezogenen Relevanzen auf Ebene tieferer Sinnschichten im Zentrum stehen. Eine Ausnahme bilden Studien, die sich der Methode der seriellen Ikonografie bedienen und damit bereits vom ‚seriellen' Ansatz her auf die Analyse größerer Bildmengen abzielen (u. a. Flasche 2019; Pilarczyk/Mietzner 2005). Teilweise liegen die herangezogenen Bilder bereits unabhängig von ihrer Verwendung für die Forschung vor (u. a. Flasche 2019; Kramer 2020; Bettinger 2018; Mollenhauer 1983), in anderen Fällen werden sie explizit für die Forschung produziert (u. a. Maschke/Hentschke 2015; Klika 2018). Die Frage, *wer* die Bilder jeweils produzierte, ist dabei schwieriger zu beantworten als es auf den ersten Blick erscheint. So sind am Prozess der Bildproduktion stets verschiedene Akteur*innen beteiligt. Bezogen auf die Fotografie beispielsweise leistet sowohl die Person *hinter* der Kamera etwa durch die Wahl des Bildausschnitts, Voreinstellungen des Geräts und Einsatz weiterer gestalterischer Elemente als auch die Person *vor* der Kamera durch ihre körperliche Präsenz/Performanz einen Beitrag. Bohnsack (2018) macht auf diesen Sachverhalt mit der Differenzierung der Gestaltungsleistungen und des Habitus von ab*bildenden* und ab*gebildeten* Bildproduzent*innen aufmerksam. Es stellt sich sodann die berechtigte Frage, über wen die Bildanalyse etwas aussagt bzw. wessen Habitus rekonstruiert werden kann. Sofern beide Akteur*innen einen konjunktiven Erfahrungsraum teilen – beispielsweise für eine jugendspezifische Fragestellung Fotografien herangezogen werden, bei denen Jugendliche von anderen Jugendlichen fotografiert wurden (u. a. Flasche 2021; Kramer 2020) – ist dies methodisch weniger reflexionsbedürftig. Sobald sich jedoch das konjunktive Wissen der beiden Bildproduzent*innen unterscheidet, bedarf es einer Sichtbarmachung dieser Diskrepanzen (bspw. bei Bohnsack 2010: 274 ff.). Zudem gewinnen an diesem Punkt Autorisierungsprozesse (vgl. Przyborski/Wohlrab-Sahr 2014) an Bedeutung, die den Forschenden Aufschluss darüber geben, welchen Gegenstand und wessen Perspektive sie anhand des Bildes rekonstruieren können. Erweitern ließe sich die Frage nach der Bildproduktion noch hinsichtlich der Beteiligung nicht-menschlicher Entitäten, insbesondere mit Blick auf Social-Media-Plattformen, die z. B. semi-automatisierte Möglichkeiten algorithmengestützter Bildbearbeitung und -modifikation anbieten. Der Fokus verschiebt sich hierbei auf die verteilten Formen von Handlungsmacht im Zuge der Bildproduktion, die sich unter anderem im Rahmen neuerer netzkultureller Phänomene zeigen (wie etwa Memes).

Im Großteil der bildungs- und biographietheoretischen Studien werden die Bilder von den beforschten Bildproduzent*innen selbst autorisiert – also für die Analyse freigegeben – und somit entgegen des Vorwurfs reiner Zufälligkeit in ihrer Funktion als aussagekräftiges fallbezogenes Datenmaterial gestärkt. So heißt es bspw. bei Pilarczyk und Wichmann (2013: 4):

„Mit der Auswahl der Bilder durch die Teilnehmer/innen [...] wurde sichergestellt, dass jene Bilder im Zentrum der Betrachtung standen, die die Fotografen/-innen für sich selbst und das Thema für relevant erachteten. Die Bilder wurden damit nachträglich als bedeutungsvolle Äußerung autorisiert [...]."

Über diesen inhaltlichen Vorteil hinaus ist der Ansatz bei den Beforschten auch im Sinne eines ‚informed consent' aus forschungsethischer Sicht geboten (vgl. DGfE 2006). Der von den Forschenden formulierte Autorisierungsauftrag rahmt dabei in gewisser Weise, welche Bilder in das Sample aufgenommen werden und wofür sie stehen. Hierbei wird zum einen versucht, so wenig wie möglich vorzustrukturieren, zum anderen werden jedoch auch konkrete Impulse gegeben, die bereits in eine gewisse Richtung lenken sollen. Ein inzwischen in unterschiedlichen Anwendungsfeldern erprobter Erhebungsansatz besteht darin, sowohl das Produzieren als auch das Autorisieren der später analysierten Bilder in eine Interviewsituation (Einzelinterviews oder Gruppendiskussionen) einzubinden. Maschke (2013) analysiert fotografische Selbstportraits, die im Rahmen einer Interviewerhebung aufgenommen werden. Die Beforschten erhalten hierzu den Auftrag sich für verschiedene Kontexte zu portraitieren, wodurch unterschiedliche Varianten der jeweiligen Selbstentwürfe zum Ausdruck kommen sollen. Der Auftrag lautet: *„Stell dir vor, du gehst auf eine Reise, hinterlasse Fotos für Familie, Freundeskreis, PartnerIn und Nachwelt"* (ebd., 166). Die Aufnahmesituation wird als Verbindung von „Porträt, Inszenierung und Dialog" (ebd., 168) verstanden. In ähnlicher Weise wird bei Klika (2018) unter Bezugnahme auf das phänomenologische Begriffspaar Leibsein und Körperhaben (Waldenfels 1999: 20 ff.) herausgestellt, wie sich diese Doppelheit des Selbstbezugs im Selbstportrait manifestiert. In der Rolle als Bildproduzent*in sehen sich die Beforschten in ihrer Körperlichkeit von außen als abgebildete Personen und erleben sich in diesem Setting zugleich leiblich von innen. Die soziale Bezogenheit des Bildes – die Relation von Bild und betrachtender Person – führt Klika dazu, in Anlehnung an die Zugzwänge des Erzählens (vgl. Kallmeyer/Schütze 1977) Zugzwänge des

Sich-Abbildens zu formulieren (Klika 2018: 290 f.).⁴ Die Bedeutung des sich auf diese Weise materialisierten Selbstbildes für die Bildungs- und Biographieforschung bringt die Autorin folgendermaßen auf den Punkt:

> „Das Foto erweist sich als Erkenntnismedium, in dem nicht nur bewusste eingenommene Haltungen, sondern zugleich unbewusste lebensgeschichtlich habitualisierte leiblich-körperliche Dimensionen des Selbstbildes zum Ausdruck gebracht und visualisiert werden. Selbstportraits können daher als visuell manifestierte Form von Lebensgeschichte und deren Bildungsprozessen betrachtet und analysiert werden" (ebd.: 291).

Ähnliche Erhebungs-Szenarien der Fotoinszenierung, bei denen die Interviewenden im Prozess des Selbstportraitierens der Interviewten so wenig Einfluss wie möglich nehmen, finden sich mit unterschiedlichen thematischen Ausrichtungen in verschiedenen Studien (u. a. Terhart 2014; 2018; Klika/Kleyen 2007; Müller/Potzel/Petschner/Kammerl 2023). Dass nicht nur Fotografien, sondern auch Zeichnungen in ihrem Bildungsbezug betrachtet werden können, zeigt die Methode der *Sozialräumlichen Karte* (Maschke/Hentschke 2015), welche in Anlehnung an die Narrative Landkarte (Behncken/Zinnecker 1991; 2010) als ein triangulatives Verfahren unter anderem zur Rekonstruktion von Bildungsprozessen und -strategien eingesetzt wird. Hierbei werden die Beforschten darum gebeten, „eine Skizze des persönlichen Raumes, z. B. den des Aufwachsens, mit biografisch relevanten Erfahrungsorten anzufertigen und diese parallel zu erläutern" (ebd.: 118). Daran anschließend nehmen die Interviewpartner*innen Bewertungen und Ergänzungen vor und die Interviewenden bringen weitere Themen anhand eines vorstrukturierten Leitfadens ein.

Studien, die sich auf inhaltlich-gegenstandsbezogener Ebene mit Fotografie beschäftigen (siehe Kap. 2), legen inzwischen vermehrt ein praxistheoretisches Verständnis zugrunde, wodurch sich eine Verschiebung der Perspektive vom Bild als zentrales Element hin zu den digitalen Praktiken vollzieht (u. a. Carnap/Flasche/Kramer 2023; Flasche 2021; Kramer 2020). Ein Verständnis für Bildpraktiken setzt somit auch eine breitere Sicht auf die sozio-technischen Bedingungen voraus, in die die rezeptiven sowie produktiven Kulturtechniken eingebettet sind. Für die Datenerhebung besteht in diesem Forschungskontext eine zentrale Herausforderung darin, die Bildpraktiken in ihrem Zusammenspiel mit den Strukturgefügen digitaler Plattformen zu erforschen. Ein handhabbarer Weg bietet sich dabei über

---

4 Folgende Zugzwänge werden formuliert: 1. sich zur Doppelung des Selbstbezugs (Leib sein und Körper haben) verhalten, 2. sich mit dem eigenen Ich-Selbst-Verhältnis selbstreflexiv auseinandersetzen, 3. Stellung beziehen, 4. Umwandlung von Dreidimensionalität in Zweidimensionalität, 5. den Aufnahmeprozess zum Ende bringen (vgl. Klika 2018).

die Anfertigung von Screenshots, die als nicht-reaktives Datenmaterial biographische Kommunikations- und Artikulationspraxen zugänglich machen. Wie in der jüngeren Diskussion zunehmend theoretisch und methodologisch reflektiert wird, wirken dabei Social-Media-Plattformen mit ihren algorithmischen Mechanismen auf die Selbstpräsentationen und damit auch die für die Erhebung von Bildern relevanten Autorisierungsprozesse entscheidend mit ein (vgl. u. a. Flasche 2021). So sind die Relevanzsetzungen bestimmter eigener Bilder oder Videos im Interview nicht allein auf das Orientierungswissen der Beforschten sowie den indirekten Einfluss der adressierten Forschenden zurückzuführen. Vielmehr priorisieren die individuell algorithmisierten Plattformen bereits gewisse Bilder und zeigen diese im Feed präsent positioniert an (vgl. Carnap/Flasche/Kramer 2023).

(b) Analyse der Bilder

Unter dem Titel „Streifzug durch fremdes Terrain" stellt Mollenhauer (1983) die Bedeutung sowie die Möglichkeiten der Bildanalyse in „bildungstheoretischer Absicht" am Beispiel der Interpretation einer Renaissance-Malerei (Piero della Francescas La Flagellazione) heraus. Sein Vorgehen lehnt er – in leichter Abwandlung und Ergänzung weiterer Quellen – an den methodologischen Dreischritt von Panofskys (1978) Ikonologischer Ikonografie an: In der vorikonografischen Beschreibung werden auf Grundlage praktischer Erfahrung die sichtbaren Motive identifiziert und benannt. Die ikonografische Interpretation dient zur Entschlüsselung konventioneller Bedeutung (ein Hutziehen wird hier bspw. als eine Grußgebärde verständlich). Schließlich geht es in der ikonologischen Analyse um die ‚eigentliche' Bedeutung, den Gehalt, die Verdichtung von Bedeutung für eine ganze Epoche (vgl. ebd.). Mollenhauer unternimmt damit den durchaus überzeugenden Versuch die „Interpretation solcher Materialien in den ‚Kanon' bildungstheoretischer Quellen plausibel einzufügen" (ebd.: 193). Wie dieses frühe Essay orientiert sich auch die darauf folgende erziehungswissenschaftliche Entwicklung von Auswertungsmethoden und Methodologien für Bilder an der Rezeption ‚fremder' disziplinärer Zugänge: „man wendet sich der Kunst- und Filmwissenschaft zu und arbeitet deren Bestände in der Hoffnung auf, hier Hilfen oder Anregungen für sozialwissenschaftliche Analysen zu finden" (Marotzki/Stoetzer 2007: 47). Als Referenzpunkt dienen zumeist Panofskys Modell und vereinzelt auch Imdahls Ikonik, die durch verschiedene disziplinübergreifende Einflüsse weiterentwickelt und für jeweilige Gegenstände und Erkenntnisinteressen fruchtbar gemacht werden. Die im Folgenden knapp skizzierten Methoden können als besonders einschlägig für die qualitative Bildungs- und Biographieforschung angesehen werden.

Eine Analysemethode, die bereits in ihrer Bezeichnung die Termini Biographie und Bildung vereint, ist von Marotzki und Stoetzer (2007) entwickelt worden. Mit der *Bildinterpretation in Biographie- und bildungstheoretischer Absicht* erweitern sie Panofskys Modell um filmwissenschaftliche Elemente. Diesem Vorgehen liegt ein Bildverständnis zugrunde, wonach der Film das umfassendere Gebilde und das Bild als Spezialfall dessen angesehen wird. Die Filminterpretation beinhaltet demnach die Bildinterpretation – eine Annahme, die in film- und bildwissenschaftlichen Diskursen durchaus ihre Gegenstimmen hat (bspw. Krakauer 1960; Sachs-Hombach 2003). Die an vor-ikonografische, ikonografische und formalanalytisch-filmwissenschaftlich inspirierte Stufen der Interpretation (vgl. Bordwell/Thompson 2001) anschließende ikonologische Herausarbeitung des Gehalts der Phänomene wird als eine Herausarbeitung des bildungstheoretischen Gehalts gefasst. Bei der *Dokumentarischen Methode der Bildinterpretation* (Bohnsack 2007; Bohnsack/Michel/Przyborski 2015) findet die für die praxeologische Wissenssoziologie leitende Differenz von kommunikativem und konjunktivem Wissen seine Entsprechung in vor-ikonografischer und ikonografischer Interpretation einerseits und ikonischer und ikonologischer Interpretation andererseits. Mit dem zentralen Anliegen, der Eigenlogik des Bildes gerecht zu werden (siehe Abschnitt 2), steht hierbei die formale Analyse des Bildes in seiner grundsätzlichen Simultanität bzw. „alles auf alles und alles aufs Ganze beziehende Simultanstruktur" (Imdahl 1980: 23) des Bildes im Zentrum. Eine Orientierung an narrativer Sequenzialität, wie sie u. a. bei Marotzki und Stötzers Bildanalysen leitend ist, ziele laut Bohnsack (2011: 21) an den Eigengesetzlichkeiten des Bildes vorbei. Zeigt sich an dieser Stelle eine Kontroverse hinsichtlich des Verhältnisses von Sequenzialität und Simultanität im Rahmen biographischer Forschung, so macht der dritte hier aufgeführte methodische Ansatz das Spannungsverhältnis zwischen Einzelfallanalysen und der Interpretation großer Bildbestände deutlich. Pilarczyks und Mietzners (2005) einschlägige Methode der *seriell-ikonografischen Fotoanalyse* orientiert sich zwar ebenfalls grundsätzlich am Stufenmodell von Panofsky. Das Spezifikum des Ansatzes ist jedoch – wie der Begriff ‚seriell' bereits verdeutlicht – die Interpretation großer Bildmengen (wie auch bei Flasche 2018; Klika 2018; Wolfgarten 2018). Ausgehend von der Annahme, dass „Reproduzierbarkeit und massenhafter Gebrauch [...] zum Wesen des Fotografischen" (Pilarczyk/Mietzner 2005: 131) gehören, wird dafür plädiert sich hiermit durch die wechselseitig aufeinander beziehenden ikonografisch-ikonologischen Analysen einzelner, repräsentativer Bilder und der seriellen Analyse von großen Bildbeständen methodisch auseinanderzusetzen. Auch im Anschluss an die *Objektive Hermeneutik* wird bildanalytisch zu bildungsbezogenen Fragestellungen gearbeitet. Peez (2006) zeigt etwa, wie die ursprünglich eng an einem sequenzanalytischen Verfahrensmodell angelehnte Methode die simultane Gestalt eines Fotos durch Einbezug der formalen Eigendynamik sowie der Identifikation von Gestaltungselementen und dem Folgen von

‚Bildpfaden' berücksichtigen kann. Eine Weiterentwicklung der Objektiven Hermeneutik als *Morphologische Hermeneutik*, die unter anderem bildanalytisch fundiert wird, legen Böhme und Flasche (2018) bzw. Böhme und Böder (2020) vor. Der dreigliedrig angelegte Ansatz, der sich als „ikonische Bildhermeneutik" (ebd.: 19) versteht, unterscheidet zwischen morphischem, wiedererkennendem und vergleichendem Sehen als Bestandteile des bildrekonstruktiven Vorgehens. Grundlegend ist dabei die Annahme eines sinngenerierenden Zusammenhangs von Form und Bedeutung (ebd.: 3), der sich hermeneutisch rekonstruieren lässt.

(c) Triangulierende Verfahren

Unter den verschiedenen Möglichkeiten der Perspektiventriangulation ist die systematische Kombination von Text und Bild eine beliebte Verfahrensweise (siehe dazu insbesondere der Sammelband von Friebertshäuser/Felden/Schäffer 2007). So werden qualitative Fotoanalysen mit Interviews (u. a. Maschke 2013; Terhart 2014) oder Gruppendiskussionen (u. a. Grell 2008; Bremer/Teiwes-Kügler 2007) sowie ethnografischen Beobachtungen und Tischgesprächen (Kraul 2003) kombiniert. Darüber hinaus erfordern gewisse Datenmaterialien aufgrund ihrer Multimodalität an sich bereits ein triangulatives Auswertungsverfahren (bspw. Comics: Dörner 2009; Homepages: Kammerl 2005 oder Social-Media-Inhalte: Kramer 2020). *Welche Ziele werden mit triangulierenden Verfahren verfolgt?* Zunächst wird die Methodenkombination durch eine verbale Kontextualisierung der zu analysierenden Bilder begründet. Im Sinne einer Bearbeitung blinder Flecke soll „methodisch das unvermeidlich Zufällige [der Fotografie, MK, PB] in einen reflexiv interpretierenden Zusammenhang gebracht" werden (Pilarcyk/Wichmann 2013: 4, ähnlich auch Grell 2008). Es geht hierbei auch darum, Missinterpretationen der Bilder zu verhindern, indem die erläuternden Bezugnahmen der Beforschten einen Kontextrahmen bieten. Ein weiterer Anspruch besteht darin, eine systematische Gegenüberstellung der verschiedenen biographischen Kommunikationsformen zu leisten, um die jeweiligen biographischen Konstruktionsprinzipien von Bild und Sprache herausarbeiten zu können. So werden beispielsweise fotografische Selbstportraits und biographisch-narrative Interviews miteinander verglichen (Klika 2018), womit die Annahme einhergeht, „dass sowohl das Kognitive und Sprachliche als auch das Körperlich-Leibliche und dessen visuelle Gestaltung über eigenständige Ausdrucks- und Darstellungsformen biografischer Reflexionsprozesse verfügen" (Maschke/Hentschke 2015). Formulierte Denzin (1970) im Zuge der Triangulationsdebatte zunächst noch das Ziel der Validierung in Form eines direkten Vergleichs und gegenseitigen Ausspielens von Zugängen, so werden die Möglichkeiten und Grenzen eines triangulativen Vorgehens auch in der qualitativen Bildungs- und Biographieforschung inzwischen kritischer gesehen. Entgegen der Vorstellung eines unabhängig existierenden Forschungsgegenstandes wird davon ausgegangen, dass ein Gegenstand erst durch die gewählte Methode und deren methodologischer Grundannahmen konstituiert bzw. konstruiert wird (vgl. u. a. Bohnsack/Michel/Przyborski 2015). Dass eine große Anzahl an Studien die Dokumentarische Methode zugrunde legt (u. a. Bettinger 2018; Carnap 2019), scheint daher auch nicht zuletzt daran zu liegen, dass sie sowohl spezifische methodische Handwerkszeuge bietet, die die Verschiedenheit der Weltzugänge von Text und (Bewegt-)Bild berücksichtigt als auch eine übergeordnete Metatheorie, die den verschiedenen Zugängen zugrunde gelegt werden kann.

4. Zusammenfassung und Ausblick

Bild – Bildung – Biographie: Die synoptische Betrachtung dieses Beitrags zeigte verschiedenste Facetten dieses Diskursfeldes der qualitativ-erziehungswissenschaftlichen Forschung auf. Hierbei zeigten sich wissenschaftshistorische Entwicklungslinien, die vom proklamierten iconic turn über eine Bemängelung von Bildvergessenheit und Marginalisierung des Bildes hin zur Forderung und Prognose einer Verankerung bildanalytischer Forschungskompetenzen führen. Visuelle Forschungsmethoden sowie theoretische Klärungen der Rolle des Bildes für Bildungsprozesse und Biographiekonstruktionen spielen nach wie vor eine untergeordnete Rolle gegenüber textanalytischen Methoden und erzähltheoretisch fundierten Ansätzen. Trotz der beobachtbaren Zunahme an bildbezogenen Publikationen im Forschungskontext der qualitativen Bildungs- und Biographieforschung wurde dennoch in diesem Überblicksartikel deutlich, dass das Potenzial des Bildes noch längst nicht ausgeschöpft ist und sich vielfältige offene Fragen und neue Herausforderungen zeigen.

Wenngleich sich an verschiedenen Stellen seit einigen Jahren neue methodische und methodologische Entwicklungen abzeichnen, so lässt sich auch erkennen, dass tradierte Forschungsprogramme, wie etwa die bildungstheoretisch orientierte Biographieforschung (Marotzki 2006), auch heute noch deutlich das Feld der qualitativen Bildungsforschung prägen. Fragenkomplexe zur Erschließung des Zusammenhangs von Bildern und Bildung sind demgegenüber nach wie vor in einer marginalisierten Position. Auf inhaltlich-gegenstandsbezogener Ebene dürften insbesondere die Entwicklungen rund um die Frage von ‚Bildlichkeit nach dem Internet' (Schütze 2018) Diskussionsbedarf auslösen. Dabei sind nicht nur die quantitative Zunahme von Bildkommunikation relevant, sondern vorwiegend die damit zusammenhängenden qualitativen Veränderungen, die sich für Erfahrungs- und Sinnbildungsprozesse ergeben. Zudem stellen sich mit dem Aufkommen von neuartigen Bildphänomenen und den damit verbundenen soziomedialen Einbettungen wie bspw. Memes, Emoticons, Gifs aber auch Bilder, die durch Künstliche Intelligenz erzeugt wurden sowie Mixed-reality-Phänomene, fundamentale Fragen zu bildungs- und biographietheoretischen Grundannahmen. Während sich diese Veränderungen auf oberflächlicher Ebene relativ deutlich und unproblematisch erfassen und beschreiben lassen, steht die Forschung zu langfristigen biographischen Prozessen noch weitgehend am Anfang. Konzepte wie bspw. biographisches Erinnern und Erzählen müssen angesichts der sich verändernden alltäglichen Medienpraxis hinterfragt und gegebenenfalls neu justiert werden, um diesen – sich durch komplexe sozio-mediale Relationierungen auszeichnenden – Phänomenen gerecht zu werden (vgl. Bettinger 2021). Dies betrifft nicht nur den Bereich der Grundlagen- und Gegenstandstheorien, sondern auch die methodologischen und methodischen Zugänge. Während die meisten qualitativ ausgerichteten Arbeiten zu Bildern sich auf ‚klassische‘ Vorstellungen von Bildlichkeit berufen und die entsprechenden kunsthistorischen Grundlagen zur epistemologischen Fundierung heranziehen, erodieren diese Fundamente mit der zunehmenden Bedeutung digital-medialer Kommunikationsarchitekturen. Die digitale Medialität (Jörissen 2014) als anthropologisches Konstituens betrifft insofern auch sehr direkt Fragen nach der Bedeutung der Bilder für menschliche Selbst- und Weltverhältnisse und respektive die Möglichkeiten, diese interpretativ und rekonstruktiv zu erschließen. Es stellt sich die Frage, inwiefern sich die qualitative Bildungs- und Biographieforschung hier durch neue Analysemethoden (siehe etwa Manovich 2020) inspirieren lassen kann oder sogar sollte, um die gesteigerte Bedeutung der Materialität und Medialität von Bildern in ihren (Re-)Produktions- und Rezeptionskontexten noch stärker zu berücksichtigen. Eine solche Inspiration könnte auch dazu beitragen neuen Narrativitäten (Schachtner 2016) Rechnung zu tragen, die nicht ausschließlich als verbalisierte oder in Schriftsprache formulierte Lebensgeschichte zutage treten, sondern sich der neuen kommunikativen Möglichkeiten bedienen und zugleich durch diese geprägt sind.

Literatur

Autsch, Sabiene (2020): Erinnerung – Biographie – Fotografie. Formen der Ästhetisierung einer jugendbewegten Generation im 20. Jahrhundert. Potsdam: Verl. für Berlin-Brandenburg.
Bettinger, Patrick (2021): Digital-mediale Verflechtungen des Biographischen. Eckpunkte einer relationalen Forschungsperspektive für die bildungstheoretisch orientierte Biographieforschung. In: Zeitschrift für Qualitative Forschung (ZQF), Themenschwerpunkt „Gesellschaftlicher Wandel und die Entwicklung qualitativer Forschung im Feld der Bildung", 11–24.
Bettinger, Patrick (2018): Praxeologische Medienbildung. Theoretische und empirische Perspektiven auf sozio-mediale Habitustransformationen. Wiesbaden: Springer VS.
Belting, Hans (2001): Bild-Anthropologie. Entwürfe für eine Bildwissenschaft. München: Fink.
Behnken, Imbke/Zinnecker, Jürgen (2010): Narrative Landkarten. Ein Verfahren zur Rekonstruktion aktueller und biografisch erinnerter Lebensräume. Weinheim/München: Juventa.

Bohnsack, Ralf (2007): Zum Verhältnis von Bild- und Textinterpretation in der qualitativen Sozialforschung. In: Friebertshäuser, Barbara/Felden, Heide von/Schäffer, Burkhard (Hrsg.): Bild und Text. Methoden und Methodologien visueller Sozialforschung in der Erziehungswissenschaft. Opladen, Farmington Hills: Budrich, 21–46.

Bohnsack, Ralf/Michel, Burkhard/Przyborski, A. (Hrsg.) (2015): Dokumentarische Bildinterpretation. Methodologie und Forschungspraxis. Opladen, Berlin & Toronto: Budrich.

Bohnsack, Ralf (2011): Qualitative Bild- und Videointerpretation. Die dokumentarische Methode. 2. Auflage. Opladen, Farmington Hills: Budrich.

Boehm, Gottfried (Hrsg.) (1994): Was ist ein Bild? München: Fink.

Bordwell, David/Thompson, Kristin (2001): Film art. an introduction. 6. Auflage. New York: McGraw-Hill.

Böhme Jeanette, Flasche Viktoria (2018): Die Morphologische Hermeneutik als neuer Ansatz rekonstruktiver Bildungsforschung – zugleich eine exemplarische Formenanalyse architektonischer Sinnstruktur. In: Heinrich Martin/Wernet Andreas (Hrsg.): Rekonstruktive Bildungsforschung. Wiesbaden: Springer VS, 227–242.

Böhme, Jeanette/Böder, Tim (2020): *Bildanalyse Einführung in die bildrekonstruktive Forschungspraxis der Morphologischen Hermeneutik*. Wiesbaden: Springer VS.

Breckner, Roswitha (2010): Sozialtheorie des Bildes. Zur interpretativen Analyse von Bildern und Fotografien. Bielefeld: transcript.

Breckner, Roswitha (2018): Das visuelle Feld der Biographie – neue Fragen und Zugänge. In: Lutz, Helma/Schiebel, Martina/Tuider, Elisabeth (Hrsg.): Handbuch Biographieforschung. Wiesbaden: Springer VS, 403–413.

Bredekamp, Horst (2011): Bildwissenschaft. In: Pfisterer, Ulrich (Hrsg.): Metzler Lexikon Kunstwissenschaft. Stuttgart: Metzler. 72–75.

Bremer, Helmut/Teiwes-Kügler, Christel (2007): Die Muster des Habitus und ihre Entschlüsselung. Mit Transkripten und Collagen zur vertiefenden Analyse von Habitus und sozialen Milieus. In: Friebertshäuser, Barbara/Felden, Heide von/Schäffer, Burkhard (Hrsg.): Bild und Text. Methoden und Methodologien visueller Sozialforschung in der Erziehungswissenschaft. Opladen, Farmington Hills: Budrich. 81–104.

Burda, Hubert (Hrsg.) (2010): In medias res. Zehn Kapitel zum Iconic Turn. München: Petrarca.

Carnap, Anna (2019): Die (Re-)Produktion vergeschlechtlichter Subjekte in ambivalentanerkennenden Wahrnehmungshandlungen von Lehrer*innen – zentrale Vorannahmen und ausgewählte Ergebnisse einer rekonstruktiven Studie ausgehend von Fotogruppendiskussionen. In: DIPF Leibniz-Institut für Bildungsforschung und Bildungsinformation, 1–16.

Carnap, Anna/Flasche, Viktoria/Kramer, Michaela (2023): Posieren oder Sich-Positionieren. Die Rekonstruktion von Haltungen in jugendlichen Social-Media-Praktiken. In Engel, Juliane et al. (Hrsg.): Haltungen in der qualitativen Bildung und Biographieforschung. Opladen: Budrich, 245–264.

Degele, Nina/Kesselhut, Kristina/Schneickert, Christian (2009): Sehen und Sprechen: zum Einsatz von Bildern bei Gruppendiskussionen. In: Zeitschrift für Qualitative Forschung (ZFQ) 10, H. 2, 363–379.

Denzin, Norman K. (1970): The research act. a theoretical introduction to sociological methods. 2. Auflage. London: Butterworths.

DGfE (2006): Anonymisierung von Daten in der qualitativen Forschung. Probleme und Empfehlungen. In: Erziehungswissenschaft 17, H. 32, 33–34.

Dörner, Olaf; Schäffer/Burkhard (2011): Editorial zum Schwerpunktthema Bild, Bildung und Erziehung. In: Bildungsforschung 8, H. 1, 7–15.

Dörr, Margret/Felden, Heide von/Klein, Regina/Macha, Hildegard/Marotzki, Winfried (Hrsg.) (2008): Erinnerung – Reflexion – Geschichte. Erinnerung aus psychoanalytischer und biographietheoretischer Perspektive. Wiesbaden: VS Verlag für Sozialwissenschaften.

Dörpinghaus, Andreas (2015): Bildung als Fähigkeit zur Distanz. In: Dörpinghaus, Andreas/Mietzner, Ulrike/Platzer, Barbara (Hrsg.): Bildung an ihren Grenzen. Zwischen Theorie und Empirie: Festschrift zum 60. Geburtstag von Prof. Dr. Lothar Wigger. Darmstadt: Wissenschaftliche Buchgesellschaft, 45–54.

Ecarius, Jutta/Miethe, Ingrid (Hrsg.) (2011/2018): Methodentriangulation in der qualitativen Bildungsforschung. Berlin und Toronto: Budrich.

Ehrenspeck, Yvonne/Schäffer, Burkhard (2003): Filme und Fotos als Dokumente erziehungswissenschaftlicher Forschung. In: Ehrenspeck, Yvonne/Schäffer, Burkhard (Hrsg.): Film- und Photoanalyse in der Erziehungswissenschaft. Ein Handbuch. Opladen: Leske & Budrich, 9–15.

Fegter Susann (2011): Die Macht der Bilder – Photographien und Diskursanalyse. In: Oelerich Gertrud/Otto Hans-Uwe (Hrsg.): Empirische Forschung und Soziale Arbeit. Wiesbaden: Springer VS, 207–220.

Fuhs, Burkhard (2010): Digitale Fotografie und qualitative Forschung. In: Friebertshäuser, Barbara/Boller, Heike/Langer, Antje/Prengel, Annedore/Richter, Sophia (Hrsg.): Handbuch qualitative Forschungsmethoden in der Erziehungswissenschaft. 3. Auflage. Weinheim/München: Juventa, 621–635.

Flasche, Viktoria (2020): Hinter den Spiegeln – Ikonische Selbstthematisierungen im Netz. In: Fromme, Johannes/Iske, Stefan/Verständig, Dan/Wilde, Katrin (Hrsg.): Die Kunst der Zahlen. Wiesbaden: Springer VS, 157–170.

Flasche, Viktoria (2021): Powerful Entanglements: interrelationships between platform architectures and young people's performance of self in social media. In: Bettinger, Patrick (Hrsg.): Educational Perspectives on Mediality and Subjectivation. Discourse, Power and Analysis. Basingstoke: Palgrave Macmillan.

Friebertshäuser, Barbara/Felden, Heide von/Schäffer, Burkhard (Hrsg.) (2007): Bild und Text. Methoden und Methodologien visueller Sozialforschung in der Erziehungswissenschaft. Opladen, Farmington Hills: Budrich.

Fröhlich, Volker/Stenger, Ursula (Hrsg.) (2003): Das Unsichtbare sichtbar machen. Bildungsprozesse und Subjektgenese durch Bilder und Geschichten. Weinheim/München: Juventa.

Grell, Petra (2008): „Im Bild erinnert – aus der Sprache gefallen?" Bild-Text-Collagen als Forschungs- und Reflexionsinstrument. In: Dörr, Margret/Felden, Heide von/Klein, Regina/Macha, Hildegard/Marotzki, Winfried (Hrsg.): Erinnerung – Reflexion – Geschichte. Erinnerung aus psychoanalytischer und biographietheoretischer Perspektive. Wiesbaden: VS Verlag für Sozialwissenschaften, 179–193.

Harper, Douglas (2002): Talking about pictures. a case for photo elicitation. In: Visual Studies 17, H. 1, 13–26.

Heinze, Carsten/Matthes, Eva (Hrsg.) (2010): Das Bild im Schulbuch. Bad Heilbrunn: Klinkhardt.

Hepp, Andreas/Breiter, Andreas/Hasebrink, Uwe (Hrsg.) (2018): Communicative Figurations. Transforming Communications in Times of Deep Mediatization. Palgrave Macmillan.

Holzbrecher, Alfred/Oomen-Welke, Ingelore/Schmolling, Jan (Hrsg.) (2006): Foto +Text. Handbuch für die Bildungsarbeit. Wiesbaden: VS Verlag für Sozialwissenschaften.

Jörissen, Benjamin (2014): Digitale Medialität. In: Wulf, Christoph/Zirfas, Jörg (Hrsg.): Handbuch Pädagogische Anthropologie. Wiesbaden: Springer VS, 503–513.

Kauppert, Michael/Leser, Irene (2018): Biographie und Fotografie. In: Lutz, Helma/Schiebel, Martina/Tuider, Elisabeth (Hrsg.): Handbuch Biographieforschung. Wiesbaden: Springer, 623–632.

Kallmeyer, Werner/Schütze, Fritz (1977): Zur Konstitution von Kommunikationsschemata der Sachverhaltsdarstellung. In: Wegner, Dirk (Hrsg.): Gesprächsanalysen. Hamburg: Buske, 159–274.

Kirchner, Constanze/Kirschenmann, Johannes/Miller, Monika (Hrsg.) (2010): Kinderzeichnung und jugendkultureller Ausdruck. Forschungsstand, Forschungsperspektiven. München: kopaed.

Klika, Dorle (2018): In den Leib geschrieben – das Selbstportrait als zum Bild geronnene Biographie. In: Ecarius, Jutta/Miethe, Ingrid (Hrsg.): Methodentriangulation in der qualitativen Bildungsforschung (2. Auflage). Opladen, Berlin & Farmington Hills: Budrich, 287–304.

Klika, Dorle/Kleynen, Thomas (2007): Adoleszente Selbstinszenierung in Text und Bild. In: Friebertshäuser, Barbara/Felden, Heide von/Schäffer, Burkhard (Hrsg.): Bild und Text. Methoden und Methodologien Visueller Sozialforschung in der Erziehungswissenschaft. Leverkusen, Opladen: Budrich, 121–139.

Koller, Hans-Christoph/Marotzki, Winfried/Sanders, Olaf (2007): Bildungsprozesse und Fremdheitserfahrung. Beiträge zu einer Theorie transformatorischer Bildungsprozesse. Bielefeld: transcript.

Kornmann, Egon (1949): Über die Gesetzmäßigkeiten und den Wert der Kinderzeichnung. Ratingen: Henn.

Kramer, Michaela (2018): Adoleszente Körperinszenierungen und biografische Selbsterzählungen im Kontext der Smartphone-Fotografie. In: Hartung-Griemberg, Anja/Vollbrecht, Ralf/Dallmann, Christine (Hrsg.): Körpergeschichten. Körper als Fluchtpunkte medialer Biografisierungspraxen. Baden-Baden: Nomos, 29–42.

Kramer, Michaela (2020): Visuelle Biographiearbeit. Smartphone-Fotografie in der Adoleszenz aus medienpädagogischer Perspektive. Baden-Baden: Nomos.

Kraul, Margret (2003): Sisyphos oder „Was will denn eigentlich die ältere Generation mit der jüngeren?" Generationen und Tradierung in der Erziehung. In: Beillerot, Jacky/Wulf, Christoph (Hrsg.): Erziehungswissenschaftliche Zeitdiagnosen. Deutschland und Frankreich. Münster u. a.: Waxmann, 31–43.

Larsen, Jonas/Sandbye, Mette (2013): The New Face of Snapshot Photography. In: Digital Snaps: The New Face of Digital Photography. London: I.B. Tauris, xv–xxxii.

Marotzki, Winfried (1990): Entwurf einer strukturalen Bildungstheorie. Biographietheoretische Auslegung von Bildungsprozessen in hochkomplexen Gesellschaften. Weinheim: Deutscher Studienverlag.

Marotzki, Winfried (2006): Bildungstheorie und Allgemeine Biographieforschung. In: Krüger, Heinz-Hermann/Marotzki, Winfried (Hrsg.): Handbuch erziehungswissenschaftliche Biographieforschung. 2. Auflage. Wiesbaden: Springer VS, 59–70.

Marotzki, Winfried/Stoetzer, Katja (2007): Die Geschichten hinter den Bildern. Annäherung an eine Methode und Methodologie der Bildinterpretation in Biographie- und bildungstheoretischer Absicht. In: Friebertshäuser, Barbara/Felden, Heide von/Schäffer, Burkhard (Hrsg.): Bild und Text. Methoden und Methodologien visueller Sozialforschung in der Erziehungswissenschaft. Opladen, Farmington Hills: Budrich, 47–60.

Marotzki, Winfried/Niesyto, Horst (Hrsg.) (2006): Bildinterpretation und Bildverstehen. Methodische Ansätze aus sozialwissenschaftlicher, kunstwissenschaftlicher und medienpädagogischer Perspektive. Wiesbaden: Springer VS.

Maschke, Sabine (2013): Habitus unter Spannung – Bildungsmomente im Übergang. Eine Interview- und Fotoanalyse mit Lehramtsstudierenden. Weinheim/Basel: Beltz Juventa.

Maschke, Sabine/Hentschke, Anna-Kristen (2017): Die Sozialräumliche Karte als triangulierendes Verfahren der Dokumentarischen Methode zur Rekonstruktion von Bildungsprozessen und -strategien in biografischen Übergängen. In: Zeitschrift für Qualitative Forschung (ZQF) 18, H. 1, 117–136.

Maschke, Sabine (2018): Lehramtsstudierende und ihre beruflichen ‚Entscheidungs-Strategien'. Eine empirische Analyse und Triangulation von Interview und Fotoinszenierung. In: Ecarius, Jutta/Miethe, Ingrid (Hrsg.), Methodentriangulation in der qualitativen Bildungsforschung. Berlin und Toronto: Budrich, 305–325.

Meier, Stefan (2014): Visuelle Stile. Zur Sozialsemiotik visueller Medienkultur und konvergenter Design-Praxis. Bielefeld: transcript.

Michel, Burkard (2007): Vermittlung und Aneignung von visuellem Wissen. In: Friebertshäuser, Barbara/Felden, Heide von/Schäffer, Burkhard (Hrsg.): Bild und Text. Methoden und Methodologien Visueller Sozialforschung in der Erziehungswissenschaft. Leverkusen-Opladen: Budrich-Esser, 61–78.

Mietzner, Ulrike (2015): Beobachtungen des Selbst und der Welt im Medium der Fotografie. Bildungstheoretische Überlegungen. In: Dörpinghaus, Andreas/Mietzner, Ulrike/Platzer, Barbara (Hrsg.): Bildung an ihren Grenzen. Zwischen Theorie und Empirie: Festschrift zum 60. Geburtstag von Prof. Dr. Lothar Wigger. Darmstadt: Wissenschaftliche Buchgesellschaft, 125–141.

Michel, Burkhard/Wittpoth, Jürgen (2006): Habitus at work. Sinnbildungsprozesse beim Betrachten von Fotografien. In: Friebertshäuser, Barbara/Rieger-Ladich, Markus/Wigger, Lothar (Hrsg.): Reflexive Erziehungswissenschaft. Forschungsperspektiven im Anschluss an Pierre Bourdieu. Wiesbaden: Springer VS, 81–100.

Mitchell, William J. (2008): Das Leben der Bilder. eine Theorie der visuellen Kultur. München: Beck.

Mitchell, William J. (1994): Picture Theory. Essays on Verbal and Visual Representation. Chicago: University of Chicago Press.

Mitterhofer, Hermann (2018): Dem Auge erzählt. Eine visuelle Diskursanalyse am Beispiel zweier Pressebilder und eines Graffito. In: Zeitschrift für Pädagogik 64, H. 3, 359–373.

Müller, Jane/Potzel, Katrin/Petschner, Paul/Kammerl, Rudolf (2023): Haltungen als Ausdruck kommunikativer Figurationen in familialen Kontexten. In: Engel, Juliane et al. (Hrsg.): Haltungen in der qualitativen Bildung und Biographieforschung. Opladen: Budrich, 227–244.

Mollenhauer, Klaus (1983): Streifzug durch fremdes Terrain. Interpretation eines Bildes aus dem Quattrocento in bildungstheoretischer Absicht. In: Zeitschrift für Pädagogik 29, H. 2, 173–194.

Moser, Hans (2005): Visuelle Forschung – Plädoyer für das Medium Fotografie. In: MedienPädagogik: Zeitschrift für Theorie und Praxis der Medienbildung 9, 1–27.

Niesyto, Horst (Hrsg.) (2001): Selbstausdruck mit Medien. Eigenproduktionen mit Medien als Gegenstand der Kindheits- und Jugendforschung. München: kopaed.

Niesyto, Horst/Marotzki, Winfried (2006): Einleitung. In: Marotzki, Winfried/Niesyto, Horst (Hrsg.): Bildinterpretation und Bildverstehen. Methodische Ansätze aus sozialwissenschaftlicher, kunst- und medienpädagogischer Perspektive. Wiesbaden: Springer VS, 7–13.

Niesyto, Horst (2017): Visuelle Methoden in der medienpädagogischen Forschung. Ansätze, Potentiale und Herausforderungen. In: Knaus, Thomas (Hrsg.): Forschungswerkstatt Medienpädagogik. Projekt – Theorie – Methode. München: kopaed, 59–95.

Nohl, Arnd-Michael (2006): Bildung und Spontaneität. Phasen biografischer Wandlungsprozesse in drei Lebensaltern – Empirische Rekonstruktionen und pragmatische Reflexionen. Opladen, Farmington Hills: Budrich.

Panofsky, Erwin (1978): Sinn und Deutung in der bildenden Kunst. Köln: DuMont.

Peez, Georg (2006): Fotoanalyse nach Verfahrensregeln der Objektiven Hermeneutik. In: Marotzki, Winfried/Niesyto, Horst (Hrsg.): Bildinterpretation und Bildverstehen. Methodische Ansätze aus sozialwissenschaftlicher, kunst- und medienpädagogischer Perspektive. Wiesbaden: Springer VS, 121–141.

Priem, Karin (2007): Almersia 1994–2003: Migration und biografisches Bilderwissen in Fotografien von Rineke Dijkstra. In: Borst. Eva/Casale, Rita (Hrsg.): Ökonomien der Geschlechter. Opladen, Farmington Hills: Budrich, 117–124.

Pilarczyk, Ulrike/Mietzner, Ulrike (2005): Das reflektierte Bild. Die seriell-ikonografische Fotoanalyse in den Erziehungs- und Sozialwissenschaften. Bad Heilbrunn: Klinkhardt.

Pilarczyk, Ulrike/Wichmann, Fabian (2013): Aussteigen aus dem Rechtsextremismus. Foto-Praxis, bildwissenschaftliche Analyse und Ausstellungsarbeit als Methoden individueller Reflexion und des wissenschaftlichen und (sozial)pädagogischen Kompetenzerwerbs. In: MedienPädagogik: Zeitschrift für Theorie und Praxis der Medienbildung, H. 23, 1–27.

Przyborski, Aglaja (2018): Bildkommunikation. qualitative Bild- und Medienforschung. Berlin: De Gruyter Oldenbourg.

Przyborski, Aglaja/Wohlrab-Sahr, Monika (2014): Qualitative Sozialforschung. Ein Arbeitsbuch. 4. Auflage. München: Oldenbourg.

Richter, Hans-Günther (Hrsg.) (2001): Kinderzeichnung interkulturell. Zur vergleichenden Erforschung der Bildnerei von Heranwachsenden aus verschiedenen Kulturen. Münster u. a.: Lit.

Rimmele, Marius/Sachs-Hombach, Klaus/Stiegler, Bernd (Hrsg.) (2014): Bildwissenschaft und Visual Culture. Bielefeld: transcript.

Rittelmeyer, Christian/Wiersing, Erhard (Hrsg.) (1991): Bild und Bildung. Ikonologische Interpretationen vormoderner Dokumente von Erziehung und Bildung. Wiesbaden: Harrassowitz.

Roberts, Brian (2011): Interpreting Photographic Portraits: Autobiography, Time Perspectives, and Two School Photographs. In: Forum Qualitative Sozialforschung 12, H. 2, Artikel 25.

Rosenberg, Florian von (2011): Bildung und Habitustransformation. Empirische Rekonstruktionen und bildungstheoretische Reflexionen. Bielefeld: transcript.

Sachs-Hombach, Klaus (2006): Bild und Medium. Kunstgeschichtliche und philosophische Grundlagen der interdisziplinären Bildwissenschaft. Köln: Herbert von Halem.

Schäfer, Gerd/Wulf, Christoph (1999): Bild – Bilder – Bildung. Weinheim: Deutscher Studienverlag.

Schäffer, Burkhard (2010): Abbild – Denkbild – Erfahrungsbild. Methodisch-methodologische Anmerkungen zur Analyse von Altersbildern. In: Typenbildung und Theoriegenerierung. Opladen, Farmington Hills: Budrich, 207–233.

Schäffer, Burkhard/Felden, Heide von/Friebertshäuser, Barbara (2007): Erziehungswissenschaftliche Perspektiven auf das Verhältnis von Bildern und Texte. In: Friebertshäuser, Barbara/Felden, Heide von/Schäffer, Burkhard (Hrsg.): Bild und Text. Methoden und Methodologien visueller Sozialforschung in der Erziehungswissenschaft. Opladen, Farmington Hills: Budrich, 7–20.

Schrader, Walter (2004): Die Eigenart der Kinderzeichnung. Erkennen – Verstehen – Fördern. Aufl. Baltmannsweiler: Schneider-Verl. Hohengehren.

Schütze, Konstanze (2020): Bildlichkeit nach dem Internet. Aktualisierungen für eine Kunstvermittlung am Bild. München: kopaed.

Seyfert, Robert/Roberge, Jonathan (2017): Algorithmuskulturen. Über die rechnerische Konstruktion der Wirklichkeit. Bielefeld: transcript.

Starl, Timm (1995): Knipser. die Bildgeschichte der privaten Fotografie in Deutschland und Österreich von 1880 bis 1980. München: Koehler und Amelang.

Spies, Tina/Tuider, Elisabeth (Hrsg.) (2017): Biographie und Diskurs. Methodisches Vorgehen und methodologische Verbindungen. Wiesbaden: Springer VS.

Terhart, Henrike (2014): Über Körper sprechen – Qualitative Migrationsforschung mit Texten und Bildern. In: Schnitzer, Anna/Mörgen, Rebecca (Hrsg.): Mehrsprachigkeit und (Un-)Gesagtes: Sprache als soziale Praxis in der Migrationsgesellschaft. Weinheim/Basel: Beltz Juventa, 67–84.

Tervooren, Anja/Kreitz, Robert (Hrsg.) (2018): Dinge und Raum in der qualitativen Bildungs- und Biographieforschung. Opladen, Berlin, Toronto: Budrich.

van House, Nancy (2011): Personal photography, digital technologies and the uses of the visual. In: Visual Studies 26, H. 2, 125–134.

Wittmann, Barbara (2018): Bedeutungsvolle Kritzeleien. Eine Kultur- und Wissensgeschichte der Kinderzeichnung, 1500–1950. Zürich: Diaphanes.

Wolfgarten, Tim (2018): Zur Repräsentation des Anderen. Eine Untersuchung von Bildern in Themenausstellungen zu Migration seit 1974. Bielefeld: transcript.

Wolter, Heidrun (2007): Kinderzeichnungen. Empirische Forschungen und Interkulturalität unter besonderer Berücksichtigung von Ghana. Paderborn: Universitätsbibliothek Paderborn.

Wopfner, Gabriele (2008): Zeichnungen als Schlüssel zu kindlichen Vorstellungen von Geschlechterbeziehungen. In: Rendtorff, Barbara/Prengel, Annedore (Hrsg.): Kinder und ihr Geschlecht. Opladen u. a.: Budrich, 163–176.

Wuketits, Frank M. (2009): Bild und Evolution. Bilder: Des Menschen andere Sprache. In: Sachs-Hombach, Klaus (Hrsg.): Bildtheorien: Anthropologische und kulturelle Grundlagen des Visualistic Turn. Frankfurt a. M.: Suhrkamp, 17–30.

Wulf, Christoph (2007): Homo pictor oder die Erzeugung des Menschen durch die Imagination. In: Wulf, Christoph/Poulain, Jacques/Triki, Fathi (Hrsg.): Die Künste im Dialog der Kulturen. Europa und seine muslimischen Nachbarn. Berlin: Akademie. 19–36.

Das bilderlose Bild des Menschen. Überlegungen der Pädagogischen Anthropologie

Moritz Krebs und Jörg Zirfas

Fraglichkeit und Fiktionalität

„Wir sind in der ungefähr zehntausendjährigen Geschichte das erste Zeitalter, in dem sich der Mensch völlig und restlos problematisch geworden ist: in dem er nicht mehr weiß, was er ist; zugleich aber auch weiß, dass er es nicht weiß" (Scheler 1927: 162).

In dieser Fraglichkeit anthropologischen Wissens liegt eine große Chance – auch und gerade für die Pädagogik. Wenn sich zeigen lässt, dass der moderne Mensch ein Lebewesen ist, das sich nicht selbstverständlich ist, das ungeheuer komplex und vielschichtig ist, das sich in wesentlichen Aspekten – immer noch nicht – vollständig begriffen hat und wohl auch nicht begreifen wird, dann kann es sich dadurch, dass es sich in einer anderen Art und Weise wahrnehmen und verstehen lernt, auch verändern, gestalten und entwickeln. Vielleicht ist der Mensch sogar das einzige Lebewesen, dem diese Eigenschaft zukommt: sich durch ein anderes Verständnis seiner selbst bilden zu können. Und wenn er sich selbst fraglich ist oder anders formuliert: Wenn er mit vielen unterschiedlichen Bildern konfrontiert ist, stehen ihm auch viele Bildungsmöglichkeiten offen.

Bereits die Wortherkunft von „bilden" aus dem Mittelhochdeutschen verweist auf Aspekte der Mimesis („abbilden, nacheifern") wie solche der Zukunftsoffenheit („gestalten, Form geben") (Kluge 2011). Der Begriff der Bildung korrespondiert also etymologisch mit Vorstellungen und Vorstellungskraft, bezeichnet die Befähigung zur Erkenntnisgewinnung sowie zu reflektierten Selbst- und Weltverhältnissen. Damit verbunden ist auch die erkenntnistheoretische Frage, in welchem Verhältnis der Gegenstand zum Bild in der menschlichen Vorstellung steht, also die Frage nach den Möglichkeiten der Wahrheitsgewinnung. Schon Francis Bacon problematisierte mit seiner Idolenlehre die fest im menschlichen Verstand verwurzelten falschen Begriffe oder Trugbilder (*idola*), die er als wesentliche Hindernisse in der Erkenntnisgewinnung ansah. Menschliche Sinnesorgane begrenzen und verzerren mitunter die Wahrnehmung (*idola tribus*), menschliche

Prägungen wie die Erziehung oder situative Faktoren können das Urteil trüben (*idola specus*), sprachliche Verständigung kann misslingen (*idola fori*) und dogmatische Vorurteile können zu Fehleinschätzungen beitragen (*idola theatri*) (vgl. Bacon 1990 [1620]: 99–146). Hatte im späten 19. Jahrhundert schon Rudolf Eucken im Zusammenhang philosophischer Argumentationen „die diskursive Kraft von Bildern" (Müller/Schmieder 2019: 74) gezeigt, lässt sich im 20. Jahrhundert auch eine Hinwendung zur „präsentischen, außerdiskursiven" Verwendung von Bildern und damit eine Abkehr von „Rationalität und Diskursivität" beobachten (ebd.: 234). Bilder können also Diskurse mitbestimmen und anstoßen, aber auch dazu beitragen, dass Verständigung erschwert oder gar verunmöglicht wird. Anthropologisch ergibt sich das Problem, dass Menschenbilder in komplexe epistemologische Kontexte eingebettet sind und mit sehr unterschiedlichen erkenntnistheoretischen und ethischen Perspektiven einhergehen.

Menschenbilder gibt es nun eine **ganze Reihe**: Wir kennen etwa ein christliches Menschenbild, ein darwinistisches Menschenbild, ein humanistisches Menschenbild oder auch das zeitgenössische Menschenbild des Life Long Learnings. Ein Menschenbild ist eine Idee davon, was der Mensch *ist*, was er sein *kann* und was er sein *soll*. Menschenbilder enthalten insofern Vorstellungen von einem empirisch-deskriptiven Ist-Zustand, einem Entwicklungs- und Bildungspotential und einem normativ geforderten Soll-Zustand. Menschenbilder sind sowohl deskriptiv als auch optativ und normativ.

Menschenbilder sind Bestandteile von Philosophien, Religionen oder Weltbildern, sie sind aber auch Bestandteile von allem, was Menschen kulturell erschaffen. Von den ersten künstlerischen und schriftlichen Zeugnissen an bis zu den jüngsten Errungenschaften in der KI-Forschung oder der Raumfahrt ist die Frage nach dem Sinn des Menschen zu finden. Bilder vom Menschsein kommen in allen kulturellen Gegebenheiten zum Ausdruck – ob wir es dabei mit einem Jurtenzelt, einer mittelalterlichen Bibel, einem modernen Parkplatz, den über Internetwerbung und Social Media verbreiteten Körperbildern oder einer Reformschule zu tun haben oder ob wir uns über ein Theaterstück unterhalten, in einer therapeutischen Sitzung nach Lösungswegen aus persönlichen Krisen suchen oder ein Brötchen kaufen: Allen diesen Gegebenheiten liegt auch eine Vorstellung vom Menschen und dem, was er ist, sein kann und sein soll, zugrunde. Diese umfassende These kann hier nur aufgestellt werden, aber nicht eingehend belegt werden. Vermutlich kann man der Plausibilität dieser Idee folgen, wenn man sich einen Augenblick auf sie einlässt.

Nun kann man einerseits feststellen, dass wir zu jeder Zeit und an jedem Ort auf ein anthropologisches (was nicht unbedingt heißt: wissenschaftliches) Wissen stoßen, das also Menschen immer eine bestimmte Auffassung oder bestimmte Bilder vom Menschen haben – auch wenn sie diesen mit einer Pflanze, einem Tier oder einer Maschine (zeitgenössisch: Computer) – identifizieren. Menschen, so ließe sich nun folgern, leben ihr Leben gewissermaßen anthropologisch, d.h.

sie haben immer eine Vorstellung davon, was ein Mensch ist, was er kann oder auch, was er sein soll. Und sie verändern mit diesen Vorstellungen auch ihr Leben selbst bzw. der Mensch erscheint als das einzige Lebewesen, dass in der Lage ist, Interpretation, Praxis und Sein miteinander zu verknüpfen (vgl. Taylor 1985). Pointiert hat Helmuth Plessner (1892–1985) diesen Sachverhalt auf den Punkt gebracht: „Sich und die Welt anders sehen heißt für den Menschen eben auch anders sein" (1985: 60).

Und schließlich verknüpfen Menschen anthropologische Vorstellungen häufig mit pädagogischen Ideen, etwa darüber, welche pädagogischen Entwicklungen sinnvoll, welche Vermittlungstätigkeiten problematisch und welche Ziele angemessen sind.

Bilder vom Menschen bleiben immer kompensatorische Notbehelfe menschlichen (Nicht-)Wissens. Sie reduzieren zwar Komplexität, aber führen andere Formen der Uneindeutigkeit und Fraktalität ein. Um diese These zu plausibilisieren, soll an dieser Stelle auf die Überlegungen von Christoph Wulf (2014) zur Bildlichkeit zurückgegriffen werden – ohne dessen strukturelle und historische, wie interkulturelle und interdisziplinäre Betrachtungsweise auch nur annähernd nachzeichnen zu können. Hier soll nur die eine Differenzierung zwischen Wahrnehmungsbildern (der Gegenwart), Erinnerungsbildern (der Vergangenheit) und Projektion (der Zukunft) mit Blick auf die antizipativen Phantasien aufgegriffen werden. Wulf (ebd.: 57) fasst die wichtigsten Aspekte der (pädagogischen) Projektionen wie folgt zusammen:

1. „Auf Zukünftiges projizierte Bilder sind Möglichkeitsbilder vor einem Horizont der Ungewissheit und Unschärfe.
2. Ob und wie sich diese Projektionen realisieren lassen, ist prinzipiell offen.
3. Projektionsbilder versuchen, die Zukunft einzuholen und vorzubereiten.
4. Sie sind notwendig unscharf und harren der Konkretisierung.
5. Projektionsbilder sind Bilder der Sehnsucht, des Begehrens, der Antizipation, bedroht vom Fehlschlag."

Übersetzt man diese Charakteristika in den Kontext einer pädagogischen Anthropologie, so lässt sich analog dieser Geschichtspunkte festhalten:

1. In der Pädagogik geht es (auch) um die Entwicklung neuer Lebens-, Handlungs- und Sinnperspektiven, und um das Aushalten der mit ihnen verbundenen Unsicherheiten (Kontingenzkompetenz eines Lebensentwurfes).
2. Hierbei geht es zentral darum, das bloße „wishful thinking" zugunsten von realistischeren Zukunftsperspektiven zu suspendieren. Es geht um die Entwicklung einer „exakten Phantasie" (Goethe), um die Herausarbeitung realitätsnaher Entwicklungen auf dem Weg in ein gelungeneres Leben (Realitätskompetenz).

3. Im pädagogischen Prozess ändern sich die Zukunftsentwürfe und gewinnen sowohl an Konkretisierung, aber auch an Abstraktion. Beide Tendenzen – geschlossenere und offenere Entwicklungen – kennzeichnen gleichermaßen den Weg zu einem stabileren imaginären Entwurf (Konkretisierung- und Abstraktionskompetenz).
4. Die Funktion der Pädagogik kann dementsprechend als Wahrnehmung und Entwicklung von Konkretisierungs- wie Abstrahierungsmöglichkeiten gesehen werden. Es geht – allgemein gesprochen – darum, dem pädagogischen Gegenüber Entwicklungsmöglichkeiten zu eröffnen, ohne diesen auf konkrete Entwicklungen festlegen zu wollen. An der Pädagogin bzw. am Pädagogen kann das Gegenüber das aktive Imaginieren lernen und somit eigenständige Zukunftsentwürfe entwickeln (Imaginationskompetenz).
5. Ausgangspunkt der Bilder sind Wünsche, Begehrens- und Angststrukturen, die den Menschen weniger über die Zukunft, sondern sehr viel mehr über sich selbst belehren (Reflexionskompetenz der Wünsche; Entwicklung einer persönlichen Geschichte).

Zusammenfassend erscheinen hier als Ziele einer Pädagogischen Anthropologie Imaginations- und Realitäts-, Konkretisierungs- und Abstraktions- sowie Kontingenz- und Reflexionskompetenz eines imaginierten Lebens. Aber nicht nur, weil wir es mit Menschen, sondern auch, weil wir es *pädagogisch* mit Menschen zu tun haben, bleiben Offenheit, Dynamik und Unabgeschlossenheit, bleiben Risiko, Versagen und Scheitern – nicht nur des pädagogischen Gegenübers, sondern auch der professionell Tätigen – ständige Begleiter des pädagogischen Geschehens. Einmal abgesehen davon, dass noch nicht geklärt ist, wie die o. g. spezifischen Kompetenzen *en detail* ausbuchstabiert werden sollten.

Pädagogische Menschenbilder sind Fiktionen, weil ihnen letztlich fundamentale Überzeugungen oder Weltanschauungen zugrunde liegen, die nicht vollkommen wissenschaftlich eingeholt werden können. Unter dem Begriff der „Weltanschauung", der sich zum ersten Mal in Immanuel Kants (1724–1804) *Kritik der Urteilskraft* (1790) im § 26 findet, ist an dieser Stelle dasjenige gemeint, was Einzelne durch ihre sinnliche Wahrnehmung von der Welt erfahren und wie sie nun wiederum diese Eindrücke für sich selbst interpretieren und zusammenfassen. Weder die Eindrücke noch die Deutungen oder Zusammenfassungen lassen sich an wissenschaftlichen Kriterien entlang vollständig bestimmen: Sie lassen sich nicht vollkommen *objektivieren* (Weltanschauungen verschiedener Menschen weichen voneinander ab), sie lassen sich nicht komplett *reliabel* machen (Menschen entwickeln sich und ihre Weltanschauungen) und sie sind auch nicht vollständig *valide* (im Sinne dessen, dass die umfassenderen Weltanschauungen mit den spezifischeren Menschenbildern eindeutig, widerspruchsfrei und strukturiert miteinander verbunden wären). Verstehen wir den Begriff in einem noch weiteren Sinn als alle möglichen Leitauffassungen vom Menschen, vom

Leben und von der Welt als einem Ganzen (vgl. Brockhaus 2009), so wird der fiktionale Charakter von Menschenbildern noch deutlicher, denn hierbei wird der patchworkartige und konstruktivistische Charakter der Anthropologien noch einmal stärker unterstrichen. Daher gilt: „Ein geschlossenes Menschenbild kann die Anthropologie in der Tat nicht liefern, weder als philosophische noch als pädagogische Anthropologie. Was sie herausarbeitet, sind immer nur einzelne Aspekte, sich von bestimmten Gesichtspunkten ergebende anthropologische Zusammenhänge" (Bollnow 1975: 51).

Und schließlich sind pädagogische Menschenbilder Fiktionen, da das „Erkennen des (zu erkennenden) Menschen immer ein Erkennen des (erkennenden) Menschen ist, selbst dann, wenn es sich um vermeintlich völlig objektive (objektivierte bzw. objektivierbare) Sachverhalte handelt" (Kamper 1973: 32). Auch die Pädagogische Anthropologie sollte den „schlichten" Sachverhalt nicht übergehen, dass (pädagogische) Anthropologen Menschen sind, die (auch) über sich selbst reden und die damit gewissermaßen gezwungen sind, sich selbst zu interpretieren und die bei ihren Interpretationen durchaus einkalkulieren müssen, dass sie als Interpretierende das zu Verstehende – nämlich den Menschen – verfehlen können. Zudem darf unterstellt werden, dass dieses interpretative Selbstverständnis nicht individuell originär hervorgebracht wird, sondern sich dem (alltäglichen und wissenschaftlichen) Wissen einer konkreten Epoche verdankt, das in seinen Voraussetzungen und Implikationen nicht vollständig durchschaut werden kann. In diesem Sinne sind Menschenbilder durch Reflexionen und Selbstkritiken hindurchgegangene Entwürfe vom Menschen, die mit einem hohen Maße an Unsicherheit und Nichtwissen einhergehen. „Sicherheit gäbe es [...] lediglich dadurch, daß Anthropologie das Wissen des Nichtwissens ausdrücklich verfolgt, also die mit ‚Unsicherheit' umschriebene Problematik der Reflexivität thematisiert" (ebd.: 35) – ohne letztlich in die Sicherheit eines allumfassenden und festgestellten Menschenbildes des „totalen Menschen" umzuschlagen. Dieser wäre „der Mensch als Resultat individuellen Erkennens, der völlig mit sich selbst identische, der *perfekte* Mensch, der Mensch der Indifferenz, eine verwirklichte, abstrakte Theorie" (ebd.: 239).

Homo absconditus

Wenn sich auch historisch konstatieren lässt, dass die Anthropologie in der Moderne eine Selbstverständigungsstrategie des Menschen darstellt, die einen Gegenhalt angesichts der neuzeitlichen Entwicklungen der Historisierung, Säkularisierung, des Nihilismus, der lebensweltlichen Orientierung an Materiellem, der Globalisierung und der Technisierung bieten will, so ist der Versuch, die metaphysische Sicherheit und Prinzipalität der Vormoderne durch eine moderne Anthropologie zu gewinnen, die eindeutige Normen und Orientierungen ermöglichen, zum Scheitern verurteilt. Schon 1933 hat etwa Joachim Ritter darauf hingewiesen, dass der Weg der Anthropologie als metaphysischer illusorisch sei, weil sie sich in der Wendung zur Metaphysik von den Wissenschaften löse; während sie ihre Existenz seiner Meinung nach nur durch eine kritische Analyse von Methoden, Gegenständen, Voraussetzungen, Implikationen und Grundbegriffen der Wissenschaften legitimieren kann (vgl. Ritter 1989).

In der neueren Pädagogischen Anthropologie erscheint „der" Mensch daher als *homo absconditus* (vgl. Zirfas 2009). Neuere Bemühungen lassen sich mithin einer negativen Anthropologie zuordnen, die sich einer anthropologischen Wesensdefinition enthält. Der Mensch wird in dieser Perspektive zu einer nicht lösbaren Frage, zu einer negativen und heuristischen Kategorie, die die Reflexion über anthropologische Grundphänomene historisch, interkulturell, transdisziplinär und selbstreflexiv möglich machen soll. Gerade die paradoxale Fassung der modernen pädagogischen Anthropologie macht die Betonung des fragmentarischen Charakters und der Negativität von Menschenbildern möglich, d. h. die Unabgeschlossenheit, das Nichtwissen, das Nichtwissenkönnen und das Rätselhafte des Humanen (vgl. Dederich/Zirfas 2020). Nur wenn der Mensch im Wesentlichen offen, ja unerkennbar bleibt, können seine Bildungs- und Bestimmungsmöglichkeiten untersucht werden.

Insofern kritisieren neuere Ansätze insbesondere die traditionellen Modelle einer Wesensanthropologie, die den Menschen in einer ganz spezifischen Sicht gefasst hat. So wurde der Menschen mit seiner Natürlichkeit, seiner Sozialität, seiner Vernunft oder auch seiner Göttlichkeit identifiziert. In der neueren Geschichte des anthropologischen Denkens ist darauf verwiesen worden, dass das „Wesen" des Menschen in seiner „Un-wesentlichkeit" besteht. Unter „Unwesentlichkeit" werden Freiheit, Bildsamkeit, Plastizität, Fraglichkeit und Selbstbestimmungsfähigkeit subsumiert. Eine Pädagogische Anthropologie des *homo absconditus* enthält sich jeder Wesensbestimmung des Menschen. Sie ist daher eine reiche, vielfältige Anthropologie. Ein Ergebnis anthropologischer Forschungen zeigt sich immer wieder: Der Versuch, die Universalien des Menschen zu bestimmen, führt zur Erkenntnis, dass die grundlegende Bestimmtheit des Menschen seine Unbestimmtheit ist. Zwar kann man deutlich machen, dass es viele Universalien gibt – z. B. alle Menschen werden geboren, sind sterblich, nehmen Nahrung zu sich, lernen etwas etc. –, doch „unterhalb" dieser bloß faktischen Feststellungen (die im Einzelnen weniger „faktisch" und weniger trivial sind, als man glaubt) zeigen sich zahlreiche bestehende oder mögliche Bestimmungen dieser Universalien.

Diese Form Pädagogischer Anthropologie stellt sich nicht mehr die Frage nach *dem* Menschen, sondern die Frage nach den je spezifischen, historisch-apriorischen Dimensionen, die für die Erziehungs- und Bildungsprozesse des Menschen als konstitutiv betrachtet werden. Nunmehr geht man davon aus, dass man ohne die Aspekte der menschlichen Entwicklungen und Grenzen, der Zeit- und Räumlichkeit, der Körper- und Leiblichkeit, der Kulturalität und Sozialität sowie der Subjektivität und Individualität den Menschen in der Pädagogik nicht angemessen verstehen kann. Diese Kategorien dienen der Pädagogik nunmehr als Deutungs-, Orientierungs-, Praxis- und Legitimierungshorizonte.

Was bedeutet nun die Rede vom *homo absconditus*? Zunächst: Nicht damit gemeint sind die heute als widerlegt geltenden anthropologischen und erkenntnistheoretischen Theorien etwa von Aristoteles, Comenius, Locke und Condillac, die davon ausgingen, dass der Mensch wie Wachs sei, in das man seine pädagogischen Eindrücke hinterlassen könne, oder dass er wie ein weißes Blatt Papier sei, das es in ordentlichen pädagogischen Lettern zu beschriften gelte: Der Mensch wird mittels Eindrücken und Beschriftungen aller Art nicht nur perfektioniert, sondern eigentlich erst zum Menschen. Und Bildung wird hier zum kulturellen Gedächtnis, das den Menschen diejenigen Lerninhalte und Lerndispositionen bzw. die nichtgenetischen Tätigkeitsdispositionen (Sünkel) mit auf dem Weg gibt, die sie nicht qua Natur mitbringen.

Unter dem *homo absconditus* lässt sich einem ersten Zugang der versteckte, verborgene, der mysteriöse Mensch verstehen, der Mensch, der sich aus dem Sichtbaren zurückzieht, der nicht im Blick erscheint. Das Adjektiv „absconditus" wird in vielen Fällen auf den Bereich des Visuellen bezogen, auf dasjenige, was sich dem Blick dauerhaft und prinzipiell entzieht. Eine unter dem Tisch verborgene Hand wäre demnach keine *manus absconditus*, ist sie doch aktuell, aber nicht absolut unsichtbar. In diesem Sinne lässt sich ein aktuell unsichtbares Sichtbares, d. h. ein der Ordnung der Sichtbarkeit angehöriges Unsichtbares von einer absoluten, nicht sichtbaren Unsichtbarkeit unterscheiden. Folgt man der Lexik des griechischen *kryptos*, so kommt noch eine weitere Facette des Verborgenen hinzu: Denn das Kryptische bezieht sich sowohl auf das Versteckte und Geheime, tangiert aber nicht nur die visuelle Ordnung, sondern auch die kognitive, insofern das Kryptische auch das Unlesbare und Unentzifferbare meint. Wenn vom *homo absconditus* die Rede ist, so geht es um diese dreifache Codierung des Menschen als versteckte Sichtbarkeit, als absolute Nicht-Sichtbarkeit und als kryptische Unentzifferbarkeit (vgl. Derrida 1994: 416 f.).

Unter der versteckten Sichtbarkeit des Menschen lassen sich eine Reihe von anthropologisch hoch bedeutsamen Themen verhandeln, wie etwa das Unbewusste, die Scham, die Diskreditierbarkeit, die Vulnerabilität, die Imaginationen oder auch Fragen der sozialen Ungleichheit und des Rassismus. Diese versteckte Sichtbarkeit kann potentiell sichtbar gemacht werden – indem man u.a. mit psychoanalytischen Zugängen die Handlungen der Menschen auf ihre latenten, unbewussten Bedürfnisse und Wünsche zurückführt, oder indem man mit kunstwissenschaftlichen Mitteln pädagogische Szenerien auf ihre Imaginationsgeschichten hinterfragt oder indem man mit soziologischen Analysen herkunftsbedingte Ungleichheiten aufdeckt. Auch die oben thematisierte Bildsamkeit lässt sich in diesen Kontext einordnen; die versteckten Möglichkeiten des Menschen werden erst in Erziehungs- und Bildungsprozessen aktiviert und somit sichtbar.

Die Unbestimmtheiten der Bildsamkeit werden in Bestimmtheiten der Bildung und die Bestimmtheiten der Bildung sollen wieder in die Unbestimmtheiten der Bildsamkeit überführt werden.

Das führt uns zum zweiten Punkt, der absoluten Nicht-Sichtbarkeit. Die Rede von der (absoluten) Unergründlichkeit des Menschen hat ihre Wurzeln historisch in der Religion und aktuell in der Wissenschaft und der Ethik. Historisch spielt sie auf den *deus absconditus* an, den Gott, der verborgen und unerkennbar ist und aktuell auf einen wissenschaftlichen Diskurs, der von einem nicht abschließenden und umfassenden Wissen des Menschen ausgeht sowie einem ethischen Diskurs, der den Anderen nicht auf eine spezifische Weise identifizieren und damit auf eine bestimmte Normalität festlegen möchte. Diese Rede impliziert auch, dass der Mensch ein *homo absconditus* ist, weil sein Wesen in einer unabschließbaren Bildungsdynamik besteht. Das Wesen des Menschen besteht darin, es immer anders bestimmen zu können. Sein Wesen besteht in der Unwesentlichkeit bzw. in dem Sachverhalt, die Frage nach sich selbst immer wieder neu stellen zu können.

Seit der Renaissance zeichnet sich der Mensch, so der *basso continuo*, dadurch aus, dass er sich seine Bestimmung selbst zu geben habe; die Bestimmung des Menschen liegt, so die historische Zusammenfassung, in der Selbstbestimmung. Weder die Geschichte noch die Kulturwissenschaft, noch die Philosophie oder die Pädagogik zeigt uns ein wesenhaftes Wesen Menschen: *homo absconditus* oder *individuum est ineffabile* sind die dementsprechenden Definitionen. Der Mensch ist dasjenige Wesen, das undefinierbar ist, dem keine Definition und kein Bild genügt, und das, weil es undefinierbar ist, definiert und beschrieben werden kann und muss. Um es paradox zu formulieren: Das Wesen des Menschen ist seine Unwesentlichkeit. Dabei ist unter „Wesen" die Eigenheit, die Natur, die Substanz, der Sinn, der Kern oder auch das Wirkliche verstanden worden. Und unter „Unwesentlichkeit" wurden Freiheit, Bildsamkeit, Plastizität und Selbstbestimmungsfähigkeit subsumiert. Und der Mensch ist somit dasjenige Wesen, das um seine Unwesentlichkeit und Undefinierbarkeit weiß. „Der Mensch weiß nicht, was er ist, er weiß nicht, was er denkt, er weiß auch nicht, was er weiß. Wie sollte da verwunderlich sein, dass er auch so oft nicht weiß, was er tut? Und weshalb sollte er wissen, was er kann?" (Blumenberg 2006: 882).

Auch Martin Heidegger hat auf die konstitutionelle Fragwürdigkeit des Menschen hingewiesen, wirft er der Anthropologie doch vor, dass sie schon immer wusste, „was der Mensch ist" und daher nie fragen konnte, „wer er sei" (Heidegger 1980: 109). In diesem Sinne meint die Rede vom *homo absconditus* die Auflösung und Verborgenheit der Substanz oder des Wesens des Menschen. „Als ein in der Welt ausgesetztes Wesen ist der Mensch sich verborgen – *homo absconditus*. Dieser ursprünglich dem unergründlichen Wesen Gottes zugesprochene Begriff trifft die Natur des Menschen. Sie läßt sich nur als eine von ihrer biologischen Basis jeweils begrenzte und ermöglichte Lebensweise fassen, die den Menschen weiterer festlegender Bestimmung entzieht" (Plessner 1976b:

149). Dieser grundsätzliche epistemisch-fragwürdige Charakter des Menschen hat sich bis heute erhalten (Zirfas 2004). Insofern sein Wesen die Fraglichkeit ist, bleibt er wesentlich nicht sicht- und verstehbar. „Als *homo absconditus* kann sich der Mensch in seinen Handlungen nicht ganz begreifen, ist er sich selbst und dem Anderen verborgen. Diese Vorstellung vom Menschen verweist auf seine Historizität und Reflexivität sowie seine Durchlässigkeit gegenüber dem Rätsel und dem Nichtwissen" (Wulf 2006: 144).

Es ist Helmuth Plessner, dem wir in der Anthropologie die Rede vom *homo absconditus* verdanken. Er definiert 1969 die Abscondität, d. h. die Selbstverborgenheit des Menschen als Kehrseite seiner „Weltoffenheit" (Plessner 1976b). Einerseits ist der Mensch für ihn „schrankenlos", unendlich flexibel, wandelbar und in diesem Sinne „weltoffen", weil er sich immer anders zu sich und zur Welt verhalten kann; Weltoffenheit meint in diesem Sinne „Abständigkeit", „Reflexivität" oder „Exzentrizität", d. h. die Möglichkeit eines anderen Selbst- und Weltverständnisses und eines anderen Selbst- und Weltverhältnisses. Andererseits kennt der Menschen auch die „Grenzen seiner Schrankenlosigkeit" und weiß sich damit als „unergründlich", weil er die „Brüchigkeit alles menschlichen Beginnens" ebenso wenig vollständig erklären kann, wie die „Abgründigkeit" seines Wollens: „Die Verborgenheit des Menschen für sich selbst wie für seine Mitmenschen – *homo absconditus* – ist die Nachtseite seiner Weltoffenheit. Er kann sich nie *ganz* in seinen Taten erkennen – nur seinen Schatten, der ihm vorausläuft und hinter ihm zurückbleibt, einen Abdruck, einen Fingerzeig auf sich selbst. Deshalb hat er Geschichte. Er macht sie und sie macht ihn. Sein Tun, zu dem er gezwungen ist, weil es ihm erst seine Lebensweise ermöglicht, verrät und verschleiert sich in einem" (ebd.: 144).

Der Mensch, der nach Plessner ins Leben „gezwungen wurde", muss sich die Bedingungen seines Lebens erst selbst schaffen; er schafft sich mit seiner Vergangenheit sozusagen einen ‚Boden', auf dem er steht, den er aber nicht vollständig verstehen kann, und zwar nicht nur, weil er nicht vollständig alle Fakten der Vergangenheit erfassen kann, sondern auch weil sich die Interpretationen der Vergangenheit (aufgrund der anthropologischen Weltoffenheit) stets ändern (können) und weil die „Deutung der Ereignisse […] nicht nur von irgendeiner Ausgangskonstellation ab[hängen], sondern ebensosehr von ihren Wirkungen – offen zu unabsehbarer Zukunft" (ebd.).

Plessner führt die anthropologische Weltoffenheit und damit auch die Frage nach der Abscondität zurück auf die Differenz zwischen dem *Körper* als dinglichem Phänomen einer begreifenden Außenwahrnehmung und dem *Leib* als Phänomen einer spürenden Innenerfahrung: Den Körper hat man, leiblich ist man. Und in diesem Kontext merkt er an: „‚Ich bin, aber ich habe mich nicht', charakterisiert die menschliche Situation in ihrem leibhaften Dasein. Sprechen, Handeln, variables Gestalten schließen die Beherrschung des eigenen Körpers ein, die erlernt werden muss und ständige Kontrolle verlangt. Dieser Abstand in mir und zu mir gibt mir erst die Möglichkeit, ihn zu überwinden. Er bedeutet gerade keine Zerklüftung und Zerspaltung meines im Grunde ungeteilten Selbst, sondern geradezu die Voraussetzung, selbstständig zu sein" (Plessner 1976a: 56).

Weil der Mensch abständig ist, d. h. seine Körperlichkeit wahrnimmt, fühlt, erfährt und reflektiert oder anders gesagt: weil er sein Erleben noch einmal erlebt und weil dieser Bruch zwischen sich (als Leib) und sich (als Körper) nicht geschlossen werden kann, braucht es „Lückenbüßer" wie die Geschichte, die Mitmenschen oder die Institutionen, die ihm sagen wer er ist und was er sein kann. Dass sich also jeder „nur im Umweg über andere und anders als Jemand hat" (ebd.: 61), bedingt, dass das Andere bzw. die Anderen konstitutive Bestandteile des Selbst werden – Bestandteile, die der Mensch nicht vollständig aufklären und erklären kann. Das macht ihn zu einem *homo absconditus*.

Und noch ein Gesichtspunkt wird aus dem Gesagten deutlich: Die Selbstständigkeit basiert auf der Abscondität, weil die Lücke zwischen sich und sich selbst nicht geschlossen werden kann: Nur wenn ich nicht weiß, was ich schon bin, kann ich selbstständig werden. Die Selbstständigkeit setzt einen letztlich unüberbrückbaren Abstand im Selbst voraus, den ich immer unterschiedlich und partiell schließen kann. Anders formuliert: Die Möglichkeit, sich bestimmen zu können, setzt ein gewisses Maß an Unbestimmtheit voraus. Der Mensch darf nicht auf ein spezifisches Bild seiner selbst festgelegt werden. „Wer sich selbst zu bestimmen vermag, muss Spielräume haben, dies zu tun, und darf also nicht restlos bestimmt sein. […] Unbestimmtheit ist nicht einfach die Abwesenheit von Bestimmungen, sondern bedeutet Spielräume innerhalb von Bestimmungen" (Bertram 2018: 33).

Bilderverbot und Utopie

Wenn es in den vergangenen Jahrzehnten eine bedeutsame Maxime in der pädagogisch-anthropologischen Forschung gab, dann lautete diese wohl: Du solltest dir – als Pädagog*in – kein Bild vom (dir anvertrauten) Menschen machen. Mit dieser Maxime, sich kein Bild des Zöglings zu machen, situiert sich die Pädagogik in einem langen religiösen Denken, das sich ein Bildnis Gottes verbat und damit etwa eine große Tradition des jüdisch-christlichen Ikonoklasmus in Gang setzte (vgl. Meyer-Drawe 2007). So erbt der neuzeitliche Mensch die Einsicht der Mystik, die Gott „âne bilde" (ohne Bild) und den Prozess der Bildung als Entbildung verstand, in einer negativen Anthropologie des *homo absconditus* und einer negativen Bildungstheorie, für die Fraglichkeit, Unsicherheit, Unbestimmtheit und Abständigkeit notwendige Bestandteile bleiben (vgl. Zirfas 1999). Mit Kamper (1973: 26) formuliert: „Ein ‚Begriff' vom Menschen, der die Unmöglichkeit eines Begriffs vom Menschen begrifflich nachweist, steht noch aus."

Im Grunde finden wir die Erkenntnis Plessners heute als Ergebnis verschiedener anthropologischer Forschungen wieder. Denn aktuell ist „das" Menschenbild durch Pluralisierung, Historisierung und Relativierung gekennzeichnet. Es gibt nicht ein Menschenbild, sondern viele – bspw. der Biologie, der Hirnforschung, der Philosophie, der Soziologie oder auch der Waldorfpädagogik, der PISA-Studien und des Transhumanismus – und es erscheint unklarer denn je, was oder wer „der" Mensch eigentlich ist, denn auch die Biologie hat ebenso kein einheitliches Menschenbild wie auch der Transhumanismus. So gesehen erscheint der *homo absconditus* auch als ein Effekt der Anthropologien, die durch ihre Pluralisierungen, Historisierungen und Strukturierungen den Menschen buchstäblich aufgelöst haben. „Wir akzeptieren also die Bezeichnung Ästhet, weil wir meinen, daß das letzte Ziel der Wissenschaften vom Menschen nicht das ist, den Menschen zu konstituieren, sondern das, ihn aufzulösen" (Lévi-Strauss 1986: 284). Der Mensch bleibt eine Frage ohne zureichende Antwort; Anthropologie wird somit zu einem Projekt nach dem Tode „des" Menschen (Kamper/Wulf 1994).

Auf der anderen Seite braucht Pädagogik aber ein Menschenbild für ihr pädagogisches Denken und ihr praktisches Handeln. Denn auch eine zu offene Anthropologie erscheint durchaus problematisch. So hält Theodor W. Adorno (1903–1969) fest: „Dass sich nicht sagen lässt, was der Mensch sei, ist keine besonders erhabene Anthropologie sondern ein Veto gegen jegliche" (Adorno 1971: 130). Adorno verweist darauf, dass eine solche historische Anthropologie der Offenheit keine Möglichkeiten enthalte, die an den Menschen begangenen „Verstümmelungen" und „Entmenschlichungen" kritisierbar zu machen, da sie sich lediglich in „Abstraktionen" verliere (ebd.). In diesem Sinne können Menschen sich zum Wahren, Guten und Schönen (Platon) „bestimmen", aber auch zum Falschen, Bösen und Hässlichen; sie können sich für Mitleid, aber auch für Grausamkeit entscheiden, sie können Kriege führen oder Frieden suchen. Wenn Anthropologie radikal von der Unbestimmbarkeit des Menschen ausgeht und proklamiert, dass sich die vielfältigen menschlichen Lebensformen nur noch in ihren konkreten Bedingungen beschreiben lassen, zugleich aber Emanzipation, Aufklärung und Wahrheit konzeptuell verabschiedet, kann sie in ethische Schwierigkeiten geraten (Weiß 2004). Und auch Max Horkheimer (1895–1973) hatte schon bemerkt, dass die Anthropologie immer in der Gefahr schwebe, zu viel oder zu wenig über den Menschen zu sagen und insofern dazu neige, „eine Wesensbestimmung des Menschen aufzusuchen, welche die Nacht der Urgeschichte und das Ende der Menschheit überwölbt, und sich der eminent anthropologischen Frage zu entheben, wie eine Wirklichkeit, die als unmenschlich erscheint, weil alle menschlichen Fähigkeiten, die wir lieben, in ihr verkommen und ersticken, zu überwinden sei" (Horkheimer 1988: 259).

Der Ideologieverdacht, den die Kritische Theorie gegenüber traditionellen anthropologischen Modellen hegt, bezieht sich auf die Rechtfertigungsfunktion für gesellschaftliche Verhältnisse, die Leid produzieren. Demgegenüber wird auf die Notwendigkeit hingewiesen, die unterschiedlichen Lebenssituationen von Menschen im historischen Verlauf kenntlich zu machen. Dieses Anliegen steht der traditionell etablierten Rede von „dem" Menschen und seinen vereinheitlichenden Zuschreibungen entgegen. Weil Menschen ihre Entwicklungsmöglichkeiten noch nicht entfalten konnten, ist für Adorno höchstens eine negative, dem Nicht-Identischen verpflichtete Anthropologie möglich, die Prozesse der Emanzipation von Herrschaft verpflichtet ist (Adorno 1971: 274).

Konzeptionen negativer Anthropologie stehen also dem Problem gegenüber, ahistorische Generalisierungen und Bestimmungen des Menschlichen ablehnen zu müssen, weil mit ihnen allzu oft menschliches Leiden bagatellisiert oder naturalisiert wird, das angesichts der Möglichkeiten menschlicher Kultur vermeidbar wäre, zugleich aber ein positives *Humanum* bestimmen zu müssen, das die menschliche (individuelle wie kulturelle und gesellschaftliche) Entwicklungsfähigkeit berücksichtigt. Günther Anders (1980) betont das Unfertige und Unbestimmte des Menschen und versucht damit, die Offenheit menschlicher Entwicklungen als anthropologischen Bezugspunkt zu erschließen, während Ulrich Sonnemann in seiner *Negativen Anthropologie* (1969) die Gefährdungen, Defizit- und Leiderfahrungen als Ausgangspunkt zur Bestimmung des Humanen nimmt. In diesem Sinne spielt für Horkheimer und Adorno in der *Dialektik der Aufklärung* das Bilderverbot eine besondere Rolle (Brumlik 2011: 302). Durch das Bilderverbot wird das Eingedenken an die Opfer der Geschichte möglich. Es geht also auch hier um eine Bestimmung des Humanen *ex negativo*. In einer Wendung auf die Gegenwart und die Zukunft soll der Gedanke einer säkularisierten Erlösung dadurch bestehen bleiben können, dass das Leid der Immanenz (und nicht etwa abstrakte Vorstellungen eines Idealzustandes) den Bezugspunkt seiner (ideologiekritischen) Überwindung darstellt. Es geht aber weder darum, jegliches Positive zu bestreiten, noch alles für gleichermaßen zulässig zu halten: „Das Unterpfand der Rettung liegt in der Abwendung von allem Glauben, der sich ihr unterschiebt, die Erkenntnis in der Denunziation des Wahns. [...] Gerettet wird das Recht des Bildes in der treuen Durchführung seines Verbots" (Horkheimer/Adorno 2003: 40).

Sowohl die anthropologischen Verlautbarungen der älteren Kritischen Theorie als auch die Konzeptionen negativer Anthropologie gehen also mit Menschenbildern einher, die sich auf die menschliche Entwicklungsfähigkeit beziehen. Sie treffen deshalb keine Aussagen über essentialistisch gedachte, überzeitliche menschliche Bedürfnisse, zielen aber universalistisch auf Würde und Gleichberechtigung in dieser Entwicklungsfähigkeit.

In der explizit oder implizit anthropologischen Diskussion um die menschliche Unbestimmtheit wird deutlich, dass hier eine – auch pädagogisch bedeutsame – Akzentverschiebung von der Blickrichtung in die Vergangenheit hin zur Blickrichtung in die Zukunft erfolgt. Sollen Menschen sich also Bilder von sich und ihrer möglichen Zukunft machen? Diese Frage wurde sehr unterschiedlich beantwortet und spielt auch für die Geschichte des pädagogischen Denkens eine Rolle. Historisch rückt der zunächst abstrakte Entwurfscharakter von Ordnungsvorstellungen in der Form von Utopien immer näher an die anthropologische Diskussion um die zukünftigen Möglichkeiten des Humanen.

Allgemein lassen sich Utopien bestimmen als Möglichkeitsentwürfe, „über deren Realisierbarkeit sich zunächst nichts Sicheres sagen lässt, weil diese von zukünftigen praktischen Erfahrungen abhängt" (Harten 2004: 1071). Im emphatischen Sinne verweisen Utopien auf uneingelöste Ideale in der Geschichte wie universelle Menschenrechte, auf Ideen wie die der herrschaftsfreien Gesellschaft oder der Erziehung ohne Zwang, Ideale, die aufgrund von Defiziterfahrungen oder Leiden entworfen wurden und auf grundlegende Transformationen zielen. Utopien zeigen mögliche Alternativen zum Bestehenden und können epistemische Bedeutung erlangen, müssen aber auf konkrete Realisierungsmöglichkeiten zunächst auch keine Rücksicht nehmen. Durch utopisches Denken wird eine idealisierende Rekonstruktion antizipatorischer Elemente der Wirklichkeit möglich, die Imagination für transformatorisches Handeln ermöglicht. Werden gegebene Ordnungsstrukturen überschritten, können systematisch neue Struktur- und Ordnungsmodelle erschlossen werden. Utopien zielen auf Neuerungen und Problemlösungen ab, wobei der Übergang in reales Handeln einen praktischen und ethischen Bewertungsprozess voraussetzt, durch den die Utopie in ein begründetes und vertretbares Modell für das innovative Handeln transformiert wird. Utopisches Denken wandelt sich historisch. Hier lassen sich statische von dynamischen Utopien unterscheiden. Dabei kam es im Laufe der Neuzeit auch zu Extrapolationen des Kommenden und zur Säkularisierung eschatologischer Erlösungsvorstellungen. Die Utopie als eine Gestalt des kreativen, produktiven Denkens wird erst durch den Prozess ihrer Rationalisierung möglich.

Das utopische Moment in der Pädagogik liegt darin, individuelle Fähigkeiten von Kindern und Jugendlichen in einem offenen Möglichkeitshorizont zu entwickeln. Die pädagogische Ausrichtung auf die Entwicklung von Fähigkeitspotentialen verhält sich in diesem Sinne kritisch gegenüber bestehenden Verhältnissen und utopisch im Hinblick auf die Zukunft (vgl. ebd.: 1071 ff.). Grundmuster und Themen in der Geschichte pädagogischer Utopien und utopischer Erziehungsvorstellungen drehen sich zentral um die Frage nach dem Verhältnis zwischen kindlicher Freiheit und der sozialen Prägung. Historisch stehen Entwürfe, die Vorstellungen individueller Freiheit radikalisieren, der Suche nach neuen verbindlichen Ordnungssystemen gegenüber.

So finden sich im klassischen Liberalismus des 18. und 19. Jahrhunderts bürgerliche, klassenspezifische Konzepte einer eigenbestimmten Entfaltung von Bildungsprozessen, während im Zuge der französischen Revolution bereits die Aufhebung von Klassen- und Standesschranken diskutiert wird. Hier wird die Idee der freien Wahl der Einzelnen mit der Verantwortung des Staates für Rahmenbedingungen und Ressourcen kombiniert. Aber auch Ideen vollständiger

Selbstverwaltung werden erstmals formuliert. Angesichts der im industriellen Kapitalismus entstehenden neuen sozialen Antagonismen werden im 19. Jahrhundert vermehrt (im Einzelnen sehr unterschiedliche) Ordnungsutopien verhandelt. An der Schwelle zum 20. Jahrhundert stehen Utopien, die durch den Machbarkeitsglauben an eine Erziehung zum „neuen Menschen" geprägt sind, solchen gegenüber, die von einer Eigenlogik kindlicher Entwicklung ausgehen und diese Eigenlogik mit der Entfaltung des „neuen Menschen" verbinden. Und schließlich lassen sich im 20. Jahrhundert pädagogische Utopien, die sich Lösungen durch die Erziehungsmacht des Staates erwarten, von solchen abgrenzen, die grundlegende gesellschaftliche Neuerungen mit einer von gesellschaftlichen Eingriffen weitgehend losgelöste pädagogische Eigenwelt verbinden. All diese unterschiedlichen pädagogischen Utopieformen verweisen auf ein grundlegendes Problem pädagogischen Denkens, nämlich einerseits den Entwicklungserfordernissen von Kindern verpflichtet zu sein und andererseits zwischen pädagogischen und politischen Anforderungen vermitteln zu müssen (vgl. ebd.: 1083 ff.).

Der vielleicht bekannteste Beitrag zum modernen utopischen Denken stammt von Ernst Bloch (1885–1977), der seine emphatische dialektische Theorie von anthropologischen und ontologischen Prämissen ausgehend entwickelt hat. Während die ältere Kritische Theorie das Humane einzig noch aus dem Leiden in der Immanenz für erschließbar hält und dabei in Schwierigkeiten gerät, das Humane zu bestimmen, geht Bloch in einer ontologischen Setzung davon aus, dass Menschen – individuell wie kollektiv – immer bestrebt sind, noch nicht erreichte, aber antizipatorisch erschließbare Zustände zu realisieren, die mit Formen des aus Defiziterfahrungen und Leid entstandenen Begehrens korrespondieren. Dafür prägte er seine bekannte und in seinen Schriften wiederkehrende dialektische Formulierung: „Ich bin. Aber ich habe mich nicht. Darum werden wir erst" (Bloch 1985b: 13 und 217). Darin stecken *in nuce* die grundlegenden Aspekte seines anthropologischen und utopischen Denkens. Bloch geht immer aus von der Immanenz und den in der Immanenz liegenden noch nicht entfalteten menschlichen Potentialen. Diese Potentiale wiederum verweisen auf überindividuelle, gesellschaftliche und kulturelle Prozesse, die alle Menschen betreffen und auch Formen kollektiver Praxis erforderlich machen. Das Humane liegt für Bloch also im Potential des noch nicht Abgegoltenen. Blochs Menschenbild weist damit durchaus Berührungspunkte zu Konzepten negativer Anthropologie auf. In seiner „Ontologie des Noch-Nicht-Seins" (ebd.: 212 ff.) geht es insbesondere darum, die offene Entwicklung menschlicher Gesellschaften in den Blick zu nehmen. Menschen streben aus dem Mangel des Noch-Nicht, aus der Immanenz heraus (vgl. Dederich/Zirfas 2020). Hier kommt der Dialektik von Wirklichkeit und Möglichkeit besondere Bedeutung zu. Weil Bloch die bestehende Wirklichkeit als Prozess des Werdens auffasst, können die in diesem Prozess liegenden Möglichkeiten selbst Bestandteil eines an die Realität rückgebundenen Strebens werden.

Die Leere, die im Jetzt des gelebten Augenblicks wahrgenommen wird, kann also nach Maßgabe der erschließbaren Potentiale gefüllt werden (Bloch 1985a). Die ontologische Bestimmtheit des Seins ist das je noch nicht verwirklichte Potential.

In seinem von Hegel inspirierten Verständnis von Prozesshaftigkeit setzt Bloch Subjekt und Objekt in ein dialektisches Verhältnis zueinander (Bloch 1971). Für ihn müssen menschliche Subjekte in ihren vermittelten und vermittelnden Bezügen zu objektiven Bedingungen wie den gesellschaftlichen Verhältnissen, kulturellen Artefakten und dem Stand des Weltwissens gesehen werden. Komplexe und vielschichtige Subjekt-Objekt-Verhältnisse bilden sich wechselseitig um und erlangen in einem prinzipiell unabschließbaren Prozess immer wieder Übereinstimmung (Subjekt-Objekt-Identität). Die in diesem Prozess liegende Ausrichtung auf Übereinstimmung nennt Bloch Tendenz. Die Tendenzen führen aber nicht notwendig zu einer Transformation des Mangels und der Leere in der Immanenz. Deshalb bedarf es für Bloch der Erschließung von Potentialen in der Latenz der Welt, d. h. es muss, ausgehend von den Möglichkeiten der Immanenz sowie den transformatorischen Potentialen der Tendenz, „die vorhandene Welt […] mit der noch unvorhandenen" (ebd.: 520) verbunden werden.

Das menschliche Wesen ist für Bloch nur unzureichend bestimmt. Menschliche Subjekte haben die ihnen gemäßen Inhaltsprädikate noch nicht gefunden: „S ist noch nicht P" (Bloch 1985b: 50 und 164). Es bleibt jedoch fraglich, ob Bloch das Streben nach den adäquaten Eigenschaften als ein dann doch statisch werdendes Telos begreift oder ob er diese Suche als Annäherungsprozess unter sich wandelnden Rahmenbedingungen ansieht. Für den späten Bloch wird Hoffnung zum zentralen Begriff. Sie markiert für ihn den Anfang des Denkens und ist auf das dialektische Verhältnis von Wirklichkeit und Möglichkeit bezogen (Bloch 1985a). Die Leere, die gefüllt werden muss, weil Menschen nicht das haben, was sie wollen, verweist auf die ethische und politische Dimension von Blochs Denken. Utopisches Denken verfolgt gesellschaftliche Transformation mit dem Ziel, Gerechtigkeit und Glück zu verwirklichen. Utopien können Impulse dazu geben, Zukunftsdenken und verändernde Praxis realistisch zu fundieren. Erfüllen sie dieses Kriterium, nennt Bloch sie konkrete Utopien. So kann der dialektischen Prozessrichtung der Wirklichkeit Rechnung getragen werden, aber auch die Offenheit menschlicher Entwicklungen Berücksichtigung finden.

Auch Theoretiker der Komplexität beschäftigen sich mit Fragen der Zukunftsoffenheit. So bezieht Edgar Morin das Generationenverhältnis und die Erziehung in seine Überlegungen mit ein. Er unterscheidet sieben Fundamente für eine auf die Zukunft ausgerichtete Erziehung. Ausgehend von einer Auseinandersetzung mit den möglichen blinden Flecken von Erkenntnisgewinnung betont er die Notwendigkeit, Kontexte und Mehrdimensionalität zu berücksichtigen. Zugleich hält er die Beschäftigung mit einer plural gedachten *Conditio humana* für geboten. Hier geht es darum, das Verhältnis von Partikularität und Universalität zu perspektivieren und zugleich die Dimension der Leiblichkeit zu berücksichtigen. Das Schaffen von Bewusstsein für das globale Aufeinander-Angewiesensein, das er als irdische Identität bezeichnet, sowie die Konfrontation mit den Ungewissheiten des Denkens und Handelns sind für Morin die Voraussetzung dafür, Empathiefähigkeit zu befördern und für eine Gattungsethik zu sensibilisieren, die von demokratischen Prinzipien in der Gestaltung von dialogischen kosmopolitischen Verhältnissen ausgeht (Morin 2001). Während Morin auf abstrakte Modi politischer Verständigung rekurriert, die auf Voraussetzungen basieren, die sich (insbesondere im globalen Maßstab) nicht garantieren lassen, gibt es auch Vorschläge, die vom Primat solidarischer Praxis ausgehen und eine global gedachte Anthropologie der Kollektivität zur Grundlage haben.

Im Lichte der gesellschaftlichen Systemkrisen und ökologischen Krisen wird in den letzten Jahren wieder verstärkt über die Bedeutung utopischen Denkens diskutiert. Bini Adamczak (2018) hält das oft gegen Utopien gerichtete Bilderverbot für nicht haltbar. Schließlich gebe es keinen direkten Zusammenhang zwischen dem Ausformulieren utopischer Ideen und menschlicher Praxis. Wirkmächtig werden Utopien aus Adamczaks Sicht nur dann, wenn sie an verbreitete Begehren anknüpfen können (ebd.: 25). Diese Begehren lassen sich mit utopischen Ideen in ein diskursives Verhältnis setzen, um darauf aufbauend Imaginationen und kollektive Praxis zu entwickeln, können in ihrem Prozesscharakter aber auch wirksam werden, ohne dass utopische Ideen als vereindeutigende Bilder anzustrebender zukünftiger Verhältnisse handlungsleitend wären.

Zunächst geht Adamczak, ähnlich wie Bloch, von der Gegenwart aus. Werde etwa von Unglück ausgegangen und ziele die Utopie auf die Zurückdrängung von Unglück, ergebe sich, dass „die Zukunft mit Bildern der Gegenwart illustriert" werde (ebd.: 23). Entscheidendes Kriterium für Utopien sei das Fehlen des Unglücks und die Frage nach der Möglichkeit, eine Welt ohne das vergangene und gegenwärtige Unglück zu imaginieren. Zugleich seien aber positive Bezugspunkte, also antizipatorische Ideen des Zukünftigen, nötig (ebd.: 24). Demgegenüber beschreibt der Begriff des Utopiefetischs das Problem, das dann auftritt, wenn Utopieentwürfe zunächst einen anderen Menschentypus voraussetzen. Für Adamczak kann dem Problem dadurch begegnet werden, dass in utopischem Denken Menschen mit ihren historisch gewordenen Bedürfnissen zum Ausgangspunkt der Überlegungen werden (ebd.: 26). In gesellschaftlichen Krisen verbinden sich partikulare, exklusive und gewaltsame Versprechen auf regressive Weise mit Bedürfnissen und Begierden: „Sofern reaktionäre Krisenlösungsstrategien Minderheiten zum Feind erklären, können sie so einer territorial begrenzten Mehrheit ein Angebot unterbreiten, das realistisch wirkt, weil es ohne die aufwändige Umgestaltung der ökonomischen Verhältnisse auskommt: die Sicherung ihrer Lebensverhältnisse auf Kosten anderer" (ebd.: 31). Dieses wiederkehrende Muster steht mit der kulturell etablierten epistemischen Bedeutung nationaler Kollektivität in enger Verbindung. Aus Adamczaks Sicht kann das Problem nicht gelöst werden, wenn in utopischem Denken der abstrakten

Zugehörigkeit zur Nation noch abstraktere Kategorien wie Menschheit oder Weltbürger entgegengestellt werden, weil diese rein ideell sind. Daraus resultiert für sie die Notwendigkeit, global gedachte Solidarität „konkret und praktisch zu verankern" (ebd.: 32).

Bildsamkeit und Selbstbestimmung

Wie lassen sich also Anthropologien des Zukünftigen und die Frage nach der Bedeutung von Utopien mit der Abscondität verbinden? Zunächst bedeutet die Ausrichtung auf Zukünftiges nicht, dass damit klar bestimmbar wäre, welche Ausprägung das Humane im Einzelnen annehmen wird. Vielmehr müssen Anthropologien des Zukünftigen offen genug sein, um Bildungsprozesse zu ermöglichen. Wichtig ist eingedenk der offenen Bildsamkeit der Menschen aber der Maßstab, an dem die Offenheit sich messen lassen muss. Die Offenheit findet nämlich dort ihre Begrenzung, wo anderen Menschen implizit oder explizit Bildsamkeit und das Recht auf Bildung und Selbstbestimmung abgesprochen wird. Insofern gilt auch für Utopien, dass sie einerseits als Imaginationshilfen dazu dienen, bisherige Verhältnisse gedanklich zu überschreiten und andererseits an menschlichen Bedürfnissen in ihrer Historizität orientiert sein müssen, um Praxis zu ermöglichen. Und sie müssen für unvorhergesehene Entwicklungen offen, mithin diskursiv sein.

Angesichts der unleugbaren, die Lebensgrundlagen bedrohenden Herausforderungen durch die Klimakrise, die globale Ressourcenvernutzung, die Umweltverschmutzung und die daraus resultierenden, bereits jetzt zu erwartenden Auswirkungen, die in Kombination mit den politischen und wirtschaftlichen Verhältnissen neue Gefährdungen und existentielle Risiken für viele Menschen mit sich bringen, scheint es aktueller denn je, sich mit der Bestimmung des Humanen aus dessen Negation zu befassen. Aber für die Gestaltung von zukünftig tragfähigen Lebensverhältnissen wird auch die Erschließung von transformatorischen Potentialen weiter an Bedeutung gewinnen. Hier können durch kokreative Prozesse neue Möglichkeitsräume entstehen.

Vor diesem Hintergrund muss sich die Pädagogische Anthropologie in einem „Zwischen" situieren: Ist sie als Anthropologie zu konkret, so legt sie den Menschen auf ein bestimmtes Bild fest, und schließt damit häufig bestimmte Menschengruppen aus; ist sie zu offen, so erscheint alles menschenmöglich – und Grausamkeiten aller Art lassen sich mit dem Hinweis auf die humane Offenheit und Plastizität legitimieren.

Nun ist Adorno selbst bei seiner negativen Bestimmung der Anthropologie nicht stehen geblieben, sondern hat im Sinne einer dialektischen Betrachtungsweise, die aus der Kritik zugleich an diese anschließende Möglichkeiten skizziert, wie folgt formuliert: „Wir mögen nicht wissen, was der Mensch und was die rechte Gestaltung der menschlichen Dinge sei, aber was er nicht sein soll und welche Gestaltung der menschlichen Dinge falsch ist, das wissen wir, und einzig in diesem bestimmten und konkreten Wissen ist uns das Andere, Positive, offen" (Adorno 1972: 456). Diese Argumentation liegt auf der Linie dessen, was Sloterdijk (2004: 427) zum Interesse am Nicht-Eintreten des Ernstfalls, etwa der Klimaerwärmung, des Nahrungs- und Wassermangels, der Atomkatastrophen und terroristischen Diktaturen, schon vermerkt hat. Und vielleicht ist es ja auch „einfacher", das Nichthumane festzulegen, als das Humane zu bestimmen.

Ein Versuch in die Richtung, die den *homo absconditus* mit einer negativen Ethik zusammendenkt, hat Andreas Steffens unternommen. Er schreibt: „Nur seine Unbegründbarkeit schützt das Menschliche gegen die Eindeutigkeit von Reglementierungen, wie sie aus erlangter Eindeutigkeit seiner Bestimmung folgen müßten. Nur wenn niemandem vorgeschrieben wird, was es für ihn heißt Mensch zu sein, kann ein jeder damit rechnen, in seiner Menschlichkeit nicht elementar verletzt zu werden. Seine Unbestimmtheit ist die einzige mögliche Garantie einer Unversehrtheit" (Steffens 1999: 51).

Wenn Pädagog*innen einerseits davon ausgehen, dass es kein Wesen des Menschen gibt, und wenn sie zugleich wissen, dass sie, wenn sie über den Menschen nachdenken, Körper und Geist, Zeit und Raum, Identität und Soziales etc. gleichermaßen mitbedenken müssen, so können die damit verbundenen Komplexitäten und Unbestimmtheiten durchaus als pädagogischer Gewinn verstanden werden – nicht nur für die Zöglinge, sondern auch und gerade für Pädagog*innen selbst. Denn: „Solange die ‚Bilder in unseren Köpfen' unfertig, unscharf und nur eine unsichere Grundlage für unser Handeln bieten, solange lernen wir. Sind die Bilder fertig, in allen Zügen ausgemalt, in allen Einzelheiten festgelegt, kommt nichts Neues mehr hinzu. Auf Grund starrer Bilder werden auch die Aktionen des Menschen musterhaft starr" (Lassahn 1983: 180 f.). Die pädagogische Anthropologie hat in diesem Sinne die Aufgabe, „die Unmöglichkeit eines geschlossenen Bildes vom Menschen" zu skizzieren und der „unerschöpflichen Vielfalt seiner Perspektiven" und der „grundsätzlichen Bildlosigkeit in bezug auf den Menschen" (Bollnow 1975: 51 f. und 36 f.) gerecht zu werden.

Wenn sie aber gleichzeitig davon ausgehen (womit sie nicht vollkommen „bilderlos" sind), dass Menschen bildsame und selbstbestimmungsfähige Wesen sind, und wenn sie sich als diejenigen verstehen, die Bildsamkeit und Selbstbestimmungsfähigkeit möglich machen sollen, so werden sie „Spuren suchen", in denen Menschen sich als Selbstbestimmungsfähige selbst bilden können (vgl. Zirfas 2002). In diesem Sinne ist die pädagogische Anthropologie nicht zu offen, aber auch nicht zu eng. Sie hat eine klare Profilierung zur Unmenschlichkeit an den Punkten, an denen Menschen Bildsamkeit abgesprochen und Selbstbestimmung verweigert wird; und sie hat ihre Offenheit in einem paradoxen bildungstheoretischen Rahmen des bestimmt Unbestimmten, der potentielle, und nicht immer prognostizierbare, Entwicklungen ermöglichen soll, diese aber nicht garantieren kann (vgl. Zirfas 2021).

Literatur

Adamczak, Bini (2018): „Ich halte das anti-utopische Bilderverbot für erledigt". Interview. In: Neupert-Doppler, Alexander (Hrsg.): Konkrete Utopien. Unsere Alternativen zum Nationalismus. Stuttgart: Schmetterling, 23–38.

Adorno, Theodor W. (1971): Negative Dialektik [1966]. In: Ders.: Gesammelte Schriften. Band 6. Hrsg. von Rolf Tiedemann. Frankfurt a. M.: Suhrkamp, 7–412.

Adorno, Theodor W. (1972): Individuum und Organisation [1953]. In: Ders. Gesammelte Schriften, Band 8. Hrsg. von Rolf Tiedemann. Frankfurt a. M.: Suhrkamp, 440–456.

Anders, Günther (1980): Die Antiquiertheit des Menschen. Band 2: Über die Zerstörung des Lebens im Zeitalter der dritten Revolution. München: C.H. Beck.

Bacon, Francis (1990): Neues Organon [1620]. Teilband 1. Hamburg: Meiner.

Bertram, Georg W. (2018): Was ist der Mensch? Warum wir nach uns fragen. Stuttgart: Reclam.

Blumenberg, Hans (2006): Beschreibung des Menschen. Frankfurt/M.: Suhrkamp.

Bloch, Ernst (1985a): Das Prinzip Hoffnung [1959]. In: Ders.: Gesamtausgabe, Band 5. Frankfurt a. M.: Suhrkamp.

Bloch, Ernst (1985b): Tübinger Einleitung in die Philosophie [1963/64]. In: Ders.: Gesamtausgabe, Band 13. Frankfurt a. M.: Suhrkamp.

Bloch, Ernst (1971): Subjekt – Objekt. Erläuterungen zu Hegel [1951]. Frankfurt a. M.: Suhrkamp.

Bollnow, Otto-Friedrich (1975): Die anthropologische Betrachtungsweise in der Pädagogik [1965]. 3. Aufl. Essen: Neue Deutsche Schule Verlagsgesellschaft.

Brockhaus (2009): Philosophie. Mannheim: Brockhaus.

Brumlik, Micha (2011): Theologie und Messianismus. In: Klein, Richard/Kreuzer, Johann/Müller-Doohm, Stefan (Hrsg.): Adorno-Handbuch. Leben – Werk – Wirkung. Stuttgart: Metzler, 295–309.

Dederich, Markus/Zirfas, Jörg (Hrsg.) (2020): Paragrana. Internationale Zeitschrift für Historische Anthropologie. Band 28. Heft 2: Mängelwesen Mensch. Berlin: De Gruyter 2020.

Dederich, Markus/Zirfas, Jörg (2021): Nichtwissen, Unsicherheit und professionelles Handeln. In: Thompson, Christiane/Zirfas, Jörg/Meseth, Wolfgang/Fuchs, Thomas (Hrsg.): Erziehungswissenschaften in Zeiten von Angst und Verunsicherung. Weinheim/Basel: Beltz Juventa 2021, 63–81.

Derrida, Jacques (1994): Den Tod geben. In: Haverkamp, Anselm (Hrsg.): Gewalt und Gerechtigkeit. Derrida-Benjamin. Frankfurt a. M.: Suhrkamp, 331–445.

Harten, Hans-Christian (2004): Utopie. In: Benner, Dietrich/Oelkers, Jürgen (Hrsg.): Historisches Wörterbuch der Pädagogik. Weinheim/Basel: Beltz, 1071–1090.

Heidegger, Martin (1980): Die Zeit des Weltbildes [1938]. In: Ders.: Holzwege. 6. Aufl. Frankfurt a. M.: Vittorio Klostermann, 73–110.

Horkheimer, Max (1988): Bemerkungen zur philosophischen Anthropologie [1935]. In: Gesammelte Schriften. Band 3: Schriften 1931–1936. Hrsg. von Alfred Schmidt. Frankfurt/M.: Fischer, 249–276.

Horkheimer, Max/Adorno, Theodor W. (2003): Dialektik der Aufklärung [1944]. In: Adorno, Theodor W.: Gesammelte Schriften. Band 3. Hrsg. von Rolf Tiedemann. Frankfurt a. M.: Suhrkamp.

Kamper, Dietmar (1973): Geschichte und menschliche Natur. Die Tragweite gegenwärtiger Anthropologiekritik. München: Carl Hanser.

Kamper, Dietmar/Wulf, Christoph (Hrsg.) (1994): Anthropologie nach dem Tode des Menschen. Vervollkommnung und Unverbesserlichkeit. Frankfurt a. M.: Suhrkamp.

Kant, Immanuel (1982): Kritik der Urteilskraft [1790]. In: Ders., Werkausgabe in 12 Bänden. Hrsg. von Wilhelm Weischedel. Band X. 4. Aufl. Frankfurt a. M.: Suhrkamp.
Kluge, Friedrich (2011): Etymologisches Wörterbuch der deutschen Sprache. 25. Aufl. Berlin: de Gruyter.
Lassahn, Rudolf (1983): Pädagogische Anthropologie. Eine historische Einführung. Heidelberg: Quelle & Meyer.
Lévi-Strauss, Claude (1986): Das wilde Denken. 6. Aufl. Frankfurt a. M.: Suhrkamp.
Meyer-Drawe, Käte (2007): „Du sollst dir kein Bildnis noch Gleichnis machen …" – Bildung und Versagung. In: Koller, Hans-Christoph/Marotzki, Winfried/Sanders, Olaf (Hrsg.): Bildungsprozesse und Fremdheitserfahrung. Bielefeld: transcript, 83–94.
Morin, Edgar (2001): Die sieben Fundamente des Wissens für eine Erziehung der Zukunft. Hamburg: Krämer.
Müller, Ernst/Schmieder, Falko (2019): Begriffsgeschichte und historische Semantik. Ein kritisches Kompendium. 2. Aufl. Berlin: Suhrkamp.
Plessner, Helmuth (1976a): Die Frage nach der Conditio humana. In: Ders.: Die Frage nach der Conditio humana. Frankfurt a. M.: Suhrkamp, 7–81.
Plessner, Helmuth (1976b): Homo absconditus. In: Ebd., 138–150.
Plessner, Helmuth (1985): Abwandlungen des Ideologiebegriffs. In: Gesammelte Schriften. Band 10. Hrsg. von Günter Dux et al. Frankfurt a. M.: Suhrkamp, 41–70.
Ritter, Joachim (1989): Über den Sinn und die Grenze der Lehre vom Menschen [1933]. In: Subjektivität. Sechs Aufsätze. Frankfurt a. M.: Suhrkamp, 36–61.
Scheler, Max (1927): Die Sonderstellung des Menschen im Kosmos. In: Der Leuchter. Weltanschauung und Lebensgestaltung. Darmstadt: Otto Reichl.
Sloterdijk, Peter (2004): Sphären. Plurale Sphärologie. Band III: Schäume. Frankfurt a. M.: Suhrkamp.
Sonnemann, Ulrich (1969): Negative Anthropologie. Vorstudien zur Sabotage des Schicksals. Reinbek: Rowohlt.
Steffens, Andreas (1999): Philosophie des 20. Jahrhunderts oder Die Wiederkehr des Menschen. Leipzig: Reclam.
Taylor, Charles (1985): Self-interpreting Animals. In: Ders.: Human Agency and Language. Philosophical Papers 1. Cambridge/MA u. a.: CUP, 45–76.
Weiß, Edgar (2004): Sinn und Grenzen negativer Anthropologie – Klärungsversuche im Zeichen Kritischer Theorie. In: Schroeter, Klaus R./Setzwein, Monika (Hrsg.): Zwischenspiel. Festschrift für Hans-Werner Prahl zum sechzigsten Geburtstag. Kiel: Götzelmann, 201–213.
Wulf, Christoph (2006): Anthropologie kultureller Vielfalt. Interkulturelle Bildung in Zeiten der Globalisierung. Bielefeld: transcript.
Wulf, Christoph (2014): Bilder des Menschen. Imaginäre und performative Grundlagen der Kultur. Bielefeld: transcript.
Zirfas, Jörg (1999): Bildung als Entbildung. In: Schäfer, Alfred/Wulf, Christoph (Hrsg.): Bild, Bilder, Bildung. Weinheim: DSV, 159–193.
Zirfas, Jörg (2002): Anthropologie als Spurensuche. Eine programmatische Skizze mit Blick auf die Allgemeine Pädagogik. In: Zeitschrift für Erziehungswissenschaft. 1. Beiheft 2002: Forschungsfelder der Allgemeinen Erziehungswissenschaft. Opladen: Leske & Budrich, 63–72.
Zirfas, Jörg (2004): Pädagogik und Anthropologie. Eine Einführung. Stuttgart/Berlin/Köln: Kohlhammer.
Zirfas, Jörg (2009): Homo absconditus? Pädagogisch-anthropologische Notizen. In: Göhlich, Michael/Zirfas, Jörg (Hrsg.): Der Mensch als Maß der Erziehung. Festschrift für Christoph Wulf. Weinheim/Basel: Beltz, 199–214.
Zirfas, Jörg (2021): Pädagogische Anthropologie. Eine Einführung. Paderborn: Schöningh/UTB 2021.

Bild und Bildung in der Migrationsgesellschaft. Ein Überblick über die wesentliche Schnittmenge

Tim Wolfgarten und Michalina Trompeta

„Bilder der Anderen und Selbstbilder haben eine wichtige Funktion, wenn wir die Welt um uns herum und die jeweils eigene Position darin erfassen wollen."
(Annita Kalpaka 1994)

Mit dem folgenden Beitrag gilt es die Relevanz von Bildern für das erziehungswissenschaftliche Feld zu Erziehung und Bildung in der Migrationsgesellschaft herauszuarbeiten. Zwei wesentliche Absichten werden dabei verfolgt: Zum einen wird ein Überblick über die unterschiedlichen Bildbezüge aus dem disziplinären Teilfeld gegeben und zum anderen wird der Versuch getätigt, die verschiedenen Bezugnahmen auf das Phänomen Bild zueinander in Beziehung zu setzen. Die Zusammenführung der einzelnen Bildbezüge – seien diese eher auf theoretischer, empirischer oder pädagogisch-praktischer Ebene zu verorten und sei das Phänomen Bild überdies eher im materiellen oder imaginären Sinne zu verstehen – geschieht auf einer übergeordneten und abstrahierten Ebene, auf der die unterschiedlich herausgebildeten Konzepte und Praktiken einen gemeinsamen Verständnisrahmen erhalten. Den Mehrwert des gemeinsamen Verständnisrahmens sehen wir darin, nicht nur die singulären Bedeutsamkeiten der unterschiedlichen Bezugnahmen auf das Phänomen Bild überblicksartig in einem Beitrag wiederzugeben, sondern diese auf einen gemeinsamen Nenner zu bringen. So soll in einer hervorgehobenen Weise die herausgebildete Schnittmenge zwischen Bild und Bildung in der Migrationsgesellschaft im Rückblick ersichtlich werden.

Der Ausgangspunkt in der folgenden Darstellung liegt dabei auf der Ebene der verallgemeinerten Schnittmenge sowie in der Skizzierung eines Modells, in dem die wesentlichen Bildbezüge in dem fokussierten Kontext aufgegriffen werden und von dem aus die einzelnen Bezugnahmen erläutert werden. Demzufolge werden auch die unterschiedlichen Bedeutsamkeiten des Phänomens Bild für das erziehungswissenschaftliche Feld in der genannten Struktur dargestellt.

Zu den beiden genannten Absichten – einerseits einen Überblick über die einzelnen Bezugnahmen auf das Phänomen Bild zu geben und andererseits ebendiese Bezugnahmen innerhalb eines verbindenden Rahmens zusammenzubringen – sind vorab folgende Bemerkungen zu tätigen. Sehen wir den Vorteil in der beschriebenen Darstellung darin, dass die markant herausgebildete Schnittmenge zwischen Bild und Bildung in der Migrationsgesellschaft über ein Modell herausgestellt wird, ist der Nachteil einer Abstrahierung bekanntlich der, dass detaillierte und kontextspezifische Informationen in den Hintergrund treten. Diese sind in ihrer Ausführlichkeit über die jeweiligen Verweise rezipierbar. Zum Charakter der Überblicksdarstellung ist zu bemerken, dass mit dem Ziel des Beitrags kein Anspruch auf Vollständigkeit einhergeht. Das betrifft insbesondere die Darstellung der unterschiedlichen Angebote aus der pädagogischen Praxis, die schwer erhebbar sind und von denen nur ein Bruchteil schriftlich dokumentiert ist. Auch soll mit dem Beitrag keine ausführliche Bildtheorie entfaltet werden, die sämtliche Erkenntnisse berücksichtigt, Bruchstellen diskutiert und den heutigen Stand der mittlerweile eigenständigen Disziplin wiedergibt. Vielmehr wird der Fokus auf die relevanten Aspekte gerichtet sein, die für den zuvor angekündigten gemeinsamen Verständnisrahmen erforderlich sind.

1. Intersubjektiv geteilte Bilder zum vermeintlich Eigenen und vermeintlich Anderen – ein Modell zur Schnittmenge zwischen Bild und Bildung in der Migrationsgesellschaft

Zur Ausgangslage der Unterscheidung von vermeintlich eigen und vermeintlich anders

Wird das Phänomen Bild weiter als nur das materialisierte Bild gedacht, das anfassbar und betrachtbar ist, und werden auch Erscheinungsformen wie beispielsweise imaginäre Bilder oder Vorstellungen in das Verständnis zum Bild einbezogen, ergeben sich vielfältige Bezüge zur Erziehungswissenschaft, die mit den unterschiedlichen Schwerpunkten und pädagogischen Zielsetzungen in dem vorliegenden Band behandelt werden.

Für das disziplinäre Teilfeld zur Erziehung und zur Bildung in der Migrationsgesellschaft ist die Unterscheidung zwischen dem vermeintlich Eigenen und dem vermeintlich Anderen eine zentrale Problemstellung. Die Kriterien für die Unterscheidung sind flexibel, vielfältig sowie überlagerungsfähig beziehungsweise miteinander verschränkt und betreffen vorzugsweise die Nationalität, die Religionszugehörigkeit oder den Glauben, die vermeintlich kategoriale – nicht die tatsächlich lebensweltliche – Kultur aber auch das alleinige Aussehen der Personen, die darüber gesondert werden. Der Grund dieser Ausgangslage als Problemstellung ist in zweifacher Weise relevant: Zum einen sind die Informationen, die für die Unterscheidung in vermeintlich eigen und vermeintlich anders herangezogen und die zum Teil über visuelle Markierungen, wie das körperliche Aussehen, abgeleitet werden, mit einem unterschiedlichen Prestige – ja, einem unterschiedlichen *Image* – innerhalb der sozialgesellschaftlichen Stellung versehen. Zum anderen sind die Deutungen innerhalb dieser wertenden Unterscheidung keine singulären, sondern kollektive Vorstellungen – geistige Bilder, die keine ausschließlich individuellen, sondern intersubjektiv geteilte sind. Die daraus resultierenden Folgen lassen sich in unterschiedlicher Gewichtigkeit unter anderem über die Begriffe der VerAnderung beziehungsweise des Othering, der Diskriminierung und des Rassismus fassen, da innere Bilder und Vorstellungen in dem Kontext nicht nur im Geiste aufkommen, sondern sich daraus ableitend auch auf zwischenmenschliche Interaktionen, die Organisation von Institutionen sowie die Strukturierung von Gesellschaft auswirken.

Wenn nun diese geistigen Vorstellungen sowie die folgeschweren Imaginationen nicht als singuläre und ausschließlich individuell aufkommende Bilder zu betrachten sind, sondern als kollektiv verankert und intersubjektiv geteilt – es sich demnach um Deutungs*muster* und Ordnungs*strukturen* handelt, mit denen sich die Erziehungswissenschaftler*innen und pädagogischen Fachkräfte in dem fokussierten Feld konfrontiert sehen –, wie ist ihre Verbreitung zu erklären? Wie kommt es dazu, dass sich die individuell aufkommenden Vorstellungen über das vermeintlich Eigene und vermeintlich Andere über Personen hinweg ähneln und oftmals deckungsgleich sind? Und wie lässt sich demnach der gesellschaftsstrukturierende Charakter dieser Bilder beschreiben, obwohl das Aufkommen der ordnenden sowie wertenden Vorstellungen innerhalb eines einzelnen Individuums zu verorten ist? Mit diesen Fragen beziehungsweise mit deren Beantwortung befinden wir uns bereits mitten in der zu thematisierenden Schnittmenge von Bild und Bildung in der Migrationsgesellschaft sowie der Relevanz von Bildern für das erziehungswissenschaftliche Feld.

Bevor jedoch der Blick detaillierter auf das Phänomen Bild gerichtet wird sowie auf dessen unterschiedliche Erscheinungsformen und Eigenschaften, sollen die bisher geäußerten Gedanken über das folgende Schaubild festgehalten werden (s. Abb. 1). Zu sehen sind die individuell aufkommenden Vorstellungen und Imaginationen über das Eigene und vermeintlich Andere, die zueinander in Verbindung stehen und untereinander dependent erscheinen, obwohl es sich um individuelle Bilder handelt. Darauf verweist der Pfeil zwischen den jeweiligen Gedankenblasen. Der grau hinterlegte Pfeil stellt die Ausrichtung der Subjektposition zur Welt dar, womit der wesentliche Bezug zum einleitenden Motto von Annita Kalpaka hergestellt wird: „Bilder der Anderen und Selbstbilder haben eine wichtige Funktion, wenn wir die Welt um uns herum und die jeweils eigene Position darin erfassen wollen" (Kalpaka 1994: 207). Die ordnenden Vorstellungen des Subjekts über dessen Stellung zur Welt betreffen sodann auch deren Gestaltung sowie die Mitmenschen, die in ihr vorkommen.

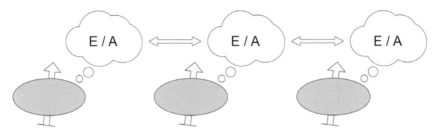

Abbildung 1: Intersubjektiv geteilte Bilder zum vermeintlich Eigenen und vermeintlich Anderen – ein erstes Modell

Zu erläutern wäre in einem nächsten Schritt, was die zu erfüllenden Bedingungen sind und welche Qualitäten das Bild aufweisen muss, um die Vorstellungen über das vermeintlich Eigene und das vermeintlich Andere als intersubjektiv geteilt aufkommen zu lassen. Ebenfalls ist darauf einzugehen, in welchem Verhältnis die geteilten Vorstellungen auf die Subjektpositionierungen sowie deren Ausrichtung zur Welt stehen. Dies geschieht im Anschluss als ein weiterer Schritt.

Zu den relevanten Bedingungen[1] der Unterscheidung von vermeintlich eigen und vermeintlich anders: Intermedialität, zirkulierende Bilder, visuelle Sozialisation und kulturelles Gedächtnis

Zunächst wird das Bild als ein Phänomen betrachtet, das in unterschiedlicher Weise in Erscheinung tritt. Zu Beginn des Beitrags wurde bereits zwischen materiellen und immateriellen Bildern unterschieden – Bilder, die anfassbar und betrachtbar sind, und Bilder, die in geistiger Vorstellung aufkommen und erscheinen. Lag der Fokus bislang auf den inneren und imaginären Bildern, werden materielle Bilder im Folgenden stärker eingebunden und deren Verschränkung miteinander thematisiert. Die wesentlichen Konzepte zu den folgenden Ausführungen lassen sich dabei vor allem über die Begriffe der zirkulierenden Bilder und der Intermedialität fassen, wobei das eine Konzept das jeweils andere voraussetzt.

Das Konzept der zirkulierenden, wandernden oder auch migrierenden Bilder ist in der deutschsprachigen Literatur vor allem auf die Schriften von Aby Warburg (2010c) zurückzuführen; im englischsprachigen Raum ist es William John Thomas Mitchell (2008), der sich intensiver damit auseinandersetzt. Der wesentliche und hervorzuhebende Aspekt dabei ist der – und dies wird bereits über die Bezeichnung ersichtlich –, dass Bilder zirkulieren. Das betrifft die Mobilität

---

1 Als Bedingungen werden solche angeführt, die das Phänomen Bild im Kontext von Bildung betreffen und die Schwerpunktsetzung des vorliegenden Sammelbandes aufgreifen. Weitere Bedingungen werden nicht explizit ausgearbeitet und sind beispielsweise den Einführungswerke in die erziehungswissenschaftliche Teildisziplin entnehmbar.

der Bildträger, über die Bilder von einem Ort zu einem anderen transportiert werden, aber auch die Mobilität von Bildern über den Bildträger hinaus. Heute stehen vor allem digitale Bilder im Fokus der Überlegungen, die über die Funktion des Kopierens und Einfügens in verschiedenen Räumen rezipierbar gemacht werden und global zirkulieren. Der Bildträger kann dabei ein wechselnder sein. So kann zum Beispiel ein Zeitschriftencover mit dem Smartphone abfotografiert und zur Diskussion auf einer Online-Plattform veröffentlicht werden, was dann wiederum die Möglichkeit bietet, es mit dem persönlichen Account zu teilen, an anderer Stelle einzubinden oder im Rahmen beispielsweise einer empirischen Studie zu erheben und dieses über die Veröffentlichung in gedruckter Form erneut erscheinen zu lassen.

Über das Konzept der zirkulierenden Bilder wird jedoch nicht nur die Mobilität eines konkreten Bildes oder Motivs berücksichtigt, das an unterschiedliche Orte und in verschiedene Räume gebracht werden kann. Ebenfalls einbezogen wird die Möglichkeit der Varianz und Vielfältigkeit bildlicher oder bildhafter Aussagen, womit erneut die Unterscheidung aber auch die Verschränkung von materiellen und immateriellen sowie veräußerlichten und verinnerlichten Bildern thematisiert wird. Bildaussagen können in unterschiedlicher Weise getroffen werden und geistige Bilder finden ihren Ausdruck in mannigfaltiger Form. Das Zirkulieren der Bilder betrifft sodann auch ein Zirkulieren von bildhaften Vorstellungen über die Instanz des Menschen, die über die Rezeption bereits bestehender verinnerlicht wurden und in die erneute Bildproduktion mit einfließen.

Wird der Transfer und die Tradierung von Bildern von einen Bildträger über den Menschen – ebenfalls als Bildträger denkbar – zu einem erneuten, nicht menschlichen Bildträger betrachtet, wird die Relevanz der Intermedialität erkennbar: Bilder können von unterschiedlichen Medien getragen werden und sie können vom Menschen unterschiedlich medial transferiert werden, was dann beispielsweise auch die Schrift oder die Sprache im Sinne von sprachlichen Bildern einschließt. Die Tradierungslinien von Bildern sind somit nicht auf das ausschließlich referenzielle System von Bildern begrenzt, sondern gehen über dieses hinaus. Sprachliche Ausdrücke – seien diese sprechsprachlich oder über die Schrift rezipierbar – beeinflussen geistige Bilder genauso wie bildliche Darstellungen und die Tradierung von Bildern wird ebenfalls über die bildhafte Sprache gestützt, selbst wenn keine bildlichen Darstellungen produziert werden. Demzufolge ist es kaum möglich, sich als Medium zirkulierender Bilder zu entziehen und diese nicht zu tradieren.

Ist nun der Mensch über dessen Kommunikations- und Ausdrucksfähigkeit mit in das Konzept der zirkulierenden Bilder eingebunden, bedarf es auch die Berücksichtigung eines produktiven Moments, in dem die verinnerlichten Bilder nicht eins zu eins – wie über das Sinnbild der Druckpresse – reproduziert werden: Über das Prinzip der Wiederholung wird auch die Möglichkeit der Veränderung zugelassen.² Neben leichteren Veränderungen oder einer geringen Modifikation, bei denen die Bildaussage eine ähnliche bleibt, beinhaltet die Möglichkeit auch die Produktion von sogenannten Gegenbildern, über die dann zwar im Vergleich zu den rezeptierten Bildern eine andere Aussage getätigt wird, die dennoch von den zuvor verinnerlichten Bildern beeinflusst wurde und auf diese zurückzuführen ist.³

Eine weitere Möglichkeit, die über die Wiederholung eröffnet wird, betrifft die Veränderung einzelner, partieller Bildbestandteile, wobei zwar dasselbe wiedergegeben wird, dessen Eigenschaft jedoch in abgeänderter Form erscheint. Fassen lässt sich dies vor allem über den Begriff des Ausdrucks, mit dem in veränderter Form auch veränderte Aussagen zu ein und demselben Gegenstand oder Sachverhalt getroffen werden. Auch wenn die Bildproduktion in dem folgenden Beispiel synchron erfolgt und nicht zeitlich aufeinanderfolgend, wird die Verwendung von unterschiedlichen Ausdrucksformen in der Medienberichterstattung jedoch gut ersichtlich, wenn beispielsweise über ein und dasselbe Ereignis von verschiedenen und politisch unterschiedlich ausgerichteten Medienhäusern berichtet wird. So macht es einen Unterschied, ob eine Person über die bildliche Berichterstattung formal über eine Draufsicht oder von unten dargestellt wird und ob sie zum Beispiel mit einer ernsthaften Mimik und Gestik in einem ebensolchen Moment abgelichtet wird oder eher unbefangen, eventuell mit einem Lächeln. Diesbezüglich sind die Ausdrucksmöglichkeiten vielfältig und in ähnlicher Weise verhält es sich auch mit sprachlichen Bildern beispielsweise über die Verwendung von Adjektiven. Das Zirkulieren von Ausdrucksformen wird ebenfalls über das Konzept der zirkulierenden Bilder berücksichtigt, auch wenn es sich nur um einen Bestandteil des Bildes handelt, der einmal verinnerlicht ebenfalls auf weitere angewendet werden kann.⁴

Um diese kommunikative Fähigkeit zu gewährleisten, verstehbare Aussagen über verinnerlichte Ausdrücke tätigen zu können, über die ein bestimmter Gegenstand oder Sachverhalt mit Eigenschaften belegt wird und die in der erneuten Rezeption abermals verinnerlicht und gefestigt werden, bedarf es den Einbezug zweier angrenzender sowie gegenseitig voraussetzender Konzepte: das des kulturellen Gedächtnisses und das der visuellen Sozialisation sowie Literalität. Denn wenn es möglich erscheint, sich bildliche sowie bildhafte Ausdrucksformen

---

2 Siehe dazu auch Butler 2006 sowie in einer erziehungswissenschaftlichen Einbettung Koller 2012.
3 Siehe zu Gegenbildern und „counter-strategies" Hall 1997.
4 In der Literatur wird dies vor allem über die Beschreibung des Nachlebens von Bildern thematisiert, was insbesondere auf Georges Didi-Huberman und dessen gleichnamiger Schrift (Didi-Huberman 2010) zurückzuführen ist, in der er sich mit dem theoretischen Werk von Warburg auseinandersetzt.

anzueignen, auf diese zurückzugreifen und in ihrer Bedeutung hin anzuwenden, so dass sie von der Mitwelt verstanden werden, bedarf es einer gemeinsamen Verständigungsebene mit geteilten Referenzen.

Zum Konzept der visuellen Literalität oder vielmehr zu dem, was darunter verstanden wird, gibt es verschiedene Ansichten und eine Festlegung auf eine eindeutige Begriffsdefinition besteht bislang nicht. Schwierigkeiten, die damit einhergehen, lassen sich diesbezüglich auf mehreren Ebenen beschreiben. So birgt bereits die Kombination von einerseits bildlichen und andererseits schriftlichen Bezugnahmen der Bezeichnung eine gewisse Spannung. Eine weitere Schwierigkeit ergibt sich durch die bedeutungsstiftenden Brüche zwischen Visualität und Bildlichkeit sowie zwischen Bildlichkeit und Bildhaftigkeit, worauf in unterschiedlichen Bezeichnungen Bezug genommen wird und was mit den zuvor eingeführten enger- sowie weitergefassten Bildverständnissen einhergeht. Eine dritte Einflussgröße für die Unstimmigkeit über den gemeinten Gegenstand und Öffnung der damit einhergehenden Verständnisweisen ist auf den Einbezug der englischsprachig etablierten Bezeichnung von visual literacy zurückzuführen, was des Öfteren auch mit visueller Alphabetisierung, visueller Lesefähigkeit von Bildern, visueller Kompetenz oder Bildkompetenz sowie Bildkritik übersetzt und dementsprechend verstanden wird. Neben dem genannten Nachteil des Sprach- und Textbezugs bietet der Begriff der visuellen Literalität aber einen wesentlichen Vorteil, denn Literalität wird zusätzlich zu den individuellen Fähig- und Fertigkeiten auch in soziokultureller Hinsicht verstanden: „Wissen wird in Texten [hier: Bildern] gespeichert und weitergegeben" (Jambor-Fahlen, Simone/Hippmann, Kathrin 2018).

Über dieses Scharnier zwischen Individuum und Gesellschaft ist die visuelle Literalität dann auch in das Konzept des erziehungswissenschaftlichen Grundbegriffs der Sozialisation einzubinden. Warburg (2010a) greift diesen Sachverhalt über das Konzept des kulturellen Gedächtnisses auf und beschreibt darüber zunächst ein Formengedächtnis. Da er auf der Ebene des Bildes den Begriff der Form jedoch eng verwoben mit dem des Inhaltes versteht – die Formen eine wesentliche Funktion hinsichtlich der Konstitution der Inhalte erfüllen –, ist es zugleich auch ein Bedeutungsgedächtnis. Dieses über Formen hergestellte Bedeutungsgedächtnis ist allerdings nicht als eine statische Ansammlung symbolischer Referenzen zu verstehen, bei denen die Inhalte im Vordergrund stehen würden. Vielmehr ist das Bedeutungsgedächtnis auf die Eigenschaften zu beziehen, die auf Bildebene zwar an die jeweiligen Inhalte gebunden, in ihrer Bedeutung jedoch auch auf andere übertragbar sind. Dementsprechend ließe sich auch von einem Eigenschaftsgedächtnis sprechen, über dessen Formen unterschiedliche Bedeutungen verschiedener Inhalte hervorgebracht und rezipiert werden können.[5]

---

[5] Siehe dazu ausführlicher Wolfgarten 2018, Kapitel 4.3, aus dem einige Teile für den Absatz übernommen wurden.

Das Erlernen dieser bedeutungsstiftenden Ausdrucksformen, die neben inhaltlichen Aussagen auch die Affekt- und Gefühlsebenen einschließen, fasst Warburg zunächst über „den ästhetischen Akt der Einfühlung" (Warburg 2010b: 39 f.) und später über die Begriffe der „Verkörperung", „Verleibung" sowie „Einverleibung" (vgl. Didi-Huberman 2010: 431). Dieses Phänomen sowie das des kulturell intersubjektiv geteilten Gedächtnisses gilt es in einem weiteren Schritt näher zu beleuchten. Zunächst soll jedoch der bisher beschriebene Gedankengang über ein zweites Schaubild festgehalten werden (s. Abb. 2).

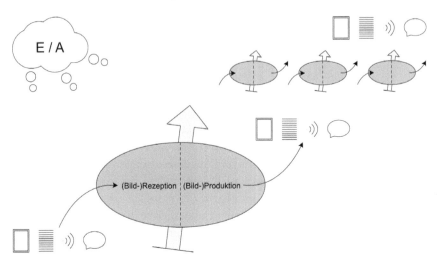

Abbildung 2: Intersubjektiv geteilte Bilder zum vermeintlich Eigenen und vermeintlich Anderen – ein zweites Modell

Wie im ersten Schaubild sind die einzelnen Subjekte sowie deren Ausrichtung zur Welt über die elliptischen Formen und die grau hinterlegten Pfeile dargestellt. Ergänzt wurden diese durch die beiden Tätigkeiten der (Bild-)Rezeption und (Bild-)Produktion. Das Bild – als Medium, nicht als Phänomen – wurde bewusst in Klammern gesetzt, um den Aspekt der Intermedialität hervorzuheben, dass geistige Bilder und Vorstellungen ebenfalls über sprachliche Bilder und Ausdrücke beeinflusst und diese wiederum auch in sprachliche Bilder und Ausdrucksformen gebracht werden. Bildliche und bildhafte Vorstellungen über das vermeintlich Eigene und das vermeintlich Andere werden demnach nicht ausschließlich über Bilder tradiert, sondern gleichermaßen auch über die Schrift- und Sprechsprache sowie über weitere Ausdrucksmöglichkeiten, die differenziert im Schaubild dargestellt sind. Der Mensch als einzelnes Individuum sowie mit dessen sozialgesellschaftlicher Subjektpositionierung wird in dem Modell ebenfalls als Bildträger verstanden. Über das Prinzip der (Bild-)Rezeption sowie der anschließenden (Bild-)Produktion werden ebendiese Vorstellungen nicht nur getragen und tradiert, sie werden darüber hinaus auch rezipierbar gemacht und mit der Mitwelt geteilt. Die kollektive Verankerung intersubjektiv geteilter Bilder, über die Vorstellungen über das vermeintlich Eigene und vermeintlich Andere getragen und tradiert werden, ist in dem Schaubild – anders als zuvor – über die gemeinsam geteilte Gedankenblase dargestellt.

Über die kreative Aneignung von und den produktiven Umgang mit Bildern innerhalb deren Rezeption wurde allerdings ein Moment in das Modell eingeführt, dass eine direkte und unveränderte Verinnerlichung der bildlichen oder bildhaften Aussagen verhindert. Sie werden zwar über ihre Erscheinungsform erfahren und hinsichtlich ihrer Ausdrucksmittel können sie zudem auch erlernt werden, jedoch werden sie für die Sicht auf die Welt und die subjektpositionierte Ausrichtung zu ihr nicht eins zu eins übernommen. Selbst ihr Erscheinen kann bereits variieren, wie es beispielsweise die Kippfigur der Ente und des Hasen verdeutlicht.[6] Bilder eröffnen demnach zwar Sichtweisen auf die Welt und sie ermöglichen darüber die Ausrichtung von Subjektpositionen zu ihr, eingenommen werden müssen diese jedoch nicht. Auch ist darüber nicht sichergestellt, dass bereits rezipierte Bilder in unveränderter Form erneut produktiv zum Ausdruck gebracht und tradiert werden. Das kreative Moment ihrer Verinnerlichung bleibt in dem Modell daher noch offen und erklärungsbedürftig. Fragen, auf die näher einzugehen wäre, sind demnach folgende: Wie ist das Verhältnis zwischen (Bild-)Rezeption und der Ausrichtung zur Welt beziehungsweise die Sicht auf diese zu beschreiben? Wie sind (Bild-)Rezeption und (Bild-)Produktion über ebendiese Sicht auf Welt miteinander verzahnt? Wie ist die kollektive Verankerung intersubjektiv geteilter Vorstellungen über das vermeintlich Eigene und das vermeintlich Andere zu erklären, so dass ein Erlernen und Anwenden von verstehbaren Ausdrucksformen möglich ist und über die dann eine kollektive (Bild-)Rezeption erfolgt, die zu einer kollektiven Ausrichtung zur Welt führt, was zirkulär wiederum zur ersten Frage führt?

Zu weiteren Bedingungen der Unterscheidung von vermeintlich eigen und vermeintlich anders: Erfahrungshorizont, Mitwelt und Wirsphäre

Das Verhältnis von (Bild-)Rezeption und der Ausrichtung zur Welt beziehungsweise der Sicht auf sie sowie das Verhältnis von (Bild-)Rezeption – über ebendiese Ausrichtung – zur (Bild-)Produktion ließe sich über verschiedene theoretische Zugänge beschreiben und wurde bildungstheoretisch bereits weitergedacht. Über das Mediale des Bildlichen bestehen wesentliche Anschlussmöglichkeiten zur Medienrezeption und -sozialisation. Über die Schnittstelle zwischen der Aneignung medialer Inhalte und der sozialen Positionierung sind Anschlüsse zum

---

[6] Mitchell (2008) thematisiert dies beispielsweise über die Bezeichnung von Metabildern und Husserl (2009; 2013) greift das Phänomen anhand Brentanos (1971) Überlegungen zur Intentionalität auf.

Habituskonzept naheliegend. Und über den Aspekt der (Bild-)Produktion, die Frage nach dem Sag- beziehungsweise Zeigbaren sowie der Interdependenz von Aussagen in ihrer Verkettung über den ausdrucksfähigen Menschen sind diskurstheoretische Überlegungen anschlussfähig. Ein relevanter Anknüpfungspunkt bei allen Denkrichtungen betrifft dabei das Verhältnis und die Verschränkung von Individuum und Gesellschaft, auf das im Folgenden detaillierter eingegangen wird. Dies geschieht jedoch mit stärkerer Bezugnahme auf Helmuth Plessner (2003; 2015) und dessen „Theorie zu personalen Vergesellschaftungsprozessen" (vgl. Terhart 2014: 35). Der Grund für den Vorzug liegt in dem Konzept der exzentrischen Positionalität des Menschen, über das die wesentlichen Aspekte hinsichtlich der zuvor gestellten Fragen erläutert werden können.

Plessner beschreibt den Menschen sowie dessen Welt als etwas dreifach Vorliegendes, wobei er zunächst zwischen Körper und Leib differenziert und die Verschränkung beider Konzepte – das des Körper-Habens und das des Leib-Seins – über den Begriff des Körperleibs markiert. „Positional liegt [demnach] ein Dreifaches vor: das Lebendige ist Körper, im Körper (als Innenleben oder Seele) und außer dem Körper als Blickpunkt, von dem aus es beides ist. Ein Individuum, welches positional derart dreifach charakterisiert ist, heißt Person" (Plessner 2003: 365). In dem Kontext wird der Begriff der exzentrischen Positionalität eingeführt: „Der Mensch, in seine Grenze gesetzt, lebt über sie hinaus, die ihn, das lebendige Ding, begrenzt. Er lebt und erlebt nicht nur, sondern er erlebt sein Erleben" (ebd. 2015: 10). Aufgrund dessen „befindet sich der Mensch in einer Welt, die entsprechend der dreifachen Charakteristik seiner Person Außenwelt, Innenwelt und Mitwelt ist" (ebd.: 11). Die Außenwelt wird dabei als das Umfeld des Menschen verstanden, das von Dingen erfüllt ist – weitere Körper als Dinge sind darin ebenfalls mit inbegriffen. Die Innenwelt wird hingegen „als die Welt ‚im' Leib" (ebd.: 12) verstanden, die sich aus der Distanz des Menschen zu sich selbst ergibt, indem er sich selbst und sein Erleben erlebt – sich dessen inne wird. Das Erleben und Empfinden des Menschen sind trotz der Verschränkung vornehmlich auf die Innenwelt zu beziehen, „als die durchzumachende Wirklichkeit des eigenen Selbst" (ebd.: 12 f.). Das Nacherleben und Nachempfinden verschränkt sodann die Innen- mit der Mitwelt, da dadurch eine soziale Komponente einbezogen wird. Es betrifft sodann die „Wirsphäre", die für Plessner den Geist ausmacht (vgl. ebd. 2003: 378). Die „Mitwelt ist die vom Menschen als Sphäre anderer Menschen erfaßte Form der eigenen Position. Die Mitwelt umgibt nicht die Person, wie es (wenn auch nicht im strengen Sinn, denn der eigene Leib gehört mit dazu) die Natur tut. Die Mitwelt erfüllt auch nicht die Person, wie es in einem ebenfalls inadäquaten Sinne von der Innenwelt gilt. Die Mitwelt trägt die Person, indem sie zugleich von ihr getragen und gebildet wird" (ebd. 2015: 14). Dem fügt Plessner hinzu, „daß durch die exzentrische Positionsform die Mitwelt gebildet und zugleich ihre Realität gewährleistet wird" (ebd. 2003: 375). „Als Glied der Mitwelt steht jeder Mensch da, wo der andere steht. In der Mitwelt gibt es nur Einen Menschen, genauer ausgedrückt, die Mitwelt gibt es nur als Einen Menschen" (ebd.: 378). Zugleich ist das Erleben der als konstruiert und gebildet verstandenen Mitwelt „die Bedingung der Möglichkeit, daß ein Lebewesen sich in seiner Stellung erfassen kann, nämlich als ein Glied dieser Mitwelt" (ebd.: 376).

Über das Verständnis der Mitwelt als eine vom Menschen konstruierte sowie gebildete Welt, innerhalb derer Menschen darüber hinaus ihre eigene Stellung erfassen, lassen sich die aufgeworfenen Fragen näher betrachten und in das Modell zur Schnittmenge von Bild und Bildung in der Migrationsgesellschaft integrieren. Dieser Teilaspekt ermöglicht es, die zuvor in dem Modell gestrichelte Linie zwischen (Bild-)Rezeption und (Bild-)Produktion zu fokussieren und den Zusammenhang beider Tätigkeiten mit der jeweils persönlichen, aber auch strukturellen Ausrichtung zur Welt zu beschreiben. Zur Vergegenwärtigung ist der Teilaspekt zusätzlich separat dargestellt (s. Abb. 3): einmal über eine figürliche Form, bei der das dreifach Vorliegende des Menschen in einer verschränkten Weise hervorgehoben wird, und einmal über eine stärker abstrahierte Form, bei der das dreifach Vorliegende der Außen-, Innen- und Mitwelt des Menschen herausgestellt wird.

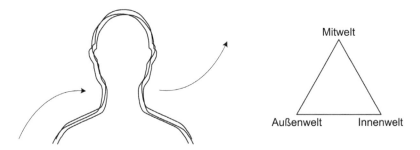

Abbildung 3: Intersubjektiv geteilte Bilder zum vermeintlich Eigenen und vermeintlich Anderen – ein Detailmodell

Wir haben es demnach mit einer Welt zu tun, die in verschränkter Weise dreifach aufgeteilt ist und dessen Angelpunkt beim Menschen gesehen wird: Die Außenwelt als eine mit Dingen umgebene Welt, in der er lebt, die Innenwelt im Leib, in der der Mensch erlebt und sein Erleben erlebt, aufgrund die er ist, und die Mitwelt, die vom Menschen sozial gebildete Welt, die plural und fremdbestimmt ist, da auch nicht eigene Impulse in ihr aufgehen, die jedoch gleichzeitig singulär und eigen ist, da sie durch jeden Menschen einzeln hervorgebracht wird, als Geist.

Die Welt existiert unabhängig von einem Menschen – sie war zuvor existent und sie wird vermutlich auch nach ihm existent sein. Für ihn existiert sie jedoch ausschließlich durch seine Existenz – auch wenn ihm bewusst ist, dass die Welt zeitlich vor ihm existierte und auch noch zeitlich nach ihm existieren wird, so fehlt der Welt dann jedoch der Mittelpunkt, durch den sie hervorgebracht wird.

Es ist das Scharnier zwischen Mensch und Welt, über das sich das Individuum als Person sozial hervorbringt und über das gleichermaßen die Gesellschaft als soziales Gebilde personal hervorgebracht wird. Und ebendieses Scharnier lässt Plessners theoretisches Modell gewinnbringend erscheinen, um die intersubjektiv geteilten Vorstellungen vom vermeintlich Eigenen und vermeintlich Anderen näher zu erläutern und diese Differenzierung mit dem unterschiedlich einhergehenden Ansehen in ihrer kollektiven Verankerung zu erklären, auch wenn sie über Vorstellungen getragen ausschließlich im einzelnen Individuum zu verorten ist.

Die in der zweiten Modellskizze (s. Abb. 2) gemeinsam geteilt dargestellte Gedankenblase zu ebendiesen inneren Bildern und Vorstellungen über das vermeintlich Eigene und vermeintlich Andere ist demnach nicht in Gänze korrekt: Vorstellungen, Gedanken und imaginäre Bilder sind als solche individuell und einzeln hervorgebracht. Aber auch die separate sowie voneinander getrennte Darstellungsweise in der ersten Modellskizze (s. Abb. 1) ist nicht in Gänze treffend: Auch wenn die Vorstellungen, Gedanken und imaginären Bilder individuell und einzeln hervorgebracht werden, ist deren Gehalt – nicht deren Medium – in dem thematisierten Kontext inhaltlich und formal oftmals der gleiche, ähnlich oder als Kontrast zwar gegensätzlich aber dennoch daran gebunden: Eigen/Anders. Treffenderweise müsste es in dem Modell daher in einer weiteren, folglich dritten Weise dargestellt werden, in der sich mehrere individuelle Gedankenblasen um das eine geteilte Kürzel von Eigen und Anders überlagernd gezeigt werden, was der kollektiven Verankerung intersubjektiv geteilter Bilder und imaginärer Vorstellungen eher entspräche. Der intersubjektiv geteilte Gehalt wird dabei über die Kommunikationsfähigkeit beziehungsweise der Rezeptions- und Ausdrucksfähigkeit des Menschen ermöglicht. Für ein differenziertes Verständnis wird im Folgenden die Stellung des Phänomens Bild für die drei unterschiedlichen Sphären der Außen-, Innen- und Mitwelt geklärt.

Die materiellen Bilder schließen an die Außenwelt an. In ihr wären sie als Bilderträger zu verorten, über die Bilder sowie Ausdrucksweisen in der uns umgebenden Welt rezipierbar gemacht werden. Die uns in der Außenwelt umgebenden Bildträger sind zu den materiellen Bildern deshalb abzugrenzen, da sie anders als die materiellen Bilder zunächst keine konkrete Bedeutung haben und erst mit Sinn gefüllt werden müssen. In der Sphäre der Außenwelt fehlt ihnen die individuelle Bezugnahme sowie die soziale Einbettung und sie sind zunächst nur Form. Zu materiellen Bildern werden die Bildträger erst in der Verschränkung mit den beiden weiteren Sphären, der Innen- und der Mitwelt, und zwar dadurch, dass wir in der Rezeption unsere eigene Involviertheit erleben, beispielsweise indem evozierte Affekte in Distanz zu uns selbst wahrgenommen sowie emotional erlebt werden, und dass wir sie mit Bedeutung füllen, indem wir sie innerhalb unseres Erfahrungshorizontes eingliedern sowie an das anschließen, was wir unter Welt verstehen. Das, was umgangssprachlich Bild genannt wird und was wir bislang weniger differenziert mit dem materiellen Bild meinten, erhält in diesem Modell daher lediglich den Status des Bildträgers, der ausschließlich in Verschränkung mit den beiden weiteren Sphären – das Erleben der eigenen Eingebundenheit sowie das Begreifen des sozialen Stellenwertes beziehungsweise Kontextes – zu einem materiellen Bild wird. Damit wird auch die Bedeutung des Phänomens Bild für die Innen- und die Mitwelt thematisiert: das affizierte Erleben des eigenen Organismus über Antrieb und Stimmung sowie das kreative Moment der Verinnerlichung und das Gestalten einer gemeinsam geteilten Welt. Dies wird im Folgenden weiter ausgeführt.

Die Mitwelt ist demnach der Bereich, der in besonderem Maße Aufschluss auf die zuvor aufgeworfenen Fragen gibt. In dieser „Wirsphäre", der „vom Menschen als Sphäre anderer Menschen erfasste Form der eigenen Position" (Plessner 2015: 14), stiftet das Phänomen Bild Realität. Die Mitwelt ist jener Link zwischen Individuum und Gesellschaft. Sie wird einerseits personal von jedem Menschen einzeln sowie individuell konstruiert und hervorgebracht, andererseits steht sie in Dependenz zur Umgebung jedes Menschen, aus der Fremdimpulse aufgegriffen und in das Gebilde der Mitwelt eingepasst werden müssen. Das Phänomen Bild fungiert in diesem Kontext als ein solch externer Impuls, über den Welt- und auch Selbstverhältnisse berührt werden – dies auf unterschiedlichen Ebenen, wie sie beispielsweise Schulz von Thun differenziert: auf Ebene des Sachinhaltes, des Appells, des Beziehungshinweises oder der Selbstkundgabe.[7] Und da der Mensch gemäß der exzentrischen Positionalität auch außerhalb von sich selbst steht, sind eigens produzierte Bilder – seien diese materiell oder imaginär –, ebenfalls Impulse, die es in das Konstrukt der Mitwelt einzupassen gilt. Das Moment der (Bild-)Rezeption ist demnach produktiv und das der Verinnerlichung kreativ, da ein beidseitig gestellter Anspruch berücksichtigt werden muss: Impulse der Welterfahrung – hier über Bilder – stellen auf der einen Seite den Anspruch, in das Konstrukt der Mitwelt eingepasst zu werden, selbst wenn sie Irritationen bewirken, und Welt- und Selbstverhältnisse stellen auf der anderen Seite den Anspruch, konsistent zu sein – auch bei Impulsen, die bestehende Verhältnisse nicht bekräftigen, sondern infrage stellen. Flexible Ansatzpunkte zur Herstellung der aufrechtzuerhaltenden Konsistenz gibt es demnach ebenfalls zwei: zum einen die Bildaussage, die entsprechend der Hintergrundfolie ausgebildeten Strukturen der Mitwelt unterschiedlich gedeutet werden kann und die produktiv hervorgebracht wird, so dass eine Passung der zu integrierenden Bilder in die bereits bestehende Weltsicht gegeben ist, und zum anderen die Welt- und Selbstverhältnisse, die ebenfalls keine statischen sind, sondern die über solche Impulse hinsichtlich der zu erhaltenden Kohärenz angepasst und transformiert werden können.

---

7   Siehe dazu das Kommunikationsquadrat, ein Modell, über das die unterschiedlichen Ebenen einer Aussage aufgezeigt werden (vgl. Schulz von Thun Institut o. J.).

Die Mitwelt, die innerhalb unseres Erfahrungshorizontes ausgebildet wurde und die den Figuren der Welt- und Selbstverhältnisse entspricht, wird daher von Bildern wesentlich gestaltet und modelliert. Dies knüpft an die Definition transformatorischer Bildungsprozesse an (vgl. Koller 2012) und beschreibt das Verhältnis zwischen der (Bild-)Rezeption und der Ausrichtung zur Welt innerhalb des oben skizzierten Modells (s. Abb. 2): Die Einverleibung von Bildern schafft Realität und dies nicht ausschließlich auf einer inhaltlich diskurstheoretischen Ebene, sondern auch auf einer leiblich affektgebundenen.

Über die Skizzierung des Verhältnisses von (Bild-)Rezeption und Ausrichtung zur Welt lässt sich die Verzahnung von (Bild-)Rezeption und (Bild-)Produktion über ebendiese Ausrichtung zur Welt, sprich die Sicht auf diese, erläutern. Bilder oder bildliche sowie bildhafte Aussagen werden vom Menschen nicht eins zu eins verinnerlicht und anschließend entsprechend wieder veräußerlicht. Außerdem besteht die Möglichkeit, dass rezipierte Bilder im Kontext der Betrachtung oder der Bildbedeutung nicht erneut veräußerlicht werden. Dennoch steht die produktive Tätigkeit der Veräußerlichung in Abhängigkeit zu der der Verinnerlichung und dies über die Sphäre der Mitwelt. Die Figur der ausgebildeten Welt- und Selbstverhältnisse fungiert dabei sowohl als Scharnier als auch als Speicher, indem wahrgenommene Eindrücke als einzelne Fragmente in der Gesamtkonstruktion an bestehende Vorstellungen von Welt angeschlossen werden und diese nachhaltig modellieren – im Sinne einer Bekräftigung, als kleinere Anpassungen, aber auch in Form von weitreichenden Umstrukturierungen bestehender Sichtweisen. Die dahingehend angepasste Mitwelt beziehungsweise die so transformierten Welt- und Selbstverhältnisse führen dann dementsprechend auch zu einer angeglichenen Interaktion mit der Welt, was sich ebenfalls im Ausdruck bildlicher sowie bildhafter Äußerungen abbildet. Und da die Konstruktion von Welt eine gewisse Beständigkeit hat, sie sich also nicht permanent ändert, lässt sie sich mit einem Speicher vergleichen, der über die eingenommenen Sichtweisen auf Welt die dazugehörigen Positionierungen in ihr in nachhaltiger Weise veräußerlichen lässt.

Wie ist über das skizzierte Modell nun die kollektive Ausrichtung zur Welt zu erläutern, in der eine Unterscheidung zwischen dem vermeintlich Eigenen und dem vermeintlich Anderen anhand wertender Kriterien etabliert ist, in der sich Rassismus relevantes Wissen intersubjektiv geteilt entfaltet? Wurde über das Modell bisher die singuläre Subjektausrichtung einzelner Individuen über das transformatorisch impulsgebende Phänomen Bild erläutert, so ist im Zusammenhang der kollektiven Ausrichtung zur Welt die kollektive Rezeption bildlicher sowie bildhafter Aussagen zu berücksichtigen. Dies ist dadurch gewährleistet, dass Bilder sich als eingepasste Fragmente unserer Mitwelt nachhaltig entfalten – auf die Sicht auf Welt sowie auf dementsprechende Äußerungen. Zudem sind sie ein kommunikatives Medium, das die Möglichkeit bietet, ebendiese Äußerungen für viele und darüber hinaus auch in einer nachhaltigen Weise rezipierbar zu machen, zum Teil viele Jahre nach der eigentlichen Produktion. Die kollektive Verankerung von Bildern, die zuvor als Speicher bezeichnet wurde, ist daher in zweifacher sowie verzahnter Weise zu beschreiben: Bilder sind eingefasst in unserem Geist, was ihr erneute Veräußerlichung ermöglicht, und sie umgeben uns in unserer Umwelt, was ihre fortwährende Verinnerlichung ermöglicht, so dass ihr Zirkulieren gewährleistet wird. Diese wesentliche Bedingung in Form eines Speichers mit mehreren verschränkten Ebenen wurde zuvor bereits über die Begriffe des kulturellen Gedächtnisses, der visuellen Literalität und der visuellen Sozialisation gefasst und ermöglicht das Nachleben ebenjenes Phänomens, das Bild genannt wird. In diesem Sinn leben Bilder insbesondere seit der Zeit der Kolonialisierung sowie den verharmlosend bezeichneten „Erkundungen und Klassifizierungen der Welt" nach, die sich bis heute weiter entfalten und unseren Geist – die von Plessner bezeichnete Mitwelt – prägen.

2. Intersubjektiv geteilte Bilder zum vermeintlich Eigenen und vermeintlich Anderen – eine Übersicht zur Schnittmenge zwischen Bild und Bildung in der Migrationsgesellschaft

Über das zuvor skizzierte Modell wurde der Stellenwert des Phänomens Bild für das erziehungswissenschaftliche Feld erläutert, das sich ausgehend von den Themen der Kommission Erziehung und Bildung in der Migrationsgesellschaft der DGfE entfaltet. Dadurch, dass dem Bild in unterschiedlicher Weise Relevanz beigemessen wird, ist das Phänomen entsprechend vielschichtig zu fassen sowie zu charakterisieren. So wurde bereits zu Beginn des Beitrags zwischen materiellen und imaginären Bildern unterschieden. Anhand des eingeführten Modells wurde diese Trennung jedoch wieder aufgehoben, indem die imaginären Bilder über die Konkretisierung der materiellen Bilder als ausschließliche Bildträger eine aktivere Funktion für ihr Aufkommen erhielten. Mit dem Verständnis ist auch der Mensch als Bildträger anzusehen, über den das Phänomen Bild intermedial migriert sowie zirkuliert. Dies geschieht ebenfalls über bildliche oder bildhafte Ausdrücke, die nicht über den Sehsinn rezipiert werden. Dabei ist der Mensch nicht als ein Bildträger unter vielen zu verstehen und er unterscheidet sich zum Beispiel von einer Leinwand oder einer Fotografie: Durch die aktive beziehungsweise produktive Rolle des Menschen in der Hervorbringung von Bildern, die ohne ihn zwar für weitere Menschen als Bildoptionen verfügbar wären, die ohne ihn allerdings nicht verwirklicht werden würden, ist er an der Realisierung des Phänomens Bild maßgeblich beteiligt. Über das produktive Hervorbringen von Bildern innerhalb ihrer Rezeption wird sodann ein weiteres Charakteristikum des Phänomens ersichtlich, das über die Begriffe des Gedächtnis- oder des Erinnerungsbildes gefasst wird und das verantwortlich dafür ist, dass Bilder innerhalb eines Erfahrungshorizontes in einer bestimmten Gestalt hervorgebracht werden. Über die Dependenz von sozialisationsbedingten Subjektpositionierungen sowie ausgebildeten Welt- und Selbstverhältnissen zur Sicht auf ebendiese Welt und sich selbst – ebenfalls mit Weltbild bezeichnet –, wird die erziehungswissenschaftliche Bedeutung von Bildern verständlich. Um den Aspekt zu unterstreichen wird daher auch von Figuren „oder eben figurierten" (Koller 2012: 16) Verhältnissen gesprochen, die innerhalb transformatorischer Prozesse modelliert und ge-bild-et werden. Dies verkürzt den Schritt zu einem weiteren Charakteristikum des Phänomens Bild: die mediale Gestaltung der Mitwelt, der von Plessner bezeichnete Geist. Aufgrund dieses erweiterten Bildverständnisses sowie der damit umfangreicheren Einbeziehung des Menschen ist das Phänomen Bild als ein erziehungswissenschaftlich grundlegendes Konzept anzusehen, was insbesondere über die Bezugspunkte von personaler Vergesellschaftung und der sozialen Strukturierung von Welt eine hohe Relevanz für die Schnittmenge zu den hier fokussierten Themen hat.

Im zweiten und an dieser Stelle anschließenden Teil des Beitrages wird das bislang eher abstrahierte Modell mit Inhalt gefüllt, womit der zuvor angekündigte Überblick über die unterschiedlichen Bildbezüge innerhalb des disziplinären Teilfeldes geben wird.[8] Als Gliederung und roter Faden wird das bereits skizzierte Modell herangezogen, welches sich über die Bereiche der Theorie, Empirie und Praxis binnendifferenzieren lässt, auch wenn die darüber getrennten Schwerpunktsetzungen nicht isoliert von den weiteren zu betrachten sind.

Bild und theoretische Zugänge sowie Ausarbeitungen

Zunächst soll der Fokus auf relevanten Bezugstheorien liegen, die sich mit dem Phänomen Bild beschäftigen. Dabei wird es sich um theoretische Konzepte und Überlegungen handeln, die erziehungswissenschaftliche Bezüge aufweisen und mit ebendieser Perspektive entwickelt oder aber auch aufgegriffen wurden. Und auch dabei lassen sich unterschiedliche Zusammenhänge rekonstruieren, wie sich auf das Phänomen Bild bezogen wird: eher in einem engeren oder weiteren Verständnis.

Für die Eingrenzung der relevanten Bereiche zur Schnittstelle von Bild und Bildung in der Migrationsgesellschaft lassen sich über das zuvor skizzierte Modell bereits einige Teilfelder ein- und ausgrenzen. So treten über den Aspekt der Ausrichtung zur Welt Theorien der Subjektivierung stärker hervor und beispielsweise der Bereich Mehrsprachigkeit und Spracherwerb wird ausgeklammert – auch wenn sich dort über die didaktisch-methodische Relevanz von Bildern Bezüge herstellen ließen. Ebenfalls stärker in den Vordergrund treten diskurstheoretische Überlegungen sowie theoretische Ansätze zum Aspekt der Repräsentation;

---

8   Die in dem Teil angeführten Positionen finden sich ebenfalls in der Studie des Autors, aus dem wesentliche Textbausteine aktualisiert übernommen wurden (Wolfgarten 2018).

auch diese sind bereits in dem Modell über die Rezeption und Produktion von bildlichen oder bildhaften Aussagen angelegt. Damit einhergehend sind auch machttheoretische Modelle einzubeziehen, da es sich, wie zuvor erläutert, nicht um unerhebliche Unterscheidungen zwischen dem vermeintlich Eigenen und dem vermeintlich Anderen handelt, sondern um gesellschaftlich bedeutsame Ordnungen, die mit unterschiedlichen sozialen Privilegien zusammenhängen. Darüber hinaus sind für die Übersicht Theorien zu berücksichtigen, über die die konkreten Themen des disziplinären Teilfeldes auf inhaltlicher Ebene behandelt werden. Wesentliche Anschlüsse sind dabei insbesondere zum Komplex postkolonialer Theorien herzustellen wie auch zu kulturtheoretischen Diskussionen, die in dem fokussierten Teilfeld geführt werden.

Ein wesentliches Werk, das zwar nicht aus einer explizit erziehungswissenschaftlichen Perspektive entworfen wurde, auf das sich jedoch vielfach bezogen wird, ist das zum Orientalismus von Edward Said (2019). Bereits in der Titelbeschreibung des Verlags wird prominent Bezug auf das Phänomen Bild genommen und es heißt:

„In seiner aufsehenerregenden Studie entlarvt Edward Said *das Bild des Westens vom Orient* als zutiefst einseitig und als eine Projektion, indem der ‚Orient' schlicht als ‚anders als der Okzident' verstanden wurde. Er verfolgt die Tradition dieses Missverständnisses durch die Jahrhunderte, in denen Europa den nahen und mittleren Osten dominierte, und zeigt, wie auch heute noch dieses *Bild* den Westen beherrscht" (S. Fischer o. J.; Herv. d. Verf.).

Die zentrale Stellung des Phänomens Bild wird ebenfalls vom Verfasser auf den ersten Seiten hergestellt, indem Said einleitend erläutert:

„Der Orient grenzt nicht nur an Europa, er barg auch seine größten, reichsten und ältesten Kolonien, ist die Quelle seiner Zivilisationen und Sprachen, sein kulturelles Gegenüber und eines seiner ausgeprägtesten und meistvariierten *Bilder ‚des Anderen'*. Überdies hat der Orient dazu beigetragen, Europa (oder den Westen) als sein *Gegenbild*, seine Gegenidee, Gegenpersönlichkeit und Gegenerfahrung zu definieren. Dennoch ist nichts an diesem Orient bloß imaginär. Vielmehr gehört er als fester Bestandteil zur tatsächlichen Zivilisation und Kultur Europas, und der Orientalismus bezeugt diese Teilhabe kulturell, oder eher ideologisch, als eine Diskursform mit den sie tragenden Institutionen, dem entsprechenden Fachwissen, Vokabular und Symbolfundus, mit eigenen Doktrinen, sogar mit Kolonialbürokratien und Kolonialstilen" (Said 2019: 9 f.; Herv. d. Verf.).

Bereits über die einleitende Textstelle wird das Grundkonzept des zuvor skizzierten Modells ersichtlich. So werden Bilder beschrieben, anhand derer das vermeintlich Eigene und das vermeintlich Andere kollektiv konstruiert, tradiert und etabliert wird. Darüber hinaus wird Bezug auf das zuvor eingegangene Zirkulieren von Bildern sowie deren Intermedialität genommen, indem gesagt wird, dass nichts an dem Konstrukt des Orients bloß imaginär sei, sondern dass über solch imaginären Bilder auch die materialisierte Welt transformiert werde – sie sich in ihr wiederfinden – und eine Ausrichtung zur Welt darüber stattfinden würde, die maßgeblich für die Interaktion in ihr ist – in der zitierten Textstelle bezugnehmend über die Stile des Kolonialismus.

Konzepte der Subjektivierung oder Subjektwerdung, wie das der Stereotype, des Stigmas oder des Otherings beziehungsweise der VerAnderung, schließen an Said und das Konzept des Orientalismus an und bedürfen der Grundlage imaginärer sowie materieller Bilder, um die Trennung von hier vermeintlich eigen und vermeintlich anders herstellen und aufrechterhalten zu können. Das Ungleichgewicht ist dabei in einer doppelten Weise machtvoll, da mit der Differenzierung zum einen eine ungleiche Wertigkeit einhergeht und die Ausgangslage zum anderen ungleiche Handlungsmöglichkeiten bereitstellt, wer sich und wen (legitim) repräsentieren und darüber definieren kann. Beides – ungleiche Ausgangslage und Folgen der Subjektdefinierung – verstärken sich gegenseitig, was diskurstheoretisch beispielsweise von Michelle Foucault (2014) ausgearbeitet und auch praxeologisch insbesondere durch Norbert Elias anhand der Figuration von „Etablierten und Außenseitern" (Elias/Scotson 2008) erläutert wurde: Der Zusammenhalt und die Kohäsion der beiden Gruppen stellt eine ungleiche Ausgangslage dar, was mit unterschiedlichen Handlungsmöglichkeiten einhergeht und die Definitionsmacht ungleich verteilt. Zudem rekonstruiert er eine pars-pro-toto-Verzerrung, über die das Gruppencharisma der Etablierten sowie die Gruppenschande der Außenseiter anhand selektiv verzehrt gewählter Repräsentant*innen gesteigert werde (vgl. ebd.: 7 ff.).

Das Kohäsionspotenzial skizziert auch Gayatri Spivak (2020) in Bezug auf das Konzept der Subalterne, einer unterdrückten Personengruppe oder Gruppe von Einzelpersonen, der unter anderem aufgrund fehlender Repräsentation Handlungs- und Partizipationsmöglichkeiten fehlen. Auch wenn über das Werk, in dem das Konzept der Subalternität von Spivak erneut diskutiert wurde, ein expliziter Bezug zum Sprechen einerseits und Gehört- beziehungsweise Verstandenwerden anderseits hergestellt wird – Can the Subaltern Speak?, so der Titel (ebd.) –, wird es jedoch oft mit dem visuellen Sinn ausgelegt und damit, dass jene Personen nicht wahrgenommen werden sowie unsichtbar bleiben.

Das Konzept der Subalternität ist im Kontext von Bild und einer differenzsensiblen Erziehungswissenschaft daher eng mit dem der VerAnderung zu betrachten, wobei es sich bei dem einen um eine gesellschaftlich fehlende Repräsentation handelt und bei dem anderen um eine Fehlrepräsentation. Unsichtbar und ohne Partizipationsmöglichkeiten zu sein ist dabei kein gegebener Status. Wie im Kontext der VerAnderung und der Fehldarstellung ist auch die fehlende Repräsentation ein Resultat politisch gesellschaftlicher Aushandlungen, innerhalb derer Möglichkeitsräume sowie die Kriterien, die diese öffnen oder begrenzen, verhandelt werden. Eine theoretische Differenzierung, auf die im Feld von Bild und Bildung in der Migrationsgesellschaft daher des Weiteren Bezug genommen wird, stellt Jacques Rancière her. In seinem Werk „Die Aufteilung des Sinnlichen" (Rancière 2008), in dem er sich mit der Schnittstelle von Ästhetik und Politik beziehungsweise des Politischen auseinandersetzt, trifft er die Unterscheidung zwischen der inhaltlichen Aushandlung, an der grundsätzlich alle Gesellschaftsmitglieder die Möglichkeit haben zu partizipieren und der formalen Aushandlung, bei der es um den Zugang zu den inhaltlichen Aushandlungen geht. Fehlt es Personen(-gruppen) an Sichtbarkeit oder wird ihnen diese verwehrt, sind sie nicht in der Lage, ihre Belange öffentlich zu verhandeln. Bilder des vermeintlich Eigenen und vermeintlich Anderen sind daher kein Resultat einer Aushandlung unter der Prämisse der Chancengleichheit, sondern vielmehr ein Resultat ungleicher Machtverhältnisse, die insbesondere die formale Ebene der Partizipation betreffen, wer überhaupt die notwendige Sichtbarkeit hat, um diese inhaltlich verhandeln zu können. Bildliche oder bildhafte Sichtbarkeit wird daher nicht nur als Referenz oder Repräsentation verstanden, sondern auch als Zugang zu jenem Referenz- oder Repräsentationssystem.

> „Denn unter dem Ästhetischen versteht Rancière nun die Art der Verteilung des Sinnlichen und Sinngebenden im öffentlichen Raum und damit der Möglichkeit gesellschaftlicher Partizipation an jenen Belangen, die alle angehen und gerade bestimmen, was als ‚gemeinsame' Verhandlungssache verstanden wird: ‚Es definiert die *Sichtbarkeit* oder *Unsichtbarkeit* in einem gemeinsamen Raum und bestimmt, wer Zugang hat zur gemeinsamen Sprache und wer nicht. Die Politik legt mithin eine Ästhetik zugrunde'" (Ott 2009: 14 f.; k.A.; Herv. d. Verf.).

Diese doppelte Differenzierung, ob Personen(-gruppen) grundsätzlich repräsentiert werden oder nicht und wenn ja, ob die Repräsentation dann als adäquat erachtet wird oder nicht, findet sich in vielen weiteren Referenztexten und -theorien, wenn es um die Bearbeitung des Feldes von Repräsentation, Subjektbildung und Herstellung von Differenz geht. So unterstreicht beispielsweise Johanna Schaffer (2008), dass eine vorhandene Repräsentation noch lange nicht zufriedenstellend sein muss, auch wenn diese als ein Fortschritt im zeitlichen Vergleich wahrgenommen werde, und auch Stuart Hall (1997) geht mit Blick auf die vorhandenen Aushandlungsmöglichkeiten darauf ein, dass zunächst eine Repräsentation geschaffen werden müsse, bevor diese dann in der Ausformung oder Darstellungsweise verhandelt werden könne. Die Möglichkeiten, auf die er eingeht, beziehen sich dabei dann auf Gegenbilder und das Umkehren von Stereotypen, auf das Einspeisen von positiv konnotierten Bildern in den Diskurs sowie auf das Aufgreifen und Markieren rassistischer Darstellungsweisen durch eine überzogene Wiederholung (ebd.: 270 ff.).

Aspekte der letztgenannten Strategie finden sich auch im Konzept zur Mimikry wieder, was insbesondere durch Homi Bhabha (2000) ausgearbeitet wurde. Dieses wird wesentlich weiter verstanden als eine ausschließliche Nachahmung eines Vor-Bildes. Er stellt heraus, dass durch die Wiederholung des Vor-Bildes Kolonisierte das Bild der Kolonisator*innen – deren Welt- und Selbstverständnis – zu destabilisieren vermochten. Bhabha bezieht sich diesbezüglich auf das Werk „Schwarze Haut und Weiße Masken" von Frantz Fanon (2013), in dem die Nachahmung eines Vor-Bildes bereits bildlich über den Titel angelegt ist. Behandelt Fanon eher die psychische Spannung, die für Kolonisierte einhergeht, so unterstreicht Bhabha stärker die subversiven Handlungsmöglichkeiten, die sich mit der Wiederholung und der Mimikry eröffnen:

> „In Fanons Schwarze Haut und Weiße Masken geht es laut Bhabha nicht um eine klare Gegenüberstellung. Im Gegenteil: Das Bild rufe eine Ambivalenz hervor, die nicht nur das Trauma der Kolonisierten markiere, sondern auch die hegemoniale Autorität und die Widerstandsdynamiken beschreibe. Wird doch die Autorität des kolonialen Herrschaftssystems gerade deswegen untergraben, weil sie sich nicht in der Lage sieht, ihr eigenes Selbst in Perfektion *nachzubilden*" (do Mar Castro Varela/ Dhawan 2015: 229; Herv. d. Verf.).

Die erziehungswissenschaftliche Relevanz erhalten die Konzepte zu Mimikry und zur Nachbildung insbesondere durch die gemeinsame Bezugnahme von Fanon und Bhabha auf Jacques Lacan. Dessen theoretisches Repertoire zum Spiegelstadium, zum Begehren, zur Differenzierung zwischen dem großen Anderen und dem kleinen Anderen sowie zu den drei Registern des Imaginären, Realen und Symbolischen stellt wiederum eine wesentliche Schnittstelle zur Schwerpunktsetzung auf das Phänomen Bild dar sowie auf das zuvor skizzierte Modell, innerhalb dessen sich Subjekte zur Welt über die Differenz von vermeintlich eigen und vermeintlich anders ausrichten.

Die Kritik an der kategorialen Unterscheidung zwischen dem vermeintlich Eigenen und vermeintlich Anderen führt in der erziehungswissenschaftlichen Teildisziplin zu einem pädagogisch verstandenen Auftrag: eine Sensibilisierung hinsichtlich der Unterscheidungspraxis sowie eine Reflexion über die eigenen verinnerlichten Bilder und deren Wirkung auf die Wahrnehmung von Welt sowie das Handeln in ihr. Der Auftrag wird deshalb als explizit pädagogisch verstanden, da die Ausrichtung zur Welt aufgrund wahrgenommener Bestandteile und die dadurch entstehende Grundlage zur Reproduktion weiterer wahrnehmbarer Bestandteile Bezüge zu einem der wichtigsten Grundbegriffe aus der Disziplin herstellen lässt, dem der Bildung. Dabei stellt der Bildungsbegriff nicht nur etymologisch eine zentrale Schnittstelle zum Phänomen Bild dar, sondern weist über das Konzept des Erfahrungshorizontes einen wesentlichen Bezug zum Bildlichen auf: die Grenze der Sichtbarkeit, vor der das (visuell) wahrnehmbar ist, über das Bildungsanlässe evoziert werden (können).

Vor diesem Hintergrund, dass Bildung nicht nur positive Aspekte ausweist, sondern dass Bildungsanlässe auch problematisiert werden können und sollten – hier: die Bildung zum vermeintlich Eigenen und vermeintlich Anderen –, ist der Sammelband „Rassismus bildet" erschienen, herausgegeben von Anne Broden und Paul Mecheril (2010). In einem weiteren Sammelband der beiden Herausgeber*innen (2007b) wurden Beiträge zum Thema „Re-Präsentationen" veröffentlicht, anhand derer aufgezeigt wird, dass Repräsentationsverhältnisse mit Machtverhältnissen einhergehen und dass die Erziehungswissenschaft sowie die pädagogische Praxis in den Repräsentationsverhältnissen involviert sind und diese zu reproduzieren vermögen. Reflexion wird an dieser Stelle als pädagogische Professionalisierung angeführt, indem gefragt wird, wer, wie, wozu, von wem sowie mit welchen Folgen repräsentiert wird und wer nicht (vgl. ebd. 2007a: 14), um etablierte Deutungsmuster zu hinterfragen und eine strukturelle Perspektive auszubilden.

In diesem Verständnis thematisieren Marcus Emmerich und Ulrike Hormel „Kulturalisierung als Reflexionsproblem" (Emmerich/Hormel 2013: 132) und verweisen auf die Gefahr, die mit einer kategorialen Beobachtung einhergeht – dies auch insbesondere mit einer differenzsensiblen Perspektive, mit der eigentlich andere Ziele verfolgt werden. Sie thematisieren das Dilemma, das mit Beobachtungskategorien einhergeht, gesellschaftliche Ungleichheit einerseits darüber bearbeiten zu können und die Differenz andererseits dabei gleichzeitig nicht herstellen zu wollen.

Isabell Diehm greift die Problematik ebenfalls auf und geht in ihrem Beitrag „Kultur als Beobachtungsweise" (Diehm 2010) darauf ein, dass Beobachtungsweisen in der Sicht auf gesellschaftliche Realität ebendiese weniger aufdecken, als vielmehr herstellen lassen. Die Problematik wird in der Begriffsverwendung von Kultur gesehen und zum heutigen Verständnis darüber, dass es mehrere nationalstaatlich verschiedene Kulturen gäbe, die zueinander different, klar abgrenzbar und intern homogen sowie bestimmbar seien. Als Hintergrund der Problematik wird eine Bedeutungsverschiebung des Kulturbegriffs beschrieben, der mittlerweile nicht mehr erziehungswissenschaftlich verstanden wird, sondern ethnologisch. Anstelle eines prozessualen Verständnisses von Kultur – dies im Sinne von sich kultivieren – etablierte sich ein kategoriales Verständnis, mit dem vermeintlich kulturell determinierte Unterschiede zwangsläufig angelegt sind. Infolgedessen haben sich ebenfalls Topoi und Figuren etabliert – genannt wird beispielsweise die Figur der fremden Frau (vgl. ebd.: 74 ff.) –, die als komplexe Vorstellungen und mentale Bilder Wahrnehmungsmuster bestimmen. Damit einhergehend wird das Verständnis von Professionalität problematisiert, ein möglichst umfangreiches Wissen über vermeintlich andere Kulturen zu erlangen, um pädagogische Settings beziehungsweise die vermeintlich Anderen verstehen zu können. Die wesentlichen Gründe für die Kritik lauten, dass die Komplexität von gesellschaftlicher Realität über ein solches Wissen kaum berücksichtigen werden könne und es zu Beobachtungsweisen beziehungsweise -schablonen führe, mit denen vornehmlich Stereotype wahrgenommen werden. Plädiert wird deshalb für die Dekonstruktion solcher Wahrnehmungsschablonen, die weitere sowie adäquatere Interpretationen außerhalb der eigenen Vorstellungsbilder hemmen oder verhindern. Eine analytische Dekonstruktion solcher Gebilde kann darüber hinaus zu einer strukturellen Perspektive führen, die eine Reflexion der eigenen Eingebundenheit ermöglicht und als erziehungswissenschaftliche oder pädagogische Professionalität verstanden wird.

Der Bezug zum Bildlichen ist bereits über das zitierte und verwendete Vokabular hergestellt, wird im Folgenden jedoch weiter ausgebaut. Vertieft wird darüber ebenfalls, worin die Schwierigkeit liegt, die mit Beobachtungskategorien sowie Wahrnehmungsschablonen einhergeht und weshalb das Wiedererkennen von Anzeichen – hier Stereotype zum vermeintlich Anderen – nicht das Wiedererkennen von gesellschaftlicher Realität bedeutet, oftmals jedoch als solches verstanden wird. Die relevante Schnittstelle zwischen den problematisierten Zuschreibungen und dem Bildlichen lässt sich über philosophische Arbeiten zur Wahrnehmung herstellen, wobei sich für eine erziehungswissenschaftlich-bildtheoretische Perspektive insbesondere phänomenologische Konzepte als gewinnbringend zeigen. So wurde Edmund Husserl bereits indirekt über den Horizontbegriff thematisiert, woran an dieser Stelle angeknüpft wird. Fokussiert wird dabei der Aspekt des Überschusses, der mit dem des Erfahrungshorizontes sowie dem Bildlichen einhergeht.

Ein dazu oftmals herangezogenes Beispiel, um das Konzept zu verdeutlichen, ist der Blick auf einen Würfel, der je nach Standpunkt von unterschiedlichen Seiten aus betrachtet werden kann (s. Abb. 5). Auch wenn sich der betrachtenden Person nur maximal drei Seiten des Würfels zeigen, so nimmt sie die verborgenen weiteren Seiten des Würfels in der Betrachtung dennoch wahr. Aufgrund der Regelmäßigkeit der Anordnung der sogenannten Augenzahlen – die gegenüberliegenden Seiten ergeben in der Regel die Summe von sieben Punkten –, kann sogar die konkrete Anordnung der Seiten des Würfels wahrgenommen werden, auch wenn diese im Verborgenen bleiben sowie unsichtbar sind. So äußerst Jörg Sternagel bezugnehmend auf Husserl und Rudolf Arnheim, dass sich in der Wahrnehmung „Sichtbares, sinnlich Anwesendes […] mit Unsichtbarem, sinnlich Abwesenden [verflechtet]" (Sternagel 2016: 12). Geistige Vorstellungsbilder werden über sichtbare Anzeichen hervorgerufen, wobei nicht nur das Sichtbare gesehen wird, sondern im Blick auch das Unsichtbare erscheint. Verstanden wird dieses Phänomen als produktiver Blick, weil das tatsächlich Sichtbare mit einem Überschuss an Informationen angereichert wird und dadurch das Unsichtbare mit betrachtet wird.⁹

Abbildung 4: Augenwürfel, Briana Jackson o. A., verwendet von Spektrum der Wissenschaft (2022): Welche Augenzahlen sieht man auf den Würfeln?

Die zuvor kritisierten Beobachtungsweisen und -kategorien zu kultureller Differenz sind deshalb problematisch, da kulturelle Differenz über sie weniger beobachtbar, sondern vielmehr über den produktiven Blick anhand geistiger Vorstellungsbilder hergestellt wird. Bildtheoretisch ergibt sich die Problematik neben den inhaltlichen Schwierigkeiten der hergestellten Differenz dann, wenn Bilder über das vermeintlich Eigene und vermeintlich Andere nicht als solche wahrgenommen werden, sondern als etwas scheinbar Naturgegebenes. Denn dadurch werden weitere Optionen der Wahrnehmung unmöglich und der Eigenanteil im dialektisch zu verstehenden Prozess ebendieser Wahrnehmung zwischen Blicken und erblickt werden wird negiert.

Rückbindend an das einleitend skizzierte Modell zu intersubjektiv geteilten Bildern über das vermeintlich Eigene und vermeintlich Andere wird damit ein wesentliches Scharnier zwischen der Bildproduktion und -rezeption beschrieben, woran ebenfalls die Ausrichtung von Subjekten zur Welt gekoppelt ist. Die produktive Tätigkeit des Hervorbringens mentaler sowie materieller Bilder ist abhängig von der Ausrichtung der Subjekte zur Welt und des ausgebildeten

---

9 Arnheim betitelt dieses Phänomen mit dem schöpferischen Auge, was Sternagel (ebd.: 13) ebenfalls aufgreift, jedoch wird der Vorzug in dem Begriff des produktiven Blicks darin gesehen, als dass der Überschuss weniger schöpferisch hervorgebracht wird, sondern vielmehr anhand mentaler Bilder. Die produktive Tätigkeit des Blicks ist daher nur begrenzt kreativ und vornehmlich dann vorhanden, wenn es um die Einpassung wahrgenommener Phänomene in den Innenhof des bereits ausgebildeten Erfahrungshorizontes geht (siehe dazu auch Koller 2012; Roth 2002 oder Waldenfels 1997).

Erfahrungshorizontes. Dieser ist auf der einen Seite wiederum abhängig von den zuvor rezipierten Bildern von Welt, auf der anderen Seite hat er einen wesentlichen Einfluss darauf, wie die Welt wahrgenommen wird – welche Perspektive auf sie eingenommen wird und was sich demnach wie zeigt. Die Interdependenz der drei in dem Modell verflochten dargestellten Aspekte von (Bild-)Rezeption, Ausrichtung zur Welt über den Erfahrungshorizont und (Bild-)Produktion lässt bildungstheoretische Positionen mit diskurstheoretischen zusammendenken und hebt die Bedeutung hervor, die dem Phänomen Bild in Zusammenhängen der erziehungswissenschaftlichen Teildisziplin zukommt. Darüber lässt sich das Phänomen Bild näher definieren: Es zeigt sich zunächst als Medium, mit dem und vor allem durch das Welt wahrgenommen wird. Das Phänomen Bild zeigt sich außerdem als Medium, mit dem Aussagen zur Welt getätigt und Sichtweisen auf diese geteilt werden. Als Summe dieser Aussagen und Sichtweisen zeigt es sich ebenfalls als Selbst- und Weltbild, und es zeigt sich als Medium, mit dem Welt über materielle, aber auch insbesondere über mentale Bilder strukturiert wird. Sichtbarkeit bedeutet in dem spezifischen Kontext gesellschaftlich sichtbar zu sein, was eine Repräsentation über materialisierte Medien beinhaltet, wie auch eine innerhalb der Vorstellung von Gemeinschaft. Sichtbarkeit wird diesbezüglich politisch verstanden, da über sie Möglichkeiten gesellschaftlicher Partizipation geboten werden.

Mit dem zuletzt herangezogenen theoretisch fundierten Beitrag von Diehm und den daraus gezogenen Implikationen für die Hochschulbildung angehender Pädagog*innen und Erziehungswissenschaftler*innen ist bereits ein Übergang von theoretischen zu pädagogisch praktischen Bezugspunkten an der Schnittstelle zwischen Bild und Erziehungswissenschaft angelegt, auch wenn die Trennung von Theorie, Praxis und Empirie eine eher analytisch abstrakte ist. Im Folgenden werden Positionen sowie Beiträge aus dem disziplinären Feld vorgestellt, die insbesondere Bezüge zwischen dem Phänomen Bild und der pädagogischen Praxis herstellen beziehungsweise in denen ebendiese Schnittmenge thematisiert wird.

Bild und pädagogische Praxis

Die Dekonstruktion bestehender Bilder über das vermeintlich Eigene und vermeintlich Andere wurde bereits hinsichtlich der pädagogischen Professionalisierung thematisiert. Dabei wird die Verwobenheit von materiellen Bildern und imaginären Vorstellungen als gewinnbringend verstanden und ein wesentlicher sowie in der Teildisziplin etablierter Ansatz besteht darin, anhand von materiellen Bildern imaginäre Vorstellungen bearbeitbar zu machen, um diese sowie die darüber rekonstruierbare Sicht auf Welt zu reflektieren.

Bereits im Jahr 1993 veröffentlichte Philip Cohen eine Methodensammlung, die dahingehend entwickelt wurde, bestehende rassistische Bilder durch andere, „positive" zu ersetzen (vgl. Cohen 1994: 5). Über die Rezeption von zur Verfügung gestellten oder eigens produzierten Bildern wird eine Reflexion über die Sichtweisen und Deutungen angeleitet, innerhalb der vornehmlich die Aspekte von Identität, Privilegien und Vorurteile anvisiert werden. Die hergestellten beziehungsweise bearbeiteten Bilder werden dabei von ihm als ein Hilfsmittel angesehen, innerhalb des darüber ermöglichten Darstellungsrahmens rassistische Bilder, die eigene Verwobenheit sowie damit einhergehende Emotionen zum Thema zu machen und im besten Falle zu hinterfragen.

Annita Kalpaka (1994) setzt an den Methoden Cohens an und beschreibt Möglichkeiten, Stereotype innerhalb einer antirassistischen[10] pädagogischen Arbeit mit Hilfe von Bildern aufzuweisen und aufzubrechen. Wie Cohen berücksichtigt Kalpaka ebenfalls durch Bilder evozierte Affekte, indem sie den Teilnehmer*innen die Reflexionsfrage stellt: „Welche Gefühle löst das Bild bei mir aus?" (ebd.: 212).

Hans-Joachim Roth (2017) setzt ebenfalls an das beschriebene Moment der Reflexion an. Mittels Emblemata – Bild-Text-Kombinationen –, die aus einem bildlichen Bestandteil – dem Icon – sowie einer themengebenden Überschrift – dem Lemma – und einem kurzen (poetischen) Text beziehungsweise einem Kommentar – dem Epigramm – bestehen, werden Studierende aufgefordert, die eigenen Vorstellungen zum Thema Interkulturalität – dem Lemma – bildlich sowie textbasiert zum Ausdruck zu bringen. Dies soll seitens der Studierenden zum Zeitpunkt des Entwurfes sowie am Ende der Vorlesungszeit schriftlich reflektiert werden. So wird ähnlich wie über die entwickelten Methoden von Cohen und wie in der von Kalpaka vorgeschlagenen Vorgehensweise auf das reflexive Moment der Studierenden gesetzt, sich anhand eines Bildes mit komplexen alltagsumgebenden Strukturen sowie der eigenen Verwobenheit darin auseinanderzusetzen, was über das Dargestellte fassbar gemacht wird.

Ebensolches Moment veranlasste Roth und Tim Wolfgarten dazu, zwei unabhängige, jedoch zueinander bezugnehmende, Lehrforschungsprojekte an der Universität zu Köln anzubieten: „Migration im kulturellen Gedächtnis" (Roth/Wolfgarten 2014; Wolfgarten 2017b) und „Migration in den Neuen Medien – Bildgeschichten und Bildungsprozesse" (Wolfgarten/Roth/Aßmann 2017). Die didaktischen Elemente unterscheiden sich zu den bisher beschriebenen Vorgehensweisen darin, dass – neben den forschungsnahen Aspekten, die von den Teilnehmer*innen in den zwei Projekten bearbeitet wurden – eine Auseinandersetzung mit den eigenen inneren Bildern respektive Vorstellungen einmal über konkrete Bilder der persönlichen Medienrezeption stattfand und ein anderes Mal von den Studierenden über wahrgenommene Elemente innerhalb eines von ihnen gewählten Stadtteil Kölns. Die Hintergründe dabei waren erstens das Verständnis, dass soziale Strukturen in der Medienberichterstattung und im städtischen Lebensraum materialisiert auffindbar und rekonstruierbar sind sowie zweitens, dass

---

10 Heute würde die Bezeichnung eher rassismuskritisch heißen.

sich gerade über die persönlichen Zugänge zu den individuell wahrgenommenen Aspekten, die imaginären Bilder bearbeiten lassen. Zuletzt genanntes Beispiel – die Wahrnehmung lebensweltlicher Quartiere – verdeutlicht die umfangreiche Anwendbarkeit von Bildern in pädagogischen Settings und unterstreicht erneut das erweiterte Bildverständnis.

Im Sinne einer gestützten Reflexion – damit sind Vorschläge anderer gemeint, die neue Sichtweise eröffnen – sind ebenfalls die Methodenvariationen von Augusto Boal anzuführen, die unter der Bezeichnung „Theater der Unterdrückten" (Boal 2009) gefasst werden. Über verschiedene Ansätze werden sozialgesellschaftliche Strukturen und darin eingebettete sowie zum Teil selbst erlebte Handlungspraxen und Perspektiven darstellerisch visualisiert und über die Inszenierungen sowie unterschiedliche Impulse der Teilnehmer*innen neue Sichtweisen und einhergehende Handlungsmöglichkeiten aufgezeigt sowie einstudiert. Unterstrichen werden die Relevanz und das Potenzial von inneren, imaginären Bildern für die Einflussnahme auf soziale Interaktionen und gesellschaftliche Machtverhältnisse.

Wird in die mittlerweile zahlreich erschienenen Einführungen in die Interkulturelle Pädagogik oder Migrationspädagogik geschaut, so lassen sich darüber ebenfalls Bildbezüge finden sowie rekonstruieren. Explizit werden Bilder in der Einführung von Marianne Krüger-Potratz berücksichtigt, die über ein eigenes Unterkapitel thematisiert werden: „Die offenen und heimlichen ‚Botschaften' von Bildern" (Krüger-Potratz 2005: 213). Sie macht darauf aufmerksam, dass viele Bildungsmaterialien sowie -medien eine Diskrepanz zwischen sprachbasierten Aussagen einerseits und bildbasierten Aussagen andererseits aufweisen. Dabei wird über den Text meist eine differenzsensible Position vermittelt, die sich allerding nicht in den bildlichen Aussagen wiederfindet. Über die in den Bildungsmedien verwendeten Abbildungen oder Begleitbilder werden vielmehr Stereotype reproduziert, mit denen die textbasierten Aussagen konterkariert werden. Als mögliche Gründe werden diesbezüglich eine weniger gefestigte Position der Autor*innen genannt, die sich dann aufgrund weniger ausgebildeter visueller Kompetenzen in Bildern zeigt, und der Hintergrund, dass im Prozess der Mediengestaltung oftmals andere Personen an der Bildauswahl beteiligt sind als die Autor*innen selbst. Mit dem Unterkapitel der Einführung wird das das Ziel verfolgt, angehende Pädagog*innen sowie Lehrer*innen dahingehend zu professionalisieren, solch problematisierten Bildbotschaften dekonstruieren zu können und für die Produktion eigener Bildungsmaterialien beispielsweise im Kontext von Schule zu berücksichtigen, wenn es um die Auswahl von relevanten Abbildungen aber auch auflockernden Begleitbildern geht.

Die Diskrepanz zwischen der einerseits rassismuskritisch ausdifferenzierten Sprachkompetenz und der andererseits fehlenden Bildkritik wird von Wolfgarten (2017a) im Kontext von Themenausstellungen zu Migration anhand einer Fallvignette ebenfalls behandelt. Als Grund dafür wird der mediale Unterschied zwischen der sprachlichen und der bildlich-visuellen Sozialisation gesehen und dass eine über das Medium der Sprache vollzogene Sensibilisierung die Logiken des Bildlichen nicht unbedingt berücksichtigt.

Wird die Hochschulbildung über den weiteren Ansatz der Modulbeschreibungen und Kompetenzfelder zu erziehungswissenschaftlichen Studiengängen betrachtet, lassen sich weitere Bildbezüge für die pädagogische Praxis im Feld der Interkulturellen Bildung oder der Migrationspädagogik aufzeigen. Diesbezüglich haben Roth und Wolfgarten (2016) das bundesweite Hochschulangebot zu Interkultureller Bildung erhoben und es hinsichtlich der curricularen Bestandteile analysiert. Aussagen werden dabei auf der Ebene der einschlägigen Studiengänge getätigt, wie auch auf denen der Teilstudiengangebene von Mehrfachstudiengängen, der Profilbereiche und der Pflicht- sowie Wahlpflichtmodule aus erziehungs- und bildungswissenschaftlichen Studiengängen. Eine aus den Modulbeschreibungen gewonnene In-vivo-Kategorie und ein curricular etabliertes Kompetenzfeld, das über die Hochschulbildung aufgegriffen wird, trägt die Bezeichnung „Medien und interkulturelle Kommunikation" (ebd.: 115). Die Ausbildung von Medien- und auch Bildkritik ist aufgrund des oben beschriebenen Hintergrundes ein wesentlicher Bestandteil in diesem Kompetenzfeld, was sich in den verschiedenen Modulbeschreibungen zeigt.

Innerhalb dieses interdisziplinären Kontextes werden neben erziehungswissenschaftlichen Positionen, wie beispielsweise die der Medienpädagogik (siehe dazu auch den Beitrag von Horst Niesyto in dem vorliegenden Band), auch weitere angrenzende Disziplinen berücksichtigt. Stellvertretend für die Kultur- und Literaturwissenschaften lässt sich Susan Arndt anführen, die mit den Sammelbänden „AfrikaBilder" (Arndt 2001) und „Wie Rassismus aus Wörtern spricht" (Arndt/Ofuatey-Alazard 2011) auf die Tradierung rassistischer und kolonialer Vorstellungen über Bilder sowie Sprachbilder aufmerksam macht beziehungsweise die ebendiese Vorstellungen anhand materialisierter Zeugnisse kritisiert. Zu ihrem Werk „Rassistisches Erbe" (Arndt 2022) zählt sie in einem Interview (Bayrischer Rundfunk 2022: 3:44; Herv. d. Verf.) Möglichkeiten auf, um den rassistischen Gehalt von Wörtern identifizieren zu können: „Ich kann auch versuchen, die Augen zu schließen, das Wort mir aufzurufen und mir die *Bilder* zu betrachten, die es bewirkt."

Weitere angrenzende Disziplinen, die über Positionen in dem curricularen Feld der Hochschulbildung von Medien und Rassismuskritik berücksichtigt werden, sind die der Kulturellen Bildung, der Kunstpädagogik oder -vermittlung. Ein bedeutender Ansatz in dem Feld, der für den deutschsprachigen Kontext unter andrem von Carmen Mörsch mit Bezug auf Melissa Steyn fruchtbar gemacht wurde, ist der zur Critical Diversity Literacy. Auch wenn über Literalität – wie zuvor hingewiesen – eher Bezüge zum Lesen von Schriftsprache hergestellt werden, ist mit der Tätigkeit des Lesens in dem eher bildzentrierten Feld von Art Education die übergreifende Kompetenz der Wahrnehmung und die daran anschließende

Fertigkeit zur Dekonstruktion von Macht- sowie Ungleichheitsverhältnissen gemeint. Die Einführung des englischsprachigen Konzepts insbesondere durch das Institute for Art Education der Zürcher Hochschule der Künste verdeutlicht den naheliegenden Bezug auf das Bildliche in der Schulung der Wahrnehmung. Inzwischen wird das Konzept zur Critical Diversity Literacy auch in der allgemeinen Erwachsenenbildung aufgegriffen und Astrid Messerschmidt äußert in einem Vorwort zum Sammelband „Bildung. Macht. Diversität. Critical Diversity Literacy im Hochschulraum" (Dankwa/Filep/Klingovsky/Pfuender 2021):

> „Mit dem Ansatz der Critical Diversity Literacy wird in dem vorliegenden Band den Ambivalenzen der Diversity-Orientierung nachgegangen, um auf dieser Spur die Komplexität der Machtverhältnisse *sichtbar zu machen*. ‚Lesen' zu lernen sind die sozialen Rahmungen des 21. Jahrhunderts im Kontext von Neo-Rassismus und Heterosexismus. Mit innovativen Weiterbildungsarrangements skizzieren die Beiträge des Bandes Elemente für eine kritische Erwachsenenbildung, für die ein historisches Verständnis von Rassismus in Form einer ‚racial literacy' einen zentralen Inhalt bildet und das aus einem transnationalen Forschungsaustausch entstanden ist" (Messerschmidt 2021: 10; Herv. d. Verf.).

Gegenstände der Analyse oder Ausgangspunkte der Reflexion über den Ansatz der Critical Diversity Literacy zeigen sich vielfältig – ebenso vielfältig, wie sich explizit pädagogische Settings aber auch informelle Rahmen von Bildung, Erziehung, Lernen und Sozialisation zeigen. In der Praxis einer differenzsensiblen Bildungsarbeit stehen mit einem enger gezogenen Bildverständnis dann folgende Formate im besonderen Fokus: Kinder- und Schulbücher, Ausstellungen und Museen, (Brett-)Spiele und Games, Soziale Medien und Medienberichterstattungen, Film und Fernsehen sowie Theater. In allen Bereichen lassen sich Bestrebungen nachzeichnen, in denen eine differenzsensible Medien- und Bildkritik für die pädagogische Praxis aufgrund der oben beschriebenen Problematik berücksichtigt wird. So werden beispielsweise vom Georg-Eckert-Institut sowie Riem Spielhaus, der Abteilungsleitung zu „Wissen im Umbruch", und anderen über die Webplattform „Zwischentöne – Materialien für Vielfalt im Klassenzimmer" (Leibniz-Institut für Bildungsmedien | Georg-Eckert-Institut o. J.) didaktisch aufbereitete Unterrichtsmaterialien angeboten. Für den Bereich Ausstellungen und Museen lassen sich zum Beispiel DOMiD, das Dokumentationszentrum und Museum über die Migration in Deutschland (DOMiD o. J.), oder das RomArchiv (o. J.) nennen, die neben kuratierten Ausstellungen der Sammlungen auch Bildungsangebote sowie -materialien anbieten. Über den Transfer von Forschung zu Praxis gibt Wolfgarten (2018) in seiner bildbasierten Studie zu Themenausstellungen über Migration Empfehlungen für die Vermittlungsarbeit. Im Bereich Spiele und Gamestudies kann der Erziehungswissenschaftler Edwin Lischka genannt werden, der Rassismus und Kolonialismus im (Brett-)Spiel fokussiert (vgl. expl. Institut für Ludologie 2021). Bezogen auf den Bereich der Medienberichterstattung konzipiert Michalina Trompeta innerhalb ihrer Studie zum visuellen Antiziganismus im deutschen Online-Journalismus ein methodisch-didaktisches Weiterbildungsangebot anhand von Bildern sowie deren Rezeption (vgl. Gesellschaft für Antiziganismusforschung o. J.). Für den Bereich Film und Fernsehen – hier steht insbesondere das Bewegtbild im Fokus – wäre das Deutsche Filminstitut & Filmmuseum beispielhaft zu nennen, das über das Filmbildungsprojekt „Film Macht Mut" eine „Rassismus- und antisemitismuskritische Filmvermittlung für die 1. bis 6. Klasse" (Deutsches Filminstitut & Filmmuseum o. J.) anbietet. Zum Theater, dem letztgenannten Bereich, lässt sich beispielsweise das Kölner Institut für Kulturarbeit und Weiterbildung anführen, das mit dem Weiterbildungsangebot „Rassismuskritische Perspektiven auf Theaterpädagogik" die Teilnehmer*innen dazu befähigen versucht, durch „eine rassismuskritische ‚Brille'" (Kölner Institut für Kulturarbeit und Weiterbildung o. J.) auf das Theater sowie dessen Bildungsanlässe zu blicken.

Mit der Darstellung wird der Übergang über den Transfer von Forschung zu Praxis bereits sichtbar und aufgrund dessen, dass sich die Materialien solcher Bildungsangebote erheben lassen, zeigt sich neben der pädagogischen Praxis auch ein breites empirisches Feld zu der fokussierten Schnittmenge von Bild und Erziehungswissenschaft. Diese Forschungsansätze und solche, innerhalb derer das Material erst im empirischen Prozess gewonnen beziehungsweise produziert wird, werden im folgenden Teil der Überblicksdarstellung vorgestellt.

Bild und erziehungswissenschaftliche Forschung

Im letzten Teil der Überblicksdarstellung wird der Fokus auf Bildbezüge aus dem disziplinären Feld mit empirischem Schwerpunkt gerichtet. Ein Forschungsbereich, der zuvor bereits thematisiert wurde, ist der der Schulbuchstudien, in dem die (Bild-)Rezeption von bereits produzierten und erhebbaren Materialien fokussiert wird. Diesbezüglich wurden das Georg-Eckert-Institut und Spielhaus bereits angeführt. Zwei Studien, auf die in dem Kontext vielfach verwiesen wird, sind die von Thomas Höhne (2000), „Fremde im Schulbuch. Didaktische Vorstrukturierungen und Unterrichtseffekte durch Schulbuchwissen am Beispiel der Migrantendarstellung", und Höhne, Thomas Kunz sowie Frank-Olaf Radtke (2005), „Bilder von Fremden. Was unsere Kinder aus Schulbüchern über Migranten lernen sollten". Für die Bundesländer Bayern und Hessen haben die Autoren eine systematische Betrachtung der Sach- und Sozialkundebücher veröffentlicht, wobei sie zum Schluss kommen, dass sich eine grundlegende Unterscheidung von ‚wir' und ‚sie' sowie ‚deutsch' und ‚nicht deutsch' durch alle Materialien zieht. Diese Differenzlinie überlagert sich zudem mit der eines Fortschrittgedankens: ‚modern' versus ‚vormodern'. Ebenfalls resümieren sie, dass das Thema Migration sowie die dazu verwendeten Abbildungen sich nahe am medialen Diskurs sowie den Aussagen aus den Massenmedien orientieren und Migrant*innen oftmals als problembehaftet dargestellt werden. Die inhaltliche Gebundenheit von Schulbüchern am medialen Diskurs hebt auch Helmut Geuenich (2015) als erstes Ergebnis seiner Studie „Migration und Migrant(inn)en im Schulbuch. Diskursanalysen nordrhein-westfälischer Politik- und Sozialkundebücher für die Sekundarstufe 1" hervor. Höhne, Kunz und Radtke äußern zudem, „daß Migranten im Rahmen des nationalstaatlichen Identitätsgebots wesentlich als Fremde eingestuft werden" (Höhne/Kunz/Radtke 2005: 592), worüber dann mittels Schulbücher ein zugeschriebenes Identitätsangebot abgeleitet wird. Bilder des vermeintlich Eigenen und vermeintlich Anderen zeigen sich nach den Autoren über folgende Differenzierungen: „wir/sie und deutsch/ausländisch [...,] modern/vormodern, hier/dort und eigen/fremd sowie türkisch als prototypisches Merkmal für ‚ausländisch'" (ebd.: 598).

Die im Jahr 2015 von der Beauftragten der Bundesregierung für Migration, Flüchtlinge und Integration durchgeführte Schulbuchstudie setzte an den Ergebnissen von Höhne, Kunz und Radtke an, um zu „überprüfen, ob aktuelle Schulbücher neue Ansätze und Perspektiven der Bezugswissenschaften aufgegriffen und umgesetzt haben" (Beauftragte der Bundesregierung für Migration, Flüchtlinge und Integration 2015: 13). Als Ergebnis wird festgehalten, dass das Thema ebenfalls zu diesem Zeitpunkt eher problembelastet dargestellt wird und „sich auch in der neuen Schulbuchgeneration kaum Ansätze eines differenzierten Umgangs mit dem Thema Migration finden" (ebd.: 67).

Auch Elena Marmer (2013 a, b) untersucht Schulbücher, wobei sie einen thematischen Schwerpunkt auf Afrikadarstellungen in Geschichtsschulbüchern legt. Die Schulbuchanalyse erweitert sie mit Methoden einer Rezeptionsanalyse genannter Darstellungen von Schüler*innen und Lehrer*innen über Interviews sowie Gruppendiskussionsverfahren. Der Hintergrund dieses Methodensets ist das Forschungsinteresse, nicht nur die Darstellungen zu untersuchen, sondern auch deren Rezeption sowie deren Auswirkungen auf die soziale Struktur der Klassengemeinschaft. Sie fasst ihre Ergebnisse dahingehend zusammen, dass sich die befragten Lehrer*innen zunächst über die problematischen Darstellungen kaum bewusst sind. Zudem transformieren sich die Afrikadarstellungen, in denen sie ebenfalls die Oppositionslinie von modern versus vormodern rekonstruiert, in rassistische Zuschreibungen, mit denen Schwarze Schüler*innen und Schüler*innen of Color adressiert sowie verandert werden. Den befragten Schüler*innen wird aufgrund ihres körperlichen Aussehens ihr Deutschsein abgesprochen und es werden ihnen die problematisierten vormodernen Eigenschaften über die in den Schulbüchern tradierte Differenzsetzung von hier und dort zugeschrieben. Marmer rekonstruiert darüber das dominante Bild von deutschen Schüler*innen als vermeintlich weiße Schüler*innen.

Alle angeführten Autor*innen kommen zum Schluss, dass in den betrachteten Schulbüchern mehrheitlich einseitige, stereotype sowie rassistische und verletzende Abbildungen verwendet werden und dass die Differenzierung von vermeintlich Eigen und vermeintlich Fremd gestützt sowie tradiert wird.

Der Rezeption von Bildern als Bildungsanlass innerhalb des diskursiven Rahmens, was ausgewählt sowie gezeigt wird und was nicht, geht auch Wolfgarten (2018) in seiner Studie zu Themenausstellungen über Migration zwischen den Jahren 1974 und 2013 nach. Mit Bezug zu dem anfangs eingeführten Modell, sind insbesondere die Ergebnisse der quantitativ ausgerichteten Bildtypenanalyse anzuführen. Dazu wird festgehalten, dass eine grenzüberschreitende Migration verhältnismäßig selten über das Bildmaterial referenziert wird, obwohl dies das übergeordnete Thema der Ausstellungen darstellt. Im Vordergrund stehen personengebundene Darstellungen, mittels derer der Blick auf die Lebenswelten, Arbeitsweisen und Freizeitgestaltungen der als Migrant*innen zu deutenden Personen gerichtet wird. So dominieren Dokumente „fotografischer Ihr-Bildungen" (vgl. Doğramacı 2018), über die „eine scheinbar gemeinsame Identität der Fremden" (ebd.: 10) konstruiert wird; dies vornehmlich als An- und Bewohner*innen, Arbeiter*innen, Besucher*innen sowie Mitglieder verschiedener Gemeinschaften. Weitaus seltener wird über das Bildmaterial das Thema Migration gesamtgesellschaftlich eingebunden referenziert, was die Unterscheidung zwischen dem vermeintlich Eigenen und dem vermeintlich Anderen stützt sowie tradiert. Migration wird dabei innerhalb solcher fotografischen Ihr-Bildungen eng verbunden mit der Klasse der Arbeiter*innen dargestellt und das heteronormative Bild wird über keins der über 13.000 analysierten Darstellungen gestört. Über den Teil der qualitativ ausgerichteten Pathosanalyse arbeitet Wolfgarten heraus, dass das über die Bilder transportierte Pathos nicht nur einen Einfluss auf die Rezeption der Bildinhalte hat, sondern dass darüber gleichzeitig Affekte aufseiten der Betrachter*innen evoziert werden, die entweder mit den dargestellten Personen in Verbindung gebracht werden, beispielsweise über Mitleid, Ehrfurcht und Sympathie, oder die in Verbindung mit der Beziehungsgestaltung zwischen Betrachter*in und Exponat stehen, zum Beispiel in dem eine Neugierde oder ein Vertrauen hervorgerufen wird. Das Pathos wird dabei über bekannte Formen hergestellt, was in den Kunst- und Kulturwissenschaften mit dem Nachleben der Bilder beschrieben wird (vgl. Warburg 2010a, Didi-Huberman 2010) und von Wolfgarten für eine erziehungswissenschaftlich ausgerichtete Forschung methodisch aufbereitet wurde.

Neben klassischen Bildungsmedien werden in weiteren Studien Zeugnisse innerhalb der Medienberichterstattung herangezogen. So wurde die Studie zum visuellen Antiziganismus im deutschen Online-Journalismus von Trompeta bereits angeführt, die zuvor eine Studie zum „Antiziganismus im neuen Netz" durchführte (Trompeta 2017). Innerhalb des methodischen Vorgehens der Kritischen Diskursanalyse arbeitete sie unter anderem Kollektivsymboliken in Diskussionsforen deutscher Online-Zeitungen heraus. Kollektivsymbole werden diesbezüglich als „Gesamtheit der sogenannten ‚Bildlichkeit' einer Kultur, [d. h.] die Gesamtheit ihrer am weitesten verbreiteten Allegorien und Embleme, Metaphern, Exempelfälle, anschaulichen Modelle und orientierenden Topiken, Vergleiche und Allegorien" (Jäger 1999: 133 f.; zit. n. Trompeta 2017: 343) verstanden. Über die Begriffe des Flusses, der Flut, der Welle sowie der einzudämmenden Strömung wird beispielsweise die wohl bekannteste Symbolik im Kontext von Migration assoziativ gebildet, mit der Migrant*innen – beziehungsweise die, die zu solchen gemacht wurden – sinnbildlich als eine unkontrollierbare Gefahr dargestellt werden. Solche in den Medien getätigten Äußerungen werden in Breite rezipierbar gemacht, wobei die Kollektivsymbole Ausdruck von bereits verinnerlichten, intersubjektiv verstehbaren Bildern darstellen, was die Verwobenheit von (Bild-)Rezeption und (Bild-)Produktion erneut unterstreicht.

Das Phänomen Bild spielt in der Studie „Countering Propaganda by Narration Towards Anti-Radical Awareness" (Schmitt/Ernst/Rieger/Roth 2020) und der darin entstandenen Dissertation über „Videobasierte Rekonstruktionen des medienkritischen Lernens Jugendlicher zu Hasskommentaren, Propagandavideos und Gegenbotschaften in schulischen Lernarrangements" von Julian Ernst (2021) eine doppelte Rolle. Zum einen sind es Bewegtbilder, die Jugendliche in einem pädagogischen Setting zu Internetpropaganda rezipierten, zum anderen sind es Bewegtbilder, mit denen die Aushandlung der rezipierten Inhalte aufseiten der Jugendlichen aufgenommen und ausgewertet wurden. Auch in der Studie wird das besondere Potential von Bildern ersichtlich, Affekte hinsichtlich der Ausrichtung von Subjekten über die Rezeption zu evozieren.

Andrea Hertlein (2010) berücksichtigt innerhalb ihrer Studie zur „Repräsentation und Konstruktion des Fremden in Bildern. Reflexionsgrundlagen Interkultureller Pädagogik" ebenfalls Affektlogiken. Dazu interpretierte sie neun aus einem Gesamtkorpus von insgesamt 125 ikonografisch thematisch passenden Bildern, die sie Ausstellungskatalogen, Kunstbildbänden, Fachliteratur und Zeitschriften sowie von Postern und aus dem Internet entnommen hat. Ziel der Untersuchung war es, die ikonografische Konstruktion von Fremden in Bildern herauszuarbeiten, wobei sie das dreigliedrige Analyseverfahren der ikonographisch-ikonologischen Bildinterpretation nach Erwin Panofsky (2002) verwendete. Dazu resümiert sie:

„Es konnten die Synergieeffekte dargestellt werden, die resultierend aus den einzelnen Komponenten, das imaginäre Bild des Fremden entwickeln. Auf Basis des Wissens um die Zeichen, wie Foucault es definiert, wird das ikonische Wissen produziert und in den hegemonialen Machtstrukturen wird das Repräsentationsregime, nach Halls Definition, aufgebaut. Um die signifikanten Vorzüge – aus der westlichen Perspektive – der Wissens- und Machtproduktion zur Eigen- und Fremddarstellung, aufrecht zu erhalten, sind die wesentlichen Erkenntnisse von Warburgs Untersuchungen zum Nachleben der Bilder vorgestellt worden, die den Kreis schließen, indem sie die verinnerlichten Symbole bei der Reproduktion des Neuen (Bildes) aktivieren" (ebd.: 175 f.).

Das Zitat verdeutlicht ihre Zusammenführung von Symbolen (1), die das imaginäre Bild der*des Fremden herstellen, diskursiven Strukturen (2), die vornehmlich eine einseitige Repräsentation der*des Fremden anhand von Symbolen zulassen und die Reproduktion (3) von solch verinnerlichten Symbolen, was innerhalb begünstigender Strukturen (2) wiederum die Lesbarkeit und Evidenz der Zeichen (1) stützt und etabliert. Dieser Zirkel zwischen Bildrezeption und -produktion wird in dem zuvor skizzierten Modell berücksichtigt und die Verzahnung der Verinnerlichung und Veräußerlichung von bildlichen und bildhaften Aussagen mit der Ausrichtung von Subjekten zur Welt wurde im ersten Teil des Beitrags bereits theoretisch erläutert.

Im Folgenden sollen Studien für die Überblicksdarstellung angeführt werden, in denen weniger die Rezeption von Bildern im Fokus steht als vielmehr die der Produktion. Dazu lassen sich Studien nennen, in denen die Bildproduktion explizit in den Forschungsprozess eingebunden wird und Studien, in denen eine frühere Produktion von Bildern über vorhandene Zeugnisse hinsichtlich der Rekonstruktion von Identitätsbildungen oder Lebensweltvorstellungen herangezogen werden.

Das Verfahren der Datengewinnung, Bilder von Teilnehmenden produzieren zu lassen, verwendete Henrike Terhart in ihrer Studie zu „Körperinszenierungen junger Frauen in Text und Bild" (Terhart 2014), welche innerhalb einer systematischen Triangulation mit ebenfalls erhobenen Interviews von ihr zusammengeführt wurden. In ihrer Studie ging sie den Fragen nach, wie Körper und Sozialität im Verhältnis zueinander zu verstehen sind und „in welcher Weise Migration – als Erfahrung und Zuschreibung – Einfluss auf die Körperlichkeit von Menschen nimmt" (ebd.: 14). Dafür konzipierte sie ein mehrstufiges Analyseverfahren für das Medium Selbstfotografie, welches in der Traditionslinie von erziehungs- und sozialwissenschaftlichen Weiterentwicklungen der ikonografisch-ikonologischen Bildinterpretation nach Panofsky einzuordnen ist. Das Vorgehen, Daten über die Produktion anderer zu gewinnen, hat im Fall der Fotografie den Vorteil, den Blick der jeweils anderen Person über die produzierten Dokumente einnehmen zu können und diesen gegebenenfalls auch als Gesprächsimpuls innerhalb von Interviews zu thematisieren. So können Lebenswelten erschlossen werden – zum Beispiel für die Erforschung von Sozialräumen – und es ist möglich, sozialgesellschaftliche Strukturen, Phänomene oder weitere Aspekte über die materialisierte Sichtweise zu rekonstruieren.

Der Produktionszeitpunkt der verwendeten Dokumente muss jedoch nicht innerhalb der Projektphase liegen und auch die Anlässe dazu können alltagsgebunden und ohne konkreten Auftrag adaptiert werden. So betrachtet Christian

Ritter (2018) lebensweltlich mediale Produktionen, wie Fotografien, Videos oder Collagen von in der Schweiz geborenen Jugendlichen, deren Eltern aus Südosteuropa in die Schweiz migriert sind. Zentral sind dabei Fragestellungen zu den Konzepten Identität, Sozialisation und Subjektivierung, die von ihm über Selbstinszenierungen der Jugendlichen bearbeitet werden. Dabei arbeitet er ambivalente Dynamiken der Anrufung und Aneignung heraus, unter denen Vorstellungen des „Balkanisch-Sein" verhandelt werden.

Die Rekonstruktion von Subjektpositionen und die Exploration von Lebenswelten verfolgt auch Faime Alpagu (Österreichische Akademie der Wissenschaften 2017) über einen biografisch ausgerichteten Forschungsansatz. Persönliche Fotografien und Briefe werden als impulsgebende Momente in Interviewsituationen berücksichtigt, um vielfältige Sichtweisen auf Migration gewinnen zu können, die in der breiten Diskussion weniger Beachtung finden. Fokussiert werden dabei Migrationserfahrungen von sogenannten Gastarbeit*innen aus der Türkei, die in Österreich leben. In einem Interview (Universität Wien 2022: 0:25) berichtet sie über gewonnene Gegenbilder, mit denen sie das Klischeebild über die Migration nach Österreich im vorherrschenden Diskurs infragestellt und damit ebenfalls verbunden die verbreitete Sichtweise auf das Thema sowie die Betroffenen.

Privatfotografien aus dem 19. Jahrhundert dienen Petra Götte (2011) für eine Rekonstruktion nationaler sowie familiärer Identitäten von in die USA ausgewanderten Personen und deren Nachkommen. Darüber wird erkennbar, dass die Sichtweise nicht nur von derzeit lebenden Personen auf etwas eingenommen werden kann beziehungsweise erforscht wird, sondern auch über den Zugriff vorgefundener Bilder innerhalb einer beispielsweise historischen Bildungsforschung. Auch Jane Schuch (2013) bezog ihr bildbasiertes Datenmaterial für die Forschung lebensweltlicher Aspekte des Schulalltags an der „Schule der Freundschaft" in der damaligen DDR über historische Quellen. Sie rekonstruiert ebenfalls eine „Korrespondenz" zwischen kollektiv verinnerlichten und äußeren materiellen Bildern, „wenn innere anthropologische Vorstellungswelten auf reale Bilder eines pädagogischen Alltags trafen" (ebd.: 226). Darüber hinaus zeigt sie auf, „dass die mosambikanischen Kinder und später Jugendlichen diese starke Situation des ‚Othering' umkehren. Das weiß konstruierte Andere machen sie im fotografisch pädagogischen Raum zu ihrem Eigenen – spielerisch und selbstbewusst" (ebd.). Einerseits lässt dies auf die Verinnerlichung der hergestellten Differenz von vermeintlich eigen und vermeintlich anders aufseiten der von VerAnderung betroffenen Schüler*innen schließen. Andererseits werden darüber ebenfalls Strategien der Betroffenen aufgezeigt, auch innerhalb der gesetzten dichotomen Struktur der Identitätszuweisung handlungsfähig zu sein.

Diese Handlungsfähigkeit arbeitet auch Lea Braun in der Studie „Zur Herstellung von Öffentlichkeit in der Migrationsgesellschaft heraus" (Braun 2020) heraus. Zudem kommt sie zu dem Schluss, dass die Jugendlichen und jungen Erwachsenen neue ästhetische Darstellungsformen etablieren und sich als aktive Gestalter*innen von Medienkultur zeigen (vgl. Springer VS 2020).

Ein Forschungsprojekt, mit dem ebenfalls die Exploration von Lebenswelten einhergeht, dies jedoch über die aktive Bildproduktion von Kindern und Jugendlichen innerhalb des Forschungsprozesses, ist das EU-Projekt „Children In Communikation About Migration" (Niesyto/Holzwarth/Maurer 2007). Als Handlungsforschungsprojekt verstanden, wurde diesbezüglich „eine ethnographisch-lebensweltliche Dimension (Exploration von Lebenswelten junger Migrant/innen) mit einer medienpädagogischen Dimension (Förderung von Medienkompetenz)" (ebd.: 21) verknüpft. Ziele des in sechs unterschiedlichen Ländern situierten Projekts waren, zehn bis 14-jährigen Kindern mit Migrationserfahrung „eine Stimme zu geben" und „zu befähigen, mit Foto, Video und Internet über Länder-, Sprach- und Kulturgrenzen hinweg zu kommunizieren" sowie gleichzeitig, gestützt über die von den Kindern produzierten (Bewegt-)Bilder, zu analysieren, „wie Medien und Kommunikationstechnologien soziale Beziehungen innerhalb von Migrantenmilieus verändern" und wie ebendiese Medien und Technologien für pädagogische Settings genutzt werden können (ebd.: 22). Das Medium Bild erhält mit dieser verwobenen Intention einen Doppelstatus: Zum einen ist es das Produkt einer medienpädagogischen Arbeit und zum anderen Teil des Untersuchungsmaterials, dem relevante Informationen entnommen werden können. Als ein zentrales Ergebnis halten die Autoren der Studie die Ressourcen der Kinder fest, die sie über die Nutzung unterschiedlicher Medienangebote – globale, lokale sowie die der „Herkunftskultur" – erwerben und unter anderem auch innerhalb der medialen Produktion flexibel anzuwenden vermögen (vgl. Holzwarth 2007: 49 ff.). Zudem wird diesen flexibel einsetzbaren Ressourcen ein wesentlicher Stellenwert für die Identitätskonstruktion der Kinder zugeschrieben, was von der Institution Schule jedoch nicht immer honoriert beziehungsweise anrechenbar gemacht wird.

Im Kontext des EU-Projekts ist die Dissertationsschrift von Peter Holzwarth (2008) erschienen, in der er über das Projekt hinausgehende Fragestellungen, wie das Integrationspotenzial von Medien oder der Institution Schule unter anderem über von den teilnehmenden Kindern produzierte Bilder bearbeitete. Ähnlich wie auch bereits im Zusammenhang der übergeordneten Studie festgehalten, wird auch in dieser Schrift empfohlen, die von den Kindern ausgedrückten „Formen von Mehrfachzugehörigkeiten zuzulassen und Subjekte nicht auf eine ‚Entweder-oder-Struktur' festzulegen" (ebd.: 301).

3. Intersubjektiv geteilte Bilder zum vermeintlich Eigenen und vermeintlich Anderen – ein momentaner Zwischenstand zur Schnittmenge zwischen Bild und Bildung in der Migrationsgesellschaft

Die in der Überblicksdarstellung angeführten Studien sowie die Projekte pädagogischer Praxis und Ausarbeitungen theoretischer Überlegungen haben unterschiedliche Schwerpunktsetzungen und Ansatzstellen. Dennoch lassen sich die verschiedenen Arbeiten über das anfangs skizzierte Modell zusammenführen – sie sind das Ausgangsmaterial der Überlegungen, über das der gemeinsame Rahmen entworfen und ausgebaut wurde. Die Ausgangssituation beziehungsweise Problemstellung stellt dazu die Unterscheidung zwischen dem vermeintlich Eigenen und dem vermeintlich Anderen dar, woran Subjektivierungsprozesse anschließen, die mit einer gesellschaftlichen Wertung bis hin zum Ausschluss einhergehen. Dem Phänomen Bild wird dabei eine wesentliche Relevanz zugeschrieben, da auch dieses konturiert ist, jedoch nur selten als Konstrukt wahrgenommen wird, sondern vielmehr als vermeintlich authentischer Beweis im Sinne von „Es-ist-so-gewesen" (Barthes 1985: 86). Die Bedeutung, die dem Phänomen Bild zukommt, ist dennoch komplexer als das alleinige Abbilden oder Stiften von Evidenz. Wie zuvor bereits erläutert, geht das Phänomen Bild über unterschiedliche Definitionen auf, über die wiederum der vielfältige Stellenwert für die erziehungswissenschaftliche (Teil-)Disziplin ersichtlich wird. Für die Zusammenfassung werden die zentralen Aussagen noch einmal aufgegriffen:

- Das Phänomen Bild zeigt sich zunächst als Medium, mit dem und vor allem durch das Welt wahrgenommen wird.
- Es zeigt sich außerdem als Medium, mit dem Aussagen zur Welt getätigt und Sichtweisen auf diese geteilt werden.
- Als Summe dieser Aussagen und Sichtweisen zeigt es sich ebenfalls als Selbst- und Weltbild,
- und es zeigt sich als Medium, mit dem Welt über materielle, aber auch insbesondere über mentale Bilder strukturiert wird.
- Sichtbarkeit bedeutet in dem spezifischen Kontext gesellschaftlich sichtbar zu sein, was eine Repräsentation über materialisierte Medien beinhaltet, wie auch eine innerhalb der Vorstellung von Gemeinschaft.
- Sichtbarkeit wird diesbezüglich politisch verstanden, da über sie Möglichkeiten gesellschaftlicher Partizipation geboten werden.

Aufgrund der Verzahnung von (Bild-)Rezeption und (Bild-)Produktion sowie der Verschränkung der beiden Tätigkeiten mit der Ausrichtung von Subjekten zur Welt, ergeben sich unterschiedliche Zugänge, über die eine erziehungswissenschaftlich ausgerichtete Forschung durchgeführt und eine pädagogische Praxis angeboten wird. So wurde anhand der Überblicksdarstellung verdeutlicht, dass mittels Sprechens über die Rezeption von produzierten Bildern die eigene Ausrichtung zur Welt anhand der Deutungen und Sichtweisen thematisiert sowie bearbeitbar werden lässt. Eingenommene Perspektiven lassen sich darüber infrage stellen und die Eingebundenheit in soziale Strukturen reflektieren, die einige Perspektiven begünstigen und andere weniger.

Auch hinsichtlich empirischer Ansätze zeigt sich die Verschränkung gewinnbringend. Da Bildungs- und Subjektivierungsprozesse nicht offensichtlich vorfindbar sind, werden Bilder als Scharnier herangezogen, über die solche Prozesse rekonstruiert werden können. Und da Bilder zudem gleichzeitig als Bildungsanlässe wie auch als Produkte von Bildungsprozessen verstanden werden können, lassen sich beide Richtungen der Rekonstruktion innerhalb des empirischen Feldes finden: Einerseits die Rekonstruktion von Bildungsprozessen über eröffnete Sichtweisen durch Bilder und andererseits die Analyse von Bildern als Bildungsanlässe sowie die Rekonstruktion möglich begleitender Bildungsprozesse.

Konkret für das erziehungswissenschaftliche Feld, das über die Kommission Erziehung und Bildung in der Migrationsgesellschaft umrissen sowie bearbeitet wird, kann festgehalten werden, dass die Herstellung von Differenz über Bilder und die Dekonstruktion von hergestellter Differenz ebenfalls anhand von Bildern als zentral anzusehen ist, wenn es um die Relevanz des Phänomens Bild für die Teildisziplin geht.

Literatur

Arndt, Susan (Hrsg.) (2001): AfrikaBilder. Studien zu Rassismus in Deutschland. Münster: Unrast.
Arndt, Susan (2022): Rassistisches Erbe. Wie wir mit der kolonialen Vergangenheit unserer Sprache umgehen. Berlin: Dudenverlag.
Arndt, Susan/Ofuatey-Alazard, Nadja (Hrsg.) (2011): Wie Rassismus aus Wörtern spricht. (K)Erben des Kolonialismus im Wissensarchiv deutscher Sprache. Ein kritisches Nachschlagewerk. Münster: Unrast.
Barthes, Roland (1985): Die helle Kammer. Bemerkung zur Photographie. Frankfurt a. M.: Suhrkamp.
Bayrischer Rundfunk 2022: Rassistisches Erbe. Buch von Susan Arndt. Abrufbar über: https://www.br.de/br-fernsehen/sendungen/puzzle/buch-rassistisches-erbe-koloniale-vergangenheit-juni-2022-100.html.
Beauftragte der Bundesregierung für Migration, Flüchtlinge und Integration (2015): Schulbuchstudie Migration und Integration. Abrufbar über: http://www.bundesregierung.de/Content/Infomaterial/BPA/IB/Schulbuchstudie_Migration_und_Integration_09_03_2015.pdf?__blob=publicationFile&v=7.
Bhabha, Homi (2000): Die Verortung der Kultur. Tübingen: Stauffenburg.
Boal, Augusto (2009): Theater der Unterdrückten. Übungen und Spiele für Schauspieler und Nicht-Schauspieler. Frankfurt a. M.: Suhrkamp.
Braun, Lea (2020): Zur Herstellung von Öffentlichkeit in der Migrationsgesellschaft. Digitale Handlungsstrategien Jugendlicher und junger Erwachsener. Wiesbaden: Springer VS.
Brentano, Franz (1971): Psychologie vom empirischen Standpunkt. Hamburg: Meiner.

Broden, Anne/Mecheril, Paul (2007a): Migrationsgesellschaftliche Re-Präsentationen. Eine Einführung. In: Dies. (Hrsg.): Re-Präsentationen. Dynamiken der Migrationsgesellschaft. Düsseldorf: IDA-NRW, 7–28.

Broden, Anne/Mecheril, Paul (Hrsg.) (2007b): Re-Präsentationen. Dynamiken der Migrationsgesellschaft. Düsseldorf: IDA-NRW.

Broden, Anne/Mecheril, Paul (Hrsg.) (2010): Rassismus bildet. Bildungswissenschaftliche Beiträge zu Normalisierung und Subjektivierung in der Migrationsgesellschaft. Bielefeld: transcript.

Butler, Judith (2006): Haß spricht. Zur Politik des Performativen. Frankfurt a. M.: Suhrkamp.

Cohen, Philip (1994): Verbotene Spiele. Theorie und Praxis antirassistischer Erziehung. Hamburg: Argument.

Deutsches Filminstitut & Filmmuseum (o. J.): Film Macht Mut. Rassismus- und antisemitismuskritische Filmvermittlung für die 1. bis 6. Klasse. Abrufbar über: https://www.dff.film/bildung/modellprojekte/film-macht-mut/.

Didi-Huberman, Georges (2010): Das Nachleben der Bilder. Berlin: Suhrkamp.

Diehm, Isabell (2010): Kultur als Beobachtungsweise. In: Darowska, Lucyna/Lüttenberg, Thomas/ Machold, Claudia (Hrsg.): Hochschule als transkultureller Raum? Kultur, Bildung und Differenz in der Universität. Bielefeld: transcript, 67–81.

do Mar Castro Varela, María/Dhawan, Nikita (2015): Postkoloniale Theorie. Eine kritische Einführung, 2., vollständig überarbeitete Auflage. Bielefeld: transcript.

DOMiD (o. J.): Website. Abrufbar über: https://domid.org.

Doğramacı, Burcu (2018): Fotografische Ihr-Bildungen. Migration in der Bundesrepublik der 1970er und 1980er Jahre im Blick der Kamera. In: Rass, Christoph/Ulz, Melanie (Hrsg.): Migration ein Bild geben. Visuelle Aushandlungen von Diversität. Wiesbaden: Springer VS, 9–33.

Elias, Norbert/Scotson, John (2008): Etablierte und Außenseiter. Frankfurt a. M.: Suhrkamp.

Emmerich, Marcus/Hormel, Ulrike (2013): Heterogenität – Diversity – Intersektionalität. Zur Logik sozialer Unterscheidungen in pädagogischen Semantiken der Differenz. Wiesbaden: Springer VS.

Ernst, Julian (2021): Medienkritik zwischen Hass- und Gegenrede. Videobasierte Rekonstruktionen des medienkritischen Lernens Jugendlicher zu Hasskommentaren, Propagandavideos und Gegenbotschaften in schulischen Lernarrangements. Wiesbaden: Springer VS.

Fanon, Frantz (2013): Schwarze Haut, weiße Masken. Wien/Berlin: Turia + Kant.

Foucault, Michel (2014): Die Ordnung des Diskurses. Frankfurt a. M.: Fischer.

Gesellschaft für Antiziganismusforschung (o. J.): Michalina Trompeta. Abrufbar über: https://www.antiziganismusforschung.de/mitglied/trompeta-michalina/.

Geuenich, Helmut (2015): Migration und Migrant(inn)en im Schulbuch. Diskursanalysen nordrhein-westfälischer Politik- und Sozialkundebücher für die Sekundarstufe 1. Wiesbaden: Springer VS.

Götte, Petra (2011): Die deutsche Auswanderung in die USA. Familiäre Identitätsarbeit im Spiegel privater Fotografie. In: Bilstein, Johannes/Ecarius, Jutta/Kleiner, Edwin (Hrsg.): Kulturelle Differenzen und Globalisierung. Herausforderungen für Erziehung und Bildung. Wiesbaden: VS Verlag, 235–254.

Hall, Stuart (1997): The Spectacle of the ‚Other'. In: Ders. (Hrsg.): Representation: Cultural Representations and Signifying Practices. London/Thousand Oaks/New Delhi: Sage, 223–290.

Hertlein, Andrea (2010): Repräsentation und Konstruktion des Fremden in Bildern. Reflexionsgrundlagen Interkultureller Pädagogik. Oldenburg: BIS-Verlag der Carl von Ossietzky Universität Oldenburg.

Höhne, Thomas (2000): Fremde im Schulbuch. Didaktische Vorstrukturierungen und Unterrichtseffekte durch Schulbuchwissen am Beispiel der Migrantendarstellung. Münster: Arbeitsstelle interkulturelle Pädagogik.

Höhne, Thomas/Kunz, Thomas/Radtke, Frank-Olaf (2005): Bilder von Fremden. Was unsere Kinder aus Schulbüchern über Migranten lernen sollten. Frankfurt a. M.: Fachbereich Erziehungswissenschaften der Johann Wolfgang Goethe-Universität.

Holzwarth, Peter (2007): Projektergebnisse und Empfehlungen zu den Bereichen Mediennutzung, Schule, Familie und Peergroup im Überblick. In: Niesyto, Horst/Holzwarth, Peter/Maurer, Björn (Hrsg.): Interkulturelle Kommunikation mit Foto und Video. Ergebnisse des EU-Projekts (CHICAM) „Children in Communication about Migration". Mit einem Methodenteil für mediengestützte Forschungsprojekte von Studierenden. München: kopaed, 49–56.

Holzwarth, Peter (2008): Migration, Medien und Schule. Fotografie und Video als Zugang zu Lebenswelten von Kindern und Jugendlichen mit Migrationshintergrund. München: kopaed.

Husserl, Edmund (2009): Ideen zu einer reinen Phänomenologie und phänomenologischen Philosophie. Allgemeine Einführung in die Phänomenologie. Hamburg: Meiner.

Husserl, Edmund (2013): Logische Untersuchungen. Hamburg: Meiner.

Institut für Ludologie (2021): Board Games – Die Welt der Brettspiele. Abrufbar über: https://www.ludologie.de/blog/artikel/news/board-games-die-welt-der-brettspiele/.

Jäger, Siegfried (1999): Kritische Diskursanalyse. Eine Einführung. Duisburg: DISS.

Jambor-Fahlen, Simone/Hippmann, Kathrin (2018): Literalität. Köln: Mercator-Institut für Sprachförderung und Deutsch als Zweitsprache (Basiswissen Sprachliche Bildung). Abrufbar über: https://www.mercator-institut-sprachfoerderung.de/de/themenportal/thema/literalitaet/.

Kalpaka, Annita (1994): Jede Menge Bilder – Arbeiten mit Bildern. In: Ausländerbeauftragte des Senats der Freien und Hansestadt Hamburg/Flores Baeza, Victoria (Hrsg.): Bildung und Erziehung im Einwanderungsland. Hamburg: Der Ausländerbeauftragte des Senats, 207–233.

Kölner Institut für Kulturarbeit und Weiterbildung (o. J.): Rassismuskritische Perspektiven auf Theaterpädagogik. Abrufbar über: https://www.kik-wb.de/produkt/rassismuskritische-perspektiven-auf-theaterpaedagogik-2/.

Koller, Hans-Christoph (2012): Bildung anders denken. Einführung in die Theorie transformatorischer Bildungsprozesse. Stuttgart: Kohlhammer.

Krüger-Potratz, Marianne (2005): Interkulturelle Bildung. Eine Einführung. Münster/New York/München/Berlin: Waxmann.

Leibniz-Institut für Bildungsmedien | Georg-Eckert-Institut (o. J.): Zwischentöne – Materialien für Vielfalt im Klassenzimmer. Abrufbar über: https://www.zwischentoene.info.

Marmer, Elina (2013a): Reproduktion von Rassismus am Beispiel der Darstellung von Afrikaner/innen in den Schulbüchern. Abrufbar über: http://www.elina-marmer.com/wp-content/uploads/2014/02/MARMER-Rassismus-im-Schulbuch-HAW.pdf.

Marmer, Elina (2013b): Rassismus in deutschen Schulbüchern am Beispiel von Afrikabilder. In: Zeitschrift für internationale Bildungsforschung und Entwicklungspädagogik 36, H. 2/2013, 25–31.

Mitchell, William J. T. (2008): Bildtheorie. Frankfurt a. M.: Suhrkamp.

Niesyto, Horst/Holzwarth, Peter/Maurer, Björn (Hrsg.) (2007): Interkulturelle Kommunikation mit Foto und Video. Ergebnisse des EU-Projekts (CHICAM) „Children in Communication about Migration". Mit einem Methodenteil für mediengestützte Forschungsprojekte von Studierenden. München: kopaed.

Österreichische Akademie der Wissenschaften (2017): Die vielen Gesichter der Migration. Abrufbar über: https://www.oeaw.ac.at/detail/news/die-vielen-gesichter-der-migration.

Ott, Michaela (2009): Zum Verhältnis des Ästhetischen und Politischen in der Gegenwart. In: Ott, Michaela/Strauß, Harald (Hrsg.) Ästhetik + Politik. Neuaufteilungen des Sinnlichen in der Kunst. Hamburg: Textem, 8–25.

Panofsky, Erwin (2002): Sinn und Deutung in der bildenden Kunst. Köln: DuMont.

Plessner, Helmuth (2003): Die Stufen des Organischen und der Mensch. Einleitung in die philosophische Anthropologie. Frankfurt a. M.: Suhrkamp.

Plessner, Helmuth (2015): Mit anderen Augen. Aspekte einer philosophischen Anthropologie. Stuttgart: Reclam.

Rancière, Jacques (2008): Die Aufteilung des Sinnlichen. Die Politik der Kunst und ihre Paradoxien. Berlin: b_books.

Ritter, Christian (2018): Postmigrantische Balkanbilder. Ästhetische Praxis und digitale Kommunikation im jugendkulturellen Alltag. Zürich: Chronos.

RomArchiv (o. J.): Website. Abrufbar über: https://www.romarchive.eu/.

Roth, Hans-Joachim (2002): Kultur und Kommunikation. Systematische und theoriegeschichtliche Umrisse Interkultureller Pädagogik. Opladen: Leske + Budrich.

Roth, Hans-Joachim (2017): Bilder und Bildordnungen von Studierenden im Themenfeld Migration und Interkulturalität. In: Rass, Christoph/Ulz, Melanie (Hrsg.): Migration ein Bild geben. Visuelle Aushandlungen von Diversität. Wiesbaden: Springer VS, 161–189.

Roth, Hans-Joachim/Wolfgarten, Tim (2014): Migration im kulturellen Gedächtnis: Forschendes Lernen in der LehrerInnenbildung. In: Rangosch-Schneck, Elisabeth (Hrsg.): Methoden – Strukturen – Gestalten: Lerngelegenheiten und Lernen in der „interkulturellen Lehrerbildung". Baltmannsweiler: Schneider Verlag Hohengehren, 149–171.

Roth, Hans-Joachim/Wolfgarten, Tim (2016): Interkulturelle Bildung als Hochschulangebot: Organisatorische und curriculare Beobachtungen zur Lehre sowie ihrer strukturellen Verankerung. In: Doğmuş, Aysun/Karakaşoğlu, Yasemin/Mecheril, Paul (Hrsg.): Pädagogisches Können in der Migrationsgesellschaft. Wiesbaden: Springer VS, 107–140.

S. Fischer (o. J.): Orientalismus. Abrufbar über: https://www.fischerverlage.de/buch/edward-w-said-orientalismus-9783100710086.

Said, Edward (2019): Orientalismus. Frankfurt a. M.: S. Fischer.

Schaffer, Johanna (2008): Ambivalenzen der Sichtbarkeit. Über die visuelle Struktur der Anerkennung. Bielefeld: transcript.

Schmitt, Josephine/Ernst, Julian/Rieger, Diana/Roth, Hans-Joachim (Hrsg.) (2020): Propaganda und Prävention. Forschungsergebnisse, didaktische Ansätze, interdisziplinäre Perspektiven zur pädagogischen Arbeit zu extremistischer Internetpropaganda. Wiesbaden: Springer VS.

Schuch, Jane (2013): Mosambik im pädagogischen Raum der DDR. Eine bildanalytische Studie zur „Schule der Freundschaft" in Straßfurt. Wiesbaden: Springer VS.

Schulz von Thun Institut (o. J.): Das Kommunikationsquadrat. Abrufbar über: https://www.schulz-von-thun.de/die-modelle/das-kommunikationsquadrat.

Spivak, Gayatri (2020): Can the subaltern speak? Postkolonialität und subalterne Artikulation. Wien: Turia + Kant.

Springer VS (2020): Zur Herstellung von Öffentlichkeit in der Migrationsgesellschaft. Digitale Handlungsstrategien Jugendlicher und junger Erwachsener. Abrufbar über: https://link.springer.com/book/10.1007/978-3-658-31992-2.

Sternagel, Jörg (2016): Pathos des Leibes. Phänomenologie ästhetischer Praxis. Zürich-Berlin: diaphases.

Terhart, Henrike (2014): Körper und Migration. Eine Studie zu Körperinszenierungen junger Frauen in Text und Bild. Bielefeld: transcript.

Trompeta, Michalina (2017): Antiziganismus im neuen Netz. Eine kritische Diskursanalyse zu Diskussionsforen deutscher Online-Zeitungen. In: Fereidooni, Karim/El, Meral (hrsg.): Rassismuskritik und Widerstandsformen. Wiesbaden: Springer VS, 339–358.

Universität Wien (2022): Migration Narratives: Faime Alpagu explains her research. Abrufbar über: https://www.youtube.com/watch?v=cpakRoBJkWM.

Waldenfels, Bernhard (1997): Topographie des Fremden. Studien zur Phänomenologie des Fremden 1. Frankfurt a. M.: Suhrkamp.

Warburg, Aby (2010a): Mnemosyne I. Aufzeichnungen, 1927–29. In: Ders.: Werke in einem Band. Auf der Grundlage der Ms. und Handex. hrsg. und kommentiert von Martin Treml, Sigrid Weigel und Perdita Ladwig. Berlin: Suhrkamp, 640–646.

Warburg, Aby (2010b): Sandro Botticellis „Geburt der Venus" und „Frühling". In: Ders.: Werke in einem Band. Auf der Grundlage der Ms. und Handex. hrsg. und kommentiert von Martin Treml, Sigrid Weigel und Perdita Ladwig. Berlin: Suhrkamp, 39–123.

Warburg, Aby (2010c): Werke in einem Band. Auf der Grundlage der Ms. und Handex. hrsg. und kommentiert von Martin Treml, Sigrid Weigel und Perdita Ladwig. Berlin: Suhrkamp.

Wolfgarten, Tim (2017a): Ausstellungen mit Bildern lesen – eine formalgestalterische Perspektive auf die Szenographie der Migration. In: Szenographie der Migration in stadt- und regionalgeschichtlicher Ausstellungspraxis: IMIS-Beiträge 51, Heft 1/2017, 193–218.

Wolfgarten, Tim (2017b): Seeing through race: Der Fokus auf die eigene Rezeptionsgewohnheit als Ansatzpunkt rassismuskritischer Bildungsarbeit mit dem Medium Bild. In: Fereidooni, Karim/El, Meral (Hrsg.): Rassismuskritik und Widerstandsformen. Wiesbaden: Springer VS, 889–904.

Wolfgarten, Tim (2018): Zur Repräsentation des Anderen. Eine Untersuchung von Bildern in Themenausstellungen zu Migration seit 1974. Bielefeld: transcript.

Wolfgarten, Tim/Roth, Hans-Joachim/Aßmann, Sandra (2017): Migration in den Neuen Medien – Bildgeschichten und Bildungsprozesse. Ein Lehrforschungsprojekt der Universität zu Köln. In: Barsch, Sebastian/Glutsch, Nina/Massumi, Mona (Hrsg.): Blickwechsel | Diversity. Internationale Perspektiven in der LehrerInnenbildung. Münster: Waxmann, 149–161.

Online-Quellen zuletzt abgerufen am: 31.12.2022.

Bilderreichtum und Bilderblindheit in der Schulpädagogik

Jeanette Böhme

In der Schulpädagogik lässt sich ein diskursspezifischer Umgang mit Bildern behaupten, der einleitend schlaglichtartig begründet werden soll: Schule als Handlungspraxis ist einerseits für die Schulpädagogik als erziehungswissenschaftliche Teildisziplin zentrales Gegenstandsfeld und wird als solches andererseits in seiner Ausgestaltung durch die Bildungspolitik hoheitsstaatlich verantwortet. In diesem Widerstreit von Diskurslogiken ist es für die Sicherstellung der Reproduktion schulpädagogischer Lebenspraxis strukturell erforderlich, ein weitreichendes Krisenlösungsversprechen zu charismatisieren, das sich pointiert folgendermaßen formulieren lässt: In Differenz zu außerschulischen Bildungszeiträumen werden in der Schule die Lern- und Bildungsprozesse von Kindern und Jugendlichen nachhaltiger und effizienter organisiert. So ist Schule als Gegenstands- und Handlungsfeld der Schulpädagogik und Bildungspolitik durch die institutionalisierte Bewährungsdynamik gekennzeichnet, distinktiv gegenüber außerschulischen Bildungszeiträumen legitimiert zu werden. Gesteigert wird dieser Legitimationsstress im Fall der Regelung einer absoluten Schulpflicht (vgl. Reimer 2008: 720) und dem damit verbundenen Beschulungsnormativ (vgl. Böder 2022), das eine weitreichende Verschulung von Lebenszeiträumen entgegen den Entgrenzungsdynamiken des Pädagogischen festlegt (vgl. Böhme/Herrmann 2011: 99 ff.). Da nunmehr schulpädagogischer Erfolg nicht nur in seiner normativen Ausrichtung divers definiert werden kann, sondern auch seine Verwirklichung etwa aufgrund des pädagogischen Technologiedefizites (vgl. Luhmann/Schorr 1982), der Antinomien des Lehrer*innenhandelns (vgl. Helsper 1996) und der Unverfügbarkeit von Bildungsprozessen (vgl. Ehrenspeck/Rustemeyer 1996) widersprüchlich ausgeformt und unbestimmt ist, steht die Adressierung von Schule als ein exklusiver Bildungs- und Lernort dauerhaft zur Disposition. Handlungspraktisch kann das strukturell angelegte Scheitern einer umfassenden Legitimation der monopolhaften Verortung von Lern- und Bildungsprozessen im Schulischen nicht aufgelöst werden. Umso mehr ist die Schulpädagogik als Handlungs- und Wissenschaftspraxis für ihren Selbsterhalt strukturell gezwungen, die symbolische Arbeit an der Verfügbarkeit und Steuerbarkeit von Lern- und Bildungsprozessen sinnstiftend durch Bewährungsmythen zu entwerfen. Solche schulpädagogischen Sinnkonstruktionen lassen sich besonders instruktiv in (Sprach-)Bildern ausdrücken und charismatisieren (vgl. Helsper/Böhme 2000). Denn Bilder sind die anschauliche Sprache der Mythen (vgl. auch Cassirer 1994).

Vor diesem Hintergrund lässt sich ein enormer Bilderreichtum bei der sinnstiftenden und also normativen Thematisierung schulpädagogischer Handlungspraxis begründen. Darauf bezogen hat Lenzen (1996) als eine zentrale Aufgabe der Erziehungswissenschaft ausgewiesen, pädagogische Mythen zu rekonstruieren und so empirisch fundiertes Mythenwissen für eine Professionalisierung pädagogischer Handlungs- und Wissenschaftspraxis bereitzustellen. Dass sich jedoch die Schulpädagogik als erziehungswissenschaftliche Teildisziplin über ihre (Mit-)Arbeit am Mythos der Schule nur bedingt selbst aufklärt (vgl. Böder 2022), zeigt sich in einer auffallenden Marginalisierung des Bildes als forschungsbezogener Gegenstand und Datenquelle. Dies wird im Folgendem aufgezeigt, bilanziert und daran anschließend eine tendenzielle Bilderblindheit behauptet, die in der Teildisziplin eine Durchsetzung des erziehungswissenschaftlichen Selbstverständnisses als kritisch-reflexive Beobachtungswissenschaft (vgl. Krüger 1997) behindert.

Im ersten Teil des Beitrages wird deutlich gemacht, dass sich ideengeschichtliche Thematisierungen der schulpädagogischen Handlungspraxis sowie darauf bezogene fachwissenschaftliche Narrative durch eine gesteigerte Verwendung von Sprachbildern auszeichnen. Zwar liegen dazu durchaus Studien vor, jedoch hat die folgende Feststellung von Peyer und Künzli (1999) nicht an Aktualität verloren: „Es ist bemerkenswert, wie breit gestreut und ohne gemeinsamen Referenzrahmen diese Arbeiten sind" (ebd., FN 2: 181), denn eine systematische und empirisch fundierte Typologie schulpädagogischer Metaphern ist noch immer ein Desiderat. Ausgehend von einem heuristischen Überblick zu pädagogischen Metaphernfeldern (vgl. Böhme/Herrmann 2011: 15 ff.) werden Forschungsarbeiten zu Metaphorisierungen von schulischen Lehren und Lernen sowie Schule und Schulentwicklung vorgestellt. *In einem zweiten Teil* werden ausgewählte Ergebnisse der Schul- und Unterrichtsforschung thematisch, in denen materiale Bilder als Datengrundlage aufgegriffen wurden. Hier wird der Fokus auf Arbeiten eingestellt, die insbesondere Aufschluss über die pädagogische Bedeutung der performativen Relation von Raum-Bewegung-Körper in Lern- und Bildungsprozessen geben. *Im dritten Teil* werden (Sprach-)Bilder als Bildungsmedium thematisch und hier unterschiedliche Verwendungsweisen herausgestellt. So werden Bilder mit differenten schulpädagogischen Bezügen stereotypisierend-illustrativ, modellierend-didaktisierend oder beobachtend-erkenntnisgenerierend thematisch. *In dem bilanzierenden vierten Teil* dieses Beitrages werden Perspektiven zu einer ikonoklastischen Profilierung der Schulpädagogik skizziert.

1. Schulpädagogische Sprachbilder in Handlungs- und Wissenschaftspraxis

Die Zusammenschau des Forschungsstandes zu Metaphernfeldern zeigt die Potenzialität solchen Reflexionswissens in zwei Perspektiven auf: für die Schulpädagogik als Wissenschaftspraxis zur kritischen Selbstaufklärung, und zwar in Hinsicht auf eigens hervorgebrachte und subkutan mitgeführte schulpädagogische Normative; für die Schulpädagogik als Handlungspraxis in Hinsicht auf die „vergangenen Implikationen gegenwärtiger Sinnzuschreibungen praktischer Orientierungen" und das darin angelegte strukturelle Scheitern ihrer Verwirklichung (vgl. Böhme 2000: 15).

Wie einleitend ausgeführt, lässt sich aufgrund der Widersprüchlichkeit schulpädagogischer Praxis und der Kontingenz so erzeugter Lern- und Bildungsprozesse ein gesteigerter Gebrauch von Sprachbildern bzw. Metaphern behaupten. Dieser Bilderreichtum wurde bereits in den Anfängen der Disziplin versucht, in (schul-)pädagogischen Metaphernfeldern zu systematisieren: Mitte des 17. Jahrhunderts war es Johann Amos Comenius, der den Versuch einer Methodisierung der Pädagogik in der „Großen Unterrichtslehre" (1657) unternahm. Ausgehend von einem gottbestimmten Menschenbild werden mannigfaltige Anschlüsse eines pädagogischen Möglichkeitsraumes aufgezeigt. Das Menschenbild von Comenius fokussiert auf eine Bebilderung des Verstandes, „unser Körperchen" (Comenius 1898: 41) bleibt unbeachtet. Der Verstand wird mit einem Auge, einem Samenkorn, einer Tabula rasa oder Wachs analogisiert. Die widersprüchliche Mannigfaltigkeit in der Comenius sein Menschenbild zeichnet, setzt sich in den daraus abgeleiteten Bildern des (schul-)pädagogischen Handelns und damit korrespondierender idealtypischer Bildungsprozesse fort. Mit dem Bilderkontinuum wird so die Mehrdeutigkeit der Schulpädagogik als Handlungspraxis veranschaulicht.

Scheuerl (1959) greift die pädagogischen Sprachbilder von Comenius auf und stellt sinnlogische Verknüpfungen zwischen konkreten Bildern des Menschen, Werdens, Pädagogen und (Schul-)Raums her, die als pädagogische Metaphernfelder ausgewiesen werden und mit unterschiedlichen Fokussierungen weiterführend ausdifferenziert wurden (vgl. etwa de Haan 1991; Bilstein 1992). Daran anknüpfend wurde ein Überblick zu pädagogischen Metaphernfeldern vorgelegt (vgl. die Tabelle; vgl. Böhme/Herrmann 2001: 20 ff. zur weiteren Kommentierung), der einen heuristischen Wert hat und auf die Leerstelle einer empirisch fundierten Typologie von Metaphern im schulpädagogischen Diskurs verweist.

Tabelle: Metaphernfelder im Überblick (Böhme/Herrmann 2011: 21)

Metaphernfeld	Menschenbild	Werden durch	Pädagoge	Raum
Organisch-botanisches	Samenkorn Blume Baum	Entwicklung Erziehung Pflege	Gärtner	Garten
Technisch-mechanisches	Material Wachs	Prägen Formung Unterrichten	Handwerker Stanzer Buchdrucker	Werkstatt Fabrik Kaserne
Visuell-repräsentatives	Spiegel Speicher	Abbildung Aufnahme Anschauung	Vorbild Zeigender Darsteller	Höhle Spiegelkabinett
Künstlerisch-schöpferisches	Tabula rasa	Schöpfung Beschreibung Bildung	Künstler Schreiber Architekt	Atelier Künstlerwerkstatt
Aufklärerisch-meteorologisches	Flamme Docht	Aufklärung Erleuchtung Irritation	Aufklärer Erleuchter Erwecker	Nebel Finsternis Scheinwelt
Perspektivisch-topologisches	Schiff Gefolgschaft Orientierungsloser	(Ein-)Führung Begleitung Suche	(Fremden-)Führer Wegbegleiter	(Lauf-)Bahn Weg Labyrinth
Emotional-fürsorgliches	Vögel	Ernährung Versorgung Schutz	Vaterfreund Berater Freund	Heim(at) Haus Nest
Fokussiert-asketisches	Mönch Workaholic	Selbstschulung Verzicht Übung	Wächter Aufseher	Klosterzelle Cocoon Gefängnis(-Zelle)
Expressiv-inszenatorisches	Schauspieler Darsteller	Inszenierung Präsentation	Regisseur Zuschauer	Bühne Theater Stadt
Strategisch-militärisches	Ressource Rekrut	Taktieren Gut-aufgestellt-sein	Ökonom Kämpfer	Markt Arena Kampfplatz

Dass eine solche Typologie schulpädagogischer Metaphernfelder auch deren historische Genealogie zu berücksichtigen hat, betont Guski (1996) mit exemplarischen Fokus auf einzelne Metaphern. Auf der Grundlage pädagogischer Texte von Comenius bis in den Entstehungszeitraum ihrer Studie werden zwei Ziele verfolgt: zum einen basale schulbezogene Bildschemata in pädagogischen Diskursen zu rekonstruieren; zum anderen ideen- sowie erziehungsgeschichtliche Konjunkturen und also den Bedeutungswandel von Grundmetaphorisierungen herauszuarbeiten (vgl. ebd.: 133 f.). Deutlich wird, dass Metaphorisierungen „auf Grund ihrer semantischen Polyvalenz in unterschiedlichen Kontexten auch ganz unterschiedliche Bedeutungen annehmen können. Obwohl sich also der Einsatz einer Metapher regelmäßig wiederholt, kann sich in einem veränderten Kontext ihre Semantik grundlegend wandeln" (ebd.: 215).

Studien zu (Sprach-)Bildern I: Metaphorisierungen von schulischen Lehren und Lernen

Guski zeigt entlang des organisch-botanischen Metaphernfeldes auf: „Schulbildung fasst Comenius als Pflanzung, die dem göttlichen Garten nachempfunden ist und auf die Wiederherstellung eines glücklichen Urzustandes abzielt" (Guski 1996: 216). Im 18. Jahrhundert wird mit der Metapher „die gesellschaftliche Zweckgerichtetheit eines pädagogischen Pflanzgartens in aufklärerischer Bedeutung" (ebd.: 217) zum Ausdruck gebracht. „Damit verknüpft ist eine unterschiedliche Auslegung des Wachstumsszenarios als natürlichen Prozess oder Kultivierungsakt" (ebd.: 217). Und auch an die Werkstattmetapher lässt sich „sowohl das Konzept äußerer Einwirkung und Bearbeitung als auch die Idee der schaffenden Selbsttätigkeit der Lernenden" (ebd.: 224) anschließen.

Aufgrund der anthropologischen Grunderfahrung verweist der durchaus kulturhistorisch differente Metapherngebrauch des Lernens auf ein basales Bildschema: „Schulisches Lernen ist Veränderung auf einem Weg" (ebd.: 473). Ist dieses basale Bildschema in pädagogischer Alltags- und Fachsprache universalistisch, ist sein semantischer Gehalt kulturhistorisch different. „Schulisches Lernen wird [...] als Gehen, Wachsen, Steigen, Bauen, Bearbeitetwerden, Gefülltwerden, Sehen, Verarbeiten, Gewecktwerden und Muskelstärkung verbildlicht, während die Schule in metaphorischen Vorstellungen analog dazu als Wandergebiet, Gebäude/Turm, Garten und Werkstatt/Maschine erscheint" (ebd.: 473).

Fokussiert Guski in ihrer Studie auf fachwissenschaftliche Texte der Pädagogik, so legt Sabine Marsch (2009) eine Studie zu Metaphorisierungen in lehrer*innenseitigen Deutungsmustern mit Bezug auf schulisches Lehren und Lernen vor. Über die Analyse expliziter Metaphorisierungen werden in der Interviewstudie mit Biologielehrer*innen insbesondere zwei zentrale Orientierungen herausgearbeitet und lerntheoretisch eingeordnet: Die eine eher konstruktivistische Orientierung verweist auf ein Start-Weg-Ziel-Metaphernfeld (vgl. ebd.: 78 f.). Der Prozess des Lehrens wird als Reise und Gehen und Lernen als Spurenlesen gekennzeichnet. Die Lehrerin*der Lehrer befindet sich dazu etwa in der Rolle einer Begleiterin*eines Begleiters, einer Bergführerin*eines Bergführers oder eines Schiffes (vgl. ebd.: 61, 75 ff.). Diese Metaphorik spiegelt sich auch in einer Vielzahl insbesondere die Unterrichtsplanung betreffende Begriffe wider: „Lernweg, Lernziel, Lernschritt, Lernfortschritt, Lernhindernis [...], impliziert die Vorstellung vom Unterricht in Etappen mit Lernpausen und dem Erreichen von Zwischenzielen. Der Schüler auf seinem Weg steht bei diesem Bild im Mittelpunkt" (ebd.: 78). Die andere eher instruktionale Orientierung verweist auf ein Geber*in-Gabe-Nehmer*in-Metaphernfeld. Hier schließt auch ein Verständnis des Lehrens als Eintrichtern und des Lernens als Verinnerlichen oder Verdauens an und ist eng verbunden mit dem Entwurf einer Schülerin*eines Schülers im Behälter-Schema (vgl. ebd.: 80 ff.). Die Lehrerin*der Lehrer wird hier etwa im Bild einer Verkäuferin*eines Verkäufers und die Schülerin*der Schüler im Bild einer Konsumentin*eines Konsumenten entworfen (vgl. ebd.: 68). Darüber hinaus führt Marsch weitere implizite Metaphern aus. So etwa das Lehren und Lernen als Bauen und Konstruieren (vgl. ebd.: 86 ff.): Die Lehrerin*der Lehrer ist Architekt*in und Baumeister*in und die Schülerin*der Schüler Arbeiter*in. Grundlage ist hier ein Gebäude-Schema im Stein-Bau-Plan, der dem Wissensaufbau dient. Auch wird Lehren und Lernen als Verbinden und Verknüpfen ausgewiesen (vgl. ebd.: 88 ff.) und greift eine Faden-Netzwerk-Metaphorik auf. Weitere konzeptuelle Metapher des Lehrens und Lernens (vgl. ebd.: 93 ff.) sind Gärtnern und Pflanzen, Sehen und Aufdecken, Arbeiten und Leisten, Bilden und Prägen, Speichern und Verstauen, Kämpfen und Trainieren.

Studien zu (Sprach-)Bildern II: Metaphorisierungen von Schule und Schulentwicklung

> „In pädagogischen Texten unterschiedlichen historischen Ursprungs lässt sich ein festes Set übergreifender metaphorischer Konzepte von Schule und schulischem Lernen nachweisen: Das Weg-Modell, das Gebäude-Modell, das Wachstumsmodell, das Bearbeitungsmodell, das Stoffweitergabe-Modell, das Verarbeitungsmodell, das Seh-Modell und das Gymnastik-Modell bilden im Wesentlichen die konzeptuelle Basis für fachsprachliche Metaphern der Pädagogik" (Guski 1996: 437).

Guski arbeitet heraus, dass sich Phasen der dominanten Verwendung von Schulbildern aufzeigen lassen.

> „Während im 17. und 18. Jahrhundert die Turm- und Gebäude-Metapher als positives Bild für die Systematisierung des Schulstoffs eingesetzt wird und für eine den inhaltlichen Aufstieg erleichternde schülergerechte Didaktik steht […], werden seit Beginn des 19. Jahrhunderts in dieser Metapher überwiegend die Merkmale der Starrheit und Künstlichkeit übertragen, welche durch die Kontrastierung mit natürlichen Lernszenarien bloßgelegt und kritisiert werden […]. Erst gegen Ende des 20. Jahrhunderts häufen sich wieder Gebäude-Metaphern mit positiven Konnotationen, weil sie nun dem konstruktivistischen Ansatz einer schülerzentrierten Eigenkonstruktion entsprechen" (ebd.: 480).

Deutlich wird demnach, dass sich eine Kontinuität der Metaphorisierung von Schule aufzeigen lässt, die jedoch semantisch einer kulturhistorischen Transformation unterliegt. In dieser Perspektive zeigt auch Heinze (2009) die Umdeutungen der „Treibhaus-Metapher" in der pädagogischen Wissenschaftssprache im Schuldiskurs des 18. und 19. Jahrhunderts auf. Auch hier zeigt sich: Ein Bildschema kann für die Artikulation differenter pädagogischer Orientierungen verwandt werden.

Dass durch solche (Sprach-)Bilder nicht nur in schulprogrammatischen Diskursen, sondern auch auf der Ebene der Einzelschule pädagogischer Sinn konstruiert wird, wird in einer Forschungslinie fokussiert, die sich mit Schulmythen befasst (vgl. Helsper/Böhme 2000). In umfassenderen Studien in der Schüler*inbiographie- und Schulkulturforschung wurde das Konzept der Bewährungsmythen von Oevermann (1995), als identitätstheoretisch ausgerichtete Heuristik eines Strukturmodells von Religiosität, zur Profilierung einer schulischen Mythenforschung aufgegriffen (vgl. Böhme 2000; Helsper/Böhme/Kramer/Lingkost 2001). „In diesen Schulmythen werden tiefreichende Paradoxien und konkret ausgeformte Widersprüche des pädagogischen Handelns in Schulen imaginär überbrückt, integrierend und einheitsstiftend zu ‚lösen' versucht, ohne sie aufheben zu können" (Helsper/Böhme 2000: 239). Insbesondere manifestieren sich solche schulischen Alltagsmythen in Sprachbildern. Diese wurden auf der Grundlage von feierlichen Reden im Rahmen von Abiturfeiern und Abigags rekonstruiert.

In einer solchen Fallstudie werden etwa die Herausforderungen schulischer Akteur*innen an einem ostdeutschen Gymnasium im Zuge des gesellschaftspolitischen Umbruchs Anfang der 1990er Jahre mit der Entdeckungsreise von Kolumbus metaphorisiert (vgl. Helsper/Böhme 2000). Kolumbus wird zu einem vorbildlichen Reiseführer bei der Bewältigung der Krise. Nicht Angst und Rückzug wird zum sinnstiftenden Leitmotiv der Erzählung, sondern neugieriger Aufbruch ins Ungewisse durch die Grenzüberschreitung bisheriger Routinen und Sicherheiten. Mit der Kolumbus-Metapher wird ein perspektivisch-topologisches Wegszenario gewählt, das auf eine symbolische Homogenisierung des Weganfangs aller schulischen Akteur*innen zielt und die fallspezifisch differenten Deutungsmuster der gesellschaftspolitischen Wendesituation mit Fokus auf die Herausforderung schulischer Transformation nivelliert. Im Kontrast dazu wird in einer weiteren Fallstudie (vgl. Böhme 2000), die feierliche Abiturrede des Schulleiters an einem ostdeutschen Internatsgymnasium mit elitärem Ruf rekonstruiert. Hier verdichtet sich der schulische Sinnentwurf in dem metaphorischen Appell: „das irrenhaus zum garten machen". Eingerückt in das organisch-botanische Metaphernfeld wird die Sinnstiftung von Lebenspraxis in den Krisen durch die „irrungen der menschen in diesem haus welt" begründet. Der Schulleiter entwirft eine Krisenlösung durch reflexive Entmodernisierung und sucht sich als charismatisierender Heilsvater zu profilieren (vgl. ebd.: 84). Die schulische Gemeinschaft wird als pädagogische Großfamilie von gemeinschaftsorientierten Leistungsasketen adressiert. „Der ‚Garten' tritt nun als imaginäre Weltkonstruktion dem ‚Irrenhaus' gegenüber" (ebd.: 91). Dass die Überwindung der Krisen durch die Verwirklichung der hier entworfenen schulischen Idee des

Guten nicht nur rhetorisch, sondern auch lebenspraktisch im Schulalltag Gestalt annimmt, belegt der Schulleiter mit einem Evidenzverweis in der Ansprache der Abiturient*innen „ihr habt einen baum gepflanzt, den wir anschließend als euren kennzeichnen wollen, ihr habt im wörtlichen und übertragenen sinne. begonnen den garten zu bestellen" (ebd.). Auch die Ethnographie der Baumpflanzung zeigt die Bedeutung von sinnstiftenden Bildern für schulalltägliche Rituale (vgl. Böhme 2004). Die Studien zur Rekonstruktion von Schulmythen machen deutlich: Metaphernfelder werden gemeinschaftsstiftend als Lösungsentwürfe von schulisch behaupteten Krisen charismatisiert und stiften Orientierungen für ein mögliches Gelingen schulpädagogischer Praxis, allerdings um den Preis einer Verkennung ihrer unhintergehbaren Widersprüche und Strukturprobleme.

An die Studien zu einzelschulischen Bildern, die Schulen als institutionelle Bewährungsmythen entwerfen, schließen Analysen an, die schüler*innenseitige Bezugnahmen analysieren. So macht die Rekonstruktion einer Abigag-Rede (vgl. Böhme 2000: 189 ff.) deutlich, dass – entgegen der Erwartungen – oppositionelle Schüler*innenszenen durchaus die dominant erzeugten Bilder der Einzelschule imaginär verbürgen. Die Schüler*innenopposition reflektiert jedoch das strukturell angelegte Scheitern der schulischen Bewährungsmythen im Schulalltag und zieht sich enttäuscht zurück. So heißt es in der Abigag-Rede: „Euer Kind, der zwölfte Jahrgang ist gestorben, euer Kind, das niemanden glücklich gemacht hat und selbst voller Unglück war" (ebd.: 196 f.). Eine andere oppositionelle Schüler*innenszene gerät bei Geffert (2006) in den Blick. In der Studie stehen Deutungsmuster von benachteiligten Schüler*innen im Zentrum und darin eingelassene Metaphorisierungen von Schule. Deutlich wird, dass die kognitive Landkarte von Schule in Gestalt eines Behälters dominiert, dem diese Schüler*innen entfremdet gegenüberstehen. Schule wird als Versorgungsanstalt in einer Gebäude-Metapher gefasst, in der Lernwege vorgegeben sind, die eine Haltung der passiven Nutzenabwägung und des Erlebens von Abhängigkeit befördern. Lernen ist Nehmen oder Gefülltwerden (vgl. Marsch/Elster/Krüger 2007: 33), was auf die Erfahrung eines instruktionalen Lernschemas verweist, auch wenn eine affirmative Positionierung gegenüber konstruktivistischen Lernumgebungen besteht.

Eine Studie von Altrichter und Posch (1996) gibt Aufschluss darüber, welche Metaphorisierungen bei der interaktiven Austragung von pädagogischen Kontroversen im Schulalltag gebraucht werden. In Einzelfallstudien werden die Prozessmuster der Ausgestaltung von Schulentwicklungsprozessen analysiert, in denen schulpädagogische Zieldiversitäten in Kollegien thematisch werden, die in unterschiedlichen Konzeptionen von Schulentwicklung begründet sind. Im Widerstreit zwischen inhaltlich-missionarischen sowie technisch- und sozialprozesshaften Orientierungen (vgl. ebd.: 158) entsteht eine „politische Arena" (ebd.: 97). Die Bezeichnung politische Arena begründen die Autoren darin, dass eine durchgehende mikropolitische Metaphorisierung „zur Beschreibung von

Prozessen innerhalb des Lehrkörpers im Verlaufe von pädagogischen Innovationen" (ebd.: 98) sichtbar wird. Auch mit Verweis auf die Studien von Ball (1990: 226 f.) werden konkrete Sprachbilder zitiert, die einzelne Prozesse etwa als „Putsch gegen die Regierung, Opposition, Machtübernahme, Grenzüberschreibung und neue Grenzziehung, Kampf um Einfluss, Unabhängigkeitserklärung" (Altrichter/Posch 1996: 98) bezeichnen.

2. Bilder als Datengrundlage von schulbezogener Forschung

Eine andere Thematisierung des Bildes in der Schulpädagogik betrifft Forschungen, die analytisch Bilder als Datengrundlage aufgreifen. Ausgeblendet bleiben in der folgenden Übersicht allerdings Studien, die Bilder lediglich als Dokumentation zur Veranschaulichung von Forschungsergebnissen berücksichtigen und so den epistemologischen Eigenwert des Bildes nur begrenzt anerkennen. Festzustellen ist, bildanalytische Studien sind in der Schulpädagogik eher unterrepräsentiert. Doch was lässt sich über Bilder rekonstruieren, was sich etwa über sprachlich verfasste und/oder quantifizierbare Daten nicht ebenso erschließen lässt? An zwei Schwerpunkten soll im Folgenden das Potenzial bildanalytischer Forschungen in der Schulpädagogik konturiert werden: Das erste Forschungsfeld knüpft an bereits vorgestellte Studien zu institutionellen Sinnstiftungen an, die allerdings in Schullogos als schulkulturspezifische Bilder pädagogischer Raumentwürfe werden. Das zweite Forschungsfeld stellt Studien in das Zentrum, die den Körper als Bildungsmedium in den Blick nehmen. In Verknüpfung beider Felder zeigt sich somit das Bild als Datenquelle besonders instruktiv, wenn die Relation von Raum und Körper und damit die performative Dimension von Bildungs- und Lernprozessen interessiert.

Studien mit Bildern als Datengrundlage I: Forschungen zu Raum-Bildern in Schulkulturen

In Hinsicht auf eine bildanalytische Forschung zum Schulraum lassen sich mehrere Forschungslinien nachzeichnen. Eine erste knüpft an die schulpädagogische Mythenforschung an. In einer Studie (vgl. Böhme/Herrmann 2011) wird durch Kompositionsanalysen von Schullogos eine Typologie schulischer Raumentwürfe und ihre immanenten pädagogischen Orientierungen rekonstruiert sowie machttheoretisch reflektiert. Um einen Schulformvergleich zu ermöglichen, werden jeweils 150 Logos von Grund-, Haupt- und Realschulen sowie Gymnasien, demnach 600 Schullogos insgesamt, bildanalytisch ausgewertet. Deren Bedeutungen werden formenanalytisch in Hinsicht auf die Komposition des Rahmens und des Musters erschlossen (vgl. zur Methode Böhme/Böder 2020). Der Fokus wird dabei einerseits auf die Fragen gerichtet, in welchen Bildern Schulen nach Innen und Außen sinnstiftend entworfen und welche institutionellen Positionierungen gegenüber den Entgrenzungsdynamiken des Pädagogischen sichtbar werden (vgl. Böhme/Herrmann 2011: 99 ff.). Andererseits werden die soziotopologischen Muster der entworfenen schulischen Raumordnungen und so die jeweiligen schulspezifischen Konzepte im Umgang mit Heterogenität analysiert (vgl. ebd.: 119). Vier Typen schulischer Raumentwürfe werden expliziert:

- die geometrisch-geschlossene Sinnform des Formations- und Disziplinarraums;
- die latent-geschlossene Sinnform des Zuweisungs- und Integrationsraums;
- die durchbrochene Sinnform des Widerstands- und Emanzipationsraums;
- die rhizomatisch-vernetzte Sinnform des Verknüpfungs- und Netzwerkraums.

Schulformübergreifend zeigt sich eine signifikante Dominanz der beiden manifest und latent geschlossenen Raumentwürfe. Vor dem Hintergrund der Entgrenzungsdynamiken des Pädagogischen wird so ein schulpädagogischer Bewährungsmythos theoretisiert, der symbolisch auf eine Schließung des schulischen Bildungsraumes zielt. Dieses Ergebnis ist insofern interessant, als dass diesem die Debatte um eine Öffnung der Schule entgegensteht (vgl. ebd.: 113). Auch bestätigen die Ergebnisse Thesen, die ein schulpädagogisches Homogenisierungsbestreben im Schulalltag behaupten, das Heterogenität der Schüler*innenschaft nicht als Chance, sondern als Risiko thematisiert (vgl. ebd.: 137). Insgesamt wird somit ein Bestreben deutlich, die Schule als pädagogisch exklusiven Bildungsort gegenüber alterierenden Bildungszeiträumen von Kindern und Jugendlichen abzugrenzen, um schließlich auch die Legitimationsgrundlage für die absolute Schulpflicht zu verteidigen (vgl. Böhme 2005; 2006; 2013).

Weitere raumbezogene Schulforschungen beziehen sich auf Bilder der materialen Raumordnung und damit auf Fotos von Schularchitekturen und Satellitenaufnahmen von Schulstandorten (vgl. Böhme/Flasche 2015). Hier zeigt sich einerseits, dass die imaginären Raumentwürfe der Einzelschulen direkt auf die Verfasstheit der Schularchitekturen Bezug nehmen und die Ausformung der Schularchitekturen wiederum in den Raumordnungen des Schulstandortes begründet sind. Denn in Schularchitekturen werden Zitationen zentraler Funktionsbauten im Schulquartier zum Zeitpunkt ihres Neubaus sichtbar. Andererseits wird deutlich, dass die schulkulturellen Spielräume pädagogischer Orientierungen durch die materialen Ordnungen des Schulraums entscheidend präformiert werden. Insgesamt zeigt diese bildbasierte Forschung zur pädagogischen Bedeutung von Schularchitekturen, dass die vorstrukturierende Wirkmächtigkeit von materialen Raumordnungen für die schulpädagogische Praxis bis dahin eklatant unterschätzt wurde. Umso bemerkenswerter ist das bildanalytisch generierte Ergebnis einer Dominanz von Ordnungsparametern der Disziplinierung in Schulbauten, die raummaterial in Klausurarchitekturen sichtbar werden und binnendifferent durch Raster und Mitte auf eine Parzellierung der schulischen Akteur*innen zielen (vgl. Böhme 2012). Schule lässt sich somit als institutionalisiertes Bestreben einer Territorialisierung des Pädagogischen im urbanen Wandel empirisch fundiert ausweisen (vgl. Böhme/Hermann/Flasche 2016). Wie sich konkret Schüler*innen in der zellenförmigen Mikrophysik der Macht positionieren, zeigt eine Studie von Herrmann (2014) zu Vandalismus im Schulraum. Durch Analysen von Schularchitekturen und Graffiti-Bildern wird deutlich, dass diese Praktiken weniger auf eine emanzipativ-widerständige Destruktion des schulischen Disziplinarraumes zielen, sondern darin vielmehr eine verbürgende Maskierung zum Ausdruck kommt.

Anregungen für eine Weiterführung der Schulraumforschung mit Bildern als Datengrundlage finden sich in Studien, welche die Sichtweise von Kindern und Jugendlichen auf Schule ikonisch erheben. So werden etwa in der Studie von Rittelmeyer (1994) solche Zeichnungen, aber auch Fotos von Schulgebäuden für Konfrontationsinterviews aufgegriffen und semiotischen Analysen unterzogen. Einen Schritt weiter gehen Zschiesche und Kemnitz (2009), die Schüler*innen auffordern, selbst den Schulraum zu fotografieren. Hier bleibt noch ein weitreichendes Forschungsfeld zu bearbeiten, in dem das Bild innovativ eingesetzt werden kann.

Auch wenn Bilder nicht nur Ausdruck von räumlichen, sondern auch zeitlichen Sinnordnungen sind, ist es wohl in dem Gegenstandsfeld schulpädagogischer Praxis selbst begründet, dass dazu kaum Studien vorliegen. Denn schließlich zeigt die schulpädagogische Raumforschung auf, dass sich Schule als Bildungsort entwirft und materialisiert. (Schul-)Orte sind zeitlich fixierte Raumordnungen (vgl. Castells 2001: 479 ff.), zu deren Stabilisierung idealtypisch ein Zeitmodus der Wiederkehr und also ritualisierten Wiederholung von Abläufen besteht. Der Zeitmodus der Beschleunigung (vgl. Rosa 2005) ist dagegen kennzeichnend für Netzwerk-Räume der Ströme (vgl. Castells 2001: 431 ff.), den sich der Schulraum eher entzieht. Lässt sich also mit Blick auf außerschulische Bildungszeiträume der urbane Wandel als Verflüssigung und Beschleunigung von Raumrelationen beschreiben, der neue (postmoderne) Bewegungsformen hervorbringt (vgl. Baumann 2006) und durch Digitalisierung potenziert wird (vgl. Castells 2001), führte dies keineswegs zu einer grundlegenden Transformation der schulischen Organisation von Lern- und Bildungsprozessen. Vielmehr präformieren die parzellierenden Klausurarchitekturen von Schulen stabil eine lehrer*innen- und schüler*innenseitige Sesshaftigkeit und eine Pathologisierung von nomadischen Raumpraktiken als urbane Kompetenz (vgl. Böhme/Brick 2010). Dies wird in medienkulturellen Theoretisierungen der zeiträumlichen Ordnung von schulischen Bewegungsmustern in der Entstehung der Buchkultur begründet, die das Schreiben und Lesen als Kulturtechnik der Weltaneignung priorisierte und massenhaft ermöglichte. Damit verbunden sind Tendenzen einer Ökonomisierung des Lernens durch eine Institutionalisierung von disziplinierenden Kontroll- und

Überwachungstechniken der Adressat*innen (vgl. Böhme 2006). Dies wird exemplarisch durch Einzelstudien aufgeschlossen, die sich auf bauliche Grundrisse von Internatsgymnasien beziehen, die im reformierten Mitteldeutschland von einem Kloster zu einer Lateinschule umfunktioniert und bis in die Gegenwart ihren elitären Ruf erhalten konnten (vgl. Böhme 2015). Hier zeigt sich, dass die medienkulturtheoretische Betrachtung von Bildern der Schule im urban-postdigitalen Wandel höchst aufschlussreich ist (vgl. Böhme/Böder 2020: 7 ff.).

Studien mit Bildern als Datengrundlage II: Forschungen zu Bewegungsmustern in (schul-)pädagogischen Interaktionen

Überzeugend begründet Gruschka (2004) in seinen Arbeiten die These, dass in der Schulpädagogik Bilder von pädagogischen Beziehungen dominant instrumentalisiert werden, um Positionierungen gegenüber vorliegenden pädagogischen Konzepten zu veranschaulichen. In seinen Studien zu Bildwelten des Jean-Baptiste Siméon Chardin wird der analytische Fokus auf Situationen im Hauslehrer*innenprinzip und damit auf Konkretionen des pädagogischen Arbeitsbündnisses im didaktischen Dreieck eingestellt. Warum? Den Bildern von Chardin sind „keine pädagogische Botschaft, kein Modell für das Handeln" (ebd.: 56) immanent. Es sind Beobachtungen des Pädagogischen mit „Tatsachenblick" (ebd.: 58), gerichtet auf die Widersprüchlichkeiten, Ungewissheiten und Kontingenzen dieser Praxis. Mit schulpädagogischem Fokus ist hier etwa die Fallstudie zu dem Bild „Die junge Schulmeisterin" (vgl. ebd.: 82 ff.) hervorzuheben.

Mietzner und Pilarzyk (2005) zeigen in ihren Fallstudien die Potenzialität ikonisch serieller Fotoanalysen für eine Typologie pädagogischer Gesten. Im Durchgang von Darstellungen pädagogischer Lehrer*innen-Schüler*innen-Interaktionen wird der Bedeutungswandel der Zeigegeste (ebd.: 172 ff.), der Redegeste (ebd.: 174 ff.) und der Geste des Sich-Überbeugens (ebd.: 177) als lehrer*innenseitig habitualisiertes Handlungsrepertoire herausgestellt. Weiterführend werden Bild-Schemata von Schüler*inneidealen im Vergleich pädagogischer Fotografien aus den 1980er Jahren im DDR-BRD-Vergleich analysiert. Im Prozess des schulischen Lernens wird die Affektmodellierung als Erlernen der feinmotorischen Kontrolle über Gliedmaßen sowie Gesicht herausgestellt und der Erwerb von schüler*innengemäßen Gesten als korporale Habitualisierung rollenspezifischer Verhaltensnormen theoretisiert (ebd.: 187 ff.). In dieser Aufmerksamkeit werden bildanalytisch Gemeinsamkeiten und Unterschiede entlang der Altersspezifik im Ost-West-Vergleich herausgearbeitet und dabei auch gestische Transformationen berücksichtigt (ebd.: 203).

In der bildanalytischen Studie zur „Schule der Freundschaft" in Staßfurt bezieht sich Schuch (2013) auf eine Datenquelle von 1780 überlieferten Bildern. Die „Schule der Freundschaft" war ein bilaterales pädagogisches Projekt zwischen der ehemaligen DDR und der VR Mosambik. Ausgewählt wurden Fotografien für agitatorische Zwecke und aus dem privaten Bereich. Zudem wird das visuelle Konzept der speziell für diese Schule aufgelegten Lehrbücher analysiert. In einem methodisch differenzierten und reflektierten Vorgehen werden pädagogische Leitbilder analysiert und aufgezeigt: „nicht der kulturelle Austausch (war, d. A.) die Zielvorstellung, sondern vielmehr die Implementierung politisch definierter Normen" (ebd.: 219) einer entworfenen sozialistischen Moderne. Zwar wurde das pädagogische Programm dieser Schule betont antirassistisch ausgewiesen und die Fotografien sollten dies dokumentieren. Jedoch machen die Analysen eine spezifische pädagogische Formierung des Körpers sichtbar: Insbesondere bei Bildern aus dem Bereich der Hygieneerziehung und zum Ritual des Appells „werden tradierte rassistische Klischees greifbar, indem die mosambikanischen Schüler/innen in der fotografischen Abbildung infantilisiert und als ‚unzivilisiert' und ‚exotisch' imaginiert werden" (ebd.: 223). Gleichsam werden eindrücklich auch kulturell-postkoloniale Überformungsbegehren deutlich (ebd.: 225). In der Studie gelingt es eindrücklich, die Differenz zwischen manifestem Bildsinn und latenter Bildbedeutung herauszuarbeiten und dass Potenzial solcher Bildanalysen für historische und kulturvergleichende Studien zu verdeutlichen.

3. Bilder als Bildungsmedium

Nahezu als Alleinstellungsmerkmal lässt sich bezogen auf wissenschaftliche Teildiskurse in der Schulpädagogik eine Affinität feststellen, Bilder im Genre des Piktogramms, der Karikatur, der Zeichnung, der Fotografie oder auch der Concept-Map aufzugreifen. In der Gesamtschau lassen sich drei Verwendungsweisen aufzeigen:

In einer stereotypisierend-illustrativen Verwendungsweise sollen Bilder zum einen historische Dokumentationen von schulischer Praxis sein (Schiffler/Winkeler 1991; 1985), zum anderen pädagogische Orientierungen und ihre Praxis illustrieren und Bewertungen veranschaulichen. In dieser Perspektive interpretiert Langer (2008: 178 ff.) in einer diskursanalytischen Ethnographie Körperportraits. So etwa ein Bild aus der Veröffentlichung von Rumpf, in seinem Beitrag mit dem Titel „Über den zivilisierten Körper und sein Schulschicksal der Körper 1/ Körper 2" und das Coverbild der „Zeitschrift für Pädagogik" zum Thema „Unterrichtsstörung". Der Frage von pressevermittelten Bildern zum Thema Schule und Bildung gehen Grube, Herrmann und Schwab (2011) nach. Auch in einer Fallstudie von Jornitz (2008) werden zwei Comics über die Ungleichheitsproblematik in Schulsituationen aufgegriffen, die in einer Zeitung erschienen sind. Und Matthes und Damm (2020) rekonstruieren Gratispostkarten aus Werbekampagnen für den Lehrer*innenberuf, die dort konstruierten Bilder von Lehrer*inwerden und Lehrer*insein. Diese explorativen Einzelfallstudien machen den instrumentalisierenden Gebrauch von Bildern für eine stereotypisierende Positionierung im Für und Wider pädagogischer Orientierungen deutlich, die homogenisierend plakativ die Gleichzeitigkeit des möglichen Anderen tabuisieren (vgl. auch Gruschka 2002: 53 f.).

Eine modellierend-didaktisierende Verwendungsweise von Bildern hat insbesondere Hilbert Meyer (vgl. etwa 1997) in schulpädagogischer Einführungsliteratur von Lehramtsstudierenden profiliert. Gruschka (2002) stellt in seinen bildanalytischen Ausführungen zu dieser Didaktisierung der Didaktik heraus, dass die Komposition dieser Bilder eine Familienähnlichkeit zum „Barockgarten" (ebd.: 337) aufweist, der durch ein „buntes Florilegium" (ebd.: 339) inhaltlich gefüllt wird. So werden didaktische Modelle in der Regel mit Kästen in eine bildhafte Ordnung gebracht, die dann mit Pfeilen in ein Verhältnis gesetzt werden (vgl. auch Meyer 2002; 2016; Memmert 1991). Zu finden sind diese Schemata etwa auch bei dem Angebots-Nutzungs-Modell der Wirkung von Unterricht von Helmke (2015) oder zur Unterrichtsplanung von Schulz (1981).

> „Mit den entsprechenden Zeichnungen sollen möglichst alle Faktoren des Unterrichts dargestellt werden: innen und außen und miteinander verschränkt. Damit nichts Falsches über die Beziehungen der Faktoren untereinander postuliert wird, stellt man sicherheitshalber fest: Alles hängt mit allem zusammen! Womit jeder Zusammenhang angesprochen und nichts sachhaltig Bestimmtes über den Unterricht ausgesagt wird. Die Zeichnungen sind in der Regel didaktisch wirksam, indem mit ihnen erfolgreich das Verständnis von Unverstandenem vorgegaukelt werden kann. Im Seminar der Universität oder der zweiten Phase der Ausbildung kann man je nach Lage eine gute Note bekommen, für eine wortreiche, aber leerformelhafte Erklärung der Aspekte und ihres Zusammenhanges, ohne über diesen wirklich etwas aussagen zu müssen" (Franke/Gruschka 1996: 55).

Dass die Verwendung von Bildern zu Veranschaulichung didaktischer Konzepte aber auch Potenziale aufweist, zeigen Franke und Gruschka (1996: 53 f.) aufschlussreich in der Diskussion der didaktischen Spirale in Lehrgangsmodellen und der Formenvariationen des Didaktischen Dreiecks von Diederich (1988: 256 f.) sowie in der Modellierung einer didaktischen Pyramide (Franke/Gruschka 1996: 59).

In einer beobachtend-erkenntnisgenerierenden Verwendungsweise des Bildes zeigen sich noch weitreichende Desiderate in der Schulpädagogik, die jedoch im Rahmen dieses Beitrages nicht systematisch aufgezeigt werden. Jedoch soll auf drei relevante Diskurslinien der Schulpädagogik verwiesen werden: Erstens auf Arbeiten, die systematisch das didaktische Potenzial von Metaphern in das Zentrum stellen und Sprachbilder weniger als Medium der Wissensübertragung auf einer didaktisch-illustrativen Ebene thematisieren, vielmehr Metapher als

Medium für gestalthaftes Verstehens diskutieren (vgl. etwa Oberschmitt 2010). Zweitens ist das Forschungsfeld zum Bild im Schulbuch zu berücksichtigen, in dem zunehmend der Eigenwert des Bildes hervorgehoben wird, der über die Repräsentations-, Abbildungs- und Illustrationsfunktion hinausweist (vgl. etwa Heinze/Matthes 2010) und auf die Begründung einer „interdisziplinären Bilddidaktik" (Heinze 2010: 11) zielt. Drittens sind in diesem bildbezogenen schulpädagogischen Diskursfeld auch relevante Ergebnisse der Lehr-Lernforschung zu berücksichtigen (vgl. etwa Gräsel 2010).

4. Bilanzierende Empfehlung einer ikonoklastischen Profilierung der Schulpädagogik

Der Beitrag stellt einen Versuch dar, die differente Thematisierung des Bildes in der Schulpädagogik als Handlungs- und Wissenschaftspraxis herauszustellen. Dabei zeigte sich einerseits ein Bilderreichtum bei der Veranschaulichung und Didaktisierung schulpädagogischer Orientierungen, die als Theorien zweiten Grades eher programmatisch-normativ ausgerichtet sind. Dementgegen lässt sich eine Bilderblindheit feststellen, insofern eine darauf bezogene reflexiv-kritische Auseinandersetzung nur punktuell erfolgt und zudem bildanalytische Studien in der schulpädagogischen Forschung unterrepräsentiert sind. Dies irritiert umso mehr als durchaus methodische Weiterentwicklungen, insbesondere die seriellikonografische Fotoanalyse (Mietzner/Pilarczyk 2005) und die Bildanalyse als rekonstruktive Forschungspraxis einer Morphologischen Hermeneutik (vgl. Böhme/Böder 2020) im Bereich der schulbezogenen Forschung begründet wurden.

Die schulpädagogische Bilderblindheit sagt etwas über Desiderate der Teildisziplin aus, die es mit Ziel ihrer weiterführenden Profilierung weiter aufzudecken gilt. Gewissermaßen als Ertrag dieses Beitrages sollen diese Desiderate auch als Verweise auf Potenziale von ausstehenden bildanalytischen Studien in der Schulpädagogik bilanziert werden:

Gezeigt werden konnte, wie instruktiv Metaphernanalysen und Studien zum Wandel schulpädagogischer Konnotationen und Konjunkturen von (Sprach-)Bildern sind, um die imaginär anerkannten Entwürfe von schulischer Institution und Bildung im pädagogischen Diskurs und Alltag zu erschließen. Solche Rekonstruktionen von schulpädagogischen Bildern, die subkutan Diskurse durchziehen, können eine Befremdung und damit eine reflexive Distanz gegenüber den kulturhistorisch tief verankerten Normativen schulpädagogischer Handlungs- und Wissenschaftspraxis eröffnen. Dass solche Studien einen marginalen Stellenwert einnehmen, verweist auf einen disziplinären Widerstand, sich mit den kulturhistorisch konkreten Geltungsbegründungen institutionalisierter Pädagogik auseinanderzusetzen. Schulpädagogik als wissenschaftliche Disziplin trägt aktuell noch weitreichend an der bilderreichen Mythenbildung zu Schule und schulischer

Bildung bei und bleibt blind gegenüber möglichen alternativen Organisationen von Lern- und Bildungsprozessen, auch wenn insbesondere die rekonstruktiv-qualitative Schulforschung das strukturell angelegte Scheitern schulischer Praxis aufzeigt. Beiträge in dieser Forschungsperspektive wurden hier vorgestellt, die systematisch in dem Forschungsprogramm einer „Mythologie der Schule" (Böhme 2000: 18) zu bündeln und zu erweitern sind. Eine solche empirische Grundlage wird hier als konstitutive Voraussetzung ausgewiesen, sich in der Schulpädagogik kritisch mit den grundlegenden Normativen und Geltungsfragen der Schule als ihrem zentralen Gegenstandsfeld auseinanderzusetzen, das aktuell durch ein Beschulungsnormativ gekennzeichnet ist und durch das Entschulungstabu stabilisiert wird (vgl. Böder 2022: 16ff.). Mit diesem Umstand korrespondiert wohl auch die aktuelle Stagnation einer empirisch fundierten Weiterentwicklung allgemeiner Schultheorien.

Die dargestellten Forschungen zu Raumbildern von Schulkulturen geben nicht nur Auskunft über die zentrale Bedeutung schulischer Standorte, sondern auch über die präformierende Wirkmächtigkeit von materialen Ordnungen des Schulraums auf die pädagogischen Orientierungen in einer Schulkultur. Bisher wurden Differenzen in Schulkulturen und die damit verbundene Hervorbringung von Bildungsungleichheit eher sozialräumlich begründet. Damit rückte aus dem Blick, dass Schularchitekturen selbst eine Idee von institutionalisierter Pädagogik konservieren, die eine Möglichkeit der Entortung ausblendet. Schule gilt nicht nur als pädagogische Lebenspraxis, sondern bezeichnet auch einen artifiziellen Beharrungsort, der sich überlegen gegenüber außerschulischen Bildungszeiträumen zu bewähren hat. Angesichts des interdisziplinären Hinweises auf Veränderungen der raumzeitlichen Ordnungen im kulturellen Wandel ist eine Öffnung des Schulraums anzufragen, um Perspektiven für eine angemessene Organisation von Lern- und Bildungsprozessen in der Spätmoderne zu öffnen.

Um die Bedeutung von raumzeitlichen Ordnungen auch für Bildungsprozesse in der schulpädagogischen Handlungspraxis zu rekonstruieren, sind die Perspektiven erwähnter Einzelfallstudien systematisch aufzugreifen, die auf Relationierungen von (Schul-)Raum und (Schüler*innen-)Körper fokussieren. Zwar liegen hier interessante bildanalytische (und auch ethnographische) Studien vor, die darauf bezogen die performativ-korporale Dimension von Bildung betonen. Jedoch werden diese Ergebnisse nur begrenzt in schulpädagogischen Diskursen aufgegriffen, in denen der schulbezogene Bildungsbegriff dominant auf die kognitive Dimension so weit verengt wird, dass die Bezeichnung formalen Lernens präzisier wäre. Bildwissenschaftliche Schulforschung könnte hier also einen wichtigen Beitrag zu einer Reformulierung des Verständnisses von Bildung in der Schulpädagogik leisten.

Als Fazit des Beitrages ist zu formulieren: Die Unwucht des Bilderreichtums bei der Thematisierung schulpädagogischer Handlungspraxis einerseits und der Bilderblindheit, in einer darauf bezogenen forschend-reflexiven Bezugnahme andererseits, verweist auf das Potenzial einer ikonoklastischen Profilierung der Schulpädagogik als Handlungs- und Wissenschaftspraxis.

Literatur

Altrichter, Herbert/Posch, Peter (Hrsg.) (1996): Mikropolitik der Schulentwicklung. Innsbruck: Studienverlag.
Ball, Stephen J. (1990): The Micro-Politics of the School. London: Routledge.
Baumann, Zygmunt (2006): Flaneure, Spieler und Touristen. Essay zu postmodernen Lebensformen. Hamburg: Hamburger Edition.
Bilstein, Johannes (1992): Bilder für die Gestaltung des Menschen. In: Neue Sammlung, H. 1, 110–133.
Bilstein, Johannes (1993): Ästhetische und bildungsgeschichtliche Dimension des Raumbegriffes. In: Jelich, Franz-Josef/Kemnitz, Heidemarie (Hrsg.): Die pädagogische Gestaltung des Raums. Bad Heilbrunn: Klinkhardt, 31–54.
Böder, Tim (2022): Entschulung als Tabuüberschreitung. Eine rekonstruktive Studie zu Begründungen familialer Entschulungspraxis. Wiesbaden: Springer VS.
Böhme, Jeanette (2000): Schulmythen und ihre imaginäre Verbürgung durch oppositionelle Schüler. Ein Beitrag zur Etablierung erziehungswissenschaftlicher Mythosforschung. Bad Heilbrunn: Klinkhardt.
Böhme, Jeanette (2004): Die mythische Dimension in schulischen Ritualen. Rekonstruktion und Theoretisierung einer gescheiterten Performance. In: Wulf, Christoph/Zirfas, Jörg (Hrsg.): Innovation und Ritual. Jugend, Geschlecht und Schule. Zeitschrift für Erziehungswissenschaft. 2. Beiheft, 231–250.
Böhme, Jeanette (2005): E-Learning und der buchkulturelle Widerstand gegen eine Entschulung der Gesellschaft. In: Zeitschrift für Pädagogik, H. 1, 30–44.
Böhme, Jeanette (2006): Machtformationen medienkultureller Bildungsarchitekturen: Aura & Charismatisierung – Kopie & Standardisierung – Code & Regulierung. In: Zeitschrift für Pädagogik. Themenheft zum DGfE-Kongress „Bildung-Macht-Gesellschaft", H. 1, 27–35.
Böhme, Jeanette (2012): Schulräumliche Ordnungsparameter der Disziplinierung. Perspektiven einer Pädagogischen Morphologie. In: Coelen, Thomas/Schröteler-von Brandt, Hildegard/Zeisung, Andreas/Ziesche, Angela (Hrsg.): Raum für Bildung. Ästhetik und Architektur von Lern- und Lebensorten. Bielefeld: transcript, 219–232.
Böhme, Jeanette (2013): Schulische Raumentwürfe. In: Kahlert, Joachim/Kirch, Michael/Nitsche, Kai/Zierer, Klaus (Hrsg.): Räume zum Lehren und Lernen. Bad Heilbrunn: Klinkhardt, 133–144.
Böhme, Jeanette (2014): Schulkulturen im Medienwandel. Erweiterung der strukturtheoretischen Grundannahmen der Schulkulturtheorie und zugleich Skizze einer medienkulturellen Theorie der Schule. In: Böhme, Jeanette/Hummrich, Merle/Kramer, Rolf-Torsten (Hrsg.): Schulkultur. Theoriebildung im Diskurs. Wiesbaden: VS Verlag, 401–428.
Böhme, Jeanette/Böder, Tim (2020): Bildanalyse. Einführung in die bildrekonstruktive Forschungspraxis der Morphologischen Hermeneutik. Wiesbaden: VS Verlag.
Böhme, Jeanette/Brick, David (2010): Nomadische Raumpraktiken und schulische Raumordnungen. In: Vierteljahresschrift für Wissenschaftliche Pädagogik, H. 4, 611–620.
Böhme, Jeanette/Flasche, Viktoria (2015): Raumspuren pädagogischer Sinnkonstruktionen im urbanen Wandel. In: Coelen, Thomas/Million, Angela/Heinrich, Anna Juliane (Hrsg.): Stadtbaustein Bildung. Wiesbaden: VS Verlag, 55–75.

Böhme, Jeanette/Hagedorn, Jörg (2000): Formungsmetaphorik. Eine Anregung zur Analyse von Techniken im Umgang mit dem Technologiedefizit von Schulreform. In: Maas, Michael (Hrsg.): Jugend und Schule. Ideen, Beiträge und Reflexionen zur Reform der Sekundarstufe I. Baltmannsweiler: Hohengehren Verlag, 36–45.

Böhme, Jeanette/Herrmann, Ina (2012): Schule als pädagogischer Machtraum. Typologie pädagogischer Raumentwürfe. Wiesbaden: VS Verlag.

Cassirer, Ernst (1994): Philosophie der symbolischen Form. Teil II: Das Mythische Denken. Darmstadt: Wissenschaftliche Buchgesellschaft.

Castells, Manuel (2001): Das Informationszeitalter. Bd. 1: Die Netzwerkgesellschaft. Opladen: Leske&Budrich.

Comenius, Johann Amos (1898): Große Unterrichtslehre. 5. Aufl. Langensalza: Verlag Beyer & Söhne.

Diederich, Jürgen (1988): Didaktisches Denken. Weinheim/München: Juventa.

Ehrenspeck, Yvonne/Rustemeyer, Dirk (1996): Bestimmt unbestimmt. In: Combe, Arno/Helsper, Werner (Hrsg.): Pädagogische Professionalität. Untersuchungen zum Typus pädagogischen Handelns. Frankfurt a. M.: Suhrkamp, 368–390.

Franke, Michael/Gruschka, Andreas (1996): Didaktische Bilder als Bilder der Didaktik. In: Pädagogische Korrespondenz 17, 52–62.

Geffert, Bruno (2006): Metaphern von Schule. Welche Metaphern und metaphorischen Konzepte generieren Benachteiligte von Schule. Hamburg: Kovac Verlag.

Gräsel, Cornelia (2010): Lehren und Lernen mit Schulbüchern – Beispiele aus der Unterrichtsforschung. In: Fuchs, Eckhardt/Kahlert, Joachim/Sandfuchs, Uwe (Hrsg.): Schulbuch konkret. Kontexte – Produktion – Unterricht. Bad Heilbrunn: Klinkhardt, 137–148.

Grube, Norbert/Herrmann, Thomas/Schwab, Ursula (2011): Standardisierung oder Individualisierung? Wie Pressebilder bildungspolitische Standpunkte markieren. In: bildungsforschung, 8. Jg., H. 1., 17–35. (https://bildungsforschung.org/ojs/index.php/bildungsforschung/article/view/119/pdf, Abgerufen am: 07.02.2022).

Gruschka, Andreas (2004): Bestimmt Unbestimmtheit. Chardins pädagogische Lektionen. Gießen: Psychosozial Verlag.

Gruschka, Andreas (2002): Didaktik. Elf Einsprüche gegen den didaktischen Betrieb. Wetzlar: Verlag Büchse der Pandora.

Guski, Alexandra (1996): Metaphern der Pädagogik. Metaphorische Konzepte von Schule, schulischen Lernen und Lehren in pädagogischen Texten von Comenius bis zur Gegenwart: Bern: Peter Lang Verlag.

Haan, Gerhard de (1991): Über Metaphern im pädagogischen Denken. In: Zeitschrift für Pädagogik. Beiheft 27: Pädagogisches Wissen, 361–375.

Heinze, Carsten (2009): Das Bild im Schulbuch. Eine Einführung. In: Heinze, Carsten/Matthes, Eva (2009): Das Bild im Schulbuch. Bad Heilbrunn: Klinkhardt, 9–16.

Heinze, Carsten/Matthes, Eva (Hrsg.) (2009): Das Bild im Schulbuch. Bad Heilbrunn: Klinkhardt.

Heinze, Kristin (2009): Das „Treibhaus" als Metapher für eine widernatürliche Erziehung im Kontext der sich im 18. Jahrhundert herausbildenden Pädagogik als Wissenschaft. In: Eggers, Michael/Rothe, Matthias (Hrsg.): Wissenschaftsgeschichte als Begriffsgeschichte. Terminologische Umbrüche im Entstehungsprozess der modernen Wissenschaft. Bielefeld: transcript, 107–131.

Helmke, Andreas (2015): Unterrichtsqualität und Lehrerprofessionalität. Seelze: Klett-Kallmeyer.

Helsper, Werner (1996): Antinomien des Lehrerhandelns in modernisierten pädagogischen Kulturen. In: Combe, Arno/Helsper, Werner (Hrsg.): Pädagogische Professionalität. Untersuchungen zum Typus pädagogischen Handelns. Frankfurt a. M.: Suhrkamp, 521–569.

Helsper, Werner/Böhme, Jeanette (2000): Schulmythen. Zur Konstruktion pädagogischen Sinns. In: Kraimer, Klaus (Hrsg.): Die Fallrekonstruktion. Sinnverstehen in der sozialwissenschaftlichen Forschung. Frankfurt a. M.: Suhrkamp, 239–274.

Helsper, Werner/Böhme, Jeanette/Kramer, Rolf-Torsten/Lingkost, Angelika (2001): Schulkultur und Schulmythos. Rekonstruktionen zur Schulkultur. Opladen: Leske&Budrich.

Herrmann, Ina (2014): Vandalismus an Schulen. Bedeutungsstrukturen maskierender Raumpraktiken. Wiesbaden: VS Verlag.

Jornitz, Sieglinde (2008): Witz komm 'raus, du bist umzingelt! Über das Misslingen zweier Karikaturen. In: Pädagogische Korrespondenz 38, 98–104.

Krämer, Sybille (2007): Spur. Spurenlesen als Orientierungstechnik und Wissenskunst. Frankfurt a. M.: Suhrkamp.

Krüger, Heinz-Hermann (1997): Reflexive Erziehungswissenschaft und kritische Bildungsforschung – ein Ausblick. In: Krüger, Heinz-Hermann (Hrsg.): Einführung in die Theorien und Methoden der Erziehungswissenschaft. Bd. 1, Opladen, 319–326.

Langer, Antje (2008): Disziplinieren und entspannen. Körper in der Schule. Eine diskursanalytische Ethnographie. Bielefeld: transcript.

Lenzen, Dieter (1996): Handlung und Reflexion. Vom pädagogischen Technologiedefizit zur Reflexiven Erziehungswissenschaft. Weinheim/Basel: Beltz.

Luhmann, Niklas/Schorr, Karl Eberhard (1982): Das Technologiedefizit der Erziehung und die Pädagogik. In: Luhmann, Niklas/Schorr, Karl Eberhard (Hrsg.): Zwischen Technologie und Selbstreferenz. Fragen an die Pädagogik, Stuttgart: Suhrkamp, 11–41.

Marsch, Sabine (2009): Metaphern des Lehrens und Lernens vom Denken, Reden und Handeln bei Biologielehrern. Dissertation zur Erlangung des akademischen Grades eines Doktors der Naturwissenschaften, Freie Universität Berlin, https://refubium.fu-berlin.de/bitstream/handle/fub188/13472/Marsch_Metaphern.pdf?sequence=1&isAllowed=y, Abgerufen am: 15.09.2021.

Marsch, Sabine/Elster, Maria/Krüger, Dirk (2007): „Mein Gehirn nimmt auf, was mir wichtig ist." Eine Untersuchung zu Schülervorstellungen und Metaphern über das Lernen. In: Vogt, Helmut/Krüger, Dirk/Upmeier zu Belzen, Annette/Wilde, Matthias/Bätz, Katrin (Hrsg.): Erkenntnisweg Biologiedidaktik. 6. Bd., Bielefeld, 21–35.

Matthes, Dominique/Damm, Alexandra (2020): Berufskampagnen als empirisches Datum von Bildern zum Lehrerwerden und Lehrersein – dokumentarische Analyse und professionstheoretische Diskussion von Lehrerbildern in Gratispostkarten. In: ZISU – Zeitschrift für interpretative Schul- und Unterrichtsforschung, 9, 126–141.

Memmert, Wolfgang (1991): Didaktik in Grafiken und Tabellen. Bad Heilbrunn: Klinkhardt.

Meyer, Hilbert (1997): Schulpädagogik. Bd. I/II, Berlin: Verlag Cornelsen Pädagogik.

Meyer, Hilbert (2002): Praxisbuch Meyer: Didaktische Modelle. Buch mit didaktischer Landkarte. Berlin: Verlag Cornelsen Pädagogik.

Meyer, Hilbert (2016): Praxisbuch Meyer: Was ist guter Unterricht? Buch mit didaktischer Landkarte. Berlin: Verlag Cornelsen Pädagogik.

Oberschmidt, Jürgen (2010): Metaphorischer Sprachgebrauch im Unterricht. In: Knolle, Niels (Hrsg.): Evaluationsforschung in der Musikpädagogik. Essen: Die Blaue Eule, 131–154.

Oevermann, Ulrich (1995): Ein Modell der Struktur von Religiosität. In: Wohlrab-Sahr, Monika (Hrsg.) Biographie und Religion. Zwischen Ritual und Selbstsuche. Frankfurt a. M./New York, 70–182.

Pettersson, Rune (2010): Bilder in Lehrmitteln. In: Billmayer, Franz/Lieber, Gabriele (Hrsg.): Übersetzt von Jakob Billmayer. Baltmannsweiler: Schneider Hohengehren.

Peyer, Ann/Künzli, Rudolf (1999): Metaphern in der Didaktik. In: Zeitschrift für Pädagogik, 45, H. 2, 177–194.

Pilarczyk, Ulrike/Mietzner, Ulrike (2005): Das reflektierte Bild. Die seriell-ikonografische Fotoanalyse in den Erziehungs- und Sozialwissenschaften. Bad Heilbrunn: Klinkhardt.

Reimer, Franz (2008): Homeschooling als Option? In: Neue Zeitschrift für Verwaltungsrecht. 720–722.

Rittelmeyer, Christian (1994): Schulbauten positiv gestalten: wie Schüler Farben und Formen erleben. Wiesbaden/Berlin: Bauverlag.

Rosa, Harmut (2006): Beschleunigung. Zur Veränderung der Zeitstruktur in der Moderne. Frankfurt a. M.: Suhrkamp.

Rumpf, Horst (1996): Über den *zivilisierten Körper* und *sein Schulschicksal*. Oder: *Körper 1/Körper 2*. In: Pädagogik 48, H. 6, 6–9.

Scheuerl, Hans (1959): Über Analogien und Bilder im pädagogischen Denken. In: Zeitschrift für Pädagogik 5, H. 2, 211–223.

Schiffler, Hort/Winkeler, Rolf (1985): Tausend Jahre Schule. Eine Kulturgeschichte des Lernens in Bildern. Stuttgart: Belser Verlag.

Schiffler, Horst/Winkeler, Rolf (1991): Bilderwelten der Erziehung. Die Schule im Bild des 19. Jahrhunderts. Weinheim/München: Juventa.

Schuch, Jane (2013): Mosambik im pädagogischen Raum der DDR. Eine bildanalytische Studie zur „Schule der Freundschaft" in Staßfurt. Wiesbaden: VS Verlag.

Schulz, Wolfgang (1981): Unterrichtsplanung. München, Wien, Baltimore: Urban & Schwarzenberg Verlag.

Zschiesche, Barbara/Kemnitz, Heidemarie (2009): Wie Kinder ihre Schule ‚sehen'. Räumliche Qualität von Schule aus Kindersicht. In: PÄD-Forum: unterrichten erziehen 37/28, H. 6, 255–258.

Bild und Video als didaktische Instrumente, Forschungsgegenstände und -werkzeuge in der Berufs- und Wirtschaftspädagogik

Mandy Hommel und Karl-Heinz Gerholz

1. Zur Relevanz von Bild und Video in der Berufs- und Wirtschaftspädagogik

Soziale Wirklichkeit ist flüchtig, ebenso wie die menschlichen Wahrnehmungen in einer konkreten Situation. Bilder und Videoaufnahmen helfen dabei, soziale Wirklichkeit in Teilen zu konservieren. Anhand visueller Repräsentationen (Bilder) bzw. Repräsentationen, die visuelle und auditive Merkmale sowie den Zeitaspekt integrieren (bewegte Bilder in Form von Videos) kann die spätere (Re-)Konstruktion sozialer Wirklichkeit erfolgen. Diese Repräsentationen in Form von Bild und Video sind Ausgangspunkte für eine vertiefende Auseinandersetzung mit Merkmalen vergangener sozialer Situationen, die mithilfe des jeweiligen Mediums festgehalten wurden. Anhand dieser Repräsentationen können z. B. Forschungsfragen beantwortet werden, die mit der zurückliegenden Situation in Zusammenhang stehen. Konservieren die Bilder oder Videos Situationen, in denen die Personen selbst als Akteur*innen gewirkt haben, kann die Reflexion über eigenes Handeln (Schön 1983) aber auch die Reflexion über das Handeln anderer sowie über Produkte und Konsequenzen unterstützt werden (Cohors-Fresenborg 2012).

Im Kontext des beruflichen Lehrens und Lernens werden Bilder und Videos darüber hinaus als Medien genutzt, mit denen Lernende in abbildhafter Form Vorstellungen über die Realität entwickeln können (Tulodziecki/Herzig/Grafe 2019). Dabei wird insbesondere den Videos in der beruflichen Aus- und Weiterbildung sowie im Arbeitskontext besondere Bedeutung zugesprochen, was durch das Ergebnis einer Expert*innenbefragung unterstrichen wird. Der mmb Trendmonitor (Evers 2020) berichtet, dass Videos vor Microlearning und Blended-Learning als wichtigste Lernform im Unternehmenskontext gesehen werden. Aber auch im Kontext der Forschung sind Videos und Bilder von Relevanz. Die Vielzahl an Forschungsbeiträgen, die zum Beispiel Videografie im Kontext des Lehrens und Lernens einbeziehen, zeigt sich u. a. in der Trefferzahl der entsprechenden

Schlüsselbegriffe im „Book of Abstracts" der Konferenz der European Association for Research on Learning and Instruction (EARLI) 2019. Insgesamt 522 Treffer entfielen auf die Schlüsselbegriffe „video" und „video analysis".

Dieser Beitrag widmet sich Bildern und Videos in der Wissenschaftsgemeinschaft der Berufs- und Wirtschaftspädagogik (BWP). Dabei wird zunächst ausgehend von den Gegenstandsbereichen der Berufs- und Wirtschaftspädagogik die Bedeutung von Bildern und Videos aufgezeigt (Abschnitt 2). Darauf aufbauend werden Forschungsbemühungen und -ergebnisse zur Bildanalyse (Abschnitt 3) und Videoanalyse (Abschnitt 4) unter Berücksichtigung der verwendeten Forschungsmethoden insbesondere in der Berufs- und Wirtschaftspädagogik betrachtet.

2. Bild und Video in der Berufs- und Wirtschaftspädagogik – eine Systematisierung

Die Berufs- und Wirtschaftspädagogik beschäftigt sich u. a. mit der Gestaltung beruflicher Lehr-Lern-Prozesse. Berufliche Bildung findet an unterschiedlichen Lernorten statt. Hier sind zunächst und prominent für die deutschsprachige Berufsausbildung das Duale System mit den Lernorten berufliche Schule und Betrieb zu nennen. Gegenstandsbereiche der Berufs- und Wirtschaftspädagogik sind deshalb Lehr-Lern-Prozesse an beruflichen Schulen und in der betrieblichen Aus- und Weiterbildung gleichermaßen (u. a. Kutscha 2010; Gerholz/Brahm 2014). Weitere Gegenstandsbereiche sind vollzeitschulische berufliche Bildungsprozesse des beruflichen Übergangssystems (z. B. Berufsvorbereitungsjahr) oder der schulischen Berufsausbildung (z. B. Berufsfachschulen oder Fachschulen) sowie der beruflichen Weiterbildung. Auch hochschulische Bildungsprozesse werden in der Berufs- und Wirtschaftspädagogik in den Blick genommen: traditionell die berufliche Lehrer*innenbildung (Wilbers 2010) und im Zuge der Einführung der konsekutiven Studiengänge, auch Bachelor- und Masterstudiengänge als berufsfeldorientierte Bildungsgänge (u. a. Gerholz/Sloane 2011).

Bilder und Videos sind didaktische Instrumente, Forschungsgegenstände und -werkzeuge in der Berufs- und Wirtschaftspädagogik und somit verbunden mit beruflichen, betrieblichen und hochschulischen Bildungskontexten. Diese Verortung soll nachfolgend aufgenommen werden, indem Bilder und Videos als didaktische Instrumente sowie als Mittel und Gegenstände in der Forschung der Disziplin modelliert werden.

2.1 Bild und Video in der beruflichen Lehr-Lern-Praxis

Medien wie Bilder und Videos übernehmen eine zentrale Funktion in Lehr-Lern-Prozessen. Sie können zum einen Repräsentationsfunktion übernehmen, indem mit Bildern und Videos Lerngegenstände veranschaulicht werden (z. B. ein betrieblicher Geschäftsprozess mit einem Bild oder Lernvideo), oder Steuerungsfunktion, indem das Medium einen Lernprozess direkt begleitet (z. B. Präsentation einer Fallstudie über ein Video) (Peterßen 2000). Dabei nutzen Bilder ausschließlich den visuellen Präsentationsmodus und sind damit monomodal, sie sprechen also nur die Sinnesmodalität an. Videos nutzen dagegen zwei Modi zur Präsentation: den visuellen und den auditiven Modus. Damit präsentieren Videos (z. B. als Lernvideos oder als in Lernumgebungen integrierte Videos) Inhalte visuell; darüber hinaus enthalten sie korrespondierende auditive Elemente, die in der Regel sprachlich vermittelt sind.

Ein zentrales didaktisches Leitprinzip in der beruflichen Bildung ist die Handlungsorientierung, welche nicht nur als didaktisch-curriculare Gesamtkonzeption, sondern auch als Kontur einer Methode verstanden werden kann, die im Einklang zum situierten, problemorientierten und erfahrungsbasierten Lernen steht. Im Sinne der Handlungsorientierung sind komplexe Problemsituationen, welche berufliche Anforderungen widerspiegeln, der Ausgangspunkt beruflicher Lernprozesse, die von den Lernenden durch planerische, ausführende und kontrollierende Prozesse (im Sinne einer vollständigen Handlung) bewältigt werden. Lernen und Handeln haben eine strukturelle Identität: Durch die Erkundung und Auseinandersetzung des Lernsubjektes mit dem Lerngegenstand (z. B. einem spezifischen beruflichen Handlungsprozess) wirken die dabei gemachten Erfahrungen auf die individuellen Fähigkeiten und Einstellungen zurück (Dilger/Sloane 2007). Bilder und Videos als Unterrichtsmedien können im Sinne der Gestaltung handlungsorientierter Lernprozesse Lerngegenstand und Lernunterstützungsinstrument zugleich sein. Dies kann exemplarisch am Diskurs der digitalen Transformation illustriert werden. Digitale Medien wie Bilder oder Videos können als Lernprozessunterstützung fungieren (z. B. ein Erklärvideo zum Bereich der Aufbauorganisation einer Unternehmung oder ein Bild von CNC-Maschinen, welche digitale Steuerungstechnik verwenden). Gleichzeitig kann ein Video zu Echtzeitdaten einer Maschine (z. B. Temperaturentwicklung) oder digitalen Daten aus einem Geschäftsprozess zur didaktischen Simulation zukünftiger beruflicher Anforderungen genutzt werden, indem die Lernenden die Daten hinsichtlich der Optimierungspotentiale des Geschäftsprozesses analysieren. Das Video repräsentiert in diesem Fall den Lerngegenstand bzw. die Handlungsperspektive und simuliert berufliche Handlungen in der Unterrichtsarbeit (Gerholz 2022).

2.2 Bild und Video in der beruflichen Lehrer*innenbildung

Der Einsatz von Bildern und Videos in der beruflichen Lehrer*innenbildung kann zunächst didaktische Funktionen übernehmen, wie bereits in Abschnitt 2.1 für die berufliche Lehr-Lern-Praxis geschildert. Bilder und Videos können in Vorlesungen oder Seminaren eine Repräsentationsfunktion übernehmen, indem sie z. B. Klassenräume, personalisierte Lerntypen oder ordnungspolitische Zusammenhänge in der beruflichen Bildung darstellen. Der Einsatz von Videos in der Lehrer*innenbildung hat in der letzten Dekade stark zugenommen und leistet einen Beitrag zur professionellen Entwicklung angehender Lehrender (Gaudin/ Chaliès 2015; Hatch/Shuttleworth/Jaffee/Marri 2016).

Im Rahmen der Lehrer*innenbildung unterstützen Videos und Videovignetten den Aufbau didaktischen Wissens, des Wissens über gute Unterrichtspraktiken und über Lehrendenverhalten (Gaudin/Chaliès 2015). Dazu fungieren Videovignetten als Beispiele (Brinkmann/Rödel 2020) und zeigen u. a. exemplarisch ‚guten' Unterricht in der beruflichen Bildung, typische Merkmale von Unterrichtssituationen, wie z. B. typische Fehler im Rechnungswesenunterricht (Gewiese/Wuttke/Kästner/Seifried/Türling 2011; Seifried/Türling/Wuttke 2010), Möglichkeiten des Classroom Managements (Jäkel 2020) oder Diversität und Heterogenität im Unterricht (Gaudin/Chaliès 2015: 47). Damit wird eine professionelle Unterrichtswahrnehmung gefördert (Hörter/Gipert/Holodynski/Stein 2020). Ein (gemeinsames) Auseinandersetzen mit den Unterrichtsvideos durch die Studierenden fördert das Explizieren und die Zunahme des Wissens über Unterricht (Krammer/Reusser 2005). Überlegungen der angehenden Lehrenden zu didaktischen Handlungsalternativen werden flexibler. Das Nachdenken und das Diskutieren über Unterrichtssituationen ermöglicht Impulse und Anregungen, welche das Wissen über Lehr-Lern-Prozesse und das Handlungsrepertoire erweitern können (Krammer/Reusser 2005: 36 f.). Bezeichnungen wie ‚Schüler*innenorientierung' oder ‚Lehrer*innenorientierung' die zunächst bedeutungsschwach sind (Seidel/Prenzel 2003: 55), können durch Bilder und Videos mit zahlreichen Beispielsituationen unterlegt und dadurch verständlicher werden. Für die professionelle Entwicklung von (angehenden) Lehrenden ist dabei nicht lediglich das Rezipieren von Videovignetten entscheidend, sondern die dadurch gegebenenfalls ausgelösten Reflexionsprozesse und Veränderungsimpulse, die einen Beitrag zur Weiterentwicklung des eigenen professionellen Handelns leisten können. Mit dem Einsatz von Videografie und der Rezeption von Videosequenzen im Rahmen der Lehrer*innenbildung sind damit folgende Ziele verbunden: (1) Stärkung der didaktischen Wissensbasis durch die sensibilisierte Wahrnehmung didaktischer Situationen in Lehr-Lern-Prozessen, (2) Perspektivwechsel/-übernahmen hinsichtlich didaktischer Situationen (z. B. im Kontext von Diversität und Differenzierungserfordernissen), (3) (Weiter-)Entwicklung des diagnostischen Urteilsvermögens und (4) Förderung der professionellen Entwicklung durch

Anregung von Reflexion, begleitete Unterrichtspraxis und Evaluation des Lehrendenhandelns (Blomberg/Renkl/Sherin/Borko/Seidel 2013; Gaudin/Chaliès 2015: 47; Brinkmann/Rödel 2020; Walker/Faath-Becker 2019).

Die Lehrenden in den Videos, die im Rahmen der Lehrer*innenbildung eingesetzt werden, können entweder anonyme/unbekannte Darsteller*innen, Kommiliton*innen oder der bzw. die Lernende/Studierende selbst sein (Gaudin/Chaliès 2015: 50). Videomaterial, dass die Lernenden/Studierenden selbst zeigt, kann insbesondere im Rahmen von Schulpraktika entstehen und im Kontext der Lehrveranstaltungen an Hochschulen und Universitäten zum Gegenstand professioneller Reflexion werden. Studierende können darüber hinaus selbst erstelltes Videomaterial aus Schulpraktika, schulpraktischen Studien oder Schulpraxissemestern zum Gegenstand verschiedenster Forschungsfragen im Kontext des Forschenden Lernens machen. In dieser Form genutzte Videosequenzen stärken den Theorie-Praxis-Bezug insbesondere in der ersten Phase der Lehrer*innenbildung (u. a. Hatch/Shuttleworth/Jaffee/Marri 2016; Peuker/Herkner 2020; Krammer/Reusser 2005).

3. Methodische Varianten und Forschungsergebnisse im Bereich Bildanalyse

In der Berufs- und Wirtschaftspädagogik haben Forschungsarbeiten im Kontext von Bildern, insbesondere auf Basis von Bildanalysen, vor allem in der historischen Berufsbildungsforschung bereits eine längere Tradition. In den letzten Jahren sind auch im Bereich der Forschung über berufliche Bildungsprozesse zunehmend Studien mit Bildanalysen entstanden. Nachfolgend soll der Bereich der Bildanalysen in der Berufs- und Wirtschaftspädagogik anhand der historischen Berufsbildungsforschung, der Merkmale von beruflich Lernenden und Lehrenden sowie der beruflichen Unterrichtsmaterialien beschrieben werden. Dabei wird jeweils die Bandbreite von Forschungsmethoden aufgegriffen, welche bei den Bildanalysen in der Berufs- und Wirtschaftspädagogik zum Einsatz kommen.

Historische Berufsbildungsforschung

Die historische Berufsbildungsforschung beschäftigt sich mit der Gestaltung von Bildungsprozessen im Zusammenhang zwischen Arbeit und Beruf in verschiedenen Epochen. Die methodischen Zugänge sind vielfältig, was sich exemplarisch an der Biografieforschung, empirischen Datenanalysen oder konzeptionellen Zugängen zeigen lässt. Dabei werden u. a. Fotografien, Filmdokumente oder Gemälde historisch-systematisch untersucht (Pätzold/Wahle 2010). Bilder stellen hierbei eine raum-zeitbezogene Betrachtung von Phänomenen der beruflichen Bildung dar, welche eine Epoche hinsichtlich Untersuchungsgegenständen wie

Arbeit und Beruf dokumentieren, dabei aber auch in den jeweiligen ideologischen Kontext einzuordnen sind. Die Rekonstruktion des Sinn- und Symbolgehaltes von Bildern in Bezug auf Arbeit und Beruf stützt sich meist auf die ikonografisch-ikonologische Methode nach Panofsky (1975). Panofsky ging es darum, den Wesenssinn eines Bildes zu erfassen und damit von der Darstellung (Ikonografie) auf den Gehalt eines Bildes (Ikonologie) zu kommen. In diesem Prozess sind drei Analyseschritte leitend:

1) Die *vorikonografische Analyse* zielt auf die Erfassung und Beschreibung der Tatsachen auf einem Bild (z. B. Räume, Lehrwerkstätten, Personen).
2) Die *ikonografische Analyse* hat zum Ziel, die behandelten Themen, Motive und Vorstellungen, welche sich über die Gegenstände in den Bildern manifestieren, zu beschreiben. Hierzu ist ein Kontextwissen über die Epoche notwendig. Panofski illustriert dieses Kontextwissen am Beispiel einer indigenen, australischen Person, für die ein Bild des christlichen Abendmahls als eine reine Tischgesellschaft erscheint, da die neutestamentarischen Kontexte fehlen.
3) Die *ikonologische Interpretation* zielt auf die Erfassung des eigentlichen Gehaltes des Bildes, indem die gesellschaftlich-politischen Haltungen der betrachteten Epoche über Texte oder andere Dokumente erfasst werden, um darüber die gesamte Bedeutung des Bildes zu erschließen (Panofsky 1975).

Wahle (2007) nutzt die Methode Panofskys zur Untersuchung von Industriebildern im wilhelminischen Kaiserreich zur Beschreibung von Arbeit in dieser Epoche. Die Industriebilder sind eine Dokumentation der industriellen Entwicklung in Deutschland. Sie nehmen unterschiedliche Aspekte (u. a. Außen- und Innenansichten von Fabriken, betriebliche Prozesse und Industriearbeiter) in den Blick, womit die Bilder eine Basis bilden, um Fabrikarbeit im Kaiserreich zu beschreiben. Im Ergebnis zeigt sich, dass Industriebilder weniger objektive Wiedergaben der Rolle von Arbeiter*innen im Kaiserreich sind, sondern vielmehr intendierte Darstellungen der Arbeiter*innen aufgrund der Ziele der Auftraggeber*innen der Bilder oder der gesellschaftlichen Vorstellung von Arbeit. Indem Fabrikhallen groß und lichtdurchflutet verbildlicht werden, sollen so z. B. insbesondere Autonomie und Gestaltungsfreiheiten in Arbeitsprozessen suggeriert werden (Wahle 2007: 20 ff.). Neben der reinen Bildanalyse finden sich in der historischen Berufsbildungsforschung auch Studien, die ergänzend zu Bildern weitere Epochendokumente einbeziehen (z. B. Ausbildungsverträge). So analysiert Kipp (2005) die Fabrikarbeit im Nationalsozialismus am Beispiel des Unternehmens Volkswagen (VW). Er zeigt dabei über Bild- und Textdokumente auf, dass VW eine elitäre und moderne Facharbeiter*innenausbildung installierte, welche u. a. die Ganzheitlichkeit und die Notwendigkeit des lebenslangen Lernens verdeutlicht, wenngleich selbstredend hiermit eine bildungspolitische Intention im Sinne des Nationalsozialismus verfolgt wurde.

Forschungen zu Merkmalen beruflich Lernender und Lehrender

Bildanalysen können sich den Merkmalen von Lernenden und Lehrenden in der beruflichen Bildung widmen. Merkmale beruflich Lernender zielen dabei u. a. auf die Voraussetzungen der Lernenden in beruflichen Bildungsmaßnahmen, während Merkmale der beruflich Lehrenden insbesondere auf deren Professionscharakter verweisen. Gerade Bildanalysen leisten hier einen Beitrag, um ein elaboriertes Verständnis über beide Zielgruppen zu entwickeln. In den dazu vorliegenden Studien wird hierfür meist die dokumentarische Methode bzw. die dokumentarische Bildinterpretation nach Bohnsack eingesetzt. In der Berufs- und Wirtschaftspädagogik kann die dokumentarische Methode durchaus als eine gängige Methodik im Bereich der qualitativen Datenformate angesehen werden (u. a. Kremer 2003; Hertle 2007; Gerholz/Sloane/Fuge/Kaiser/Schwabl 2013), die auch im Bereich der Bildanalyse zunehmend eingesetzt wird.

Die dokumentarische Bildinterpretation basiert auf der Wissenssoziologie von Mannheim (1964). Der zentrale Deutungsschritt wird dabei vom ‚Was' zum ‚Wie' vollzogen. Das ‚Was' zielt auf jenes, was direkt durch ein Bild mitgeteilt wird, dass direkt Offensichtliche (z. B. handelnde Akteur*innen, Umgebungen). Es geht um ein gesellschaftliches Phänomen. Das ‚Wie' zielt auf die Frage der Herstellung des gesellschaftlichen Phänomens. Es geht um die konjunktiven Erfahrungsräume einer Gruppe und wie diese für sich Realität herstellen. Die dokumentarische Methode versteht sich als eine praxeologische Wissenssoziologie, indem die Frage nach der handlungspraktischen Genese von Realität näher beleuchtet wird (Bohnsack 2014). Hier zeigt sich die Parallele zur Methode von Panofsky, welcher sich ebenfalls auf die Wissenssoziologie von Mannheim beruft und in seiner Analyse von der Ikonografie (Frage des ‚Was') zur Ikonologie (Frage des ‚Wie') übergeht. Die dokumentarische Bildinterpretation umfasst vier methodische Schritte (Bohnsack 2007; 2014):

1) Die *formulierende Interpretation* analysiert, was auf dem Bild zu sehen ist und erstreckt sich über die vorikonografische Beschreibung und ikonografische Analyse.
2) Die *reflektierende Interpretation* fragt nach dem ‚Wie', dem konjunktiven Wissen, welches das Bild impliziert. Zugang hierfür ist die formale Bildkomposition, bei der Bohnsack in Orientierung an Imdahl (1996) drei Zugänge unterscheidet: (a) die perspektivische Projektion (als Art und Weise von Räumlichkeit und Körperlichkeit auf dem Bild), (b) die szenische Choreografie (die handelnden Akteure auf dem Bild und deren Verhältnis zueinander)

und (c) die planimetrische Struktur (Strukturen des Bildes in der Ebene oder Fläche). Vor allem die planimetrische Struktur ist ein relevanter Interpretationsschritt, um einen Zugang zur immanenten Struktur eines Bildes zu erhalten und deren ‚Gesetzmäßigkeiten' aufzudecken (Bohnsack 2014: 166 ff.).
3) Die *komparative Analyse* umfasst Vergleichshorizonte. Dabei werden die Ergebnisse der Interpretation zwischen den analysierten Bildern verglichen, um darüber konjunktive Erfahrungsräume einer Gruppe zu rekonstruieren, die gleichzeitig als Reflexion der Standortgebundenheit des Interpretierenden dienen.
4) Die Ergebnisse der komparativen Analyse münden in einer *Typenbildung*.

Mit der dokumentarischen Bildinterpretation analysiert Schwabl (2020) Selfie-Praktiken von Jugendlichen im beruflichen Übergangssystem. Ergebnisse der Analyse sind u. a. gender- und migrationsspezifische Unterschiede. Männliche Jugendliche inszenieren sich körperbetonter (z. B. Selfies im Fitnessstudio, provokante Posen) und weniger bindungsorientiert als weibliche Jugendliche, welche sich mit anderen Gleichaltrigen abbilden und mimisch Freundlichkeit und Nähe ausdrücken. Männliche Jugendliche mit Migrationshintergrund inszenieren sich nicht mit gleichaltrigen Frauen im Vergleich zu männlichen Jugendlichen ohne Migrationshintergrund (Schwabl 2020: 219 ff.).

Liszt (2018) untersucht das Selbstverständnis von Wirtschaftspädagog*innen in der Erwachsenenbildung. Neben Interviews werden Bilder von Arbeitsplätzen nach der dokumentarischen Bildinterpretation analysiert, um Erkenntnisse über die Organisation des Arbeitsalltages in der Erwachsenenbildung zu generieren. Im Ergebnis zeigen sich Unterschiede zwischen selbstständigen Trainer*innen und angestellten Erwachsenenbildner*innen. Angestellte Erwachsenenbildner*innen arbeiten stärker im Büro und haben eine partitionierte Arbeitsweise, indem zunächst ein Prozess (z. B. die didaktische Vorbereitung oder Administration eines Trainings) abgearbeitet werden muss, bevor der nächste begonnen wird. Eine Erklärung hierfür ist, dass in Mehrpersonenbüros schneller Ablenkungen entstehen können und somit ein paralleles Arbeiten – die parallele Bearbeitung von unterschiedlichen Prozessen – schwerer möglich ist. Paralleles Arbeiten zeigt sich demgegenüber bei den selbstständigen Trainer*innen, welche entweder ihren Schreibtisch zu Hause haben oder jeweils wechselnde Arbeitsplätze in den Seminarräumen. Beim parallelen Arbeitsstil werden berufliche stärker von privaten Dingen (z. B. Fotos der Kinder auf dem Schreibtisch) getrennt. Weiterhin zeigte sich, dass der nicht vorhandene Schreibtisch bei selbstständigen Trainer*innen ein Abhängigkeitsgefühl von Aufträgen im Vergleich zu angestellten Erwachsenenbildner*innen verstärkt. Letztere haben breitere Arbeitsprozesse und einen eigenen Arbeitsplatz im Unternehmen (Liszt 2018: 347 ff.).

Forschungen zu Bildern als Darstellung von gesellschaftlichen Phänomenen

Die bisher vorgestellten Studien zeichnen sich durch unterschiedliche Erkenntnisinteressen aus, verwendeten aber alle Bilder als Datenmaterial. In der berufs- und wirtschaftspädagogischen Forschung sind Bilder aber auch im Sinne von Darstellungen gesellschaftlicher Phänomene Untersuchungsgegenstand. Ostendorf und Thoma (2010) untersuchen das Bild von Organisationen in Schulbüchern. In einem wirtschaftsdidaktischen Kontext gehen sie der Frage nach, mit welchem Bild von einer Unternehmung Lernende in kaufmännischen Bildungsprozessen konfrontiert werden. Methodisch wird die Untersuchung mit der Foucaultschen Diskursanalyse gerahmt, indem davon ausgegangen wird, dass sich in Schulbüchern gesellschaftliche Diskurse manifestieren. In diesem strukturellen Ansatz werden über die Tiefenstruktur eines Diskurses die Typiken der Vertextlichungen von Phänomenen (Oberflächenstruktur) ersichtlich. Im Ergebnis zeigt sich, dass die transportierten Bilder von einer Unternehmung einem geplanten, die Bedürfnisbefriedigung der Konsument*innen intendierenden, Gebilde gleichen, in welchem personelle Ressourcen als Produktionsfaktoren modelliert werden. Die Unternehmung wird in den analysierten Schulbüchern wohlwollend sowie fürsorglich dargestellt. Sie folgt einer klaren Struktur von Zielen und Regeln. Dieses stark funktionalistische Bild von Unternehmen blendet nichtplanbare Prozesse, Chaos und Unordnung aus, was wirtschaftsdidaktisch beim Einsatz der Schulbücher zu beachten ist.

4. Methodische Varianten und Forschungsergebnisse im Bereich Videoanalyse

Während Bilder einen Auszug der Wirklichkeit statisch konservieren, erlauben Videosequenzen Einblicke in das Prozessgeschehen. Videografie wird in der Berufsbildungsforschung zum einen als Forschungswerkzeug/-tool genutzt und zum anderen sind Videos als Instruktionsmedien wiederum selbst Gegenstand der Forschungsbemühungen. Als Tool ermöglicht die Videografie sowohl qualitative und quantitative Zugänge als auch die Kombination beider (Hugener/Pauli/Reusser 2006). In diesem Abschnitt wird die Videografie zunächst als Forschungsmethode erörtert, bevor sie im Kontext der beruflichen Lehr-Lern- bzw. Unterrichtsforschung mit Blick auf ihre Forschungsobjekte, die Forschungslage und aktuelle Befunde im Bereich der beruflichen Bildung differenzierter betrachtet wird.

Die Videografie von Unterrichts- oder Ausbildungsgeschehen gehört zu den systematischen Verhaltensbeobachtungen zu Forschungszwecken. In der Erforschung von Verhalten im Beobachtungsfeld kann z. B. die Teilnahme am

Ausbildungsverhalten in den Lernorten Betrieb oder Schule erforderlich sein. Während die teilnehmende Beobachtung alle wahrnehmbaren Aspekte umfasst und sich damit auf alle Sinne bezieht, schränkt die videobasierte Beobachtung die Wahrnehmung zunächst auf visuelle und auditive Merkmale ein. Zusätzlich wird die videobasierte Beobachtung durch den Kamerafokus begrenzt. Abhilfe schafft die multiperspektivische Videografie, auch als ‚multi-angle video recording' (Bates 2015) bezeichnet. Sie kann dem engen Fokus einer einzelnen Kamera begegnen, indem mehrere Kameras die Szene im Kontext beruflicher Bildung aus verschiedenen Richtungen erfassen. Die mehrperspektivische Videografie ermöglicht zusätzlich Einblicke in Situationen, die sonst eher unbeachtet bleiben oder der Wahrnehmung eines oder einer Lehrenden nur zum Teil zugänglich werden, wie die Interaktionen in verschiedenen Gruppen von Lernenden z. B. während einer Gruppenarbeit in eher offenen Phasen des Unterrichts (Knigge/Duarte/Nordstrand/Siemon/Stolp 2013). Durch die videogestützte Erhebung und Analyse wird der Prozesscharakter von Lehr-Lern-Situationen stärker berücksichtigt (Minnameier/Hermkes/Mach 2015; Wild 2003).

Findet keine Form der Aufzeichnung statt, stehen die teilnehmenden Beobachter*innen vor der Herausforderung, die interessierenden Phänomene z. B. einer betrieblichen Ausbildungssituation direkt zu kodieren oder retrospektiv zu erfassen. Eine in dieser Situation vorgenommene Kodierung lässt sich nicht noch einmal objektiv rekapitulieren, da die Wahrnehmung Einflüssen, wie bspw. des Vergessens und der subjektiven retrospektiven Situationsbewertung unterworfen ist. Die Beobachtenden unterliegen den Begrenzungen der eigenen Wahrnehmung, der Vergänglichkeit der Situation, des Vergessens und des Prozesscharakters von Situationen. Durch subjektive Einflüsse und weitere Fehlerquellen (wie eine überforderte Differenzierungsfähigkeit, Definitionsunschärfen oder die Unvertrautheit mit den Beobachtungseinheiten und mit der Proband*innengruppe, vgl. Ingenkamp/Lissmann 2005: 77) können diese zusätzlich beeinflusst und verzerrt werden. Videoaufzeichnungen halten die Ereignisse der videografierten Situationen fest und können damit auch Selbstberichten und Fragebögen überlegen sein (Krammer/Reusser 2005: 36). Sowohl Bild- als auch Videomaterial kann zur Validierung von Kodierungen herangezogen werden und z. B. in stimulated recalls die (Re-)Konstruktion von Erlebtem und Erinnerungen unterstützen. Bilder und Videoaufnahmen können dazu beitragen, Unschärfen in der Erinnerung und damit Fehlern in der Rekonstruktion von Vergangenem entgegenzuwirken. Trotz der nach wie vor zu berücksichtigenden Subjektivität der Wahrnehmung der Beobachtenden bzw. Kodierenden wird ein Diskurs ermöglicht, der auf Basis der Videodaten erfolgen und sowohl weitere Beobachter*innen als auch Teilnehmer*innen einbeziehen kann (vgl. Goldman 2007a: 18; Hietzge 2018). Ein (vorher) festgelegtes Auswertungsmuster ist nicht mehr zwingend erforderlich. Beobachtungen zu Forschungszwecken profitieren von dieser Reproduzierbarkeit der Situation, die es auch erlaubt, Forschungsfragen anzupassen und ggf. zu erweitern, Kategoriensysteme im Verlauf der Datenkodierung anzupassen, um dadurch verlässlichere und zusätzliche Erkenntnisse generieren zu können. Sowohl für den Zugang zur Videografie als Lehr-/Lernmittel als auch im Kontext des Forschungszugangs sind Videos zeit- und (bei Vernachlässigung der technischen Voraussetzungen) auch nahezu ortsunabhängig. Videodaten bieten somit Flexibilität in der Datenanalyse (Barron 2007: 160; Petko/Waldis/Pauli/Reusser 2003: 265). Videodaten finden im Rahmen der Triangulation oder in Mixed-Methods-Studien Einsatz. Sie können z. B. herangezogen werden, um quantitative Daten des Lernprozesses verstehen bzw. interpretieren zu helfen (Hugener/Pauli/Reusser 2006). Videografie ermöglicht den Zugang aus verschiedenen methodischen Perspektiven, was die Komplexität der Unterrichtsprozesse besser erfassen und abbilden kann (Mayring/Gläser-Zikuda/Ziegelbauer 2005: 4; Petko/Waldis/Pauli/Reusser 2003: 265; Pauli/Reusser 2006; Stigler/Gallimore/Hiebert 2000: 90). Zwar nimmt die Komplexität der Daten und der möglichen Auswertungen dadurch weiter zu, allerdings verbindet sich damit die Chance der Annäherung an die tatsächlichen komplexen Wechselwirkungsbeziehungen von situativen und individuellen Komponenten in Lehr-Lern-Prozessen.

Daneben vermindert die Videografie mögliche Effekte durch die Anwesenheit der Beobachter*innen auf das Verhalten der Proband*innen. Die Effekte einer (Video-)Kamera auf das Verhalten von Proband*innen sind – zumindest nach einer kurzen Gewöhnungszeit – zu vernachlässigen (Hommel 2012). Reale Unterrichts- oder Ausbildungsprozesse sind ohne weitere Störungen videografierbar (Mayring/Gläser-Zikuda/Ziegelbauer 2005: 3; von Aufschnaiter/Wetzel 2001: 8). Die Videografie verfälscht damit die Situation weniger als andere Methoden der Dokumentation (Hornecker 2004: 6). Eine authentische Auseinandersetzung mit der realen Komplexität wird ermöglicht (Kittelsberger/Freisleben 1994: 16 f.; Minnameier/Hermkes/Mach 2015). Videos geben mit ihrer Anschaulichkeit, Lebendigkeit und Informationsreichhaltigkeit die Komplexität der beruflichen Lehr-Lern-Situation besser wieder und zeigen zudem mehr als Beobachter*innen wahrnehmen könnten (Nolda 2007: 483). Die zeitliche Regulation des Videomaterials, d. h. Vor- und Zurückspulen, Verlangsamen oder Standbilder, unterstützt die Wahrnehmung der sonst so schnelllebigen menschlichen Interaktionen und deren Prozesshaftigkeit (Lemke 2007: 44). Auf diese Weise sind ebenso neue Aspekte erkennbar, die sonst verborgen blieben (Hornecker 2004: 6). Anders als bei direkten Beobachtungen ist durch den Einsatz von Videografie eine vertiefte Analyse und Reflexion erreichbar (Koschmann/Stahl/Ziemel 2007: 137).

Im Folgenden werden Forschungsobjekte und Forschungsarbeiten in der beruflichen Bildung thematisiert, die Videografie einbeziehen; differenziert nach Arbeiten, die Lehr-Lern- bzw. Unterrichtsforschung unter Einbezug von Videografie zur Datenerhebung betreiben, Arbeiten, die videobasierte Instruktion zum Gegenstand haben sowie Arbeiten, die Videografie im Kontext der professionellen Entwicklung von Lehrenden einbeziehen.

Video in der beruflichen Lehr-Lern- bzw. Unterrichtsforschung

Die Forschungsgegenstände in der beruflichen Lehr-Lern- bzw. Unterrichtsforschung beziehen sich insbesondere auf Unterrichts- und Ausbildungssituationen und sind daher zumeist prozess- oder verlaufsorientiert. Sie untersuchen u. a. Unterrichtspraktiken (Brinkmann/Rödel 2020), Merkmale der Unterrichtsqualität (Minnameier/Hermkes/Mach 2015), soziale Gegebenheiten (z. B. Heterogenität) und Praktiken, Interaktionen und Diskurse, Bedeutungs- und Aushandlungsprozesse (Schäfer 2017), Lern- und Aufgabenkultur (Halbheer/Reusser 2009; Bates 2015) und das Wirkungsgefüge in komplexen Situationen. Videografie konserviert diese Situationen und macht sie damit der späteren inhaltsanalytischen Auswertung zugänglich (z. B. Cattaneo/Motta 2020; Cattaneo/Boldrini 2017; Hommel 2011).

Des Weiteren findet sich der Einsatz von Videografie im Kontext der beruflichen Lehr-Lern-Forschung, u. a. um Fehlkonzepte der Lernenden z. B. im Rechnungswesen aufzudecken und Interventionen zu entwickeln (Cattaneo/Boldrini 2017; Gewiese/Wuttke/Kästner/Seifried/Türling 2011; Seifried/Türling/Wuttke 2010), Aufmerksamkeitsverhalten über den Verlauf von Lehr-Lern-Einheiten und in verschiedenen Unterrichtskonzepten zu analysieren (Hommel 2012) oder die Merkmale von Unterrichtsqualität, speziell kognitive Aktivierung und konstruktive Unterstützung, zu untersuchen (Minnameier/Hermkes/Mach 2015). Mittels Videografie können Einblicke in interaktionale Prozesse der beruflichen Bildung geniert werden, wie z. B. Interaktionen zwischen Lehrer*innen und Schüler*innen und deren Struktur und Syntax (Achtenhagen/Weber 2018).

Forschung zur videobasierten Instruktion in der beruflichen Bildung

Innerhalb der videobasierten Instruktion lassen sich Erklärvideos (Steib/Berding/Slopinski/Sanders 2020), Videotutorials (Dorgerloh/Wolf 2020; Findeisen/Horn/Seifried 2019; Berk 2009) und Lernfilme (Findeisen/Horn/Seifried 2019) differenzieren. Als Kriterium zur Abgrenzung von Lernfilmen und Erklärvideos kann dabei der „Grad der Didaktisierung" (Findeisen/Horn/Seifried 2019: 18) herangezogen werden, der i. d. R. bei Lernfilmen am höchsten ausgeprägt ist. Die Gestaltung von videobasierter Instruktion fokussiert zum einen die Gestaltungselemente, die in Videos umgesetzt werden und ihre Lernförderlichkeit (Findeisen/Horn/Seifried 2019). Zum anderen wird die Verbindung des Videoeinsatzes mit anderen Materialien im Sinne der Einbettung innerhalb didaktischer Arrangements, wie z. B. komplexen Lehr-Lern-Arrangements oder Blended-Learning-Konzeptionen deutlich. Als solche können Videoclips z. B. realitätsnahe Aufgaben präsentieren, die in komplexe Handlungsszenarien von Lehr-Lern-Arrangements eingebettet sind (bspw. in der Unternehmenssimulation ALUSIM, Achtenhagen/Weber 2018; Achtenhagen/Winther 2009).

Sind Videos selbst Gegenstand der Forschungsbemühungen, steht häufig die Frage nach einer lernförderlichen Gestaltung im Vordergrund (Findeisen/ Horn/Seifried 2019), aber auch die Frage des Einsatzes von Medien in Lehr-Lern-Prozessen (Guo/Pilz 2020). Eine Vielzahl der Videos, die in sozialen Netzwerken, Videocommunities (Hanken/Karbautzki 2011) und Plattformen wie YouTube verfügbar sind, hinterlassen den Eindruck eines eher intuitiven, zufälligen Arrangements. Zur Gestaltung von Videos kann jedoch auf umfangreiche Erkenntnisse aus dem Bereich der Forschung zu multimedialem Lernen zurückgegriffen werden. Hier sind insbesondere die Arbeiten der Forschenden um Richard Mayer hervorzuheben. Für Videos, die gezielt Lernprozesse intendieren, sollten die Prinzipien multimedialen Lernens berücksichtigt werden, aus denen sich klare Empfehlungen für eine lernförderliche Gestaltung ableiten lassen (u. a. Mayer 2014; Moreno/Mayer 2007; Fiorella/Stull/Kuhlmann/Mayer 2018). Instruktionsvideos können um Prompts zur tieferen Auseinandersetzung mit den Inhalten ergänzt werden, Arbeitsaufträge und Anregungen zur Reflexion enthalten oder interaktiv gestaltet sein.

Das Konzipieren und Erstellen von Lehr- und Erklärvideos kann Bestandteil von Lehrveranstaltungen an berufsbildenden Schulen, Hochschulen und Universitäten sein. In der beruflichen Bildung thematisieren Auszubildende z. B. mithilfe selbst erstellter Videos typische Handlungssituationen ihrer beruflichen Tätigkeit (Manz-Matthiesen 2019) und setzen sich dabei im Rahmen der Konzeption und Realisierung der Videobeiträge intensiv mit Theorie und Praxis auseinander. Nehmen Videosequenzen berufliche Handlungssituationen in den Blick, können sie u. a. ein Lernen aus (Lösungs-)Beispielen ermöglichen (Cattaneo/Boldrini 2017; Dobricki/Evi-Colombo/Cattaneo 2020). Dabei kann die berufliche Handlungssituation durch ein solitäres digitales Video abgebildet werden oder in eine 3D-virtuelle Lehr-Lern-Umgebungen eingebettet sein (Dobricki/Evi-Colombo/ Cattaneo 2020). Im Rahmen der Hochschulbildung setzen sich angehende Lehrende bspw. mit Kriterien des multimedialen und lernförderlichen Designs von Videos auseinander, entwickeln Konzeptionen und setzen diese für spezifische Inhaltsbereiche um (z. B. Steib/Berding/Slopinski/Sanders 2020). Wenn Lehrende bzw. angehende Lehrende ihren Unterricht selbst zum Forschungsgegenstand machen, wie im Kontext des Action Research, werden z. B. die Wirkungen des Einsatzes von Erklärvideos im eigenen Unterricht thematisiert (Warju/Sudirman/ Soeryanto/Hidayatullah/Nurtan 2020).

Forschung im Kontext des Einsatzes von Video zur Unterstützung der professionellen Entwicklung von angehenden Lehrenden

Im Rahmen der professionellen Entwicklung oder Professionalisierungsforschung im Bereich der Lehrer*innenbildung werden das professionelle Handeln angehender Lehrender (Seifried/Wuttke 2017), verbales und nonverbales Verhalten und allgemein Erlebtes bzw. Erinnerungen, zu denen ein retrospektiver Zugang erfolgt, in den Blick genommen. Videotools können u. a. dazu beitragen, berufsfachliches Handlungswissen über Videovignetten zu erfassen (Nickolaus 2018; Schmidt/Nickolaus/Weber 2014). Aufgabenvideos erlauben z. B. die Konfrontation und das Trainieren des Umgangs mit didaktischen Herausforderungen (Kuhn/Zlatkin-Troitschanskaia/Saas/Brückner 2018). Kuhn, Zlatkin-Troitschanskaia, Saas und Brückner (2018) nutzen dazu beispielsweise Videotools, um Lehrendenkompetenzen einerseits zu erfassen und andererseits zu fördern. Dabei ist die Videografie Teil eines multimedialen Assessments zur Erfassung von Lehrendenkompetenzen, die sich auf die konkrete, realitätsnahe Handlung beziehen. Entsprechend der hier fokussierten Kompetenzfacetten „reflexive (RC) und aktionsbezogene Kompetenz (AC)" (Kuhn/Zlatkin-Troitschanskaia/Saas/Brückner 2018) erfordern die mit den Videos verbundenen Aufgaben eine Aktion bzw. Reaktion oder die Reflexion über eine Situation. In diesem Ansatz wird die Synthese von Fragestellungen der Lehr-/Lernforschung mit denen der Professionalisierungsforschung realisiert. Ebenfalls im Kontext von Lehrendenkompetenzen liegen Fragestellungen zur professionellen Fehlerkompetenz von angehenden Lehrenden, wie sie insbesondere für den Rechnungswesenunterricht thematisiert werden (Gewiese/Wuttke/Kästner/Seifried/Türling 2011; Seifried/Türling/Wuttke 2010; Türling 2014). Forschungsarbeiten in diesem Kontext widmen sich u. a. den Fragen, wie Lehrende mit Fehlern von Schüler*innen im Kontext des Rechnungswesens umgehen, wie sie typische Fehler erkennen und bei den Schüler*innen kognitive Prozesse anregen und Erkenntnisse unterstützen, die das Verständnis fördern und dazu beitragen, Fehler zu vermeiden.

Werden Videos im Kontext der Lehrer*innenbildung als Lernmaterialien eingesetzt, findet sich häufig die Verbindung der Professionalisierungsforschung mit dem Einsatz von Videografie als Forschungstool (Alvunger/Johansson 2018). So zeigt sich bspw. die Verbindung zwischen dem Einsatz von Video zur Förderung der professionellen Entwicklung von angehenden Lehrenden und Video in der Unterrichtsforschung, wenn Studierende eigene Unterrichtsvideos analysieren. Diese Form der Videografie und das gemeinsame Analysieren von Videos kommen im Rahmen der Lehrer*innenbildung u. a. in Microteachings (Hommel 2020) zum Einsatz. Die Reflexion eigenen unterrichtlichen Handelns und die Reflexionsfähigkeit können dadurch gefördert werden (Hommel 2020). Das gemeinsame Betrachten und Analysieren von Videos, die Lehr-Lern-Situationen in der beruflichen Bildung fokussieren, fördert die selektive Aufmerksamkeit für didaktische Situationen (Gaudin/Chaliès 2015: 53), das didaktische Wissen und die Unterrichtswahrnehmung (Cattaneo/Evi-Colombo/Ruberto/Stanley 2019). Angehende Lehrende in der beruflichen Bildung können so in ihrer Wahrnehmung von Situationen, die ein didaktisches Handeln erfordern, wie Differenzierungsbedarfe, Verständnisschwierigkeiten oder Unterrichtsstörungen, sensibilisiert und situationsadäquate, adressatengerechte Interventionen gefördert werden.

5. Würdigung und Ausblick zur Bild- und Videoforschung in der BWP

Dieser Beitrag diskutiert Bilder und Videos als didaktische Instrumente, Forschungsgegenstände und -werkzeuge im Kontext der Berufs- und Wirtschaftspädagogik. Während die Bildanalyse traditionell eher in der historischen Berufsbildungsforschung von Bedeutung war, hat sie in den letzten Jahren auch Eingang in andere Forschungsbereiche wie der Lehr-Lern-Forschung und der Forschung zur Professionalität und Professionalisierung von (angehenden) Lehrkräften gefunden. In der Lehr-Lern-Forschung spielt die Bildanalyse im Vergleich zu anderen methodischen Zugängen eine noch untergeordnete Rolle, könnte ihr methodisches Potential aber weiter entfalten. Dass dies noch nicht in größerem Ausmaß erfolgt ist, verwundert, da Bilder gerade durch die Digitalisierung des Lern- und Lebensalltages von jungen Menschen zunehmend genutzt werden, z. B. indem alltägliches Erleben und damit auch Situationen beruflicher Bildungsprozesse über Fotografien und Selfies dokumentiert und in sozialen Netzwerken geteilt werden. Damit liegen Bilddaten vor, welche ein (bisher noch wenig genutztes) Erkenntnispotential aufweisen.

Videodaten und Videoanalyse sind etablierte Werkzeuge, Erkenntniswege und didaktische Instrumente in der beruflichen Bildung und Berufsbildungsforschung. Videos, die berufliche Handlungssituationen zum Gegenstand haben, werden sowohl singulär eingesetzt als auch in komplexe Lehr-Lern-Arrangements integriert. In der Lehrer*innenbildung im Bereich der Berufs- und Wirtschaftspädagogik ist die Videografie ein anerkanntes didaktisches Instrument zur Unterstützung der professionellen Entwicklung Studierender. Im Forschungskontext sind die Perspektiven und der Einsatz von Videografie in der Berufs- und Wirtschaftspädagogik vielfältig. Dem häufig größeren Aufwand in der Erhebung und der Analyse der Daten steht der Mehrwert breiterer Erkenntnismöglichkeiten aus Diskursen und Sekundäranalysen des Videomaterials gegenüber, woraus veränderte und weitergehende Erkenntnisinteressen bedient werden können.

Literatur

Achtenhagen, Frank & Weber, Susanne (2018): Domain-specific aspects of teaching-learning research. In J. Schlicht & U. Moschner (Hrsg.), Berufliche Bildung an der Grenze zwischen Wirtschaft und Pädagogik. Reflexionen aus Theorie und Praxis (S. 219–238). Springer.

Achtenhagen, Frank & Winter, Esther (2009): Konstruktvalidität von Simulationsaufgaben: Computergestützte Messung berufsfachlicher Kompetenz – am Beispiel der Ausbildung von Industriekaufleuten. Abschlussbericht zur Einreichung beim BMBF. Bonn: BMBF.

Alvunger, Daniel & Grahn Johansson, Viktoria (2018): Exploring recontextualization of didactic ability and vocational teacher students' professional learning through video analysis. Nordic Journal of Vocational Education and Training, 8(3), 36–56.

Barron, Brigid (2007): Video as a Tool to Advance Understanding of Learning and Development in Peer, Family, and other Informal Learning Contexts. In Ricky Goldman, Roy Pea, Brigid Barron & Sharon J. Derry (Hrsg.), Video Research in the Learning Sciences (S. 159–188). Erlbaum.

Bates, Charlotte (2015): Video Methods. Social Science Research in Motion. Routledge.

Berk, Ronald Alan (2009): Multimedia teaching with video clips: TV, movies, YouTube, and mtvUin the college classroom. International Journal of Technology in Teaching and Learning, 5(1), 1–21.

Blomberg, Geraldine; Renkl, Alexander; Gamoran Sherin, Miriam; Borko, Hilda & Seidel, Tina (2013): Five research based heuristics for using video in pre-service teacher education. Journal for Educational Research Online, 5(1), 90–114.

Bohnsack, Ralf (2007): Dokumentarische Bildinterpretation. Am exemplarischen Fall eines Werbefotos. In Renate Buber & Hartmut H. Holzmüller (Hrsg.), Qualitative Marktforschung. Konzepte – Methoden – Analysen (S. 951–978). Wiesbaden: Gabler.

Bohnsack, Ralf (2011): Qualitative Bild- und Videointerpretation (2. Aufl.). Budrich.

Bohnsack, Ralf (2014): Rekonstruktive Sozialforschung. Einführung in qualitative Methoden (9. Auflage). Opladen, Toronto: Budrich.

Brinkmann, Malte & Rödel, Severin Sales (2020): Pädagogisch-phänomenologische Videographie in der Lehrer*innenbildung. Von normativen Sehgewohnheiten und bildenden Blickwechseln. In Michael Corsten, Melanie Pierburg, Dennis Wolf, Katrin Hauenschild, Barbara Schmidt-Thieme, Ulrike Schütte, Sabrina Zourlidis (Hrsg.), Qualitative Videoanalyse in Schule und Unterricht (S. 301–315). Weinheim/Basel: Beltz Juventa.

Cattaneo, Alberto A. P. & Boldrini, Elena (2017): Learning from errors in dual vocational education: video-enhanced instructional strategies. Journal of Workplace Learning, 29(5), 357–373.

Cattaneo, Alberto A. P. & Motta, Elisa (2020): "I Reflect, Therefore I Am… a Good Professional". On the Relationship between Reflection-on-Action, Reflection-in-Action and Professional Performance in Vocational Education. Vocations and Learning, online. DOI: 10.1007/s12186-020-09259-9.

Cattaneo, Alberto A. P.; Evi-Colombo, Alessia; Ruberto, Maria & Stanley, Julian (2019): Video Pedagogy for Vocational Education. An overview of video-based teaching and learning. Turin: European Training Foundation. Online: https://www.etf.europa.eu/sites/default/files/2019-08/video_pedagogy_for_vocational_education.pdf [12.01.2020].

Cohors-Fresenborg, Elmar (2012): Metakognitive und discursive Aktivitäten – ein intellektueller Kern im Unterricht der Mathematik und anderer geisteswissenschaftlicher Fächer. In Horst Bayrhuber, Ute Harms, Bernhard Muszynski, Bernd Ralle, Martin Rothgangel, Lutz-Helmut Schön, Helmut J. Vollmer & Hans-Georg Weigand (Hrsg.), Formate fachdidaktischer Forschung, Empirische Projekte – historische Analysen – theoretische Grundlegungen (S. 145–162). Münster: Waxmann.

Dilger, Bernadette & Sloane, Peter F. E. (2007): Die wirklich vollständige Handlung – Eine Betrachtung des Handlungsverständnisses in der beruflichen Bildung unter dem Fokus der Selbstregulation. In Friedrich-Wilhelm Horst, Jürgen Schmitter & Jens Tölle (Hrsg.), Lernarrangements wirksam gestalten. Wie MOSEL Probleme löst. Band 1 (S. 66–103). Paderborn: Eusl.

Dobricki, Martin, Evi-Colombo, Alessia & Cattaneo, Alberto (2020): Situating vocational learning and teaching using digital technologies – a mapping review of current research literature International journal for research in vocational education and training, 7(3), 344–360. DOI: 10.13152/IJRVET.7.3.5.

Dorgerloh, Stephan & Wolf, Karsten D. (2019): Lehren und Lernen mit Tutorials und Erklärvideos. Beltz.

Evers, Laura (2020): Mmb Trendmonitor 2020: Videos sind die Top-Lernform für Unternehmen! Online: https://www.blink.it/blog/mmb-trendmonitor-2020 [09.02.2021].

Findeisen, Stefanie; Horn, Sebastian & Seifried, Jürgen (2019): Lernen durch Videos – Empirische Befunde zur Gestaltung von Erklärvideos. MedienPädagogik, Zeitschrift für Theorie und Praxis der Medienbildung, 16–36. DOI: 10.21240/mpaed/00/2019.10.01.X.

Fiorella, Logan, Stull, Andrew, Kuhlmann, Shelbi & Mayer, Richard E. (2018): Instructor Presence in Video Lectures: The Role of Dynamic Drawings, Eye Contact, and Instructor Visibility. Journal of Educational Psychology. Advance online publication. http://dx.doi.org/10.1037/edu0000375.

Gaudin, Cyrill & Charliès, Sébastien (2015): Video viewing in teacher education and professional development: A literature review. Educational Research Review, 16, 41–67.

Gerholz, Karl-Heinz (2022): Berufliche Bildung. In Heinz Reinders, Dagmar Bergs-Winkels, Annette Prochnow & Isabell Post (Hrsg.), Empirische Bildungsforschung. Eine elementare Einführung. Wiesbaden: Springer.

Gerholz, Karl-Heinz & Brahm, Taiga (2014): Apprenticeship and Vocational Education: An Institutional Analysis of Workplace Learning in the German Vocational System. In Christian Harteis, Andreas Rausch & Jürgen Seifried (Hrsg.), Discourses on Professional Learning (S. 143–158). Wiesbaden: Springer.

Gerholz, Karl-Heinz & Sloane, Peter F. E. (2011): Lernfelder als universitäres Curriculum? – Eine hochschuldidaktische Adaption. bwp@, 20, Berufs- und Wirtschaftspädagogik – online. Online: http://www.bwpat.de/ausgabe20/gerholz_sloane_bwpat20.pdf [09.02.2021].

Gerholz, Karl-Heinz; Sloane, Peter F. E; Fuge, Juliane; Kaiser, V. & Schwabl, Franziska (2013): Die Fakultät als Organisation – Theoretische und empirische Modellierung. Zeitschrift für Berufs- und Wirtschaftspädagogik, 2/2013, 191–215.

Gewiese, Anna, Wuttke, Eveline, Kästner, Ronny, Seifried, Jürgen & Türling, Janosch (2011): Professionelle Fehlerkompetenz von Lehrkräften – Wissen über Schülerfehler und deren Ursachen. In Uwe Faßhauer, Josef Aff, Bärbel Fürstenau & Eveline Wuttke (Hrsg.), Lehr-Lernforschung und Professionalisierung. Perspektiven der Berufsbildungsforschung (S. 161–172). Budrich. DOI: 10.3224/86649367.

Goldman, Ricky (2007a): ORIONTM, an online digital video data analysis tool: Changing our perspectives as an interpretive community. In Ricky Goldman, Roy Pea, Brigid Barron & Sharon J. Derry (Hrsg.), Video Research in the Learning Sciences (S. 507–520). Erlbaum.

Goldman, Ricky, Pea, Roy, Barron, Brigid & Derry, Sharon J. (2007b): Video Research in the Learning Sciences. Erlbaum.

Guo, Henan & Pilz, Matthias (2020): A comparative study of teaching and learning in German and Chinese vocational education and training schools: A classroom observation study. Research in Comparative & International Education, 15(4), 391–413. DOI: 10.1177/1745499920959150.

Halbheer, Ueli & Reusser, Kurt (2009): Innovative Settings und Werkzeuge der Weiterbildung als Bedingung für die Professionalisierung von Lehrpersonen. In Olga Zlatkin-Troitschanskaia, Klaus Beck, Detlef Sembill, Reinhold Nickolaus & Regina Mulder (Hrsg.), Lehrprofessionalität – Bedingungen, Genese, Wirkungen und ihre Messung (S. 465–476). Beltz.

Hanken, Claas & Karbautzki, Louisa (2011): Die Video-Community draufhaber.tv. bwp@ Spezial 5. Hochschultage Berufliche Bildung 2011. Online: https://www.bwpat.de/content/ht2011/ft13/hanken-karbautzki/index.html.

Hatch, Thomas, Shuttleworth, Jay M., Jaffee, Ashley Taylor & Marri, Anand (2016): Videos, pairs, and peers. What connects theory and practice in teacher education? Teaching and Teacher Education, 59, 274–284. DOI: 10.1016/j.tate.2016.04.011.

Hertle, Eva M. (2007): Studienseminare – Stätten innovativer Lehrerbildung. Eine Fallstudie in der zweiten Phase der Lehrerbildung für berufliche Schulen, Paderborn 2007.

Hietzge, Maud (2018): Interdisziplinäre Videoanalyse: Rekonstruktionen einer Videosequenz aus unterschiedlichen Blickwinkeln. Budrich.

Hörter, Phillip, Gippert, Christina, Holodynski, Manfred & Stein, Martin (2020): Klassenführung und Fachdidaktik im (Anfangs-)Unterricht Mathematik erfolgreich integrieren – Konzeption einer videobasierten Lehrveranstaltung zur Förderung der professionellen Unterrichtswahrnehmung. HLZ, 3(1), 256–282. DOI: 10.4119/hlz-2551.

Hommel, Mandy (2011): Aufmerksamkeitsverlauf – Fremdbeobachtung und Eigeneinschätzung. In U. Faßhauer, B. Fürstenau & E. Wuttke (Hrsg.), Grundlagenforschung zum Dualen System und Kompetenzentwicklung in der Lehrerbildung (S. 117–129). Budrich.

Hommel, Mandy (2012): Aufmerksamkeitsverhalten und Lernerfolg – eine Videostudie (Dissertation). Europäische Hochschulschriften. Reihe XI Pädagogik, Bd./Vol. 1023. Peter Lang.

Hommel, Mandy (2020): Microexperiences und angeleitete Reflexion – Handlungstrainings zur Förderung der professionellen Entwicklung und der Reflexionsfähigkeit. In Katrin Hauenschild, Barbara Schmidt-Thieme, Dennis Wolff & Sabrina Zourelidis (Hrsg.), Videografie in der Lehrer*innenbildung. Aktuelle Zugänge, Herausforderungen und Potentiale (S. 25–38). Hildesheimer Beiträge zur Schul- und Unterrichtsforschung. Hildesheim: Universitätsverlag. DOI: 10.18442/103.

Hornecker, Eva (2004): Videobasierte Interaktionsanalyse – der Blick durch die (Zeit-)Lupe auf das Interaktionsgeschehen kooperativer Arbeit. In Andreas Boes & Sabine Pfeiffer, Informationsarbeit neu verstehen. Methoden zur Erfassung informatisierter Arbeit, Reihe: ISF München Forschungsberichte. München.

Hugener, Isabelle; Pauli, Christine & Reusser, Kurt (2006): Dokumentation der Erhebungs- und Auswertungsinstrumente zur schweizerisch-deutschen Videostudie „Unterrichtsqualität, Lernverhalten und mathematisches Verständnis". 3. Videoanalysen. GFPF.

Imdahl, Max (1996): Giotto Arenafresken. Ikonographie – Ikonologie – Ikonik. München: Brill Fink.

Ingenkamp, Karl-Heinz & Lissmann, Urban (2005): Lehrbuch der pädagogischen Diagnostik. Weinheim, Basel: Beltz.

Jäkel, Olaf (2020): Analysing Classroom English: Forschungsaufgaben im Fach Englisch in der Grundschule als Action Research durch Diskursanalyse selbsthobenen Korpusmaterials. In Jens Winkel, Maike Busker, Lisa Schüler, Holger Limberg & Olaf Jäkel (Hrsg.), Forschendes Lernen im Praxissemester an der Europa-Universität Flensburg (S. 77–88). Flensburg University Press.

Kipp, Martin (2005): Ganzheitliche Facharbeiterausbildung im Volkswagen-Vorwerk Braunschweig – Best Practice-Beispiel der Deutschen Arbeitsfront. Berufs- und Wirtschaftspädagogik online, Ausgabe 9, Betrieb als Lernort. Online: https://www.bwpat.de/ausgabe9/kipp_bwpat9.pdf (23.01.2021).

Kittelsberger, Rainer & Freisleben, Immo (1994): Lernen mit Video und Film. Beltz.

Knigge, Michel; Duarte, Silveira; Nordstrand, Joana da; Nordstrand, Vibeke; Siemon, Jens & Stolp, Claudia (2013): Videostudien als Mittel fachdidaktischer Erkenntnisgewinnung. bwp@ Berufs- und Wirtschaftspädagogik – online. Online: www.bwpat.de/ausgabe24/knigge_etal_bwpat24.pdf (04.01.2021).

Koschmann, Timothy, Stahl, Gerry & Zemel, Alan (2007): The Video Analyst's Manifesto (or The Implications of Garfinkel's Policies for Studying Instructional Practice in Designed-Based Research). In Ricki Goldman, Roy Pea, Brigid D. Barron & Sharon J. Derry (Hrsg.), Video Research in the Learning Sciences (S. 133–144). Erlbaum.

Krammer, Kathrin & Reusser, Kurt (2005): Unterrichtsvideos als Medium der Aus- und Weiterbildung. Beiträge zur Lehrerbildung, 23(1), 35–50.

Kremer, Hans-Hugo (2003): Implementation Didaktischer Theorie – Innovationen gestalten. Annäherungen an eine theoretische Grundlegung im Kontext der Einführung lernfeldstrukturierter Curricula. Paderborn: Eusl.

Kuhn, Christiane; Zlatkin-Troitschanskaia, Olga; Saas, Hannes & Brückner, Sebastian (2018): Konstruktion, Implementation und Evaluation eines multimedialen Assessmenttools in der wirtschaftspädagogischen Ausbildung. In Juliana Schlicht & Ute Moschner (Hrsg.), Berufliche Bildung an der Grenze zwischen Wirtschaft und Pädagogik. Reflexionen aus Theorie und Praxis (S. 339–356). Springer.

Kutscha, Günter (2010): Berufsbildungssystem und Berufsbildungspolitik. In Reinhold Nickolaus, Günter Pätzold, Holger Reinisch & Tade Tramm (Hrsg.), Handbuch Berufs- und Wirtschaftspädagogik (S. 311–323). Bad Heilbrunn: UTB/Klinkhardt.

Lemke, Jay (2007): Video Epistemology In- and Outside the Box: Traversing Attentional Spaces. In Ricki Goldman, Roy Pea, Brigid Barron & Sharon J. Derry (Hrsg.), Video Research in the Learning Sciences (S. 39–51). Erlbaum.

Liszt, Verena (2018): Professionalisierung in der Erwachsenenbildung Qualitative Untersuchung von Absolventen und Absolventinnen der Wirtschaftspädagogik. Wiesbaden: Springer.

Mannheim, Karl (1964): Das Problem der Generationen. In Karl Mannheim (Hrsg.), Wissenssoziologie (S. 509–565). Neuwied.

Manz-Matthiesen, Simone (2019): Erklärvideos in der beruflichen Bildung. In Stephan Dorgerloh & Karsten D. Wolf (Hrsg.), Lehren und Lernen mit Tutorials und Erklärvideos (Kapitel 5.3, S. 108–110). Beltz.

Mayer, Richard E. (2014): The Cambridge Handbook of Multimedia Learning (2. Aufl.). Cambridge University Press.

Mayring, Phillipp; Gläser-Zikuda, Michaela & Ziegelbauer, Sascha (2005): Auswertung von Videoaufnahmen mit Hilfe der Qualitativen Inhaltsanalyse – Ein Beispiel aus der Unterrichtsforschung. MedienPädagogik, 9, 1–17. Online: https://nbn-resolving.org/urn:nbn:de:0168-ssoar-3414 (23.01.2021).

Minnameier, Gerhard, Hermkes, Rico & Mach, Hanna (2015): Kognitive Aktivierung und Konstruktive Unterstützung als Prozessqualitäten des Lehrens und Lernens. Zeitschrift für Pädagogik, 6, 837–856.

Moreno, Roxana & Mayer, Richard E. (2007): Interactive Multimodal Learning Environments. Educational Psychology Review, 19, 309–326. DOI: 10.1007/s10648-007-9047-2.

Nickolaus, Reinhold (2018): Kompetenzmodellierungen in der beruflichen Bildung – eine Zwischenbilanz. In Juliana Schlicht & Ute Moschner (Hrsg.), Berufliche Bildung an der Grenze zwischen Wirtschaft und Pädagogik. Reflexionen aus Theorie und Praxis (S. 255–282). Springer.

Nolda, Sigrid (2007): Videobasierte Kursforschung. Zeitschrift für Erziehungswissenschaft, 10, 478–492.

Ostendorf, Annette & Thoma, Michael (2010): Das Bild der Organisation und die Organisation des Bildes – ein Beitrag zu einer poststrukturalistisch orientierten Schulbuchforschung. Zeitschrift für Berufs- und Wirtschaftspädagogik, 106(2), 240–257.

Pätzold, Günter & Wahler, Manfred (2010): Historische Berufsbildungsforschung. In Reinhold Nickolaus, Günter Pätzold, Holger Reinisch & Tade Tramm (Hrsg.), Handbuch Berufs- und Wirtschaftspädagogik (S. 393–400). UTB.

Panofsky, Erwin (1975): Ikonographie und Ikonologie. Eine Einführung in die Kunst der Renaissance. In Erwin Panofsky (Hrsg.): Sinn und Deutung in der bildenden Kunst (S. 36–67). DuMont.

Pauli, Christine & Reusser, Kurt (2006): Von international vergleichenden Video Surveys zur videobasierten Unterrichtsforschung und -entwicklung. Zeitschrift für Pädagogik, 52(6), 774–797.

Peterßen, Wilhelm H. (2000): Handbuch Unterrichtsplanung. Grundfragen, Modelle, Stufen. Oldenbourg.

Petko, Dominik; Waldis, Monika; Pauli, Christine & Reusser, Kurt (2003): Methodologische Überlegungen zur videogestützten Forschung in der Mathematikdidaktik. ZDM, 35(6), 265–280.

Peuker, Birgit & Herkner, Volker (2020): Forschendes Lernen im Bereich berufsbildender Schulen – Perspektiven aus Sicht der Beruflichen Fachrichtung Ernährungs- und Hauswirtschaftswissenschaft sowie der Berufspädagogik. In Jens Winkel, Maike Busker, Lisa Schüler, Holger Limberg & Olaf Jäkel (Hrsg.), Forschendes Lernen im Praxissemester an der Europa-Unviersität Flensburg (S. 11–26). Flensburg University Press.

Schäfer, Markus (2017): Das Unterrichtsprojekt kfz4me.de – designbasiertes Lehren und Lernen. Lernen & Lehren, Elektrotechnik – Informationstechnik – Metalltechnik – Fahrzeugtechnik. 126(32). 66–72.

Schmidt, Thomas, Nickolaus, Reinhold & Weber, Wolfgang (2014): Modellierung und Entwicklung des fachsystematischen und handlungsbezogenen Fachwissens von Kfz-Mechatronikern. Zeitschrift für Berufs- und Wirtschaftspädagogik, 110(4), 549–574.

Schön, Donald A. (1983): The Reflective Practitioner: How professionals think in action. Aldershot: Arena.

Schwabl, Franziska (2020): Inszenierungen im digitalen Bild. Eine Rekonstruktion der Selfie-Praktiken Jugendlicher mittel der dokumentarischen Bildinterpretation. Detmold: Eusl.

Seidel, Tina & Prenzel, Manfred (2003): Videoanalyse als Methode in der Lehr-Lern-Forschung. Journal für Lehrerinnen- und Lehrerbildung, 54–60.

Seifried, Jürgen, Türling, Janosch & Wuttke, Eveline (2010): Professionelles Lehrerhandeln – Schülerfehler erkennen und für Lernprozesse nutzen. In J. Warwas & D. Sembill (Hrsg.), Schulleitung zwischen Effizienzkriterien und Sinnfragen (S. 137–156). Schneider Verlag Hohengehren.

Seifried, Jürgen & Wuttke, Eveline (2017): Der Einsatz von Videovignetten in der wirtschaftspädagogischen Forschung: Messung und Förderung von fachwissenschaftlichen und fachdidaktischen Kompetenzen angehender Lehrpersonen. In C. Gräsel & K. Trempler (Hrsg.), Entwicklung von Professionalität pädagogischen Personals. Springer VS. DOI: 10.1007/978-3-658-07274-2_16.

Steib, Christian, Berding, Florian, Slopinski, Andreas & Sanders, Bernd (2020): Die Konzeption, Erstellung, Erprobung und Evaluation von Lern- und Erklärvideos zum Rechnungswesen – Die Durchführung einer Lernveranstaltung im Studium für das Lehramt an berufsbildenden Schulen nach dem Konzept Forschenden Lernens. In Florian Berding, Heike Jahncke & Andreas Slopinski (Hrsg.), Moderner Rechnungswesenunterricht 2020. Status quo und Entwicklungen aus wissenschaftlicher und praktischer Perspektive (S. 359–387). Springer.

Stigler, James W., Gallimore, Ronald & Hiebert, James (2000): Using Video Surveys to Compare Classrooms and Teaching Across Cultures: Examples and Lessons from the TIMMS Video Studies. Educational Psychologies, 35(2), 87–100.

Türling, Janosch (2014): Die professionelle Fehlerkompetenz von (angehenden) Lehrkräften. Springer VS.

Tulodziecki, Gerhard, Herzig, Bardo & Grafe, Silke (2019): Medienbildung in Schule und Unterricht. Grundlagen und Beispiele (2. Aufl.). Bad Heilbrunn: Klinkhardt.

von Aufschnaiter, Stefan & Welzel, Manuela (2001): Nutzung von Videodaten zur Untersuchung von Lehr-und-Lern-Prozessen: Eine Einführung. In Stefan von Aufschnaiter & Manuela Welzel (Hrsg.), Nutzung von Videodaten zur Untersuchung von Lehr-und-Lern-Prozessen (S. 7–15). Waxmann.

Wahle, Manfred (2007): Bilder der Arbeit und Berufsausbildung. In Karin Büchter & Martin Kipp (Hrsg.), Berufspädagogisch-historische Medienanalyse. Bilder, Fotos, Filme, Berufsordnungsmittel, Lehrgänge, Zeitschriften und Werkbibliotheken (S. 11–37). Oldenbourg: BIS.

Walker, Felix & Faath-Becker, Andrea (2019): Videovignetten. Ein Ansatz zur Einlösung der Anforderungen an die professionelle Kompetenz zukünftiger Lehrkräfte für berufsbildende Schulen? Berufsbildung, 73(177), 16–19.

Warju, Warju, Sudirman, Rizki Ariyanto, Soeryanto, Sipon, Hidayatullah, Rachmad & Nurtanto, Muhammad (2020): Practical Learning Innovation: Real Condition Video-Based Direct Instruction Model in Vocational Education. Journal of Educational Science and Technology, 6(1), 79–91.

Wilbers, Karl (2010): Standards für die Aus- und Weiterbildung berufs- und wirtschaftspädagogischer Professionals. In Günter Pätzold, Holger Reinisch & Reinhold Nickolaus (Hrsg.), Handbuch Berufs- und Wirtschaftspädagogik (S. 31–36). UTB.

Wild, Klaus-Peter (2003): Videoanalysen als neue Impulsgeber für eine praxisnahe prozessorientierte empirische Unterrichtsforschung. Unterrichtswissenschaft, 31, 98–102.

„Bild." in der sozialpädagogischen Diskussion

Georg Cleppien

1. Allgemeiner Überblick

Die Diskussionen in der Sozialpädagogik haben mehr oder weniger Anschlüsse an die erziehungswissenschaftlichen Diskussionen. Mehr Anschlüsse haben Thematisierungen, die explizit in erziehungswissenschaftlichen Debatten zu verorten sind. In diesem Zusammenhang sind auch jene Beiträge einzuordnen, die in „gemeinsamen" Veröffentlichungen Themata je spezifisch bearbeiten (bspw. Bauer/Wiezorek 2017; Schmidt u. a. 2016). Diesbezüglich stellen sich die Fragen, inwiefern einzelne Beiträge überhaupt welcher Diskussion zuzuordnen sind oder ob eine solche grenzziehende Zuordnung immer sinnvoll ist. Vergleichbare Fragen sind ebenso für eine Grenzziehung zwischen früh- und sozialpädagogischer Diskussion zu beantworten. Weniger Anschlüsse haben hingegen Thematisierungen im Kontext der Sozialen Arbeit. Dies liegt sicherlich auch daran, dass diese Thematisierungen andere theoretische Referenzen pflegen. Gleichzeitig folgt aus diesem Umstand nicht, dass etwa Besonderheiten gegenüber erziehungswissenschaftlichen Thematisierungsweisen und Themata in Diskussionen der Sozialen Arbeit konstatiert werden können. Häufig handelt es sich um eine Nichtberücksichtigung.

Diese allgemeinen Hinweise zu den Besonderheiten der sozialpädagogischen Thematisierungsweisen gelten auch für das Thema „Bild.". Dabei gilt es zu unterscheiden, dass „Bild." einerseits im pädagogischen Umgang, im Sinne eines didaktischen Interesses und einer sozialisierenden Wirkung jenseits pädagogischer Intentionalität betrachtet werden kann. Andererseits „Bild." aber auch im wissenschaftlichen Umgang, in dem Bilder eine Erkenntnisquelle darstellen bzw. methodisch-methodologische Fragen der Bildanalyse im Zentrum stehen können (vgl. Dörner 2014: 428). Bezugspunkt dieser Überlegungen sind materielle Bilder, die in die pädagogische Diskussion v. a. als Bildmedien einbezogen werden. Davon abzugrenzen ist die eher metaphorisch ausgerichtete Thematisierung von „Bild." in vielfältigen Kombinationen, wie bspw. Menschenbild, Gesellschaftsbild etc. In ihren Überlegungen zum Familienbild konstatieren Petra Bauer und Christine Wiezorek (2017b) für diesen Diskussionsbereich einen pragmatischen

Umgang mit „Bild.", wobei sie auf die Differenzierung von materiellen, mentalen und sprachlichen Bildern zurückgreifen. Systematische Überlegungen wiederum finden sich, so die Autorinnen, nur in Einzelfällen.

Um die wissenschaftlichen Weisen der Bezugnahme auf „Bild." in sozialpädagogischen Thematisierungen nachzuzeichnen – wobei Ausgriffe auf allgemein erziehungswissenschaftliche und frühpädagogische Thematisierungen nicht verhinderbar sind –, greife ich systematisch auf die Differenzierung von epistemischen und technischen Dingen sowie auf die Methode des Kontrastierens zurück.

In Anschluss an die Ausführungen bei Hans-Jörg Rheinberger (2006) zum Experimentalsystem sind technische Dinge als diejenigen Materialien und Methoden zu bestimmen, die die Wissenschaftler*innen verwenden, um Forschung durchzuführen. Davon abzugrenzen sind epistemische Dinge: „Epistemische Dinge sind die Dinge, denen die Anstrengung des Wissens gilt – nicht unbedingt Objekte im engeren Sinn, es können auch Strukturen, Reaktionen, Funktionen sein. Als epistemisch präsentieren sich diese Dinge in einer für sie charakteristischen, irreduziblen Verschwommenheit" (ebd.: 27). Als epistemisches Ding ist „Bild." der Gegenstand der Forschung, also ein Wissensobjekt, wohingegen technische Dinge die Materialien und Methoden der Produktion und Darstellung von Forschungsresultaten darstellen. Im Zentrum der wissensordnenden Diskussion stehen folglich epistemische Dinge, die mit Hilfe der Anordnung technischer Dinge produziert wurden. Der Vorteil dieser Begrifflichkeit gegenüber derjenigen von Forschungsgegenstand und Instrument (vgl. Friebertshäuser u. a. 2013) ist erstens in der Kombination von Materialien und Methoden als technische Dinge zu sehen. Zweitens können sich epistemische Dinge zu technischen Dingen stabilisieren. So fasst bspw. Rudolf Schmidt (2017) in seinen Überlegungen zur systematischen Metaphernanalyse erst den Diskussionsstand zur Metapher als epistemisches Ding zusammen, um daran anschließend Metaphern als technische Dinge (also hinreichend für Forschung stabilisiert) durch die einzelnen Wissenschaften zu verfolgen. Und drittens verweist die Differenz von epistemischen und technischen Dingen systematisch auf Fragen der Produktion dieser Dinge. „Bild." ist in diesem Sinne eine produzierte Fixierung, wobei die Produktion in der Reflexion nicht immer systematisch eingeholt wird.

Die am Sprachbild „Metapher" angedeutete Stabilisierungsdynamik von epistemischen zu technischen Dingen lässt sich auch mit Blick auf „Bild." in der sozialpädagogischen bzw. generell in der erziehungswissenschaftlichen Diskussion nachzeichnen. So hebt bspw. Theodor Schulze (2013) für die Bildinterpretation den Umgang mit Materialien und Methoden als bedeutend hervor und betont einen engen Zusammenhang von „Bildwissenschaft und Bildforschung". Das im bildwissenschaftlichen Kontext zentrale epistemische Ding „Bild." wird hinreichend stabilisiert in der erziehungswissenschaftlichen bzw. sozialpädagogischen Diskussion als technisches Ding verwendet. Hier bezieht sich der Autor v. a. auf die Ikonologie (vgl. auch Dörner 2014), die eher an der Sprachlichkeit des Bildmaterials und weniger an der Eigendynamik des Bildes ansetzt (vgl. Müller-Doohm 1993). Ebenso als technisches Ding wird „Bild." in der praktisch ausgerichteten Diskussion verwendet. Während jedoch Olaf Dörner (2014) v. a. auf den Vermittlungsaspekt praktischer Pädagogik Bezug nimmt, wird im sozialpädagogischen Kontext „Bild." eher mit Blick auf Diagnose bzw. Lebenswelt- und Sozialraumanalyse thematisch (vgl. die Beiträge in Deinet 2009). In diesem Sinn lassen sich die Verwendungsweisen von „Bild." als technische Dinge in der praktischen wie in der wissenschaftlichen Sozialpädagogik im Sinne einer „rekonstruktiven Sozialpädagogik" (vgl. Jakob/Wensierski 1997) parallelisieren.

Neben diesen Thematisierungen von „Bild." als technisches Ding lassen sich eine Reihe von Nicht-Thematisierungen nachzeichnen, die erst im Kontrast einer umfassenden Betrachtung von „Bild." im Kontext einer Bildwissenschaft einerseits und der eingeschränkteren Thematisierung in der Sozialpädagogik andererseits auffallen. Im Zentrum einer solchen kontrastierenden Diskussion möglicher Thematisierungen steht „Bild." als epistemisches Ding (vgl. Günzel/Mersch 2014). Kontrastierend hierzu kann das „Handbuch Soziale Arbeit" (Otto u. a. 2018) verwendet werden, um auf Nicht-Thematisierungen bzw. Möglichkeiten der Thematisierung von „Bild." in der sozialpädagogischen Diskussion hinzuweisen. Auffällig wird hierbei v. a., dass Bilder als Darstellungsmittel (Schaubilder, Abbildungen usw.) und bildtheoretische Grundlagen einzelner sozialpädagogischer Ansätze verwendet werden, diese Verwendung aber nicht systematisch reflektiert wird.

Von dieser Bezugnahme auf „Bild." als technisches Ding zu unterscheiden sind Überlegungen zum Familienbild, Gesellschaftsbild, Menschenbild usw. Für diese Konstrukte ist die bisher behauptete eindeutige Zuordnung von „Bild." als technisches Ding nicht gegeben. Vielmehr ist in diesen Fällen von „Bild." als technisches bzw. epistemisches Ding zu sprechen. Diese Überlegungen rekurrieren auf die Differenz von materiellen, mentalen und sprachlichen Bildern (vgl. u. a. Mersch/Ruf 2014). Während nun materielle, mentale und sprachliche Bilder in der sozialpädagogischen Diskussion als technische Dinge verwendet werden, sind es v. a. mentale Bilder (bspw. Bauer/Wiezorek 2017b), die auch als epistemische Dinge zu betrachten sind. Aber auch hier gilt es zu berücksichtigen, dass Konzeptionen wie Familienbild, Gesellschaftsbild, Menschenbild usw. als hinreichend stabilisierte technische Dinge bspw. zur Darstellung eines theoretischen Ansatzes verwendet werden können. Im Zentrum der systematischen Betrachtung von mentalen Bildern steht jedoch die Kontrastierung von „Bild." mit mentalen, sozialen bzw. kulturellen Repräsentationen als alternative Konzepte zur Bezeichnung dessen, was mit „Bild." zu bezeichnen ist. Herauszustellen ist diesbezüglich, dass hier von „Bild." zumeist eher metaphorisch gesprochen wird. Diskutiert wird dies exemplarisch an einem systematischen Ansatz, in dem explizit auf die Bildlichkeit von mentalen Bildern verwiesen und die Eigenqualität von Bildern durch den Rekurs auf den phänomenologischen Ansatz Rechnung getragen werden soll (vgl. Wiezorek/Ummel 2017).

Die folgende Darstellung der (Nicht-)Thematisierung von „Bild." in der sozialpädagogischen Diskussion folgt der Reihenfolge der in diesem kurzen Überblick angedeuteten Thematisierungen von „Bild." als technisches Ding erstens und als epistemisches Ding zweitens. In Abschnitt 2.1 zeichne ich die Kontrastierung zweier Handbücher nach, um so ein umfassenderes Bild der Möglichkeiten des Thematisierens mit der Darstellung konkreter Thematisierungen zu zeichnen. Diesbezüglich beziehe ich mich als Überblick über Thematisierungen in der Bildwissenschaft auf „Bild. Ein interdisziplinäres Handbuch" (Günzel/Mersch 2014). Dieses Werk ist von „Film- und Fotoanalyse in der Erziehungswissenschaft. Ein Handbuch" (Ehrenspeck/Schäffer 2003) systematisch zu unterscheiden. Im letzteren werden die Bildmedien *Foto* und *Film* zwar ins Zentrum gestellt, gleichzeitig ist die Perspektive des Handbuches nicht auf eine umfassende Thematisierung dieser Medien, sondern auf deren Analyse bezogen. Der Mehrwert der Betrachtung des interdisziplinären Handbuches „Bild." liegt folglich in der Bezugnahme auf „Bild." als epistemisches Ding in einem umfassenderen Sinne. In Abschnitt 2.2 wird der kontrastierende Vergleich auf die Diskussion von materiellen Bildern in der Sozialpädagogik konkretisiert. Dies ist v. a. mit Blick auf die praktisch-pädagogische und wissenschaftliche Verwendung von Bildern die offensichtlichere Thematisierungsweise von „Bild.". Im Abschnitt 3 folgt die Darstellung der Diskussion von „Bild." als epistemisches Ding in der Sozialpädagogik. Im Zentrum stehen dabei besonders sogenannte mentale Bilder. Was bezüglich dieser Thematisierung von „Bild." – und darin ist die Betrachtung epistemischer Dinge von der Betrachtung technischer Dinge nicht zu differenzieren – letztlich herauszustellen ist, ist, dass „Bild." produzierte Fixierungen sind, deren Produktionsprozess nicht immer systematisch in den Blick genommen wird. So werden auch die Effekte der Produktion eher verschleiert als expliziert.

2. Thematisierungsweisen von „Bild." als technisches Ding

In einem ersten Zugang zu „Bild." in der sozialpädagogischen Diskussion wird ein Horizont der Thematisierungsmöglichkeiten – repräsentiert durch „Bild. Ein interdisziplinäres Handbuch" (Günzel/Mersch 2014) – im Kontrast mit konkreten Thematisierungsweisen in der Sozialen Arbeit – repräsentiert durch das „Handbuch Soziale Arbeit" (Otto u. a. 2018) – angedeutet. Besonders hervorzuheben ist, dass die bildwissenschaftlichen und die sozialpädagogischen Überlegungen auf jeweils andere epistemische Dinge fokussieren. Als epistemisches Ding im Handbuch „Bild." können sogenannte „materielle Bilder" gelten, auch wenn mögliche Thematisierungen von mentalen Bildern (Mersch/Ruf 2014) oder Sprachbildern

(Urbich 2014) angedeutet werden. Demgegenüber werden im „Handbuch Soziale Arbeit" besonders für das sozialpädagogische Handlungsfeld relevante Themata angesprochen. Das systematische Verzeichnis der Beiträge (Otto u. a. 2018: 13 ff.) ist dabei grob an den fünf sozialpädagogischen Theoriedimensionen (Gesellschaft, Lebenswelt der Adressat*innen, Institutionen, Handeln, Wissenschaft) orientiert, wie sie von Hans Thiersch und Thomas Rauschenbach (1984) angedeutet und u. a. von Cornelia Füssenhäuser (2018) ausdifferenziert wurden.

Während sich nun im Handbuch „Bild." vielfältige Aspekte des Thematisierens des Gegenstandes (differente Bildtheorien, Bildmedien, spezifische Themen und Bildwissenschaften) finden, sucht man das Thema „Bild." im „Handbuch Soziale Arbeit" sowohl im alphabetischen Inhaltsverzeichnis als auch im Sachregister vergeblich. Allerdings lassen sich Kombinationen v. a. als „Bildung" und als „Menschenbild, humanistisches" nachweisen. Besonders mit Bezug auf Menschenbild wird hier eine Differenz zum materiellen Bild deutlich, die u. a. von Christine Wiezorek und Petra Bauer (2017b) auf die Differenz von materiellen und mentalen Bildern bezogen wird. Betrachtungen zur Kombination von Bildung lasse ich an dieser Stelle außen vor und verweise auf die dementsprechenden Beiträge im vorliegenden Handbuch. Des Weiteren fällt im Handbuch „Bild." der Singular in Beiträgen zu Bildtheorie und Bildwissenschaft einerseits und der Plural auf Seiten der Betrachtung von Bildern andererseits auf. M. a. W. die jeweilige Bildtheorie betrachtet eine Pluralität von Bildern. Dies gilt ebenso für die Singularisierung in Bezeichnungen wie Familienbild, Menschenbild oder Gesellschaftsbild in der sozialpädagogischen Diskussion.

Anschließend an diese kontrastierenden Überlegungen schließe ich in Abschnitt 2.2 Thematisierungen an, die sich auf materielle Bilder beziehen. Im Vordergrund meiner Ausführungen steht eine Differenzierung zwischen Thematisierungen von „Bild." im pädagogisch-praktischen und im wissenschaftlichen Kontext (vgl. Dörner 2014). In beiden Fällen handelt es sich aber um „Bild." als technisches Ding.

2.1 Kontrastierungen der Thematisierung von „Bild."

Im Folgenden spanne ich mit den allgemeinen Thematisierungen von „Bild." einen Rahmen auf, in den die Diskussion der Sozialpädagogik eingeordnet wird. Dabei ist v. a. auf mögliche Diskussionen hinzuweisen. Erst in den anschließenden Abschnitten nehme ich Bezug auf konkret geführte Diskussionen in der Sozialpädagogik. Meine folgenden Ausführungen beziehen sich auf Bildmedien, „Bild." in Argumenten, nicht-materielle Bilder und die implizite Rezeption bildtheoretischer Elemente in der theoretischen Diskussion innerhalb der Sozialpädagogik.

Bildmedien: Auch wenn „Bild." im „Handbuch Soziale Arbeit" nicht explizit thematisch wird, so lässt sich „Bild." als technisches Ding nachzeichnen. Nimmt man die umfassende Thematisierung von „Bild." im gleichnamigen Handbuch in den Blick, so finden sich unter der Rubrik „Bildmedien" Beiträge zu Abbildung (Pápay 2014), Grafik (Schöttler 2014b) und Fotografie (Müller 2014). Wenn auch nicht thematisch betrachtet, werden Schaubilder und Abbildungen im Handbuch „Soziale Arbeit" verwendet. Schaubilder sind dabei v. a. schematische Darstellungen wie bspw. der „Aufbau des Bildungssystems" (Tillmann 2018: 1334), wohingegen Abbildungen Tabellen und Grafiken wie bspw. zum „Plot der Faktorenladung der 10 Wertitems (N=1954)" (Gemmerich/Klein/Straub 2018: 1310) zeigen. Auch die Abbildungen stellen etwas schematisch dar, was in der Regel als Ergebnis oder als Aufbau (vgl. Spitzer 2018: 1087) einer wissenschaftlichen Untersuchung je unterschiedlich gefüllt ist. Als Ergebnisdarstellung kann auch die einzige Fotografie (in Kombination mit einer Grafik) im gesamten Handbuch verstanden werden. Hier ist „ein Gehirnschnitt (links) mit schematisch dargestellter Aktivierung des Schmerznetzwerkes durch das Beobachten, wie ein fairer bzw. unfairer Mitspieler selbst Schmerzen empfindet" (ebd.: 1084) abgebildet.

Während die bisher erwähnten Bildmedien im „Handbuch Soziale Arbeit" lediglich Verwendung finden, lassen sich explizite Thematisierungen zu anderen Medien (Fernsehen, Computer, virtuelle Realität) nachzeichnen. Diese finden sich in den Beiträgen zu „Informationstechnologien in der Sozialen Arbeit" (Seelmeyer/Ley 2018), „Medien und Soziale Arbeit" (Wensierski 2018) und „Soziale Arbeit und Digitalisierung" (Kutscher 2018). In diesen Beiträgen werden Medien aber unter einer anderen Perspektive (bspw. soziale Ungleichheit oder Transformation pädagogischen Handelns) thematisiert, wobei der Charakter als „Bildmedien" weniger eine Rolle spielt. Sie sind in diesem Sinne ebenfalls technische Dinge, während das epistemische Ding als „soziale Ungleichheit", „soziale Probleme" etc. bezeichnet werden kann. Dies gilt ebenso für das Handbuch „Soziale Arbeit und Digitalisierung" (Kutscher u. a. 2020), in dem die „Bildlichkeit" der digitalisierten Medien selbst in Darstellungen zur Forschung (Böhringer 2020: 612 ff.) keine Berücksichtigung findet.

„Bild." in Argumenten: Jenseits der inhaltlichen Bezüge der Schaubilder und Abbildungen kann die Einlagerung in Argumente selbst betrachtet werden. Dabei lassen sich Strukturbilder (in diagrammatischen und geometrischen Beweisen) von Spurbildern (Beweis des Da- bzw. Soseins) unterscheiden (vgl. Schöttler 2014a: 139 f.): „Strukturbilder wie etwa Diagramme geben bestimmte Eigenschaften des Bezugsobjekts durch räumliche Relationen wieder". Demgegenüber stellen Spurbilder Prämissen in evidenzstiftenden Argumentationen dar. So lässt sich der oben erwähnte „Gehirnschnitt" als Spurbild verstehen, da sich hierbei zeigt, „dass im Gehirn einer Versuchsperson eigene Schmerzen in einem ,Schmerznetzwerk' verarbeitet werden, in das die Areale ,Insel' und ,auterior Gyrus cinguli' eingebunden sind (Abb. 2)" (Spitzer 2018: 1083). Spurbilder fungieren in wissenschaftlichen Zusammenhängen als Wahrnehmungsergänzung, weil das Wahrgenommene ohne technische Hilfe nicht wahrgenommen werden könnte (Schöttler 2014a) oder indem Bewegliches fixiert wird. „Bilder aber halten solche Momentaufnahmen fest" (Schinzel 2014: 417). Hans-Jörg Rheinberger (2009: 128) spricht von Visualisierungen, die als „Techniken der Sichtbarmachung" dienen. In ähnlicher Weise bezieht sich bspw. Uwe Uhlendorff (2011) auf das Kunstwerk „The story teller" von Jeff Wall. In seiner Interpretation deutet er an, dass sich die historische Denkfigur „sozialpädagogisches Problem" gegenwärtig in diesem Kunstwerk zeigt. Das „Bild." gilt ihm als Visualisierung dieser Denkfigur. Trotz dieser Parallelität ist gleichsam von einer Differenz der Verwendung bildgebender Verfahren in den differenten Wissenschaften auszugehen. Techniken des Sichtbarmachens mittels Bildmedien sind in den naturwissenschaftlichen Disziplinen gebräuchlicher.

In Bezug auf den Forschungsprozess ist aber noch ein weiterer Aspekt herauszustellen. Sind Visualisierungen als Formen der Repräsentation des epistemischen Dings als Momentaufnahmen zu deuten, ist die Produktion dieser Momentaufnahme ebenfalls nur ein Moment in einem Prozess, an dem – vergleichbar mit dem fotografischen Prozess – verschiedene institutionelle Kräfte tätig sind, die das „Bild." „letztlich zu einem kulturellen Produkt machen, das wie jedes andere Bild genau auf diesen Status hin untersucht werden kann" (Müller 2014: 206). Der Forschungsprozess kann selbst als Produktion im Zusammenhang von technischen Dingen (Material, Methoden), Repräsentationen bzw. Resultaten (Hybride aus technischen und epistemischen Dingen) sowie aus weiterer Verarbeitung bzw. Diskussionen, in denen auf die epistemischen Dinge Bezug genommen wird, dargestellt werden (Rheinberger 2006: 31). Dabei ist die Differenz von technischen und epistemischen Dingen gleichsam funktional zu verstehen, da epistemische Dinge bei hinreichender Stabilisierung zu technischen Dingen werden können (ebd.: 30). Eine vergleichbare Betrachtung der Bildproduktion findet sich im Handbuch „Soziale Arbeit" nicht. Hier wird „Bild." eher als fixiertes Produkt verwendet. Bei der bereits erwähnten Bildinterpretation von Uwe Uhlendorff (2011) wird zumindest auf die Bildproduktion hingewiesen.

Nicht-materielle Bilder: Werden diese Hinweise zur Bildproduktion auf die Thematisierung nicht-materieller Bilder im „Handbuch Soziale Arbeit" übersetzt, lässt sich auch hier vergleichbares feststellen. Am Beispiel des einzigen nicht-materiellen Bildes im Schlagwortverzeichnis, dem „Menschenbild, humanistisches" kann dies aufgezeigt werden: Es sind die vielfältigen Erwähnungen des menschlichen Seins durch Carl Rogers, welche in einer Zusammenschau und thematischen Fixierung gerade dieses spezielle Menschbild ausmachen, welches als Voraussetzung dieses spezifischen psychotherapeutischen Ansatzes fungiert. Vergleichbar sind die differenten Thematisierungen von „Bild." dann vor dem

Hintergrund eines (bildgebenden) Verfahrens, dessen Ergebnis als „Bild." bezeichnet wird. Dieses Ergebnis kann dann mittels verschiedener Weisen des Ausdeutens in Schlussfolgerungen eingebunden werden. In diesem Sinne kann auch hier von einer Differenzierung von Technik, Resultat und Ausdeutung gesprochen werden, die sich nicht nur bei Hans-Jörg Rheinberger, sondern auch bezüglich der Thematisierung von „Bild." findet.[1] Für die Analyse ist das „Menschenbild, humanistisches" ein epistemisches Ding, in der schlussfolgernden Darstellung des psychotherapeutischen Ansatzes, also hinreichend stabilisiert, ist es eher als ein technisches Ding zu verstehen.

Auffallend ist gleichsam, dass lediglich „Menschenbild, humanistisches" als nicht-materielles Bild thematisch wird. Darüber hinaus sind Schlagworte wie „Selbstbild", „Gesellschaftsbild" oder „Familienbild" nicht zu finden. So lässt sich vermuten, dass die Thematisierungen von „Menschenbild" (Ried 2017), „Gesellschaftsbilder" (Dollinger u. a. 2012) und „Familienbilder" (Bauer/Wiezorek 2017) eine alternative Verwendung in den Beiträgen zu „Adressatin und Adressat" (Bitzan/Bolay 2018), „Gesellschaftstheorien und Soziale Arbeit" (Thole/Hunold 2018) und „Familie" (Ecarius/Schierbaum 2018) finden. „Bild." in seiner vielfältigen Kombination kann in letzteren Darstellungen nicht nachgezeichnet werden. Dies scheint erst einmal plausibel, weil in diesem Kontext eher von Begriff (besonders Adressatenbegriff.), Theorie (besonders Gesellschaftstheorie) oder einfach von Familie gesprochen wird. Damit stellt sich die Frage, ob die Benennung oder Nichtbenennung als „Bild." eigentlich einen systematischen Mehrwert hat.[2] Eine Recherche bspw. zu „Familienbild" stellt vor diesem Hintergrund einen verkürzten Zugriff auf die wissenschaftliche Diskussion über Familie, für eine systematische Analyse der Verwendung von „Bild." gleichsam einen plausiblen Zugang dar.

Implizite Rezeption bildtheoretischer Elemente: Ein genauerer Blick in die Thematisierungen im Handbuch „Bild." ermöglicht eine weitere Differenzierung. Angesichts der Diskussion von „Methoden und Grundlagen der Bildtheorie"

---

1 Als Beispiele aus dem Handbuch „Bild.": Bilder als Techniken (Wirth 2014), als Resultate (Bilder als Dokumente, Sachs 2014; Bilder als Wissen, Buchholz/Stahl 2014; Bilder als Metaphern, Urbich 2014) sowie deren Ausdeutung (Wahrnehmen von Bildern, Kümmerling 2014; Verstehen von Bildern, Goppelsröder 2014; Bilder als Sinnverschiebung, Fliescher/Vogman 2014); hier sind auch Überlegungen zu den kulturellen Repräsentationen in den „cultural studies" anzuschließen, die die Produktion, Repräsentation und Aneignung von medialer Kultur konkreter in den Blick nehmen (vgl. Marchart 2008; Reisenleitner 2006).

2 Der Vielfalt alternativer Bezeichnungen ist dabei kaum Grenzen gesetzt. So wird „Bild." zumeist mit Vorstellung gleichgesetzt. Darauf verweist auch die Bezeichnung mentales Bild u. a. bei Petra Bauer und Christine Wiezorek (2017). Alternativ dazu wird von Knuth u. a. (2009) der Begriff „Familienkonzept" verwendet, welches sich aus dem Referenzbild, Alltagsbild und Leitbild zusammensetzt. Alternativ zu Bildern auffälligen Verhaltens von Lehrer*innen verwendet Renate Eppler (1986) den Begriff „Lehrerkognitionen".

lassen sich theoretische Zugänge zum „Bild." von denjenigen Theorien unterscheiden, in denen Bilder in die zentralen theoretischen Überlegungen eingebunden sind. Besonders auffällig ist dies bei der „Psychoanalyse. Traum, Spiegel und das optische Unbewusste" (Gondek 2014), da hier Bilder als „archaische Schicht der Psyche" (ebd.: 95) oder das Spiegelbild in der Lacanschen Theorie der personalen Entwicklung thematisch werden. Ähnlich ist dies noch beim psychologischen Zugang zum „Wahrnehmen von Bildern" (Kümmerling 2014) oder beim Beitrag zur Anthropologie (Halawa 2014). Different hingegen zeigt sich die Thematisierung vom „Verstehen von Bildern" (Gopplesröder 2014). In diesem Beitrag wird „Bild." nur als das Zu-Verstehende angesehen, obwohl auch bei Wilhelm Dilthey ein der psychoanalytischen Theorie vergleichbarer Zusammenhang von „Bild und Bewusstsein" (Fellmann 1991: 33 ff.) nachgezeichnet werden kann.

Für die Thematisierungen in der sozialpädagogischen Diskussion ist ein Vergleich mit der Rezeption der Bildlichkeit v. a. in der Psychoanalyse auch im Kontext Sozialer Arbeit weiterführend. Besonders für die „psychoanalytische Pädagogik" (Dörr 2018) spielt die „archaische Schicht der Psyche" eine Rolle. Aber auch in Anschluss an die Entwicklung des „szenischen Verstehens" durch Alfred Lorenzer (ebd.: 1227) lassen sich hier Bezüge zur Bildlichkeit ziehen. Neben diesen Thematisierungen einer psychoanalytischen Pädagogik in der Sozialen Arbeit finden sich vielfältige Bezüge v. a. zu Lacanschen Überlegungen in der politischen Philosophie. Über diesen Umweg finden die Überlegungen zum „Spiegelbild" wiederum Eingang in die metatheoretische Diskussion in der Sozialpädagogik (vgl. bspw. Lütke-Harmann 2016). Und dieses weitverzweigte Feld der Rezeption bildtheoretischer Elemente wird noch ausgeweitet, wenn Theoretiker*innen in Betracht gezogen werden, die sich systematisch bspw. mit Ikonologie (Sachs 2014) auseinandergesetzt haben bzw. vor diesem Hintergrund zentrale Begrifflichkeiten entwickelt haben. An dieser Stelle ist nur Pierre Bourdieu mit seinem zentralen Begriff „Habitus" zu nennen. Dieser Begriff ist auch im Kontext von „Sozialer Arbeit" bedeutend (vgl. Thole/Hunold 2018; Bock/Miethe 2018). Diese impliziten Übernahmen in die sozialpädagogische Diskussion sind hier jedoch nur anzudeuten.

2.2 „Bild." als materielles Ding

Die Vielfalt und Komplexität der Diskussion von „Bild." im kontrastierenden Vergleich macht die Verwendung als technisches Ding in der Sozialpädagogik deutlich. Diesbezüglich ist auch auf die Bildanalyse im Kontext von Familienbildern bzw. -konzepten hinzuweisen. So lässt sich bei Hans Rüdiger Müller (2017) nachzeichnen, dass die Materialien (materielle Bilder) und die Interpretationsmethoden (Ikonologie, Ikonik, dokumentarische Methode etc.) durchaus im Zusammenhang betrachtet werden können. Über diese Betrachtung von materiellen

Bildern hinaus, kann aber auch auf sprachliche Bilder Bezug genommen werden (vgl. Schmitt 2017). Auffällig ist, dass materielle und sprachliche Bilder als technische Dinge im Diskurs verwendet werden, mentale Bilder hingegen v. a. epistemische Dinge darstellen (vgl. Abschnitt 3). Mentale Bilder werden mit Hilfe von sprachlichen und materiellen Ausdrucksformen erforscht (vgl. Wiezorek/Ummel 2017: 37 f.). Des Weiteren wurde im Vergleich zweier Handbücher deutlich, dass materielle Bilder in der sozialpädagogischen Diskussion auch als Darstellungsmittel verwendet werden, um Forschungsresultate zu präsentieren. Auch diese Form der Verwendung lässt sich mit dem Konzept technisches Ding fassen. „Bild." wird folglich sowohl in der Produktion als auch der Darstellung von Forschung eingesetzt.

Für die Forschung in der Sozialpädagogik lässt sich insgesamt eine textorientierte Ausrichtung konstatieren. Dies zeigt sich am deutlichen Überhang textbasierter Forschungsmethoden und Forschungsprojekte (vgl. Rauschenbach/Thole 1998; Schweppe 2003; Otto u. a. 2003; Schweppe/Thole 2005; Oelerich/Otto 2011). Fotos, Videos und andere Bilder sind eher selten als technische Dinge in den Forschungsprozess eingelagert (vgl. bspw. Magyar-Haas 2011; Fegter 2011; Krinninger 2016; Jehle 2016; Graßhoff 2016). Diese Feststellung gilt auch für spezifische Forschungsansätze wie bspw. den der dokumentarischen Methode, die als textorientiere Interpretation gleichsam für Bild- und Videoanalysen (vgl. Bohnsack/Fritzsche/Wagner-Willi 2015) fruchtbar gemacht wurde und auch bezüglich des Alltags in Kinderkrippen Verwendung findet (vgl. Nentwig-Gesemann/Nicolai 2015). In Forschungen mit Hilfe der dokumentarischen Methode in der Sozialen Arbeit wird demgegenüber v. a. auf textbasierte Transkripte zurückgegriffen (vgl. Bohnsack/Kubisch/Streblow-Poser 2018). Eine große Bedeutung haben Videoanalysen im Rahmen der Erforschung kindlichen Spiels bzw. des Alltags in Kindertageseinrichtungen (bzw. in Eltern-Kind-Beziehungen) auch in der internationalen Forschung (vgl. u. a. König 2009; MacDonald 1993). Auffällig hierbei ist aber auch, dass die Auswertung in der Regel inhaltsanalytisch vollzogen wird, somit bildanalytische Methoden nicht explizit verwendet werden. Vielmehr steht hier die Dokumentation mittels Bildmedien im Vordergrund.

Trotz des expliziten Verweises auf Anschaulichkeit der Bilder und die Bezugnahmen auf den phänomenologischen Ansatz in der erziehungswissenschaftlichen Bildinterpretation (vgl. Schulze 2013; Dörner 2014) lassen sich diese methodischen Überlegungen doch eher jenen Analysen zuordnen, die bei Sprachlichkeit ansetzen. Stefan Müller-Doohm (1993) stellt zwei Grundpositionen der kulturwissenschaftlichen Bildanalyse heraus: „Während die Ikonologie (Panofsky), die Ikonik (Imdahl), die strukturale Hermeneutik (Oevermann) und die Semiologie (Barthes) bei der Analyse der Bedeutungs- und Sinngehalte methodisch an der Sprachlichkeit des Bildmaterials ansetzen, gehen die phänomenologischen und psychoanalytischen Interpretationsverfahren von einer visuellen Eigenkomplexität aus, die über die Textförmigkeit des Bildes hinausgeht" (ebd.: 453). In diesem

Sinne wären dann auch die folgend zu erwähnenden Ansätze von Hans-Rüdiger Müller oder Petra Bauer und Christine Wiezorek eher in die textorientierte kulturwissenschaftliche Analyse einzugruppieren, also der ersten der beiden Grundpositionen zuzuordnen. Eine solche Zuordnung impliziert gleichsam Differentes. Während nämlich Hans-Rüdiger Müller (2017) eine an der Sprachlichkeit des Bildmaterials orientierte Auswertungsmethodik verfolgt, bleibt bei Petra Bauer und Christine Wiezorek (2017) der Rekurs auf die phänomenologischen Analysen auf die Parallelitätsunterstellung von mentalen und materialen Bildern bezogen, um überhaupt ein Bildmaterial zu unterstellen (vgl. Abschnitt 3). Die Analysen in letzterem Ansatz beziehen sich auf Sprachbilder und sprachlich dargestellte Szenen.

Gleichsam lässt sich „Bild." als technisches Ding in der Forschung in verschiedenen Verwendungsweisen finden. Auf die Analyse von Bildern in Forschungen habe ich bereits hingewiesen. Eine Differenzierung ist diesbezüglich darin zu sehen, dass im Falle der Bild- bzw. Videoanalyse die Einlagerung in das Argument unterschieden werden kann. Dokumentieren bspw. bei Veronika Magyar-Haas (2011) Bilder körperliche Ordnungen in sozialpädagogischen Einrichtungen und lassen sich so als Fixierungen bezeichnen, beziehen sich die Überlegungen von Uwe Uhlendorff (2011) auf ein Bild von Jeff Wall, um zu zeigen, dass die historische Figur des „sozialpädagogischen Problems" gegenwärtig (vermittelt durch das Kunstwerk) noch aktuell ist. In diesem Sinne verwendet Uhlendorff „Bild." als Spurargument. In einem anderen Sinne verwenden hingegen Knuth u. a. (2009) Bilder. Zwar lassen sich die in diesem Forschungsprojekt produzierten Fotos der Familienaufstellungen ebenfalls als für den Forschungsprozess produzierte Fixierungen ansehen, doch ist „Bild." hier eher im Sinne von Darstellung bzw. Abbildung eines Teils des Experimentalsystems anzusehen (vgl. Euteneuer/Uhlendorff 2020). Die im Forschungsprozess produzierten Fixierungen unterscheiden sich folglich ihrer Verwendung nach im Forschungsprozess einerseits zur Dokumentation der Forschung und andererseits zur Dokumentation des Beforschten.

Darüber hinaus können materielle Bilder aber auch im Sinne von „visuellen Vignetten" im Sinne von Erzählstimuli verwendet werden (vgl. Günther/Nestmann/Werner 2011). Hierbei lässt sich nochmals unterscheiden, ob diese Erzählstimuli selbst produziert oder vorgegeben werden. So verwenden bspw. Birgit Volmerg u. a. (1986) in ihrer psychoanalytisch ausgerichteten Rekonstruktion von betrieblichen Lebenswelten Skizzen, die von den beforschten Personen angefertigt wurden. Dabei werden diese Skizzen nicht nur als Erzählstimuli verwendet, sondern auch systematisch ausgewertet. Auch wenn sich diese Studie nicht als sozialpädagogische bezeichnen lässt, könnte der Forschungsansatz zu den Lebens- und Alltagswelten von Kinder- und Jugendlichen gleichsam übernommen werden. Eine vergleichbare Studie findet sich allerdings im sozialpädagogischen Bereich nicht. Sarah Henn (2020) weist in ihrer Erhebung zwar auf von der Forscherin angefertigte Skizzen hin, wertet diese jedoch nicht systematisch als Bilder aus. Ebenso fehlt eine solche Auswertung bei den Bildern von Familienaufstellungen bei Nicole Knuth u. a. (2009). Auch bei der forschenden Betrachtung von „Gegenständen" in der Umwelt von Personen (vgl. Höppner/Brinkmann 2020) spielen Bilder als „Erinnerungsbilder" eine entscheidende Rolle. Aber auch diese Bilder werden nicht systematisch ausgewertet, vielmehr in ihrer Funktion als „geliebte Objekte" (Habermas 1999) konstatiert.

Neben dieser Verwendung von „Bild." im wissenschaftlichen Kontext lässt sich auch eine Verwendung von „Bild." Im praktisch-pädagogischen Sinne nachzeichnen. Diesbezüglich betont Olaf Dörner (2014: 428) für die Pädagogik allgemein: „Für Pädagogik als professionelles Praxisfeld oder als eine an der Gestaltbarkeit pädagogischer Praxis orientierten wissenschaftlichen Disziplin sind Bilder in erster Linie von didaktischem Interesse, d. h. als Gebrauchsgegenstand. Sie interessieren in ihrer instrumentellen Funktion zur Beförderung von Bildungs-, Erziehungs- und Lehr-Lern-Prozessen (bzw. zur Überwindung der Diskrepanz zwischen Vermittlung und Aneignung)". In diesem Sinne unterscheidet der Autor von den Fragen der methodisch-methodologischen Bildanalyse in der Forschung eine Bildung mit, in und durch Bilder. Somit können auch Bildmedien als Bildungsmedien thematisiert werden (vgl. dazu auch Fey/Matthes 2017).

Hatte ich für den wissenschaftlichen Verwendungszusammenhang auf „Bild." als Erzählstimuli hingewiesen, so lässt sich Vergleichbares auch für die sozialpädagogische Praxis nachzeichnen. Hier sind es v. a. Kinderzeichnungen (vgl. Krenz 2010) oder Fotografien (vgl. Deinet/Krisch 2009a; b) die aus praktisch pädagogischem Interesse an der Weltsicht von Kindern und Jugendlichen Verwendung finden. Mit Blick auf die sozialpädagogische Diskussion lässt sich diesem didaktischen Interesse an Bildern ein diagnostisches Interesse an Bildern beistellen. Hierbei sind gleichsam Anlehnungen der methodischen Überlegungen an die methodologischen Betrachtungen im disziplinären Kontext nachzuzeichnen. Aber auch hier steht v. a. die Bild/Wort-Kombination im Zentrum. Eine der Psychologie vergleichbare Bilddiagnostik findet sich nicht.

3. „Bild." Als epistemisches Ding

Wurde bisher darauf hingewiesen, dass materielle Bilder bzw. Bildmedien in der sozialpädagogischen Diskussion eher als technische Dinge v. a. im Zusammenhang der Darstellung Verwendung finden, eröffnet ein Blick in die Veröffentlichungslandschaft bezüglich der Thematisierung von „Bild." In Wortkombinationen, also im Sinne „anderer Bilder" eine weitere Thematisierungsweise. Hier erscheint „Bild." Als epistemisches Ding zentral. In diesem Sinne findet sich „Bild." In vielfältigen Zusammensetzungen wie Menschenbild, Adressat*innenbild (wo wiederum Familien-, Kinder-, Mütter- und Väterbilder

u. v. m. einzuordnen sind), Gesellschaftsbild, Selbstbild/Fremdbild, zunehmend auch Störungsbild usw. Dabei fällt auf, dass „Bild." In diesen Wortkombinationen eher im alltäglichen Wortsinn, denn in systematischer Verwendung gebraucht wird. Exemplarisch kann auf den Themenschwerpunkt „Sozialpädagogik" in der Zeitschrift für Pädagogik (3/92) verwiesen werden. Ohne dass „Bild." Hier ins Zentrum der Überlegungen gestellt wird (Indikator: in den Beitragstiteln/ Überschriften kommt das Wort nicht vor), werden gleichsam das „Bild von der Sozialpädagogik", die „öffentlichen Bilder und Vorurteile", das „Selbstbild", das „Berufsbild", das „disziplinäre Selbstbild" usw. angesprochen. Von einer solchen Verwendungsweise ist der explizite Bezug auf „Bild." Als Fremdbild (vgl. Skiba 1973; Deinet/Krisch 2009) zu unterscheiden. Aber letzterer Bezug thematisiert zwar „Bild." Explizit, gleichsam wird es ebenfalls pragmatisch verwendet.

Für das Weitere lässt sich somit festhalten, dass differente Bezeichnungen in der Diskussion von „Bild." Als epistemisches Ding zentral sind. Was konkret mit „Bild." Bezeichnet wird, lässt sich im Horizont der Selektionen in den Thematisierungen durch Kontrastierung mit anderen Verwendungsweisen deutlich machen. Die folgenden exemplarischen Skizzierungen umreißen Konturen der Thematisierung „Bild." Insofern es sich um ein epistemisches Ding in dieser Diskussion handelt. Im Zentrum stehen Überlegungen zum Verhältnis von Plural und Singular, zum Zeitbezug, zur metaphorischen Verwendung sowie zur Thematisierung von Gehalt und Produktion. Abschließend stelle ich mentale Bilder ins Zentrum der Überlegungen, da diese – im Gegensatz zu materiellen und sprachlichen Bildern – als epistemische Dinge in sozialpädagogischen Diskussionen erscheinen.

Plural und Singular: Überblickt man die Veröffentlichungslandschaft zu „Bild." In unterschiedlichen Wortkombinationen, so fällt die Differenz von Pluralität (bspw. Gesellschaftsbilder, Dollinger u. a. 2012a; Familienbilder, Bauer/Wiezorek 2017) und Singularität (bspw. Menschenbild, Ried 2017) auf. Nimmt man die Veröffentlichungen mit dem Verweis auf die Pluralität jedoch genauer in den Blick, so wird der Plural der Bilder doch wieder als Singular ausgewiesen. Bspw. werden die vielfältigen Gesellschaftsbilder mit Blick auf einzelne Ansätze zu einem Singular, da „jedes Bild von ‚Gesellschaft' an besondere Konnotationen, Vorannahmen, Erwartungen und Präskriptionen gekoppelt [ist, G. C.], die es unwahrscheinlicher machen, die entsprechenden Positionierungen nicht im Streit mit alternativen Sichtweisen und Deutungen zu adressieren" (Dollinger u. a. 2012b: 8). Darüber hinaus können die Singularitäten gleichsam in Relation mit anderen Bildern im jeweiligen Ansatz gekoppelt werden. So ordnet bspw. Bettina Hünersdorf (2012: 123) „das Gesellschaftsbild der Systemtheorie" in Relation zum „vorherrschenden Bild von Sozialpädagogik" und vergleicht beide im „Hinblick auf das sozialpädagogische Menschenbild". Die Differenz liegt in der jeweils zugrunde gelegten Einheit, bezüglich der „Bild." Als Singular herausgestellt wird.

Auch in anderen Betrachtungen fällt der Singular „Bild." Auf Basis einer spezifischen Einheit auf, welches an einem sprachlich bzw. schriftlich verfassten Material analysiert wird (vgl. Bauer/Wiezorek 2017; Ried 2017). Es werden die unterschiedlichen Blicknahmen von „Bild." Herausdestilliert und in einer singulären Einheit zusammengefasst. Dem jeweiligen Ansatz, der jeweiligen Erzählerin*des jeweiligen Erzählers, den in der Gruppe Diskutierenden usw. wird jeweils ein „Bild." Zugerechnet. Pluralität ergibt sich durch die Summierung der unterschiedlichen Zurechnungsadressen, also der Pluralität der Ansätze, Erzähler*innen, Gruppen usw. und nicht innerhalb eines Ansatzes, einer Erzählung, einer Gruppe usw. Dies entspricht durchaus den im phänomenologischen Ansatz diskutierten „Einstimmigkeitstendenzen" (Tengelyi 2014: 197f. sowie 393ff.). Wie oben bereits angedeutet wurde, zeigt sich auch dabei: „Bild." Als epistemisches Ding ist produzierte Fixierung, deren Produktion nicht immer deutlich herausgestellt wird.

Zeitbezüge: Neben der Singularisierung von Bildern auf das „Bild." Wird auch eine spezifische sozialpädagogische Perspektivität deutlich. Sascha Neumann und Philipp Sandermann (2012) sehen die Diskussion der kritischen Alltagstheorie in der Sozialpädagogik eingelagert in die Dualität von wissenschaftlichem und praktisch richtungsweisendem Wissen. Sie stellen die spezifische Inblicknahme dieses sozialpädagogischen Ansatzes als Verhältnis von Beschreibungsform und normativem Leitbild dar (ebd.: 44), woraus eine Veränderung des Gesellschaftsbildes hin zu einer „Gesellschaft mittlerer Reichweite" (ebd.: 52ff.) entsteht. Einer solchen Differenz in der Verwendung von „Bild." Mit Blick auf das Gegenwärtige lässt sich noch eine Verwendung in Bezug auf Zukünftiges beistellen. Im letzteren Sinne wird allgemein von einem „Leitbild" gesprochen, welches wiederum in unterschiedlichen Zusammensetzungen vorkommen kann.[3] So stellen bspw. Christine Wiezorek und Hannes Ummel (2017) heraus, dass sich „Familienbilder als mentale Bilder, sobald sie sprachlich zum Ausdruck gebracht werden, im Sinne impliziter – bzw. im Falle der Familienleitbilder: expliziter, kommunikativ verhandelter – Wissensbestände rekonstruieren" (ebd.: 41) lassen (vgl. auch Krimminger/Kluge 2017). Dem vergleichbar differenzieren Nicole Knuth u.a. (2009; Athanassiadou u.a. 2015; Euteneuer u.a. 2017; Euteneuer/Uhlendorff 2020) das Familienkonzept-Modell in Vorstellungen von gegenwärtigem Familienleben (Alltagsbild), Vorstellungen vom zukünftigen Familienbild (Leitbild) und ergänzen diese Vorstellungen noch mit solchen vom Leben in der Herkunftsfamilie (Referenzbild). Die Referenzbilder werden in der Thematisierung von Familienbildern nicht eigens ausgewiesen (vgl. Bauer u.a. 2015), was gleichsam auf differentes Erkenntnisinteresse zurückzuführen ist.

---

3 In der sozialpädagogischen Diskussion weniger ist die Thematisierung von Vorbildtheorien, die im pädagogischen Kontext bedeutsamer sind (vgl. Hufnagel 1993).

Metaphorische Verwendung: Auffällig ist an den Thematisierungen von „Bild." Als epistemisches Ding die bereits angedeutete Differenz von „materiellen Bildern" und „anderen Bildern". Die einzelnen Beiträge untersuchen keine Bildmedien, sondern fassen die Thematisierungen bezüglich spezifischer Bilder zusammen. Als epistemisches Ding ist „Bild." Hier nicht als materielles Bild gefasst, wenn auch Bildmedien als technische Dinge zur Analyse verwendet werden (vgl. Müller 2017; Knuth u. a. 2009). Im Kontrast dazu bezeichnet bspw. Eva Barlösius (2005: 69 ff.) im soziologischen Kontext mit „Gesellschaftsbildern" explizit bildliche (grafische etc.) Darstellungen, um diese dem umfassenderen Verständnis von „sozialen Repräsentationen" unterzuordnen. Letztere beinhalten dabei nicht nur bewertende Stellungnahmen, also die Verstrickung in normative Begriffe und Postulate (ebd.: 12 f.), sondern sind auch abhängig von der Art des Repräsentierens (ebd.: 42 ff.). Mit sozialen Repräsentationen ist folglich ein Alternativkonzept zum „Bild." Als epistemisches Ding bezeichnet. Dieses Alternativkonzept bezieht sich gleichsam auf die gehaltliche bzw. semantische Dimension und ist von eher syntaktischen bzw. pragmatischen Konzepten abzugrenzen (vgl. für die Sozialpsychologie Moscowici 1995).

Mit Blick auf die Bestimmung von Familienbildern „als sprachlich vermittelte Repräsentationen von und über Familie [...], in denen das lebensweltliche Denken und Reden über Familie mit einer spezifischen Anschaulichkeit korrespondiert" (Bauer/Wiezorek 2017b: 7), kann die Differenz von materiellen Bildern und mentalen Bildern betont werden. Die sprachlich vermittelten Repräsentationen, die „anekdotische Erinnerungen, die Schilderung konkreter alltäglicher Szenen und/oder bildhafte Charakterisierungen von konkreten Familienmitgliedern" (ebd.) enthalten, dienen als Zugang zu diesen mentalen Bildern, die einen anschaulichen, bildhaften Charakter haben und weniger auf einen funktionellen Bezug auf die Bearbeitung struktureller Handlungsprobleme verengt sind (vgl. Wiezorek/Ummel 2017: 34). Dies hat Anschluss an eine antike Tradition der „Dopplung der Verwendung des ‚Bildlichen' in der Sprache" im Verhältnis zur „Dopplung des Gegenstandsbezuges" (vgl. Urbich 2014: 131): Mit dem Ausdruck „Bild." „konnte sowohl das sprachliche Verfahren, das bildhafte Vorstellungen hervorruft, als auch die sprachlich hervorgerufene bildhafte Vorstellung selbst bezeichnet werden" (ebd.: 132). Im Zentrum des Erforschens von Familienbildern als mentale Bilder stehen sprachliche bzw. materielle Bilder als technische Dinge als Zugang (wie bspw. Müller 2017) oder Visualisierung (vgl. Knuth u. a. 2009).

Gehalt und Produktion: Insgesamt ist auffällig, dass sich die Bezeichnung „Familienbild" auf den Gehalt der Repräsentationen (in welcher Repräsentationsform auch immer) bezieht und nicht auf die Frage des Repräsentierens. Die Thematisierungen bspw. zu „Familienbilder in der psychosozialen Beratung" (Bauer/Weinhardt 2017) sind systematisch von psychologisch ausgerichteten Überlegungen im Kontext der Sozialpsychologie zu unterscheiden, auch wenn diese das „Bild vom Anderen" (bereits Kaminski 1959) ebenfalls betrachten. In der sozialpsychologischen Diskussion werden v. a. die sozialen und personalen Bedingungen der Selektivität des Repräsentierens betrachtet. Dieser sozialpsychologische Diskurs hat also eher Anschluss an Diskussionen zum „Verstehen: eine sozialpädagogische Herausforderung" (Wesenberg/Bock/Schröer 2018) oder zu „Pädagogischen Blicken" (Schmidt/Schulz/Graßhoff 2016). Für die Rekonstruktion von Familienbildern spielen diese Betrachtungen keine Rolle. Familienbilder stellen vielmehr den Gehalt des Repräsentierens dar, so dass folgt: „In Form von Werthaltungen, Kategorisierungen und Stereotypisierungen fließen Familienbilder in Prozesse der Urteilsbildung ein und sind in dieser Weise handlungsleitend" (Bauer/Wiezorek 2017: 9).

Anders als in den soeben erwähnten sozialpsychologischen Untersuchungen ist es gerade die Thematisierung einer „Psychologie des Sozialen" (Flick 1995), die auch auf den Gehalt der sozialen Repräsentation eingeht. Diese Diskussion um „soziale Repräsentation" hat wiederum Anschluss an Überlegungen der kulturellen Repräsentation wie sie bspw. in den „cultural studies" herausgestellt werden (vgl. Augoustinos 1995). Was hierbei zentral ist, ist die Repräsentation als Gehalt, nicht als Prozess. Gleichzeitig wird aber die Produktion des Gehaltes mit in den Blick genommen. Auch in der sozialpädagogischen Diskussion wird diese weniger berücksichtigt. Es handelt sich, so die Hinweise zum Familienbild um das Bildsujet, welches durch die Weisen des Repräsentierens hindurch rekonstruiert werden kann.[4] Gleichsam steht dabei eine Szene im Zentrum, was zur Analyse des „interaktiven Geschehens auf dem Bild" mittels der Rekonstruktion

---

4 Die Gemeinsamkeit von „kulturellen Repräsentationen" mit der Konzeption „Familienbild" beruht auf der Ähnlichkeit des epistemischen Dings und des Gruppendiskussionsverfahrens (technischen Ding) bei Ralf Bohnsack. Dieser verweist selbst auf die Ähnlichkeit seines Ansatzes mit dem der „cultural studies" (Bohnsack 2000: 373 f.). In diesem Sinne haben bspw. Christine Wiezorek und Hannes Ummel (2017: 39, Fn.) über ihre Bezüge zur dokumentarischen Methode gleichsam auch Anschluss an diese alternativen Begrifflichkeiten. Zu diesen Bezügen zu Ralf Bohnsacks Überlegungen lassen sich noch zwei Anmerkungen machen. Erstens ist auf die Nähe der Thematisierung der dokumentarischen Methode in Rekurs auf Karl Mannheim und Ernst Panofsky hinzuweisen. Wie in Teil 1 angedeutet, ist Bildlichkeit über die Rezeption der Ikonologie in die Grundlagen unterschiedlicher Ansätze, so auch in der dokumentarischen Methode zentral eingelagert. Zweitens verweist Ralf Bohnsack (2000) in Abgrenzung zum interpretativen Paradigma explizit auf das Modell der Repräsentanz. In Rekurs auf die „cultural studies" stellt er heraus: Die rekonstruierten, homologen Muster von milieuspezifischen Sinnzuschreibungen, also die „interpretativen Codes" „werden in den Diskussionsgruppen nicht erst produziert; sie *emergieren* nicht situativ. Vielmehr werden sie im Diskurs *repräsentiert* und aktualisiert und somit immer wieder reproduziert, sofern diejenigen zusammenkommen, die zum selben Milieu bzw. zur selben ‚interpretive community' gehören. Dieses Modell ist also nicht eines der *Emergenz*, wie im interpretativen Paradigma, sondern eines der *Repräsentanz*. Hiermit lässt sich die Reproduzierbarkeit von Ergebnissen und somit die Zuverlässigkeit der Methode methologisch begründen" (ebd.: 373 f.).

„szenischer Choreografie" (Müller 2017: 56 f.) in materiellen Bildern einerseits, und zur Analyse von „Schilderung[en] konkreter alltäglicher Szenen" (Bauer/Wiezorek 2017: 7) andererseits weitergedacht wird.

Mentale Bilder: Vor dem Hintergrund der Überlegungen des in sprachlichen Schilderungen von alltäglichen Szenen Repräsentierten erscheint es plausibel, wenn Christine Wiezorek und Hannes Ummel (2017: 36) ein formaltheoretisches Konzept von „Familienbild als mentales Bild" vorstellen und damit auf eine gängige Differenz von materiellem, sprachlichem und mentalem Bild zurückgreifen. „Bild." Als epistemisches Ding ist über den Gehalt bestimmt. Trotz des expliziten Verweises auf Anschaulichkeit der Bilder und die Bezugnahmen auf den phänomenologischen Ansatz lassen sich diese Überlegungen doch eher jenen Methoden der Analyse zuordnen, die an der Sprachlichkeit ansetzen.

Als epistemisches Ding ist „Bild." In der Sozialpädagogik v. a. mentales Bild. Auch diesbezüglich ist eine Differenz von Gehalt und grundlegenden Mechanismen nachzuzeichnen (vgl. zu mentalen Repräsentationen Schlicht/Smortchkova 2018; zu internen Repräsentationen Rusch u. a. 1996). Dabei steht u. a. die Frage nach der bildlichen Informationsverarbeitung im Zentrum (vgl. Kosslyn/Pomeranz 1992). Mit Blick auf den Gehalt mentaler Gebilde lassen sich hingegen unterschiedliche Bestimmungen diskutieren (vgl. Holenstein 1992: 331), so bspw. die funktionale Definition nach der ein mentales Bild analog zu einem Schema nach Kant, als eine Regel fungiert. Darüber hinaus kann die Innen-Außen-Metaphorik in dieser Diskussion problematisiert werden (vgl. Holenstein 1992: 340). Zwar vollziehen sich hirnphysiologische Prozesse „im Kopf", die phantasierten Bilder sind gleichsam nicht „innere Bilder" oder „Bilder im Kopf", sondern in die Welt imaginiert. Zu fragen ist folglich nach der Korrektheit der Beschreibung.

Petra Bauer, Christine Wiezorek sowie Hannes Ummel erörtern Familienbilder systematisch. Die Autor*innen gehen davon aus, dass das Familienbild im Diskurs repräsentiert und nicht etwa erst produziert bzw. situativ emergiert. Mit Blick auf die empirische Forschung sind „Familienbilder als mentale Bilder" einerseits als „gedanklich-visuelle Bewusstseinsleistungen […] als (nicht-materialistische) Vorstellungen des menschlichen Bewusstseins" (ebd.: 38), andererseits „als anschauliche sprachliche Darstellungen, die sich auf Familie beziehen" (ebd.: 39) zu verstehen. Was „Bild." In diesem Kontext als epistemisches Ding auszeichnet, ist die Zusammenführung dieser Vorstellungen bzw. Darstellungen. Für die Vorstellungen weisen die Autor*innen ganz im Sinne der Repräsentanz mit Blick auf den Terminus „Bild." Darauf hin, „dass Eindrücke unseres (Familien-)Alltags sich zunächst visuell, vor unserem inneren Auge als Wahrnehmungen ablegen und sich hier zu einem Bild ‚klären'" (ebd.: 35). So lassen sich für Vorstellungsbilder Prozeduren der „Verdichtung" annehmen, wie sie u. a. in psychoanalytischen Überlegungen (bei Sigmund Freud zum Traum) zentral sind. Hans-Peter Dreitzel (1962: 120) stellt diesbezüglich für „Images" heraus:

„Ein solches verhaltensbestimmendes Image ist normativ strukturiert, d.h. die Informationen, aus denen es aufgebaut ist, werden ausgewählt, in Beziehung gesetzt, gestaltet und zu einem mehr oder weniger anschaulichen, plastischen Bild geformt, durch die selegierende und akzentuierende Kraft der individuellen Projektion, in denen sich Momente der Persönlichkeitsstruktur mit Werten und Normen der Gesellschaft vermischen".

Solche Vorstellungsbilder besorgen die Orientierung in sozialen Situationen, sie gliedern Selbst und – Fremdwahrnehmung wie auch die Definition des Selbst und des Anderen und sind gesellschaftlich und individuell vermittelt.

Für die Christine Wiezorek und Hannes Ummel (2017) ist dabei bedeutend, dass Familienbilder als Vorstellungen, „nicht ohne weiteres ein (sequentiell geordnetes) Narrativ darstellen, sondern eher ‚als visuelles Geschehen zugänglich sind'" (ebd.: 34). Dass dieses Geschehen nur schwerlich festgehalten werden kann und somit ein „Bild" im Sinne einer Fixierung lediglich metaphorisch zu denken ist, bildet den gegen Edmund Husserl gerichteten phänomenologischen Ansatzpunkt von Marc Richir (2000). Nach ihm gilt es, das „Vorurteil des Bildes" abzustreifen und zum „Ursprung der Phantasieerscheinung" vorzudringen, denn diese enthält „nichts, das ihr die Stabilität eines Bildes – auch nicht eines ‚geistigen' – verleihen könnte" (ebd.: 92). Dementsprechend ist die Zusammenführung zu einem „Bild." aus den „Schilderung[en] konkreter alltäglicher Szenen" der Forscher*in überantwortet. Familienbilder sind so als produzierte Fixierungen endliche Unendlichkeiten[5], eine Einheit unterschiedlicher Perspektiven, die sich unmöglich in einen umfassenden Gesamtanblick verwandeln. Dann wäre aber auch die Frage der Repräsentanz anders zu stellen.

4. Perspektiven – „Bild." als produzierte Fixierung

Die Diskussion von „Bild." in der Sozialpädagogik habe ich mittels zweier Differenzierungen rekonstruiert. Dabei bin ich erstens von einer Differenzierung in materielle, mentale und sprachliche Bilder sowie zweitens von einer Unterscheidung der Funktionen, die „Bild." Im Forschungsprozess erfüllt, ausgegangen. Letzteres habe ich in Bezug auf epistemische bzw. technische Dinge konkretisiert und diese Differenz derjenigen von Gegenstand und Mittel vorgezogen. Wenig

---

5 In Anschluss an Edmund Husserls Überlegungen zur Erfahrung von Ding und Welt stellt Laszlo Tengelyi (2014: 321) heraus: „Die Gesamtheit aller Anblicke lässt sich unmöglich in einen allseitigen Gesamtanblick verwandeln. Die unendliche Abschattungsmannigfaltigkeit, mit der das Ding in seiner Wirklichkeit gleichgesetzt ist, kann daher niemals zum Gegenstand einer adäquaten Anschauung gemacht werden. Die Idee, das Ideal adäquater Gegebenheit auf diese Weise in einem Anblick zu verwirklichen, wird von Husserl als eine widersinnige Idee enthüllt und näher als Idee einer ‚endlichen Unendlichkeit' bestimmt".

überraschend ist diesbezüglich die Feststellung, dass „Bild." in der Sozialpädagogik weniger als epistemisches, denn als technisches Ding Verwendung findet. Dabei lässt sich aber herausstellen, dass materielle und sprachliche Bilder v. a. als technische Dinge, mentale Bilder – wie im letzten Abschnitt deutlich wurde – auch als epistemische Dinge Beachtung finden. Unabhängig davon finden sich in sozialpädagogischen Diskussionen ausführliche Darstellungen von „Bild." als epistemisches Ding auch bezüglich materieller und sprachlicher Bilder, wie dies u. a. am Beispiel der Metaphernanalyse nachgezeichnet werden kann (vgl. Schmitt 2017). Es ist gerade der Vorteil der von mir verwendeten Unterscheidung, dass technische Dinge zwar von epistemischen Dingen unterschieden werden können, gleichzeitig aber als hinreichend stabilisierte epistemische Dinge betrachtet werden können. Der Rückgriff auf materielle und sprachliche Bilder als epistemische Dinge dient im sozialpädagogischen Diskurs der Rahmung zur Verwendung von „Bild." als technisches Ding.

Zur Betrachtung von „Bild." in der sozialpädagogischen Diskussion bin ich in drei Schritten vorgegangen. In einem ersten Schritt habe ich die umfassendere bildwissenschaftliche Diskussion (repräsentiert durch „Bild. Ein interdisziplinäres Handbuch") mit der sozialpädagogischen Diskussion (repräsentiert durch das „Handbuch Soziale Arbeit") kontrastiert. Vor diesem Hintergrund möglicher Diskussionen habe ich in einem zweiten Schritt nachgezeichnet, wie sprachliche und materielle Bilder als technische Dinge Verwendung finden. In einem dritten Schritt ging es dann um die sozialpädagogische Diskussion bezüglich mentaler Bilder als epistemische Dinge.

1. Bezüglich des kontrastierenden Überblicks lässt sich festhalten, dass in der Sozialen Arbeit „materielle Bilder" erstens als epistemische Dinge weniger eine Rolle spielen. Die Zugriffe auf „Bildmedien" sind durch eine je spezifische eigene Perspektive gekennzeichnet. Zweitens lässt sich konstatieren, dass sich in Bezug zu „Bildtheorie" vergleichbare theoretische Ansätze innerhalb der „Theorien Sozialer Arbeit" (Füssenhäuser 2018; May 2010) finden, doch bleibt die Thematisierung von „Bild.", wie am Beispiel der Psychoanalyse angedeutet, eher implizit. Letzteres gilt auch dann, wenn – wie im Falle der Rezeption von Lacans Überlegungen – die Bedeutung des Spiegelbildes für die personale Entwicklung als zentral herausgestellt wird. Neben diesen Hinweisen auf die Thematisierungsweisen von „Bild." ist drittens die angedeutete Differenz von „materiellem Bild" und „anderen Bildern" (bspw. „Menschenbild") herauszustellen, die im folgenden Abschnitt im Vordergrund steht. Festhalten lässt sich viertens, dass „Bild." im Kontext der sozialpädagogisch-disziplinären Diskussion u. a. als Darstellungsmittel im Zusammenhang der Vermittlung von Forschung verwendet wird. Dies ist systematisch von „Bild." als Analysegegenstand zu unterscheiden. In Anschluss an diese Unterscheidung ist fünftens die Produktion, Repräsentation und weitere Verarbeitung als Prozess

herauszustellen. Da im „Handbuch Soziale Arbeit" „Bildmedien" nicht als solche in den Blick genommen werden, werden zwar Schaubilder und Abbildungen verwendet, nicht aber in ihrer Produktion betrachtet. Ob sich ein solcher Umgang mit „Bildmedien" auch insgesamt zeigt, darauf ist später noch einzugehen. Dass die Produktion aber gerade in Bezug auf das einzelne „Bild." nicht nur mit Blick auf „materielle Bilder" relevant ist, ist am Beispiel des „Menschenbild, humanistisches" angedeutet worden. Diesbezüglich lässt sich betonen, dass „Bild." als Singular häufig als eine Momentaufnahme einer dynamischen Bewegung von Bildern, folglich als eine Fixierung verwendet, jedoch selten in diesem Sinne auch thematisch wird.

2. Die Reflexion von materiellen Bildern als technische Dinge spielt in der sozialpädagogischen Diskussion weniger eine Rolle. Eine ausführliche Diskussion – auch anderer Verwendungen von „Bild." als technisches Ding, wie sie in Abschnitt 2 angedeutet wurden – findet in der Sozialpädagogik kaum statt. Gleichsam werden Bilder in unterschiedlicher Weise beforscht. Auffällig ist dabei u. a. die eher an der Sprachlichkeit des Bildmaterials ausgerichteten Auswertungsmethode einerseits und die spezifische Bild/Wort-Kombinationen andererseits. Sowohl im wissenschaftlichen als auch im praktisch-pädagogischen Bereich hat dieser Bezug auf die Sprachlichkeit und den Text bzw. das Wort eine deutliche Priorität. Im praktischen Bereich lässt sich die Vermittlung mittels „Bild." durch die Verwendung von „Bild." im diagnostischen Sinne erweitern. Zentral ist hierbei jedoch, dass „Bild." v. a. als Anlass zum Erzählen etc. also im Sinne bildlicher Vignetten verwendet wird.

3. Bezüglich „Bild." als epistemisches Ding lässt sich festhalten, dass dieses v. a. pragmatisch verwendet und nicht systematisch gegen andere Konzeptionen diskutiert wird. Systematisch erörtert wurde zumindest das Familienbild von Petra Bauer u. a. (2015). Gleichzeitig ist dieses „Bild." weniger bildlich als die mit „Familienkonzept" bezeichnete Rekonstruktion von Nicole Knuth u. a. (2009). Für die Diskussion insgesamt ist nachzuzeichnen, dass von einer Singularität von „Bild." ausgegangen werden kann. Dabei aber bleibt die Produktion, also die Methode der Vereinheitlichung der Pluralität ausgeblendet. So lässt sich bereits mit Blick auf die Differenzierung von familiären Referenzbild, Alltagsbild und Leitbild im Familienkonzept-Modell fragen, ob Familienbild überhaupt nur im Verhältnis von Referenz- und Alltagsbild, also ohne das Leitbild miteinzubeziehen, diskutiert werden kann. Die Vereinheitlichung dieser Pluralität von Bildern erscheint problematisch. Darüber hinaus kann im Verweis auf das Verhältnis von Sprachlichkeit des Bildmaterials und der Eigenqualität der Bilder die Nutzung von sprachlichen Bildern als technische Dinge durchaus in Frage gestellt werden. Für die Diskussion um mentale Bilder insgesamt lässt sich nachzeichnen, dass trotz systematischen Anspruchs

v. a. auf alltägliche Wissenselemente und Beschreibungen zurückgegriffen wird. Zwar wird „Bild." hier als epistemisches Ding betrachtet, gleichsam jedoch nur bis zu einer ansatzweisen Stabilisierung verfolgt, um es dann weiter im Prozess des Forschens als technisches Ding zu gebrauchen.

Abschließend kann für die genannte Diskussion in der Sozialpädagogik konstatiert werden, dass „Bild." bisher eher eine untergeordnete Rolle in der analytischen Auseinandersetzung spielt. Zwar werden Bilder verwendet, gleichsam findet eine systematische Reflexion über „Bild." kaum statt. Und dies gilt auch, obwohl die zunehmende Relevanz von Bildmedien herausgestellt wird (vgl. Kutscher u. a. 2020).

Literatur

Athanassiadou, Zoi/Euteneuer, Frank/Mücher, F./Uhlendorff, Uwe (2015): Familienkonzepte – ein sozialpädagogischer Blick auf die Gestaltung familialer Lebenswelten. In: neue praxis. Zeitschrift für Sozialarbeit, Sozialpädagogik und Sozialpolitik. Sonderheft 12, Neue Aufmerksamkeiten für Familie. Lahnstein: neue praxis GmbH, 12–24.

Augoustinos, Martha (1995): Ideologie und soziale Repräsentation. In: Flick, Uwe (Hrsg.) (1995), 200–217.

Barlösius, Eva (2005): Die Macht der Repräsentation. Commen Sense über soziale Ungleichheiten. Wiesbaden: Springer VS.

Bauer Petra/Neumann Sascha/Sting Stephan/Ummel Hannes/Wiezorek, Christine (2015): Familienbilder und Bilder „guter" Elternschaft. Zur Bedeutung eines konstitutiven, aber vernachlässigten Moments pädagogischer Professionalität. In: neue praxis. Zeitschrift für Sozialarbeit, Sozialpädagogik und Sozialpolitik. Sonderheft 12, Neue Aufmerksamkeiten für Familie. Lahnstein: neue praxis GmbH, 25–37.

Bauer, Petra/Wiezorek, Christine (2017): Familienbilder zwischen Kontinuität und Wandel. In: dies. (Hrsg.) (2017), 7–22.

Bauer, Petra/Wiezorek, Christine (Hrsg.) (2017): Familienbilder zwischen Kontinuität und Wandel. Weinheim/Basel: Beltz Juventa.

Bitzan, Maria/Bolay, Eberhard (2018): Adressatin und Adressat. In: Otto, Hans-Uwe u. a. (Hrsg.) (2018), 42–48.

Bock, Karin/Miethe, Ingrid (2018): Qualitative Forschung. In: Otto, Hans-Uwe u. a. (Hrsg.) (2018), 1255–1266.

Bohnsack, Ralf (2000): Gruppendiskussion. In: Flick, Uwe u. a. (Hrsg.) (2000): Qualitative Forschung. Ein Handbuch. Reinbek bei Hamburg: Rowohlt Taschenbuch Verlag, 369–383.

Bohnsack, Ralf/Fritzsche, Bettina/Wagner-Willi, Monika (Hrsg.) (2015): Dokumentarische Video- und Filminterpretation. Methodologie und Forschungspraxis. Opladen u. a.: Budrich.

Bohnsack, Ralf/Kubisch, Sonja/Streblow-Poser, Claudia (Hrsg.) (2018): Soziale Arbeit und Dokumentarische Methode. Methodologische Aspekte und empirische Erkenntnisse. Opladen u. a.: Budrich.

Böhringer, Daniela (2020): Qualitative Forschungszugänge zu digitalisierter Sozialer Arbeit. In: Kutscher, Nadia u. a. (Hrsg.) (2020), 612–624.

Buchholz, Amrei/Stahl, Lina Maria (2014): Epistemologie: Bilder als Wissen. In: Günzel, Stephan/Mersch, Dieter (Hrsg.) (2014), 125–130.

Deinet, Ulrich (2009) (Hrsg.): Sozialräumliche Jugendarbeit. Grundlagen, Methoden und Praxiskonzepte. Wiesbaden: Springer VS.

Deinet, Ulrich/Krisch, Richard (2009a): Die Fremdbilderkundung. In: sozialraum.de (1) Ausgabe 2/2009. URL: https://www.sozialraum.de/fremdbilderkundung.php, Datum des Zugriffs: 16.09.2021.
Deinet, Ulrich/Krisch, Richard (2009b): Autofotografie. In: sozialraum.de (1) Ausgabe 1/2009. URL: https://www.sozialraum.de/autofotografie.php, Datum des Zugriffs: 16.09.2021.
Dollinger, Bernd u. a. (2012): Vorwort. In: dies. (Hrsg.) (2012), 7–11.
Dollinger, Bernd u. a. (Hrsg.) (2012): Gesellschaftsbilder Sozialer Arbeit. Eine Bestandsaufnahme. Bielefeld: transcript.
Dörner, Olaf (2014): Pädagogik. In: Günzel, Stephan/Mersch, Dieter (Hrsg.) (2014), 428–432.
Dreitzel, Hans Peter (1962): Selbstbild und Gesellschaftsbild. In: Europäisches Archiv für Soziologie.
Ecarius, Jutta/Schierbaum, Anja (2018): Familie. In: Otto, Hans-Uwe u. a. (Hrsg.) (2018), 374–382.
Ehrenspeck, Yvonne/Schäffer, Burkhard (Hrsg.) (2003): Film- und Fotoanalyse in der Erziehungswissenschaft. Ein Handbuch. Wiesbaden: Springer VS.
Eppler, Renate (1986): Lehrerkognitionen zu ‚auffälligem' Verhalten. Methodische Zugänge und empirische Befunde zur interpersonellen Wahrnehmung in Lehrer-Schüler-Interaktionen. Frankfurt a. M.: Peter Lang Verlag.
Euteneuer, Matthias/Mücher, Frank/Uhlendorff, Uwe (2017): Familienkonzepte als lern- und bildungsrelevante Konstellation von Familienbildern. In: Bauer, Petra/Wiezorek, Christine (Hrsg.) (2017), 229–245.
Euteneuer, Matthias/Uhlendorff, Uwe (2020): Familie und Familienalltag als Bildungsherausforderungen. Weinheim/Basel: Beltz Juventa.
Fegter, Susann (2011): Die Macht der Bilder – Photographien und Diskursanalyse. In: Oelerich, Gertrud/Otto, Hans-Uwe (Hrsg.) (2011), 207–220.
Fellmann, Ferdinand (1991): Symbolischer Pragmatismus. Hermeneutik nach Dilthey. Reinbek bei Hamburg: Rowohlt Taschenbuch Verlag.
Fey, Carl-Christian/Matthes, Eva (2017): Das Augsburger Analyse- und Evaluationsraster für analoge und digitale Bildungsmedien (AAER): Grundlegung und Anwendungsbeispiele in interdisziplinärer Perspektive. Bad Heilbrunn: Klinkhardt.
Flick, Uwe (1995) (Hrsg.): Psychologie des Sozialen. Repräsentation in Wissen und Sprache. Reinbek bei Hamburg. Rowohlt Taschenbuch Verlag.
Fliescher Mira/Vogman Elena (2014): Dekonstruktion: Bilder als Sinnverschiebung. In: Günzel, Stephan/Mersch, Dieter (Hrsg.) (2014), 81–88.
Friebertshäuser, Barbara u. a. (Hrsg.) (2013): Handbuch Qualitative Forschungsmethoden in der Erziehungswissenschaft. 4. Auflage. Weinheim/Basel: Beltz Juventa.
Füssenhäuser, Cornelia (2018): Theoriekonstruktion und Positionen der Sozialen Arbeit. In: Otto, Hans-Uwe u. a. (Hrsg.) (2018), 1734–1747.
Gennerich, Carsten/Klein, Constantin/Streib, Heinz (2018): Religiosität und Spiritualität. In: Otto, Hans-Uwe u. a. (Hrsg.) (2018), 1309–1317.
Gondek, Hans-Dieter (2014): Psychoanalyse: Traum, Spiegel und das optisch Unbewusste. In: Günzel, Stephan/Mersch, Dieter (Hrsg.) (2014), 95–102.
Goppelsröder Fabian (2014): Hermeneutik: Verstehen von Bildern. In: Günzel, Stephan/Mersch, Dieter (Hrsg.) (2014), 75–81.
Graßhoff, Günther (2016): Der sozialpädagogische Blick auf Adressat_innen – Versuch einer Verhältnisbestimmung im Kontext der Adressierungstheorie. In: Schmidt, Friederike u. a. (Hrsg.) (2016), 239–252.
Günther, Julia/Nestmann, Frank/Werner, Jilian (2011): Netzwerkforschung mit Kindern. Eine empirische Studie zur Unterstützungsbezügen in Familien, Pflegefamilien und Heim. In: Oelerich, Gertrud/Otto, Hans-Uwe (Hrsg.) (2011), 25–50.
Günzel, Stephan/Mersch, Dieter (Hrsg.) (2014): Bild. Ein interdisziplinäres Handbuch. Stuttgart – Weimar: J.B. Metzler.
Habermas, Tilmann (1999): Geliebte Objekte. Symbole und Instrumente der Identitätsbildung. Frankfurt a. M.: Suhrkamp Taschenbuch Verlag.
Halawa, Mark A. (2014): Anthropologie: Bilder als Bedingung des Menschen. In: Günzel, Stephan/Mersch, Dieter (Hrsg.) (2014), 69–75.

Heiner, Maja (2018): Diagnostik in der Sozialen Arbeit. In: Otto, Hans-Uwe. u. a. (Hrsg.) (2018), 242–255.
Henn, Sarah (2020): Professionalität und Teamarbeit in der stationären Kinder- und Jugendhilfe. Eine empirische Untersuchung reflexiver Gesprächspraktiken in Teamsitzungen. Weinheim/Basel: Beltz Juventa.
Hennig, Jochen (2014): Naturwissenschaften. In: Günzel Stephan/Mersch, Dieter (Hrsg.) (2014), 421–427.
Holenstein, Elmar (1992): Mentale Gebilde. In: Münch, Dieter (Hrsg.): Kognitionswissenschaft. Grundlagen, Probleme, Perspektiven. Frankfurt a. M.: Suhrkamp Taschenbuch Verlag, 319–342.
Höppner, G./Brinkmann, A.-S. (2020): Die Funktion von Dingen in der Lebenswelt von Adressat_innen und Konsequenzen für Soziale Arbeit. Empirische Befunde am Beispiel der stationären Sozialen Altenarbeit. In: neue Praxis 5/20, Lahnstein, 442–457.
Hufnagel, Erwin (1993): Pädagogische Vorbildtheorien: Prolegomena zu einer pädagogischen Imagologie. Würzburg: Königshausen & Neumann.
Hünersdorf, Bettina (2012): Das Gesellschaftsbild der Systemtheorie. In: Dollinger, Bernd u. a. (Hrsg.) (2012), 123–153.
Jakob, Gisela/Wensierski, Hans-Jürgen (Hrsg.) (1997): Rekonstruktive Sozialpädagogik. Konzepte und Methoden sozialpädagogischen Verstehens in Forschung und Praxis. Weinheim/München: Juventa.
Jehle, May (2016): Pädagogische Kamera? Pädagogische Perspektiven im Verhältnis von ‚Handlung des Zeigens' und ‚gezeigter Handlung' in historischen Videoaufzeichnungen von Unterricht. In: Schmidt, Friederike u. a. (Hrsg.) (2016), 207–227.
Kaminski, Gerhard (1959): Das Bild vom Anderen. Berlin: Georg Lüttke Verlag.
Knuth, Nicole u. a. (2009): Das Familienkonzeptmodell. Perspektiven für eine sozialpädagogisch fokussierte Familienforschung und -diagnostik. In: Beckmann, Christoph u. a. (Hrsg.): Neue Familialität als Herausforderung der Jugendhilfe. Sonderheft der neuen praxis 9. Lahnstein: Verlag neue praxis, 181–193.
König, Anke (2009): Interaktionsprozesse zwischen ErzieherInnen und Kind. Eine Videostudie aus dem Kindergartenalltag. Wiesbaden: Springer VS.
Kosslyn, Stephen Michael/Pomeranz, James R. (1992): Bildliche Vorstellungen. Propositionen und die Form interner Repräsentation. In: Münch, Dieter (Hrsg.): Kognitionswissenschaft. Grundlagen, Probleme, Perspektiven. Frankfurt a. M.: Suhrkamp Taschenbuch Verlag, 253–289.
Krenz, Armin (2010): Was Kinderzeichnungen erzählen. 3. Auflage. Dortmund: Verlag für modernes Lernen.
Krinninger, Dominik (2016): Familiale Blicke. Zur Interferenz kindlicher und elterlicher Wahrnehmung. In: Schmidt, Friederike u. a. (Hrsg.) (2016), 89–102.
Krinninger, Dominik/Kluge, Markus (2017): Das Familienbild als Denk- und Darstellungsform von Familie. In: Bauer, Petra/Wiezorek, Christine (Hrsg.) (2017), 77–89.
Kümmerling Franziska (2014): Psychologie: Wahrnehmung von Bildern. In: Günzel, Stephan/Mersch, Dieter (Hrsg.) (2014), 61–68.
Kutscher, Nadia (2018): Soziale Arbeit und Digitalisierung. In: Otto, Hans Uwe u. a. (Hrsg.) (2018), 1430–1440.
Kutscher, Nadia u. a. (Hrsg.) (2020): Handbuch Soziale Arbeit und Digitalisierung. Weinheim/Basel: Beltz Juventa.
MacDonald, Kevin (1993) (Hrsg.): Parent-Child Play: Descriptions and Implications (Suny Series, Children's Play in Society). New York: State University of New York Press.
Magyar-Haas, Veronika (2011): Leibliche Abgrenzung und Positionierungen im sozialpädagogischen Raum. Eine videoanalytische Rekonstruktion. In: Oelerich, Gertrud/Otto, Hans Uwe (Hrsg.) (2011), 193–206.
Marchart, Oliver (2008): Cultural Studies. Konstanz: UVK Verlagsgesellschaft.
May, Michael (2010): Aktuelle Theoriediskurse Sozialer Arbeit. Eine Einführung. 3. Auflage. Wiesbaden: Springer VS.
Mersch, Dieter/Ruf, Oliver (2014): Bildbegriffe und ihre Etymologien. In: Günzel, Stephan/Mersch, Dieter (Hrsg.) (2014), 1–7.

Moscowici, Serge (1995): Geschichte und Aktualität sozialer Repräsentationen. In: Flick, Uwe (Hrsg.) (1995), 266–312.
Müller, Hans-Rüdiger (2017): Displaying family – Die Selbstdarstellung der Familie im Gruppenfoto. In: Bauer, Petra/Wiezorek, Christine (Hrsg.) (2017), 43–59.
Müller, Silke (2014): Fotografie und Abdruck. In: Günzel Stephan/Mersch, Dieter (Hrsg.) (2014), 201–208.
Müller-Doohm, Stephan (1993): Visuelles Verstehen. Konzepte kultursoziologischer Bildhermeneutik. In: Jung, Thomas/Müller-Doohm, Stephan (Hrsg.). ‚Wirklichkeit' im Deutungsprozess. Verstehen und Methoden in den Kultur- und Sozialwissenschaften. Frankfurt a. M.: Suhrkamp, 438–456.
Nentwig-Gesemann, Iris/Nicolai, Katharina (2015): Dokumentarische Videointerpretation typischer Modi der Interaktionsorganisation im Krippenalltag. In: Bohnsack, Ralf/Fritzsche, Bettina/Wagner-Willi, Monika (Hrsg.) (2015), 45–72.
Neumann, Sascha/Sandermann, Philipp (2012): Gesellschaft mittlerer Reichweite. Alltag Lebensweltorientierung und Soziale Arbeit. In: Dollinger Bernd u. a. (Hrsg.) (2012), 41–63.
Oelerich, Gertrud/Otto, Hans-Uwe (Hrsg.) (2011): Empirische Forschung und Soziale Arbeit. Ein Studienbuch. Wiesbaden: Springer VS.
Otto, Hans-Uwe u. a. (Hrsg.) (2003): Empirische Forschung und Soziale Arbeit. Ein Lehr- und Arbeitsbuch. Neuwied: Luchterhand.
Otto, Hans-Uwe u. a. (Hrsg.) (2018): Handbuch Soziale Arbeit. 6. überarbeitete Auflage. München: Ernst Reinhardt.
Pápay, Gyula (2014): Kartographie und Abbildung. In: Günzel, Stephan/Mersch, Dieter (Hrsg.) (2014), 187–194.
Rauschenbach, Thomas/Thole, Werner (Hrsg.) (1998): Sozialpädagogische Forschung. Gegenstand und Funktionen, Bereiche und Methoden. Weinheim/München: Juventa.
Reisenleitner, Markus (2006): Stuart Hall (*1932). Identitätsrouten ohne Garantien. In: Hofmann, Martin Ludwig u. a. (Hrsg.) (2006): Culture Club II. Klassiker der Kulturtheorie. Frankfurt a. M.: Suhrkamp, 312–327.
Rheinberger, Hans-Jörg (2006): Experimentalsysteme und epistemische Dinge. Frankfurt a. M.: Suhrkamp.
Richir, Marc (2000): Das Abenteuer der Sinnbildung. Aufsätze zur Phänomenalität der Sprache. Wien: Verlag Turia+Kant.
Ried, Christoph (2017): Sozialpädagogik und Menschenbild: Bestimmung und Bestimmbarkeit der Sozialpädagogik als Denk- und Handlungsform auf. Wiesbaden: Springer VS.
Rusch, Gebhard u. a. (Hrsg.) (1996): Interne Repräsentationen. Neue Konzepte der Hirnforschung. Frankfurt a. M.: Suhrkamp Taschenbuch Verlag.
Sachs, Melanie (2014): Ikonologie und Stilanalyse: Bilder als Dokumente. In: Günzel, Stephan/Mersch, Dieter (Hrsg.) (2014), 88–94.
Schinzel, Britta (2014): Medizin/Radiologie. In: Günzel, Stephan/Mersch, Dieter (Hrsg.) (2014), 414–421.
Schlicht, Tobias/Smortchkova, Joulia (Hrsg.) (2018): Mentale Repräsentationen. Grundlagentexte. Frankfurt a. M.: Suhrkamp Taschenbuch Verlag.
Schmidt, Friederike u. a. (Hrsg.) (2016): Pädagogische Blicke. Weinheim/Basel: Beltz Juventa.
Schmitt, Rudolf (2017): Systematische Metaphernanalyse als Methode der qualitativen Sozialforschung. Wiesbaden: Springer VS.
Schöttler, Tobias (2014): Grafische Bilder und Geometrie. In: Günzel, Stephan/Mersch, Dieter (Hrsg.) (2014), 195–201.
Schöttler, Tobias (2014): Logik: Bilder als Argumente. In: Günzel Stephan/Mersch, Dieter (Hrsg.) (2014), 139–142.
Schulze, Theodor (2013): Bildinterpretation in der Erziehungswissenschaft. Im Gedenken an Klaus Mollenhauer. In: Friebertshäuser, Barbara u. a., 529–546.
Schweppe, Cornelia (Hrsg.) (2003): Qualitative Forschung in der Sozialpädagogik. Opladen: Leske*Budrich.
Schweppe, Cornelia/Thole, Werner (Hrsg.) (2005): Sozialpädagogik als forschende Disziplin. Theorie, Methoden, Empirie. Weinheim/München: Juventa.

Seelmeyer, Udo/Ley, Thomas (2018): Informationstechnologien in der Sozialen Arbeit. In: Otto, Hans-Uwe u. a. (Hrsg.) (2018), 655–664.

Skiba, Ernst Günther (1973): Zum Fremdbild des Sozialarbeiters. In: Otto, Hans-Uwe/Müller, Siegfried (Hrsg.) (1973): Gesellschaftliche Perspektiven der Sozialarbeit. 2. Halbband. Neuwied: Luchterhand, 223–246.

Spitzer, Manfred (2018): Neurobiologie. In: Otto, Hans Uwe. u. a. (Hrsg.) (2018), 1081–1090.

Tengelyi, László (2014): Welt und Unendlichkeit. Zum Problem phänomenologischer Metaphysik. Freiburg/München: Verlag Karl Alber.

Thiersch, Hans/Rauschenbach, Thomas (1984): Sozialpädagogik/Sozialarbeit: Theorie und Entwicklung. In: Eyfferth, H. u. a. (Hrsg.): Handbuch Sozialarbeit Sozialpädagogik. Neuwied: Luchterhand Verlag, 984–1015.

Thole, Werner/Hunold, Martin (2018): Gesellschaftstheorien und Soziale Arbeit. In: Otto, Hans-Uwe u. a. (Hrsg.) (2018), 551–565.

Tillmann, Klaus-Jürgen (2018): Schulwesen. In: Otto, Hans-Uwe u. a. (Hrsg.) (2018), 1333–1340.

Uhlendorff, Uwe (2011): Das sozialpädagogische Problem. In: Mertens, G. (Hrsg.): Erziehungswissenschaft und Gesellschaft. Handbuch der Erziehungswissenschaft 6. Paderborn u. a.: Ferdinand Schöningh, 11–29.

Urbich, Jan (2014): Sprachtheorie: Bilder als Metaphern. In: Günzel Stephan/Mersch, Dieter (Hrsg.) (2014), 131–138.

Volmerg, Birgit u. a. (1986): Betriebliche Lebenswelt. Eine Sozialpsychologie industrieller Arbeitsverhältnisse. Wiesbaden: Westdeutscher Verlag.

Wensierski, Hans-Jürgen von (2018): Medien und Soziale Arbeit. In: Otto, Hans Uwe u. a. (Hrsg.) (2018), 981–992.

Wesenberg, Sandra/Bock, Karin/Schröer, Wolfgang (Hrsg.) (2018): Verstehen: eine sozialpädagogische Herausforderung. Weinheim/Basel: Beltz Juventa.

Wiezorek Christine/Ummel Hannes 2017: Familienbilder erforschen. In: Bauer, Petra/Wiezorek, Christine (Hrsg.) (2017), 24–42.

Wirth Sabine (2014): Medientheorie: Bilder als Techniken. In: Günzel Stephan/Mersch, Dieter (Hrsg.) (2014), 118–125.

Das Bild in den Diskursen der Pädagogik der frühen Kindheit – Zur Komplexität und Vieldeutigkeit eines Begriffes, Phänomens und Artefaktes

Kathrin Borg-Tiburcy

„*Bilder* im frühkindlichen Bildungsprozess sind zunächst einmal der Ansatz einer Möglichkeit zu denken".
„*Bilder* von Kindern sind – i. d. R. – *Bilder* von Erwachsenen".
„In Zeichnungen werden also konkrete Handlungssequenzen dargestellt, bei denen auch zeitlich nacheinander ablaufende Bewegungen oder Vorgänge in einem *Bild* graphisch umgesetzt werden".[1]

1. Einleitung

Um aus der Perspektive einer Fachdisziplin heraus bzw. in Hinblick auf deren relevante Diskurse einen Begriff, ein Phänomen oder ein Artefakt zu betrachten und dessen Stellenwert, Verwendung und Funktion für eben diese Diskurse herauszuarbeiten, die besonders von der Fachdisziplin geprägt werden oder für diese besonderes relevant sind, muss in einem ersten Schritt zumindest grob umrissen werden, mit welchen Themen, Fragestellungen und Diskursgegenständen sich die Fachdisziplin auseinandersetzt. Ganz allgemein ist damit zunächst die Frage verbunden, was es bedeutet, die Perspektive der Disziplin der Pädagogik der frühen Kindheit einzunehmen. Konkret ist vor dem Hintergrund des Erkenntnisinteresses dieses Artikels damit die Frage verbunden, welchen Stellenwert, welche Bedeutung und Funktion das „Bild" im Rahmen dieser Perspektive und den damit verbundenen Diskursen innehat.

Die *Pädagogik der frühen Kindheit* – als Kommission und als Forschungsdisziplin – rückte insbesondere in den letzten zwei Jahrzehnten vermehrt in den Fokus eines gesellschaftlichen Interesses und hat somit auf bildungspolitischer und wissenschaftlicher Ebene sowie in der Praxis eine Konjunktur erfahren (vgl. z. B.

---

1 Die Zitate entstammen in entsprechender Reihenfolge den folgenden Veröffentlichungen: Schäfer 2013: 41, Hervorh. KBT; Blaschke-Nacak/Stenger/Zirfas 2018: 12, Hervorh. KBT; Neuß 2019: 178 f., Hervorh. KBT.

EACEA 2009; 2014; OECD 2001; 2006; Pianta u. a. 2011). Dabei hat das Interesse an der Bildung, Erziehung und Entwicklung von Kindern im Alter von null bis sechs Jahren in Deutschland durch Ergebnisse internationaler Vergleichsstudien (bspw. PISA, IGLU, TIMSS) und durch gesellschaftlich bedingte Veränderungen des kindlichen Lernens und Aufwachsens in den letzten Jahrzenten stark zugenommen (vgl. Blaschke-Nacak/Stenger/Zirfas 2018; Dietrich/Stenger/Stieve 2019; Duncker/Lieber/Neuß/Uhlig 2010; Fthenakis 2006; Rißmann 2018).[2] Bildungspolitisch prominent gewordene Slogans wie z. B. „Auf den Anfang kommt es an" und damit verbundene professionelle Erziehungs- und Bildungsstrategien (vgl. z. B. Fthenakis/Giesbert/Griebel/Kunze/Niesel/Wustmann 2007; Liegle 2006; Schäfer 2007) sowie fachwissenschaftliche Debatten bedingten sich so wechselseitig und erzeugten einen medialen und wissenschaftlichen Boom in diesem Feld.[3]

Frühkindliche Lern- und Bildungsprozesse wurden seitdem zunehmend in den Blick genommen, was sich nicht nur durch den Ausbau von Kindertagesplätzen, den Orientierungs- und Bildungsplänen der Länder und einer Vielzahl an frühpädagogischen Studiengängen zeigt (vgl. Blaschke-Nacak/Stenger/ Zirfas 2018), sondern auch in einer Fülle an neueren Forschungsaktivitäten widerspiegelt(e) (vgl. z. B. Braches-Chyrek/Röhner/Sünker/Hopf 2014; Schmidt/ Smidt 2018; Stamm/Edelmann 2013).

Im Vergleich zu anderen Fachdisziplinen der Erziehungswissenschaft gehört die Kommission „Pädagogik der frühen Kindheit" somit zu einer der jüngeren – sie wurde 1970 als Kommission in der DGfE gegründet – und wurde bspw. bei der Systematisierung der Deutschen Gesellschaft für Erziehungswissenschaft als Kommission erst im Jahr 2011 auf Sektionsebene gemeinsam mit der Sozialpädagogik auf der Homepage aufgeführt.

Auch wenn also diese Disziplin gesellschaftlich und wissenschaftlich in der Vergangenheit prominent geworden ist und sich auf unterschiedlichsten Ebenen etabliert hat, kann konstatiert werden, dass der Prozess der Selbstvergewisserung im Diskurs immer noch verhandelt wird, vor allem bezüglich einer „theoretischen Vergewisserung ihres Sachverhalts" (Dietrich/Stenger/Stieve 2019: 9). So weisen bspw. Dietrich u. a. darauf hin, dass das, „[w]as ihren Gegenstand im eigentlichen Sinne ausmacht, […] häufig eher implizit vorausgesetzt [wird]" (Dietrich/Stenger/Stieve 2019: 9), als dass sich hierzu ein explizit systematischer,

---

2   Dies zeigt sich bspw. durch demographische und familienstrukturelle Veränderungen, Prozesse der Globalisierung, die veränderte Erwerbstätigkeit der Eltern, die Veränderung räumlicher und zeitlicher Lebensbedingungen, eine Institutionalisierung von Kindheit, die Heterogenität im Betreuungs- und Bildungssektor auch vor dem Hintergrund von Chancen(un)gleichheit usw. (vgl. z. B. Dietrich/Stenger/Stieve 2019; Duncker/Lieber/ Neuß/Uhlig 2010).

3   So haben sich bspw. die Studiengänge und auch Hochschulstandorte für kindheits- und frühpädagogische Bachelorstudiengänge von 2004 bis 2017 mehr als bzw. fast verzwanzigfacht (vgl. Autorengruppe Fachkräftebarometer 2019: 137).

theoretischer Diskurs ausmachen ließe. Fragen der Identität waren und sind somit immer wieder aufgeworfen und führten u. a. dazu, dass sich im Jahr 2010 auf einer Tagung der Kommission eine Theorie- und Empirie-AG gründete, um Fragen nach einer Identität und einer wissenschaftlichen Selbstvergewisserung hinsichtlich spezifischer Schwerpunktsetzungen nachzugehen. Insbesondere die Theorie-AG beschäftigt sich seither im Rahmen regelmäßiger Treffen damit, „*was* sich durch verschiedene Zugänge jeweils als Gegenstand der Pädagogik der frühen Kindheit konturiert, *wie* sie zu ihrem jeweiligen Gegenstand kommt und *welche* ihrer grundlegenden Phänomene eine differenzierte Analyse verlangen" (Dietrich/Stenger/Stieve 2019: 9, Herv. i. O.).

Insgesamt ist die Perspektive der Pädagogik der frühen Kindheit auch aufgrund ihrer Entstehungsgeschichte immer schon interdisziplinär ausgerichtet. *Die* Perspektive kann es demnach nicht geben, da Übergänge auch zu anderen erziehungswissenschaftlichen Fachdisziplinen sowie weiteren Wissenschaftsdisziplinen gegeben sind. Dies hängt auch damit zusammen, dass die Mitglieder der Kommission sich oftmals einer oder mehreren weiteren Kommission(en) zugehörig fühlen und sich daher Perspektiven einer Pädagogik der frühen Kindheit u. a. mit allgemeinpädagogischen, interkulturellen, phänomenologischen, schulpädagogischen, historischen, sozialpädagogische Perspektiven überschneiden sowie aufgrund der interdisziplinären Bezugstheorien der Pädagogik der frühen Kindheit immer auch bspw. entwicklungspsychologische, sozialwissenschaftliche, kulturwissenschaftliche, psychoanalytische, philosophische, kognitionswissenschaftliche Zugänge in den Diskursen mitenthalten sind.

Und dennoch lassen sich für die Pädagogik der frühen Kindheit Gegenstandsbestimmungen umreißen, die zentrale und nach wie vor aktuelle Themenstellungen im Diskurs markieren. Ursula Peukert hat dies allgemein, aber auch pointiert bereits 1999 zum Ausdruck gebracht:

„The discipline so understood encompasses the ensemble of all pedagogical issues and areas of activity that are of significance for *children from birth, or even the prenatal phase, up to and including the transition to school*. Thus an early childhood education has to do with familial upbringing as well as with all forms of institutional education and provision of child care. It also addresses related problems involving the professionalisation of educators and parental education, includes questions pertaining to the structuring of the social environment of children and, last but not least, encompasses issues involving the social, political and cultural safeguarding of children's learning and education processes. The broadened focus on childhood as a socio-historically situated and culturally interpreted phase of life increasingly opens early childhood education to other disciplines as well, a circumstance which at the same time places higher demands on the determination of its own genuine avenue of approach" (Peukert 1999: 214 f., Herv. KBT).

Fragen einer (zunehmenden) Institutionalisierung von Kindheit, damit einhergehende Übergänge, Fragen der Scholarisierung und der Didaktisierung des Elementarbereichs, die Rolle von Eltern, pädagogischen Fachkräften auch vor dem Hintergrund der Diskussion um Professionalisierung und Akademisierung, die Bedeutsamkeit der Grundbegriffe und damit einhergehenden pädagogischen Handlungsfeldern wie „Erziehung", „Bildung" und „Betreuung" sowie damit verwobene gesellschaftspolitische Ziele und auch ökonomische Interessen, werden auch in aktuelleren Veröffentlichungen nach wie vor als zentrale Diskurs- und Diskussionsgegenstände der Pädagogik der frühen Kindheit benannt, auch wenn sich Akzent- und Perspektivverschiebungen ausmachen lassen (vgl. z. B. Dietrich/Stenger/Stieve 2019).

Das „Bild" sticht in diesen Zusammenhängen zunächst nicht direkt ins Auge, auch wenn bspw. „das Bild vom Kind" einen wesentlichen Gegenstand im Diskurs ausmacht (vgl. Punkt 3). Doch wie nähert man sich nun einem Status Quo zum Thema Bild aus der Perspektive der Pädagogik der frühen Kindheit an? Zumindest soll im Rahmen dieses Beitrags der Versuch unternommen werden, zu eruieren, welche Diskurse zum „Bild" bzw. welche Verwendungen, Bedeutungen und Funktionen dieses Begriffes, dieses Phänomens, sich in den Diskursen der Pädagogik der frühen Kindheit ausmachen lassen. Hierzu wurden, in ähnlicher Weise zur Systematik dieses Bandes, die auf der DGfE-Homepage der Kommission PdfK präsentierten Publikationslisten der letzten zehn Jahre gesichtet.[4] Dabei erheben dieses Vorgehen und die damit einhergehenden Ergebnisse nicht den Anspruch einer Vollständigkeit oder Repräsentativität. Es kann und soll im Folgenden daher nicht darum gehen, *wie oft* spezifische Diskurse zum Bild oder spezifische Bildbegriffe tatsächlich vorkommen und ob diese auch in einem *statistischen Sinne* relevant sind (vgl. Kruse 2015). Vielmehr geht es im Zuge der Repräsentation darum, im Sinne einer relativen Verallgemeinerung (vgl. ebd.) homologe Diskurs-, Verwendungs- oder Begriffscluster vom „Bild" auszumachen, darzustellen und kritisch zu diskutieren. Dabei waren insgesamt folgende Fragestellungen leitend:

1. Im Rahmen welcher Diskurse oder welcher Themen wird über „das Bild" gesprochen bzw. bekommt dieses Bedeutung?
2. Von welchen Bildern ist in den Diskursen die Rede und werden diese in irgendeiner Weise konturiert, ausdifferenziert, (bild-)theoretisch, bildmethodologisch und/oder empirisch gerahmt?

---

4 In diesem Zusammenhang möchte ich Louisa Schmittwilken ganz herzlich für die tatkräftige Unterstützung danken.

Insgesamt konnten so vier Cluster oder auch Themen identifiziert werden, die teilweise auf unterschiedlichen Ebenen liegen, sich stellenweise auch nur analytisch voneinander unterscheiden lassen, in sich selbst nochmals ausdifferenziert werden müssen und unterschiedliche Perspektiven auf das „Bild" einnehmen, bzw. auf differente Verwendungsweisen, Bedeutungen und Funktionen verweisen. Die vier Cluster lassen sich zunächst folgendermaßen bezeichnen: Bildliches Denken, Bild (und Video) als Methode, Materielle Bilder, Leitbilder und Vorstellungen vom Bild vom Kind.

Aufgrund der Komplexität dieser einzelnen Themen können nicht alle gleichermaßen vorgestellt werden. Daher werden im Rahmen des folgenden Punktes 2 die Cluster zum bildlichen Denken, zum Bild als Methode und zu materiellen Bildern gebündelt dargestellt. In Punkt 3 hingegen wird dann ausführlicher der Fokus vor allem auf Leitbilder und Vorstellungen zum Bild vom Kind gelegt, bevor in Punkt 4 die vorherigen Ausführungen kritisch reflektiert und im Hinblick auf Desiderata befragt werden. Der Artikel schließt mit einem kurzen Resümee (5).

2. Von bildlichem Denken über Bildmethoden bis hin zu materiellen Bildern

Im Folgenden wird nun zunächst unter Berücksichtigung der Arbeiten von Schäfer auf das Cluster „Bildliches Denken" eingegangen (2.1). Es folgt das Cluster zum „Bild als Methode", wobei hier neben einem Überblick zu visuellen Methoden vor allem ein Artikel von Staege fokussiert wird, um den Mehrwert der dokumentarischen Methode herausarbeiten zu können (2.2). Zuletzt wird es um materielle Bilder gehen, wobei hier unter Berücksichtigung verschiedener Veröffentlichungen „Bilderbücher" und „Kinderzeichnungen" thematisiert werden (2.3).

2.1 Bildliches Denken

Unter *bildlichem bzw. aisthetischem Denken* ist eine spezifische Art des Denkens vor allem im Kontrast zum „Denken durch konkretes Handeln" (Schäfer 2013: 31) angesprochen, das vor allem durch Schäfer (vgl. 2007; 2013) im Diskurs vertreten und ausgearbeitet wurde.[5] Dabei bleibt nach Schäfer konkretes Denken „an die aktuelle Handlung gebunden" (Schäfer 2013: 31), wodurch Handlungsmuster entstehen, die reproduzierbar sind. Das aisthetische Denken hat es hingegen „mit *inneren Repräsentationen* von Handlungen [zu tun], mit verinnerlichten,

---

5 Das Denken von Kindern in Bildern bzw. aisthetisches Denken wird dabei vielfach im Diskurs aufgegriffen (vgl. z. B. Dehnert/Geißler 2013; Kirsch/Stenger 2020; Scholz 2019; Stieve 2013).

szenisch organisierten Handlungsmustern [...], die auch unabhängig von einer konkreten Handlung hervorgerufen werden und mit deren Hilfe nicht nur an vergangene Wirklichkeit erinnert, sondern auch Gegenwart – gestaltend – verändert und Zukünftiges geplant werden können" (Schäfer 2013: 31 f., Herv. KBT).

Aisthetisches Denken spielt laut Schäfer eine zentrale Rolle in der frühkindlichen Entwicklung und bildet sich noch vor der Verbalsprache aus. In seinen Veröffentlichungen arbeitet Schäfer verschiedene Dimensionen des aisthetischen Denkens aus, in diesem Zusammenhang soll allerdings nur skizzenhaft auf *das Entstehen innerer Bilder* eingegangen werden.[6] Schäfer geht – auch unter Berücksichtigung epigenetischer Zugänge – davon aus, dass Kinder im Zuge ihrer alltäglichen Erfahrungen „die Welt in Bildern und Szenen [erfahren]" (Schäfer 2013: 32), diese in ihrem Gedächtnis abspeichern und in ähnlichen Situationen entsprechend wiedererkennen. Unter Bezugnahme auf Nelson (1996; 2007) spricht er von „Ereignisrepräsentationen" (Schäfer 2013: 33), die im Gedächtnis sowohl bei Erwachsenen als auch bei Kindern abgespeichert werden und eine innere Vorstellungswelt bilden. Diese Ereignisrepräsentationen können dann losgelöst von aktuellen Situationen immer wieder präsent bzw. hervorgerufen werden. Schäfer vermutet, dass solche inneren Bilder oder Szenen mit ungefähr zwölf Monaten entstehen und Kinder dementsprechend lange in Bildern denken, bevor sie das Erlebte sprachlich zum Ausdruck bringen können. Im Verlauf der Entwicklung werden diese inneren Bilder bzw. die Vorstellungswelt mit jeder neuen Erfahrung, jedem neuen Sinneseindruck verändert, erweitert und ausdifferenziert. Mit der Entstehung der Verbalsprache können diese inneren Bilder, kann die Vorstellungswelt an Komplexität zunehmen und nicht mehr nur aus äußerem Erlebtem entstehen, sondern auch aus innerem Erleben, aus Intentionen, Wünschen, Emotionen etc. Er betont, dass trotz des Spracherwerbs und der Möglichkeit der Verbalisierung von inneren Bildern, diese „oft viel wirkkräftiger als [...] Worte [bleiben], weil sie in der Lage sind, viel von dem sinnlich-emotionalen Erfahrungshintergrund auszudrücken" (Schäfer 2013: 34). Im Zuge von Rollenspielen, Phantasien und gestalterischer Tätigkeit werden bereits bekannte Vorstellungsbilder zu neuen Vorstellungsbildern zusammengesetzt (vgl. Schäfer 2013: 34). Schäfer resümiert in diesem Zusammenhang, dass „[a]us Vorstellung (Imagination) Phantasie (Umdeutung der Wirklichkeit nach inneren Bildern) [wird]" (Schäfer 2013: 34). Letztendlich dienen diese inneren Bilder auch „als Grundmuster [...] für [spätere] abstraktere Denkformen" (Schäfer 2007: 68) und bilden zudem „die Grundlage der Erinnerung" (Schäfer 2007: 70).

---

6   Schäfer weist in diesem Zusammenhang darauf hin, dass „[d]as Modell einer Entwicklung des Denkens vom konkreten über das aisthetische zum narrativen und theoretischen Denken [...] auf die Arbeiten von Jerome Bruner, Katherine Nelson und Merlin Donald [zurückgeht]" (Schäfer 2013: 42).

In der gestalterischen Tätigkeit können die inneren Bilder des Kindes dann auch in äußere Bilder transformiert werden, die wiederum auf die inneren Bilder rückwirken und so zu neuen „Bildgedanken" (Schäfer 2013: 36) führen können.[7] Kritisch merkt Schäfer an, dass das Sprechen vom Bild „eine begriffliche Verkürzung" (Schäfer 2013: 37) darstellt, da man sich die von ihm bezeichneten Bilder „eher als verinnerlichte Szenen […], als Theater im Kopf mit all seinen handelnden, sinnlichen, emotionalen und kognitiven Anteilen [vorstellen muss]" (Schäfer 2013: 37). Man kann an dieser Stelle also annehmen, dass er das spezifisch Simultane des Bildes hier eher um den Aspekt einer Sequenzialität erweitert sehen möchte. Eine Vermischung unterschiedlicher Bildbegriffe zeigt sich dort, wo Schäfer exemplarisch ein Kunstprojekt vorstellt, im Zuge dessen Werke des Künstlers Hundertwasser in einer Krippe rezipiert werden, und in diesem Zusammenhang ebenfalls von Bildern gesprochen wird. Bei der Betrachtung des Buches von Hundertwasser werden die Kinder laut Schäfer von diesen Bildern angesprochen, welche so in einer wechselseitigen Resonanz wiederum „neue Varianten ihres Denkens [ermöglichen]" (Schäfer 2013: 39).

Der Bild*begriff* als solcher wird von Schäfer demnach nicht theoretisch gerahmt und auch nicht explizit in seinen unterschiedlichen Formen (Vorstellungsbild vs. Materielles Abbild[8]) oder Bedeutungen ausdifferenziert. In Zusammenhang mit inneren Bildern wird dieser vielmehr synonym mit Vorstellungsbild verwendet, so schreibt er bspw.: „*Vorstellungen sind innere Bilder* von den Dingen oder Szenen, die man erfahren hat" (Schäfer 2007: 100, Herv. i. O.). Im Hinblick auf materielle Abbilder künstlerischer Werke – Schäfer spricht von „Hundertwasser und seine[n] Bilder[n]" (Schäfer 2013: 40) oder auch von kulturellen Bildern – kann nicht immer ganz nachvollzogen werden, wann von materiellen und wann von Vorstellungsbildern die Rede ist. Man mag es als eine Stärke der Überlegungen auslegen, dass die Übergänge vom rezeptiven Eindruck eines materiellen Bildes in innere Bilder und dessen Rückwirkung wiederum auf Rezeptions- oder Produktionsprozesse von materiellen Bildern fließend und ineinander verwoben dargestellt werden. Allerdings trägt dies nicht zu einer Klärung unterschiedlicher Begriffe und Bedeutungen von Bildern bei und hinterlässt so begriffliche Uneindeutigkeiten. Wie sich noch zeigen wird, ist das von Schäfer dargestellte Entstehen innerer Bilder nicht nur anschlussfähig an

---

7   Schäfer führt in seinen Veröffentlichungen zum Entstehen innerer Bilder weiterhin aus, welcher Umgebung es bedarf, damit Kinder ein möglichst breit gefächertes Angebot an Eindrücken bekommen, um neugierig und offen der Umwelt entgegen treten zu können. Zudem werden kulturelle und gesellschaftliche Rahmenbedingungen sowie die Bedeutung sozialer Resonanz für das Entstehen einer inneren Bilderwelt von Kindern reflektiert (vgl. Schäfer 2013).

8   Mit dem Begriff „*materielles Abbild*" verweise ich darauf, dass sich die Kinder nicht die originalen, physischen Kunstwerke selbst angeschaut haben.

anthropologische Perspektiven auf das Bild (vgl. Punkt 3.3), sondern auch ein gehaltvoller Ansatz, um die Leerstellen rund um den Diskurs vom Bild des Kindes produktiv zu erweitern (vgl. Punkt 4).

2.2 Bild als Methode

Unter dem *Bild als Methode* sind vor allem durch Forscher*innen angewandte Methoden angesprochen[9], die vornehmlich mit Bildverfahren, bspw. Fotos, Fotogrammen, Videos etc., Erhebungen und Auswertungen in pädagogischen Kontexten durchführen. Bei der Methodologie und Methode wird dabei primär auf die Dokumentarische Methode (vgl. z. B. Bohnsack/Fritzsche/Wagner-Willi 2015; Karcher 2019; Staege 2010; Vetter 2018), die Phänomenologie (vgl. z. B. Stenger 2013a) und die hermeneutische Wissenssoziologie (vgl. z. B. Jung/Kaiser 2018) verwiesen. Die Entscheidung für visuelle Methoden wird in diesen Zusammenhängen oftmals damit begründet, dass neben der Möglichkeit eines mehrmaligen Anschauens (vgl. Staege 2010) vor allem ein visueller Zugang zum Raum-Zeit-Verhältnis, dem Körper, dem Verhältnis von Sprache und Körper, korporierten und non-verbalen Ausdrucksformen, Zeigepraktiken, impliziten handlungsleitenden Wissensbeständen sowie Interaktionen mit anderen Personen und Dingen (vgl. Lamprecht 2015; Martens/Petersen/Asbrand 2015; Nentwig-Gesemann/Nicolai 2015; Staege 2010; Vetter 2018) ermöglicht wird. Dabei finden die visuellen Methoden nicht nur Verwendung im Rahmen spezifischer Settings wie der Unterrichtsforschung, elementarpädagogischen Institutionen (Krippen, Kindergärten, Tagespflege), der Familie, sondern auch im Kontext spezifisch, visuell illustrierter Dokumente, wie bspw. in Flyern, Bildungsplänen und bildungspolitischen Dokumenten. Bei der Sichtung der Veröffentlichungen wurde deutlich, dass die Dokumentarische Methode[10] die Diskurse zu dominieren scheint.

---

9 In manchen Fällen stellen die zu Untersuchenden die Bilder auch selbst her, bspw. bei der Untersuchung familialer Praktiken im Rahmen abendlicher Ritualisierungspraxen (vgl. z. B. Xyländer 2015).

10 Die Dokumentarische Methode wurde von Bohnsack unter Berücksichtigung zentraler Grundgedanken von Mannheim, Imdahl, Panofsky und Bourdieu (weiter) entwickelt. Sie ist wesentlich auf der von Mannheim fundierten Annahme begründet, dass sowohl theoretische als auch atheoretische Wissensbestände unser Denken und Handeln leiten. Besonderes Augenmerk gilt dabei dem atheoretischen und dem dazu gehörigen inkorporierten Wissen nach Bourdieu, welche „unsere alltägliche *Handlungspraxis orientieren*" (Bohnsack 2011: 15, Hervorh. i. O.). Dabei hat sich bereits Panofsky im Zuge der Erarbeitung seiner Ikonologie explizit auf Mannheim bezogen, wobei Bourdieu wiederum die Ikonologie Panofskys für die methodologische Fundierung seines Habitus verwendete. Im Zuge der

Eine Veröffentlichung soll hier exemplarisch hervorgehoben werden (vgl. Staege 2015), da nicht nur deutlich wird, welchen Mehrwert eine Rekonstruktion von Bildern mit der dokumentarischen Methode mit sich bringt, sondern sich in diesem Zusammenhang auch Bezüge zum Bild vom Kind herstellen lassen (vgl. Punkt 3 und 4).

Staege analysiert in ihrem Beitrag zwei Fotografien mit der dokumentarischen Bildinterpretation nach Bohnsack, welche im Kontext von Projekten und Programmen „zur naturwissenschaftlichen Bildung" (Staege 2015: 283) veröffentlicht wurden. Diese Programme und Konzepte werden öffentlichkeitswirksam medial über Broschüren, Internetseiten etc. inszeniert und so zu einem „Teil des gesellschaftlichen Diskurses um frühkindliche Bildung" (Staege 2013: 125). Der Artikel geht in diesem Zusammenhang vor allem der Frage nach, welchen spezifischen Beitrag die in diesen Programmen publizierten Fotos einnehmen. Es soll daher rekonstruiert werden „[w]elche Vorstellungen frühkindlicher Bildung […] sich in ihnen [manifestieren] […]? Welche ‚Konstruktionsmuster pädagogischer und sozialer Situationen und Verhältnisse' (Pilarczyk 2007: 231) […] sich in den Konstruktionsweisen der Bilder ab[zeichnen], und welche Botschaften […] dadurch transportiert [werden]" (Staege 2015: 284). Ganz im Sinne des methodologischen Grundgedankens der dokumentarischen Methode wird ausdrücklich betont, dass sich „[i]n den Fotos […] mit den Sicht- und Deutungsweisen der Bildproduzenten und -distribuenten implizite kollektive Wissensbestände [dokumentieren]" (ebd.). Diese impliziten Wissensbestände, welche nicht über eine bloße Beschreibung des Bildes eingeholt werden können, sind handlungsorientierend und somit sozial wirksam. Insbesondere „[i]n öffentlichen Bildern früher Bildung zeigen sich ‚bildungspolitische und pädagogische Vorstellungen, die als Leitbilder fungieren können' (Pilarczyk 2007: 220)" (Staege 2015: 284). Für die Bearbeitung der Fragestellung werden zwei Fotografien analysiert, die einmal von der Stiftung „Haus der kleinen Forscher" in einer Broschüre, und einmal im „Berliner Bildungsprogramm", publiziert wurden.

Interessant ist, dass Staege anhand des ersten Fotos rekonstruieren kann, dass dieses entgegen der konkretisierten didaktischen Handreichungen aus der Broschüre, welche vor allem die Bedeutung einer sachgerechten Anleitung durch die Pädagog*innen in einem gemeinsamen Prozess betont, eher eine individualisierte Tätigkeit darstellt, welche ein einzelnes Kind in Auseinandersetzung mit einem Objekt zeigt. Diese Gegensätzlichkeit zwischen Text und Bild mag zunächst irritieren, ist nach Staege jedoch anschlussfähig an ein dominantes Kindheitsbild des frühpädagogischen Bildungsdiskurses. Hier wird, unter Bezugnahme auf aktuelle Ergebnisse der Neurobiologie und Säuglingsforschung ein Kindheitsbild

---

dokumentarischen Bildinterpretation ergänzte Bohnsack diese Überlegungen dann noch um die Arbeiten von Imdahl, um auch das spezifisch Ikonische des Bildes in den Blick zu bekommen (vgl. Bohnsack 2011).

entworfen, welches „das explorative Lernen in den ersten Lebensjahren betont und Kindern ein intrinsisch motiviertes Streben nach Erkenntnis sowie eine angeborene Neigung und Fähigkeit zur Theoriebildung und zur experimentellen Überprüfung von Hypothesen über Sachverhalte ihrer materiellen und sozialen Umwelt [zuschreibt]" (ebd.: 291). Dieses Bild erfährt laut Staege eine hohe Popularität im Diskurs und wird durch spezifische Buchtitel und Metaphern mithervorgebracht: „Kind als Forscher", „Die kleinen Entdecker", „Forschergeist in Windeln" u. a. Das Kind auf dem Bild wird so als Forscher*in inszeniert, welcher losgelöst von einer anleitenden Didaktik und äußerer Motivation, sozusagen naturwüchsig aus sich heraus zu Erkenntnis kommt. Ein weiterer Bildsinn wird in der rekonstruierten *Übergegensätzlichkeit* von Nähe und Distanz deutlich (die Betrachter*innen haben zum einen das Gefühl dem Kind am Tisch gegenüber zu sitzen, zum anderen wird ein Ausgeschlossen sein aus der Szenerie verdeutlicht) und von Staege als diskursiver Kontext bezeichnet. Damit angesprochen wird die im frühkindlichen Diskurs prominent besprochene Praktik des Beobachtens aus der Distanz, um individuelle Lernprozesse dokumentieren zu können.

Im Rahmen des zweiten Fotos lässt sich anhand der Rekonstruktion der Formalstruktur des Fotos die pädagogische Fachkraft als unsichtbare Akteurin rekonstruieren (es ist lediglich ihre Hand zu sehen, die ein Glas führt und den Ereignismittelpunkt darstellt), welche das Experiment durchführt. Die Kinder werden zu einer Zuschauer*innengruppe, wobei es nicht so relevant zu sein scheint, um was es genau geht, sondern dass etwas so spannend ist, dass die Kinder davon in ihrer Aufmerksamkeit gefesselt werden. Wird im Zuge des ersten Bildes eine Handlung dargestellt, ist es hier ein Ereignis. Interessant ist, dass die pädagogische Fachkraft „weder als Lehrende noch als assistierende ‚Lernbegleiterin' dargestellt [wird]" (ebd.: 296). Durch diese simultane Ab- und Anwesenheit wird die Fachkraft dadurch laut Staege zur „unsichtbare[n] Magierin" (ebd.) und die in den Texten des Bildungsplanes beschriebenen Bildungsaufgaben der pädagogischen Fachkräfte verklärt und bagatellisiert.

Zusammenfassend lässt sich mit Blick auf die Fragestellungen von Staege festhalten, dass hier implizite Wissensbestände und Orientierungen dokumentiert sind, die zum einen das Lernen des Kindes als solitären Prozess darstellen, welcher der Fachkraft eine passive und vom Prozess ausgeschlossene Position zuweist und zum anderen das didaktische Handeln als einen letztendlich nebulösen und unklaren Prozess zeigen, welcher als magischer Handgriff inszeniert wird. Vor dem Hintergrund eines Bildungsverständnisses, welches das Kind als aktiven Akteur konzipiert, der durch die Pädagog*innen in seiner Aktivität und Aneignungstätigkeit angeregt werden soll, wird deutlich, dass die Bilder in ihrer *ikonischen Eigenlogik* auf „begrifflich unklare Zusammenhänge" (ebd.: 299) verweisen und Leerstellen sichtbar machen, „die auf begriffliche und argumentative Lücken im Diskurs um frühkindliche Bildung verweisen" (ebd.: 300), ohne dass diese Leerstellen von den beteiligten Akteur*innen – und damit sind sowohl Politiker*innen, Initiator*innen der Programme als auch Wissenschaftler*innen gemeint – expliziert werden könnten.

An diesem Beispiel wird exemplarisch deutlich, dass im Zuge der dokumentarischen Methode das Bild nicht nur eine theoretische und methodologische Rahmung erhält, sondern vor allem der Mehrwert des spezifisch Ikonischen, also der Eigensinn des Bildes hervortritt und somit auch Grenzen und Leerstellen sprachlicher bzw. textlicher Vermittlungsweisen (von pädagogischen Leitideen) rekonstruiert werden können. Es kann so aufgezeigt werden, dass soziale Wirklichkeit in ihrer Komplexität nicht nur sprachlich repräsentiert werden kann (und sollte), möchte man nicht Denk- und Handlungsorientierungen vernachlässigen oder ausblenden, welche erst durch das Ikonische des Bildes sichtbar werden.

2.3 Materielle Bilder

Unter *materiellen Bildern* werden sowohl bildnerische Artefakte verstanden als auch diejenigen Prozesse, die zu bildnerischen Artefakten führen. Im Hinblick auf die Artefakte sind damit bspw. Bilder in Museen, Bilderbücher und Kinderzeichnungen[11] angesprochen. Dabei werden Bilder im Museum (vgl. z. B. Dehnert/Geißler 2013; Demler 2013; Stenger 2013b)[12] und auch Bilderbücher (vgl. z. B. Burghardt/Klenk 2016; Hoffmann/Naujok 2014; Lieber 2010a; 2010b; Rohrmann 2018; Staege 2014) oftmals vor dem Hintergrund kindlicher Rezeptions- und Produktionsprozesse besprochen. Bildnerische Prozesse thematisieren

---

11 Im Zuge des Clusters wird der Bildbegriff bzw. das bildnerische sehr allgemein verstanden. Ob bei einer Kinderzeichnung überhaupt von einem Bild gesprochen werden kann bzw. ab wann von Bildern die Rede sein kann, muss aus einer anderen, eher bildtheoretischen und bildmethodologischen Perspektive diskutiert werden (vgl. hierzu ausführlicher Borg-Tiburcy 2021). Hier wird lediglich auf die in den Veröffentlichungen verwendeten Begrifflichkeiten Bezug genommen. Auffällig dabei ist allerdings, dass sowohl Stenger (2008; 2013a) als auch Neuß (2019) „Kinderzeichnung" und „Bild" synonym verwenden.
12 So betonten bspw. Dehnert und Geißler (2013) in Anlehnung an die Bedeutung des Denkens in Bildern bei Kindern (vgl. Schäfer 2007; 2013), Museen, Ateliers und Werkräume als Orte, die ästhetische Erfahrungen vor allem mit Bildern – hier verstanden als Kunstwerke – ermöglichen. Demler (2013) stellt in diesem Zusammenhang ein konkretes Projekt mit dem Museum Kunstpalast in Düsseldorf vor, im Rahmen dessen Museumsbesuche und das Betrachten der dort ausgestellten Gemälde die Kinder dazu anregen sollten, sich darüber auszutauschen, Fragen zu generieren und selbst gestalterisch oder zeichnerisch tätig zu werden. (Bild-)theoretische Rahmungen und Reflexionen lassen sich hier allerdings nicht ausmachen. Stenger (2013) hingegen thematisiert in ihrem Artikel dezidiert mehrere Museumsbesuche einer Kindergartengruppe. Dabei stehen die wechselseitigen Rezeptions- und Produktionsprozesse zweier Kinder im Vordergrund, die angeregt durch zwei Bilder von Franz Marc und einigen biographischen Kontextinformationen im Anschluss ihre Lieblingsbilder der Ausstellung zeichnen (vgl. Stenger 2013).

die bildnerische Tätigkeit von Kindern, die oftmals im Diskurs im Produkt der Kinderzeichnung mündet (vgl. z. B. Kirchner2010; 2019; Neuß 2014; 2019; Stenger 2008; 2013a).

Im Folgenden werde ich auf „Bilderbücher" und „Bildnerische Prozesse" bzw. „Kinderzeichnungen" eingehen. Schaut man sich die Veröffentlichungen zu *Bilderbüchern* der letzten zehn Jahre an, fällt auf, dass vor allem deren Funktion unterschiedlich ausdifferenziert wird. Dabei lassen sich drei Perspektiven ausmachen, die im Folgenden kurz skizziert werden.

Insgesamt wird dem Bilderbuch eine große Bedeutsamkeit zugeschrieben. Auch wenn laut Lieber nach wie vor empirische Ergebnisse zur Wirkung von Bilderbüchern weitgehend ausstehen, ist dennoch von positiven Effekten in Hinblick auf den Spracherwerb, das Schreiben, Textverständnis, Bild-Sinn-Verständnis, die Förderung der Fantasie und des Einfühlungsvermögens sowie Kulturalisierungsprozessen und deren Funktion als „Miterzieher_innen" (Burghardt/Klenk 2016: 62) die Rede (vgl. Burghardt/Klenk 2016; Hoffmann/Naujok 2014; Lieber 2010a; 2010b).

Darüber hinaus eröffnen Bilderbücher die Möglichkeit, dass Kinder das Bild und die Dinge, die sie in diesem wahrnehmen, mit eigenen Erfahrungen in Verbindung setzen (vgl. Lieber 2010a; Staege 2014). Staege beschreibt diese Verbindung als „bildhaftes ‚Selbst- und Weltverhältnis'" (Staege 2014: 415).

Auch wenn ein Reden über Bilderbücher im Diskurs insgesamt positiv konnotiert ist, wird deutlich, dass sich eine Perspektive rekonstruieren lässt, welche das Bilderbuch in einen Zusammenhang mit kindlichem Lernen bringt, im Zuge dessen wichtige, für eine gesellschaftliche Teilhabe zu erwerbende Fähigkeiten erlangt werden (müssen). Das Bilderbuch lässt sich so als ein Mittel für einen bestimmten Zweck rekonstruieren, und dies durchaus in widersprüchlicher Argumentation. So merkt bspw. Lieber zum einen kritisch an, dass eine Fokussierung auf Schrift und Text – insbesondere im schulischen Kontext – immer noch dazu führt, dass die Bereiche der Ästhetik und des Bildes vernachlässigt werden (vgl. Lieber 2010a). Zum anderen werden dann aber im Zuge der Bilderbuchrezeption vor allem (Vorläufer-)Fähigkeiten von Literalität, benannt: bei sehr jungen Kindern das Benennen von Bildaspekten und Anfänge des Bilderbuchlesens, bei älteren Kindern der Spracherwerb durch Bilder und das Geschichtenerzählen durch das Anfertigen eigener Bilder.[13] Diese Perspektive wird auch im Artikel von Hoffmann und Naujok (2014) deutlich, welche insbesondere Lerneffekte zum Thema Sprache und Bild in der Schule – genauer im Rahmen heterogener Lerngruppen im Hinblick auf Sprache und Förderbedarfe – in den Blick nehmen.

---

13 Auch wenn an dieser Stelle reflektiert werden muss, dass die nicht allzu umfangreichen Artikel von Lieber in einem Handbuch zum ästhetischen Lernen für Kindergarten und Grundschule erschienen sind und daher keine systematischen theoretischen Reflexionen über Begrifflichkeiten zu erwarten sind, wird daran dennoch deutlich, dass das Medium Bilderbuch in seinem bildhaften Eigensinn im Diskurs nicht so sehr im Fokus steht.

Die Bilderbücher werden in diesem Zusammenhang in ihrer Vielseitigkeit hervorgehoben und als erfolgsversprechend eingeschätzt, da sie „differenzierte Schreib-, Erzähl- und Gesprächsanlässe" (Hoffmann/Naujok 2014: 221) schaffen können.

Eine weitere und zweite Perspektive lässt sich auf einer anderen Ebene verorten. Hier geht es nicht so sehr darum, welche Fähigkeiten durch eine Bilderbuchrezeption erlangt werden, sondern um das Bilderbuch und dessen Stellenwert für die kindliche Entwicklung mit Blick auf „die geschlechtlich-sexuelle Identitätsbildung von Kindern" (Burghardt/Klenk 2016: 63). Im Fokus stehen dabei vielmehr Geschlechterdarstellungen (vgl. z. B. Burghardt/Klenk 2016; Rohrmann 2018) in Bilderbüchern. In einer groß angelegten Studie mit über 6000 Bilderbuchfiguren stand bspw. bei Burghardt und Klenk (2016) die Frage im Zentrum, welches Geschlecht die Figuren haben und inwiefern sich geschlechtsstereotype Darstellungen ausmachen lassen.

Die von Lieber (2010a) formulierte Kritik hinsichtlich einer Fokussierung auf Literalität ist auch bei Staege (2014) zu finden und markiert somit schlussendlich eine dritte Perspektive. Staege schreibt den Bildern in Bilderbüchern eine „visuelle Narrativität" (Staege 2014: 411) zu und dem Zusammenspiel von Text und Bild eine narrative Imagination, wobei beides jeweils andere Perspektiven auf die Geschichte eröffnen. Und so kritisiert Staege, dass im Zusammenhang mit didaktischen Überlegungen zu Bilderbüchern oftmals eine Fokussierung hinsichtlich der Förderung des Spracherwerbs (bspw. durch Frage-Antwort- und Benennungsspiele) und damit zusammenhängenden Benennungspraktiken im Sinne eines verstehenden oder auch wiedererkennenden Sehens stattfinden, wodurch die „Bild-Text-Narration" (Staege 2014: 416) und ein sehendes Sehen allerdings in den Hintergrund geraten.

In Hinblick auf die Veröffentlichungen zum Cluster *Bildnerische Tätigkeit* oder *Kinderzeichnung* muss angemerkt werden, dass die im Rahmen der Pädagogik der frühen Kindheit gesichteten Veröffentlichungen nur einen kleinen Ausschnitt des Diskurses zu Kinderzeichnungen ausmachen[14]. So können hier vor allem Arbeiten ausgemacht werden, welche Kinderzeichnungen mit einem phänomenologischen oder mit einem symboltheoretischen und kommunikationsorientierten Zugang analysieren.

---

14 Diskurse zu Kinderzeichnungen haben nicht nur eine lange Tradition und können bereits gegen Ende des 19. Jahrhunderts ausgemacht werden, sondern haben Ihre Anfänge vor allem in entwicklungspsychologischen Bezugsdisziplinen. Auch wenn Kinderzeichnungen bzw. von Kindern bildnerisch hervorgebrachte Artefakte immer auch schon in der Erziehungswissenschaft und anderen Disziplinen wie der Soziologie oder Bildwissenschaft thematisiert wurden (vgl. z. B. Mollenhauer 1996), muss derzeit die Kunstpädagogik als zentraler Ort für systematische Diskurse benannt werden, auch wenn damit ganz spezifische und andere Perspektiven als in der Erziehungswissenschaft einhergehen.

In den Texten von Stenger (2008; 2013a) wird bspw. ein *phänomenologischer Zugang* zu Kinderzeichnungen gewählt. Dabei steht nicht so sehr der Prozess, sondern die fertige Zeichnung im Vordergrund. Allerdings wird die Kinderzeichnung dabei entweder in einen Bezug zu einer vorher gemachten Erfahrung (Ein Kind klettert eine Leiter hoch) oder einem vorangegangenen Gespräch gesetzt. An den Kinderzeichnungen sollen demnach „unterschiedliche Erfahrungsdimensionen" (Stenger 2013a: 255) herausgearbeitet werden. In einer Krippe wird bspw. die Zeichnung eines dreijährigen Kindes, welches zuvor eine Leiter empor geklettert ist, vor dem Hintergrund dieser Erfahrung analysiert. Laut Stenger löst „sich [das Kind] dabei von der primären Erfahrung des selbst Hochsteigens und oben Stehens, betrachtet diese im Medium der Zeichnung und tritt so in ein anderes Verhältnis zu ihr" (ebd.: 259). Mit dieser phänomenologischen Sichtweise wird davon ausgegangen, dass „Erfahrungen [...] zu inneren Bildern [werden], die durch die ästhetische Tätigkeit [das Zeichnen] geformt werden und so neue Blicke auf die Außenwelt ermöglichen" (ebd.).

In einer Studie zu „Schwangerschaft und Geburt aus der Sicht drei- bis sechsjähriger Kinder" (Stenger 2008: 89) wurde mit den Kindern einer italienischen und deutschen Kindertageseinrichtung im Vorfeld über das Thema Schwangerschaft und Geburt gesprochen und die Kinder (in Italien) im Anschluss daran gebeten, „ihre eigenen Aussagen im Bild dazustellen" (Stenger 2008: 90) bzw. wurden (in Deutschland) die Aussagen der Kinder während des Zeichnens festgehalten. Der phänomenologische Zugang grenzt sich davon ab, sich systematisch auf Entwicklungsstufen zu beziehen. Vielmehr geht es um die jeweilige kindliche Sichtweise auf das Thema Geburt und Schwangerschaft, welches „in Bildern und Aussagen angedeutet ist" (ebd.).[15] Das Gespräch, „[d]ie Sprache fungiert also [hier] nicht als nachträglicher, sondern als vorgängiger und vorläufiger Fassungsversuch des Themas" (ebd.). Explizite bildtheoretische Reflexionen sind nicht auszumachen, allerdings wird angemerkt, dass „Kinder von drei bis sechs Jahren [...] nicht einfach ab[bilden], was sie sehen, sie verbinden [vielmehr] Inneres und Äußeres, Phantasien, Vorstellungen, Erinnerungen, Wünsche und emotionale Bedeutsamkeiten, sie erzählen etwas, entwerfen eine Szenerie, wollen vielleicht etwas mitteilen" (ebd.). Die Interpretation der Bilder wird dabei unter

---

15 In der Phänomenologie kann insgesamt kein systematisiertes methodisches Vorgehen ausgemacht werden, wie bspw. im Zuge der dokumentarischen Methode oder der objektiven Hermeneutik. Dies ist auch in ihrer theoretischen und methodologischen Fundierung begründet (vgl. Stenger 2013a). Leitend sind aber bspw. bei der Interpretation einer Kinderzeichnung folgende Fragen: „Wie sieht die Gesamtkomposition aus? Worin liegt der Ausdruckswert? Wird auf Routinen der Darstellung zurückgegriffen, beim Nachbarn abgeschaut [...]?" (Stenger 2008: 90). Im Rahmen dieses Artikels soll an dieser Stelle allerdings auch nicht so sehr das methodische Vorgehen diskutiert, sondern dargestellt werden, mit welcher (theoretischen) Perspektive auf Kinderzeichnungen geblickt wird und wie bzw. ob der Bildbegriff in diesem Zusammenhang näher konturiert wird.

Berücksichtigung der Zeichnung sowie der kindlichen Aussagen vorgenommen. Insgesamt wird festgehalten, dass sich die Kinder „in ihren Aussagen und Zeichnungen auf kulturelle Bilder und Praktiken [beziehen]" (ebd.: 102) und mit ihnen arbeiten. Die Zeichnungen der Kinder, werden als Bilder beschrieben, die „auch Fragen stellen und manches offen lassen. Im Gespräch entwickeln Kinder ihre Ideen weiter, tauschen sich aus. In den Zeichnungen entstehen Vertiefungen, individuelle Möglichkeiten das Imaginäre zu gestalten, jenseits des Unterschieds von Realität und Phantasie" (ebd.).

Neuß hingegen betrachtet Kinderzeichnungen in Anlehnung an Langer als *symbolischen Ausdruck* (neben dem Spielen, Phantasieren und Gestalten), in dem sich immer schon Unsichtbares und Sichtbares, Imaginäres und Reales miteinander verschränken. Auch wenn mit Langer davon ausgegangen wird, dass „die Sprache [nicht] das einzige Mittel sei, um artikuliert zu denken" (Langer 1942: 93; vgl. auch 1987), sondern neben dieser diskursiven Form auch präsentative Symbole bzw. Symbolisierungen (wie bspw. Musik, Tanz, Bilder) das menschliche Bewusstsein charakterisieren, macht sich Neuß dennoch für einen Ansatz stark, der davon ausgeht, dass das Deuten und Verstehen von Kinderzeichnungen ohne kommunikative Prozesse nicht möglich sei. Dies führt er unter anderem auf die imaginären Anteile einer Zeichnung zurück. Erst durch kommunikative Prozesse, in denen sich „die zeichnungsbezogenen Imaginationen der Kinder manifestieren" (Neuß 2019: 171), können die Kinderzeichnungen verstanden werden. Denn die Herausforderung bei der Analyse von Kinderzeichnungen besteht nach Neuß in der „Differenz zwischen subjektiver Sinnzuschreibung des Produzenten und der Sinnsuche des Betrachters mit Hilfe des kulturell vermittelten, konventionalisierten Sinn- oder Symbolsystems" (ebd.: 172). Theoretisch fundiert wird die Kinderzeichnung, die hier als symbolischer Ausdruck verstanden wird, vor allem mithilfe des Symbolbegriffs, den Neuß vom Zeichenbegriff abgrenzt. Symbole werden diesem Verständnis folgend als doppeldeutig charakterisiert und grenzen sich in dem Sinne vom Zeichen ab, als dass dieses semantisch immer eindeutig ist. Zeichen können richtig verstanden werden, können demnach auch gelernt werden. Vor diesem Hintergrund scheint es notwendig zu sein, die Kommentierungen der Kinder während des oder nach dem Zeichnen[s] mit zu berücksichtigen, da „[b]eim Sprechen über Zeichnungen […] eine Überschreitung des Sichtbaren statt[findet], die als zeichnungsbezogene Imagination den Raum des ‚Symbolischen' andeutet" (ebd.: 173). Durch das Sprechen über die Zeichnung wird nach Neuß „überhaupt erst ein[en] Zugang zur Bedeutungsstruktur der Zeichnung ermöglicht" (ebd.: 175 f.).

Im Reden über Bilderbücher und Kinderzeichnungen in den Diskursen der Pädagogik der frühen Kindheit ist exemplarisch deutlich geworden, dass der Verbalsprache ein prominenter Platz eingeräumt wird. So werden Bilderbücher in ihrer Bedeutung oftmals als Impuls für Sprech- und Sprachanlässe funktionalisiert. Das Spezifische des Bildes wird, auch wenn dies stellenweise kritisch reflektiert wird, in seinem Eigensinn bisher noch nicht berücksichtigt und vor allem im Zuge didaktischer Überlegungen marginalisiert. In Hinblick auf Kinderzeichnungen werden neben der Interpretation des bildnerischen auch die (notwendigen) kindlichen Aussagen und damit verbundenen kommunikativen Prozesse als Voraussetzung einer nachvollziehbaren Analyse betont oder diese als Ausgangspunkt für bildnerische Tätigkeit genutzt. Das Verhältnis zwischen Bild und Sprache und Bild und Text wird implizit in diesen Redeweisen (re)aktualisiert, ohne dass es selbst zum Gegenstand der Diskussion und Reflexion wird.

3. Von Leitbildern und Vorstellungen – Das Bild vom Kind

Unter *Leitbildern oder auch Vorstellungen* vom Kind werden u. a. Leitbilder und Vorstellungen guter Kindheit (vgl. z. B. Betz/Bischoff-Pabst/de Moll 2020; Betz/Bollig/Joos/Neumann 2018), Familienbilder (Bauer/Wiezorek 2017; Schneider 2014; Ummel/Bauer/Wiezorek 2013) und das Bild vom Kind (vgl. z. B. Bischoff/Knoll 2015; Blaschke-Nacak/Stenger/Zirfas 2018; Dahlberg 2004; Hess 2008; Irskens 2009; Kluge 2013; Lindner 2014; Miller-Kipp 2009; Rißmann 2018; Schäfer 2007; Stenger/Blaschke-Nacak 2018) gefasst.

Das *Bild vom Kind* ist für die Disziplin der Pädagogik der (frühen) Kindheit essentiell und identitätsstiftend, hat dessen Entstehung und Wandel nicht zuletzt auch dazu beigetragen, dass sich der Fokus auf und das Interesse für Kinder und Kindheit überhaupt entwickelte und sich auch systematisch etablierte.[16] So kann bspw. die Arbeit von Montessori in den 20er Jahren des 20. Jahrhunderts und das daraus resultierende Bild eines eigenständigen Kindes, von dem ausgehend ein spezifisches Lern- und Entwicklungsverständnis entwickelt wurde, laut Schäfer als wesentlicher Impuls „für die Weiterentwicklung einer Pädagogik der frühen Kindheit" (Schäfer 2007: 33) gewertet werden, der diese zugleich legitimierte.

Im Reden über das Bild vom Kind wird allerdings deutlich, dass dies nicht nur auf verschiedenen Ebenen und auf unterschiedlichen theoretischen Reflexionsniveaus geschieht, sondern ein Reden darüber auch je anders geartete Funktionen innehat, bzw. die Autor*innen je anders geartete Perspektiven auf das Bild vom Kind einnehmen.[17] Im Folgenden wird daher zum einen danach gefragt,

---

16 Wie sich noch zeigen wird, können die im Diskurs vorzufindenden Bilder vom Kind eher als sprachlich vermittelte Diskursbilder bezeichnet werden. Dass sich das Bild vom Kind jedoch auch im wahrsten Sinne des Wortes, also auch materiell, in bildnerischen Artefakten der bildenden Kunst wandelte und sich in diesem Zusammenhang die Entdeckung der Kindheit auch im materiellen Bild abbildet und nachzeichnen lässt, kann eindrucksvoll bei Ariès (1978/2007) nachvollzogen werden.

17 Dass die im Rahmen dieses Beitrags präsentierten Cluster in ihrer Differenz stellenweise nur analytischen Charakter haben (können), wurde in der Einleitung schon angemerkt und wird bspw. auch dort exemplarisch deutlich, wo im Kontext einer Veröffentlichung mit

inwiefern im Reden über das Bild vom Kind der Bildbegriff thematisiert und/ oder reflektiert wird. Damit einher geht auch die Frage, von welcher Art von Bild überhaupt die Rede ist. Auf dieser Ebene wird daher nach der (bild-)theoretischen Konturierung gefragt. Es wird zum anderen danach gefragt, welche Funktion und Rolle ein Reden über das Bild vom Kind oder aber auch das Rekonstruieren des Bildes vom Kind auf der Grundlage einer historisch vergleichenden Perspektive, einschlägiger Veröffentlichungen im Diskurs oder empirischen Materials in Form von Interviews, Gruppendiskussionen, Abbildungen und Fotografien hat. Auf dieser Ebene wird nach dem wissenschaftlichen, pädagogischen und gesellschaftlichen Ertrag gefragt.

Im Folgenden werden nun die gesichteten Quellen in vier Kategorien unterteilt, präsentiert und kritisch reflektiert. Dabei geht es nicht so sehr darum, die einzelnen, den jeweiligen Kategorien zugrundeliegenden Veröffentlichungen allumfassend darzustellen, sondern nur soweit, dass sich die oben benannten Fragen bearbeiten lassen und der Fokus auf das Bild beibehalten wird. So wird im Folgenden auf das „Bild vom Kind" und dessen Bedeutung für die Diskurse der Pädagogik der frühen Kindheit eingegangen und in diesem Zusammenhang Bilder vom Kind in pädagogischen Ansätzen (3.1), Bilder vom Kind im (historischen) Wandel und als gesellschaftlich-soziale Konstruktion (3.2) sowie Bilder vom Kind als Ergebnis empirische Rekonstruktionen (3.3) vorgestellt. Daran anschließend werden Bilder vom Kind aus einer diskurstheoretischen und -analytischen Perspektive dargestellt (3.4).

3.1 Das Bild vom Kind in pädagogischen Ansätzen

Neben einer oft anzutreffenden eher alltagssprachlichen und stellenweise metaphorischen Verwendung des Bildbegriffes, (z. B. „dem gängigen Bild [entgegenzusetzen]", „entfaltet sie ein Bild"; „sich ein Bild von sich zu machen" (Kasüschke 2010: 11)) können *erstens Veröffentlichungen* ausgemacht werden, in denen das „Bild vom Kind" explizit thematisch wird, in dessen Verwendung und Funktion aber eher als deskriptiv bezeichnet werden kann. So werden bspw. in Veröffentlichungen, in denen *pädagogische Konzeptionen*[18] zum Thema werden, die

---

dem Titel „Das Bild von Kind und Kindheit im Bilderbuch" (Oetken 2014) thematisiert wird, dass Kinderbuchautor*innen in ihren Büchern häufig ein Bild von Kind und Kindheit darstellen, dass sie aus ihrer eigenen Kindheit heraus entwickeln und welches sich vom je zeitgenössischen Kinderbild bzw. vom Kinderbild zum Zeitpunkt von dessen Rezeption stark unterscheiden kann (vgl. Oetken 2014).

18 Unter pädagogischen Konzeptionen oder Ansätzen kann „ein definiertes System pädagogischer Überzeugungen [verstanden werden], das sich bewusst von anderen Ansätzen absetzt und Konsequenzen für eine professionelle pädagogische Praxis formuliert" (Knauf 2013: 119).

zugrunde liegenden Bilder vom Kind beschrieben, ohne dass diese Bilder – bspw. historisch oder empirisch – reflektiert oder rekonstruiert sowie systematisch theoretisch konzipiert werden (vgl. z. B. Irskens 2009; Kasüschke 2010; Knauf 2013; Reckeweg 2009; Rißmann 2018).

Im Zuge einer Darstellung klassischer oder aktueller, pädagogischer Ansätze[19] werden, bspw. bei Rißmann (2018)[20] und Kasüschke (2010) die Ansätze in Hinblick auf „zentrale[n] Dimensionen didaktischen Handelns" (Kasüschke 2010: 9) befragt und deren jeweilige Bilder vom Kind, Leitbilder oder auch das Bild vom kindlichen Lernen beschrieben. Einleitend bemerkt Rißmann, dass „[p]ädagogische Ansätze [...] anthropologische *Vorstellungen vom Kind* [enthalten], Vorstellungen, wie deren Entwicklung gefördert werden kann, von professioneller Arbeit und einer wünschenswerten Steuerung sozialer Interaktionen" (Rißmann 2018: 3 f., Herv. i. O.; vgl. hierzu auch Knauf 2013: 119). Im Hinblick auf aktuelle „Profile von Kindertagesstätten in der Bundesrepublik Deutschland" (Kasüschke 2010: 264)[21] wird angemerkt, dass „[m]it den Schwerpunktsetzungen in der pädagogischen Arbeit jeweils ein bestimmtes Menschen- und Kindbild vermittelt [wird] und die Vermutung [nahe liegt], dass dies Auswirkungen auf die Didaktik und Methodik einer Kindertageseinrichtung haben könnte" (ebd.).

In den Ausführungen zu den pädagogischen Ansätzen ist so bspw. im Zuge der Waldorfpädagogik zunächst die Rede von einem ganz bestimmten *Menschenbild*, welches „der hinter der Waldorfpädagogik stehenden anthroposophischen Geisteswissenschaft" (Saßmannshausen 2018: 157) zugrunde liegt. Diesem Bild entsprechend wird der Mensch in seiner „unantastbare[n] Individualität" (ebd.), in seiner Ganzheitlichkeit, mit seiner Persönlichkeit, seinen Vorlieben und Fähigkeiten wahrgenommen und als ein Ich mit „Wesensglieder[n]" (ebd.: 158) konzipiert. Die hier nur knapp skizzierten Schlagworte werden dann im Folgenden immer wieder aufgegriffen, um bspw. den waldorfpädagogischen Bildungsbegriff, das Bild vom kindlichen Lernen oder aber Überlegungen zu einer „Didaktik im weiteren Sinne" (ebd.: 164) auszuführen und zu begründen. Die Waldorfpädagogik kann somit exemplarisch dafür herangezogen werden, dass bspw. ein bestimmtes Menschenbild, das hier anthroposophisch fundiert ist (vgl. z. B. Steiner 1962; 1972), Konsequenzen für ein konkretes pädagogisches Handeln hat. Offen bleibt dennoch, wofür es in diesem Zusammenhang des „Bildbegriffes" bedarf. Gibt es im Rahmen der Waldorfpädagogik also zumindest Ansätze einer theoretischen, hier anthroposophischen Fundierung, des Menschenbildes, lassen

---

19 In diesen Zusammenhängen werden bspw. die Waldorfpädagogik, der Situationsansatz, die Reggiopädagogik, die Freinet-Pädagogik, Evangelische Kindertageseinrichtungen benannt (vgl. Kasüschke 2010; Rißmann 2018).

20 Rißmann stellt dabei die zweite, erweitere Auflage dar.

21 Exemplarisch werden hier Waldkindergärten, Bewegungskindergärten, bilinguale Kindergärten, Elterninitiativen und konfessionelle Kindergärten genannt (vgl. Kasüschke 2010: 265).

sich diese bspw. im Zuge des Situationsansatzes (vgl. Knauf 2013; Preissing/Heller 2018), der Reggiopädagogik (vgl. Stenger 2018) oder der Freinet-Pädagogik (vgl. Henneberg/Klein/Vogt 2018) nicht so deutlich ausmachen. Es ist vielmehr die Rede davon, dass das Bild des Kindes „ein Komplex von *Ideen, Vorstellungen, Anschauungen* [ist]" (Preissing/Heller 2018: 205, zitiert nach Schmidt 1991: 1, Herv. KBT), und diese „*Vorstellungen, Ansichten und Wertungen* über das Kind […] etwas ganz Individuelles [sind], [was] zugleich aber auch durch gesellschaftliche, kulturell geprägte Wertvorstellungen, Erwartungen, Bedingungen und Ziele geprägt [wird]" (Preissing/Heller 2018: 205, Herv. KBT).

Bei der Reggiopädagogik dient das Bild vom Kind als „zentrale *Orientierung*" (Stenger 2018: 224, Herv. KBT) für eine spezifische Haltung dem Kind gegenüber, über ein „Grundverständnis vom Lernen" (ebd.: 234) bis hin zur konkreten Ausgestaltung pädagogischer Handlungen, Strukturen und Räumlichkeiten. Gemeinsam ist dem Situationsansatz und der Reggiopädagogik, dass im Zusammenhang mit dem Bild des Kindes vor allem die Rechte der Kinder sowie deren „Eigenaktivität" (vgl. Preissing/Heller 2018) und „Selbstständigkeit" (Knauf 2013: 121) betont sowie das Kind „als aktiver und kreativer Gestalter" (Stenger 2018: 227) und als „Konstrukteur seiner Entwicklung" (Knauf 2013: 122) konzipiert werden. Das Kind wird – auch in der Freinet-Pädagogik – als ein handelndes Subjekt entworfen und seine Autonomie sowie Selbst- und Mitbestimmung in den Vordergrund gestellt (vgl. Henneberg/Klein/Vogt 2018; Preissing/Heller 2018).

Insgesamt kann für die pädagogischen Ansätze festgehalten werden, dass diese von einem Set spezifischer *Vorstellungen* leben, die immer auch Vorstellungen „vom ‚richtigen' pädagogischen Handeln" (Knauf 2013: 128) beinhalten. Vorstellungen vom Kind sind somit zumindest in den Überzeugungen und Konzeptionen eng verwoben mit Vorstellungen guter pädagogischer Fachkräfte und richtigem, pädagogischem Handeln. Auch wenn also diese die pädagogischen Ansätze wesentlich zu fundieren scheinen, wird der begrifflich-theoretische Gehalt des Bildes und auch dessen Entstehung hier nicht reflektiert. Die Bilder vom Kind werden hier auf einer deskriptiven Ebene (stellenweise mit normativen Implikationen verbunden) als Vorstellungen beschrieben, welche eher als sprachlich vermittelte Bilder in den Veröffentlichungen und somit im Diskurs zum Ausdruck gebracht und sichtbar werden.

3.2 Das Bild vom Kind im (historischen) Wandel und als gesellschaftlich-soziale Konstruktion

Eine *zweite* Gruppe von Veröffentlichungen weist zwar auch keine systematische Konzeption des Bildbegriffes auf, allerdings lassen sich dort reflexive Ansätze auf unterschiedlichen Niveaus erkennen, da hier das Bild vom Kind vor dem Hintergrund dessen *historischen und/oder gesellschaftlichen Wandels* thematisiert und/oder dieses als *gesellschaftlich-soziale Konstruktion* begriffen wird (vgl. z. B. Blaschke-Nacak/Stenger/Zirfas 2018; Deckert-Peaceman/Scholz 2018; Kluge 2013; Lindner 2014; Röbe 2012; Schäfer 2007).

Das, was im Zuge der pädagogischen Ansätze als Bild vom Kind entworfen wurde (vgl. Punkt 3.1), nämlich ein „sich seine Wirklichkeit durch eigene Initiative und mit eigenen Mitteln" (Schäfer 2007: 31) aneignendes Kind, beschreibt Aspekte, die man in Anlehnung an Schäfer mit dem „nicht mehr neue[m] Bild vom Kind" (ebd.: 30) betiteln könnte. Damit wird laut Schäfer in der Tradition von Montessori, Piaget, der Säuglings- und Wahrnehmungsforschung sowie der Tiefenpsychologie ein Bild vom Kind entworfen, welches die Eigenaktivität, Selbstbildung, und Wahrnehmung als zentrale Kernelemente beschreibt (vgl. ebd.). Dieses Bild hat sich somit über mehrere Jahrzehnte langsam entwickelt und findet seine Ursprünge laut Schäfer bereits in einer Denklinie, die sich „von Rousseau über Pestalozzi und Fröbel bis zum Anfang des 20. Jahrhunderts, dem ‚Jahrhundert des Kindes' [...] [zieht]" (ebd.: 32). Montessori war dann eine der ersten, die durch intensives Beobachten von Kindern erste „Schlüsse über die *Natur des Kindes* und seine Entwicklung zog" (ebd., Herv. i. O.) und diese konsequent ausarbeitete.[22] Demgegenüber stellt Schäfer das postmoderne Bild vom Kind dar, welches wesentlich von Dahlberg, Moss und Pence (1999) geprägt wurde. Mit dieser Perspektive rücken neben dem Kind in dessen biologischer Realität zum einen gesellschaftliche und soziale Rahmenbedingungen in den Fokus, welche das Kind als ein bestimmtes Kind dieser Zeit mit hervorbringen. Zum anderen wird das Kind als Subjekt seines Bildungsprozesses begriffen, welcher aufgrund seiner Prozessualität immer auch mit sozialen Prozessen verwoben ist (vgl. Schäfer 2007). Wurde das „Kind als Akteur seiner Entwicklung" (ebd.: 44) also bereits in den 70er Jahren des 20. Jahrhunderts in deutschen Diskussionen etabliert, rückte die Aufmerksamkeit auf die Kooperation und Kommunikation zwischen Kind und Umwelt erst im weiteren Verlauf systematischer in den Fokus auch pädagogischer Arbeit (vgl. ebd.: 46).

Erste Anzeichen von *Metakommentierungen hinsichtlich des Bildbegriffes* lassen sich in diesem Zusammenhang bei Kluge (2013)[23] oder auch Deckert-Peaceman und Scholz (2018) finden. So beschreibt Kluge bspw. das Bild des Kindes bzw.

---

22 Schäfer betont in diesem Zusammenhang, dass es relevante Unterschiede zwischen dem von Montessori entworfenen Bild, welches wesentlich auf die Natur des Kindes rekurrierte, und einem heutigen Bild vom Kind gibt, auch wenn Aspekte der Eigenständigkeit als Schlagworte zunächst einmal als aktuell und gemeinsam gelesen werden können. Der Aspekt der kulturellen Umgebung ist in diesem Zusammenhang einer der zentralen Aspekte, die im zeitgenössischen Bild vom Kind nicht nur stärker, sondern selbstverständlich mitreflektiert werden, als dies zur Zeit von Montessori der Fall war (vgl. Schäfer 2007: 34 f.).

23 Kluge (2013) stellt in seinem Artikel exemplarische und sich wandelnde Bilder vom Kind der letzten Jahrhunderte vor (ohne jedoch in diesem Zusammenhang Quellen für diese Bilder anzugeben), bspw. „Das Kind als kleiner Erwachsener", „Das Kind als Erfüllungsgehilfe

die „*Vorstellungen* die Erwachsene von Kindern und Kindheit in den vergangenen Jahrhunderten entwickelt haben" (Kluge 2013: 22, Herv. KBT), als „manifest geworden[e] *Anschauungen*" (ebd., Herv. KBT), welche für Sozialisations- und Erziehungsprozesse sowie politisches Handeln unbestreitbar und in jeglicher Hinsicht großen Einfluss hatten und haben und immer einem *gesellschaftlichen und historischen Wandel* unterliegen.

Auch Deckert-Peaceman und Scholz (2018) setzen den Bildbegriff nicht einfach voraus, sondern teilen mit, was sie darunter verstehen und entfalten diesen an ausgewählten Textausschnitten. Sie setzen sich in ihrem Artikel mit Kinderbildern auseinander, die im Zuge der 68er Bewegung entstanden sind und „in das kollektive Gedächtnis in Deutschland Eingang gefunden haben" (Deckert-Peaceman/Scholz 2018: 84).[24] Auf der Grundlage weniger Auszüge aus metaphysischen, ethnographischen, kinderliterarischen und bildungspolitischen Veröffentlichungen, nehmen sie eine analytische Trennung dreier Kinderbilder vor und reflektieren deren Spuren auch in aktuellen pädagogischen Ansätzen. Sie betonen, dass die verschiedenen Bilder, die sie im Rahmen ihres Artikels vorstellen, keine empirischen Rekonstruktionen sind, sondern vielmehr als *mediale Inszenierungen* und als „*Projektionen*" von Erwachsenen, die Kinder jeweils als Mittler zwischen gegebenen Realitäten und gewünschter Zukunft funktionalisieren" (ebd.), verstanden werden müssen.

Der Artikel von Blaschke-Nacak/Stenger/Zirfas (2018) sticht im Zusammenhang dieser Kategorie von Veröffentlichungen besonders hervor, da dieser insgesamt sehr differenziert, reflektiert und mit vielfältigen Bezügen zum Diskurs zeitgenössische Bilder von Kindern und Kindheit rekonstruiert. So differenzieren die Autor*innen zu Beginn des Artikels zwischen Begriffen und Vorstellungen, wenn sie schreiben: „Die Begriffe Kind und Kindheit sind dabei eng mit Vorstellungen von Entwicklung und Entfaltung oder auch von Bildsamkeit, Gewöhnung, Erziehung und Unterricht verknüpft" (ebd.: 11) und haben seit jeher „Deutungs-, Orientierungs-, Handlungs- und Legitimationsfunktionen" (ebd.) für pädagogisches Handeln und Denken. In ihrem Artikel stellen die Autor*innen dann drei Bilder von Kindheit und Kindern vor, welche weder trennscharf unterschieden werden noch an einzelne Autor*innen oder Theoriehintergründe gebunden werden können.[25] Vielmehr werden diese Bilder vor dem Hintergrund unterschiedlicher Diskurse, bildungspolitischer Entwicklungen und differenter

---

unerfüllter Wünsche Erwachsener", „Das Kind als Objekt erzieherischer Maßnahmen", „Das Kind als Subjekt seines Erziehungsvorgangs", „Das Kind als gleichwertiger Bezugspartner in der pädagogischen Interaktion".

24 In diesem Zusammenhang sprechen sie vom gehorsamen, vom freien und vom vernünftigen Kind (vgl. Deckert-Peaceman/Scholz 2018).

25 Dabei ist die Rede vom „Kind als ein sich entwickelndes, (möglichst) kompetentes Kind", vom „Kind als konstruiertes Kind" und vom „Kind als Subjekt in Prozessen der Erfahrungskonstitution und der Bildung" (Blaschke-Nacak/Stenger/Zirfas 2018: 21).

Forschungsperspektiven sowie theoretischer Zugänge rekonstruiert. Dabei wird u. a. deutlich, dass bspw. Bilder von Kindern „im Zusammenhang mit Fragen nach dem Entwicklungsstand und/oder dem Kompetenzniveau von Kindern [stehen], wobei die angelegten Normen darauf verweisen, was als erstrebenswert oder als bedenklich erscheint" (ebd.: 21).

Bei Kluge (2013) klang es schon an, doch auch Blaschke-Nacak u. a. betonen, dass das Bild vom Kind im Wesentlichen *Bildern von Erwachsenen über Kinder* entspringt und sich Kindheit so „als ein generational konstruiertes Ordnungsmuster" (Blaschke-Nacak/Stenger/Zirfas 2018: 12) verstehen lässt. Diese Perspektive markiert einen erkenntnistheoretischen Perspektivwechsel, der schon seit geraumer Zeit als selbstverständlicher Status Quo im wissenschaftlichen Diskurs etabliert ist. Das Bild vom Kind ist nicht nur Ausdruck der Natur des Kindes, welches lediglich durch Erwachsene mithilfe von Beobachtung beschrieben werden kann, sondern das Bild vom Kind wird aus einem historisch-anthropologischem Blickwinkel als eine *sozial-kulturell-historische Konstruktion* in einem je spezifischen Kontext begriffen, der eben nicht nur einem gesellschaftlichen Wandel unterliegt, sondern auch durch machtvolle Strukturen und Diskurse überhaupt erst hervorgebracht wird (vgl. Punkt 3.4). Es mag banal erscheinen, diese Perspektive hier zu betonen, allerdings lassen sich – wie bereits gezeigt wurde – viele Beispiele finden, in denen das Bild vom Kind als unhinterfragte normativ aufgeladene Entität dargestellt wird. Dahlberg weist bereits 2004 auf diesen – wesentlich durch die Postmoderne vorangetriebenen – Wandel hin, welcher eine sozial-konstruktivistische Perspektive stark macht, und die darin enthaltenen Überzeugungen und Konventionen reflektiert, die in poststrukturalistischer Manier mit Foucault als Diskurse begriffen werden können (vgl. Dahlberg 2004; vgl. Punkt 3.4). Diese sozialkonstruktivistische Perspektive, welche implizit im Reden über einen Wandel vom Bild des Kindes enthalten ist, liegt nochmal auf einer anderen Ebene, wenn auf der Grundlage empirischen, sprachlichen und visuellen Materials, Bilder vom Kind rekonstruiert werden.

3.3 Das Bild vom Kind als Ergebnis empirischer Rekonstruktionen

Eine andere Art von Veröffentlichungen zum Bild des Kindes lässt sich *drittens* dort ausmachen, wo auf der Grundlage *empirischen Materials* (bspw. Fotos und Gruppendiskussionen) das Bild vom Kind von Seiten pädagogischer Fachkräfte rekonstruiert wird (vgl. Stenger/Blaschke-Nacak 2018). Auffällig dabei ist allerdings, dass sich ein solch qualitativ-rekonstruktiver Zugang vor allem in Hinblick auf visuelles Material bisher kaum ausmachen lässt.[26]

In diesem Zusammenhang wird daher der Artikel von Stenger/Blaschke-Nacak (2018) besonders hervorgehoben. Hier wird neben der Rekonstruktion materieller Bilder auch der Bildbegriff thematisch und theoretisch reflektiert. Im Zuge einer zunehmenden Beobachtungs- und Dokumentationspraxis im Elementarbereich nimmt laut Stenger/Blaschke-Nacak das Anfertigen von Fotografien beständig zu, ohne dass diese Bilder im Kontext von Forschung Beachtung finden würden (vgl. Stenger/Blaschke-Nacak 2018: 188). Der Beitrag geht diesen Bildern, die laut Stenger/Blaschke-Nacak immer auch „Blicke[n] auf Kinder" (ebd.) darstellen, nach und rekonstruiert daher auf der Grundlage von Fotografien (und Gruppendiskussionen) diese Blicke sowie Bilder vom Kind und von Kindheit, auf die diese Fotografien ebenfalls verweisen.[27]

In Anlehnung an Belting (2001) begreifen Stenger/Blaschke-Nacak das Bild als einen anthropologischen Begriff: „Ein ‚Bild' ist mehr als ein Produkt von Wahrnehmung. Es entsteht als Resultat einer persönlichen oder kollektiven Symbolisierung. Alles, was in den Blick oder vor das innere Auge tritt, lässt sich auf diese Weise zu einem Bild klären oder in ein Bild verwandeln. Deshalb kann der Bildbegriff, wenn man ihn ernst nimmt, letztlich nur ein anthropologischer Begriff sein" (Belting 2001: 11).

Dieser Akt der Symbolisierung, der als eine Verdichtung verstanden werden kann, verweist somit darauf, dass dies nie ein rein individueller Prozess im Subjekt ist, sondern immer auch sozial-kulturelle Aspekte darin enthalten sind,

---

26 Streng genommen hätte man hier auch den Artikel von Staege (2015) einordnen können, wobei bei der Rekonstruktion der Fotos in den Bildungsprogrammen eher die Dokumentarische Methode im Vordergrund stand und nicht so sehr die explizite Rekonstruktion des Bildes vom Kind (vgl. hierzu Punkt 2.2).

27 Hierfür lagen 250 Fotos (und zwei Gruppendiskussionen) vor, welche von pädagogischen Fachkräften aus dem Pool ihrer Dokumentationstätigkeit stammen und den Forscher*innen zur Verfügung gestellt wurden. Diese Fotos wurden zum einen nach der seriell-ikonographischen Methode nach Mietzner und Pilarczyk geordnet und zum anderen phänomenologisch in Anlehnung an Waldenfels, Boehm und Merleau-Ponty ausgewertet. Mit einer phänomenologischen Perspektive wird bspw. folgende Frage an das Bild formuliert: „In welche Welt können wir mit den Bildern der Fachkräfte eintreten, die Kinder in Kindertageseinrichtungen fotografieren" (Stenger/Blaschke-Nacak 2018: 191). Dabei geht es darum, nicht nur schon Gewusstes zu identifizieren, sondern sich vom Bild auch berühren zu lassen und das Betrachten des Bildes, das Sehen nicht nur als reine Denkoperation zu begreifen (vgl. ebd.: 192). So wird bspw. im Zuge einer der auf der Grundlage der Fotografien herausgearbeiteten Kategorien „Präsentierend" aufgezeigt, „wie Fachkräfte ein Bild von Kindheit als aktiver Lernzeit inszenieren, indem sie einzelne Kinder demonstrativ mit relevant erscheinenden Produkten abbilden" (ebd.: 201). In diesem Zusammenhang werden dann nicht nur Ergebnisse der elementarpädagogischen Arbeit, sondern auch professionelle pädagogische Arbeit inszeniert.

welche „der bewussten Intention nicht zugänglich sind" (Stenger/Blaschke-Nacak 2018: 189). Aus dieser anthropologischen Perspektive wird davon ausgegangen, dass sich menschliches Verstehen und auch Handeln vor allem „an inneren Bildern" (ebd.) orientiert, die so wiederum Erfahrungen und Wahrnehmungen strukturieren. Dabei wird die Imagination als eine Kraft beschrieben, welche „die Außenwelt mit der Innenwelt, das kollektive Imaginäre mit dem individuellen Imaginären verschränkt" (ebd.). Im Vollzug mimetischer Prozesse „suchen Menschen sich Bildern ähnlich zu machen, die ihnen als projektive Wunschbilder, Ideale oder auch als Erinnerungsbilder zugänglich sind" (ebd.). Dabei transportieren diese Bilder immer auch Handlungs-, Denk- und Wahrnehmungsformen und führen aufgrund des zirkulären Wechselverhältnisses von Erfahrungen und inneren Bildern, die so „in Bilder übersetzt werden" (ebd.), zu Beeinflussungen, Stimulationen und Normierungen. Kurzum: Bilder haben Macht und sind daher so bedeutsam. Die handlungsleitenden Kräfte dieser Bilder beeinflussen somit auch pädagogisches Handeln, was den Fachkräften als solches aber oftmals nicht bewusst ist. Vor diesem Hintergrund geht der Artikel in Anlehnung an Butler auch der Frage nach, inwiefern durch Blicke auf Kinder bzw. durch Bilder von Kindern nicht immer auch schon machtförmige Zuschreibungen oder auch Freiheitsgerade enthalten sind und darüber sichtbar werden.

Insgesamt wird auf der Grundlage der Ergebnisse geschlussfolgert, dass mit den rekonstruierten Blicken auf Kinder und Bildern von Kindern „ein Blick auf die frühe Kindheit stark gemacht werden [könnte], dem es darum geht, den frühpädagogischen Bildungsdiskurs insofern weiterzuführen, als dass das sich souverän selbst bildende Kind-Subjekt als eine Formation verstanden und der Fokus stärker auf dessen Konstitution innerhalb der Relationen und Erfahrungen eines Antwortgeschehens gerichtet wird, welches sich in performativen, körperlich-leiblichen und mimetischen Bezogen- und Verwobenheiten zwischen Kindern und ihrer Umwelt ereignet" (ebd.: 203).

3.4 Leitbilder guter Kindheit – Diskursanalytische Perspektiven

In neueren Publikationen zu Leitbildern guter Kindheit kann *viertens* eine sich stärker zu etablierende diskurstheoretische und -analytische Perspektive ausgemacht werden (vgl. z. B. Betz/Bischoff-Pabst/de Moll 2020; Betz/Bollig/Joos/Neumann 2018; Bischoff/Knoll 2015).

Spätestens seit den 1990er Jahren lässt sich laut Betz u. a. eine Kindzentrierung ausmachen, welche „als ein vielen politischen Strategien übergeordnetes Leitbild" (Betz/Bischoff-Pabst/de Moll 2020: 12) bezeichnet werden kann. Kindheit und Kinder nehmen seither eine zunehmende Rolle nicht nur in der fachlichen, sondern auch politischen Aufmerksamkeit ein. Dabei geht es neben einer Neuerung deutscher Sozialpolitik und gesellschaftspolitischer Entwicklungen auch um eine „kindbezogene[n] Sozialinvestitionsstrategie" (ebd.: 13). Der sich darin abzeichnende Paradigmenwechsel geht dabei immer auch mit einer Veränderung der Lebensphase Kindheit einher und damit zusammenhängenden „Leitbilder[n] *guter* Kindheit, d. h. gesellschaftlich breit geteilte[n] Vorstellungen darüber, wie Kindheit *gut* gestaltet werden soll und welche Verantwortlichkeit hierbei von unterschiedlichen Akteuren getragen werden sollen" (ebd., Herv. i. O.). Dieses Verständnis wird noch etwas ausdifferenziert und in seinen Konsequenzen näher konturiert, wenn unter Leitbildern „sozial geteilte Vorstellungsmuster verstanden [werden], welche ‚die Wahrnehmungs-, Denk-, Bewertungs- und Handlungsorientierungen der Akteure durch ihre Ausrichtung auf einen gemeinsam geteilten Zukunftshorizont im Sinne eines wünschenswerten Zustands [synchronisieren und strukturieren]. Diese Zukunft soll durch entsprechendes Handeln realisiert werden bzw. soll der Status Quo erhalten bleiben' (Pardo-Puhlmann/Bischoff/Betz 2016: 20)." (De Moll/Bischoff-Pabst/Betz 2020: 31). Anders als in den bisherigen Bildern vom Kind, wird in Zusammenhängen stärker wohlfahrtsstaatlicher Interessen das Kind nicht als Akteur*in, sondern vielmehr als Humankapital in den Blick genommen. Betz u. a. arbeiten heraus, dass diese Leitbilder bzw. „Vorstellungen *guter* Kindheit" sowie auch „Vorstellungen *guter* Elternschaft […] und *guter* Fachkräfte" (Betz/Bischoff-Pabst/de Moll 2020: 18, Herv. i. O.) in diversen Dokumenten (bspw. politischen Beschlüssen, Erziehungs- und Bildungsplänen) und Maßnahmen (bspw. Elterntrainings, Sprachstandmessungen) verbunden werden. Mit diesen damit verbundenen „Sollensvorstellungen" gehen zum einen Handlungsanforderungen einher, zum anderen bieten diese zugleich auch Handlungsorientierungen, die bisher nicht näher betrachtet wurden. Im Rahmen der von Betz u. a. durchgeführten EDUCARE-Studie[28], welche mit einem diskursanalytisch-qualitativen, einem quantitativem (Fragebogen) und einem qualitativen (Interviews) Zugang arbeitet, wird der übergeordneten Frage nachgegangen, „[w]elche (politischen) Leitbilder sich hier finden und wie sich die Fachkräfte und Lehrkräfte in Kindertageseinrichtungen und Grundschulen, die Eltern und Kinder auf diese beziehen, sie (re-)produzieren, anerkennen oder auch zurückweisen" (ebd.: 18). Dies geschieht vor dem Hintergrund einer sozialwissenschaftlichen Kindheitsforschung, welche zum einen die normativen Vorstellungen von Kindheit als „sozial verhandelbare Konstruktionen" (ebd.: 19) versteht und zum anderen davon ausgeht, dass die bereits benannten Leitbilder immer „kollektiv geteilte Vorstellungen (z. B. innerhalb einer Gesellschaft)" (ebd.: 20) darstellen, welche immer auch in Machtverhältnisse eingelassen sind und diese zugleich mit hervorbringen.

---

28 Im Rahmen dieses Artikels kann die EDUCARE-Studie nicht entsprechend ausführlich dargestellt werden. Vergleiche zu den theoretischen und methodologischen Grundlagen, dem methodischen Vorgehen sowie den komplexen Ergebnissen vor allem Betz/Bischoff-Pabst/de Moll (2020).

Bereits im Jahr 2004 macht sich Dahlberg – wenn auch nur in Ansätzen und noch nicht so systematisch – für eine solche diskurskritische Perspektive stark, indem sie betont, dass „unsere Bilder vom Kind als das Ergebnis einer sozialen Konstruktion [durch Kommunikation und Dialog] gesehen werden [soll und muss]" (Dahlberg 2004: 16), in dessen Prozess vor allem die Sprache als „ein entscheidendes Phänomen" (ebd.) betrachtet wird, da es demnach „keine Realität [gibt], welche sprachunabhängig existiert" (ebd.). Der damit verbundene soziale Konstruktionsprozess bringt somit Bilder und Konventionen hervor, welche unsere Gesellschaft und Kultur formen und dabei Richtungen vorgeben, „wie wir die Welt betrachten und verstehen" (ebd.). Dahlberg schlussfolgert aus dieser Positionierung heraus, dass „wir unsere Bilder über Kinder und Kindheit als sich kontinuierlich verändernde und kontextabhängige Konstruktionen verstehen" (ebd.). Diese Konventionen, Kategorien, Klassifikationen und somit die Vorstellungen über Kinder können mit Foucault als Diskurse bezeichnet werden, welche immer auch normative Implikationen enthalten und machtvoll in dem Sinne sind, da sie „vorgeben, was wir als ‚Wahrheit' zu betrachten und wie wir ‚richtig zu handeln' haben" (ebd.).[29] Daraus folgt, dass immer auch pädagogische Praxis, Politik, Gesellschaft und Wissenschaft an diesen Diskursen beteiligt sind und diese mit hervorbringen. In ihrem Artikel stellt Dahlberg unterschiedliche Bilder von Kindern und Kindheit dar,[30] welche im Austausch mit Wissenschaftler*innen und pädagogischen Fachkräften vor dem Hintergrund einer sozialkonstruktivistischen und diskurstheoretischen Perspektive entwickelt wurden, und zwar vor dem Hintergrund der Fragen, „welchen Konstruktionen die Frühpädagogik und die damit verbundenen Vorstellungen über Kinder unterliegen" (ebd.: 17) und welche „Vorstellungen davon, wie ein Kind und ein Pädagoge sind" (ebd.), Wissenschaftler*innen und pädagogische Fachkräfte haben. In ihrem Artikel wird sehr differenziert nachgezeichnet, welche Konsequenzen für die Gesellschaft, aber auch für den frühpädagogischen Diskurs spezifische Bilder von Kindern und Kindheit haben. Und so betont Dahlberg in diesem Zusammenhang, dass es notwendig wäre, wenn bestehende Praxis verändert werden sollte, dass man sich dieser Bilder und Konstruktionen bewusst ist, dass man weiß „welche Geschichte sie haben und welche Konsequenzen sie für die pädagogische Praxis mit sich bringen" (ebd.: 26).

Für das Erkenntnisinteresse dieses Artikels stellt sich vor dem Hintergrund dieser sozialkonstruktivistisch-diskurstheoretischen Perspektive die Frage, inwiefern der Bildbegriff im Leitbild und auch in den Vorstellungsbildern konturiert

---

29 Insbesondere entwicklungspsychologische Bezugstheorien werden von Dahlberg als „dominant-diskursives Regime" (Dahlberg 2004: 20) bezeichnet, welche demnach Vorstellungen vom Kind maßgeblich beeinflussten und beeinflussen.

30 So werden im Verlauf des Artikels „Das Kind als Reproduzent von Wissen und Kultur", „Das biologische Kind" und „das Kind und der Pädagoge als Co-Konstrukteure von Wissen und Kultur" dargestellt (vgl. Dahlberg 2004: 18).

werden könnte. Systematisierte Überlegungen dazu konnten nicht ausgemacht werden, allerdings stellt sich insbesondere vor dem theoretischen Hintergrund des Habitusbegriffes und der Anwendung der Dokumentarischen Methode, welche die EDUCARE-Studie theoretisch und methodisch fundieren, die Frage, ob es hier nicht die Möglichkeit gäbe, den Bildbegriff nicht nur für das Erkenntnisinteresse, sondern auch für die Ergebnisse stärker zu berücksichtigen und zu explizieren. Das Verhältnis zwischen Bild- und Diskursbegriff sowie die Frage nach dem Mehrwert einer stärkeren Berücksichtigung des spezifisch bildlichen wären sicherlich interessante, weiterzuverfolgende Themenstellungen.

4. Reflexionen und Desiderata zum Bild in den Diskursen der Pädagogik der frühen Kindheit

Neben dem Entstehen innerer Bilder in einer sehr frühen, kindlichen Entwicklungsphase (vgl. Punkt 2.1), den visuellen Erhebungs- und Auswertungsmethoden (vgl. Punkt 2.2) und den verschiedenen materiellen Bildern sowie bildnerischer Tätigkeit (vgl. Punkt 2.3), standen vor allem (Leit-)Bilder und Vorstellungen vom Kind im Vordergrund.

Dabei ist allerdings unabhängig von diesen differenten Bestimmungen und Verwendungen deutlich geworden, dass zum einen der Erwerb von Sprache, Sprache als Zugang zur kindlichen Perspektive und Sprache als Medium für ein Reden über das Bild vom Kind als dominant und in vielerlei Hinsicht zentral für die Diskurse der Pädagogik der frühen Kindheit identifiziert werden kann. Zum anderen – und dies hängt sicherlich mit dem vorherigen Aspekt zusammen – ist deutlich geworden, dass der Eigensinn des Bildes – mit Imdahl gesprochen das Ikonische des Bildes – im Reden über Bilder in den Veröffentlichungen der Pädagogik der frühen Kindheit kaum auszumachen ist.

Zwischen dem Erwerb sprachlicher Kompetenzen und sprachlichen Verständigungen über (Vorstellungs-)Bilder

Neben einer Fokussierung auf das Bild als Impuls für sprachliche Entwicklungen im Zuge von Bilderbuchbetrachtungen und der vorgetragenen Notwendigkeit über sprachliche Kommentierungen einen Zugang zu Kinderzeichnungen und somit zur kindlichen Perspektive zu erlangen, kann darüber hinaus festgehalten werden, dass das Bild vom Kind überwiegend im Medium der Sprache zum Ausdruck kommt und somit eher als ein in Erfahrungen oder (empirischen) Rekonstruktionen entstandenes und fundiertes Vorstellungsbild und/oder als ein im Diskurs sprachlich hervorgebrachtes und vermitteltes Vorstellungsbild beschrieben werden kann. Im Medium der Sprache werden insbesondere die „Bilder" in den pädagogischen Ansätzen (vgl. Punkt 3.1) zu Hülsen, welche die (in den meisten Fällen) konzeptionellen Grundgedanken der pädagogischen Ansätze beschreiben. Oftmals wird dabei der Bildbegriff mit dem Begriff der Vorstellung[31] oder Anschauung[32] synonym verwendet. Ich spreche in diesem Zusammenhang von Hülsen, da das Bild hier selbst nicht theoretisch konzipiert wird und zudem häufig unklar bleibt, worauf dieses genau verweist, also bspw. in Hinblick auf einen theoretischen, empirischen, normativen oder eher konzeptionellen Gehalt. Oftmals scheinen diese „Bilder" Beobachtungen, eigenen Erfahrungen oder Diskursen zu entstammen, die sich selbst oft als Ausgangspunkt der pädagogischen Ansätze (vgl. Kasüschke 2010; Rißmann 2018;) oder normativer pädagogischer Appelle (vgl. Irskens 2009) ausmachen lassen. Dies mag nicht allzu sehr verwundern, wenn man mit Knauf nachvollziehen kann, dass die pädagogischen Ansätze eher als „elementarpädagogische Überzeugungssysteme" (Knauf 2013: 119) verstanden werden, die vor allem mündlich tradiert und/oder durch „unmittelbare Praxiserfahrung weiter vermittelt werden" (ebd.). Auch wenn in den darauf folgenden Abschnitten das Bild vom Kind im (historischen) Wandel, als gesellschaftlich-soziale Konstruktion oder empirische Rekonstruktion stärker in seiner Funktion für Diskurse und pädagogisches Handeln, gesellschaftliche und politische Entwicklungen herausgearbeitet werden konnte und im Diskurs auch explizit thematisch wird, kann auch hier von einer (bild-)theoretischen Unterbelichtung gesprochen werden, auch wenn Ausnahmen auszumachen sind, die dann aus einer anthropologischen und bildwissenschaftlich fundierten Perspektive die Bedeutung des Bildes sehr viel deutlicher herausarbeiten (vgl. z. B. Belting 2001; Stenger/Blaschke-Nacak 2018). Bemerkenswert in diesen Zusammenhängen ist, dass die Bedeutung des Bildes vom Kind implizit und explizit zur Sprache kommt, ohne dass jedoch das spezifisch Bildhafte oder sein Entstehen[33] selbst

---

31 Neuß merkt bspw. kritisch an, dass „[d]er Begriff ‚Vorstellung' [...] durch unterschiedlichste theoretische Positionen (z. B. Husserl, Sartre) einen Bedeutungsüberschuss erhalten [hat], der neben mentalen Phänomenen auch abstrakte Ideen und Konzeptionen umfasst" (Neuß 2019: 177). Neuß verwendet diesen daher nicht in seinem Artikel, sondern weicht auf den Begriff der Imagination aus. Imagination ist nach Neuß „ein wahrnehmungsähnlicher Eindruck, der zwar aufgrund äußerer Anregungen zustande kommt, aber *nur als Bewusstseinszustand existent ist*" (Neuss 2019: 177, Hervorh. i. O.).

32 Auch wenn in den Veröffentlichungen der Begriff der Anschauung theoretisch nicht weiter eingebettet wird und damit sicherlich auch keine implizite Anspielung auf Kant enthalten ist (vgl. Kant 1781/2014), könnte dieser Begriff weitere Impulse für ein Nachdenken über die Wirkmächtigkeit dieser Bilder, Vorstellungen bzw. manifest gewordenen Anschauungen geben, bezogen auf Kant bspw. inwiefern beim Entstehen, Tradieren und Wirken dieser Bilder empirische und reine Anschauung ineinander spielen, oder wie empirische Anschauungen vom Kind zu reinen Anschauungen werden, die dann auch losgelöst von empirischen oder sinnlichen Eindrücken sich Jahrzehnte, teilweise Jahrhundertelang halten und so Politik, Wissenschaft und pädagogische Praxis beeinflussen.

33 Als Ausnahme seien hier die Ausführungen von Schäfer (2007; 2013) zu nennen, der das Entstehen innerer Bilder und auch das bildliche Denken von jungen Kindern thematisiert. Ähnliche Überlegungen sind in der anthropologischen Perspektive von Stenger und

zum Thema gemacht wird. Mit Bohnsack kann so festgehalten werden, dass „lediglich die im Medium von Sprache und Text sich vollziehende Verständigung *über* das Bild [in den Blick gerät]" (Bohnsack 2011: 28, Herv. i. O.), nicht aber das Bild als ein selbst-referentielles System und „eine[r] Verständigung *durch* das Bild" (ebd., Herv. i. O.). Auch wenn durch die starke Präsenz einer Verständigung über Bilder deutlich wird, dass gesellschaftliche Wirklichkeit „durch Bilder nicht nur repräsentiert, sondern durch die Herstellung von Bildern tatsächlich konstituiert und zur Existenz gebracht wird" (Mitchell 1994: 41), kann in diesem Zusammenhang allerdings auch kritisch angemerkt werden, dass sowohl „die handlungsleitende Qualität der Bilder" (Bohnsack 2011: 28) als auch das Ikonische des Bildes im Diskurs nach wie vor marginalisiert werden. Auch wenn sich also mit dem iconic turn, der insbesondere in den 1990er Jahren mit Boehm im deutschsprachig sozial- und erziehungswissenschaftlichen Diskurs sichtbar und aufgegriffen wurde (Boehm 1994/2006; 2010), die sozialwissenschaftliche Debatte um das Medium Bild vertiefte und reaktualisierte, kann man nach wie vor davon sprechen, dass „[d]ie Frage, was das Bildnerische als eine spezifische Repräsentationsform eigentlich ausmacht, […] noch weitgehend unerforscht ist, vergleicht man den Erkenntnisstand mit demjenigen zur Sprache" (Scheid 2013: 1; vgl. hierzu auch Boehm 1994/2006).[34]

Im Reden über das Bild vom Kind wird so vielmehr – mit Panofsky gesprochen – der je ikonologische Gehalt sichtbar, welcher nicht allein über Bilder, sondern mithilfe verschiedener Medien rekonstruiert werden kann.

Ikonologische Überschüsse und ikonische Marginalisierungen

Dass es das singuläre Bild vom Kind oder Kindheit nicht geben kann, wird nicht zuletzt durch den Verweis auf dessen Wandel plausibel (vgl. Punkt 3.2). Kluge betont in diesem Zusammenhang, dass die Verwendung des Substantives „Kind" im „Bild vom Kind" oder im „Kinderbild" nicht per se einen spezifischen Zeitabschnitt in der kindlichen Entwicklungsphase anspricht, sondern vielmehr eine „Auffassung vom Kinde schlechthin während einer bestimmten Zeit oder Geschichtsepoche" (Kluge 2013: 22).

Das „Bild vom Kind" im Singular verweist also darauf, dass es sich dabei um ein spezifisches, je zeitgenössisches, gesellschaftliches, kulturelles Konstrukt handelt (vgl. z. B. Dahlberg 2004). Zum anderen verweist der Singular und das

---

Blaschke-Nacak (2018) zu finden. Dass diese Perspektiven nicht stärker miteinander verschränkt werden und die Bedeutung sowie wechselseitige Verschränkung von inneren, äußeren, individuellen, kollektiven und gestalterischen Bildern nicht stärker im Diskurs reflektiert werden, wenn von Bildern die Rede ist, markiert ein zentrales Desiderat im Diskurs zum Bild.

34 So kann bspw. auch aus einer bildungstheoretisch interessierten Perspektive konstatiert werden, dass eine bildwissenschaftlich fundierte Bildungstheorie bisher nicht vorliegt.

Sprechen über „das Kind" auf standardisierte Erwartungen im Hinblick auf normative Entwicklungs- und Sozialisationsverläufe (vgl. Blaschke-Nacak/Stenger/Zirfas 2018: 12). Auf diesen zeitgenössischen und normativ aufgeladenen Bildern bauen pädagogische Konzeptionen auf, werden didaktische Konzepte begründet, professionelle Praxis fundiert, soziale Wirklichkeit hergestellt und Diskurse hervorgebracht (vgl. Kasüschke 2010; Kluge 2013; Knauf 2013; Rißmann 2018). Diese „Auffassung vom Kinde schlechthin während einer bestimmten Zeit oder Geschichtsepoche" (Kluge 2013: 22) und der Verweis auf dessen Konstruktionscharakter sowie die exemplarisch vorgestellten Inhalte des Punktes 3 in diesem Artikel lassen Bezüge zur Ikonologie Panofskys herstellen, im Rahmen derer es im Zuge eines dreistufigen Verfahrens darum geht, den Dokumentsinn oder auch Wesenssinn nicht nur von Werken der bildenden Kunst, sondern auch „von Dokumenten [zu rekonstruieren], die Zeugnis ablegen über die politischen, poetischen, religiösen, philosophischen und gesellschaftlichen Tendenzen der Person, der Epoche oder des Landes" (Panofsky 1978: 49).[35] Im Rahmen der *ikonologischen Bedeutungsebene* geht es daher um die Ermittlung „jene[r] zugrunde liegende[r] Prinzipien [...], die die *Grundeinstellung* einer Nation, einer Epoche, einer Klasse, einer religiösen oder philosophischen Überzeugung enthüllen" (ebd.: 40, Herv. i. O.). Die ikonologische Bedeutung verweist somit auf „die ungewollte und ungewußte Selbstoffenbarung eines grundsätzlichen Verhaltens zur Welt, das für den individuellen Schöpfer, die individuelle Epoche, das individuelle Volk, die individuelle Kulturgemeinschaft in gleichem Maße bezeichnend ist" (ebd. 1979: 200). Mit der Rekonstruktion des Wesenssinns wird also mit Bourdieu gesprochen der Habitus oder auch die Weltanschauung einer ganz bestimmten Zeit angesprochen (vgl. Przyborski 2014).

Der Dokumentsinn im Sinne Panofsky steckt demnach überwiegend implizit in den durch den Diskurs sprachlich vermittelten Vorstellungsbildern. Für das Vorstellungsbild kann in diesem Zusammenhang festgehalten werden, dass es im Hinblick auf Leitbilder, Familienbilder, Bilder vom Kind überwiegend in seinem ikonologischen Gehalt zum Ausdruck kommt, was aber in den Veröffentlichungen wenig reflektiert wird und auch nicht in einen theoretischen Zusammenhang mit den Überlegungen Panofskys gestellt wird, obwohl dieser begriffliche und theoretische Differenzierungsmöglichkeiten im Hinblick auf einen ikonologischen Gehalt bereithielte.

Dieser im Diskurs auszumachende implizite ikonologische Überschuss verweist zugleich auf ein Desiderat; der ikonische Gehalt des Bildes wird kaum thematisiert und kann daher als marginalisiert bezeichnet werden. Imdahl entwickelt

---

35 In den 30er und 40er Jahren des 20. Jahrhunderts entwickelt Erwin Panofsky seine Ikonologie (vgl. Panofsky 1978; 1980). Dieses Analysemodell macht er zugleich für Kunstwerke (der Renaissance) fruchtbar (vgl. Panofsky 1978). Im aktuellen Diskurs zu bildanalytischen Verfahren wird Panofsky vor allem im Rahmen der von Bohnsack (weiter) entwickelten Dokumentarischen Methode vielfach aufgegriffen (vgl. ausführlicher Borg-Tiburcy 2021).

in Abgrenzung zu Panofsky, aber auch in Ergänzung dazu seine Überlegungen zur ikonischen Sinnstruktur von Bildern. Dabei stellt er vor allem das Ikonische des Bildes, die Eigenlogik des Bildes in den Vordergrund, was vor allem mithilfe eines sehenden Sehens und über die Rekonstruktion der Formalstruktur des Bildes erschlossen werden kann (vgl. Imdahl 1979/1996; 1988; 1996; 1996a; 1996b). Es geht ihm also nicht so sehr um das Bildhafte, das auch sprachlich vermittelt werden kann, sondern um den originären Bildsinn. Diese Perspektive wurde auch von Vertretern der Bildwissenschaft vielfach aufgegriffen (vgl. z. B. Belting 2001; Boehm 1994/2006). Auch wenn in den Veröffentlichungen nicht nur sprachlich vermittelte Bilder zum Ausdruck kommen, sondern ebenfalls materielle Bilder thematisch werden, bspw. im Zuge der Veröffentlichungen zu Bilderbüchern oder Kinderzeichnungen, wird auch hier nicht nur die Bedeutung der Sprache betont und diese stellenweise auch zum Entschlüsseln der Kinderzeichnungen funktionalisiert, sondern vor allem ein wiedererkennendes Sehen – wenn auch implizit – zum Thema gemacht. Ein sehendes Sehen, wie es Staege (2015) bspw. im Zuge von Bilderbuchrezeptionen vorschlägt, wird so bisher nicht diskutiert. Dass es durchaus sinnvoll und ergiebig sein kann, das Ikonische des Bildes in den Blick zu nehmen, wird durch die Bildinterpretation zum naturwissenschaftlichen Lernen von Kindern deutlich. Dass die rekonstruierten Kindheitsbilder und Vorstellungen kindlichen Lernens auf der Grundlage von materiellen (Ab-)Bildern stellenweise mit den sprachlich vermittelten und textlich zum Ausdruck gebrachten Zielen der Programme konfligieren, greift Staege dann auf, um „eine kritische Diskussion aktueller Leitbilder der Pädagogik der frühen Kindheit" (Staege 2013: 140) anzuregen.

Dabei generieren insbesondere die rekonstruierten Übergegensätzlichkeiten im Bild sowie die differierenden Botschaften zwischen Text und Bild Fragen, die zur Weiterentwicklung und kritischen Selbstvergewisserung einer wissenschaftlichen Disziplin, aber auch hinsichtlich einer pädagogischen Selbstvergewisserung in der Praxis beitragen können.

5. Resümee

Insgesamt ist deutlich geworden, dass sich vielfältige Spektren in den Diskursen der Pädagogik der frühen Kindheit ausmachen lassen, im Rahmen derer „das Bild" thematisch wird, auch wenn diesem dabei unterschiedliche Bedeutungen und Funktionen zukommen. Auffällig dabei ist, dass *das Kind* im Zusammenhang einer Thematisierung des Bildes als zentraler Diskursgegenstand ausgemacht werden kann; ob im Zuge eines Redens über das Bild vom Kind, Leitbilder guter Kindheit oder im Rahmen von Bilderbuchrezeptionen kindliche Lern- und Bildungsprozesse sowie die Bedeutung der bildnerischen Tätigkeit von Kindern thematisiert werden. Es geht, wie im Zitat von Peukert zu Beginn des Artikels schon angemerkt, um „all pedagogical issues and areas of activity that are of significance for *children*" (Peukert 1999: 215, Herv. KBT). Zudem konnte herausgearbeitet werden, dass in diesen Zusammenhängen über sehr unterschiedliche Bilder gesprochen wird und (bild-)theoretische, bildmethodologische, historische und empirische Rahmungen und Reflexionen dabei sehr verschieden ausfallen. Neben bildtheoretischen Reflexionen wäre für die Disziplin der Pädagogik der frühen Kindheit sicherlich das Verhältnis von Sprache und Bild sowie Diskurs und Bild eine spannende, weiterzuverfolgende Themenstellung, die in der Klärung dieses Verhältnisses nicht nur das Ikonische stärker in den Vordergrund rücken würde, sondern vor diesem Hintergrund auch Leerstellen und Ambivalenzen im Reden über das Kind, didaktische Überlegungen und pädagogisches Handeln aufzeigen und somit eine theoretische und praktische Vergewisserung ihres Sachverhaltes gewinnbringend(er) vorantreiben könnte.

Literatur

Ariès, Phillipe (1978/2007): Geschichte der Kindheit. München: Dtv.
Autorengruppe Fachkräftebarometer (2019): Fachkräftebarometer Frühe Bildung 2019. Weiterbildungsinitiative Frühpädagogische Fachkräfte. München: Deutsches Jugendinstitut e.V. Abrufbar unter: https://www.fachkraeftebarometer.de/fileadmin/Redaktion/Publikation_FKB2019/FKB2019_6_Ausbildungswege.pdf, abgerufen am: 23.03.2021.
Bauer, Petra/Wiezorek, Christine (Hrsg.) (2017): Familienbilder zwischen Kontinuität und Wandel. Analysen zur (sozial-)pädagogischen Bezugnahme auf Familie. Weinheim/Basel: Beltz Juventa.
Belting, Hans (2001): Bild-Anthropologie. Entwürfe für eine Bildwissenschaft. München: Wilhelm Fink.
Betz, Tanja/Bollig, Sabine/Joos, Magdalena/Neumann, Sascha (Hrsg.) (2018): Gute Kindheit. Wohlbefinden, Kindeswohl und Ungleichheit. Weinheim/Basel: Beltz Juventa.
Betz, Tanja/Bischoff-Pabst, Stefanie/de Moll, Frederick (Hrsg.) (2020): Leitbilder „guter" Kindheit und ungleiches Kinderleben. Weinheim/Basel: Beltz Juventa.
Braches-Chyrek, Rita/Röhner, Charlotte/Sünker, Heinz/Hopf, Michaela (2014): Handbuch Frühe Kindheit. Opladen; Berlin; Toronto: Budrich.
Bischoff, Stefanie/Knoll, Alex (2015): Förderbedürftige Kindheit – Zur Konstruktion eines Kindheitsbildes aus der Sicht von Eltern. In: Diskurs Kindheits- und Jugendforschung 10, 4, 415–429.
Blaschke-Nacak, Gerald/Stenger, Ursula/Zirfas, Jörg (2018): Kinder und Kindheiten. Eine Einleitung. In: Dies. (Hrsg.): Pädagogische Anthropologie der Kinder. Geschichte, Kultur und Theorie. Weinheim/Basel: Beltz Juventa, 11–33.
Boehm, Gottfried (Hrsg.) (1994/2006): Was ist ein Bild? 4., unveränd. Aufl. München: Wilhelm Fink Verlag.
Boehm, Gottfried (2010): Wie Bilder Sinn erzeugen. Die Macht des Zeigens. 3. Aufl. Berlin: Berlin University Press.
Bohnsack, Ralf (2011): Qualitative Bild- und Videointerpretation. 2. Auflage. Opladen; Farmington Hills: Budrich.
Bohnsack, Ralf/Fritzsche, Bettina/Wagner-Willi, Monika (2015): Dokumentarische Video- und Filminterpretation. Methodologie und Forschungspraxis. Opladen; Berlin; Toronto: Budrich.
Borg-Tiburcy, Kathrin (2021/i.E.): Herausforderungen und Grenzen bei der Analyse von Kinderzeichnungen. Ein Problemaufriss aus kunsthistorischer und bildmethodologischer Perspektive. In: Kekeritz, Mirja/Kubandt, Melanie (Hrsg.): Kinderzeichnungen – Herangehensweisen, Potenziale, Grenzen. Wiesbaden: Springer VS.

Burghardt, Lars/Klenk, Florian Cristobal (2016): Geschlechterdarstellungen in Bilderbüchern – eine empirische Analyse. In: GENDER 8, 3, 61–80.

Dahlberg, Gunilla (2004): Kinder und Pädagogen als Co-Konstrukteure von Wissen und Kultur: Frühpädagogik in postmoderner Perspektive. In: Fthenakis, Wassilios E./Oberhuemer, Pamela (Hrsg.): Frühpädagogik international. Bildungsqualität im Blickpunkt. Wiesbaden: Verlag für Sozialwissenschaften, 13–30.

Dahlberg, Gunilla/Moss, Peter/Pence, Alan (1999): Beyond Quality in Early Childhood Education and Care – Postmodern Perspectives. London; Philadelphia: Falmer Press.

Deckert-Peaceman, Heike/Scholz, Gerold (2018): Das freie und ungehorsame Kind der 1968er. In: Blaschke-Nacak, Gerald/Stenger, Ursula/Zirfas, Jörg (Hrsg.): Pädagogische Anthropologie der Kinder. Geschichte, Kultur und Theorie. Weinheim/Basel: Beltz Juventa, 84–95.

Dehnert, Holger/Geißler, Barbara (2013): Auf dem Weg zur ästhetischen Bildung in Kindertageseinrichtungen: Kinder als Kulturforscher. In: Bilstein, Johannes/Neysters, Silvia (Hrsg.): Kinder entdecken Kunst. Kulturelle Bildung im Elementarbereich. Oberhausen: Athena Verlag, 93–112.

Demler, Monika (2013): Licht und Schatten. Ein Projekt der Kita KID e.V. und des Museum Kunstpalast, Düsseldorf. In: Bilstein, Johannes/Neysters, Silvia (Hrsg.): Kinder entdecken Kunst. Kulturelle Bildung im Elementarbereich. Oberhausen: Athena Verlag, 71–91.

De Moll, Frederick/Bischoff-Pabst, Stefanie/Betz, Tanja (2020): Theoretische Grundlagen der EDUCARE-Studie. In: Betz, Tanja/Bischoff-Pabst, Stefanie/de Moll, Frederick (Hrsg.) (2020): Leitbilder „guter" Kindheit und ungleiches Kinderleben. Weinheim/Basel: Beltz Juventa, 31–49.

Dietrich, Cornelie/Stenger, Ursula/Stieve, Claus (2019): Einleitung. In: Dies. (Hrsg.): Theoretische Zugänge zur Pädagogik der frühen Kindheit. Eine kritische Vergewisserung. Weinheim/Basel: Beltz Juventa, 9–20.

Duncker, Ludwig/Lieber, Gabriele/Neuß, Norbert/Uhlig, Bettina (Hrsg.) (2010): Bildung in der Kindheit. Das Handbuch zum ästhetischen Lernen in Kindergarten und Grundschule. 1. Auflage. Seelze: Klett/Kallmeyer.

EACEA (*Education, Audiovisual and Culture Executive Agency*) Exekutivagentur Bildung, Audiovisuelles und Kultur (2014): Frühkindliche Betreuung, Bildung und Erziehung 2014. Luxemburg: Amt für Veröffentlichungen.

EACEA (*Education, Audiovisual and Culture Executive Agency*) Exekutivagentur Bildung, Audiovisuelles und Kultur (2009): Frühkindliche Betreuung, Bildung und Erziehung in Europa: ein Mittel zur Verringerung sozialer und kultureller Ungleichheiten. Luxemburg: Amt für Veröffentlichungen.

Fthenakis, Wassilios (2006): Elementarpädagogik nach PISA. Wie aus Kindertagesstätten Bildungseinrichtungen werden können. 5. Auflage. Freiburg im Breisgau: Herder.

Fthenakis, Wassilios E./Giesbert, Kristin/Griebel, Wilfried/Kunze, Hans-Rainer/Niesel, Renate/Wustmann, Corina (2007): Auf den Anfang kommt es an. Perspektiven für eine Neuorientierung frühkindlicher Bildung. Unveränderter Nachdruck. Berlin: BMBF.

Henneberg, Rosy/Klein, Lothar/Vogt, Herbert (2018): Freinet-Pädagogik. In: Rißmann, Michaela (Hrsg.): Didaktik in der Kindheitspädagogik. Grundlagen der Frühpädagogik, Band 3. Köln: Carl Link, 249–277.

Hess, Simone (2008): Innere Erfahrungsbilder als „Lern-Orte" für die Entwicklung einer elementarpädagogischen Professionalität. Biografische und sozio-emotionale Lernprozesse bei ErzieherInnen. In: Egger, Rudolf/Mikula, Regina/Haring, Sol/Felbinger, Andrea/Pilch-Ortega, Angela (Hrsg.): Orte des Lernens. Lernwelten und ihre biographische Aneignung. Wiesbaden: VS Verlag für Sozialwissenschaften, 113–126.

Hoffmann, Jeanette/Naujok, Natascha (2014): Bilder(bücher) – Vieldeutige Medien und ihre Aneignung in heterogenen Lerngruppen. In: Hennies, Johannes/Ritter, Michael (Hrsg.): Deutschunterricht in der Inklusion. Auf dem Weg zu einer inklusiven Deutschdidaktik. Stuttgart: Fillibach bei Klett, 221–236.

Imdahl, Max (1979/1996): Giotto. Zur Frage der ikonischen Sinnstruktur. In: Boehm, Gottfried (Hrsg.): Max Imdahl. Gesammelte Schriften. Bd. 3: Reflexion – Theorie – Methode. Frankfurt a. M.: Suhrkamp, 424–455.

Imdahl, Max (1988): Giotto. Arenafresken; Ikonographie, Ikonologie, Ikonik. 2., erw. Aufl. München: Fink.

Imdahl, Max (1996): Gesammelte Schriften. Bd. 1. Zur Kunst der Moderne. Frankfurt a. M.: Suhrkamp.
Imdahl, Max (1996a): Gesammelte Schriften. Bd. 2. Zur Kunst der Tradition. Frankfurt a. M.: Suhrkamp.
Imdahl, Max (1996b): Gesammelte Schriften. Bd. 3. Reflexion – Theorie – Methode. Frankfurt a. M.: Suhrkamp.
Irskens, Beate (2009): Kinder sind keine kleinen Erwachsenen. Das Bild vom Kind. In: Wehrmann, Ilse (Hrsg.): Starke Partner für frühe Bildung. Kinder brauchen gute Krippen. Weimar; Berlin: Verlag das Netz, 1–6.
Jung, Edita/Kaiser, Lena S. (2018): Dem „Verwendungs- und Bedeutungsoffenen" einen Sinn geben. Interpretative Videoanalyse individueller Sinnkonstruktionen von Kindern in der Auseinandersetzung mit Remida-Material. In: Weltzien, Dörte/Wadepohl, Heike/Cloos, Peter/Bensel, Joachim/Haug-Schnabel, Gabriele (Hrsg.): Forschung in der Frühpädagogik XI: Die Dinge und der Raum. Freiburg im Breisgau: FEL-Verlag Forschung-Entwicklung-Lehre, 97–135.
Kant, Immanuel (1781/2014): Kritik der reinen Vernunft 1. Werkausgabe Band III. Herausgegeben von Wilhelm Weischedel. 20. Auflage. Wiesbaden: Suhrkamp.
Karcher, Stephanie (2019): Erfahrungsraum Kindertagespflege. Zugang zu pädagogischer Praxis durch dokumentarische Fotointerpretation pädagogischer Räume. In: Frank, Carola/Jooß-Weinbach, Margarete/Loick Molina, Steffen/Schoyerer, Gabriel (Hrsg.): Der Weg zum Gegenstand in der Kinder- und Jugendhilfeforschung. Methodologische Herausforderungen für qualitative Zugänge. 1. Auflage. Weinheim/Basel: Beltz Juventa, 56–79.
Kasüschke, Dagmar (Hrsg.) (2010): Didaktik in der Pädagogik der frühen Kindheit. 1. Auflage. Köln; Kronach: Carl Link.
Kirchner, Constanze (2010): Malen und Zeichnen. In: Duncker, Ludwig/Lieber, Gabriele/Neuß, Norbert/Uhlig, Bettina (Hrsg.): Bildung in der Kindheit. Das Handbuch zum ästhetischen Lernen in Kindergarten und Grundschule. 1. Auflage. Seelze: Klett/Kallmeyer, 174–178.
Kirchner, Constanze (2019): Berufsqualifizierende Professionalisierung: Blicke schärfen – forschend Lernen. Mit Studierenden das bildnerische Verhalten von Vor- und Grundschulkindern erkunden. In: Neuß, Norbert/Kaiser, Lena S. (Hrsg.): Ästhetisches Lernen im Vor- und Grundschulalter. Stuttgart: Kohlhammer, 187–203.
Kirsch, Lina/Stenger, Ursula (2020): Frühkindliche Kulturelle Bildung – Stand der Forschung. Universität zu Köln.
Kluge, Norbert (2013): Das Bild des Kindes in der Pädagogik der frühen Kindheit. In: Fried, Lilian/Roux, Susanna (Hrsg.): Handbuch Pädagogik der frühen Kindheit. Berlin: Cornelsen, 22–32.
Knauf, Tassilo (2013): Moderne Ansätze der Pädagogik der frühen Kindheit. In: Fried, Lilian/Roux, Susanna (Hrsg.): Handbuch Pädagogik der frühen Kindheit. Berlin: Cornelsen, 119–128.
Kruse, Jan (2015): Qualitative Interviewforschung. Ein integrativer Ansatz. 2. Auflage. Weinheim/Basel: Beltz Juventa.
Lamprecht, Juliane (2015): Erzieherinnen und Lehrerinnen im Austausch. Videoanalysen zur Sinnkomplexität interaktiver Körperlichkeit. In: Bohnsack, Ralf/Fritzsche, Bettina/Wagner-Willi, Monika (Hrsg.): Dokumentarische Video- und Filminterpretation. Methodologie und Forschungspraxis. 2. Auflage. Opladen; Berlin; Toronto: Budrich, 97–110.
Langer, Susanne K. (1942;1987): Philosophie auf neuem Wege. Das Symbol im Denken, im Ritus und in der Kunst. Frankfurt a. M.: Fischer-Taschenbuch-Verlag.
Lieber, Gabriele (2010a): Bilderbücher. In: Duncker, Ludwig/Lieber, Gabriele/Neuß, Norbert/Uhlig, Bettina (Hrsg.): Bildung in der Kindheit. Das Handbuch zum ästhetischen Lernen in Kindergarten und Grundschule. 1. Auflage. Seelze: Klett/Kallmeyer, 136–141.
Lieber, Gabriele (2010b): Literalität und ästhetisches Lernen. In: Duncker, Ludwig/Lieber, Gabriele/Neuß, Norbert/Uhlig, Bettina (Hrsg.): Bildung in der Kindheit. Das Handbuch zum ästhetischen Lernen in Kindergarten und Grundschule. 1. Auflage. Seelze: Klett/Kallmeyer, 48–51.
Liegle, Ludwig (2006): Bildung und Erziehung in früher Kindheit. Stuttgart: Kohlhammer.
Lindner, Burkhardt (2014): Vom „sentimentalischen" Kinderbild zur Topographie der Kindheit. In: Roeder, Caroline (Hrsg.): Topographien der Kindheit. Literarische, mediale und interdisziplinäre Perspektiven auf Orts- und Raumkonstruktionen. Bielefeld: transcript, 41–57.

Martens, Matthias/Petersen, Dorthe/Asbrand, Barbara (2015): Die Materialität von Lernkultur. Methodische Überlegungen zur dokumentarischen Analyse von Unterrichtsvideografien. In: Bohnsack, Ralf/Fritzsche, Bettina/Wagner-Willi, Monika (Hrsg.): Dokumentarische Video- und Filminterpretation. Methodologie und Forschungspraxis. 2. Auflage. Opladen; Berlin; Toronto: Budrich, 179–206.

Miller-Kipp, Gisela (2009): Produkt von Natur und Kultur: Die pädagogische Idee des Kindes und das „romantische" Kinderbild. In: Liebau, Eckart (Hrsg.): Lebensbilder. Streifzüge in Kunst und Pädagogik. Oberhausen: Athena Verlag, 43–59.

Mitchell, William J. T. (1994): Picture Theory. Essays on Verbal and Visual Representation. Univ. of Chicago Press: Chicago & London.

Mollenhauer, Klaus (1966): Grundfragen ästhetischer Bildung. Theoretische und empirische Befunde zur ästhetischen Erfahrung von Kindern. München: Juventa.

Nentwig-Gesemann, Iris/Nicolai, Katharina (2015): Dokumentarische Videointerpretation typischer Modi der Interaktionsorganisation im Krippenalltag. In: Bohnsack, Ralf/Fritzsche, Bettina/Wagner-Willi, Monika (Hrsg.): Dokumentarische Video- und Filminterpretation. Methodologie und Forschungspraxis. 2. Auflage. Opladen; Berlin; Toronto: Budrich, 45–72.

Nelson, Katherine (1996): Four-year-old humans are different: Why? In: Behavioral and Brain Sciences 19, 1, 134–135.

Nelson, Katherine (2007): Young minds in social worlds. Experience, meaning and memory. Cambridge; Mass [u. a.]: Harvard University Press.

Neuß, Norbert (2014): Kinderzeichnungen in der medienpädagogischen Forschung. In: Tillmann, Angela/Fleischer, Sandra/Hugger, Kai-Uwe (Hrsg.): Handbuch Kinder und Medien. Wiesbaden: Springer VS, 247–258.

Neuß, Norbert (2019): Kinderzeichnungen – selbsterarbeitete Symbolik von Kindern verstehen. In: Neuß, Norbert/Kaiser, Lena S. (Hrsg.): Ästhetisches Lernen im Vor- und Grundschulalter. Stuttgart: Kohlhammer, 171–183.

OECD (2001): Starting Strong: Early Childhood Education and Care. Paris: OECD Publishing.

OECD (2006): Starting Strong II: Early Childhood Education and Care. Paris: OECD Publishing.

Oetken, Mareile (2014): Das Bild von Kind und Kindheit im Bilderbuch. In: Tillmann, Angela/Fleischer, Sandra/Hugger, Kai-Uwe (Hrsg.): Handbuch Kinder und Medien. Wiesbaden: Springer VS, 351–364.

Panofsky, Erwin (1978): Sinn und Deutung in der bildenden Kunst. Köln: Dumont.

Panofsky, Erwin (1979): Zum Problem der Beschreibung und Inhaltsdeutung von Werken der bildenden Kunst. In: Kaemmerling, Ekkehard (Hrsg.): Bildende Kunst als Zeichensystem. Ikonographie und Ikonologie. Köln: DuMont, 185–206.

Panofsky, Erwin (1980): Studien zur Ikonologie. Humanistische Themen in der Kunst der Renaissance. Köln: DuMont.

Pardo-Puhlmann, Margart/Bischoff, Stefanie/Betz, Tanja (2016): Leitbilder. Systematisierungen und begriffliche Klärungen aus sozialwissenschaftlicher Perspektive (EDUCARE WORKING PAPER Nr. 3). Frankfurt a. M.: Goethe-Universität.

Peukert, Ursula (1999) Early Childhood Education as a Scientific Discipline: a state-of-the-art perspective. In: International Journal of Early Years Education 7, 3, 213–221.

Pianta, Robert C./Barnett, W. Steven/Justice, Laura M./Sheridan, Susan M. (2011): Handbook of Early Childhood Education. New York: Guilford Press.

Preissing, Christa/Heller, Elke (2018): Der Situationsansatz – mit Kindern die Lebenswelt erkunden. In: Rißmann, Michaela (Hrsg.): Didaktik in der Kindheitspädagogik. Grundlagen der Frühpädagogik. Band 3. Köln: Carl Link, 203–223.

Przyborski, Aglaja/Wohlrab-Sahr, Monika (2014): Qualitative Sozialforschung: Ein Arbeitsbuch. München: Oldenbourg Verlag.

Reckeweg, Inna (2009): Kompetente Kinder. Das neue „Kinderimage" und der Perspektiv-Wandel in der frühen Bildung. In: Wehrmann, Ilse (Hrsg.): Starke Partner für frühe Bildung. Kinder brauchen gute Krippen. Weimar; Berlin: Verlag das Netz, 1–6.

Rißmann, Michaela (Hrsg.) (2018): Didaktik in der Kindheitspädagogik. Grundlagen der Frühpädagogik. Band 3. Köln: Carl Link.

Röbe, Edeltraud (2012): Die Kinderperspektive als Dimension elementarpädagogischer Forschung. In: Stenger, Ursula/Kägi, Sylvia (Hrsg.): Forschung in Feldern der Frühpädagogik. Baltmannsweiler: Schneider Verlag Hohengehren, 13–35.

Rohrmann, Tim (2018): Alte Klischees oder neue Vielfalt? Ein geschlechterbewusster Blick auf Bilderbücher. ZeT Zeitschrift für Tagesmütter und -väter, 1, 14–16.

Saßmannshausen, Wolfgang (2018): Didaktik und Methodik in der Waldorf(kindergarten)-Pädagogik. In: Rißmann, Michaela (Hrsg.): Didaktik in der Kindheitspädagogik. Grundlagen der Frühpädagogik. Band 3. Köln: Carl Link, 157–173.

Schäfer, Gerd E. (Hrsg.) (2007): Bildung beginnt mit der Geburt. Ein offener Bildungsplan für Kindertageseinrichtungen in Nordrhein-Westfalen. 2. Auflage. Berlin, Düsseldorf, Mannheim: Cornelsen Scriptor.

Schäfer, Gerd E. (2013): Aisthetisches Denken – Über die Bedeutung von Bildern im frühkindlichen Bildungsprozess. In: Lieber, Gabriele (Hrsg.): Lehren und Lernen mit Bildern – Ein Handbuch zur Bilddidaktik. 2. Auflage. Baltmannsweiler: Schneider Verlag Hohengehren, 31–42.

Schmidt; Thilo/Smidt, Wilfried (2018): Handbuch empirische Forschung in der Pädagogik der frühen Kindheit. Münster; New York: Waxmann.

Schneider, Susanne (2014): Die Bedeutung von Medien vor der Geburt. In: Tillmann, Angela/Fleischer, Sandra/Hugger, Kai-Uwe (Hrsg.): Handbuch Kinder und Medien. Wiesbaden: Springer VS Verlag, 289–301.

Scholz, Gerold (2019): Naturwissen als Auftrag frühkindlicher Bildung. In: Schäfer, Gerd E./Dreyer, Rahel/Kleinow, Matthias/Erber-Schropp, Julia M. (Hrsg.): Bildung in der frühen Kindheit. Bildungsphilosophische, kognitionswissenschaftliche, sozial- und kulturwissenschaftliche Zugänge. Wiesbaden: Springer VS, 17–29.

Staege, Roswitha (2010): How to do things with Music. Dokumentarische Videointerpretation als Zugang zur ästhetischen Erfahrung von Kindern. In: Schäfer, Gerd E./Staege, Roswitha (Hrsg.): Frühkindliche Lernprozesse verstehen. Ethnographische und phänomenologische Beiträge zur Bildungsforschung. Weinheim/München: Juventa, 233–246.

Staege, Roswitha (2013): Bildliche Repräsentationen naturwissenschaftlichen Lernens. In: Rauterberg, Marcus/Schumann, Svantje (Hrsg.): Umgangsweisen mit Natur(en) in der Frühen Bildung., Beiheft 9, 125–141.

Staege, Roswitha (2014): Narration und Imagination – Zur Erzählweise und zum Bildungssinn des Bildes im Bilderbuch. In: Sowa, Hubert/Glas, Alexander/Miller, Monika (Hrsg.): Bildung der Imagination. Band 2: Bildlichkeit und Vorstellungsbildung in Lernprozessen. Oberhausen: Athena, 411–417.

Staege, Roswitha (2015): Bilder früher Bildung. Fotografische Darstellungen in Bildungsprogrammen für den Elementarbereich. In: Bohnsack, Ralf/Michel, Burkard/Przyborski, Aglaja (Hrsg.) (2015): Dokumentarische Bildinterpretation. Methodologie und Forschungspraxis. Opladen; Berlin; Toronto: Budrich, 283–303.

Stamm, Margrit/Edelmann, Doris (Hrsg.) (2013): Handbuch frühkindliche Bildungsforschung. Wiesbaden: Springer VS.

Steiner, Rudolf (1962): Teosophie. Einführung in übersinnliche Welterkenntnis und Menschenbestimmung. Dornach/Schweiz: Rudolf Steiner Verlag.

Steiner, Rudolf (1972): Zur Dreigliederung des sozialen Organismus. Gesammelte Aufsätze 1919–1921. Stuttgart: Verlag Freies Geistesleben.

Stenger, Ursula (2008): Schwangerschaft und Geburt aus der Sicht drei bis sechsjähriger Kinder. In: Wulf, Christoph/Hänsch, Anja/Brumlik, Micha (Hrsg.): Das Imaginäre der Geburt. Praktiken, Narrationen und Bilder. München: Fink, 86–104.

Stenger, Ursula (2012): Krippen als Orte kultureller Praxis – Arbeit an der Differenz. In: Kägi, Sylvia/Stenger, Ursula (Hrsg.): Forschung in Feldern der Frühpädagogik. Grundlagen-, Professionalisierungs- und Evaluationsforschung. Baltmannsweiler: Schneider Verlag Hohengehren, 59–74.

Stenger, Ursula (2013a): Erfahrung und Theoriegenerierung – Ein phänomenologischer Zugang zu Kinderzeichnungen. In: Bilstein, Johannes/Peskoller, Helga (Hrsg.): Erfahrung – Erfahrungen. Wiesbaden: Springer VS, 251–264.

Stenger, Ursula (2013b): Kulturen ästhetischer Bildung in Kindertageseinrichtungen entwickeln – Herausforderungen für Pädagoginnen und Pädagogen. In: Bilstein, Johannes/Neysters, Silvia (Hrsg.): Kinder entdecken Kunst. Kulturelle Bildung im Elementarbereich. Oberhausen: Athena Verlag, 31–46.

Stenger, Ursula (2018): Zur Didaktik in der Reggiopädagogik. In: Rißmann, Michaela (Hrsg.): Didaktik in der Kindheitspädagogik. Grundlagen der Frühpädagogik. Band 3. Köln: Carl Link, 224–249.

Stenger, Ursula/Blaschke-Nacak, Gerald (2018): Blicke auf Kinder – Bilder von Kindern. Perspektiven auf Kinder und Kindheit aus der Sicht von Elementarpädagog/inn/en. In: Blaschke-Nacak, Gerald/Stenger, Ursula/Zirfas, Jörg (Hrsg.): Pädagogische Anthropologie der Kinder. Geschichte, Kultur und Theorie. Weinheim/Basel: Beltz Juventa, 188–204.

Stieve, Claus (2013): Anfänge der Bildung – Bildungstheoretische Grundlagen der Pädagogik der frühen Kindheit. In: Stamm, Margrit/Edelmann, Doris (Hrsg.): Handbuch frühkindliche Bildungsforschung. Wiesbaden: Springer VS, 51–70.

Ummel, Hannes/Bauer, Petra/Wiezorek, Christine (2013): Das Verschwinden der strukturellen Besonderheit von Familie im Familienbild einer Professionellen aus dem frühpädagogischen Bereich. Überlegungen zur Entdifferenzierung von öffentlicher und privater Erziehung. In: Sektion Sozialpädagogik und Pädagogik der frühen Kindheit (Hrsg.): Konsens und Kontroversen. Sozialpädagogik und Pädagogik der frühen Kindheit im Dialog. Weinheim/Basel: Beltz Juventa, 155–168.

Vetter, Lara (2018): Interaktionsorganisationen von Krippenkindern in Peerinteraktionen im Modus des Zeigens – eine videobasierte, dokumentarische Studie. In: Weltzien, Dörte/Wadepohl, Heike/Cloos, Peter/Bensel, Joachim/Haug-Schnabel, Gabriele (Hrsg.): Forschung in der Frühpädagogik XI: Die Dinge und der Raum. Freiburg im Breisgau: FEL-Verlag Forschung-Entwicklung-Lehre, 241–277.

Xyländer, Margret (2015): Die Familie als Bildungsgemeinschaft. Zur dokumentarischen Videointerpretationen einer abendlichen Ritualisierungspraxis. In: Bohnsack, Ralf/Fritzsche, Bettina/Wagner-Willi, Monika (Hrsg.): Dokumentarische Video- und Filminterpretation. Methodologie und Forschungspraxis. 2. Auflage. Opladen; Berlin; Toronto: Budrich, 111–130.

Bildwissenschaftliche Analysen in der Erwachsenenbildungsforschung

Olaf Dörner

Im Zuge des verstärkten Interesses an Bild als Möglichkeit erziehungswissenschaftlicher Erkenntnisgenerierung Ende der 1990er und in den 2000er Jahren entstanden auch in der Erwachsenenbildung Arbeiten, die die Entwicklung einer bildwissenschaftlichen Erwachsenenbildungsforschung (vgl. Nolda 2011a) in Gang setzten. Gleichwohl sind Verfahren zur Analyse von stehenden Bildern (Einzelbilder, Fotografien, Gemälde, Zeichnungen u. Ä.) und bewegten Bildern (Filme, Videos) in der Erwachsenenbildungsforschung eher von randständiger Bedeutung, sowohl in ihrer Anwendung als auch in ihrer methodisch-methodologischen Reflexion. Im Folgenden werde ich zunächst auf die Bedeutung von Bild als erziehungswissenschaftliche Erkenntnisquelle eingehen (1) und daran anschließend einen Überblick über bildwissenschaftliche Arbeiten in der Erwachsenenbildungsforschung geben (2). Des Weiteren werde ich einige methodologisch-methodische Aspekte bildwissenschaftlicher Erwachsenenbildungsforschung darlegen (3) und mit einem Ausblick enden (4).[1]

1. Zur Bedeutung von Bildern als erziehungswissenschaftliche Erkenntnisquelle

Als eine Form von Bildlichkeit (vgl. Rustemeyer 2003) gehören Bilder schon immer zum sinnhaften und symbolischen Repertoire der Darstellung und Repräsentation menschlichen Handelns, Denkens und Wahrnehmens. Ihre Allgegenwart im alltäglichen und außeralltäglichen Leben ist unbestritten. Insbesondere im Zuge der Verbreitung technisch-apparativer Bild- und Massenmedien im 19. und 20. Jahrhundert haben Präsenz und Vielförmigkeit von Bildern im Alltag zugenommen. Mitunter werden sie zum Leitmedium ‚westlicher' Kulturen erklärt (vgl. Hoffmann/Rippl 2006), womit impliziert wird, niemand könne sich ihnen entziehen. In der Wissenschaft hat die Hinwendung zum Bild ihren Ausdruck in der ikonischen Wendung bzw. dem pictorial turn (Mitchell 1994) oder iconic turn (Boehm 1994) gefunden. In kritischer Abgrenzung zum linguistik turn (Rorty 1967) – und damit zu sprachanalytisch-philosophischen und linguistischen

---

[1] Die Ausführungen und Überlegungen basieren weiterführend auf meinen Arbeiten zur Bildanalyse in der Erwachsenenbildung und in der Pädagogik (Dörner 2012; 2014).

Positionen, die jede Form der Erkenntnis als Problem der Sprache darstellen – kommen seit den 1990er Jahren Bilder verstärkt als Quellen von Erkenntnis in den Blick.

Der Nutzung von Bildern als Quelle wissenschaftlicher Erkenntnis liegt die zentrale Annahme zugrunde, dass gesellschaftliche Wirklichkeit immer auch eine bildlich repräsentierte und konstituierte ist (vgl. Mitchell 1994: 41). Weltdeutung vollzieht sich nicht nur im Medium der Ikonizität, vielmehr sind Bilder zugleich handlungsleitend (vgl. Bohnsack 2009: 28) und demzufolge erfolgt alltägliches Handeln und Verstehen bildhaft. Als Bestandteile des (primär impliziten) handlungsleitenden Wissens strukturieren Bilder habituelles Handeln, das vor allem erlernt wird im Modus der mimetischen Aneignung von sozialen Szenarien, Gebärden, Gestik und Mimik, die im Medium des Bildes vergegenwärtigt und verstanden werden (vgl. ebd.). Bohnsack spricht hier von einer Verständigung durch das Bild, die von einer über das Bild zu unterscheiden ist (vgl. ebd.: 28) und unter Rückgriff auf kommunikativ-generalisierende Wissensbestände im Medium von Sprache und Schrift bzw. von Text erfolgt. Gesellschaftliche Wirklichkeit konstituiert sich vor diesem Hintergrund über das Verhältnis von Wissen auf der sprachlich-schriftlichen Ebene (textförmiges Wissen über Bilder) und Wissen auf der bildlichen Ebene (bildförmiges Wissen durch Bilder). Bildlichkeit als gemeinsame Ebene von Sprache und Bild (vgl. Boehm 1978: 447) ist zentrales Merkmal dieser Relation und haftet im Schütz'schen Verständnis von Sinnhaftigkeit der Welt (vgl. Schütz 1993) ebendieser in all ihren Ausprägungen an. Von bildhafter Wirklichkeit auszugehen, bedeutet dieses Verhältnis der Verständigung über und durch Bilder in den Blick zu nehmen.

Die ikonische Wende markiert den Beginn einer disziplinären Öffnung der Beschäftigung mit Bildern. Die Etablierung einer disziplinübergreifenden und interdisziplinären Bildwissenschaft (Sachs-Hombach 2005) für die Erziehungswissenschaft (vgl. Schäffer 2005) ist institutionalisierter und selbstbewusster Ausdruck dieser Entwicklung bzw. einer über kunstwissenschaftliche Disziplinen hinausgehenden Öffnung der Beschäftigung mit Bildern. Eine „Bildabstinenz", wie lange Zeit in den Erziehungswissenschaften verbreitet, sei angesichts der zunehmenden Bedeutung von Bildmedien und Mediatisierung der Gesellschaft nicht weiter möglich (vgl. Marotzki/Niesyto 2006: 7). Als zentraler Bestandteil beeinflussen Bilder Bildungs-, Erziehungs- und Lernprozesse. Ob nun im Sinne von didaktischer Nutzung in pädagogischen Zusammenhängen oder im Sinne einer Entgrenzung und Universalisierung des Pädagogischen (vgl. Kade 1997). Umgekehrt materialisieren Bilder Bildungs-, Erziehungs- und Lernprozesse in Form von Abbildern und sind Zeugnisse von Gedanken und Dokumente von Erfahrungen in unterschiedlichen sozial-historischen Zusammenhängen.

Für Pädagogik als eine an der Gestaltbarkeit pädagogischer Praxis orientierte wissenschaftliche Disziplin sind Bilder in erster Linie von didaktischem Interesse. Sie interessieren in ihrer instrumentellen Funktion zur Beförderung von

Bildungs-, Erziehungs- sowie Lehr-Lernprozessen. Wir haben es hier mit einer praxisorientierten Perspektive zu tun, bei der es um *Bildung²* *mit Bildern* geht, wie etwa bei praktisch orientierten Arbeiten zu didaktischen Möglichkeiten des Einsatzes visueller Medien in der Erwachsenenbildung (vgl. exempl. Bergedick/ Rohr/Wegener 2011). Für Erziehungswissenschaft als analytische Wissenschaftsdisziplin sind Bilder primär als mitunter handlungsleitende Erkenntnisquellen von Bedeutung. In der Perspektive *Bildung in Bildern* eröffnen sie Erkenntnismöglichkeiten zu Bildung in sozial-historischen Zusammenhängen. Sie sind in diesem Sinne Illustrator*innen, Chronist*innen und Dokumentator*innen von Bildungsideen, -praxen und -orientierungen. Wir finden diese Perspektive vornehmlich in historisch orientierten Arbeiten (exempl. Schiffler und Winkeler 1991a+b; Keck et al. 2004; Schmidtke 2007; te Heesen 2011), aber auch in Arbeiten zu Bilderfahrungen, -inszenierungen und -diskursen in alltäglichen Lebenszusammenhängen (etwa Schäffer 2009a; Dörner et al. 2011; Endreß 2019; Dörner 2020; Dörner/Schäffer 2021). In der Perspektive *Bildung durch Bilder* sind Bilder in ihrer bildenden Funktion jenseits pädagogischer Einflussnahme von Interesse (vgl. Schäffer 2005). In der Annahme einer sozialisatorischen Wirkung geht es hierbei eben nicht um die didaktische Nutzung von Bildern in pädagogischen Zusammenhängen, sondern – durchaus auch im Verständnis einer Entgrenzung des Pädagogischen (Lüders et al. 1995) – um Bedeutungen von Bildern für die Konstitution von Gesellschaft und Individuum, um Umgangsweisen mit und bildende Wirkungen von Bildern (Wulf 2005; Jörissen/Marotzki 2009; Krämer 2014). Und schließlich hat das Interesse an methodisch-methodologischen Fragen der Bildanalyse zugenommen (Mollenhauer 1983; Ehrenspeck/Schäffer 2003; Marotzki/Niesyto 2006; Friebertshäuser et al. 2007; Pielarczyk/Mietzner 2005; Dörner 2011; Astheimer 2016; Dörner/Schäffer 2021). Wenn Bilder nicht nur Wirklichkeit repräsentieren, sondern auch konstituieren, dann bedarf es Methoden, mit denen methodologisch die besondere Qualität von Bildern im Unterschied zu Sprache und Schrift berücksichtigt werden kann.

In Orientierung an diese Differenzierung³ sowie auf die Sortierung eines früheren Artikels über Bildanalysen in der Erwachsenenbildungswissenschaft zurückgreifend (vgl. Dörner 2012), werde ich nun Arbeiten zur didaktischen Verwendung und Analyse von Bildern, genuin bildwissenschaftlichen Arbeiten in der Programm- und Diskursforschung sowie methodologisch-methodische Zugänge

---

2   Wenn im Folgenden von Bildung die Rede ist, dann sind aus schreibpraktischen Gründen Erziehung, Lehren und Lernen inbegriffen, wohlwissend, dass es sich um theoretisch unterschiedliche Konzepte handelt.

3   Zur Perspektive Bildung durch Bilder liegen keine erwachsenenbildungswissenschaftlichen Arbeiten vor, weswegen ich sie in diesem Beitrag nicht weiter berücksichtige (vgl. auch Schäffer 2005: 221 f.).

vorstellen. Da in der Erwachsenenbildungswissenschaft die Beschäftigung mit Bild vornehmlich in der qualitativ-empirischen Erwachsenenbildungsforschung von Bedeutung ist, stammen die aufgeführten Arbeiten aus diesem Bereich.

2. Zur Bedeutung von Bildern als erwachsenenbildungswissenschaftliche Erkenntnisquelle

In ihrem Aufsatz „Ansätze bildwissenschaftlicher Erwachsenenbildungsforschung – Anwendungsgebiete und Methoden" ordnet Sigrid Nolda (2011a) mehr oder weniger als bildwissenschaftlich angelegte und ausgewiesene Arbeiten vier Forschungsbereichen der Erwachsenenbildung zu: Programmforschung, Teilnehmer*innenforschung, Konzeptforschung sowie Kursforschung und Wissens(-vermittlungsforschung).[4] Es sind am Ende nur wenige Arbeiten, die Sigrid Nolda benennt oder auf sie verweist und nicht in allen Arbeiten stehen Bilder im Zentrum des jeweiligen Forschungsinteresses. Deutlich wird, dass die in den 2000er Jahren gestiegene Bedeutung von Bildern als primäre Erkenntnisquelle in den Geistes-, Sozial- und Erziehungswissenschaften sich nur wenig in der Erwachsenenbildungswissenschaft niedergeschlagen hat. Bildwissenschaftliche Arbeiten sind auch in den folgenden Jahren und bis heute in der Erwachsenenbildungswissenschaft recht zaghaft vertreten und es ist eher wieder etwas still um sie geworden.

Den Beginn bildwissenschaftlicher Analysen in der Erwachsenenbildungswissenschaft stellen die Arbeiten von Jochen Kade und Wolfgang Seitter dar, die in den 1990er Fernsehsendungen und -filme (Talkshows, Krimiserien) zu deren pädagogischer Strukturiertheit untersuchten (vgl. Kade 1996; 1997; 2000; Seitter 1997). Im Zusammenhang der Erforschung einer Pädagogik der Medien (vgl. exempl. Kade 1995; Nolda 2002) ging es um Formen der Vermittlung von Wissen und Biografie in populären Massenmedien bzw. der Wissensentstehung und -verteilung in modernen Wissens- und Mediengesellschaften. Das Interesse an Bild und Möglichkeiten der erwachsenenbildungswissenschaftlichen Erkenntnisgenerierung dieser Forscher*innen mündete nicht unwesentlich in das Projekt „Bild und Wort" und damit einhergehend in Arbeiten zur videobasierten Kurs- und Teilnehmer*innenforschung (vgl. Kade/Nolda 2007a, b; Nolda 2007; Dinkelaker/Herrle 2007; Herrle 2008; Kade/Nolda/Dinkelaker/Herrle 2014) sowie zu methodologisch-methodischen Überlegungen und Konzepten einer erziehungswissenschaftlichen Videografie (vgl. Kade/Nolda 2007b, Herrle/Kade/

---

4 Im Rahmen der *Programmforschung* sind dies Arbeiten zur Analyse von Bildelementen in Programmen und Ankündigungen der Erwachsenenbildung (etwa auf Umschlagseiten oder in digitaler Form auf Internetseite (vgl. Nolda 2011a: 13 f.). Sigrid Nolda verweist hier auf eine eigene objektiv-hermeneutische Interpretation der Umschlagseite eines Volkshochschulprogramms (Nolda 1998).

Nolda 2010; Dinkelaker/Herrle 2009; Herrle/Dinkelaker 2012). Bild ist hier in Form von Videoaufnahmen vor allem als ethnografisches Instrumentarium zur Analyse von Interaktionen und Kommunikationen in Kursen der Erwachsenenbildung bedeutsam, insbesondere mit Blick auf Lehr-Lern-Zusammenhänge. Hervorzuheben ist die Arbeit von Matthias Herrle, der mit Hilfe von Videoaufnahmen Interaktionen (verstanden als Kommunikationen) in Kursen systemtheoretisch orientiert und objektiv-hermeneutisch rekonstruierte und zugleich ein methodologisch-methodisches fundiertes Instrumentarium zur videobasierten Analyse von Kursinteraktionen vorlegte (Herrle 2007).

Der Strang einer videobasierten Erwachsenenbildungsforschung bzw. der Kurs- und Wissensvermittlungsforschung ist in der Nachfolge dieser Arbeiten bisher nicht weiter verfolgt wurden. Die Beschäftigung mit und Nutzung von Bildern im allgemeinen Verständnis als Einzelbilder, stehende oder unbewegte Bilder fällt in der Erwachsenenbildung etwas vielfältiger aus. Von Bedeutung ist dabei vor allem die Perspektive *Bildung (Erwachsener) in Bildern* (vgl. Dörner 2014).

Bildung (Erwachsener) in Bildern: Arbeiten zur didaktischen Verwendung von Bildern in der Erwachsenenbildung

In dieser Perspektive sind Arbeiten mit analytischem Fokus in bildwissenschaftlicher Orientierung mit didaktischem Interesse oder umgekehrt (je nach Schwerpunktsetzung des Interesses) relevant. In dem Aufsatz „Karikaturen zum Analphabetismus – eine Form kultureller Bildung" stellen Ekkehard Nuissl und Ewa Przybylska (2017) Karikaturen als ein Medium politischer und kultureller Bildung heraus, mit denen gesellschaftliche Probleme thematisiert, zugespitzt und interpretiert werden (vgl. ebd.: 71), denen sie deshalb eine im didaktischen Sinne „stark bildende Wirkung" (ebd.: 73) zusprechen und deshalb in Forschung und Praxis der Erwachsenenbildung stärker berücksichtigt werden sollten (vgl. ebd.: 86 f.). Am Beispiel von Karikaturen zur Illiteralität, zur Mediennutzung, zum Lesen als Kulturtechnik und Lebenslangen Lernen analysieren Nuissl und Przybylska Botschaften (elaborierte Sprachcodes, notwendige Existenz von Buchstaben, Illiteralität als Krankheit, unersetzliche Lesekompetenz, die mediale Entleerung von Kommunikation, Möglichkeiten des Nachholens von Nicht-gelerntem) und attestieren Karikaturen pädagogische Intentionen (vgl. ebd.: 86), die im Sinne von Sensibilisierung, Verständnis und Toleranz für kulturelle Bildung genutzt werden können (vgl. ebd.).

Von einer so gedachten pädagogischen Bildintentionaliät geht Peter Faulstich in seinem didaktischen Konzept der Bildergespräche primär nicht aus. Vielmehr interessiert ihn die didaktisch-bildende Wirkung der Beschäftigung mit Bildern und er nimmt Selbstbildnisse aus dem Kunstbereich als Anlass für Bildergespräche in Seminaren, vornehmlich über Biografiekonstruktionen (vgl. Faulstich 2012). Die analytische Betrachtung dreier Selbstbilder des Malers Otto

Runges (1777–1810), ausgestellt in der Hamburger Kunsthalle, ist auf das Identitätsproblem orientiert und auf die Art und Weise, wie der Maler das Problem gelöst habe bzw. daran gescheitert sei. Für die Analyse orientiert sich Faulstich an seinen Leitfragen für Bildergespräche (vgl. ebd.: 5) und nutzt weit mehr biografisches Kontextwissen als die Bilder selbst hergeben (Sekundärbeschreibungen, historische Quellen wie Briefe). Die kunstwissenschaftlich orientierte Analyse veranschaulicht einerseits biografische Identitätskonstruktionen, wird aber andererseits als Möglichkeit thematisiert, historisches Wissen und kunstwissenschaftliche Interpretationstechnik zu vermitteln. So betont Faulstich Lernvermittlung und Vermittlungsabsicht als Kernaufgabe von Erwachsenenbildung (vgl. ebd.: 5) und die Relevanz für Erwachsenenbildung durch die didaktische Funktion der Bildergespräche.

Ebenfalls im didaktischen Sinne nutzt Susanne Umbach das Bildmedium für Bildkommunikationen, also als Möglichkeit, in der Erwachsenenbildung über Bilder Austausch und Reflexionen anzustoßen. In subjektwissenschaftlicher Perspektive untersucht sie im Projekt „Lernbilder" Lernvorstellungen Erwachsener anhand von Collagen, die diese in Lernwerkstätten erstellt haben (vgl. Umbach 2014; 2016). Collagen versteht sie als „Orte der Rekonstruktion und der Konstruktion von Sinn und Bedeutung" (Umbach 2014: 332). Sie dienen „der Kommunikation über Lernen" und tragen „Spuren in sich, die Rückschlüsse darauf möglich machen, wie die Produzentinnen über Lernen nachdenken" (ebd.: 339). Die „Forschende Lernwerkstatt" (Faulstich/Grell 2005; Grell 2006) spielt für und bei der empirischen Analyse eine zentrale Rolle. Teilnehmer*innen von Lernwerkstätten werden aufgefordert, Bilder auszuwählen, die für sie etwas mit Lernen zu tun haben und ihre Auswahl zu begründen (1), anschließend sich in Kleingruppen darüber auszutauschen, was Lernen für sie bedeute und eine Collage zu erstellen (2) und sich schließlich in großer Runde über die entstandenen Collagen auszutauschen, Fragen und Hypothesen zu formulieren (3) (vgl. Umbach 2016: 82). Die Analyse und Interpretation der Collagen folgen einem vorab festgelegten Schema (Eindruck, Bildaufbau, Was wird wie dargestellt, Entstehungskontext) (vgl. Umbach 2016: 96) und veranlassen Umbach zu mehreren Thesen zum Lernen, wie beispielsweise: Lernen ist Kampf, Muss, lohnt sich, erfordert Disziplin, eröffnet neue Möglichkeits- und Entfaltungsräume, erfolgt lebenslang, auch im Alter, hilft, die Welt zu verstehen, ist mehr Wissen, findet unter externen Bedingungen statt, ist anstrengend, erfordert Beharrlichkeit und Zeit, macht Angst, ist mit Sorgen verbunden, zukunftsorientiert, bringt Vorteil, ist ungewiss (vgl. ebd.: 176–182). Zentrales Ergebnis ist, dass Lernvorstellungen Erwachsener als Landschaft zu verstehen seien, in der sich jeweils Themen zu Landmarken gruppieren und Orientierungen darstellen (vgl. ebd.: 201 f.): Leiblichkeit, Wahrnehmen und Gestalten, Unsicherheit, Balance, materielle Güter, Neues, Kampf, und Zeit.

Insbesondere die Konzepte der Bildergespräche (Faulstich) und der Lernbilder (Umbach) verweisen mit dem analytischen Interesse an biografischen Identitätskonstruktionen und an Lernvorstellungen auf Möglichkeiten, Bilder jenseits didaktischer Inanspruchnahme als Quellen erziehungswissenschaftlicher Erkenntnisgenerierung zu nutzen. Dabei geht es auch um Fragen danach, inwieweit eigentlich Bilder als Bilder bzw. als empirische Daten bedeutsam sind. Erforderlich ist eine Perspektivverschiebung.

Bildung in Bildern: Arbeiten zur bildwissenschaftlichen Erwachsenenbildungsforschung

In der Perspektive *Bildung in Bildern* eröffnen Bilder Erkenntnismöglichkeiten zu Bildung Erwachsener und (institutionalisierter/organisierter) Erwachsenenbildung.[5] Ob nun für historisch interessierte Arbeiten oder für solche an Ideen, Verständnissen, Praxen, Orientierungen u. Ä. Historische Abbildungen, wie sie vor allem für schulgeschichtliche Arbeiten genutzt werden (vgl. etwa Schiffler/Winkeler 1991a, b), spielen für Arbeiten zur Erwachsenenbildungsgeschichte kaum eine Rolle. Eine interessante Arbeit liegt von Anke Grotlüschen, Lukas Eble und Rachel Mayr zum Zusammenhang von Architektur und Erwachsenenbildungsidee vor. Sie nutzen historische Bilder für die Analyse der Frage danach, ob die architektonische Form der Schule der Arbeit, die im Bauhausstil in den 1920er Jahren in Leipzig gebaut wurde, der Idee Intensiver Bildung folgt (vgl. Grotlüschen/Eble/Mayr 2020: 225). Gleichwohl die genutzten Bilder nicht die zentrale Datenquelle der Analyse sind, illustrieren und veranschaulichen sie die programmatische Bildungsidee und vermitteln Einblicke in einen Volkshochschularchitekturtyp der Weimarer Zeit. Die Arbeit schließt an eine an, in der Grotlüschen auf die Leipziger Schule der Arbeit einen Rückblick in Bildern wirft (Grotlüschen 2018).

Deutlich bildwissenschaftlicher ausgerichtet, auch in methodologisch-methodischer Hinsicht, sind Sigrid Noldas Arbeiten zur *Programmforschung*, die auch historiografisch anregende Befunde liefern. Vor dem Hintergrund, dass Veranstaltungsprogramme von Anbieter*innen der Erwachsenen- und Weiterbildung überwiegend mit Bildern bzw. Bildelementen versehen sind, bietet es sich geradezu an, sich solchen Bebilderungen intensiver zu widmen.

Bereits Ende der 1990er Jahre verweist Sigrid Nolda auf Möglichkeiten der Programmanalyse hinsichtlich der „Präsentation einer ‚visuellen Identität'" (Nolda 1998: 148) von Einrichtungen. Welche Möglichkeiten dabei die objektivhermeneutische Analyse bietet, zeigt Sigrid Nolda am Beispiel der Analyse der Umschlagseite eines Programmes der Volkshochschule Jena von 1991 (vgl. ebd.: 190–202). In einer Zeit gesellschaftlichen Umbruchs werden vor allem über die

---

5   Zur Unterscheidung vgl. Geißler/Kade 1982.

Abbildung eines Schmetterlings Aufbruchsstimmung und Veränderung symbolisiert, die schließlich im Vergleich zum vorherigen und nachfolgenden Programm als ein Zwischenschritt des Orientierungswechsels vom „alten Modell des zentralistischen Volkshochschulwesens" wieder zurück zur „örtlichen Tradition" (ebd.: 201) präzisiert werden.

In einer späteren Arbeit greift Sigrid Nolda (2011b) mit einer bildwissenschaftlich orientierten Perspektive zur „Analyse bildlicher Darstellung von Institutionen, Adressatenkonstruktionen und Wissens(-vermittlungs-)formen in Programmen der Erwachsenenbildung" diese Überlegungen auf und zeigt anhand der bildhermeneutischen Analyse eines Programmes aus der Zeit des Nationalsozialismus Möglichkeiten für eine historisch orientierte Programmanalyse auf (vgl. ebd.: 108 ff.). Entgegen gängiger Annahmen über eine gleichgeschaltete Erwachsenenbildung offenbart die Berücksichtigung der bildlichen Dimension solcher zeitgeschichtlichen Dokumente durchaus eigensinnige Traditionsbezüge, die einer generellen politischen Gleichschaltung entgegen stehen (vgl. ebd.: 118 f.). Für eine Historiographie von Erwachsenenbildung bzw. der Bildung Erwachsener ergeben sich in bildwissenschaftlicher Perspektive somit neue Erkenntnismöglichkeiten. Naheliegend sind Betrachtungen von Erwachsenenbildung unter repressiven (undemokratischen) Bedingungen und Verhältnissen, in denen in besonderer Weise der offiziellen Doktrin entgegenstehende Orientierungen sozusagen ‚zwischen den Zeilen' zum Ausdruck kommen.

Zwar nicht dieses Interesse vertiefend, aber ebenfalls im programmforschenden Fokus und der Annahme folgend, dass Bilder bzw. bildliche Darstellungen Ideen, Leitbilder, Vorstellungen, Orientierungen und Maximen ausdrücken, untersucht Sigrid Nolda in einer jüngeren Arbeit speziell Gebäudedarstellungen, die von Volkshochschulen oft (nicht nur) auf Umschlagzeiten von Programmheften verwendet werden. Annahme ist, dass solche Abbildungen nicht nur der Orientierung für Adressat*innen und der Verortung von Einrichtungen dienen, sondern gleichsam Aussagen über Selbst- und Bildungskonzepte der Einrichtungen enthalten, die nicht unmittelbar deutlich sind (vgl. Nolda 2016: 38). Sigrid Nolda analysiert exemplarisch und vergleichend Gebäudedarstellungen auf Umschlagseiten von Programmheften einer Volkshochschule und einer Universität. Methodisch geht sie so vor, dass die Daten erst dekontextualisiert und dann bezogen auf Kontexte der Einrichtungen sowie Erwachsenen- und Weiterbildung interpretiert werden. Zentral sind dabei diachrone und synchrone vergleichende Analysen, d. h. „Vergleiche mit vorausgegangenen Darstellungen des gleichen Sujets im gleichen Bereich und zum anderen Vergleiche mit mehr oder weniger zeitgleich kursierenden Bildern im gleichen oder in anderen Bereichen" (ebd.: 40). Die im diachronen Vergleich am Beispiel der VHS Jena rekonstruierte Visualisierung des Konzeptes der harmonischen Idylle bzw. Idyllisierung und die im synchronen Vergleich am Beispiel der Freien Universität Berlin rekonstruierte Visualisierung des Konzeptes der dynamischen Entwicklung bzw. Dynamisierung verweisen auf Selbst- und Bildungsverständnisse der Einrichtungen (vgl. ebd.: 49).

Wenn Bilder als Ausdruck von Verständnissen, Ideen, Leitbildern, Orientierungen, Handlungsmaximen u. Ä. bzw. im Sinne einer sozialen Praxis (Burri 2008) verstanden werden, dann liegt es nahe, sie auch für Analysen aktueller Debatten und Diskurse zur Bildung Erwachsener bzw. zur bildwissenschaftlichen *Diskursforschung* zu nutzen.

Burkhard Schäffer eröffnete mit seinem Aufsatz „Bilder lebenslangen Lernens. Anmerkungen zu einem eigentümlichen Diskurs" (2009a) einen Reihe von Arbeiten zum Diskurs der Bilder über lebenslanges Lernen (vgl. Schäffer 2011) bzw. zum bildhaften Diskurs lebenslangen Lernens (Dörner 2011b). Grundlegende Annahme ist, dass der Diskurs über lebenslanges Lernen vor allem als sprachlich verfasster Diskurs in den Blick gerät. Jedoch ist dieser Diskurs der Texte über lebenslanges Lernen in hohem Maße ein bebilderter, ob in bildungspolitischen und -ökonomischen Dokumenten, Berichten oder in Programmen und Selbstdarstellungen von Einrichtungen und Trägern der Erwachsenen- und Weiterbildung. Während der Diskurs der Texte über lebenslanges Lernen durch programmatische und erfahrungsferne Vorstellungen geprägt sei, offenbare bzw. aktualisiere der Diskurs der Bilder über lebenslanges Lernen andere, nicht immer mit dem Text-Diskurs konforme Bedeutungen (vgl. Schäffer 2009a: 107). Etwa dann, wenn mit Bildern von Älteren in Lernsituationen positive Altersbilder im Zusammenhang des lebenslangen Lernens etabliert werden sollen, jedoch unterschwellig eher negative, zumindest andere Bilder aktualisiert und erzeugt werden.

So arbeitet Schäffer mit Hilfe der dokumentarischen Interpretation eines Bildes zur Illustration eines EU-Leitartikels sowie der Internetseite des Europäischen Sozialfonds zum Lebenslangen Lernen heraus, dass die sich im Bild dokumentierenden Orientierungen die programmatische Aussage des dazugehörigen Schrifttextes zum Lebenslangen Lernen unterlaufen. Die Abbildung eines Seniors vor einem Computer und inmitten junger Menschen, die ebenfalls vor Computern sitzen, offenbart bei weitem nicht die programmatisch-idealisierte hierarchiefreie und auf Wechselseitigkeit beruhende Vermittlung und Aneignung von Wissen. Vielmehr werden selbstverständliche Vorstellungen über die exotische Stellung und Rolle von Älteren in Lehr-Lern-Zusammenhängen deutlich, bei Schäffer in Form des hilfebedürftigen Quotenalten (vgl. Schäffer 2009a: 107). In diesem Sinne ist von einer Ambiguität (vgl. Bohnsack 2009: 36) oder auch Macht der Bilder (vgl. Dörner et al. 2011) auszugehen, die als Ausdruck expliziter und impliziter Orientierungen Diskurse strukturieren und auch von diesen selbst strukturiert werden.

In bildwissenschaftlicher Perspektive äußert sich dieses Verhältnis von Orientierungen im Zusammenspiel von Ikonographie, Ikonik, Ikonotopie und Ikonologie: Was wird (ikonographisch) wie (ikonisch) und wo (ikonotopisch) dargestellt und welche Bedeutung (ikonologisch) hat es? Insofern liegt es nahe, den Diskurs der Bilder über lebenslanges Lernen hinsichtlich einer Ikonographie, Ikonologie und Ikonik lebenslangen Lernens (vgl. Schäffer 2009a: 96; 2011) bzw. die ikonotopische Diskursivität lebenslangen Lernens (vgl. Dörner 2011b) rekonstruktiv zu untersuchen.

In diesen Perspektivstrang des Diskurses über Bilder Lebenslanges Lernen bzw. bildhaften Diskurses lebenslangen Lernens ist auch die Arbeit von Franziska Endreß einzuordnen, die in ihrer Dissertation „Bilder des Alterns und der Lebensalter im Bildraum Erwachsenenbildung" untersuchte (Endreß 2019). Sie versteht Bilder in einem Erfahrungsraum von Erwachsenenbildung als Bilder mit verwandtschaftlichen und nachbarschaftlichen Beziehungen zu Bildern *und* Erzählungen in Erfahrungsräumen anderer Bereiche – vornehmlich der Kunst und Literatur – und zeithistorischen Epochen. Der konstituierende Kern von Bildräumen ist das Verhältnis von Bild und Erzählung (vgl. ebd.: 49 f.). Um etwa den Bildraum des lebenslangen Lernens rekonstruktiv in den Blick zu nehmen, werden erzähl- und bildtheoretische Ansätze mit rezeptions- und erfahrungsraumtheoretischen Ansätzen verbunden. Bilder – so die grundlegende Annahme – sind immer auch mit Erzählungen verbunden bzw. können mit ihnen in Verbindung gebracht werden. Sie sind demnach nicht Anlass für willkürliche Erzählungen, sondern werden ausgehend vom Abbild in einem nicht abgebildeten Davor und Danach im Zusammenspiel von Denk- und Erfahrungsbildern generierend aktiviert. Endreß spricht hier auch von einem narrativen Bildverstehen bei dem Bilder als funktionale Membran wirken (vgl. ebd.: 54–56). Die Grundlage ihrer Analyse sind Bilder aus dem Internet, die im Zusammenhang mit den Begriffen Erwachsenenbildung, Weiterbildung und Lebenslanges Lernen stehen. Methodisch ergänzt sie die dokumentarische Methode im Schritt der formulierenden Interpretation um eine inhaltsanalytische Vorgehensweise. Diese betrifft einmal die Suche in Internet-Suchmaschinen (vorrangig Google) und einmal die systematische Sichtung der recherchierten Bilder, die im Zusammenhang mit Erwachsenenbildung stehen oder relativ eindeutig Lehr-Lern-Situationen zeigen. Eindrucksvoll kann Endreß zeigen, dass der Bildraum Erwachsenenbildung von Metaphern des Aufstiegs und der Horizonterweiterung im Sinne von Lernen und Bildung dominiert ist sowie durch das fortwährende Bemühen der Auflösung des Widerspruchs, Erwachsenensein ikonisch unter gleichzeitiger Nutzung des ikonografischen Repertoires aus der Schulzeit darzustellen (vgl. ebd.: 470 f.).

… weitere Arbeiten: Selbst-Inszenierung und Selbst-Darstellung, implizite Didaktik und Pädagogik, Bildungswelten

In den Arbeiten zum bildhaften Diskurs über Lebenslangens Lernens und Bildraum Erwachsenenbildung ist der Aspekt der Inszenierung als eine Form des Umgangs mit Erwachsenen-, Weiterbildung und Lebenslangem Lernen von zentraler Bedeutung.

Anhand einer Analyse des Internetauftritts eines Anbieters von Bildungsreisen stellten Burkhard Schäffer und ich 2008 Überlegungen zur Inszenierung von Professionalität in Kontexten der Erwachsenenbildung an und fragten danach, inwieweit wir es mit einem Phantom von Professionalität zu tun haben (Dörner/ Schäffer 2010a). Unsere These lautete, dass angesichts der prekären Dimensionen von Professionalisierung und Profession in der Erwachsenenbildung (vgl. Nittel 2000) die Dimension Professionalität eine im Vergleich zu klassischen Professionen hohe symbolische Bedeutung zugemessen werde und mittels Professionalität in der Erwachsenen- und Weiterbildung etwaige Professionalisierungs- und Professionsdefizite ausgeglichen werden.

Mit Hilfe der dokumentarischen Methode interpretierten wir die Internetseite in ihrer Bildhaftigkeit und konnten unter Rückgriff auf Goffmans Verständnis des *impression management* Inszenierungspraktiken und -notwendigkeiten aufzeigen. Bildungsanbieter, so unsere Schlussfolgerung und These, sind bemüht, ein professionelles Bild von sich zu zeigen, zu vermitteln und aufrechtzuerhalten, und bilden Praxen heraus, die darauf gerichtet sind, einer wie auch immer gearteten Öffentlichkeit (einem Publikum) zu vermitteln, dass man weiß, was man tue und warum. Diese Bildanalyse diente später der Betrachtung von bildhaften pädagogischen Ordnungen sowie für weiterführende methodologische Überlegungen zur ikonotopischen Interpretation im Zusammenhang eines Forschungsnetzwerkes zur Methodologie einer Empirie pädagogischer Ordnungen (vgl. Dörner 2011a; Neumann 2010; Meseth et al. 2016).

An diese Analyse und Überlegungen anschließend stellt sich die Frage, inwieweit es sich bei solchen Inszenierungspraktiken um notwendige Sinnkonstruktionen erwachsenenpädagogischer Professionalität handelt, deren Kern die Bearbeitung von Spannungen, Widersprüchen und Paradoxien in Handlungsfeldern der Erwachsenenbildung ist, ohne diese je auflösen zu können. Dazu habe ich die Internetseite zum 100-jährigen Jubiläum der Volkshochschulen des Deutschen Volkshochschulverbandes mit Hilfe der dokumentarischen Bildinterpretation in mythentheoretischer Orientierung untersucht (vgl. Dörner 2020). Die Ergebnisse zeigen, wie ‚die' Institution Volkshochschule ihre Geschichte und ihr Selbstverständnis inszeniert. Es handelt sich um eine notwendige Praxis zur Ausweisung von Professionalität. Diese Inszenierungspraxis ist notwendig, da die Legitimation der Erwachsenenbildungs-Professionalität im Umgang mit gesellschaftlichen Herausforderungen und dem Lösen von Problemen nicht so selbstverständlich gegeben ist wie bei Professionen, die qua Titel eine hohe gesellschaftliche Reputation besitzen und mit einem Vertrauensvorschuss um ihre Klient*innen werben (bspw. bei Ärzt*innen und Jurist*innen).

Volkshochschulen inszenieren sich den Ergebnissen der Analyse zufolge als demokratische und demokratisierende, als bewährte und vertraute Institutionen, die für alle offen sind, ihren festen und anerkannten Platz in der Gesellschaft haben, als vertraute Gefährtinnen und Führerinnen im Umgang mit gesellschaftlichen Entwicklungen und Herausforderungen zur Verfügung stehen und entsprechend gewürdigt werden. Das Festhalten und die immer fortwährende Wiederholung dieser Prämissen als selbstverständliche und unhinterfragbare, reproduzieren notwendige Mythen. Notwendig deshalb, da Paradoxien wie Exklusivität trotz gewollter Offenheit, antidemokratische Ausprägungen in der Gesellschaft trotz Demokratisierungsanspruch nur schwer aufzulösen oder unlösbar, dennoch aber Bestandteil erwachsenenbildnerischen Handelns bzw. Professionalität sind.

Der Inszenierungsaspekt spielt auch in der Dissertation von Stefan Rundel eine Rolle, den biografische Orientierungen von um die 50 Jahre alten Berufswechsler*innen interessieren (vgl. Rundel 2019; 2021; 2022). Anhand diskontinuierlicher Erwerbsbiografien untersucht er, welche Berufsbilder berufliche Wechsel und Weiterbildungsteilnahmen bedingen. Berufsbilder versteht er im Anschluss an Bohnsacks Praxeologische Wissenssoziologie (Bohnsack 2017) als atheoretische und theoretische Wissensbestände, die sich aus Erfahrungen im Beruf sowie in Zusammenhängen von Bildungs- und Berufsübergängen speisen und im Verhältnis zueinander einen konjunktiven Erfahrungsraum aufspannen (vgl. Rundel 2022: 157). Um diese Berufsbilder empirisch zu rekonstruieren, nutzt Rundel methodologisch fundierte Methoden der dokumentarischen Interview- und Bildanalyse. Er führt biografische Interviews mit um die 50-jährigen Berufswechsler*innen durch und interpretiert jeweils drei von den Interviewten ausgewählte und zur Verfügung gestellte Bilder zum früheren (1) und aktuellen (2) Beruf sowie zur Bedeutung von Beruf (3). Mit Hilfe dieser Methodenkombination bzw. -triangulation beansprucht er die Rekonstruktion des konjunktiven Erfahrungsraumes unter der Annahme, dass dieser lediglich aspekthaft in einer Datensorte repräsentiert sei und sich erst durch Hinzunahme weiterer Datensorten umfassender in seinen dominanten Strukturen und Spannungen erschließe (vgl. ebd.: 171). So rekonstruiert er im Fall eines 56-jährigen Architekten, der sich nach langjähriger Berufstätigkeit in einem Konzern als Coach und Berater selbständig gemacht hat, Beruf als eine Orientierung der Suche nach einem zur Person passenden Platz, als das Bemühen, einen Platz zu finden und eine Passung zur Person herzustellen. Von dieser Orientierung unterscheidet sich etwa die einer fortwährenden Suche in Form der permanenten Herstellung der Handlungsfähigkeit im Fall eines 51-jährigen Ingenieurs, der nach vielen Jahren einer mit erfolgreichen Aufstiegen verbundenen Berufstätigkeit Weinbau studiert und mittlerweile ein Weingut bewirtschaftet (vgl. Rundel 2021).

Zu guter Letzt möchte ich kurz auf eine Arbeit eingehen, in der der Umgang mit Wissen eine Rolle spielt bzw. die Aufschluss über bildstrukturelle Aspekte einer impliziten Didaktik gibt. Kerstin te Heesen (2011) rekonstruierte in ihrem Dissertationsprojekt die didaktische Dimension illustrierter Flugblätter der Neuzeit und deren Potenziale von Wissensvermittlung und Aneignung. Sie ging der Frage nach, inwieweit Bilder als Wissensvermittlungsinstanz und Möglichkeit bildgestützten Lernens funktionieren. Ihr Interesse ist zwar historisch orientiert, jedoch geht sie davon aus, dass Lernprozesse jenseits pädagogisch-institutionalisierter Organisation kein Phänomen jüngerer Zeit sind. Im Anschluss an Überlegungen zur „Rhetorik des Worts" und „persuasiven Kraft des Bildes" (Harms 1985) geht te Heesen davon aus, dass es sich bei einem Flugblatt um ein zweikanaliges Kommunikationssystem (Adam 1999) handelt: Bild und Text stehen in einem sich gegenseitig ergänzenden Verhältnis. Als „Träger seiner Epoche" (ebd.: 77) ist es zudem in der Lage, Aufschluss über Kultur und Lebensweise von Menschen in der Neuzeit zu geben. Methodisch orientiert an den Prinzipien und Arbeitsschritten der dokumentarischen Bildinterpretation (vgl. Bohnsack 2009) zeigt sie auf, wie durch bildliche Simultaneität komplexe Botschaften subtil vermittelt werden, und zwar im Zusammenspiel zweier Ebenen: Auf der konkreten Anwendungsebene sind auf bestimmte Alltagssituationen orientierte Hilfestellungen enthalten, auf der Metaebene von konkreten Situationen entbundenen Verhaltensregeln.

Die Frage nach einer impliziten Pädagogik bearbeitete ich selbst in meiner Magisterarbeit „Comic-Helden als Vorbilder? Die Abrafaxe im Prozess der gesellschaftlichen Transformation" (Dörner 1997). Für die Interpretation von Comics bzw. Comic-Passagen nutzte ich ebenfalls die dokumentarische Methode. Allerdings bewegte sich die damalige Analyse auf der Sprachebene, d.h. die Bilddimension der Comic-Passagen wurde unter Zuhilfenahme des semiotischen Ansatzes zur „Sprache des Comic" von Umberto Eco (1994: 126 ff.) versprachlicht. Angeregt durch die Arbeiten Ralf Bohnsacks zur dokumentarischen Bildinterpretation entstand eine methodisch orientierte Arbeit zur dokumentarischen Comic-Interpretation (Dörner 2007). Inwieweit eine dokumentarische Comicinterpretation für Fragen innerhalb der Erwachsenenbildungswissenschaft genutzt werden kann, zeigt die Arbeit „Bildungswelten im Comic" (ebd. 2009), in der ich die Darstellung des Verhältnisses von formeller und informeller Bildung in einer Comic-Serie des Mosaiks untersuchte.

Die aufgeführten Arbeiten sind nicht nur im Sinne der analytischen Deskription des Offensichtlichen zu verstehen. Mit dem Anspruch der Analyse visueller Identitäten von Einrichtungen, von Adressat*innenkonstruktionen, Wissensorientierungen und Orientierungen zwischen den Zeilen (Nolda), von diskursiven und raumgebundenen Orientierungen (Schäffer, Dörner, Endress), von Selbst-Inszenierungen und Selbstdarstellungen (Dörner, Schäffer, Rundel) oder auch verborgener Bilddidaktiken (te Hessen) interessiert das Nicht-Offensichtliche in Bildern. Dieses Nicht-Offensichtliche konterkariert und widerspricht nicht selten dem Offensichtlichen oder einer mit dem Bild verbundenen Programmatik. Diese Ambiguität von Bildern zu entschlüsseln, bedeutet ein Mehr an Erkenntnissen zur Historie von Erwachsenenbildung und Bildung Erwachsener sowie zu Bildungs-, Erziehungs- und Lernorientierungen und -praxen von Erwachsenen in unterschiedlichsten Lebenszusammenhängen. Sie setzt aber ein methodologisch-methodisches Instrumentarium voraus, dass im Verhältnis zur grundlagentheoretischen Rahmung geeignet ist, die gegenstandstheoretisch konstruierte Frage zu bearbeiten und zu beantworten (vgl. Dörner/Schäffer 2022). Im Folgenden werde ich die gängigen methodologisch-methodischen Zugänge vorstellen.

3. Methodologisch-methodische Zugänge bildwissenschaftlicher Erwachsenenbildungsforschung

Mit der Zurückhaltung der Erwachsenenbildungsforschung bei bildwissenschaftlichen Arbeiten und der Nutzung bildanalytischer Verfahren korrespondiert die geringe Verbreitung methodologisch fundierter Methoden der Bildanalyse in der Erwachsenenbildungsforschung (vgl. Nolda 2016: 38). Wie aufgezeigt eröffnen Bilder als fotografische- und videografische Erhebungsinstrumente im ethnographischen Sinne Erkenntnismöglichkeiten etwa im Bereich der Teilnehmer*innen- und Kursforschung (vgl. Schüssler 2007; Herrle 2007; Nolda 2007 oder zur erziehungswissenschaftlichen Videografie Dinkelaker/Herrle 2009). Ebenfalls als methodisches Instrument zur Datenerhebung dienen Bilder (Fotografien, Collagen) in Interviews, Gruppendiskussionen und -werkstätten, wenn sie als Anreize zum Erzählen oder kreativen Gestalten genutzt werden (vgl. Flaig/Meyer/Ueltzhöffer 1993; Wrana 2006; Dörner/Schäffer 2010b; Bremer 2005; Grell 2006; Umbach 2016; Rundel 2022).

Forschungsgegenstand im engen Sinne sind Bilder hingegen in Arbeiten zur Programmforschung (vgl. Nolda 1998; 2011a; 2016), zur Inszenierung von Professionalität (vgl. Dörner/Schäffer 2010a), zum informellen Lernen (te Hessen 2011), zum bildhaften Diskurs über Lebenslanges Lernen (vgl. Schäffer 2009a; 2011; Dörner 2011b; Willke 2011), zu Bildungswelten in populären Medien (Dörner 2009) und zum Bildraum Erwachsenenbildung (vgl. Endress 2019). Mit Blick auf diese Arbeiten können für die bildwissenschaftliche Erwachsenenbildungsforschung tendenziell drei methodologisch-methodische Richtungen bildrekonstruktiver Verfahren ausgemacht werden: Objektiv hermeneutische (Nolda 1998), dokumentarische (exempl. Schäffer 2009b; Dörner 2011a; te Heesen 2011) und – in einem übergreifenden pragmatischen Verständnis – bildwissenschaftlich-hermeneutische (Nolda 2011b) Bildinterpretationen.

Die aktuellen Arbeiten sind methodisch an kunstwissenschaftlichen und -historischen Interpretationsmodellen zur (Vor-)Ikonographie, Ikonologie (Erwin Panofsky) und zur Ikonik (Max Imdahl) orientiert (vgl. Dörner 2012).

Das für eine *bildwissenschaftlich orientierte Programmforschung* entworfene Bildanalyse-Modell von Sigrid Nolda (2011b: 104ff.) fokussiert in besonderer Weise Bildsorten, Bild-Text- sowie Bild-Bild-Relationen von Angebotsprogrammen. Bilder werden dabei zwar in ihrer Eigenlogik (Bild als Bild) berücksichtigt, jedoch auch in ihren unmittelbaren und mittelbaren Kontexten, d. h. in ihrer Eingebundenheit in Programmheften, Programmatiken von Einrichtungen und Trägern und in Diskursen über Erwachsenenbildung. Sigrid Nolda verzichtet ausdrücklich auf eine Zuordnung zu bekannten methodisch-methodologischen Richtungen, wie etwa der objektiven Hermeneutik, Grounded Theory oder dokumentarischen Methode. Vielmehr als eine Schulenzuordnung liege ihr an einem bildwissenschaftlichen Vorgehen, mit dem Bilder und bildbezogene Praktiken als eigenständige Daten methodisch kontrolliert interpretiert werden können (vgl. Nolda 2011a: 19 f.). Insofern sind in ihrem bild-hermeneutischen Modell zentrale Aspekte gängiger Bildinterpretationsverfahren integriert (vgl. Nolda 2011b: 104 ff.). Zum einen ist dies die Bezugnahme auf die Unterscheidung zwischen (Vor-)Ikonographie, Ikonologie und Ikonik. Zum anderen werden Bilder in einem Zwei-Schritt zunächst ohne ihren Kontext und danach unter Berücksichtigung ihres oder eines kontextuellen Zusammenhanges interpretiert. Das Modell umfasst sechs Arbeitsschritte, die die Dekontextualisierung und anschließende (Re-)Kontextualisierung des Bildes sowie die relationale Interpretation im Kontext eines Bild- und Textdiskurses der Erwachsenenbildung umfassen (vgl. ebd.: 107).

Die methodologische Bedeutung der ikonographischen, ikonischen und ikonologischen Interpretation liegt in der Differenz des Offensichtlichen auf der ikonographischen Ebene einerseits und des Nichtoffensichtlichen auf der ikonisch-ikonologischen Ebene andererseits. Allerdings setzt diese Differenz ein grundlagentheoretisches gerahmtes Verständnis vom Gegenstand voraus, das diesem Verhältnis gerecht wird. Die Unterscheidung von Ikonographie, Ikonik und Ikonologie macht methodologisch nur dann Sinn, wenn der Gegenstand grundlagentheoretisch als etwas Soziales gedacht wird, dessen charakteristisches Merkmal seine Doppelstrukturiertheit ist. Angebotsprogramme aus der NS-Zeit in einem solchen Verständnis als Gegenstand zu konstruieren, offenbart Ergebnisse, die das Bild von der offensichtlichen Gleichschaltung der Erwachsenenbildung zwischen 1933 und 1945 zwar nicht grundsätzlich widerlegen, aber angesichts von nicht-offensichtlichen traditionsverbundenen Kontinuitäten oder Widerständen zumindest differenzieren.

Die Doppelstrukturiertheit des Sozialen ist grundlegende Annahme im Rahmen einer praxeologischen Perspektive. Das Soziale wird als soziale bzw. bildhafte Praxis (vgl. Dörner 2011b: 167 f.) in den Blick genommen, die im Anschluss an Theorien zum sinnhaften und erfahrungsgebundenen Handeln (Bourdieu 2009; Mannheim 1980) als wissensstrukturiertes und -strukturierendes Phänomen menschlicher Handlungsweisen und Verständigung verstanden wird. Konstitutives Element ist das Verhältnis von Wissen auf der sprachlich-schriftlichen Ebene (textförmiges Wissen *über* Bilder) und Wissen auf der bildlichen Ebene (bildförmiges Wissen *durch* Bilder) (vgl. Bohnsack 2009: 28). Während das textförmige Wissen als gesellschaftlich-kommunikatives Wissen explizit verfügbar ist, zeichnet sich das bildförmige Wissen primär durch dessen impliziten bzw.

konjunktiven Charakter und dessen handlungsleitende Dominanz aus. Die Unterscheidung dieser Wissensformen korrespondiert mit der zwischen den Sinndimensionen von Ikonographie und Ikonologie. In ikonographischer Einstellung lassen sich Bilder beschreiben und in ikonologischer Einstellung lässt sich ihr erfahrungsgebundener Wesenssinn rekonstruieren. Der ikonische Sinn stellt in diesem Verhältnis die Bildlogik bzw. das Bild-Eigene gegenüber dem Medium Sprache heraus.

Im konsequent bildwissenschaftlichen Sinne werden beide grundlagentheoretischen Unterscheidungsansätze von Burkhard Schäffer (2009b) im heuristischen Modell zur Unterscheidung von Ab-, Denk- und Erfahrungsbildern zusammengeführt: Mit Abbildern sind Bilder im unmittelbaren Wortsinn gemeint, die etwas mittels Technik materialisiert abbilden. Denkbilder hingegen sind begrifflich fassbare Vorstellungen (bzw. ist kommunikatives Wissen) über etwas. Schließlich steht der Erfahrungsbildbegriff für Formen der inneren bildlichen Repräsentation von etwas, bezogen auf zumeist implizite, habitualisierte und damit handlungsleitende Orientierungen (bzw. konjunktives Wissen) in unterschiedlichen Lebenszusammenhängen.[6]

Für die dokumentarische Bildinterpretation (vgl. Bohnsack 2009) ist diese methodologische Leitdifferenz von zentraler Bedeutung, da über die Rekonstruktion des expliziten Wissens auf der Denkbildebene erst das implizite Wissen auf der Erfahrungsbildebene und somit bildhafte Praxis rekonstruiert werden kann. Methodisch schlägt sie sich in den Arbeitsschritten der formulierenden Interpretation (vor- und ikonographische Ebene) und der reflektierenden Interpretation (ikonische und ikonologische Ebene) nieder. Von gegenständlichem Interesse sind dabei die Bildproduzent*innen, die unterschieden werden in abbildende und abgebildete Produzent*innen bzw. solche vor und hinter der Kamera (vgl. ebd.: 31). In erster Linie geht es um Praxen der Abgebildeten und Abbildenden, die im Bild bzw. durch das Bild hindurch deutlich werden. Primär werden Bilder als Bilder (sprichwörtlich: in ihrem Rahmen) fokussiert.

Insofern liegt mit der dokumentarischen Bildinterpretation nur bedingt ein Instrumentarium zur Rekonstruktion etwa von Angebotsprogrammen oder bildhaften Diskursen der Erwachsenenbildung vor. Fragen der Einbettung bzw. Kontextualität von Bildern werden weitestgehend ausgeblendet und kommen maximal über die ikonologische Interpretation in den Blick. Erforderlich ist die Berücksichtigung von Bild-Kontexten, da Bildpraxen (Burri 2008) – ob in Diskursen, Räumen, Welten oder in Form von Selbstinszenierungen und Selbstdarstellungen – im Sinne einer sozialen Praxis als Auseinandersetzungen von Akteur*innen in einem Kraft- und Konkurrenzfeld verstanden (vgl. Bourdieu

---

6 Insbesondere mit dem Erfahrungsbildbegriff wird über andere Ansätze der Repräsentation, etwa von Erziehung und Bildung im Bild (siehe etwa Alt 1965; 1969; Schiffler/Winkeler 1991; Keck/Kirk/Schröder 2004) hinausgegangen.

2001: 49) immer kontextbezogen und -gebunden sind. Unmittelbar werden Bilder über ihre Orte kontextualisiert: Broschüren, Werbeflyer, Selbstdarstellungen, Angebotsprogramme, bildungspolitische und -ökonomische Dokumente, Berichte u. Ä. und mittelbar über ihre Einbettung in Erfahrungsräumen (vgl. Mannheim 1980: 208, 215) von Milieus, Generationen, Geschlecht, Organisationen etc.

Versteht man nun unter bildhafter Praxis auch den Umgang mit bzw. die Verwendung von Bildern im Sinne von Kontextuierung, so bedarf es der gesonderten Berücksichtigung von Bild-Orten. Orte sind Ausdruck von bildhaften Praxen derjenigen, die die Bilder dort hingestellt haben, die diese Orte gestalten oder gestalten lassen, um Bilder dort zu installieren oder zu präsentieren (Inszenierung). Als dritte Gruppe von Bildproduzent*innen kommen somit auch die Bildverwendenden ins Spiel. In diesem Sinne entfaltet sich der Diskurs der Bilder über lebenslanges Lernen (vgl. Schäffer 2009a) im Zuge diskursiver Verortungen von Bildern im Bereich Erwachsenenbildung (vgl. Dörner 2011b) und konstituiert einen spezifischen Bildraum Erwachsenenbildung (vgl. Endress 2019), in dem es zu eigensinnigen, teil mythenhaften Inszenierungen und Darstellungen von Ideen, Orientierungen, Deutungen und Maximen kommt (vgl. Dörner 2009; 2020; Rundel 2022).

Methodologisch-methodisch sind Bilder immer auch als Bild-Orte bzw. Ikonotope (vgl. Dörner 2012; 2013) zu verstehen. Orte sind die Bedingung der Möglichkeit von Bildern, hinsichtlich ihrer Entstehung, Verwendung und Betrachtung. Bild-Orte lassen Bilder überhaupt erst sichtbar werden, sie „entstehen als Hof um Bilder, so gut wie Bilder erst, gerahmt von Orten, sichtbar werden" (Wyss 2008: 12). Ort und Bild bilden demnach ein Verhältnis, welches sich in der Wahrnehmung von Bildern als ikonotopischer Prozess zu entfalten vermag. Bildsinn entsteht erst über die Verortung von Bildern. Insofern kann ein Bild mehrere Bedeutungen haben und bekommen. Mit der ikonotopischen Dimension (vgl. zur Ikonotopie Buschhaus 2006; 2008) wird der Ort des Bildes, ob nun in Angebotsprogrammen, auf Internetseiten, in Ausstellungen, Büchern u. Ä. für Rekonstruktion von Bildsinn relevant. Von Interesse sind Schrift, inhaltlicher Aufbau, Formen, Materialen und Techniken von Publikationen, die ihre Handhabung mitbestimmen. So verstandene Bilder geben Auskunft über bildhafte Praxen von *Bildverwendenden*. Sie sind Ausdruck einer visuellen Logik von Praxis und verweisen auf deren Erzeugungslogik (vgl. Burri 2008: 343 ff.).

Insofern eröffnet die rekonstruktive Berücksichtigung von Bild-Orten Möglichkeiten, erfahrungsgebundene Orientierungen verschiedener Akteur*innen und Akteursgruppen als konstitutive Elemente einer ikonotopischen Diskursivität lebenslangen Lernens zu betrachten. Methodisch werden bei diesem Ansatz die Arbeitsschritte der dokumentarischen Bildinterpretation um die ikonotopische Interpretation ergänzt. Zunächst werden die (vor-)ikonographischen, ikonotopischen und ikonischen Dimensionen interpretiert und die Ergebnisse dann einer ikonologischen Interpretation unterzogen.

Vor dem Hintergrund der Technisierung und Digitalisierung der qualitativ empirischen Forschung (vgl. Schäffer 2022a) liegt mit DokuMet QDA[7] mittlerweile auch ein computergestütztes Auswertungsprogramm speziell für die Dokumentarische Methode vor, mit dem auch Bilder interpretiert werden können (vgl. Schäffer 2022b; Beispielinterpretation in Dörner/Schäffer 2021).

4. Fazit

Die Entwicklung einer bildwissenschaftlichen Erwachsenenbildungsforschung ist nicht abgebrochen, beendet oder unsichtbar, jedoch recht zaghaft. Die vorliegenden Arbeiten bieten vielfältige Anschlussmöglichkeiten, sowohl inhaltlich als auch methodologisch-methodisch. Insbesondere die technische Entwicklung – Computerisierung und Digitalisierung – in der qualitativ-empirischen Forschung eröffnet Möglichkeiten, wie etwa die Forschung zur KI-gestützten Datenauswertung.

In der Tendenz liegen vor allem Arbeiten vor, in denen Bilder als empirische Datenquelle genutzt werden, um in der Perspektive *Bildung in Bildern* Orientierungen, Verständnisse, Leit- und Selbstbilder, Handlungsmaximen u. Ä. zu analysieren. Bilder werden nicht nur als Bestandteil, sondern als Ausdruck sozialer Wirklichkeit verstanden. Praxeologisch betrachtet, geben sie Auskunft über Handlungspraktiken und über soziale Praxis „als Produkt der dialektischen Beziehung zwischen einer Situation und einem als System dauerhafter und versetzbarer Dispositionen begriffenen Habitus [...], der alle vergangenen Erfahrungen integrierend, wie eine Handlungs-, Wahrnehmungs- und Denkmatrix funktioniert" (Bourdieu 2009: 169). Hier sind vor allem Arbeiten mit historischen Fragen und Erkenntnisinteressen denkbar, die die Geschichtsschreibung der Erwachsenenbildung hinsichtlich ihrer Institutionen- und Ideengeschichte, aber auch in Bezug auf für Erwachsenenbildung und Bildung Erwachsener relevante sozialgeschichtliche Entwicklungen und Ereignisse ergänzen, bereichern, differenzieren und revidieren. Aber auch Arbeiten, die angesichts der Bedeutung von Bildern in digitalen Zusammenhängen bzw. digitalisierten Welten auf für Erwachsenenbildungswissenschaft relevante Fragen einer bildhaft verfassten Wirklichkeit ausgerichtet sind, sind naheliegend. Anschlussfähig sind aber auch Arbeiten, die in der Perspektive *Bildung durch Bilder* auf die Analyse von Identitätsentwicklungs- und Sozialisationseffekte, auf Lern- und Bildungsprozesse im Erwachsenenalter orientiert sind.

Deutlich wird bei den bildwissenschaftlichen Arbeiten zur Erwachsenenbildung aber auch, dass nur in wenigen Arbeiten auf eine ausschließliche Bildanalyse zurückgegriffen wird. So sehr der Anspruch zu begrüßen ist, über Triangulation

---

7 www.dokumet.de

Qualität, Gültigkeit und Repräsentanz von empirischen Ergebnissen zu sichern und zu erhöhen, so sehr ist aber auch die Frage noch weitestgehend ungeklärt, inwieweit es möglich ist, ausschließlich über Bild erwachsenenbildungswissenschaftliche Erkenntnisse zu generieren. M. E. bieten methodologisch-methodisch fundierte Bildinterpretationsverfahren und -interpretationen reichhaltiges Potenzial, das forschungspraktisch noch ungenutzt ist.

Literatur

Adam, Wolfgang (1999-2002): Theorien des Flugblatts und der Flugschrift. In: Leonhard, Joachim-Felix, u. a. (Hrsg.): Medienwissenschaft. Ein Handbuch zur Entwicklung der Medien und Kommunikationsformen. Berlin: Walter de Gruyter, 132-143.
Alt, Robert (1965, 1966): Bilderatlas zur Schul- und Erziehungsgeschichte, Bd. 1+2. Berlin: Volk und Wissen Volkseigener Verlag.
Bergedick, Anja/Rohr, Dirk/Wegener, Alexandra (2011): Bilden mit Bildern. Visualisieren in der Weiterbildung. Bielefeld: wbv Media.
Boehm, Gottfried (1978): Zu einer Hermeneutik des Bildes. In: Gadamer, Hans-Georg/Boehm, Gottfried (Hrsg.): Seminar: Die Hermeneutik und die Wissenschaften. Frankfurt/M.: Suhrkamp, 444-471.
Boehm, Gottfried (1994): Die Wiederkehr der Bilder. In: Boehm, Gottfried (Hrsg.): Was ist ein Bild? München: Wilhelm Fink, 11-38.
Bohnsack, Ralf (2009): Qualitative Bild- und Videointerpretation: Die dokumentarische Methode. Opladen: Budrich.
Bohnsack, Ralf (2017): Praxeologische Wissenssoziologie. Opladen/Toronto: Budrich.
Burri, Regula Valérie (2008): Bilder als soziale Praxis: Grundlegungen einer Soziologie des Visuellen / Images as Social Practice: Outline of a Sociology of the Visual. In: Zeitschrift für Soziologie De Gruyter Oldenbourg. 37(4), 342-358.
Bourdieu, Pierre (2001): Das politische Feld. Zur Kritik der politischen Vernunft. Konstanz: UVK.
Bourdieu, Pierre (2009): Entwurf einer Theorie der Praxis. Auf der ethnologischen Grundlage der kabylischen Gesellschaft. Frankfurt/M.: Suhrkamp.
Buschhaus, Markus (2006): Die Buchseite als Bildträger. Ikonotopische Reflexionen am Beispiel von Douglas Grimp & Louise Lawler. In: Mersmann, Birgit/Schulz, Martin (Hrsg.): Kulturen des Bildes. München: Wilhelm Fink. 435-454.
Buschhaus, Markus (2008): Zwischen ‚White Cube' und ‚Gutenberg-Galaxis'. Ikontopische Annäherungen an den Ausstellungskatalog. In: Hinterwaldner, Inge/Juwig, Carsten/Klemm, Tanja/Meyer, Roland (Hrsg.): Topologien der Bilder. Paderborn: Wilhelm Fink. 29-44.
Dinkelaker, Jörg/Herrle, Matthias (2007): Rekonstruktion von Kursanfängen auf der Grundlage von mehrperspektivischen Videodokumentationen. In: Forneck, Hermann J./Wiesner, Giesela/Zeuner, Christine (Hrsg.): Empirische Forschung und Theoriebildung in der Erwachsenenbildung. Baltmannsweiler: Schneider Verlag Hohengehren, 114-129.
Dinkelaker, Jörg/Herrle, Matthias (2009): Erziehungswissenschaftliche Videographie. Eine Einführung. Wiesbaden: VS Verlag für Sozialwissenschaften.
Dörner, Olaf (1997): Comic-Helden als Vorbilder? Die Abrafaxe im Prozess der gesellschaftlichen Transformation. Unver. Magisterarbeit. Magdeburg.
Dörner, Olaf (2007): Comics als Gegenstand qualitativer Forschung: Zu analytischen Möglichkeiten der Dokumentarischen Methode am Beispiel der Abrafaxe. In: Friebertshäuser, Barbara/Schäffer, Burkhard/Felden, Heide v. (Hrsg.): Bild und Text. Methoden und Methodologien visueller Sozialforschung in der Erziehungswissenschaft. Opladen/Farmington Hills: Budrich, 179-196.

Dörner, Olaf (2009): Bildungswelten im Comic. Zum Verhältnis formeller und informeller Bildung Erwachsener in der Comiczeitschrift Mosaik. In: MAGAZIN erwachsenenbildung.at. (6), 04/1-04/13. http://www.erwachsenenbildung.at/magazin/09-6/meb09-6.pdf.

Dörner, Olaf (2011a): Bilder ‚des' Sozialen. Zur dokumentarischen Rekonstruktion bildhafter Ordnungen in Weiterbildungskontexten. Zeitschrift für Sozialisation und Erziehung, 3(1), 45–61.

Dörner, Olaf (2011b): Überlegungen zur ikonotopischen Diskursivität lebenslangen Lernens. In: Dörner, Olaf/Schäffer, Burkhard (Hrsg.): Bild, Bildung und Erziehung. Schwerpunktausgabe der Online-Zeitschrift bildungsforschung, 8(1), 167–190.

Dörner, Olaf (2012): Bildanalysen in der Erwachsenenbildungsforschung. In: Schäffer, Burkhard/Dörner, Olaf (Hrsg.): Handbuch Qualitative Erwachsenen- und Weiterbildungsforschung. Opladen Berlin: Budrich. 291–306.

Dörner, Olaf (2013): Orte des Bildes. Überlegungen zur Topologie und Ikonotopie dokumentarischer Bildinterpretation. In: Loos, Peter/Nohl, Arnd-Michael/Przyborski, Aglaja/Schäffer, Burkhard (Hrsg.): Dokumentarische Methode: Grundlagen – Entwicklungen – Anwendungen. Opladen-Berlin-Toronto: Budrich. 213–223.

Dörner, Olaf (2014): Pädagogik. In: Günzel, Stephan/Mersch, Dieter (Hrsg.): Bild: Ein interdisziplinäres Handbuch. Stuttgart: J.B. Metzler. 428–432.

Dörner, Olaf (2020): Volkshochschulmythen. Bildhaft verdichtete Sinn- und Bedeutungskonstruktionen ‚der' Volkshochschule. In Dörner, Olaf/Klinge, Dennise/Krämer, Franz/Endreß, Franziska (Hrsg.), Metapher, Medium, Methode. Theoretische und empirische Zugänge zur Bildung Erwachsener. Opladen-Berlin-Toronto: Budrich, 243–259.

Dörner, Olaf/Loos, Peter/Schäffer, Burkhard/Wilke, Christoph (2011): Die Macht der Bilder. Zum Umgang mit Altersbildern im Kontext lebenslangen Lernens. In: MAGAZIN erwachsenenbildung.at (13), 81–92.

Dörner, Olaf/Schäffer, Burkhard (2010a): Phantom Professionalität? Zur Inszenierung von Professionalität in Kontexten der Erwachsenenbildung am Beispiel Bildungsreisen. In: Hof, Christiane/Ludwig, Joachim/Schäffer, Burkhard (Hrsg.): Professionalität zwischen Praxis, Politik und Disziplin. Baltmannsweiler: Schneider Verlag Hohengehren, 126–141.

Dörner, Olaf/Schäffer, Burkhard (2010b): Weiterbildungsbeteiligung und Altersbilder der Babyboomer (‚WAB'). Zu Alters-, Alterns- und Altenbildern als Regulative der Weiterbildungsbeteiligung. Erste Ergebnisse aus einem Forschungsprojekt. In: Hof, Christiane/Ludwig, Joachim/Schäffer, Burkhard (Hrsg.): Erwachsenenbildung im sozialen und demografischen Wandel. Baltmannsweiler: Verlag, 155–170.

Dörner, Olaf/Schäffer, Burkhard (2021): Medienpädagogik und Fotoanalyse In: Sander, Uwe/Gross, Friederike v./Hugger, Kai-Uwe (Hrsg.), Handbuch Medienpädagogik, Wiesbaden: Springer.

Dörner, Olaf/Schäffer, Burkhard (2022): Empiriebasierte Erkenntnis im Verhältnis von Theorie, Methodologie und Methode. Dargestellt am Beispiel qualitativer Erwachsenenbildungsforschung. In: Kondratjuk, Maria/Dörner, Olaf/Tiefel, Sandra/Ohlbrecht, Heike (Hrsg.): Qualitative Forschung auf dem Prüfstand. Beiträge zur Professionalisierung qualitativ-empirischer Forschung in den Sozial- und Bildungswissenschaften. Ort: Budrich, 17–45.

Eco, Umberto (1994): Apokalyptiker und Integrierte. Zur kritischen Kritik der Massenkultur. Frankfurt/M.: Verlag.

Ehrenspeck, Yvonne/Schäffer, Burkhard (2003) (Hrsg.): Film- und Fotoanalyse in der Erziehungswissenschaft. Ein Handbuch. Opladen: Leske + Budrich.

Endreß, Franziska (2019): Bilder des Alterns und der Lebensalter im Bildraum Erwachsenenbildung. Eine vergleichende Analyse unter Berücksichtigung angrenzender Bildräume. Wiesbaden: Springer VS.

Faulstich, Peter (2012): Suche nach dem Selbst im Bild. Selbstbildnisse Philipp Otto Runges – Identitätsprobleme in der Romantik. In: Magazin erwachsenenbildung.at. (15), 04/-04/10. http://www.erwachsenenbildung.at/magazin/12-15/meb12-15.pdf.

Faulstich, Peter/Grell, Petra (2005): Widerständig ist nicht unbegründet-Lernwiderstände in der Forschenden Lernwerkstatt. In: Faulstich, Peter/Forneck, Hermann J./Knoll, Jörg (Hrsg.): Lernwiderstand – Lernumgebungen – Lernberatung: Empirische Fundierung zum selbstgesteuerten Lernen. Bielefeld: Bertelsmann, 18–93.

Flaig, Berthold Bodo/Meyer, Thomas/Ueltzhöffer, Jörg (1993): Alltagsästhetik und politische Kultur. Zur ästhetischen Dimension politischer Bildung und politischer Kommunikation. Bonn: Verlag.
Friebertshäuser, Barbara/Schäffer, Burkhard/von Felden, Heide (Hrsg.) (2007): Bild und Text: Methoden und Methodologien visueller Sozialforschung in der Erziehungswissenschaft. Opladen: Budrich.
Geißler, Karlheinz A./Kade, Jochen (1982): Die Bildung Erwachsener: Perspektiven einer subjektivitäts- und erfahrungsorientierten Erwachsenenbildung. München: Urban & Schwarzenberg.
Grell, Petra (2006): Forschende Lernwerkstatt. Münster München Berlin: Waxmann.
Grotlüschen, Anke (2018): Schule der Arbeit in Leipzig. Ein Rückblick in Bildern. In: Käpplinger, Bernd/Elfert, Maren (Hrsg.): Verlassene Orte der Erwachsenenbildung in Deutschland / Abandoned Places of Adult Education in Canada. Berlin: Peter Lang GmbH, Internationaler Verlag der Wissenschaften, 49–62.
Grotlüschen, Anke/Eble, Lukas/Mayr, Rachel (2020): Bauhaus und Erwachsenenbildung: Untersuchung eines möglichen Zusammenhangs anhand der „Schule der Arbeit" in Leipzig. In: Dörner, Olaf/Grotlüschen, Anke/Käpplinger, Bernd/Molzberger, Gabriele/Dinkelaker, Jörg Vergangene Zukünfte – Neue Vergangenheiten: Geschichte und Geschichtlichkeit der Erwachsenenbildung. Opladen-Berlin-Toronto: Budrich, 224–236.
Harms, Wolfgang (Hrsg.) (1985): Deutsche illustrierte Flugblätter des 16. und 17. Jahrhunderts. Tübingen: Max Niemeyer Verlag.
Herrle, Matthias (2008): Selektive Kontextvariation: Die Rekonstruktion von Interaktionen in Kursen der Erwachsenenbildung auf der Basis audiovisueller Daten. Frankfurt/M.: Johann Wolfgang Goethe-Universität.
Herrle, Matthias/Dinkelaker, Jörg (2012): Videoanalyse. In Schäffer, Burkhard/Dörner, Olaf (Hrsg.): Handbuch Qualitative Erwachsenen- und Weiterbildungsforschung. Opladen-Berlin-Toronto: Budrich, 307–320.
Herrle, Matthias/Kade, Jochen/Nolda, Sigrid (2010): Erziehungswissenschaftliche Videografie. In: Friebertshäuser, Barbara/Prengel, Annedore (Hrsg.): Handbuch Qualitative Forschungsmethoden in der Erziehungswissenschaft. Weinheim/München: Juventa, 599–619.
Hoffmann, Torsten/Rippl, Gabriele (2006): Bilder: ein (neues) Leitmedium? Göttingen: Wallstein.
Jörissen, Benjamin/Marotzki, Winfried (2009): Medienbildung – eine Einführung. Theorie, Methoden, Analysen. Bad Heilbrunn: Klinkhardt.
Kade, Jochen (1995): Pädagogik der Medien statt Medienpädagogik. In: agenda Nr. 3.
Kade, Jochen (1996): ‚Tatort' und ‚Polizeiruf 110'. Zur biographischen Kommunikation des Fernsehens in beiden deutschen Staaten. In: BIOS. Zeitschrift für Biographieforschung und Oral History 8, H. 1, 114–126.
Kade, Jochen (1997): Vermittelbar/nicht-vermittelbar: Vermitteln: Aneignen. Im Prozess der Systembildung des Pädagogischen. In: Lenzen, Dieter/Luhmann, Niklas (Hrsg.): Bildung und Weiterbildung im Erziehungssystem. Frankfurt/M.: Suhrkamp, 30–70.
Kade, Jochen (2000): Boulevard Bio – Pädagogik einer Talkshow. In: Kraimer, Klaus (Hrsg.): Die Fallrekonstruktion. Sinnverstehen in der sozialwissenschaftlichen Forschung. Frankfurt/M.: Verlag, 561–593.
Kade, Jochen/Nolda, Sigrid (2007a): Kursforschung – ein neues Paradigma der Erforschung des Lernens im Erwachsenenalter. Bericht über ein Kooperationsprojekt. In: Wiesner, G./Zeuner, C./Forneck, H. J. (Hrsg.): Empirische Forschung und Theoriebildung in der Erwachsenenbildung). Baltmannsweiler: Schneider Verlag Hohengehren, 103–113.
Kade, Jochen/Nolda, Sigrid (2007b): Das Bild als Kommentar und Irritation. Zur Analyse von Kursen der Erwachsenenbildung & Weiterbildung auf der Basis von Videodokumentationen. In: Felden, Heide v./Friebertshäuser, Barbara/Schäffer, Burkhard (Hrsg.): Bild und Text – Methoden und Methodologien visueller Sozialforschung in der Erziehungswissenschaft Opladen/Farmington Hills: Budrich, 159–177.
Kade, Jochen/Nolda, Sigrid/Dinkelaker, Jörg/Herrle, Matthias (2014): Videographische Kursforschung: Empirie des Lehrens und Lernens Erwachsener. Stuttgart: Kohlhammer.
Keck, Rudolf W./Kirk, Sabine/Schröder, Hartmut (Hrsg.) (2004): Bildung im Bild: Bilderwelten als Quellen zur Kultur- und Bildungsgeschichte. Bad Heilbrunn: Klinkhardt.

Krämer, Franz (2014): Wie lernen Babyboomer? Lernvermögen und Lernbereitschaft im Licht von Generation und Lebensphase. In: Dörner, Olaf/Schäffer, Burkhard (Hrsg.): Sozialisation im Babyboom. Zeitschrift für Soziologie der Erziehung und Sozialisation (Bd. 34). Weinheim/Basel: Beltz Juventa, 147–162.

Lüders, Christian/Kade, Jochen/Hornstein, Walter (1995): Entgrenzung des Pädagogischen. In: Krüger, Heinz-Hermann/Helsper, Werner (Hrsg.): Einführung in Grundbegriffe und Grundfragen der Erziehungswissenschaft. Opladen: Leske + Budrich, 207–215.

Marotzki, Winfried/Niesyto, Horst (Hrsg.) (2006): Bildinterpretation und Bildverstehen. Methodische Ansätze aus sozialwissenschaftlicher, kunst- und medienpädagogischer Perspektive. Wiesbaden: VS Verlag für Sozialwissenschaften.

Meseth, Wolfgang/Dinkelaker, Jörg/Neumann, Sascha/Rabenstein, Kerstin/Dörner, Olaf/Hummrich, Merle/Kunze, Katharina (2016): Empirie des Pädagogischen und Empirie der Erziehungswissenschaft: Beobachtungen erziehungswissenschaftlicher Forschung. Bad Heilbrunn: Klinkhardt.

Mannheim, Karl (1980): Strukturen des Denkens. Frankfurt/M.: Suhrkamp.

Mitchell, William John Thomas (1997): The pictorial turn. In: Kravagna, Christian (Hrsg.): Privileg Blick: Kritik der visuellen Kultur. Berlin: Ed. ID-Archiv, 3–34.

Mollenhauer, Klaus (1983): Streifzug durch fremdes Terrain: Interpretation eines Bildes aus dem Quattrocento in bildungstheoretischer Absicht. Zeitschrift für Pädagogik, 29(2), 173–194.

Neumann, Sascha (Hrsg.) (2010): Beobachtungen des Pädagogischen: Programm, Methodologie, Empirie. Luxembourg: Université du Luxembourg. (Early childhood education and care 6).

Nittel, Dieter (2000): Von der Mission zur Profession?: Stand und Perspektiven der Verberuflichung in der Erwachsenenbildung. Bielefeld: wbv Media.

Nolda, Sigrid (1998): Programme der Erwachsenenbildung als Gegenstand qualitativer Forschung. In: Nolda, Siegrid/Pehl, Klaus/Tietgens, Hans: Programmanalysen. Programme der Erwachsenenbildung als Forschungsprojekte. Frankfurt/M.: DIE, 139–235.

Nolda, Sigrid (2002): Pädagogik und Medien. Eine Einführung. Stuttgart: Kohlhammer.

Nolda, Sigrid (2007): Videobasierte Kursforschung. Mögliche Erträge von interpretativen Videoanalysen für die Erforschung des organisierten Lernens In: Zeitschrift für Erziehungswissenschaft Nr. 2, 478–492.

Nolda, Sigrid (2011a): Ansätze bildungswissenschaftlicher Erwachsenenbildungsforschung. Anwendungsgebiete und Methoden. In: Report. Zeitschrift für Weiterbildungswissenschaft (1), 13–22.

Nolda, Sigrid (2011b): Bildelemente in Programmen der Erwachsenenbildung. Zur Analyse bildlicher Darstellung von Institutionen, Adressatenkonstruktionen und Wissens(!vermittlungs-)formen in Programmen der Erwachsenenbildung. In: bildungsforschung 8(1), 97–123.

Nolda, Sigrid (2016): Abbild und Konzept – Gebäudedarstellungen in Programmen der Erwachsenenbildung/Weiterbildung. In: Hessische Blätter für Volksbildung (1), 38–52.

Nuissl, Ekkehard/Przybylska, Ewa (2017): Karikaturen zum Analphabetismus – Eine Form kultureller Bildung. In: Zeitschrift für Weiterbildungsforschung 40, 69–89.

Pilarczyk, Ulrike/Mietzner, Ulrike (2005): Das reflektierte Bild. Die seriell-ikonografische Fotoanalyse in den Erziehungs- und Sozialwissenschaften. Bad Heilbrunn: Klinkhardt.

Rorty, Richard (Hrsg.) (1967): The linguistic turn: recent essays in philosophical method. Chicago: University of Chicago Press.

Rundel, Stefan (2019): Chancen der wissenschaftlichen Weiterbildung bei beruflichen Übergängen in der Lebensmitte. In: Dörner, Olaf (Hrsg.): Wissenschaftliche Weiterbildung als Problem der Öffnung von Hochschulen für nichttraditionelle Studierende. Opladen-Berlin-Toronto: Budrich, 137–154.

Rundel, Stefan (2021): Der Beruf als Selbstinszenierung – Berufswandel und Berufsbilder bei beruflichen Wechseln im Alter von 50+. In: Bildung im gesellschaftlichen Wandel: Qualitative Forschungszugänge und Methodenkritik. Opladen-Berlin-Toronto: Budrich, 45–62.

Rundel, Stefan (2022): Bild und Sprache: Zum Verhältnis zwischen konjunktivem Erfahrungsraum und Bildlichkeit – methodologische und forschungspraktische Konsequenzen In: Jahrbuch Dokumentarische Methode, 3(4), 153–174.

Rustemeyer, Dirk (Hrsg.) (2003): Bildlichkeit: Aspekte einer Theorie der Darstellung. Würzburg: Königshausen & Neumann.

Sachs-Hombach, Klaus (Hrsg.) (2005): Bildwissenschaft: Disziplinen, Themen, Methoden. Frankfurt/M.: Suhrkamp.

Schäffer, Burkhard (2005): Erziehungswissenschaft. In: Sachs-Hombach, Klaus (Hrsg.): Bildwissenschaft: Disziplinen, Themen, Methoden. Frankfurt/M.: Suhrkamp, 213–225.

Schäffer, Burkhard (2009a): Bilder lebenslangen Lernens. Anmerkungen zu einem eigentümlichen Diskurs. In: Hof, Christiane/Ludwig, Joachim/Zeuner, Christine (Hrsg.): Strukturen Lebenslangen Lernens. Baltmannsweiler: Schneider Verlag Hohengehren, 94–111.

Schäffer, Burkhard (2009b): Abbild – Denkbild – Erfahrungsbild. Methodisch-methodologische Anmerkungen zur Analyse von Altersbildern. In: Ecarius, Jutta/Schäffer, Burkhard (Hrsg.): Typenbildung und Theoriegenerierung. Methoden und Methodologien qualitativer Bildungs- und Biographieforschung. Opladen/Farmington Hills: Budrich, 207–237.

Schäffer, Burkhard (2011): Lebenslanges Lernen als Schulalptraum? Ikonographische, ikonologische und ikonische Aspekte einer Debatte. In: bildungsforschung, 8(1), 125–137.

Schäffer, Burkhard (2022a): Möglichkeiten und Grenzen der Optimierung von Verfahren ‚Tiefer Interpretation' durch Softwareunterstützung. In: ZQF, Zeitschrift für qualitative Forschung, 1-2022, 30–49.

Schäffer, Burkhard (2022b): „Das Medium ist die Methode". Zur Technikgeschichte qualitativer Methoden. In: Fuchs, Thorsten/Demmer, Christine/Kreitz, Robert/Wiezorek, Christine (Hrsg.): Aufbrüche, Umbrüche, Abbrüche: Wegmarken qualitativer Bildungs- und Biographieforschung. Opladen-Berlin-Toronto: Budrich.

Schiffler, Horst/Winkeler, Rolf (Hrsg.) (1991a): Tausend Jahre Schule: eine Kulturgeschichte des Lernens in Bildern. Stuttgart: Belser.

Schiffler, Horst/Winkeler, Rolf (1991b): Bilderwelten der Erziehung: die Schule im Bild des 19. Jahrhunderts. Weinheim/München: Juventa.

Schmidtke, Adrian (2007): Körperformationen: Fotoanalysen zur Formierung und Disziplinierung des Körpers in der Erziehung des Nationalsozialismus. Münster: Waxmann.

Schüßler, Ingeborg (2007): Nachhaltigkeit in der Weiterbildung. Theoretische und empirische Analysen zum nachhaltigen Lernen von Erwachsenen. Baltmannsweiler: Schneider Verlag Hohengehren.

Schütz, Alfred (1993): Der sinnhafte Aufbau der sozialen Welt. Eine Einleitung in die verstehende Soziologie, 6. Aufl., Frankfurt/M.: Suhrkamp.

Seitter, Wolfgang (1997): ‚Willemsens Woche'. Die Talkshow als Ort pädagogisch strukturierter Wissensvermittlung und biographische (Selbst)Präsentation. In: Behnken, Imke/Schulze, Theodor (Hrsg.): Tatort: Biographie: Spuren. Zugänge. Orte. Ereignisse. Leske + Budrich, 117–135.

te Heesen, Kerstin (2011): Das illustrierte Flugblatt als Wissensmedium der Frühen Neuzeit. Opladen/Farmington Hills: Budrich.

Umbach, Susanne (2014): Collagen als Lernanlass und -ausdruck. In: Hessische Blätter für Volksbildung 4, 331–341.

Umbach, Susanne (2016): Lernbilder: Collagen als Ausdrucksform in Untersuchungen zu Lernvorstellungen Erwachsener. Bielefeld: transcript.

Wilke, Christoph (2011): Lebenslanges Lernen als passives Altenlernen? Aspekte in der bildlichen Darstellung lebenslangen Lernens in der Europäischen Kommission. In: bildungsforschung 8(1), 138–164.

Wulf, Christoph (2005): Zur Performativität von Bild und Imagination. Performativität-Ikonologie/Ikonik-Mimesis. In: ders./Zirfas, Jörg (Hrsg.): Ikonologie des Performativen, München: Wilhelm Fink, 35–49.

Wrana, Daniel (2006): Das Subjekt schreiben: Reflexive Praktiken und Subjektivierung in der Weiterbildung – eine Diskursanalyse. Baltmannsweiler: Schneider Verlag Hohengehren.

Wyss, Beat (2008): Ikonotop. Ein Vorwort. In: Hinterwaldner, Inge/Juwig, Carsten/Klemm, Tanja/Meyer, Roland (Hrsg.): Topologien der Bilder, Paderborn: Wilhelm Fink, 11–14.

Die Rolle der Bilder in der pädagogischen Freizeitforschung und der Freizeitpädagogik

Renate Freericks und Dieter Brinkmann

1. Einleitung

Prerow 1927. Eine Gruppe junger Lehrer an der Ostsee, in einem kleinen Ort auf dem Darß. Sie sind Teilnehmer einer Freizeit, heute würde man sagen, eines Bildungsurlaubs. Sie machen Gymnastik am Strand, gehen baden, unternehmen Wanderungen in der Dünenlandschaft, diskutieren jeden Nachmittag zwei Stunden über ihren Beruf und aktuelle Themen und sie zeichnen. Vor allen sich gegenseitig, in Portraits zur Sinnesschulung und unter fachlicher Anleitung. Welche Bedeutung hat diese künstlerische Tätigkeit für die „Freizeitgestaltung", angeleitet durch den ersten „Freizeitpädagogen" in Deutschland, Fritz Klatt? Welche Funktion hat der künstlerische Prozess und das Vergleichen der Bilder, untereinander und mit großen Werken der Kunstgeschichte für das gemeinsame Lernen im Volkshochschulheim in Prerow? Viel später erst gilt diese frühe freizeitpädagogische Praxis als ein zentrales „Labor" für die Entwicklung erwachsenenpädagogischer Ansätze und eine Nutzung der Freizeit für Bildungsangebote (vgl. Klatt 1929).

Auskunft geben die ausführlichen Protokolle der Kursleiter und die Kommentare der Teilnehmer aus der Korrespondenz mit der Heimleitung (ebd.: 110 f.; 221 f.). Daraus lässt sich ganz gut auf den Tagesablauf und die Erlebnisse der Teilnehmer*innen, überwiegend junge Männer, schließen. Dominierend für die Bildungsanagebote in Prerow war der Diskurs in einer Gesprächsrunde am späten Nachmittag und damit das Wort. Doch die kreativen Angebote, ebenso wie die körperlichen Übungen im Freien waren wichtig für die Balance und die „Freisetzung der individuellen Kräfte des Einzelnen". Im dokumentierten Kurs der Lehrerbildung zum Thema „Körperkultur und Sinnesschulung" mit seinen 20 Teilnehmern spielten die Zeichenübungen offenbar noch eine tiefergehende didaktische Rolle. Die Zeichenübungen über zwei Stunden am Vormittag werden von einem Teilnehmer als „Augenschulung" im Sinne eines bewussten Sehens eingeordnet (ebd.: 111). Davon profitieren Anfänger*innen und Fortgeschrittene, wie dem Bericht von Fritz Klatt zu entnehmen ist, und auch die Konfrontation mit Meisterwerken der Kunst führt nicht zu Enttäuschung über die mangelnden eigenen Fähigkeiten, sondern zu einem Akzeptieren individueller

Grenzen im Portraitzeichnen und dem Bemühen, sich gemeinsam, zusammen mit den anderen zu steigern. Ebenfalls zur Sprache kommt die Umsetzung der künstlerisch-kreativen Arbeit im eigenen Unterricht, also die fachlich-didaktische Berufsperspektive. Die aktive, kreative Betätigung ist ein wichtiges Element der freizeitpädagogischen Praxis vor Ort an der Ostsee, als künstlerische Praxis wäre sie heute als Kulturpädagogik einzuordnen und sie stärkt als soziokulturelles Element die Gemeinschaft auf Zeit im Volkhochschulheim. So wird von einer Ausstellung aller Werke zum Abschluss des Kurses und einem Vergleich der Fortschritte berichtet (ebd.: 103).

Wäre ein Bildungsurlaub zur Selbstfindung heute anders gestaltet als damals? Kämen auch künstlerische Techniken und Bilder zum Einsatz? Der folgende Beitrag ist der Verwendung von Bildern im Rahmen der aktuellen pädagogischen Freizeitforschung und der praktischen Freizeitpädagogik gewidmet. Er soll einen Einblick in die Vielfalt der Ansätze und der unterschiedlichen Ebenen der Bildnutzung geben. Ausgehend von der frühen Freizeitpädagogik von Fritz Klatt lassen sich Leitfragen für die Erkundungen zur Rolle des Bildes in diesem speziellen Sektor der Erziehungswissenschaft gewinnen:

Wie werden Bilder in der freizeitpädagogischen Praxis generell eingesetzt und ist der erkennbare produktive Ansatz der Kulturpädagogik in Prerow der einzig denkbare?

Wie kann ausgehend von einer bestimmten Praxis eine Freizeitforschung mit und über Bilder stattfinden? Wie hätte Fritz Klatt heute seine Ansätze dokumentiert?

Wie gehen Bilder im weitesten Sinne in die freizeitpädagogische Theoriebildung ein und welche Funktionen werden ihnen zugeschrieben? Sind die Ideen einer „Balance" im Tagesverlauf als Ansätze einer gegenstandsangemessenen didaktischen Theorie im Freizeitbereich zu lesen?

Die Beschäftigung mit Bildern in der Freizeitpädagogik beginnt am Strand der Ostsee unter Anleitung des Pädagogen Fritz Klatt. Wie ging die Geschichte weiter?

2. Ikonische Wende in der Freizeitpädagogik

These 1: Die frühe Freizeitpädagogik in der industriellen Moderne nach dem zweiten Weltkrieg war diskursorientiert und bezog ihr Selbstverständnis stark aus der kritischen Theorie. Erst mit der Entwicklung der Erlebnisgesellschaft erfolgte eine ikonische Wende, und Bilder wurden bedeutsamer für Theorie, Empirie und Praxis.

2.1 Frühe diskursorientierte Freizeitpädagogik

In seinem Buch „Leben in freier Zeit" beschreibt Wolfgang Nahrstedt verschiedene Phasen der Freizeitpädagogik seit 1945 (vgl. Nahrstedt 1990).[1] Die frühe Freizeitpädagogik der Nachkriegszeit im Anschluss an Franz Pöggeler (1965) war wertorientiert und idealistisch. Sie wollte zur Freizeit befähigen und lotete Möglichkeiten aus, einer Muße zum Durchbruch zu verhelfen – eben als Korrektiv zu einer starken Arbeits- und Berufsorientierung in der Pädagogik. Eine Ausrichtung auf das Bild als wichtiges Element ist nicht erkennbar. Gleichwohl kommt ein Ansatz der schöpferischen Tätigkeit und der Entwicklung der Sinne zur Sprache. Erkennbar ist ebenfalls die Verwendung bestimmter Sprachbilder, wie bei Hubert Kirchgäßner, einem wichtigen Akteur der 1970er Jahre, zur Kennzeichnung typischer gesellschaftlicher Verhältnisse: der Feierabend auf dem Bauernhof, die Freizeit als Erholung vom Industriebetrieb, die Gemeinde als Rahmung für eine erfüllende Zeit der Muße; „Der Bauernhof ist die Welt des Feierabends, die Zeche ist diejenige der Freizeit" (vgl. Kirchgäßner 1980: 7).

Kennzeichnen der „emanzipatorischen Freizeitpädagogik", für die vor allem Wolfgang Nahrstedt aus Bielefeld und Horst W. Opaschowski aus Hamburg standen, war ihre Orientierung an aktuellen gesellschaftlichen Diskursen und eine politische Ausrichtung auf eine individuelle und gesellschaftliche Emanzipation. Freizeit knüpft an die Ideale der Aufklärung an, so die Diagnose von Nahrstedt und zugleich die Begründung für eine konzeptionelle Ausrichtung an einer Erweiterung der individuellen und sozialen Spielräume. Freizeitpädagogik sollte zu einer größeren Freizeitkompetenz im Umgang mit dem wachsenden Zeitsektor jenseits der Arbeit beitragen (vgl. Nahrstedt 1990: 34 ff.).

Die theoretischen Konzeptionen der Freizeitpädagogik waren am Text, nicht am Bild orientiert. Bezugspunkt war die Kritische Theorie der Frankfurter Schule und die moderne Sprachphilosophie. Symptomatisch dafür ist vielleicht der Radiobeitrag von Theodor W. Adorno im Deutschlandfunk unter dem Titel „Freizeit" von 1969[2]. Er geht aus vom Wort „Freizeit" und stellt es der älteren Begrifflichkeit „Muße" als einem „Privileg unbeengten Lebens" und damit einer glücklich erfüllten Zeit gegenüber. Freizeit, so erscheint es Adorno, ist an ihren Gegensatz, der „nicht freien Zeit" in der Arbeit, „gekettet". Seine Analyse unter Einbeziehung der gesellschaftlichen Verhältnisse ist hart und direkt: „Weder in ihrer Arbeit noch in ihrem Bewusstsein verfügen sie [die Menschen] über sich selbst" (Adorno 2003: 645). Was würde wohl passieren, wenn es durch den Produktivitätsfortschritt immer mehr Freizeit gäbe? Eine Perspektive, die sich für die

---

[1] Einzuordnen sind die hier diskutierten Beobachtungen zur Diskursorientierung in die Phasen der „progressiven" und der „emanzipatorischen" Freizeitpädagogik.
[2] Zum 60-jährigen Jubiläum des Deutschlandfunks wurde der Beitrag im Januar 2022 noch einmal gesendet.

Bundesrepublik Ende der 1960er Jahre schon deutlich abzeichnet. Adorno bleibt skeptisch und diskutiert die These, ob Freizeit wirklich frei machen könne. „In ihr [der Freizeit] verlängert sich Unfreiheit, den meisten der unfreien Menschen so unbewußt wie ihre Unfreiheit selbst" (ebd.). Auch der Begriff „Hobby" mit seinen mitschwingenden Erwartungen erscheint ihm keineswegs geheuer, und er möchte ihn beispielsweise keinesfalls auf seine Lieblingsaktivität „Musik hören" oder „Lesen" angewendet sehen. Ein versöhnliches Bild zum „Freizeitproblem" entfaltet er erst zum Schluss nach Überlegungen zum innovativen Potenzial der Freizeit im Umgang mit gesellschaftlichen Widersprüchen: „... ich meine aber daß darin eine Chance von Mündigkeit sichtbar wird, die schließlich einmal zu ihrem Teil helfen könnte, daß Freizeit in Freiheit umspringt" (ebd.: 655). Freizeitpädagogik als „Freiheitspädagogik" im weitesten Sinne findet sich auch in den Legitimationsversuchen von Wolfgang Nahrstedt. Die Vision der Freiheit bleibt aber abstrakt.

Eine starke Bedeutung von Bildern ist in der von Horst W. Opaschowski entwickelten „Freizeitdidaktik" ebenfalls nicht zu erkennen (vgl. Opaschowski 1996). Bezugspunkte sind allgemeine pädagogische Zielsetzungen im Sinne einer individuellen und ganzheitlichen Entwicklung. Berücksichtigung finden die Besonderheiten von Freizeitsituationen und Freizeitangeboten. Die Didaktik ist stark handlungsorientiert und zielt auf eine Aktivierung und eine Beteiligung von Menschen aus unterschiedlichen sozialen Gruppen. Allein in den Leitprinzipien für die Gestaltung von Freizeitangeboten finden sich Hinweise auf eine Einbindung von Medien in die Schaffung von Umwelten mit hohem Anregungs- und Aufforderungscharakter. Auf der Ebene allgemeiner gesellschaftlicher Bezüge der „Pädagogik der freien Lebenszeit" finden sich gesellschaftliche Leitbilder und Zukunftsvisionen als Orientierungspunkte einer gesellschaftlich relevanten Pädagogik.

Die Pädagogik der Freizeit wird eher konzipiert als eine von Leitprinzipien getragene Praxis der Anregung, Ermutigung und Förderung. Die Ziele haben Bezug zur Freizeit, gehen aber auch darüber hinaus. Die Praxis wird eher aktionsorientiert als bildorientiert gedacht. Die Entwicklung bis zum Jahr 2000 mit verschiedenen Phasen der Freizeitpädagogik dokumentiert der Beitrag von Fromme im Handbuch Sozialarbeit und Sozialpädagogik (2005).

2.2 Ikonische Wende in der aufkommenden Erlebnisgesellschaft

Vor mehr als 25 Jahren stellte der Kunsthistoriker Gottfried Boehm die rhetorische Frage „Was ist ein Bild?" und machte den Begriff „ikonische Wende" durch einen Sammelband zur noch neuen Bildwissenschaft bekannt (vgl. Boehm 1994). Seine Analyse nahm die steigende Medienflut und die „Allgegenwärtigkeit" der Bilder zum Ausgangspunkt und versuchte, ein „wissenschaftliches Gespräch" über die Bedeutung der vielen Bilder anzustoßen. Dabei identifiziert er: Die „Bilderfrage" ist alt, reicht in theologische Überlegungen hinein und berührt zentrale Bereiche der europäischen Kultur. Sie ist mit gesellschaftlichen Bewegungen und gesellschaftlichem Wandel verbunden. Dem neuen Blick geht es um „Macht, Rang und Rolle der Bilder" (ebd.). Boehm bringt das Phänomen der steigenden Bedeutung von Bildern in der zweiten Hälfte des 20. Jh. auf den Begriff. „Die Rückkehr der Bilder, die sich auf verschiedenen Ebenen seit dem 19. Jahrhundert vollzieht, wollen wir als ‚ikonische Wendung' charakterisieren" (ebd.: 13). Seine Argumentation weist eine Analogie zum „Linguistic Turn" in der Philosophie (und den Sozialwissenschaften) auf. Danach erscheinen alle Fragen der Philosophie als Fragen der Sprache, und die Regeln der Sprache sind entscheidend für die Erkenntnissicherung. Demgegenüber müssen in heutigen Zeiten viel stärker die postmodernen Bildwelten, ihre Grammatik und ihre Metaphern gewürdigt werden. Mit Bezug zu philosophischen Grundlagen thematisiert Boehm eine Neubewertung des bewussten „Sehens" als Teil der ikonischen Wende. Somit kommt die „Wahrnehmung" als eine wichtige Basis für die Bildreflexion ins Spiel und ist als ein aktiver Prozess zu betrachten.

Steht auch die sozialwissenschaftlich fundierte Freizeitpädagogik vor einer ikonischen Wende? Sie vollzieht sich bereits, schaut man auf die Konzepte im Kontext einer entwickelten Erlebnisgesellschaft. Die Ästhetisierung des Alltagslebens, wie sie von Gerhard Schulze (1992) aus der Sicht der Kultursoziologie analysiert wurde, nötigt auch die Freizeitpädagogik zu neuen Antworten und einer Ausrichtung auf plurale gesellschaftliche Rahmenbedingungen, ebenso wie die Vervielfältigung der Bildwelten mit Bezug zur Freizeit in immer neuen Medienkanälen.

Die Vorstellung von einem erstrebenswerten Körper oder einem erstrebenswerten körperlichen Zustand werden heute beispielsweise durch Bilder wesentlich mitbestimmt – nicht ohne Risiken für junge Menschen. Sich körperlich bilden, verlangt nach Vorbildern bspw. starker und schöner Körper. Ebenso gilt dies für die Ausstrahlung von Entspannung und Wohlgefühl. Körperbilder sind ein Zugang zu Sport, Fitness und Wellness (vgl. Nahrstedt 2008). Im Tourismus spielen Bilder ebenfalls eine wachsende Rolle. Wir messen uns an anderen über Bilder (z. B. von gelungenen Reisen). Individuelle Wunschziele im Kontext einer global entgrenzten Mobilität werden geformt über (marketinggesättigte und selektierte) Bildwelten. Sich selbst an bestimmten Orten sehen wollen und davon Bilder in einer Community teilen, ist dabei eine anerkannte Variante der Selbstfindung postmoderner Subjekte. Es ist der Versuch einer Selbstbestätigung oder Selbstreflexion über das Bild an vorwiegend schönen Orten. Was ist das Bild? Erinnerung, Trophäe, Glücksbeweis, Wehmut und Fernweh (vgl. Heuwinkel 2019). Erkennbar ist schließlich auch eine Zunahme der Selbstinszenierung als Teil von Jugendkultur. Bestimmte Szenen sind medienaffin, stellen sich über Bilder dar, betreiben ein Rollenspiel als Figur und Möglichkeit. Bildwelten produzieren Varianten des Selbst und entwickeln ein Eigenleben in einer durch Eventisierung und Inszenierung gewandelten Freizeitöffentlichkeit (vgl. Hitzler/Niederbacher 2010).

Schaut man auf die freizeitpädagogische Theoriebildung der späten Moderne, wird deutlich: Verlangt ist offenbar eine neue Bescheidenheit, wie sie im Sammelband „Freizeit zwischen Ethik und Ästhetik" von Fromme und Freericks (1997), insbesondere im einleitenden Text zur Rezeption kultursoziologischer Ansätze, aufscheint. Eine ikonische Wende ist nicht so offensichtlich, könnte aber mit einer Ästhetisierung verbunden sein. Hierzu gehören:

- Anspruch auf Kultivierung von Kompetenzen im Freizeitbereich (auch als eine Überwindung ästhetischer Rohheit) und Erweiterung der Ausdrucks-, Erlebnis- und Kommunikationsfähigkeiten:
- Partikularität des pädagogischen Anspruchs im Sinne einer Relativierung des eigenen, umfassenden Selbstverständnisses und reflexiver Umgang mit selbstbestimmt Lernenden;
- Erweiterung des pädagogischen Wissens im Sinne einer Annäherung an die vielfältige Lebenswelt des jeweiligen Klientels, dessen Medien, Ausdrucksformen und (Freizeit-)Interessen;
- Erweiterung von Zeitkompetenz und Reflexion über die Verwendung von Zeit auf Anbieter- und Nutzerseite sowie eine Vermittlung anderer Zeitlogiken (z. B. Muße);
- Erweiterung von Sprachspielkompetenz in der Auseinandersetzung mit differierenden kulturellen Ausdrucksformen und Erfahrungsweisen in einer multikulturellen Gesellschaft, d. h. Gewinnung eines ästhetischen Sinns für das Andere und die*den Andere*n (vgl. ebd.: 91 ff.).

Eine philosophische Rahmung der Freizeitbildung als postmodernes „Sprachspiel", wie sie Johannes Fromme ausgearbeitet hat (vgl. Fromme 1997: 288 ff.), erscheint zunächst einmal als Höhepunkt einer diskursorientierten Selbstbestimmung der pädagogischen Theoriebildung zur Freizeit. Gleichwohl zeichnet sich mit einer Hineinnahme postmoderner Lockerungen in die pädagogische Debatte um Unterhaltung, Bildung, Erlebnis und ihre Verknüpfung eine Wende ab. Andere, plurale und nicht-rationale ästhetische Zugänge gewinnen an Gewicht, gewohnte Leitbilder der Moderne werden relativiert und eine Annäherung an die einst so verdammungswürdige Kulturindustrie mit ihren Medienwelten, Freizeit- und Themenparks oder Reiseangeboten ist zu beobachten. „Mehrfachcodierungen" der Symbole und Zeichen machen hybride Szenarien einer Freizeitbildung interessant, tragen Konzepte des Edutainments und der bildungsorientierten Freizeitgestaltung (ebd.: 376 f.).

Faktisch gewinnen auch in der Freizeitpädagogik Bilder zunehmend an Aufmerksamkeit (z. B. als „kulturelle Ausdrucksformen" vielfältiger Lebenswelten), und es ließe sich fragen: Wie kann das Potenzial einer sich entwickelnden Bildwissenschaft für die Freizeitpädagogik fruchtbar gemacht werden? Welche Bedeutung haben Bilder, ihre Interpretation, ihr aktives Erschließen, aber auch die Bildproduktion und die Inszenierung mit Bildern in den sich entfaltenden erlebnisorientierten Lernorten der Wissensgesellschaft? Gottfried Boehm liefert einen Ausgangspunkt für die Reflexion über Bilder in der Freizeitpädagogik. Er ermutigt, über das Besondere von Bildern, über ihre Differenz gegenüber dem reinen Abbild nachzudenken und gibt Anregungen für unterschiedliche Felder der kulturpädagogischen und erlebnispädagogischen Praxis.

3. Bilder in der freizeitpädagogischen Theoriebildung

These 2: Der Einsatz von Bildern in der freizeitpädagogischen[3] Theoriebildung ist disparat, punktuell und wenig systematisch. Im Sinne eines pluralistisch erweiterten Wissenschaftsverständnisses ist die Entwicklung einer wissenschaftlichen Bildanalyse und Bildsprache möglich, aber nicht zwingend. Bilder dienen vor allem als „Denkwerkzeug" und zur Vermittlung von theoretischen Modellen.

3.1 Bilder als „Denkwerkzeuge"

Visualisierungen dienen im Rahmen der freizeitwissenschaftlichen Theoriebildung als Werkzeuge zur Klärung von Zusammenhängen, zur Darstellung von komplexen Modellen und zur Vermittlung theoretischer Zusammenhänge. Dies zeigt sich beispielsweise an der Bielefelder Praxisforschung und ab dem Jahr 2000 auch an den Bremer Ansätzen der explorativen, qualitativen Freizeitforschung in verschiedenen Berufsfeldern (vgl. Nahrstedt u. a. 2002; Freericks/Brinkmann/Theile 2018).

Typisch für den Einsatz in der Theoriebildung sind geometrische Grundformen wie Pyramide, Kreis oder Quadrat mit einer durch Achsen gebildeten Vierfeldertafel. Geometrische Grundformen sind eingängig in der Vermittlung von Modellen, man denke an die Bedürfnispyramide von Maslow. Sie suggerieren bestimmte Verhältnisse wie Größenordnungen einzelner Teile, dynamische Beziehungen oder Funktionen eines Systems.

---

3 In einem weiter gefassten Sinne gilt dies auch für die „freizeitwissenschaftliche Theoriebildung", in der pädagogische Überlegungen nur ein Segment darstellen.

Pyramide: Beispielsweise die Lernebenen in einer Erlebniswelt. Hier wird deutlich, wie stark das selbstgesteuerte Erkunden einer Erlebniswelt zu gewichten ist. Ein gezieltes thematisches Lernen macht nur einen kleinen Teil der Lernerlebnisse in einer Themenwelt aus. Das Modell eignet sich gut für die Analyse des Lerngeschehens in einem Freizeitpark (Nahrstedt u. a. 2002: 197).

Kreismodell: Runde Formen oder auch Ellipsen eignen sich gut, um Ganzheiten und die jeweiligen Teile zu visualisieren (vgl. Abb. 1). Hier geht es um Segmente oder Schichten (wie bei einer Zwiebel). Im Hintergrund steht implizit die Vorstellung, dass es sich um Systeme mit Grenzziehungen oder funktional aufeinander bezogenen Teilen handelt. Ein Beispiel ist die Analyse von Digitalisierungsprozessen in Wissenswelten. Die Kernfunktionen Ausstellen, Vermitteln usw. werden hier als Schichten des Systems Museum analysiert und visualisiert. Weitere geometrische Grundformen (Säulen und Balken) ergänzen das Kreismodell zu einer komplexen Funktionsgrafik (Freericks/Brinkmann/Theile 2018: 39).

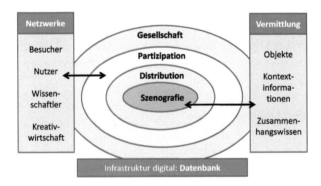

Abbildung 1: Digitale Infrastruktur und Funktionsebenen von Wissenswelten. Analytische Grafik aus der Studie Wissenswelten 3.0 (Freericks/Brinkmann/Theile 2018: 39)

Vierfeldertafel: Ein immer wieder genutztes Analyseinstrument ist die Vierfeldertafel, die durch zwei sich kreuzende Achsen aufgespannt wird. Durch die Aufteilung der ursprünglichen Fläche (Rechteck oder Quadrat) entstehen vier kleinere Flächen, die inhaltliche Varianten oder auch Typen repräsentiert. Typisch erscheint die Anwendung zur Differenzierung von Erlebnisbereichen in Anlehnung an die Studie der Autoren Pine und Gilmore (1999) zur „experience economy". Sie inspiriert die Analyse von erlebnisorientierten Lernorten (Einordnung von Einrichtungen oder einzelnen Programmen), kann aber auch als ein einfaches didaktisches Planungsinstrument zur Gestaltung von Erlebnissituationen im

Freizeitbereich eingesetzt werden. Die Dynamik erlebnisorientierter Lernorte konnte mit diesem „Denkwerkzeug" gut erfasst und vermittelt werden (Nahrstedt u. a. 2002: 107; Freericks u. a. 2005: 312)

3.2 Ikonenhafte Bilder

In den neueren Analysen (Bremer Freizeitforschung) finden sich neben den geometrischen Grundformen zunehmend „ikonenhafte Bilder", also Fotos einer Freizeitsituation oder freizeitpädagogischen Praxis, die idealtypisch eine theoretische Analyse verdeutlichen und erschließen. Die Aufnahmen haben dabei nicht nur einen dokumentarischen Wert und illustrieren das jeweilige Praxisfeld mit dessen Räumlichkeiten oder Akteur*innen. Sie vermitteln darüber hinaus ein typisches Verhältnis von Bedingungen, Handlungen und Sinnzuschreibungen. Im Rahmen einer gegenstandsnahen freizeitwissenschaftlichen Theoriebildung sind sie wichtige „Ikonen" für wissenschaftliche Beobachter*innen, wie auch für involvierte Akteur*innen (z. B. in einem Marketingkontext). Einen bemerkenswerten Beitrag zur Würdigung moderner Ikonen lieferte die Ausstellung in der Kunsthalle Bremen „Ikonen – Was wir Menschen anbeten" (Grunenberg u. a. 2019). Ikonen in der Weltwahrnehmung, in Medien, Werbung und im privaten Umfeld sind ein relevantes (Freizeit-)Phänomen. Die Fruchtbarkeit dieses Ansatzes zeigt sich beispielsweise bei der Analyse der Emotionalisierung von Erlebniswelten. Hier ist die Studie zur Entwicklung von Erlebnisbädern in Deutschland (Freericks/Brinkmann/Theile 2016) und die Betrachtung von Sporterlebniswelten zu nennen (Brinkmann 2020). „Erlebe die einzigartige Welt der Pinguine" ist der Marketingslogan der erfolgreichen Badbetreiber im Spreewald in Lübbenau, wozu die Fotografie der Abbildung 2 mit eingebunden wurde. Zugleich eignet sich das ikonenhafte Bild der Begegnung mit den Tieren für die phänomenologische Analyse der thematisierten Badewelten und eine Kommunikation über die typischen Ansätze in Berichten und Vorträgen.

Abbildung 2: Spreeweltenbad in Lübbenau (Bildrechte: Spreewelten GmbH). Publiziert in der Studie Erlebnisbad 2030 (Freericks/Brinkmann/Theile 2016: 21)

Ein weiteres Beispiel in diesem Sinne ist die Analyse von Jürgen Schwark zur Umnutzung von kirchlichen Räumlichkeiten und Industriebauten zu Freizeiteinrichtungen wie Kulturzentren oder Fitnesscentern. Die diskutierten Fotos, beispielsweise einer profanierten Kirche, umgenutzt zum Fitnesscenter, sind wichtig als Beleg für die Analyse der Freizeitarchitektur („The Church – coolstes Fitnessstudio Deutschlands"). Die Bilder ermöglichen eine Interpretation des Symbolgehalts von Erlebnisräumen: Brüche aber auch Kontinuitäten werden erkennbar und eine Verbindung zur Identitätsentwicklung von Orten und Regionen wird sichtbar (Schwark 2021: 68 ff.).

Die ikonenhaften Bilder dienen der Vergewisserung im Forschungsteam, ähnlich den Ankerbeispielen in der qualitativen Sozialforschung bei der Bildung von theoriegestützten Kategorien für die Analyse von Textmaterial. Sie sind ebenfalls wichtig für die Vermittlung der ausgearbeiteten Modelle und der Kommunikation mit der Praxis.

3.3 Komplexe Funktionsmodelle

Neben einfachen Modellen der Analyse (geometrische Grundformen) spielen in der gegenstandsnahen Theoriebildung der pädagogischen Freizeitforschung seit den Praxisprojekten der Bielefelder Freizeitforschung der 1990er Jahre komplexe Funktionsmodelle eine wesentliche Rolle. Sie sind als Bild nicht mehr so eingängig, sondern sprechen eher die kognitive Seite der Wahrnehmung an. Wichtige Faktoren, Elemente und Akteur*innen sowie deren Beziehungen stehen hier im Zentrum der Darstellung. Typisch hierfür ist das in einem partizipativen Handlungsforschungsprojekt mit vielen Akteur*innen erarbeitete Fördermodell für eine „Freizeitkultur im Wohnumfeld" (vgl. Stehr 1986: 26). Wesentliche Elemente und Prozesse mit ihren Phasen werden auf einer projektübergreifenden abstrakten Ebene der Analyse als Forschungsergebnis herausgestellt. Zugleich ist das „komplexe Funktionsmodell" eine kommunizierbare Zusammenfassung der wesentlichen Erkenntnisse eines Freizeitforschungsprojekts in Projektberichten und Publikationen. Außerhalb der Handlungsforschung dienen komplexe Modelle dazu, grundlegende Begriffe und damit zusammenhängende Theorien zu visualisieren (Zeit, Erlebnis u. a.). Hierfür steht beispielsweise die komplexe Grafik zur „Zeit" und ihren Begriffsschichten in der Studie „Zeitkompetenz" (vgl. Freericks 1996). Für einen Einsatz im Rahmen der Vermittlung außerhalb von Berichten, z. B. in Vorträgen, erscheinen diese komplexen Modelle als Ganzes weniger geeignet. Sie können verwirrend, überkomplex und akademisch wirken. In Auszügen sind sie bei entsprechender Einordnung dagegen gut in einem seminaristischen Unterricht zum jeweiligen Thema verwendbar. In aktuellen Studien der Bremer Freizeitforschung finden sich zahlreiche einfache und komplexe Funktionsgrafiken für Teilaspekte der Forschungsergebnisse und ihre Verallgemeinerung auf qualitativer Datenbasis:

- Elemente der Digitalisierung in Wissenswelten entlang einer Achse von einfach bis elaboriert;
- angepasste „didaktische Modelle" für verschiedene Situationen der außerschulischen Bildung (Themenwelt, Event, Schaubetrieb);
- Funktionen und Qualifikationen im Berufsfeld Freizeit- und Themenparks, angelehnt an den Europäischen Qualifikationsrahmen.

Die dokumentierte Grafik aus dem Projekt „Freizeit- und Themenparks im Umbruch" (Abb. 3) zeigt verschiedene Funktionsebenen in einem typischen Freizeitpark und die möglichen Zugänge aufgrund von schulischen und beruflichen Qualifikationen. Zugleich wird durch die Grundform der Pyramide die erwartbare Personalstruktur des Unternehmens verdeutlicht (viele Service- und Hilfskräfte). Ein weiteres Element der Grafik ist die Beziehung zu externen Partner*innen und Dienstleister*innen.

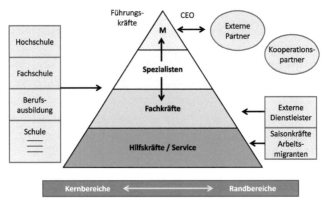

Abbildung 3: Grundmodell der Funktionsebenen und Qualifikationen (Themenparks). Analytische Grafik zur Berufsfeldanalyse aus der Studie Freizeit- und Themenparks im Umbruch (Quelle: Brinkmann/Freericks/Theile 2019: 52)

3.4 Metaphern in der Bildung von Funktionsmodellen

Eine interessante Variante beim Aufbau vielgestaltiger Funktionsmodelle ist der Rückgriff auf eingängige Metaphern. Dies erleichtert trotz der Verknüpfung vieler Elemente die Erfassung und vermittelt den Eindruck, ganze (in sich geschlossene) Systeme zu betrachten. Hervorzuheben ist hier beispielsweise die Figur des „Hauses", das für eine Analyse von Varianten eines Angebots oder einer Institution steht. Ein solches Haus findet sich bei der Analyse von Bildungsaspekten in postmodernen Erlebnisbädern (vgl. Freericks/Brinkmann/Theile 2016: 25). Das Haus steht hier für den „Bildungsraum Erlebnisbad" mit insgesamt vier Kammern. Die einzelnen Kammern enthalten unterschiedliche Optionen für die Besucher*innen bzw. eine Profilbildung des Angebots unter Bildungsaspekten: Funktionale Freizeitbildung (Schwimmen, Tauchen), Anregungen für Wellness und Fitness sowie kulturelle und rituelle Elemente (seelisch-spirituelle und ästhetisch-kulturelle Bildung). Das „Haus" signalisiert: Es ist eine Einrichtung, ein System abgestimmter Angebote und Möglichkeiten. Eine Hausmetapher wurde ebenfalls bei der Analyse von Sporterlebniswelten sinnvoll eingesetzt und publiziert (Brinkmann 2020: 32). Dabei geht es um konzeptionelle Schwerpunkte, die bei der Analyse der Praxis erkannt wurden: Sportmuseum, Sportmarkenwelt, Fun-Sportwelt und Szenetreff. Andere Metaphern finden sich beispielsweise in der erlebnispädagogischen Theoriebildung: Die „Waage" als Ausdruck für eine Balance von unmittelbarem Erleben und einer darauf bezogenen Reflexion (vgl. Michl 2020: 10).

4. Bilder in der empirischen pädagogischen Freizeitforschung

These 3: Das Potenzial für eine pädagogische Freizeitforschung mit und durch Bilder ist bisher kaum erschlossen. Als Mittel der Datenfixierung in pädagogischen Situationen werden sie punktuell eingesetzt, ebenso spielen Datenvisualisierungen zur Vermittlung von Ergebnissen in bestimmten Ansätzen eine Rolle.

4.1 Datenfixierung: freizeitpädagogische Situationen für eine Analyse zugänglich machen

Pädagogische Situationen sind flüchtig und nicht so einfach für eine sozialwissenschaftliche Analyse verfügbar. Dies gilt schon für die relativ überschaubare Unterrichtssituation. Daher wurden im Rahmen der empirischen Wende der Erziehungswissenschaft spezielle Unterrichtslabore mit filmischen Aufzeichnungsmöglichkeiten entwickelt und eingesetzt (z. B. in der Universität Bielefeld). In den offenen und weniger überschaubaren Situationen der Freizeitpädagogik stellt sich viel eher noch das Problem der Datenfixierung ohne zu viele Verluste an Komplexität (einfache Beobachtungsprotokolle bilden nur bedingt das Lerngeschehen ab). Foto und Film erscheinen als eine gängige Methode der Alltagsdokumentation und sind heute durch einfache Technik verfügbarer denn je. Die Übertragung in die Freizeitforschung in einem breiten Stil steht noch aus.

Bemerkenswerte Beobachtungen außerschulischer Lernsituationen liefern beispielsweise die Filme des Wissenschaftsjournalisten Reinhard Kahl (o. J.). Die Dokumentationen seines „Archivs der Zukunft" zeigen in langen Einstellungen mit wenigen gesprochenen Kommentaren die fruchtbaren Momente in außerschulischen Bildungsprozessen auf. Sie sind Beispiele „für ein Gelingen" neuer Ansätze und Innovationen. Die Filmbeispiele sind im Rahmen der Hochschullehre für angehende Freizeitwissenschaftler*innen gut einsetzbar und können für die Analyse typischer Lernformen mit Studierenden verwendet werden. Die Dynamik informeller Bildung, die Rahmenbedingungen der jeweiligen Orte und die Rekonstruktionen der Akteur*innen werden durch diese Art der Dokumentation erst erschlossen (vgl. ebd.). In der nachhaltigkeitsbezogenen Freizeitforschung dienen Fotodokumentationen einer Erfassung von Umweltschäden durch eine übermäßige Freizeitnutzung (z. B. Verdichtung des Bodens, Gefährdung von Arten). Fotos sind hier bewährte Instrumente, um vergleichbar einer Checkliste, Fakten im öffentlichen Raum zu erfassen und für eine systematische Analyse zugänglich zu machen (vgl. Stecker/Oldenburg 2013).

Neben der technischen Verfügbarkeit von bildlichen Datenfixierungen ist in Situationen der informellen Bildung jedoch auch der „pädagogische Blick" auf die Wirklichkeit oder eine bestimmte Ästhetik der Dokumentation gefragt. Erzählen die Bilder eine Geschichte? Werden die Verhältnisse „richtig", d. h.

einigermaßen valide wiedergegeben? Der punktuelle, wenig systematische Einsatz von Bildmedien in der Freizeitforschung ist durch ein Alltagsverständnis, eine geringe ästhetische Schulung und leidliche Medienkompetenzen gekennzeichnet. Dies alles sind keine optimalen Voraussetzungen für eine Erschließung der sicherlich vorhandenen Potenziale einer visuellen Dokumentation. Auch eine qualitative Analyse von Freizeiträumen im Sinne einer Sozialraumanalyse könnte gewinnbringend sein.

Eine systematische Einbeziehung von Bildern in die pädagogische Freizeitforschung über punktuelle, episodische und illustrierende Zugangsweisen hinaus gilt es zu stärken. Bisher dominieren Wort und Text: in Interviews und Gruppendiskussionen bzw. den darauf basierenden Transkripten, in Beobachtungsprotokollen und Feldnotizen. Das Potenzial von Bildern als Forschungsinstrumente gilt es erst noch zu entdecken und zu entwickeln. Anleihen bei der künstlerisch inspirierten Erforschung der Wirklichkeit finden nur in ersten Ansätzen statt. Entsprechende Weiterbildungsangebote könnten hier ansetzen.

4.2 Datenvisualisierung und Unterstützung der Wissenschaftskommunikation

Insbesondere im Rahmen der Hamburger Freizeitforschung ist ein Einsatz von Bildern als visualisierte Daten erkennbar. Sie unterstützen die empirische Analyse und die populärwissenschaftliche Verbreitung von Forschungserkenntnissen der (pädagogischen) Freizeitforschung. Die Aufbereitung von Häufigkeits- und Kreuztabellen zu intuitiv erfassbaren Datengrafiken erscheint heute als gängige Praxis. Sehgewohnheiten haben sich im Kontext der Verwissenschaftlichung und der Mediatisierung der Alltagswelt bei einem breiten Publikum verändert. Dies zu bedienen, verlangt einen kompetenten und reflexiven Einsatz von Visualisierungen bei Berichten, Internetpräsentationen oder Vorträgen.

Typisch für die Art der Bildverwendung ist der regelmäßig erscheinende „Freizeitmonitor", eine standardisierte, repräsentative Befragung der Bevölkerung in Deutschland zu beliebten Freizeitaktivitäten und weiteren Aspekten des Freizeitlebens. Die Visualisierung als Balkengrafiken oder Säulen verdeutlicht Schwerpunkte und macht Trends leichter erkennbar. Sie steht für eine publikumsnahe Präsentation von Zusammenhängen und Zukunftsperspektiven. Die abgebildete Datengrafik der Stiftung für Zukunftsfragen aus dem „Freizeitmonitor" zeigt eine Rangfolge der beliebtesten Freizeitaktivitäten in Deutschland (Abb. 4). Unterschiedliche Farben markieren etwas gröber bestimmte Freizeitsektoren (medial, regenerativ, sozial) und verdeutlichen so den allgemeinen Trend zur Medienfreizeit.

Erkennbar ist: Wichtig ist das Zusammenspiel von Bildern und wissenschaftlicher Kommentierung sowie Einordnung. Die Lesart, auch von Datengrafiken, kann verschieden sein. Hintergründe wie methodische Fragen (Stichprobe, Art der Erhebung, Repräsentativität) bleiben nach wie vor wichtig, um die Belastbarkeit der Ergebnisse einschätzen zu können. Ansonsten würde Freizeitwissenschaft als eine Spektrumswissenschaft nur bunte Bilder der Gegenwart und möglicher Zukünfte liefern (vgl. Stiftung für Zukunftsfragen 2021).

Die häufigsten Freizeitaktivitäten der Bundesbürger Freizeitmonitor 2021

Von je 100 Befragten nennen als regelmäßige Freizeitaktivität (wenigstens einmal pro Woche)

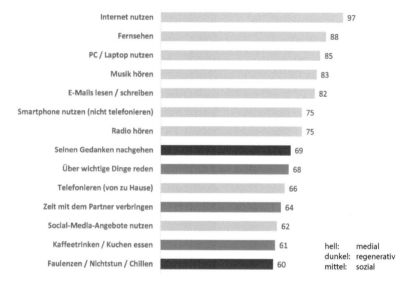

Abbildung 4: Freizeitmonitor 2021. Die häufigsten Freizeitaktivitäten der Bundesbürger. Visualisierung von Freizeitdaten im Freizeitmonitor 2021 (Stiftung für Zukunftsfragen 2021, online)

4.3 Längerfristige Archivierung und Erschließung

Ein gewichtiges Problem im Umgang mit Fotos und Filmen zur Dokumentation ist die längerfristige Archivierung sowie die Erschließung für aktuelle und spätere Forschungsfragen. Papierdokumente aus den letzten Jahrzehnten der pädagogischen Freizeitforschung sind immer noch da, während Fotos zerfallen (insbesondere Farbbilder) und Videos nicht mehr abspielbar sind, weil es nicht einmal mehr die Hardware dazu gibt – ein Dilemma für das Datenmanagement. Digitale Datenträger ereilt ein ähnliches Schicksal, und Bilddateien müssten regelmäßig auf neue Systeme transponiert werden.

Neben der Langzeitarchivierung ist die Erschließung der Bildmaterialen aus Projekten (insbesondere der Handlungsforschung oder der erkundenden pädagogischen Freizeitforschung) ein Problem. Hunderte von Fotos lagern in Projektordnern, Kartons und Schubladen, ebenso auf diversen Datenträgern. Die bibliothekarische Erschließung der Materialen hinkt den technischen Möglichkeiten immer weiter hinterher. Eine Bereitstellung ikonenhafter Bilder, auch für andere Projekte, oder eine Sekundäranalyse des Bildmaterials unter neuen Fragestellungen wären interessant. Solche Vorhaben müssten sich auf ein entwickeltes Datenmanagement in der Freizeitforschung stützen. Derzeit ist dies aber nicht erkennbar.

5. Diverse freizeitpädagogische Praxis mit rezeptiven und produktiven Zugängen

These 4: Eine Verwendung von Bildern in der freizeitpädagogischen Praxis wird bestimmt durch die Rahmung der Situation zwischen den Polen „Intuition" vs. „Vision", d. h. einer Annäherung an Bilder und ihre Bildsprache für ein tiefergehendes Verständnis oder die Nutzung von Bildern, um starke Zielvorstellungen und Leitmodelle zu realisieren. Hinzu kommt die Ausrichtung der Handlungsdimension zwischen „kontemplativ" mit einer deutlich rezeptiven Komponente und „aktiv" im Sinne einer eigenen Bildproduktion. Hieraus ergeben sich vier Felder einer praktischen Auseinandersetzung mit Bildern in Freizeitkontexten: Bildinterpretation im Museum, Bildproduktion im Rahmen der kulturellen Bildung, metaphorischer Einsatz in der Erlebnispädagogik und Schaffung immersiver Szenerien in Freizeiterlebniswelten.

Die folgende Vierfelder-Grafik (Abb. 5) verdeutlicht das Spektrum einer bildbezogenen freizeitpädagogischen Praxis. Sie zeigt den Hauptzugang zum Bild und markiert zugleich eine typologische Einordnung entlang der beiden Achsen.

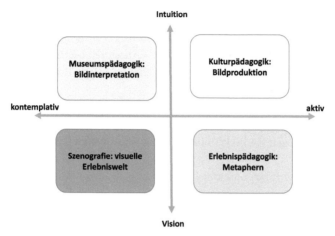

Abbildung 5: Typischer Einsatz von Bildern in der freizeitpädagogischen Praxis

5.1 Museumspädagogik: Bildinterpretation

Ein typischer Zugang zu Bildern in der Freizeit geht über den Besuch einer Kunstausstellung oder eines Kunstmuseums. Die besucher*innenorientierte Vermittlungsarbeit in diesem Zusammenhang ordnet man in der Regel der Museumspädagogik und Kunstvermittlung zu. In diesem Sinne begegnen wir motivierten Menschen, die uns als Besucher*innen verschiedene Kontexte von Bildern (Entstehungsgeschichte, Stile oder Interpretationen des Gezeigten) nahebringen. Es kann sich heute aber auch um eine mediale Aufbereitung für eine digitale Führung oder ein begleitendes Angebot im Internet handeln. Museumspädagogik steht hierbei für einen eher kognitiv orientierten Ansatz der Bildinterpretation, bei dem die Besucher*innen durch Kunstvermittlungen mit dem Wissen über die Werke, ihre formalen Besonderheiten oder auch der Symbolik vertraut gemacht werden. Es geht darum, Bilder besser zu verstehen, das Expert*innenwissen und die Anregungen dazu kommen von der Museumsseite.

Die freizeitpädagogische Praxis steht hier unter dem Primat der eher kontemplativen Bildinterpretation. Dies wird beispielsweise durch Reflexionen zur Museumspädagogik und zu Führungen in diesem Rahmen bestätigt (vgl. Schmeer-Sturm 1990). Bilder für sich zu entdecken und tiefer zu verstehen, ist das implizite Ziel, das auch mit der Metapher „Sehen lernen" umschrieben wird. Bei der weiteren Betrachtung dieses Zugehens auf Bilder kann auf bekannte

Ansätze der Kunstgeschichte und bedeutende Akteur*innen wie Erwin Panofsky verwiesen werden (1975). Für ihn sollte eine Erschließung von Bedeutungen durch eine „ikonografisch-ikonologische Analyse" in drei Schritten realisiert werden:

1) Vorikonographische Beschreibung: von dem Phänomen und der sinnlichen Wahrnehmung ausgehend (Phänomensinn). Hinzukommen sollte eine Interpretation der künstlerischen Form als Ausdruck bestimmter historischer Bedingungen. „Was sehen Sie?" wäre eine mögliche Einstiegsfrage an die Besucher*innen;
2) Ikonographische Analyse: Erschließung tieferliegender Bedeutungen im historischen Kontext (Bedeutungssinn). Die Frage „Welche Szenen, Personen und Handlungen sind erkennbar?" könnte das Gespräch über die Bildinhalte vertiefen;
3) Ikonologische Interpretation: Erschließung des symbolischen Gehalts (Dokumentsinn) im jeweiligen Werk (z. B. Themen, Vorstellungen und Mythen). Die Frage „Was bedeuteten die verwendeten Gegenstände oder Gesten im Zeitkontext?" wäre eine weitere Möglichkeit der gemeinsamen Bilderschließung.

Neben einer sehr nah am Kunstwerk ansetzenden Interpretation nach Panofsky wäre auch ein sozialgeschichtlicher Ansatz mit Blick auf historische Entwicklungen und Klassenkämpfe denkbar. Pate stände hier die Kritische Theorie der Frankfurter Schule. Interessant sind vielleicht die Auftraggeber*innen eines Bildes und ihre Absichten sowie die Bezüge zu gesellschaftlichen Strukturen. Nicht zuletzt ist ebenso ein rezeptionsgeschichtlicher Ansatz von Interesse. Er würde sich dem Bild mit dem Ansinnen nähern, die Wahrnehmung des Kunstwerkes in der jeweiligen Zeit zu rekonstruieren. Als Besucher*innen könnte man sich in die historische Epoche hineinversetzen. Auch eine diskursanalytische Betrachtung der Hintergründe würde zu einer Ausweitung des Interpretationsrahmens führen. Beispiele aus dem Kontext der Gästeführung finden sich u. a. in dem Sammelband von Marie-Luise Schmeer-Sturm (1990).

5.2 Kulturpädagogik: Bildproduktion

Die aktive Komponente der Auseinandersetzung mit Bildern in freizeitpädagogischen Kontexten ist schon bei Fritz Klatt und den von ihm dokumentierten Ansätzen der Freizeitbildung für Erwachsene im Rahmen von „Freizeiten" an der Ostsee (1929) zu erkennen. Ihm ging es konzeptionell um eine „Schöpferische Pause" (1921), wie in einem weiteren Grundlagenwerk der Freizeitpädagogik angesprochen. Hierbei ist heute an Workshops und partizipative Programme in ganz vielen Freizeiteinrichtungen und Kontexten zu denken (Jugendhaus,

Kulturzentrum oder Volkshochschule). Die Mischung aus Freizeit und Bildung kann dabei ganz unterschiedlich sein, von bildungsorientierter Freizeitgestaltung (in der Geselligkeit und Erlebnis dominieren) bis hin zu freizeitorientierter Bildung mit einem höheren Anspruch an die zu vermittelnden Kompetenzen.

Im Sinne einer kulturellen Bildung geht es primär um eine produktive Aneignung von Bildern, einschließlich der Techniken ihrer Erstellung (Malerei, Lithografie, Radierung usw.). Eine eigene Bildproduktion (analog und digital) erscheint als der aktive praktische Ansatz dazu. Hybride Formen aus kognitiv gestimmten Anleitungen und emotionalen Komponenten (Freude am kreativen Tun, gemeinsames Erleben) sind typisch. Nicht zuletzt geht es auch um eine Persönlichkeitsentwicklung im Medium der künstlerischen Auseinandersetzung mit dem Material. Auch diese war schon in den Freizeiten von Fritz Klatt angelegt: Reflexion über sich selbst, das Leben und die Kunst. Der Umgang mit Bildwelten und die produktive Wendung in der Aktion sind ein Teil des Erfolgs kulturpädagogischer Projekte und Maßnahmen (vgl. Zacharias 2001). Dabei werden durchaus aktuelle Problemlagen aufgegriffen und nicht nur selbstbezügliche Zwecke verfolgt, wie der Sammelband zur Bildung für nachhaltige Entwicklung mit künstlerischen Ansätzen und Techniken deutlich macht (vgl. Braun-Wanke/ Wagner 2020). Die politische Dimension einer ästhetischen Praxis wird in den zahlreichen Arbeiten von Max Fuchs zur kulturellen Bildung und ihrer Einordnung in die neue Kulturpolitik deutlich (vgl. Fuchs 2015). Die Stadt als Kultur- und Erlebnisraum hat sich im Zuge der soziokulturellen Bewegungen der 1970er und 80er Jahre verändert. Partizipation und damit eine Aneignung von Bildern und die Erfahrung von Selbstwirksamkeit über die eigene Bildproduktion haben eine enorm gestiegene Aufmerksamkeit erfahren. Kulturelle Bildung möglich machen, ist seither das Programm vieler Initiativen.

Aktuelle Varianten der Bildproduktion in der Freizeitpädagogik setzen noch stärker auf den Einsatz von Fotografie und Film unter Einbeziehung handlungsorientierter medienpädagogischer Konzepte. Freizeitpädagogische Praxis mit unterschiedlichen Zielgruppen bewegt sich hier in einem Überschneidungsbereich von Freizeitbildung und künstlerisch gestimmter Medienpädagogik. Ein plurales Werkverständnis und ein weiter Kulturbegriff mit soziokultureller Wertorientierung eröffnen den Weg für spannende Projekte mit Kindern, Jugendlichen und Erwachsenen. Dies zeigen aktuelle Beispiele: Im Projekt „Enter! Museum", einem Verbundvorhaben von drei Bremer Museen (zeitgenössische Kunst, Bremer Kultur- und Landesgeschichte sowie klassische Moderne in der Bildenden Kunst) wurden die beteiligten Kinder und Jugendlichen angeregt, sich in insgesamt 18 künstlerischen Werkstätten in verschiedenen Bremer Stadtteilen mit den Kunstwerken der Museen auseinanderzusetzen und eigene Medienprodukte dazu zu erstellen. Das Ergebnis ist eine beachtenswerte Anzahl von interessanten (Kunst-) Videos, die über eine gemeinsame Internetplattform abgerufen werden können. Insgesamt waren 400 junge Künstler*innen an diesem kulturpädagogischen

Programm beteiligt. Schulen unterschiedlicher Schulformen, Bürgerhäuser und viele weitere Akteur*innen und Förder*innen wurden einbezogen. Erkennbar ist an den Filmen die Auseinandersetzung mit Bildgestaltung, Storytelling und Techniken der Filmproduktion (wie Stoptrick für einen einfachen Animationsfilm). Anliegen und Inhalte der Kinder und Jugendlichen bestimmen den Blick auf die Objekte. Die Potenziale für eine Verschränkung von breitenorientierter Kulturarbeit, Medienpädagogik und neuen Internet-Publikationsmöglichkeiten sind hier gut erkennbar (vgl. Quartier gGmbH 2022, online). Die bereits bei Zacharias (2001) angelegten Linien einer kulturpädagogischen Aktion finden in den laufenden Projekten ihre Fortführung mit modernen Medien und Verbreitungsformen.

5.3 Szenografie: Visuelle Erlebniswelt

Die künstlerische Gestaltung von Räumen in Museen und Themenwelten ist in den letzten Jahren wichtiger geworden und entspricht zunehmend den Erwartungen an ein besonderes emotionales Erlebnis im Freizeitkontext. Ausstellungsdesigner*innen versprechen ein emotionales Eintauchen in eine visuelle Erlebniswelt und nutzen vielfältige Medien, um dies zu realisieren. Im Rahmen der in diesem Beitrag aufgestellten Systematik zur freizeitpädagogischen Praxis mit und durch Bilder ist hierin eher eine weniger bewusste Rezeption und Auseinandersetzung zu erkennen. Dennoch: Visuelle Erlebniswelten können durch überwältigende Bilderfluten, eine besondere Komposition und Raum-Ästhetik ganz beeindruckend sein und zusammen mit anderen Faktoren, wie Musik, Geräuschen oder Düften zu einem stimmigen Gesamteindruck verschmelzen. In Bildwelten eintauchen, ist hier das tragende Moment und das Ziel der Gestaltung. Freizeitarchitektur, die diese Aspekte umsetzt, ist in den letzten Jahren zu einer bedeutsamen Sparte der gestaltenden Künste geworden. Hervorzuheben ist ebenfalls die sich ausweitende Reflexion über Zugänge, Möglichkeiten und Wirkungen. Zu nennen sind hier die regelmäßig in der DASA (Deutsche Arbeitsweltausstellung) in Dortmund veranstalteten Szenografie-Kongresse (vgl. Kilger 2011 und weitere Tagungsdokumentationen der Reihe).

Erkennbar ist ebenfalls eine wachsende Bedeutung der Szenografie für die Gestaltung von erlebnisorientierten Lernorten. Hierbei geht es um eine emotionale Ansprache durch Bilder und die Nutzung vielfältiger Medien, um Lern-Erlebnisszenarien zu schaffen. Üblicherweise wird dafür der Begriff „Thematisierung" verwendet. Eine Erweiterung funktionaler Aspekte (Infrastruktur und Service) durch eine ästhetische Komponente findet sich heute in vielen Freizeit- und Tourismusfeldern (vgl. Steinecke 2009). Im Sinne pädagogischer Grundformen des Handelns (vgl. Giesecke 1987) ist hier ein Arrangement von freizeitpädagogischen Situationen auszumachen, das wesentlich zur Attraktivität neuer Themenwelten als Lernwelten in der Freizeit beigetragen hat (vgl. Nahrstedt u. a. 2002). Erkennbar sind komplexe Lernformen, die in den jeweiligen Szenarien Bilder, Filme und Symbole einschließen. In einer pädagogischen Szenografie im Museum spielen diese Zugänge eine ganz wesentliche Rolle für das informelle Lernen. Hierbei ist zu berücksichtigen, dass die Rezeptionskompetenzen der Besucher*innen im Sinne einer „Leisure Literacy" zunehmen. Im Rausch der Bilder bestimmen Erwartungen und Erfahrungen das Erlebnis und implizieren eine gewisse Steigerungslogik auf der Angebotsseite (3D, 4D, VR usw.).

Ansätze einer „pädagogischen Szenografie" werden wichtiger für eine Freizeitbildung in inszenierten Erlebnisräumen (Freericks/Brinkmann 2005: 343 ff.). Nach wie vor stellt sich jedoch die grundlegende didaktische Frage: Wie können interaktive Erfahrungsfelder gestaltet werden? Anregungen geben bestimmte dramaturgische Prinzipien, wie sie beispielsweise in den Handlungsempfehlungen von Christian Mikunda (1995) zur Gestaltung „unwiderstehlicher Orte" und ein darauf fokussiertes Marketing zu finden sind:

- Bildung innerer Ordnungsmuster und „Landkarten"
- Anknüpfung an vertraute Erzählmuster
- Unterstützung einer schnellen Imagebildung
- Anregung von individuellen Wirklichkeitskonstruktionen über eine Erlebnis-Grammatik
- Anspielung auf Erfahrungen mit Erlebniswelten und Medien sowie ihre Spielregeln (Media Literacy)
- Planung von Spannungsverläufen
- Beeinflussung des subjektiven Zeitempfindens (Kurzweiligkeit)

Aus der Umsetzung dieser Prinzipien in erlebnisorientierten Lernorten, unter Berücksichtigung typischer Erfolgsfaktoren für ein Gelingen außerschulischer Lernszenarien, könnte sich im Zusammenspiel mit Designer*innen und Eventmanager*innen ein neues Arbeitsfeld „pädagogische Szenografie" herausbilden, so bereits die Vermutung vor mehr als 15 Jahren (vgl. Freericks/Brinkmann 2005: 344). Die aktuelle Entwicklung spektakulärer Bildwelten zeigt auch heute noch die Relevanz dieser Überlegungen. Kuration von Ausstellungen, Gestaltung und Vermittlung rücken näher zusammen.

5.4 Erlebnispädagogik: leitende Metaphern

Der Umgang mit handlungsleitenden Metaphern und ein Rückgriff auf archetypische, auch unbewusste Bilder, ist typisch für bedeutende Strömungen in der Erlebnispädagogik. Hervorzuheben ist hier die Arbeit von Stephen Bacon „Die Macht der Metaphern" (2003) und die Rezeption in der Erlebnispädagogik als einem von drei möglichen Zugängen zur Steuerung des erfahrungsorientierten Lernens in der Natur (vgl. Michl 2015: 70ff.). Archetypen in diesem Sinne sind beispielsweise „der heilige Ort", „die Mutter", „das Schicksal", „die Gemeinschaft" oder „die Himmelfahrt". Metaphern sind gemeinsam produzierte und reproduzierte Vorstellungsbilder (Visionen). Die Wildnis als ein Referenzrahmen ist nur eine Möglichkeit der Anwendung, es können auch urbane oder phantastische Kontexte eine Rolle spielen, wenn man an Themenparks und ihre Geschichten denkt. Wichtig erscheint Bacon eine „Isomorphie" zwischen der metaphorischen und der alltäglichen Lebenssituation. Auf symbolischer Ebene muss eine Ähnlichkeit vorhanden sein, dann gelingt eine Übertragung der neu gewonnenen Lösungen, Handlungsstrategien oder Wahrnehmungsmuster, so die Erwartung.

Der Ansatz von Stephen Bacon (2003) lässt sich in abgeschwächter Form in weiteren Praxisfeldern der Freizeitpädagogik identifizieren. Ein Spiel oder eine pädagogische Animation wird häufig eingeleitet durch die Visualisierung eines Bildes bzw. eine bildhafte Anekdote. Die Rahmung von spielerischen Sportangeboten oder der Erkundung einer Landschaft erfolgt nicht selten durch den Einsatz von Metaphern des Abenteuers. Immer geht es darum, über Bilder eine Gemeinschaft zu stiften, unbewusste Ressourcen und Bezüge zu aktivieren und den eigentlich banalen Vorgängen (Sammeln, Bauen, Hindernisse bewältigen usw.) einen tieferen Sinn zu geben. Archetypen schwingen nicht immer mit, können aber für die Produktion kraftvoller, motivierender Bilder genutzt werden. „Aktiv eintauchen" ist hier das Strukturprinzip, geleitet durch „offene Metaphern", die mit den Teilnehmenden gefunden werden. Nicht nur die älteren Archetypen, sondern Varianten, oder auch Bilder aus anderen Zusammenhängen (Film, Literatur) können handlungsleitend werden. Sie geben den Handlungen der Akteur*innen eine Bedeutung und erleichtern u.U. individuelle Transformationsprozesse. Schließlich ist auch ein Einsatz in der Bildung für nachhaltige Entwicklung im Sinne von Zukunftsbildern vorstellbar. Hier ginge es um Visionen einer gerechteren und ökologisch stabileren Welt.

6. Zusammenfassung und Fazit

Bilder werden für die pädagogische Freizeitforschung wichtiger. Dem wird kaum eine*r widersprechen. Welche Rolle sie für Theoriebildung, Empirie und Praxis haben können, wäre noch im Detail zu untersuchen. Die Ansätze und Thesen dieses Beitrags liefern Hinweise auf mögliche Kontexte, Funktionen und Möglichkeiten. Ein genereller „iconic turn" hin zu einer umfassenden Bildwissenschaft ist (noch) nicht auszumachen. Bilder erfüllen aber unterschiedliche Funktionen in pädagogischen Prozessen und didaktischen Modellen der außerschulischen und erlebnisorientierten Bildung. Bilder sind wichtig für die Modernisierung der Freizeitpädagogik. Bilder sind unscharf und vielgestaltig. Sie unterstützen emotionale Ansätze im Rahmen von didaktischen Modellen und sie motivieren ein heterogenes Publikum, in Themenwelten, in produktiven Settings der Kulturpädagogik oder bei der Annäherung an die Traditionen der Kunstgeschichte im Rahmen musealer Angebote. In Kontexten des informellen Lernens und in vielfältigen erlebnisorientierten Lernorten sind Bildwelten mächtige Szenarien, um Besucher*innen in neue Welten eintauchen zu lassen, und evtl. auch bestimmte Zusammenhänge und Erfahrungen zu neuen gesellschaftlichen Herausforderungen im globalen Kontext und der nachhaltigen Entwicklung zu vermitteln. Eine kritische freizeitpädagogische Bildwissenschaft und eine pädagogische Szenografie müssen dafür den Einsatz von Bildern hinterfragen und die (potenziellen) Zusammenhänge mit angestrebten Bildungszielen und zu vermittelnden Kompetenzen herausarbeiten. Hierzu gehören insbesondere:

- systematische Bildanalyse im Rahmen der qualitativen Freizeitforschung,
- kompetente Bildproduktion bei der Visualisierung von Modellen und der Wissenschaftskommunikation,
- Entwicklung didaktischer Modelle für rezeptive und produktive Ansätze der freizeitpädagogischen Praxis,
- Einbeziehung von Bildern in die Forschungsdokumentation und das Forschungsdatenmanagement.

Freizeitpädagogik in der entwickelten Erlebnisgesellschaft muss im Sinne eines „iconic turn" einen reflexiven Umgang mit Bildern pflegen. Die Erfahrungen mit anderen historischen Wendepunkten der Erziehungswissenschaft geben Hoffnung und machen zugleich sensibel für die Zeitgebundenheit des Diskurses.

Literatur

Adorno, Theodor W. (Hrsg.) (2003): Gesammelte Schriften. Frankfurt a. M.: Suhrkamp.
Bacon, Stephen (2003): Die Macht der Metaphern. 2., überarb. Aufl. Augsburg: ZIEL.
Boehm, Gottfried (1994): Was ist ein Bild? München: Fink.
Braun-Wanke, Karola/Wagner, Ernst (Hrsg.) (2020): Über die Kunst, den Wandel zu gestalten. Kultur, Nachhaltigkeit, Bildung. Waxmann Verlag. Münster, New York: Waxmann.
Brinkmann, Dieter (2020): Sporterlebniswelten als Partner institutioneller Bildung. In: Christian Theis, Helena Rudi, Laura Leonie Trautmann, Maren Zühlke und Tim Bindel (Hrsg.): Bewegte Freizeiten als Referenzen institutioneller Bildung. Baden-Baden: Academia, 27–43.
Brinkmann, Dieter/Freericks, Renate/Theile, Heike (2019): Freizeit- und Themenparks im Umbruch. Berufsfeldorientierte Fallstudien zu den Herausforderungen im 21. Jahrhundert. Bremen. Abrufbar unter: 00107587-1.pdf.
Freericks, Renate (1996): Zeitkompetenz. Ein Beitrag zur theoretischen Grundlegung der Freizeitpädagogik. Baltmannsweiler: Schneider-Verl. Hohengehren.
Freericks, Renate/Brinkmann, Dieter (2005): Freizeit und Bildung in inszenierten Erlebnisräumen. In: Reinhold Popp (Hrsg.): Zukunft – Freizeit – Wissenschaft. Wien: LIT, 331–348.

Freericks, Renate/Brinkmann, Dieter (Hrsg.) (2013): Lebensqualität durch Nachhaltigkeit? Analysen – Perspektiven – Projekte / 2. Bremer Freizeit.kongress. Bremen: Institut für Freizeitwissenschaft und Kulturarbeit.
Freericks, Renate/Brinkmann, Dieter (Hrsg.) (2015): Die Stadt als Kultur- und Erlebnisraum. Analysen, Perspektiven, Projekte / 3. Bremer Freizeit.kongress. Bremen: Institut für Freizeitwissenschaft und Kulturarbeit.
Freericks, Renate/Brinkmann, Dieter (Hrsg.) (2019): Digitale Freizeit 4.0. Analysen – Perspektiven – Projekte / 5. Bremer Freizeit.kongress. Bremen: Institut für Freizeitwissenschaft und Kulturarbeit.
Freericks, Renate/Brinkmann, Dieter (Hrsg.) (2021): Erlebnis – Gemeinschaft – Transformation. Berufsfeld Freizeit und Tourismus im Umbruch. Sammelband zum 6. Bremer Freizeit.kongress. Bremen: Institut für Freizeitwissenschaft und Kulturarbeit.
Freericks, Renate/Brinkmann, Dieter/Theile, Heike (2016): Erlebnisbad 2030. Analyse der Entwicklungen und Trends der Freizeit- und Erlebnisbäder. Bremen: Institut für Freizeitwissenschaft und Kulturarbeit.
Freericks, Renate/Brinkmann, Dieter/Theile, Heike (2018): Wissenswelten 3.0. Eine explorative Untersuchung von Entwicklungsmöglichkeiten im Bereich der wissenschaftsorientierten Ausstellungs- und Bildungshäuser – mit besonderem Fokus auf Trends der Digitalisierung und einem Wandel des Lernverhaltens. Bremen: Institut für Freizeitwissenschaft und Kulturarbeit.
Freericks, Renate/Brinkmann, Dieter/Theile, Heike/Krämer, Stefan/Fromme, Johannes/Rußler, Steffen (Hrsg.) (2005): Projekt Aquilo. Aktivierung und Qualifizierung erlebnisorientierter Lernorte. Bremen: Institut für Freizeitwissenschaft und Kulturarbeit.
Fromme, Johannes (1997): Pädagogik als Sprachspiel. Zur Pluralisierung der Wissensformen im Zeichen der Postmoderne. Neuwied: Luchterhand.
Fromme, Johannes (2005): Freizeitpädagogik. In: Hans-Uwe Otto und Hans Thiersch (Hrsg.): Handbuch Sozialarbeit, Sozialpädagogik. 3. Aufl. München: Reinhardt, 610–629.
Fromme, Johannes/Freericks, Renate (Hrsg.) (1997): Freizeit zwischen Ethik und Ästhetik. Herausforderungen für die Pädagogik, Politik und Ökonomie. Neuwied: Luchterhand.
Fuchs, Max (2015): Kulturelle Bildung in der (europäischen) Stadt. In: Renate Freericks und Dieter Brinkmann (Hrsg.): Die Stadt als Kultur- und Erlebnisraum. Analysen, Perspektiven, Projekte / 3. Bremer Freizeit.kongress. Bremen: Institut für Freizeitwissenschaft und Kulturarbeit, 237–244.
Giesecke, Hermann (1987): Pädagogik als Beruf. Grundformen pädagogischen Handelns. Weinheim/München: Juventa.
Grunenberg, Christoph/Fischer-Hausdorf, Eva/Husemann, Manuela (Hrsg.) (2019): Ikonen. Was wir Menschen anbeten. Bremen: Hirmer.
Heuwinkel, Kerstin (2019): Sandburgin', Selfiesticks und Social Media: Der Körper in der digitalen Freizeit und im Tourismus. In: Renate Freericks und Dieter Brinkmann (Hrsg.): Digitale Freizeit 4.0. Analysen – Perspektiven – Projekte / 5. Bremer Freizeit.kongress. Bremen: Institut für Freizeitwissenschaft und Kulturarbeit, 191–211.
Hitzler, Ronald/Niederbacher, Arne (2010): Leben in Szenen. Formen juveniler Vergemeinschaftung heute. 3., vollständig überarb. Aufl. Wiesbaden: VS Verlag für Sozialwissenschaften.
Kahl, Reinhard (o. J.): Archiv der Zukunft. Abrufbar unter: https://www.reinhardkahl.de/category/projekte/, abgerufen am: 02.02.2022.
Kilger, Gerhard (Hrsg.) (2011): Szenografie in Ausstellungen und Museen V. Raum u. Wahrnehmung, Bewegte Räume. Essen: Klartext.
Kirchgässner, Hubert (1980): Freizeitpädagogik oder die Ermutigung der Gemeinde. Gelnhausen: Burckhardthaus-Laetare-Verl.
Klatt, Fritz (1921): Die schöpferische Pause. Jena: Diederichs.
Klatt, Fritz (1929): Freizeitgestaltung. Grundsätze u. Erfahrungen z. Erziehung des berufsgebundenen Menschen. Von Fritz Klatt. Stuttgart: Silberburg.
Michl, Werner (2015): Erlebnispädagogik. 3., aktualisierte Auflage. München: Ernst Reinhardt Verlag.
Mikunda, Christian (1995): Der verbotene Ort oder die inszenierte Verführung. Unwiderstehliches Marketing durch strategische Dramaturgie. Düsseldorf: ECON.
Nahrstedt, Wolfgang (1990): Leben in freier Zeit. Grundlagen und Aufgaben der Freizeitpädagogik. Darmstadt: Wiss. Buchges.

Nahrstedt, Wolfgang (2008): Wellnessbildung. Gesundheitssteigerung in der Wohlfühlgesellschaft. Berlin: E. Schmidt.

Nahrstedt, Wolfgang/Brinkmann, Dieter/Theile, Heike/Röcken, Guido (Hrsg.) (2002): Lernort Erlebniswelt. Neue Formen informeller Bildung in der Wissensgesellschaft. Bielefeld: Institut für Freizeitwissenschaft und Kulturarbeit.

Opaschowski, Horst W. (1996): Pädagogik der freien Lebenszeit. 3., völlig neu bearbeitete Auflage. Wiesbaden: VS Verlag für Sozialwissenschaften.

Otto, Hans-Uwe/Thiersch, Hans (Hrsg.) (2005): Handbuch Sozialarbeit, Sozialpädagogik. 3. Aufl. München: Reinhardt.

Panofsky, Erwin (1975): Sinn und Deutung in der bildenden Kunst. Köln: DuMont Schauberg.

Pine, B. Joseph/Gilmour, James H. (1999): The experience economy. Work is theatre & every business a stage. Boston, Mass.: Harvard Business School Press.

Pöggeler, Franz (1965): Freizeitpädagogik. Ein Entwurf. Freiburg i. Br.: Lambertus-Verl.

Popp, Reinhold (Hrsg.) (2005): Zukunft – Freizeit – Wissenschaft. Wien: LIT.

Quartier gGmbH (Hrsg.) (2022): Enter! Museum. Kinderkulturprojekt in Bremer Quartieren 2021/22. Abrufbar unter: http://enter-museum.de/#Flyer_Enter, abgerufen am: 03.02.2022.

Schmeer-Sturm, Marie-Louise (Hrsg.) (1990): Museumspädagogik. Grundlagen und Praxisberichte. Baltmannsweiler: Päd. Verl. Burgbücherei Schneider.

Schulze, Gerhard (1992): Die Erlebnis-Gesellschaft. Kultursoziologie der Gegenwart. 2. Aufl. Frankfurt a. M.: Campus-Verl.

Schwark, Jürgen (2021): Von der „Qual der Arbeit" und dem „Leiden Christi" zum Freizeitvergnügen – Transformation industrieller und kirchlicher Räume. In: Renate Freericks und Dieter Brinkmann (Hrsg.): Erlebnis – Gemeinschaft – Transformation. Berufsfeld Freizeit und Tourismus im Umbruch. Sammelband zum 6. Bremer Freizeit.kongress. Bremen: Institut für Freizeitwissenschaft und Kulturarbeit, 53–81.

Spreewelten Bad Lübbenau (o. J.): Pressematerial. Abrufbar unter: https://www.spreewelten.de/presse.html, abgerufen am: 08.02.2022.

Stecker, Bernd/Oldenburg, Clara (2013): Freizeit und Nachhaltigkeit – Duell oder Duett? In: Renate Freericks und Dieter Brinkmann (Hrsg.): Lebensqualität durch Nachhaltigkeit? Analysen – Perspektiven – Projekte / 2. Bremer Freizeit.kongress. Bremen: Institut für Freizeitwissenschaft und Kulturarbeit, 15–36.

Stehr, Ilona u. Forschungsteam SelF (1986): Selbstorganisierte Freizeitkultur. Ein Förderungsmodell. Dortmund: ILS Institut für Landes- und Stadtentwicklungsforschung des Landes Nordrhein-Westfalen.

Steinecke, Albrecht (2009): Themenwelten im Tourismus. Marktstrukturen, Marketing-Management, Trends. München: Oldenbourg.

Stiftung für Zukunftsfragen (Hrsg.) (2021): Freizeitmonitor 2021. Abrufbar unter: http://www.freizeitmonitor.de/, abgerufen am: 02.02.2022.

Theis, Christian/Rudi, Helena/Trautmann, Laura Leonie/Zühlke, Maren/Bindel, Tim (Hrsg.) (2020): Bewegte Freizeiten als Referenzen institutioneller Bildung. Baden-Baden: Academia.

Zacharias, Wolfgang (2001): Kulturpädagogik. Kulturelle Jugendbildung / eine Einführung. Opladen: Leske + Budrich.

Geschlechterbilder in Erziehung, Bildung und Sorge

Antje Langer und Ann-Catrin Schwombeck

„[D]as Bild [ist] nicht ausschließlich ein Element des Sichtbaren. Es gibt Sichtbares, das kein Bild ist und es gibt Bilder, die nur aus Worten bestehen. Aber das allgemein bekannteste Regime der Bilder inszeniert die Beziehung zwischen dem Sagbaren und dem Sichtbaren." (Rancière 2005: 14)

1. Geschlechterbilder – Begriff und Perspektiven des Beitrags

Erziehungswissenschaftliche Geschlechterforschung setzt sich u. a. damit auseinander, wie Geschlechterbilder entstehen, welches Geschlechterwissen sie (re-)produzieren und welche Funktionen ihnen in Bildungsprozessen-, Erziehungs- und Sorgepraktiken sowie pädagogischen Institutionen zukommen. Wenn in der erziehungs- bzw. sozialwissenschaftlichen Fachliteratur von Geschlechterbildern die Rede ist, geht es in erster Linie um gesellschaftliche Entwürfe von Geschlecht, die Normen und Normalitäten über geschlechtertypisches Aussehen und Verhalten vermitteln. Der Terminus Geschlechterbilder wird vielfach ebenso selbstverständlich genutzt wie Geschlechter*bilder* visuell omnipräsent sind. Doch nur in einem engeren Sinne geht es um „bildhafte Darstellungen, auf denen Männer oder Frauen zu sehen sind" (Cornelißen 1994: 12). Der Terminus steht mindestens für Geschlechterdarstellungen, -rollen, -stereotype, kollektive kulturelle Denk- und Deutungsmuster, also für generalisierende Typisierungen und Idealbilder und damit hegemoniale Vorstellungen von etwas. Normativ aufgeladen liegen sie alltäglichen, vielfach unreflektierten Konstruktionen von Wirklichkeit der Geschlechterverhältnisse zugrunde und speisen durch Sinngebungen und Auseinandersetzungen individuelle Erfahrungen und Subjektivierungsprozesse (vgl. ebd.: 13). Innerhalb einer zweigeschlechtlich geprägten Gesellschaftsstruktur sind es vor allem gesellschaftliche Vorstellungen von Weiblichkeit und Männlichkeit sowie vom Verhältnis der Geschlechter zueinander. Sie gehen in die Wahrnehmung von vergeschlechtlichten Tätigkeiten und Räumen ein, prägen idealtypische Körperbilder und zeichnen sich durch ihre starke Bezugnahme auf ein sprachliches oder bildhaftes Abbild aus. In diesem Sinne bieten Geschlechterbilder auf der symbolischen Ebene Orientierung und Identifikationsmöglichkeiten. Als fixe kategoriale Differenzierung in Frau und Mann bzw. in Weiblichkeit und

Männlichkeit produzieren sie symbolische Ausschlüsse, indem sie Abweichungen infrage stellen oder schlicht nicht zeigen. Unsichtbarkeiten, Abwertungen und Sanktionen können im Weiteren zu Diskriminierung innerhalb der Geschlechterhierarchien und von sich nicht binär verortenden Menschen führen, die sich in Interdependenz mit anderen sozialen Positionierungen und Marginalisierungen spezifisch darstellen, verstärkt werden oder gegeneinander ins Spiel gebracht werden (vgl. Walgenbach 2012).

Geschlechterbilder im zuvor genannten Sinne sind vielfach Körperbilder, denen Idealbilder von und Wissen über Geschlechtskörper vorangestellt werden. Insbesondere auf der symbolischen Ebene der Repräsentation ist dies bedeutsam, da diese sowohl sprachlich als auch visuell erzeugt wird. Auf beide Dimensionen werden wir im Folgenden zu sprechen kommen. Gemeinsam ist den unterschiedlichen symbolischen Repräsentationsformen (textuell, visuell) ihre Uneindeutigkeit, die durch unterschiedliche Praktiken (der Bezeichnung, der Kategorisierung, der distinktiven Differenzsetzung, des Illustrierens, des Interpretierens, der Wahrnehmung etc.) gerade in Bezug auf Geschlecht häufig vereindeutigt werden. Doch durch ihre Interdependenzen, das Ineinandergreifen von Text und Bild, werden Bedeutungen hervorgebracht, die nicht auf einer Gegenüberstellung von sprachlichem und bildhaftem Zeichen basieren, sondern deren jeweilige Bezugnahmen auf spezifische Weise produktiv sind. Aus den Veruneindeutigungen ergeben sich Potenziale für weniger starre Bilder, das ist gerade für Transformationen von Geschlechterbildern relevant (vgl. Engel 2009).

Mit dem Fokus auf Geschlechterbilder legen wir eine starke Verschränkung von Körper und Geschlecht nahe, da diese für Erziehung, Bildung und Sorge hoch relevant ist, zudem sind entsprechende Darstellungen am häufigsten Gegenstand empirischer Analysen, wie in Kapitel 3 deutlich werden wird. Ebenso wie imaginäre Geschlechterbilder nicht immer explizite Körperbezüge benötigen, lassen sich jedoch auch andere bildliche Sujets auf geschlechtsbezogene Implikationen hin analysieren (z.B. Klaasen 2020). Es gibt auch ‚körperlose' visuelle Geschlechtersymboliken, z.B. die Zeichen für das biologische Geschlecht ‚männlich'/‚weiblich'/‚divers' (♂/♀/⚥), Farben (rosa/hellblau) oder auch Formen (Rüschen/Kanten). Ein Gegenstand für Bildanalysen wären geschlechtstypische Spielzeuge und Spielwelten, deren symbolische Aufladung, z.B. in Werbekatalogen, über solche Markierungen und Kontextualisierungen stattfindet. ‚Verstanden' werden diese Bilder, eben weil es kollektive Geschlechterbilder gibt. Und sie sind bedeutsam, weil die geschlechtliche Positionierung nicht lediglich einer individuellen Existenz entspringt, sondern Zweigeschlechtlichkeit und Heterosexualität gesellschaftliche Institutionen, bildungspolitische Prozesse wie auch ökonomische Verhältnisse organisieren (vgl. Bargetz/Ludwig 2017). Entsprechende visuelle Repräsentationen lassen sich deshalb zwar nicht als unmittelbare Abbilder sozialer Verhältnisse verstehen, jedoch ist von einem „Zusammenhang zwischen sozio-subjektiven Lebensmöglichkeiten, Selbstpräsentationen und öffentlicher Artikulation bzw. dem kulturellen Archiv verfügbarer Bilder" (Engel 2009: 18) auszugehen.

Der Begriff Geschlechterbilder dient uns als eine Art heuristische Klammer für diesen Beitrag, um verschiedene Bild-Dimensionen aus interdisziplinär-geschlechtertheoretischer Perspektive und innerhalb der deutschsprachigen erziehungswissenschaftlichen Geschlechterforschung systematisch erfassen und erläutern zu können. Zunächst arbeiten wir die gesellschaftlichen Konstruktionsweisen von Geschlechterbildern und ihre Wirkmächtigkeit auf der symbolischen Ebene heraus (Kap. 2.1). Die Repräsentation von Geschlechterbildern in der erziehungswissenschaftlichen Geschlechterforschung nehmen wir dann auf zwei Weisen in den Blick: einmal Perspektiven, in denen die imaginären Geschlechterbilder als sprachliche Zeichen in erziehungs- und bildungstheoretischen Diskursen verhandelt werden (Kap. 2.2), und zweitens praxeologische Perspektiven auf den Körper, in denen die imaginären Geschlechterbilder nicht mehr nur als sprachliche, sondern immer schon auch als bildhafte Zeichen die Wahrnehmung von Körpern strukturieren und diese dadurch (geschlechtlich) formieren (Kap. 2.3). In Kapitel 3 stellen wir anhand empirischer Studien vielfältige Forschungsbereiche, Gegenstandskonstitutionen, methodologische Aspekte und Bild-Text-Bezüge wie auch in Bezug auf einzelne Ergebnisse den Stand der Forschung mit visuellem Material vor. Ein Problem, das die Forschung, die soziale Differenzierungen in den Blick nimmt, immer begleitet und auch in dieser Systematisierung sichtbar wird, ist die Reifizierung sozialer Ungleichheiten und in Bezug auf Geschlechterbilder häufig die Reproduktion von Stereotypen. Dieses Problem greifen wir im Fazit noch einmal auf.

2. Körper und Geschlechterbilder als Zeichen

2.1 Geschlechterbilder als Narrative – Konstruktion und Wirkmächtigkeit

In Erziehung, Bildung und Sorge kommt Geschlechterbildern eine große Bedeutung zu. Es werden geschlechtstypische Verhaltensweisen und vergeschlechtlichte Körperbilder vermittelt, die Kinder und Jugendliche sowie Erwachsene gleichermaßen mit Geschlechtsrollenerwartungen konfrontieren. Generationenverhältnisse sind in spezifischer Weise vergeschlechtlicht und sexuiert (vgl. Windheuser 2020). Barbara Rendtorff (2014) stellt die Schwerfälligkeit der Wandlung von Geschlechterbildern heraus. Aus dem Spannungsverhältnis zwischen als historisch überholt geltendem Geschlechterwissen und alltagspraktischen Geschlechtsanforderungen und Lebenswelten ergeben sich widersprüchliche und konflikthafte Anforderungen und Erfahrungen. Der Anspruch, eine Geschlechtsidentität auszubilden, fordert besonders (aber nicht nur!) in der Phase der Adoleszenz heraus. Eigene Selbstbilder sind mit denen der kulturell erwarteten Geschlechterbilder abzugleichen und ggf. zu modifizieren. Dass Geschlechterbilder durch Erziehungs-, Sozialisations-, Sorge- und Bildungsprozesse vermittelt und wirksam werden, hat Auswirkungen auf die Einzelnen, egal wie intensiv und bewusst sie sich damit auseinandersetzen. Pädagogisches Wissen und Handeln kann Geschlechterbilder reproduzieren oder deren Reflexion und Dekonstruktion ermöglichen. Zudem transportieren Pädagog*innen qua Berufsfeld Geschlechterbilder, die sich aus der historisch spezifischen Vergeschlechtlichung pädagogischer Berufe ergeben (vgl. Kleinau 2022) – unabhängig von ihrer eigenen Geschlechtsidentität oder der Sensibilität in Bezug auf das Thema.

Geschlecht ist als soziale Strukturkategorie wirksam und „in vielfacher Hinsicht gesellschaftlich, institutionell sowie persönlich (auf der privaten und auf der professionellen Ebene) funktional" (Debus 2014: 106). Auf der strukturellen Ebene, die „die Zuschreibungen, Erwartungen, Positionierungen und die Wertschätzung von Frauen und Männern reguliert" (Rendtorff 2014: 284), wird insbesondere die kulturelle und politische Dimension der Geschlechterbilder deutlich: Kulturell, da durch bspw. medial vermittelte Geschlechterbilder in Musik, Literatur oder sozialen Medien normative Vorstellungen von ‚typisch männlich' und ‚typisch weiblich' transportiert und Geschlechternormierungen vollzogen werden, aber auch mit diesen gebrochen wird und alternative Lebensweisen sichtbar gemacht werden. Politisch insbesondere dann, wenn es um geschlechtstypische Organisationsmuster von Gesellschaften geht, die auf der Differenzierung zwischen Haus- und Erwerbsarbeit basieren (vgl. Hausen 1976). Dabei wird zwischen ‚weiblichen' und ‚männlichen' Arbeitsbereichen und Tätigkeiten differenziert und u. a. die Naturalisierung von Geschlecht, die wiederum am Körper ansetzt, als Legitimation dieser Differenzierung herangezogen (vgl. Debus 2014). Je nach politischem und kulturellem Kontext, der als historischer Zusammenhang veränderlich und wandelbar ist, sind die Geschlechterbilder und Zuschreibungen im Kontext von geschlechtstypischen Arbeiten, die als ‚weiblich' oder ‚männlich' klassifiziert werden, hartnäckig und starr.[1]

Um zu verdeutlichen, wie Geschlechterbilder gesellschaftlich wirksam werden, bildet die symbolische Geschlechterordnung das entscheidende Fundament. Geprägt durch dualistische Vorstellungen von normal/unnormal, Wahnsinn/Vernunft, richtig/falsch, Körper/Geist werden i. d. R. auch ‚Weiblichkeit' und ‚Männlichkeit' als Oppositionspaar und voneinander gänzlich Verschiedenes (und sich gegenseitig Begehrendes) entworfen. Ein wesentlicher geschlechterbezogener

---

[1] Wie gegenwärtige Transformationsprozesse zu bewerten sind, wird in der Geschlechterforschung kontrovers diskutiert. Wetterer (2003) prägte den Begriff der Rhetorischen Modernisierung, der gerade zur Beschreibung der Geschlechterverhältnisse im Zuge der Coronapandemie wieder verstärkt aktualisiert wurde (vgl. Langer/Mahs/Thon/Windheuser 2022).

und vor allem für die Erziehungswissenschaft bedeutsamer Dualismus ist die durch das Denken René Descartes hervorgebrachte Trennung zwischen Körper und Geist, wodurch dem Körper die Eigenschaften ‚vergänglich', ‚naturlastig' und krankheitsanfällig' zugeschrieben werden und dem Geistigen Freiheit, Vernunft und Selbstbestimmung entgegengesetzt wird (vgl. Rendtorff 2014; Schaufler 2002). Diese Annahmen über die Geschlechter prägen bis heute die Bewertung vermeintlich geschlechtsspezifischer Fähigkeiten. Durch geschlechtertheoretische Aufarbeitungen philosophischer Theorien wird besonders deutlich, wie in der (abendländischen) Philosophie das Weibliche mit dem ‚Körperlich-kreatürlichem' und das Männliche mit dem ‚Geistigen-freien' verbunden wird, aber auch, wie der historische Dualismus zwischen Körper und Geist sowie sex und gender kritisiert und dekonstruiert werden kann (vgl. Kuster 2019).

Normative Geschlechterbilder stellen also vereindeutigende realitätsstiftende Bedeutungen bereit, die sich wiederholend abbilden und zitieren lassen, als Zeichen les- und interpretierbar werden und Bedeutungen hervorbringen. Die Wirksamkeit imaginärer Geschlechterbilder und ihr zeichen- oder bildhafter Ausdruck evozieren eine Bedeutung – und zwar im Rahmen einer Geschlechterdichotomie genau eine – weshalb ihnen ähnlich wie Geschlechterstereotypen eine vereinheitlichende Funktion zugeschrieben werden kann. Gleichwohl gehen Geschlechterbilder nicht in stereotypen Darstellungen auf, da in ihrer Re- und Dekonstruktion auch Transformationen und Brüche sichtbar gemacht werden (können).

2.2 Geschlechterbilder als sprachliche Zeichen in Erziehungs- und Bildungstheorien

Geschlechterbilder kommen in der Theorieproduktion sowohl in der Formulierung von Erziehungs- und Bildungszielen als auch als versprachbildlichte anthropologische Wesenszuschreibungen vor, aus denen unterschiedliche Erziehungs- und Bildungskonzepte sowie Sorgezuständigkeiten resultieren. In der Bildungsphilosophie steht die Frage nach dem erkennenden Subjekt und dessen Welterschließung im Fokus. Wenn dabei vom ‚Subjekt' gesprochen wird, wird das Bild eines geschlechtsneutralen Bildungssubjekts nahegelegt, das der Adressierung zufolge seit der Aufklärung auf den Begriff der allgemeinen Menschengattung zurückgeht und einen universalen Anspruch auf Bildung für alle Menschen verspricht (vgl. Klika 2004: 36f.). Dass jedoch Frauen und Mädchen höhere Bildung an Gymnasien und Universitäten bis ins 20. Jahrhundert hinein strukturell verwehrt blieb und der dem Bildungssubjekt zugrunde liegende Allgemeinheitsanspruch nicht für alle Geschlechter (und Klassen) gleichermaßen zutraf, wird in den Forschungen zur Institutionalisierungsgeschichte der Frauen- und Mädchenbildung deutlich (Kleinau/Opitz 1996). Der Ausgrenzung von

Frauen als Subjekt der Bildung liegen historisch variierende Geschlechterbilder zugrunde, die in der Analyse von Bildungstheorien der ‚allgemeinen Menschenbildung' deutlich werden: Ausgehend von einer anthropologischen Wesensbestimmung aufgrund der körperlichen Tatsache des Gebären-Könnens wurde Frauen von unterschiedlichen Bildungsphilosophen das sorgende Geschlecht in der Sphäre des Häuslichen zugeschrieben: „Erziehungsziel (und dann auch Bildungsideal) war bei Rousseau die Gattin, bei Campe die Hausfrau, bei Pestalozzi die Mutter" (Klika 2004: 38; vgl. zur Tradierung der männlichen Rolle Strotmann 1997). Diese Zuordnung der Geschlechter zu Bildung, Erziehung und Sorge sowie die Reproduktion von stereotypen Geschlechterbildern durch Schriften erziehungs- und bildungstheoretischer Klassiker wie Rousseau, Campe, Humboldt, Pestalozzi oder später Nohl führt zu einer Abwertung von Erziehung gegenüber Bildung sowie zu einer Abwertung des Körpers gegenüber dem Verstand, was als Ausdruck der Geschlechterordnung selbst gelesen werden kann. Diese Abwertung von Erziehung gegenüber Bildung lässt sich nach Rendtorff/Moser (1999) durch die Zuordnung von Bildung in die Sphäre des ‚Geistigen' begründen, wohingegen Erziehung der ‚mütterlichen Domäne' zugeordnet wird.

Neben diesen historisch gewachsenen Zuschreibungen kommen Geschlechterbilder in der (geisteswissenschaftlichen) Theorieproduktion auch als versprachbildlichte Zeichen vor, und zwar als Grundannahme, dass Geschlecht als Ausdruck des Körpers gelesen werden könne, also ein natürlicher Zusammenhang zwischen Körper und Geschlecht gegeben sei, aus dem essentialistische Annahmen über die Geschlechter möglich werden.[2] Vorausgesetzt wird ein eindeutiges Verhältnis zwischen Signifikant und Signifikat, woraus die Annahme folgt, dass in der sprachlichen Bedeutung das Wesen des Bedeutenden zur Geltung komme. Dieses eindeutige Verhältnis zwischen Signifikant und Signifikat ist spätestens seit dem sog. linguistic turn durch poststrukturalistische Denker*innen in Kritik geraten. Gegenwärtig werden bildungstheoretische Konzepte und Debatten vielfach mit subjektivierungstheoretischen Perspektiven, insbesondere im Anschluss an Judith Butler, verknüpft und auch empirisch untersucht (vgl. Kleiner/Rose 2013; Rose 2019). Dabei fällt auf, dass die Geschlechterdimension, die bei Butler Ausgangspunkt ist, von einzelnen Arbeiten abgesehen im Verlauf der bildungstheoretischen Rezeption immer weiter verschwindet (vgl. der Band von Ricken/Balzer 2012).[3]

---

2   Historisch wurden diese Zusammenhänge seit dem 18./19. Jahrhundert i. d. R. auf den weiblichen Körper bezogen, auch um zu zeigen, dass er für Bildung nicht geeignet sei. Hier gibt es eine wahre Flut an Ausführungen (und Bildern!). Der männliche Körper bleibt dabei weitestgehend außen vor und unmarkiert (vgl. Schaufler 2002).

3   Eine der wenigen Autor*innen, die Bildungstheorie explizit aus der geschlechtertheoretischen Perspektive kritisiert und weiterentwickelt, ist von Gaja von Sychowski (2011).

Die geschlechtertheoretische Kritik ist nicht nur eine an der naturalistischen Auffassung von Geschlecht und der gesellschaftlichen Geschlechterordnung samt ihrer Arbeitsteilung, sondern auch eine an der Bedeutungssynthese zwischen Signifikant und Signifikat (vgl. Lindemann 1995): Da es entgegen naturalistischer Annahmen kein naturhaftes Verhältnis zwischen dem Bedeutendem und seiner Bedeutung gibt, gibt es auch kein endgültiges und abgeschlossenes sprachliches Zeichen, in dem eine durch Geschlechterbilder erzeugte ‚Wesenshaftigkeit' zum Ausdruck gebracht werden kann. Vielmehr ist das Verhältnis zwischen Signifikant und Signifikat arbiträr, beruht auf gesellschaftlichen Konventionen, ist historischen Prozessen unterlegen und die Bedeutung wird erst durch Sinnkonstruktion sequenziell hergestellt (vgl. Lindemann 1995). Die Wirkmächtigkeit zwischen imaginären Geschlechterbildern und sprachlichen Zeichensystemen wird also durch vergeschlechtlichte und vereindeutigende Weisen der Versprachbildlichung gestützt (vgl. Hentschel 2002; Panofsky 1985), wodurch dichotome Geschlechterbilder durch Sprache (re-)produziert werden und erziehungswissenschaftliche Forschung und Theoriebildung immer wieder zur Dekonstruktion aufgefordert ist.

2.3 Körper als bildhaftes Zeichen: Zur Funktion von Geschlechterbildern

In klassischen Erziehungs- und Bildungstheorien wird die körperliche Dimension von Erziehung, Bildung und Sorge meist ausgeklammert und der geistigen Dimension nachrangig gestellt. Die Abwertung des Körpers gegenüber dem Geistigen besteht zwar im Rahmen der gesellschaftlichen Arbeitsteilung bis heute fort, doch als Selbsttechnologie ist die Arbeit am Körper und seine Modifizierung wichtiger denn je. Der Körper ist *der* Ort von Geschlechterinszenierungen (vgl. Schmincke 2011). Praxeologische Analysen haben die Auseinandersetzung mit dem Körper besonders befördert, um vergeschlechtlichte Einschreibungsprozesse durch Körperpraxen sichtbar zu machen. Mit einem Fokus auf Mimik, Gestik, Körperhaltung und -handlungen wird der Körper eine ‚Bildfläche' von etwas, das zum Ausdruck gebracht wird – er wird zum Bedeutungsträger. Geschlechterbilder kommen in dieser Perspektive als die visuelle Wahrnehmung von Körpern strukturierende Elemente zum Einsatz.

Gesa Lindemann (1995) betont die dieser Lesart vorausgehende konstruktivistische Annahme, Körper und Geschlecht nicht mehr als etwas Identisches, sondern den Körper „als Zeichen und das Geschlecht als seine Bedeutung" (S. 78) zu verstehen. Gleichzeitig ist diese Unterscheidung selbst eine konstruierte, das heißt, nicht ausgehend von bestimmten Körperformen wird ihm seine Bedeutung zugeschrieben, sondern die „Bedeutungsvergabe ist in die Wahrnehmung selbst eingelassen" (ebd.). „Es geht also beim Sehen darum, die Körper zu formieren.

Nur wenn sich beides (Geschlecht und Körper) als stichhaltig erweisen, lassen sich gesehene Körper als etwas kulturell Geformtes auffassen" (ebd.). Dem Prozess des Formierens im Sehen ist ein „historisches Apriori" in der Wahrnehmung eingelassen: der (Geschlechts-)Unterschied, durch den Körper als ‚weibliche' oder ‚männliche' formiert werden. In Bezug auf die Repräsentation dieser Geschlechtskörper wird der Prozess des Abbildens relevant: Nach Lindemann ist der Körper nicht nur ein sprachliches Zeichen, sondern erfordert aufgrund seiner Materie und seines spezifischen Zeit-Raum-Verhältnisses eine andere Form der Repräsentation, nämlich eine visuelle. Während die Bedeutung in sprachlichen Zeichen arbiträr hergestellt wird, verweisen bildhafte Zeichen „kraft einer Ähnlichkeit auf ihre Bedeutung" (ebd.: 79). Zwischen beiden Weisen besteht im Prozess der Wahrnehmung, durch den Körper als vergeschlechtlichte klassifiziert und konstruiert werden, eine Beziehung: indem der Zeichenkörper qua Ähnlichkeit auf seine Bedeutung verweist, die in klassifizierende – meistens oppositionelle – Wahrnehmungsmuster eingespannt ist und den (Zeichen-)Körper selbst hervorbringt (vgl. ebd.: 86). Sind also Geschlechterbilder Körperbilder, die durch vergeschlechtlichte Wahrnehmungsmuster als ‚männlich', ‚weiblich' oder ‚divers' klassifiziert werden, gerät das Verhältnis zwischen Körper und Geschlecht als ein konventionelles in den Blick, da die Wahrnehmung immer an Diskurse und Kategorien geknüpft ist, wodurch Irritationen oder Uneindeutigkeiten ausgeschlossen werden können – aber auch entstehen (vgl. Wrana/Langer 2007).

Die Konstitution der Geschlechterdifferenz kann deshalb als spezifisch bzw. ‚wesenhaft' entworfen werden, weil Geschlechtsidentität als verkörpertes Handeln wahrgenommen wird und leiblich wahrnehmbar ist. In Körperpraxis und Erleben gehen wiederum diskursiv erzeugte Bilder als Wahrnehmbarkeiten und Sichtbarkeiten immer schon vergesellschafteter Körper ein (vgl. Langer 2017). Auch Sehen ist demnach kein zeitunabhängiger und individueller Vorgang – als gesellschaftliche Praxis verstanden sind diesem die je historischen und kulturellen Kontexte inhärent, Blicke sind institutionell geprägt (vgl. Wieners/Weber 2021: 104). Hier zeigt sich ein besonderes Potential der (interdisziplinären) Geschlechterforschung für bildwissenschaftliche Analysen und Reflexionen. Nicht nur das Dargestellte enthält (u.a.) Geschlechterkonstruktionen, sondern insbesondere der Blick auf den Körper auch in der Bild*produktion* ist vielfach bereits ein vergeschlechtlichter.

3. Visuelles Geschlechterwissen, Geschlechterwissen in Körperpraktiken und die Grammatik des Blicks – Analysen von Bild(-Text)-Praktiken

Im vorangegangenen Kapitel haben wir die Bedeutung imaginärer Geschlechterbilder in Bildungs- und Erziehungstheorien und die Verwobenheit zwischen den Prozessen des Wahrnehmens und des Abbildens, aus denen Geschlechterbilder als die Genese von vielfach oppositionellen Wahrnehmungsmustern von Körpern entstehen, erläutert. Verblieb diese Perspektive bisher auf einer eher textuellen Ebene, wechseln wir nun zu Bildern als empirischem Material in Analysen von Geschlechterstudien, in denen sich die bereits angesprochenen Verschränkungen je nach Gegenstandkonstitution in Varianten zeigen und theoretisch und method(olog)isch unterschiedlich angegangen werden. Eine Systematisierung von Studien gestaltet sich allerdings nicht ganz einfach, sind diese doch oft nicht als ‚Bildanalysen' ausgeschrieben. Trotz der Hinweise auf den Ertrag von Bildanalysen für die erziehungswissenschaftliche Geschlechterforschung (vgl. Baader 2004) lässt sich – wie auch in anderen wissenschaftlichen Disziplinen – eine Nachrangigkeit des Bildes gegenüber textlichen Materialien konstatieren; und so werden selbst da, wo Bildpraktiken Teil des Untersuchungsgegenstands sind, häufig in erster Linie Texte in die Analyse bzw. die Publikationen einbezogen (auf einen Blick z. B. im Sammelband „Geschlecht und Medien" von Hoffarth/Reuther/Richter 2020). Zudem ist eine Eingrenzung auf erziehungswissenschaftliche Geschlechterforschung insofern einengend, als dass Geschlechterforschung interdisziplinär angelegt ist und bspw. in den Medienwissenschaften häufig mit Bildmaterial gearbeitet wird und entsprechende Analysen, Theoriekonzepte oder Methoden für erziehungswissenschaftliche Fragestellungen relevant und einflussreich sind. Wir haben uns deshalb für eine Darstellung entschieden, die solche Studien exemplarisch in den Fokus rückt, die method(olog)ische Fragen fokussieren, und so als Ausgangspunkte für weitere Auseinandersetzungen genutzt werden können.

3.1 Bildmaterial in seiner Serialität untersuchen

Aus der Perspektive der Geschlechterforschung und den bisherigen Ausführungen ergibt sich, dass die Nutzung von Bildern als zu analysierendes Forschungsmaterial vielfach eines seriellen Zuschnitts bedarf. Zwar haben auch Einzelbilder ihre Relevanz, doch lassen sich Transformationen des Geschlechterverhältnisses sowie widersprüchliches und vielfältiges Geschlechterwissen, das gerade gegenwärtig in seiner Gleichzeitigkeit lohnenswert zu untersuchen ist, erst durch eine Menge von bildlichen Äußerungen und durch ihre Kontrastierung zueinander erforschen.

Solch eine Verwendung von bildlichen Quellen findet sich in der historischen Frauen- und Geschlechterforschung und in der historischen Bildungsforschung, so sie Geschlechterbilder zum Gegenstand der Analyse macht (z. B. Prengel 2021; Schmidtke 2007). In den meisten Fällen handelt es sich um Fotografien, die auszeichnet, dass sie ein spezifisches Abbildverhältnis zu den auf ihnen sichtbar gemachten Objekten haben (vgl. Fegter 2011; Pilarczyk/Mietzner 2005). Diese Annahme besteht weiterhin trotz des im Zuge der Digitalisierung expliziteren Wissens um die Gestaltbarkeit oder gar Manipulierbarkeit von Fotos.

Im Folgenden geht es also aufgrund der Literatur zu Analysepraktiken vor allem um Fotografien, gleichwohl bleibt anzumerken, dass diese nicht zwangsläufig zur Wahl stehen müssen (bspw. handelt es sich bei Bildanalysen von Schul- oder Kinderbüchern oft um andere Bildsorten, vgl. Kap. 3.1.3). Jedoch sind Fotografien für die Forschung gerade deshalb interessant, weil sie, wie oben geschildert, scheinbar unmittelbar auf die Existenz von Dingen, Räumen, Tätigkeiten oder Körpern verweisen. Pilarczyk und Mietzner sprechen in diesem Zusammenhang von einer „Wirklichkeitsspur" (2005: 165). Diesen Verweis auf das ‚irgendwie bereits Gegebene oder Geschehene', auf ihren zeitlich-räumlichen Entstehungsmoment, verleiht ihnen eine dokumentarische Bedeutung, die beispielsweise Zeichnungen nicht in derselben Weise zugestanden wird.[4] Darin liegt, so unsere These, eine Analogie mit der sozialen Kategorie Geschlecht: Im Alltags- und in verschiedenen Wissenschaftsverständnissen liegt auch dieser eine ähnlich gelagerte Abbildungsrelation zugrunde, die in der Annahme besteht, dass der Geschlechtskörper (sex) immer schon (der) Bezugspunkt der sozialen Verfasstheit von Geschlecht (gender) sei.[5] Indem am Geschlechtskörper ausgemacht wird, ‚was es ist' und dies zum Ausgangspunkt geschlechtlicher (möglichst kohärenter) Existenz wird, wird ein ebenfalls ‚manipulierbares' (gestaltbares), aber letztlich nicht trennbares Abbildverhältnis grundgelegt.[6]

---

4   Eindrücklich wird diese Differenz bei der Betrachtung von Büchern zur Sexualaufklärung. Wurde hier in den 1970er Jahren vielfach mit Fotografien gearbeitet, sind es seit den 1980er Jahren vor allem Zeichnungen, die eine Distanz zu ‚echten' Körpern schaffen (vgl. Sager 2015: 138 ff.; 195 ff.).
5   Hierzu gibt es sehr ausdifferenzierte Konzepte und weitreichende theoretische Auseinandersetzung (vgl. Braun/Stephan 2013).
6   Wie stark dieses unsichtbare Band als Untrennbares von gesellschaftlicher Bedeutung ist, zeigt sich am (medizinischen) Umgang mit Intergeschlechtlichkeit. Trotz der 2018 rechtlich eingeführten dritten Geschlechterkategorie ‚Divers' werden nach wie vor unverändert viele geschlechtszuweisende Operationen bei intergeschlechtlichen Kindern vorgenommen (vgl. Hoenes/Januschke/Klöppel 2019), um in der obigen Logik verbleibend, das Abbildverhältnis am Körper herzustellen.

3.1.1 Seriell-ikonografische Fotoanalyse: zur Analyse von Geschlechterbildern

Einen method(olog)isch weit ausgearbeiteten Ansatz zur Analyse von Fotografien haben Ulrike Pilarczyk und Ulrike Mietzner (2005) in die erziehungswissenschaftliche Forschung eingebracht und sich dabei auch auf Geschlechterdarstellungen fokussiert. Die Leistung ihrer „seriell-ikonografischen Fotoanalyse" stellen sie u. a. an der Untersuchung von der „Inszenierung von Geschlecht in den Fotografien der Zeitschrift Pädagogik von 1990–2000" dar (ebd.: 205 ff.). Gerahmt ist diese Analyse von der Frage, wie sich historisch und sozialräumlich Rollen und Leitbilder in der Schule im Vergleich BRD/DDR wandelten. Fokussiert wird hier, „welche Imaginationen der Geschlechterrollen [...] über die publizierten fotografischen Bilder vermittelt" (ebd.) werden.[7] Für die Autorinnen geht der Stellenwert der Fotografie „über die bloße Illustration hinaus und vermittelt eigenständige Aussagen, wie Geschlechtsrollen gesehen werden (durch Fotografen und Bildredaktion) und auch dazu, wie sie zur Aufführung gelangen durch die Jugendlichen selbst, weil Fotografien oft auch Anteile der Selbstpräsentation derjenigen enthalten, die sie abbilden." (Pilarczyk/Mietzner 2005: 205). In dieser Formulierung zeigt sich genau jene Abbildungsrelation, die wir als konstitutiv für Fotografien beschrieben haben. Diese geht wiederum als Möglichkeit der Inszenierung in die Ebenen ein, auf denen die Autorinnen ihre Analyse ansetzen: erstens die Ebene der Selbstpräsentation, zweitens die Ebene der Präsentation durch Fotograf*innen und drittens die Ebene des Text-Bild-Arrangements durch die Zeitschriftenredaktion (vgl. ebd.: 206). Ein weiteres Text-Bild-Arrangement nehmen die Autorinnen in ihrer Publikation vor, in dem sie exemplarisch zwei Bilder präsentieren, die in ihrer Kombination einen starken Kontrast bilden, der entsprechend von ihnen interpretiert wird: ‚männlich' = Raum einnehmend/weit vs. ‚weiblich' = den Körper zusammenziehend/eng. Hier zeigen und reproduzieren sich Geschlechterstereotype und -dichotomie, weshalb es so wichtig ist, Bilder in ihrer Serialität zu untersuchen, um verallgemeinerbare Aussagen bspw. über Stereotypisierungen, aber auch über Varianzen, Brüche und alternative Geschlechterinszenierungen zu treffen.

Lädt die Selbstpräsentation der Fotografierten (Analyseebene 1) geradewegs zu einer stereotypen Bildbeschreibung ein, so arbeiten die Autorinnen heraus, wie die Fotografen dieser Bilder genau diese Stereotype durch ihre Ins-Bild-Setzung mitproduzieren (Analyseebene 2). Es wird deutlich, dass das Bild nur in Relation der beiden Analyseebenen gedacht werden kann und wie wichtig die Analyse der Komposition des Einzelbildes *einschließlich* des perspektivischen Standpunkts der Fotografierenden ist, ohne die diese Relation dem Bild implizit

---

7 Der Fokus richtet sich hier auf die Darstellungen von Schülerinnen und Schülern. Zu Lehrkräften vgl. Mietzner/Pilarczyk 1998).

bliebe. Zudem zeigt sich, wie die Fotos in unterschiedlicher Weise Spielräume zur konnotativen Aufladung geben, was u. a. durch den dargestellten Raum als Kontext von Körperhaltung, Blicken und Gesten ermöglicht wird. Diese Konnotationen werden wiederum entscheidend durch die Verbindung von Text und Bild beeinflusst (ebd.: 209), wobei Pilarczyk und Mietzner diese Ebene zugunsten des Verzichts auf außerbildliche Bedeutungszuschreibung bei der Serienbildung auslassen. Jedoch zeigt sich nur unter Einbezug von Kontexten, welche Bilder wann wie verwandt werden, ob es typische thematische Verknüpfungen gibt und sich dadurch diskursive Figuren ergeben (z. B. ein wiederkehrendes Repräsentationsmuster: die fleißige Schülerin und der störende Schüler, was sich in der o. g. Studie bereits andeutet). In der Serialität wiederum kann deutlich werden, dass diese Geschlechterbilder unabhängig von der thematischen Ausrichtung von Beiträgen dominieren und besonders präsent werden.

Auf die Gefahr einseitiger Betrachtung oder einer Überbetonung im Umgang mit Einzelbildern weist Adrian Schmidtke (2007: 150) hin, der in seiner Studie im methodischen Anschluss an die beiden o. g. Autorinnen danach fragt, welchen visuellen Ausdruck Geschlechterdifferenzierung der NS-Erziehung auf öffentlich zugänglichen (Propaganda-)Fotografien findet (ebd.: 162). Er geht davon aus, dass sich auf Fotos dieser Zeit zeigt, wie Körper, Geschlecht und Erziehung gesehen werden *sollten*, wobei er die aus der historischen Forschung zu diesem Zeitpunkt heraus zu erwartende Eindeutigkeit der Geschlechterdifferenzierung kritisch betrachtet. So zeigten sich neben wiederkehrenden Motiven (z. B. einer typischen Anordnung im Kreis) Brüche bzw. scheinbar unvereinbare Darstellungsweisen von Mädchen(gruppen), die einer genaueren zeitlichen oder anderen kontextuellen Einordnung bedurften (ebd.: 165). Im Gesamten erscheint das ‚Mädchenbild' auch aufgrund vielfältiger Formationen wandelbarer und uneindeutiger als das ‚Jungenbild', was häufig von fixen militärischen Formationen geprägt war. Beim Fotografieren, so ein Ergebnis, wurde das Militärische durch Ausschnitte, Perspektiven etc. zugunsten einer offeneren, persönlicheren und kindgerechten Darstellung abzuschwächen gesucht (ebd.: 246). Bildlich zeigt sich eine strikte Geschlechtertrennung, wobei das Verhältnis von Individuum und Gruppe geschlechtergruppenbezogen jeweils anders gestaltet wird und es in der Weiblichkeitsdarstellung altersabhängig einen starken Bruch zwischen den ‚Mädchen' und ‚Frauen' gibt, der sich so für die Darstellung von Männlichkeit (‚Jungen' vs. ‚Männer') nicht findet. Die Differenzierung ‚asexuell'/'reproduktionsfähig' wird also für die jeweiligen Geschlechterkonstruktionen in unterschiedlicher Weise relevant (ebd.: 249 f.).

3.1.2 Visualisierungen als diskursive Praktiken untersuchen

Während sich die beiden bisher vorgestellten Studien ausschließlich einem Bilderkorpus widmen (von der nötigen Kontextualisierung abgesehen), wird in diskursanalytischen Arbeiten, so sie Bilder nutzen, Bild- und Textmaterial stärker systematisch aufeinander bezogen. In der so ausgerichteten Studie „Die Krise der Jungen in Bildung und Erziehung. Diskursive Konstruktion von Geschlecht und Männlichkeit" analysiert Susann Fegter (2012) die seit mittlerweile ca. zwei Jahrzehnte währende Debatte, in der Jungen als „Bildungsverlierer" entworfen werden. Gegenstand der Studie ist der mediale Diskurs, gleichwohl dieses *Bild* – des Jungen als „Bildungsverlierer" – auch bildungspolitisch und im pädagogischen Alltagswissen präsent ist. Aus diskursanalytischer Perspektive interessiert, wie sich in Bildern – und auch in dieser Studie sind es ausschließlich Fotos, weil diese den Materialkorpus auszeichnen – gültiges Wissen manifestiert:

> „*dass* das Photo mit dem *was* es zeigt und *wie* es dieses zeigt, zu einem konkreten *Zeitpunkt* an einem konkreten *Ort* und in einem konkreten *Kontext* erscheint. In genau dieser konkreten Konstellation und Ereignishaftigkeit ist das entsprechende Photo (potentiell) Teil einer diskursiven Ordnung, die sich auch an anderen Stellen vollzieht und machtvolles Wissen in spezifischer Weise hervorbringt" (Fegter 2011: 212).

Es geht bei der Identifizierung von Serien um „deren regelhaftes Moment" (ebd.: 213) und wie durch wiederkehrende Motive, kompositorische Aspekte, Konnotationen und Auslassungen in ihrer spezifischen Verkopplung mit sprachlichen Äußerungen, Aussagen zu ‚wahren' Aussagen werden. Diese diskursanalytische Perspektive schließt an Michel Foucault an, der sich auch mit dem Verhältnis von Sichtbarkeit und Sagbarkeit auseinandergesetzt hat. Dieses Verhältnis wird in der interdisziplinären Geschlechterforschung intensiv diskutiert, insbesondere vor dem Hintergrund des Gehört- und Wahrgenommenwerdens und damit verbundener gesellschaftlicher Ein- und Ausschlüsse wie auch mit der Frage von Sichtbarmachung und Ermöglichung von Repräsentation, ohne Stereotype und Minorisierungen zu wiederholen, Machtverhältnisse aber dennoch zu benennen (vgl. Spivak 1994; Schaffer 2015; Thomas et al. 2018). Diskursanalytische Perspektiven bieten sich daher an, so sie nicht nur danach fragen, was besonders evident erscheint und welche Subjektpositionen u. a. über bildliche Mittel authentifiziert werden, sondern auch, was dabei *als* Konstruktion bzw. in seiner Konstruiertheit verschleiert wird oder eben z. B. im Verhältnis zu sprachlichen diskursiven Praktiken nicht erscheint, im Widerspruch steht etc. (Bild-)Praktiken werden mit Foucault als machtvolle Praktiken verstanden, mit denen und um die gekämpft wird. Insofern geht es nicht nur um getätigte Aussagen, sondern ist gerade für die (intersektionale) Geschlechterforschung bedeutsam, was sag- und zeigbar ist und was nicht sichtbar wird (vgl. Engel 2009).[8]

Im Falle der Bilder, die Fegter im Rahmen ihrer Diskursanalyse als typische anführt, sind es Jungen ‚von nebenan', die als individuelle Persönlichkeiten porträtiert werden (Fegter 2012: 152 f.), oft in einer schulischen Situation, die, so wird suggeriert, offenbar schwer *als* Junge zu bewerkstelligen ist. Diese symbolische Aussagekraft erhalten sie zumeist durch eine Kontrastierung: Mädchen, die zeigen, dass sie etwas wissen, indem sie sich melden (ebd.: 155), Tabellen, die einen Leistungsvergleich anführen (ebd.: 156) oder durch Bildunterschriften. Deutlich wird – was bei Pilarczyk und Mietzner (2005) angelegt ist, hier aber systematisch in die Analyse eingeht –, dass Bilder und Texte sich gegenseitig kontextualisieren. Ebenso, wie Bilder durch ihren Begleittext eine Art Anleitung zum Schauen erhalten (was die Bildlektüre nicht determiniert, sondern ebenso irritieren kann), erhalten auch die Texte eine Art bildlichen Maßstab. Für die Rezeption der Bilder bedeutsam sind die Regelmäßigkeiten und die wiederholenden Fixierungen in ihren Varianten, die auch ohne die Wahrnehmung von komplexen Texten als etwas ‚hängen bleiben', das es wert ist, *abgebildet* zu werden, wie auch (eher vereinzelte oder distinkte) kontrastive ‚Gegenentwürfe'.

Interessant in dieser Hinsicht ist noch einmal der Befund, dass wir es bei illustrierenden Geschlechterbildern besonders häufig mit Fotografien zu tun haben. Dass diese im Alltagsverständnis als – durchaus manipulierbare – aber dennoch Abbilder verstanden werden, geht in ihr ‚Funktionieren' als diskursive Praxis ein (vgl. Fegter 2011: 212). Sie erzeugen ein lebendig-dialogisches Verhältnis zu den Betrachtenden, indem sie Personen, Vorstellungen bzw. einen Sachverhalt *verkörpern*. Roswitha Breckner spricht in ihrer Sozialtheorie des Bildes von „mit Bildern verbundenen Prozessen der Verlebendigung" (2010: 111), wobei die spezifische visuelle Materialität (Fotografie, Zeichnung) zur Ausgestaltung von Geschlechterbildern beiträgt. Sehr anschaulich wird dies in der Untersuchung von Christin Sager (2015), in der sie bundesrepublikanische Aufklärungsdiskurse von 1950–2010 untersucht. Insofern Sexualität und Geschlecht – historisch je spezifisch – miteinander verstrickt sind, sind Geschlechterkonstruktionen in Aufklärungsbüchern Teil der Analyse. Gerade hier geraten Bilder in den Blick, da mit der Hinwendung zum Kind seit den 1970er Jahren vermehrt zunächst auf Fotos, später vor allem auf Zeichnungen zurückgegriffen wurde, die Geschlechterunterschiede (u. a. anhand von sog. sekundären Geschlechtsmerkmalen) verdeutlichen sollten und damit vor allem auch Hierarchisierungen im Geschlechterverhältnis

---

8 Zur Veranschaulichung: Bilder zu Coronapandemie bedingten Lebenssituationen von Familien in Tageszeitungen zeigen vor allem Mütter oder Väter mit einem Kind in ‚Mittelschichtshaushalten' mit Laptop und Kaffeetasse gemeinsam am Tisch. In den Texten geht es dann auch um klassenbezogene soziale Ungleichheit in Bezug auf Bildungschancen – verbildlicht findet sich diese allerdings nicht (vgl. Kleiner/Langer/Thon 2022).

erzeugten (vgl. ebd.: 149 ff.). In Sagers Analysen wird aber auch seit den 1990er Jahren die Tendenz deutlich, Geschlechtergleichstellung voranzutreiben und wie dies auf der Textebene und auf der Ebene der Verteilung bei der bildlichen Darstellung realisiert wird (ebd.: 234 f.). Auch in Zeichnungen werde zunehmend versucht, Stereotypen zu vermeiden. Beharrungstendenzen zeigen sich vor allem bei Fotografien, die deutlich häufiger stereotype Geschlechterdarstellungen vermitteln und die möglicherweise unbewusst in die Gestaltung von Fotografien durch alle daran Beteiligten (s. Kap. 3.1.1.) eingingen (ebd.: 237). Für die Analyse diskursiver Praktiken ist wiederum entscheidend, welche Bilder für die Publikationen ausgewählt werden.

3.1.3 Verteilungsmuster und Stereotype in Bildungsmedien

Waren zuvor Geschlechterbilder von Pädagog*innen und vor allem Adressat*innen – also Akteur*innen im pädagogischen Verhältnis – Gegenstand der Analysen, leitet die zuletzt vorgestellte Studie von Sager bereits zu einem weiteren Forschungsbereich über, in dem Bilder eine zentrale Rolle spielen: Schul- oder Kinderbilderbücher, die auf Geschlechterstereotypen hin untersucht werden – wobei zunehmend auch jene Bücher interessieren, die diese gerade nicht reproduzieren (sollen). Gegenstand sind hier also Bilder, die als didaktisches oder i. w. S. als pädagogisches Material begriffen werden können, das Kindern und Jugendlichen Wissen vermittelt. Die Adressat*innen der Bilder sind also in erster Linie Kinder (allerdings sind Erwachsene oft co-adressiert) und die visuelle Materialität ist eine andere – nämlich zumeist nicht fotografisch.[9]

Bilderbuchanalysen gibt es bereits lange, vor allem in der Literaturdidaktik, ebenso hat die Schulbuchforschung ihre Tradition, die sich wie die Geschlechterforschung als gesellschaftskritische Auseinandersetzung beschreiben lässt (vgl. Ott 2017: 281). Methodisch wird deshalb vielfach an dort bereits bestehende Instrumentarien angeschlossen, die sich gleichermaßen auf die Analyse von Bildern wie auch Texten beziehen (vgl. ebd.: 283 ff.; Staiger 2014). Häufig erfolgen explorative Untersuchungen und/oder eine quantitative Darstellung, wie häufig Mädchen oder Jungen bzw. Männer oder Frauen im Zusammenhang mit welchen Tätigkeiten bildlich dargestellt werden. Eine Studie, die fragt, *wie* diese Darstellung erfolgt, stammt von Lars Burkhard und Florian Cristobal Klenk zu „Geschlechterdarstellungen in Bilderbüchern. Eine empirische Analyse" (2016). In der Studie werden 133 in Kindertagesstätten genutzte Kinderbücher auf zweigeschlechtliche Verteilungsmuster, Heteronormativität und Brüche mit Stereotypen hin untersucht. Hier aber auch in anderen quantifizierenden Untersuchungen

---

9 Insofern ließe sich Sagers Studie auch hier einordnen, allerdings unterscheidet sie sich im Zuschnitt, der eben auch auf Diskursivierung angelegt ist, während die folgenden Studien einen engeren Fokus auf Stereotypisierung setzen.

erfolgt ein anderer Zugriff auf die Bilder als in den bisher vorgestellten Studien: Theoriegeleitet und ebenfalls aus empirischen Analysen abgeleitet werden bestehende Kategorien für typische und untypische Merkmale von Weiblichkeit bzw. Männlichkeit hinsichtlich von Aussehen, Tätigkeiten, Verhalten, Emotionen und Raum aufgegriffen, die dann in den Bildern ‚wiedererkannt' werden und zu entsprechenden Einschätzungen führen (ebd.: 67 f.). Dieses Vorgehen ist für die Frage nach Verteilungen aufschlussreich und untermauert in der Zusammenschau des Forschungsstandes die nach wie vor äußerst geschlechterstereotypen und heteronormativen Bebilderungen, mit denen Heranwachsende regelmäßig und wiederholt konfrontiert werden, wenngleich zumindest in dieser Studie das rein zahlenmäßige Verhältnis von weiblichen und männlichen Figuren einigermaßen ausgeglichen ist.[10] Familienkonstellationen jenseits der bürgerlichen Kleinfamilie, geschlechtliche oder sexuelle Diversität kommen jedoch in der Regel nicht vor.[11] Dieser Befund lässt sich so gleichermaßen für aktuell verwendete Schulbücher formulieren (vgl. Bittner 2011). Welche Potenziale sich zur Irritation und zum Aufbrechen von Stereotypen in den Büchern finden, lässt sich bei der gegenwärtigen Datenlage nur über qualitative Bild(text)analysen herausarbeiten, die aufzeigen, wie im Ineinandergreifen von Bild und Text sowie im Narrationsprozess Verschiebungen von Normalitätsvorstellungen und Erweiterungen des Identifikationsrahmens stattfinden (exempl. Burghard/Klenk 2016: 74 f.).

3.2 Medienrezeption und hybride Bildpraktiken

Nicht erst im Zuge der Forschungsarbeiten zu Social Media-Formaten und der Dynamisierung unterschiedlicher Bildpraktiken durch Digitalisierung sind auch ‚Bewegtbilder' Gegenstand (erziehungswissenschaftlicher) Geschlechterforschung. Erziehungswissenschaftlich in Klammern, da hier noch einmal mehr transdisziplinäre Übergänge zu Medien-, Kultur- und Sozialwissenschaften zu konstatieren sind. Wegweisend war die feministische Filmkritik (für den Überblick vgl. Gradinari 2015), deren Erkenntnisse besonders deutlich machten, wie stark Darstellungs- und Sehgewohnheiten nicht nur miteinander verknüpft, sondern

---

10 Dieser Befund lässt sich nach wie vor auch für ein weiteres Forschungsfeld, das allerdings kaum in der Erziehungswissenschaft verortet ist, festhalten: die Analyse von Geschlechterbildern in der Werbung. Als einer der ersten hat Erving Goffman (1981/1976) die ritualisierten Darstellungen des Geschlechterverhältnisses in Bildern analysiert – vieles davon hat im Verlauf der Zeit und auch heute noch seine Gültigkeit (vgl. u.a. Borstnar 2002; Holtz-Bacha 2011; Mühlen-Achs 1995).
11 Wenngleich eine Zunahme entsprechender Bücher zu verzeichnen ist, darauf weisen bestehende Listen von ‚alternativen' Kinderbüchern hin (z. B. https://www.queerformat.de/kinderbuecher-fuer-eine-vorurteilsfreie-und-inklusive-bildung-3-6-jahre). Jedoch finden diese Bücher nicht unbedingt Eingang in pädagogische Institutionen.

eben auch – filmgenrebezogen in unterschiedlicher Weise – vergeschlechtlicht sind und was Dekonstruktionen ermöglichen. Die Filmwissenschaftlerin Kaja Silvermann (1997) prägte einen dynamischen Begriff des Blickregimes, der ein komplexes Zusammenspiel beschreibt: von historisch-kulturell-symbolischen Regeln, die prägen, wie etwas dargestellt und intelligibel werden kann (gaze), dem virtuellen Archiv kulturell verfügbarer Bilder (look) – zu dem eben auch Körper zählen – und der individuell-biographisch/sozialen Position (screen). Dies ergänzt Engel (2009: 206) noch um technologische und institutionelle Bedingungen, die etwas in spezifischer Weise sehbar machen.

Im Zuge von Filmanalysen oder allgemeiner unter der Klammer ‚Medien und Geschlecht' (Mühlen-Achs 1995) wurde insbesondere in den 1990er Jahren häufiger die Frage nach der Medienrezeption gestellt. Im Rahmen einer solchen Studie prägte Cornelißen (1994) den hier eingangs aufgenommen Begriff der Geschlechterbilder. Während feministische Filmtheorie und -kritik vor allem auf Erwachsene bezogene Geschlechterbilder fokussiert, sind für Sozialisation und Bildung darüber hinaus Studien interessant, die Figuren aus Kinderfilmen bzw. -fernsehen auf ihre Geschlechterrepräsentationen sowie ihre geschlechterbezogene Aneignung hin analysieren, so die umfassende Studie des Internationalen Zentralinstituts für das Jugend- und Bildungsfernsehen (IZI) (vgl. Götz 2013). Die Analyse der Geschlechterverteilung[12] verdeutlicht die Dominanz männlich zu lesender Figuren (im Verhältnis 2:1 zu ‚weiblichen' Charakteren) (Götz 2013: 27 ff.). Die Analyse der Narrative zeigt ähnliche Stereotype bspw. bei Familienbildern, von männlichen Helden oder im Rahmen von Sexualisierungen des weiblichen Körpers, wie sich das auch schon für Bilderbücher oder Werbung abzeichnete (vgl. Uhrig 2020).

Ein untersuchtes TV-Format, mit dem viele Jugendliche aufwachsen, sind Castingshows. Der Frage nach der Relevanz und Wirksamkeit von Geschlechterbildern in der Adoleszenz geht Anna Stach (2013) an ausgewählten Sequenzen der Sendung „Germanys next Topmodel" nach. Sie fragt, wie Geschlechterbilder vermittelt werden und wie sie von den Rezipient*innen angenommen, beurteilt oder kritisiert werden, was sie durch Gruppendiskussionen erfasst. Deutlich wird, dass nicht nur Idealbilder des weiblichen Körpers erzeugt werden, sondern es als Zuschauer*in auch um die Einübung des kritischen Blicks auf den weiblichen Körper geht. Die Kameraführung suggeriert in Kombination mit dem gesprochenen Wort Selbstphantasien als Expert*innen, die vielfach beschämende Blickpraktiken evozieren, wie Stach unter Einbezug der Affekte der befragten Jugendlichen herausarbeitet.

---

12 Über die Anzahl von weiblich oder männlich zu lesender Figuren hinaus wird für Filmanalysen häufig der sog. Bechdeltest genutzt, den Alison Bechdel 1985 anhand folgender Fragen als Testverfahren entwickelt hat: Gibt es mehr als zwei Frauen, haben diese Namen, sprechen sie miteinander und über etwas anderes als über einen Mann? (vgl. Uhrig 2020: 3).

Wenngleich Fernsehen für vor allem jüngere Kinder nach wie vor bedeutsam ist, sind es die Social Media-Formate, die bei der Auseinandersetzung mit der eigenen Geschlechtlichkeit, mit gesellschaftlichen Geschlechternormen, mit Fragen der geschlechtlichen Verortung sowie nach sexuellen Orientierungen für Heranwachsende eine zentrale Rolle spielen (vgl. Döring 2019). War schon in Bezug auf Fernsehen eine schlichte Gegenüberstellung von Bild-/Filmproduktion und -rezeption nicht angemessen, so erübrigt sich diese Vorstellung gänzlich für digitale Medienpraxen. Denn „Social Media Plattformen agieren *auf* die Userinnen- und Useraktivität hin und *mit* ihr" (Flasche/Carnap 2021: 262 Herv. i. O.) und sind netzwerklogisch organisiert. Damit geht es in der empirischen Forschung einmal mehr um relationale Materialisierungen des Medialen und um Praktiken des „Mit-Medien-Seins" (Hoffarth/Reuther/Richter 2020: 11). Im Rahmen der Geschlechterforschung liegt der Fokus gegenwärtiger Studien vor allem auf Weiblichkeitsinszenierungen, allerdings nicht, weil diese besonders häufig vertreten sind. So zeigen quantitative Verteilungsstudien für YouTube und Musikvideos eine ähnliche Verteilung wie für Film und Fernsehen, wenn nicht sogar eine noch stärkere Schieflage gerade bei den am meisten besuchten Kanälen (vgl. Döring 2019; Prommer/Wegener/Hannemann/Linke 2018): Frauen stellen knapp ein Drittel der Protagonist*innen dar, präsentieren sich vorwiegend im privaten Raum, vor allem im Beauty- oder Servicebereich. Ca. 2 % sind Inter*/Trans* bzw. queere Personen – zu queeren Räumen war jedoch für den deutschsprachigen Raum bisher keine Forschung aufzufinden. Männlichkeitsdarstellungen sind weitaus vielfältiger und finden häufiger im öffentlichen Raum oder Berufskontexten statt. Für erziehungswissenschaftliche Forschung interessant ist hier jedoch nicht der erneute Verweis auf eine traditionelle Rollenverteilung, sondern dass sich die Mechanismen der geschlechtlichen Subjektivierung durch die Verknüpfung der visuellen Darstellung gegenüber einem Publikum mit Befragungen und/oder den auf die Visualisierung bezogenen Kommentierungen herausarbeiten lassen. So führen Prommer et al. (2018: 4) aus, dass die Selbststereotypisierung nicht mit eigenen Interessen übereinstimmen muss, dass abwertende, sanktionierende Kommentare aber vor allem dann erfolgten, wenn Normen nicht entsprochen werde, d. h. auch wenn nonkonforme Themen, Tätigkeiten oder Räume besetzt werden. Da dabei vor allem bei vergeschlechtlichten Körperpräsentationen angesetzt wird, steht schnell auch das eigene Selbst in Frage. Um Reichweite zu generieren, erfolgen somit vielfach Anpassungen an normierte Darstellungsweisen, die traditionelle Geschlechterrollen reproduzieren.

Wie wiederum Selbstpräsentationen von Influencerinnen auf Instagram von weiblichen Jugendlichen rezipiert werden, untersucht Götz (2019). Sie analysiert zunächst die Weise der Selbstpräsentationen, wobei sie die Bilder als Einzelne und den jeweiligen Account im Ganzen als Selbstbranding der Person versteht. Werden oberflächlich betrachtet, ähnlich wie in der Werbung, „Bilder erfüllten Lebens und idealisierter Weiblichkeit" (ebd.), schlanke Körper mit reiner Haut und gestylter Langhaarfrisur präsentiert, werden Differenzierungen in der individuellen Präsentation sichtbar. Im Vergleich zu diesen Bildanalysen zeigen Fallstudien von Mädchen, die auf Instagram aktiv sind, und eine weitere repräsentative Befragung, wie stark sie sich an den Influencerinnen orientieren (z. B. an den Ort reisen) und in eine Spirale der perfekten Darstellung gelangen (ebd.: 27).

In der Anlage der Studie überwiegt eine Rezeptionsannahme, die in der Übernahme entsprechender Muster besteht und diese bestätigt. Studien, die genauer die als hybrid verstanden Praxen untersuchen, arbeiten stärker zeitgleich unterschiedliche Präsentationsstrategien, Brüche und Ambivalenzen heraus. So zeigen Carnap und Flasche (2020) in einer vergleichenden Fallanalyse von TikTok-Videos eines Freundinnenpaars, dass die Videos sehr unterschiedlichen Strategien folgen und nicht lediglich normierende Bilder reproduzieren. Sie zeigen auch, wie die beiden Zwölfjährigen in den Kreativitätsmodus von TikTok eingebunden sind, ohne jedoch das Verhältnis zum Algorithmus kennen und ihre jeweilige Positionierung dazu einschätzen zu können (ebd.: 48). Hier wird eine Vielschichtigkeit der (nicht nur) vergeschlechtlichenden Bildpraktiken und Selbstverortung – erhoben mittels Interviews – deutlich, die nicht in der Nachahmung von mehr oder weniger stereotypen Vorbildern aufgeht.

Sprachlich verfasstes Material spielt also in diesen Analysen neben Videos oder Fotos bzw. Bildern immer eine Rolle. Methodisch nehmen die Videos in der Analyse eine immer schon relationierte Stellung zu verschiedenen Textsorten ein. In der Studie von Susanne Richter (2021) zu Beauty-Communitys auf YouTube sind es die Kommentare zu den Videos, sodass nicht nur die Performances, sondern gerade auch deren Diskursivierung – hier mittels der Situationsanalyse von Adele Clarke – Gegenstand der Analyse ist. Untersucht wird, „welches Wissen der Akteur_innen um die Geschlechterordnung besteht, welche Anforderungen sie an sich gestellt wissen und wie sie diese bearbeiten" und zugleich „wie ihre Performances und Aushandlungen ihrerseits Teil des Diskurses sind und Normen und Subjektivierungen konstituieren" (ebd.: 129).

Solche Forschungsfelder werden aktuell ausgebaut und es besteht die Chance, nicht lediglich nach normierenden Geschlechterbildern zu fragen, sondern bspw. bisher marginalisierte Geschlechterpraktiken, -räume oder -positionierungen für die (Soziale) Medien Potentiale, wie Wissen, Kommunikation, Auseinandersetzung oder auch Solidarisierung enthalten, und damit (nicht nur geschlechtliche) Vielfalt aber auch deren Konstruktionen und Konstitutionsbedingungen intersektional in den Fokus zu rücken, ohne eine neue Dichotomie gegenüber heteronormativen Bildern zu erzeugen (vgl. z. B. Uhrig 2020). Das erfordert allerdings vielfach (noch) komplexere methodische Zugänge und insofern verwundert es nicht, dass es selten die Bilder allein sind, die Gegenstand der Analyse sind, sondern auf Sprachliches und – wie wir bereits gezeigt haben – Sprachbildliches zurückgekommen wird, wie bspw. mittels Foto-Interviews, die im letzten auf Methoden ausgerichteten Kapitel noch besprochen werden sollen.

3.3 Bilder als Erhebungsinstrument in der Forschung

Forschende sind in den bisher vorgestellten Studien zwar an der Erstellung des Materialkorpus und als Betrachtende und Analysierende an der Konstruktion (der Serialität) des Forschungsgegenstands beteiligt, nicht aber in den Prozess der Entstehung der Aufnahmen eingebunden. Die jeweils analysierten Bilder existierten auch ohne die Forschung. In die Situation eingebunden, in der Bilder für die Forschung produziert werden, sind Forschende in einigen ethnographischen (z. B. Langer 2007; Tervooren 2006[13]), diskursanalytischen (vgl. Wieners/ Weber 2021) bzw. allgemeiner im Rahmen von Interviewstudien (u. a. Kleynen 2006; Kleynen/Klika 2007; Windheuser 2018). Fotografieren können hier alle im Feld beteiligten Akteur*innen, in der Forschungspraxis sind es jedoch meist die Beforschten/Interviewten, die aufgefordert werden zu fotografieren oder Bildcollagen zu erzeugen (z. B. Kirchhoff/Zander 2018). Der Einsatz der Kamera geht dabei über die Dokumentation in Form des ‚fertigen' Bildes hinaus. Fotografieren, Bildbetrachtung und -zusammenstellung wird auf unterschiedliche Weise zum eigenständigen Erkenntnisinstrument, da viele Praktiken im Zusammenhang mit Geschlechterinszenierungen körperlicher Art sind. Um Körperpraktiken, Phänomene des Habitus und deren Verweisungen auf die Imagination von Vor-Bildern untersuchen zu können oder bestimmte Gesten und Körperhaltungen ‚festzuhalten', bietet sich die Fotografie an. Wie Pierre Bourdieu in seinen Ausführungen über die „sozialen Gebrauchsweisen der Photographie" (1981/1965) ausführt, geht mit dem Einsatz der Kamera in bestimmter Weise die Aufforderung zur Inszenierung einher. Der Gebrauch der Fotografie in der Forschung macht sich diese regelgeleitete Praxis zu eigen und fragt, welche sozialen Praktiken des Fotografierens und Inszenierens für das Foto sich herausarbeiten lassen, auf welche gesellschaftlichen Annahmen bzw. Bilder dabei zurückgegriffen und wie damit Objektivität oder Authentizität hergestellt wird (vgl. Langer 2007). Zudem wird der Kontext, in dem die Fotos entstehen, zum Gegenstand der Forschung – also die Situation, die spezifische Organisation, der biographische Moment, die Forschungsbeziehung etc.

Eine marginalisierte männliche Position war Gegenstand des Forschungsprojektes von Dorle Klika und Thomas Kleynen (2007), in dem sie männliche Studierende für das als ‚weibliche Domäne' beschriebene Fach Kunst anhand von Fotointerviews zur Selbstinszenierung baten. Kleynen (2006) zeigt anhand von biographischen Interviews, inwiefern geschlechtstypische Fächerwahlen in

---

13 Es handelt sich um eine ethnographische Studie, die neben anderen empirischen Materialien im Forschungsprozess von den Beforschten erstellte Videos einbezieht. Wir führen es hier auf, weil dies ebenso bildliches Material ist, das zur Erhebung genutzt wird, bleiben aber in diesem Kapitel dennoch bei Fotografien, da sich dazu die meisten methodologischen Auseinandersetzungen finden lassen. Nicht aufgegriffen wird die Videographie als Forschungsmethode.

Schule und Lehramt auf Geschlechterbildern basieren und entsprechende dichotome Gegenüberstellungen in ‚objektive Mathematik' und ‚subjektive Kunst' gleichermaßen die Vorstellung von der eigenen Lehrtätigkeit und von damit verbundenen Machtverhältnissen prägen. Der Einsatz der Fotografie soll wiederum „inkorporierte Geschlechterdar- und vorstellungen" (ebd.: 228) sichtbar machen, die für die Fächerwahl als äußerst bedeutsam erachtet werden – und nicht in Worte gefasst werden können, sondern sich eben körperlich-visuell präsentieren. Interview und Foto werden hier als jeweils spezifische Form der Selbstpräsentation begriffen. Der Einfluss der Fotografierenden soll durch das Arrangement möglichst geringgehalten werden, sodass die fotografierte Person letztlich – wie bei einem Selfie – die Inszenierung bestimmt und die Forschung als ‚neutraler' Blick erscheint. Deutlich wird, dass die Person, die den Auslöser bedient, dennoch geschlechtlich gelesen wird und diese Interpretation in die Inszenierung einfließt (ebd.: 235).

Die Fotointerviews mit Jugendlichen in der Studie „Geschlecht und Heimerziehung" von Jeannette Windheuser (2018) folgen nicht dem Ansinnen, eine möglichst objektive Betrachtung von empirischem Material herzustellen, ebenso wenig dem Nebeneinander von Foto und Interview (vgl. ebd.: 194), vielmehr werden Methode und Erhobenes Teil des untersuchten – „bedingten" – Materials (ebd.: 195). Diese Bedingtheit folgt nicht nur der Situativität und Kontextdurchzogenheit von Forschung und der spezifischen Materialität des Fotos, sondern resultiert aus einer geschlechtertheoretischen Auseinandersetzung. Diese greift die für Erziehungswissenschaft bedeutsamen aber im wissenschaftlichen Duktus vernachlässigten Aspekte Vergänglichkeit und Angewiesenheit auf, die durch Generativität und Geschlecht markiert werden (vgl. ebd.: 190). Diese Aspekte, die feministische Kritik an androzentristischer Wissensproduktion sowie die Bearbeitung von Beschränkungen unterschiedlicher geschlechtertheoretischer Positionen, führen zu einer grundsätzlichen Diskussion des Empirie-Theorie-Verständnisses und des Umgangs mit sprachlichen und bildlichen Artikulationen im Laufe ihres Forschungsprozesses. Fotografie, Text und Geschlecht haben nach Windheuser (2018: 192) eine gemeinsame Ambivalenz: nicht eindeutig zu sein und zugleich als eindeutig oder wahr angesehen zu werden. Sie werden vor allem dann mit Skepsis beäugt, wenn ihre kulturelle, vermittelnde Funktion betont wird, woraus u. a. die Perspektive begründet wird, sich dem Unkontrollierbaren im Bild zuzuwenden (vgl. ebd.: 194). Auf diese Weise kommen bspw. Vorstellungen „geschlechtlich unabhängiger Freiheit im Ökonomischen" (ebd.: 246) bei gleichzeitiger Naturalisierung von Geschlecht, wie auch Artikulationen der Verschränkung von Vergeschlechtlichung mit klassenspezifischen Distinktionen (vgl. ebd.: 260) und deren gesellschaftliche und institutionalisierte Bedingtheiten zur Sprache.

4. Fazit: Zum Umgang mit Reifizierungstendenzen in der Forschung

Wir haben uns sowohl mit sprachlich erzeugten Geschlechterbildern als auch mit Visualisierungen von Geschlecht(ern) auseinandergesetzt. Die Gleichzeitigkeit der Bedeutungserzeugungen war uns wichtig darzustellen, da sie im Alltag und auch in der wissenschaftlichen Wissensproduktion eng miteinander verwoben sind und eine Grammatik des Sehens erzeugen. Eine Schlüsselstelle, so haben wir herausgestellt, ist die Präsenz des Körpers für visuelle Geschlechterinszenierungen sowie das körperlich-leibliche Erleben von Geschlechtsidentität. Dabei sind die ‚abgebildeten' Körper auf Bildern zugleich imaginäre Körper, die „auf weitere imaginäre Körper, Gesellschaftskörper oder ökonomische Korporationen, Wissenskörper oder Maschinenkörper verweisen" (Engel 2009: 82). Trotz oder eher aufgrund dieser Zusammenhänge ist die Relevanz von und der Umgang mit visuellen Darstellungen mit Besonderheiten verbunden, die dann auch in den je methodischen Zugängen methodologisch bearbeitet werden (müssen). Die variantenreichen Forschungen wurden im Kapitel 3 aufgefächert und sind sicherlich nicht abgeschlossen.

Die heuristische Klammer der ‚Geschlechterbilder' ermöglichte die oben genannten Verschränkungen zu explizieren, sie hat jedoch auch ihre Grenzen: Der stark normative Gehalt im Sinne gesellschaftlicher Idealbilder unterstützt die Reifizierung – also die Reproduktion – von Geschlechterstereotypen, die in den Rekonstruktionen von Geschlechterkonstruktionen, noch dazu in der Summe dieser Darstellungen und in der notwendigen Kürze der Ergebnispräsentationen, *in der Tendenz* bereits stattfindet. Der Fokus, gerade in der Hinwendung zu Bildmaterial, liegt in den allermeisten Fällen auf Weiblichkeits- oder Männlichkeitsdarstellungen und da diese gerade in Fotografien oder auch Videos in der Mehrzahl der Fälle stereotyp sind, wird die Zweigeschlechterordnung und deren heteronormative Grundlegung mit der Forschung immer wieder reproduziert. Reifiziert werden aber nicht nur sichtbare Differenzen, Hierarchien und darüber soziale Ungleichheiten, sondern auch die Unsichtbarmachung und Verknappung von Handlungsoptionen, die von der Norm abweichend und nicht als von der Norm abweichend dargestellt werden.

Das Problem der Reifizierung, mit dem sich in der Geschlechterforschung theoretisch und methodologisch schon lange auseinandergesetzt wird (vgl. Gildemeister/Wetterer 1992), scheint im Umgang mit Bildmaterial, das vor allem menschliche Körper darstellt, besonders evident zu sein. Dem Dilemma ist nicht gänzlich zu entkommen, nicht nur weil die Zweigeschlechterordnung trotz einer dritten Kategorie ‚divers' und gelebter Vielfalt gesellschaftlich strukturgebend ist, sondern auch, weil Geschlechterforschung genau diese Macht- und Herrschaftsverhältnisse analytisch in den Blick nimmt und benennen muss. Das Wissen um Androzentrismus in der Wissensproduktion, um geschlechtlich konnotierte

Räume, Körper, Dinge, Wahrnehmungs- bzw. Sichtweisen, wie der ‚male gaze' in Film- und Bildproduktion, ist nach wie vor bedeutsam und sollte auch über die Grenzen der Geschlechterforschung in der Erforschung des Visuellen gleichermaßen wahrgenommen werden.

Als Ausblick seien einige Forschungsperspektiven genannt, die die Reifizierung jedenfalls mildern können: eine gezielte Inblicknahme von nicht-heteronormativen Praxen, von Brüchen im Umgang mit Stereotypen, von existierenden, aber oft weniger sichtbaren alternativen Lebensweisen, von Marginalisierungen und Ausschlüssen, die mit dominanten Visualisierungen einhergehen. Denn die normierenden Geschlechterbilder zeigen nicht nur eine Dominanz spezifischer Geschlechterinszenierungen, sondern bspw. auch vermeintlich gesunder und *Weißer* Körper. Wenn Forschung intersektional ausgerichtet wird, können durch die Interdependenzen verschiedener sozialer Kategorien weniger geschlechtstypische oder vielleicht klassizistische, ethnisierende Bilder und insgesamt weitaus vielfältigere Konstellationen in den Blick geraten, Macht- und Ungleichheitsverhältnisse aber dennoch benannt werden. Gegenwärtig ist bei der Transformation von Geschlechterverhältnissen eine Gleichzeitigkeit gegenläufiger Bewegungen von Öffnung und Schließung zu beobachten – auch diese kann in ihren Relationen fokussiert werden. Machtanalytisch gefasst müssen solche Forschungen jedoch weit mehr sein als schlichte Bildanalysen – das zeigen auch die vorgestellten Arbeiten. Und nicht zuletzt ist es auch eine Frage der geschlechtertheoretischen Perspektive, wie was Gegenstand der Forschung wird.

Literatur

Baader, Meike Sophia (2004): Historische Genderforschung und „cultural turn". In: Glaser, Edith/Klika, Dorle/Prengel, Annedore (Hrsg.): Handbuch Gender und Erziehungswissenschaften. Bad Heilbrunn: Klinkhardt, 322–336.

Bargetz, Brigitte/Ludwig, Gundula (2017): Affektive (Ver-)Führungen: Machttheoretische Überlegungen zu Heteronormativität. In: Femina Politica – Zeitschrift für feministische Politikwissenschaft, 26(1), 118–130.

Bittner, Melanie (2011): Geschlechterkonstruktionen und die Darstellung von Lesben, Schwulen, Bisexuellen, Trans* und Inter* (LSBTI) in Schulbüchern. Eine gleichstellungsorientierte Analyse. Frankfurt: GEW.

Borstnar, Nils (2002): Männlichkeit und Werbung. Inszenierung – Typologie – Bedeutung. Kiel: Ludwig.

Bourdieu, Pierre (1981/1965): Die gesellschaftliche Definition der Photographie. In ders. et al. (Hrsg.): Eine illegitime Kunst. Die sozialen Gebrauchsweisen der Photographie. Frankfurt: Europäische Verlagsanstalt, 85–109.

Braun, Christina von/Stephan, Inge (2013): gender @ wissen. Ein Handbuch der Gender-Theorien. Köln: Böhlau.

Breckner, Roswitha (2010): Sozialtheorie des Bildes. Zur interpretativen Analyse von Bildern und Fotografien. Bielefeld: transcript.

Burghard, Lars/Klenk, Florian Cristobal (2016): Geschlechterdarstellungen in Bilderbüchern. Eine empirische Analyse. In: GENDER. Zeitschrift für Geschlecht, Kultur und Gesellschaft, 8(2), 61–80.

Carnap, Anna/Flasche, Viktoria (2020): Diskursive Sichtbarkeiten – Aufführungen von Geschlechtlichkeit in (post-)digitalen Jugendkulturen. In: Hoffarth, Britta/Reuter, Eva/Richter, Susanne (Hrsg.): Geschlecht und Medien. Räume, Deutungen und Repräsentationen. Frankfurt, New York: Campus, 43–64.

Cornelißen, Waltraud (1994): Klischee oder Leitbild? Geschlechtsspezifische Rezeption von Frauen- und Männerbildern im Fernsehen. Opladen: Westdeutscher Verlag.

Debus, Katharina (2014): Von versagenden Jungen und leistungsstarken Mädchen. Geschlechterbilder als Ausgangspunkt von Pädagogik. In: Debus, Katharina/Laumann, Vivien (Hrsg.): Rechtsextremismus, Prävention und Geschlecht. Vielfalt_Macht_Pädagogik. Düsseldorf: Böcklerstiftung, 105–141, https://www.boeckler.de/pdf/p_arbp_302.pdf [10.02.2022].

Döring, Nicola (2019): Videoproduktion auf YouTube: Die Bedeutung von Geschlechterbildern. In: Dorer, Johanna/Geiger, Brigitte/Hipfl, Brigitte/Ratkovi, Viktorija (Hrsg.): Handbuch Medien und Geschlecht. Wiesbaden: Springer, 1–11.

Engel, Antke (2009): Bilder von Sexualität und Ökonomie. Queere kulturelle Politiken im Neoliberalismus. Bielefeld: transcript.

Fegter, Susann (2011): Die Macht der Bilder – Photographie und Diskursanalyse. In: Oelerich, Gertrud/Otto, Hans-Uwe (Hrsg.): Empirische Forschung und Soziale Arbeit. Wiesbaden: Springer VS, 207–219.

Fegter, Susann (2012): „Die Krise der Jungen in Bildung und Erziehung. Diskursive Konstruktion von Geschlecht und Männlichkeit". Wiesbaden: Springer VS.

Flasche, Viktoria/Carnap, Anna (2021): Zwischen Optimierung und ludischen Gegenstrategien. Ästhetische Praktiken von Jugendlichen an der Social Media Schnittstelle. In: MedienPädagogik 42, 259–280.

Gildemeister, Regina/Wetterer, Angelika (1992): Wie Geschlechter gemacht werden. Die soziale Konstruktion der Zweigeschlechtlichkeit und ihre Reifizierung. In: Knapp, Gudrun-Axeli/Wetterer, Angelika (Hrsg.): TraditionenBrüche. Entwicklungen feministischer Theorie. Freiburg: Kore, 201–254.

Gradinari, Irina (2015): Feministische Filmtheorie. In: Gender Glossar/Gender Glossary (7 Absätze). http://gender-glossar.de [10.02.2022].

Goffman, Erving (1981/1976): Geschlecht und Werbung. Frankfurt: Suhrkamp.

Götz, Maya (2013): Die Fernsehheld(inn)en der Mädchen und Jungen. Geschlechtsspezifische Studien zum Kinderfernsehen. München: kopaed.

Götz, Maya (2019): Die Selbstinszenierung von Influencerinnen auf Instagram und ihre Bedeutung für Mädchen. Zusammenfassung der Ergebnisse einer Studienreihe. In: TELEVIZION 32. Jg., H. 1, 25–28. https://www.br-online.de/jugend/izi/deutsch/publikation/televizion/32_2019_1/Goetz-Die_Selbstinszenierung_von_Influencerinnen.pdf [17.02.2022].

Hausen, Karin (1976): Die Polarisierung der Geschlechtscharaktere. Eine Spiegelung der Dissoziation von Erwerbs- und Familienleben. In: Conze, Werner (Hrsg.): Sozialgeschichte der Familie in der Neuzeit Europas. Stuttgart: Klett-Cotta, 363–393.

Hentschel, Linda (2002): Pornotopische Techniken des Betrachtens. Gustave Courbets „L'Origine du monde" (1866) und der Penetrationskonflikt der Zentralperspektive. In: Härtel, Insa/Schade, Sigrid (2000): Körper und Repräsentation. Opladen: Leske + Budrich, 63–71.

Hoenes, Josch/Januschke, Eugen/Klöppel, Ulrike (2019): Häufigkeit normangleichender Operationen ‚uneindeutiger' Genitalien im Kindesalter. Bochum: RUB. https://omp.ub.rub.de/index.php/RUB/catalog/view/113/99/604 [18.02.2022].

Hoffarth, Britta/Reuter, Eva/Richter, Susanne (2020): Geschlecht und Medien. Räume, Deutungen und Repräsentationen. Frankfurt, New York: Campus.

Holtz-Bacha, Christina (2011) (Hrsg.): Frauen und Männer in der Werbung. Wiesbaden: VS.

Kirchhoff, Nicole/Zander, Benjamin (2018): „Aussehen ist nicht wichtig!" – Zum Verhältnis von Körperbildern und Körperpraktiken bei der Herstellung von Geschlecht durch männliche und weibliche Jugendliche. In: GENDER. Zeitschrift für Geschlecht, Kultur und Gesellschaft, 10(1), 81–99.

Klaasen, Oliver (2020): „The Queerest Space of All is the Void". Über den Zusammenhang von Spuren und lesbischem Feminismus in Kauciyla Brookes künstlerischer Gegen_Demonstration The Boy Mechanic/Los Angeles (seit 2005). In: Hoffarth, Britta/Reuter, Eva/Richter, Susanne (Hrsg.): Geschlecht und Medien: Räume, Deutungen, Repräsentationen. Frankfurt, New York: Campus, 300–322.

Kleinau, Elke/Opitz, Claudia (1996): Geschichte der Mädchen- und Frauenbildung. Frankfurt: Campus.

Kleinau, Elke (2022): ‚Homeschooling', ‚Notbetreuung', ‚Hybridunterricht' – vergeschlechtlichte Bildungs- und Erziehungsarbeit zwischen Retraditionalisierung und Professionalisierung. In: Langer, Antje/Mahs, Claudia/Thon, Christine/Windheuser, Jeannette (Hrsg.): Pädagogik und Geschlechterverhältnisse in der Pandemie – Analysen und Kritik fragwürdiger Normalitäten. Opladen: Budrich, 15–26.

Kleiner, Bettina/Langer, Antje/Thon, Christine (2022): Familistisches Krisenmanagement. Intersektional vergeschlechtlichte Dimensionen der Corona-Krise und ihre erziehungswissenschaftliche Bedeutung. In: Zeitschrift für Pädagogik (ZfPäd), 68(3), 328–344.

Kleiner, Bettina/Rose, Nadine (Hrsg.) (2013): (Re-)Produktion von Ungleichheiten im Schulalltag. Judith Butlers Konzept der Subjektivation in der erziehungswissenschaftlichen Forschung. Opladen: Budrich.

Kleynen, Thomas (2006): Vom Ansehen der Fächer. (Foto- und) Biographische Selbstdarstellungen künftiger Lehrer. In: Bereswill, Mechthild/Löw, Martina (Hrsg.): FrauenMännerGeschlechterforschung. State of the Art. Münster: Wesfälisches Dampfboot, 228–239.

Kleynen, Thomas/Klika, Dorle (2007): Adoleszente Selbstinszenierung in Text und Bild. In: Friebertshäuser, Barbara/von Felden, Heide/Schäffer, Burkhard (Hrsg.): Bild und Text – Methoden und Methodologien visueller Sozialforschung in der Erziehungswissenschaft. Opladen: Budrich, 121–139.

Klika, Dorle (2004): DerDieDas Subjekt und die Welt. Bildungstheoretische Beiträge. In: Glaser, Edith/Klika, Dorle/Prengel, Annedore (Hrsg.): Handbuch Gender und Erziehungswissenschaft. Bad Heilbrunn/Obb: Klinkhardt, 33–46.

Kuster, Friederike (2019): Philosophische Geschlechtertheorien zur Einführung. Hamburg: Junius Verlag.

Langer, Antje (2007): Fotografie in der ethnographischen Forschung – Soziale Gebrauchsweisen und Inszenierungen. In: Friebertshäuser, Barbara/von Felden, Heide/Schäffer, Burkhard (Hrsg.): Bild und Text – Methoden und Methodologien visueller Sozialforschung in der Erziehungswissenschaft. Opladen: Budrich, 141–157.

Langer, Antje (2017): Körperlichkeit in der Machtasymmetrie pädagogischer Verhältnisse. In: Zeitschrift für Soziologie der Erziehung und Sozialisation (ZSE), 37(1), 25–38.

Langer, Antje/Mahs, Claudia/Thon, Christine/Windheuser, Jeannette (2022) (Hrsg.): Pädagogik und Geschlechterverhältnisse in der Pandemie – Analysen und Kritik fragwürdiger Normalitäten. Opladen: Budrich.

Lindemann, Gesa (1995): Geschlecht und Gestalt. Der Körper als konventionelles Zeichen und Geschlechterdifferenz. In: Koch, Gertrud (Hrsg.): Auge und Affekt. Wahrnehmung und Interaktion. Frankfurt: Fischer.

Miezter, Ulrike/Pilarczyk, Ulrike (1998): Aspekte des gestischen Repertoires von Pädagoginnen und Pädagogen. Fotografien als Quelle der historischen Forschung. In: Zentrum für Interdisziplinäre Frauenforschung der Humboldt-Universität zu Berlin (Hrsg.): Frauen und Geschlechterforschung in den Erziehungswissenschaften, Bulletin 17, 13–28.

Mühlen Achs, Gitta/Schorb, Bernd (Hrsg.) (1995): Geschlecht und Medien. München: kopaed.

Ott, Christine (2017): Geschlechterforschung zu Schulbüchern gestern und heute. Forschungsparadigmen und Methodik. In: Aamotsbakken, Bente/Matthes, Eva/Schütze, Silvia (Hrsg.): Heterogenität und Bildungsmedien. Bad Heilbrunn: Klinkhardt, 279–290.

Panofsky, Erwin (1985): Die Perspektive als „symbolische Form". In: ders.: Aufsätze zu Grundfragen der Kunstwissenschaft. Berlin: Wissenschaftsverlag Spiess, 99–168.

Pilarczyk, Ulrike/Mietzner, Ulrike (2005): Das reflektierte Bild. Die seriell-ikonografische Fotoanalyse in den Erziehungs- und Sozialwissenschaften. Bad Heilbrunn: Klinkhardt.

Prengel, Annedore (2021): Anna und Maria mit dem Buch – eine imaginierte pädagogische Beziehung. Thole, Friederike/Wedde, Sarah/Kather, Alexander (Hrsg.): Über die Notwendigkeit der Historischen Bildungsforschung. Wegbegleiter*innenschrift für Edith Glaser. Bad Heilbrunn: Klinkhardt, 125–138.

Prommer, Elizabeth/Wegener, Claudia/Hannemann, Mahelia/Linke, Christine (2018): Selbstermächtigung oder Normierung? Frauenbilder auf YouTube. Ziel und Forschungsmethode der Studie – Zusammenfassung. https://malisastiftung.org/wp-content/uploads/YouTube_Prommer_Wegener_Methodenbeschreibung-Final_3-4.pdf [18.02.2022].

Rancière, Jacques (2005): Politik der Bilder. Berlin: Diaphanes.

Rendtorff, Barbara/Moser, Vera (1999): Geschlecht und Geschlechterverhältnisse in der Erziehungswissenschaft. Opladen: Leske + Budrich.

Rendtorff, Barbara (2014): Jugend, Geschlecht und Schule. In: Hagedorn, Jörg (Hrsg.): Jugend, Schule und Identität. Wiesbaden: VS, 283–298.

Richter, Susanne (2021): „Hallo Schönheiten!" Aushandlung der Geschlechterordnungen in der YouTube Beauty Community. Frankfurt, New York: Campus.

Ricken, Norbert/Balzer, Nicole (2012): Judith Butler – Pädagogische Lektüren. Wiesbaden: VS.

Rose, Nadine (2019): Erziehungswissenschaftliche Subjektivierungsforschung als Adressierungsanalyse. In: Geimer, Alexander/Amling, Steffen/Bosancic, Sasa (Hrsg.): Subjekt und Subjektivierung. Wiesbaden: VS Verlag, 65–85.

Sager, Christin (2015): Das aufgeklärte Kind. Zur Geschichte der bundesrepublikanischen Sexualaufklärung (1950–2010). Bielefeld: transcript.

Schaffer, Johanna (2015): Ambivalenzen der Sichtbarkeit. Über die visuellen Strukturen der Anerkennung. Bielefeld: transcript.

Schaufler, Birgit (2002): „Schöne Frauen – starke Männer". Zur Konstruktion von Leib, Körper und Geschlecht. Opladen: Leske + Budrich.

Schmidtke, Adrian (2007): Körperformationen. Fotoanalysen zur Formierung und Disziplinierung des Körpers in der Erziehung des Nationalsozialismus. Münster u.a: Waxmann.

Schmincke, Imke (2011): Bin ich normal? Körpermanipulation und Körperarbeit im Jugendalter. In: Niekrenz, Yvonne/Witte, Matthias D. (Hrsg.): Jugend und Körper: Leibliche Erfahrungswelten. Weinheim/München: Juventa, 143–155.

Silvermann, Kaja (1997): Dem Blickregime begegnen. In: Krawagna, Christian (Hrsg.): Privileg Blick. Berlin: Ed. ID-Archiv, 41–46.

Spivak, Gayatri C. (1994): Can the Subaltern speak? In: Williams, Patrick/Chrismann, Laura (Hrsg.): Colonial Discourse and Post-Colonial Theory. A Reader. New York: Colombia University Press, 66–111.

Stach, Anna (2013): Einübung eines kritischen Blicks auf den weiblichen Körper – Die Sendung Germany's next Topmodel und ihre Bedeutung für die Körpersozialisation junger Frauen und Männer. In: Birgit Bütow/Stach, Ramona (Hrsg.): Körper Geschlecht Affekt. Selbstinszenierungen und Bildungsprozesse in jugendlichen Sozialräumen. Wiesbaden: VS, 117–135.

Staiger, Michael (2014): Erzählen mit Bild-Schrift-Kombinationen. Ein fünfdimensionales Modell der Bilderbuchanalyse. In: Abraham, Ulf/Knopf, Julia (Hrsg.): Bilderbücher Bd. 1. Theorie. Baltmannsweiler: Schneider Hohengehren, 12–23.

Strotmann, Rainer (1997): Zur Konzeption und Tradierung der männlichen Geschlechterrolle in der Erziehungswissenschaft. Frankfurt a. M.: Lang.

Sychowski, Gaja von (2011): Geschlecht und Bildung. Beiträge der Gender-Theorie zur Grundlegung einer allgemeinen Pädagogik im Anschluss an Judith Butler und Richard Hönigswald. Königshausen & Neumann.

Tervooren, Anja (2006): Im Spielraum von Geschlecht und Begehren. Ethnographie der ausgehenden Kindheit. Weinheim/München: Juventa.

Thomas, Tanja/Brink, Lina/Grittmann, Elke/de Wolff, Kaya (Hrsg.) (2018): Anerkennung und Sichtbarkeit. Perspektiven für eine kritische Medienforschung. Bielefeld: transcript.

Uhrig, Meike (2020): Subtil. Stereotyp. Sexualisierend. Geschlechtspräsentanz in populären Medien für Kinder und Jugendliche. In: kids + media, Zeitschrift für Kinder- und Jugendmedienforschung, 10(1), 2–15. https://www.kids-media.uzh.ch/dam/jcr:fccee3f7-bbe6-4ce8-b426-751ca-52ca9e9/kidsandmediaachtzehn.pdf.

Walgenbach, Katharina (2012): Gender als interdependente Kategorie. In: Walgenbach, Katharina/ Dietze, Gabriele/Hornscheidt, Lann/Palm, Kerstin (Hrsg.): Gender als interdependente Kategorie. Neue Perspektiven auf Intersektionalität, Diversität und Heterogenität (2. Aufl.), Opladen: Budrich, 23–64.

Wetterer, Angelika (2003): Rhetorische Modernisierung. Vom Verschwinden der Ungleichheit aus dem zeitgenössischen Differenzwissen. In: Knapp, Gudrun-Axeli/Wetterer, Angelika (Hrsg.): Achsen der Differenz. Gesellschaftstheorie und feministische Kritik II. Münster: Westfälisches Dampfboot, 286–319.

Wieners, Sarah/Weber, Susanne Maria (2021): Im Blickfeld der Kamera: Visuelle Geschlechterordnungen in Organisationen diskursanalytisch untersuchen. In: Fegter, Susann/Langer, Antje/ Thon, Christine (Hrsg.): Diskursanalytische Geschlechterforschung in der Erziehungswissenschaft. Jahrbuch erziehungswissenschaftliche Geschlechterforschung, Bd. 17. Opladen: Budrich, 103–120.

Windheuser, Jeannette (2018): Heimerziehung und Geschlecht. Eine erziehungswissenschaftliche und feministische Dekonstruktion. Bielefeld: transcript.

Windheuser, Jeannette (2020): Körperfotografie im unheilbaren Doppeltsehen von Erziehungswissenschaft und feministischer Theorie. In: Casale, Rita/Rieger-Ladich, Markus/Thompson, Christiane (Hrsg.): Verkörperte Bildung. Körper und Leib in geschichtlichen und gesellschaftlichen Transformationen. Weinheim/Basel: Beltz Juventa, 111–129.

Wrana, Daniel/Langer, Antje (2007): An den Rändern der Diskurse. Jenseits der Unterscheidung diskursiver und nicht-diskursiver Praktiken [62 Abs.]. Forum Qualitative Sozialforschung/Forum: Qualitative Social Research, 8(2), Art. 20, http://www.qualitative-research.net.fqs-texte/2-07/07-02-20-d.htm.

Das Thema „Bild" in der Medienpädagogik

Horst Niesyto

Vorbemerkung[1]

Sozialisations-, Bildungs- und Lernprozesse werden erheblich durch Bilder beeinflusst. Bilder repräsentieren Vorstellungen über Wirklichkeit, mittels Bilder wird kommuniziert und Wirklichkeit konstruiert. Das Thema „Bild" ist für die Medienpädagogik ein zentrales Thema. Dies zeigen sowohl die historische Entwicklung der Medienpädagogik als auch die aktuellen Aufgaben und Herausforderungen angesichts des digitalen Wandels in der Gesellschaft. Die Bedeutung von Bildern hat in digitalen Kontexten nicht ab-, sondern weiter zugenommen. Umso wichtiger ist es, sich aus pädagogischer Perspektive mit der Bedeutung von Bildern auf unterschiedlichen Ebenen auseinanderzusetzen. Dies betrifft sowohl die Theoriebildung, die Forschung und die Praxis in verschiedenen Handlungsfeldern. Es geht um die Relevanz des Visuellen in der gesellschaftlichen Medienentwicklung und der Mediensozialisation, um die Analyse von Bildkulturen und -praxen, um die Förderung von Bildpädagogik und Filmbildung, um den Kompetenzerwerb bei der Gestaltung und Artikulation mit visuellen Medien, um die Integration von visuellen Medien in Lehr-/Lernprozesse (Mediendidaktik),

---

[1] Der vorliegende Text wurde Ende 2020 eingereicht und im Frühjahr 2021 finalisiert; 2022 erschien eine Preprint-Version (siehe https://horst-niesyto.de/wp-content/uploads/2023/06/Niesyto_Bild_EW_Medpaed_Preprint_2022.pdf). Inzwischen erfolgte eine rasante Weiterentwicklung im Bereich digitaler Technologien und Medien. Zu nennen sind vor allem die Stichworte *Künstliche Intelligenz* und *ChatGPT*, auch im Hinblick auf Bilder, Bewegtbilder und deren Kombination mit Texten. Damit verknüpft sind eine Vielzahl sehr grundsätzlicher Fragen. Diese Fragen können nicht hinreichend durch einen ergänzenden Abschnitt im vorliegenden Text behandelt werden. Die notwendige, differenzierte Erörterung der KI-Thematik hat auch in (medien-)pädagogischen Kontexten begonnen, vertiefende Reflexionen stehen weitgehend noch am Anfang. Der vorliegende Beitrag fokussiert auf das Thema „Bild" und bietet einen Überblick zu *bisherigen* theorie-, praxis- und forschungsbezogenen Entwicklungslinien und Aspekten. Mit Blick auf neue gesellschaftlich-mediale Herausforderungen bedarf es sicherlich erweiterter Analysen zu digital-medialen Phänomenen, Strukturen und Aneignungsformen – allerdings sollte dabei das Spannungsfeld von Kontinuität, Wandel und Brüchen beachtet werden.

um ethische und datenschutzbezogene Aspekte beim Umgang mit Bildern und – in Zusammenhang mit allen der genannten Dimensionen – um die Befähigung zu einer differenzierten Bild- und Medienkritik.

Medienpädagogik ist als akademische Disziplin und als akademisches Lehrgebiet vor allem in der Erziehungswissenschaft verankert. Die allgemeine Aufgabe der Medienpädagogik besteht darin, gesellschaftliche Medienentwicklungen und Mediensozialisationsprozesse aus pädagogischer Perspektive zu beschreiben, zu analysieren und einzuschätzen sowie im Hinblick auf pädagogisches Handeln zu reflektieren und auszuwerten (vgl. Sektion Medienpädagogik 2017). Aufgrund der Komplexität des Gegenstandsbereichs gibt es zahlreiche interdisziplinäre Bezüge. Dies wird auch beim Thema „Bild" deutlich. Hier sind es insbesondere Referenzen zur Theoriebildung und zu Studien in der Bild-, Film- und Medien(kultur)wissenschaft, der Visuellen Kommunikations- und Medienforschung, der Kunstpädagogik, der Gestalt- und Wahrnehmungspsychologie, der Visuellen Anthropologie, Ethnographie und Soziologie sowie zu weiteren Disziplinen, die sich mit Visualisierungen in analogen und digitalen Kontexten befassen. Innerhalb der Erziehungswissenschaft existieren in Zusammenhang mit einer Vielfalt thematischer und berufsbiografischer Zugänge zur Medienpädagogik diverse Schnittmengen mit anderen Teildisziplinen der Erziehungswissenschaft.

Die Komplexität des Gegenstandsbereichs „Bild" und die interdisziplinären Bezüge haben ein breites Spektrum von theoretischen Überlegungen und themenspezifischen Konkretisierungen hervorgebracht. So geht es u. a. um unterschiedliche bild- und medientheoretische Ansätze, um innere (Vorstellungs-)Bilder und materiell vorhandene äußere Bilder (und ihr Verhältnis und Zusammenspiel), um Stehend- und Bewegtbilder (Fotografie, Film/Video, Fernsehen, vernetzte Digitalmedien), um die Materialität von Bildern und damit verbundene technische Strukturen und ästhetische Gestaltungen sowie Genres, um subjektive und gruppenbezogene Wahrnehmungs-, Symbolisierungs-, Erfahrungs- und Produktionsprozesse (Bildaneignung, Bildhandeln; Interpretationsgemeinschaften, Symbolmilieus), um unterschiedliche gesellschaftliche, politische und soziokulturelle Verwendungszusammenhänge von Bildern und ihre kritische Reflexion, um bildbezogene pädagogische Konzepte in informellen, non-formalen und formalen Bildungskontexten, um Forschungsstudien zu Bildpraktiken von Kindern, Jugendlichen und Erwachsenen, um die Integration visueller Methoden in unterschiedliche Forschungsdesigns. Auch in der Praxis existiert ein breites Spektrum von Aktivitäten insbesondere in den Bereichen Fotopädagogik, Filmbildung und bildbezogene Medienbildung in digitalen Kontexten.

Aufgrund der Komplexität des Gegenstandsbereichs und der Vielzahl von theoretischen Überlegungen, konzeptionellen Ansätzen und praktischen Aktivitäten in der Medienpädagogik ist es nicht einfach, eine zusammenfassende Übersicht zu erstellen. Bei der erforderlichen Eingrenzung und mit Blick auf die Gesamtkonzeption des Sammelbandes liegt der Fokus vor allem auf den (technischen) Medien Foto (als Stehendbild), Film/Video (als Bewegtbilder) sowie Digitalmedien (hypermediale Strukturen, die Stehend- und Bewegtbilder integrieren) und entsprechenden Publikationen, die im Kontext von Aktivitäten der Kommission bzw. der Sektion Medienpädagogik zur Stehend- und Bewegtbild-Thematik entstanden sind. Hinzu kommen Hinweise auf (weitere) ausgewählte Publikationen und Praxisbeispiele.[2] Dabei werden sowohl Herausforderungen durch den digitalen Wandel als auch bild- und filmpädagogische Grundlagen berücksichtigt, die weiterhin relevant sind. Der Beitrag skizziert zunächst in einer historischen Annäherung Grundrichtungen im pädagogischen Umgang mit Bildern und benennt unter bildbezogenem und medienpädagogischem Fokus Herausforderungen des digitalen Wandels. Der Hauptteil des Beitrags bietet einen Überblick zu ausgewählten Aspekten in der Theoriebildung, der pädagogischen Praxis und der Forschung.

1. Historische Annäherung

Der Theologe Johann Amos Comenius verfasste im 17. Jahrhundert das Jugend- und Schulbuch *Orbis sensualium pictus* (Die sichtbare Welt in Bildern; Comenius 1658). Er wirkte in unterschiedlichen Funktionen in mehreren europäischen Ländern. Das Revolutionäre an diesem Buch war, dass nicht nur der lateinische Text der Sprache des Erscheinungslandes gegenübergestellt wurde, sondern dass zentrale Themen aus der alltäglichen Lebenswelt in Wortsprache und zusätzlich in Bildern ausgedrückt wurden. Comenius hatte – so würden wir es heute nennen – auch eine schüler*innenorientierte Perspektive.[3] Ich erinnere mich an einen Aufenthalt in Prag, als ich das Comenius Pädagogik-Museum besuchte. Unter den Ausstellungsstücken in den Vitrinen gab es Darstellungen, wie z. B. Comenius versuchte, Kinder und Jugendliche aus unterschiedlichen Bevölkerungsschichten zu erreichen. Er versuchte alles, um sie zu motivieren. Dazu bezog er nicht nur

---

2 In dem vorliegenden Beitrag werden vor allem Publikationen aus dem „Jahrbuch Medienpädagogik", der Online-Zeitschrift „MedienPädagogik" und ausgewählte Beiträge (unterschiedliche Publikationskontexte) berücksichtigt. Es gibt mehrere Schriftenreihen und Online-Zeitschriften, die von Mitgliedern der Sektion Medienpädagogik herausgegeben werden, wie z. B. „Medienbildung und Gesellschaft", „Medienpädagogik interdisziplinär", „Digitale Kultur und Kommunikation", „Medien im Diskurs", „Medienpädagogische Praxisforschung", „fraMediale", „medienimpulse", „Ludwigsburger Beiträge zur Medienpädagogik". Eine systematische Durchsicht dieser Schriftenreihen und Zeitschriften entlang bildbezogener Beiträge war aus Zeitgründen nicht möglich, würde sich aber für eine vertiefende Auswertung anbieten.

3 Zu anderen, aus heutiger Perspektive problematischen Aspekten in den Überlegungen von Comenius (z. B. zur Disziplinierung des Denkens) siehe u. a. Swertz 2008: 68 f.

Bilder ein, sondern spielte mit ihnen ebenfalls kleine Szenen und agierte auch körperbezogen. Und er hatte damit Erfolg. Was wurde später in der Pädagogik aus diesen Ansätzen?

Abbildung 1: Comenius 1658, Das Feuer

Ende des 19./Anfang des 20. Jahrhunderts entwickelte sich nicht nur in Deutschland die Reformpädagogik als Teil einer Kultur- und Industrialisierungskritik mit verschiedenen Ansätzen unter dem Schlagwort „Pädagogik vom Kinde aus", mitunter auch in idealisierenden und mythologisierenden Überhöhungen (vgl. Oelkers 1989; Flitner 2001: 43 f.). Interessanterweise entstand damals – mit Ausnahme einzelner Konzepte in der Kunsterziehungsbewegung (Beispiel Kinderzeichnungen) – keine stärkere pädagogische Richtung, die Bilder, Fotografien und Filme in reformpädagogischer Perspektive nutzte. Mit wenigen Ausnahmen, wie insbesondere Adolf Reichweins Engagement für eine „Seherziehung" (Reichwein 1938), dominierte eine bewahrpädagogische Abwehrhaltung gegenüber den damals neuen visuellen und audiovisuellen Medien (Fotografie, Stumm- und Tonfilm).

Besonders der aufkommende *Kinofilm* war Anfang des 20. Jahrhunderts vielen Pädagog*innen ein Ärgernis. Sie verbanden mit dem Kinofilm und seiner massenhaften Verbreitung vor allem eine Bedrohung der traditionellen Künste, eine Verrohung des Geschmacks und eine moralische Verwahrlosung der Jugend durch Kinobesuche (u. a. Popert 1927). Ansätze wie z. B. die „Schulfilmbewegung", die den Film als Ressource betrachtete und in verschiedenen Kontexten einsetzte – vor allem als Unterrichtsfilm und als Möglichkeit zum Filmgespräch –, verblieben im Diskurs der Reformpädagogik am Rande (vgl. Moser 2008: 17 f.).

Hervorzuheben ist die filmerzieherische Arbeit von Adolf Reichwein, der als engagierter Reformpädagoge mit den Tiefenseer Schulschriften und in seiner pädagogischen Praxis die bewahrpädagogische Abwehrhaltung gegenüber dem Medium Film ablehnte. Reichwein setzte sich für einen handlungsbezogenen und reflektierten Umgang mit dem Medium Film ein. Er verband mit seinem Konzept einer kritischen Seherziehung drei Grundformen: die vergleichende Bildbetrachtungsweise, die vertiefende Bildbetrachtung und das „sondernde Sehen" (Amlung/Meyer 2008).[4] Mit seinen filmpädagogischen Überlegungen, die er erfolgreich in der schulischen Praxis erprobte, wurde Adolf Reichwein de facto zu einem Begründer der Medienpädagogik.[5] Politisch stand er in Opposition zur rassistischen Ideologie und Praxis der Nazi-Diktatur. Er beteiligte sich an Widerstandsaktivitäten und wurde von der Nazi-Diktatur 1944 zum Tode verurteilt.

Abbildung 2: Adolf Reichwein (1898–1944)

Nach dem Zweiten Weltkrieg und dem Zusammenbruch des Nazi-Regimes knüpfte eine präventiv orientierte Filmerziehung in den 1950er Jahren vor allem an der bewahrpädagogischen Richtung aus der Weimarer Republik an. Im Mittelpunkt stand der Schutz von Kindern und Jugendlichen vor schädlichen Film- und Fernseheinflüssen („geheime Miterzieher") in Verbindung mit einem normativ

---

4 a) *vergleichende Bildbetrachtungsweise*: Wahrnehmungsübungen, bewusstseinsmäßige Verarbeitung visueller Darstellungen, komplementäre Nutzung von Bild, Sprache und Film; b) *vertiefende Bildbetrachtung*: selektiv-wertende Betrachtung wesentlicher fotografischer und filmischer Darstellungen; c) das *sondernde Sehen*: auf Gegensätze, inhaltliche Spannungen und das nicht unmittelbar Sichtbare in filmischen Darstellungen aufmerksam machen (vgl. Amlung/Meyer 2008: 35 ff.).
5 Die Bezeichnung „Medienpädagogik" wurde erst in den 1960er Jahren im wissenschaftlichen Kontext entwickelt (vgl. Hüther/Podehl 2017: 117).

reglementierenden Jugendmedienschutz (vgl. Hüther/Podehl 2017: 120; Moser 2019: 54f.). Die ideologiekritische Medienpädagogik, die sich in den 1960er Jahren im Gefolge der Kritischen Theorie der Frankfurter Schule entwickelte (Horkheimer/Adorno 1944/1960), grenzte sich zwar von der konservativ-normativen Grundausrichtung der bewahrpädagogischen Richtung ab und fokussierte auf die Kritik gesellschaftlicher Macht- und Herrschaftsverhältnisse. Entsprechende Analysen setzten sich vor allem mit dem Waren- und Tauschcharakter von Kunst- und Kulturgütern auseinander und warnten vor der nivellierenden Wirkung einer Kulturindustrie, u. a. mit Blick auf die „amerikanisierte" Fernseh- und Medienwelt. Wenngleich diese Analysen hinsichtlich der medialen Produktions- und Angebotsstruktur wichtige Punkte thematisierten, so zeigten sich aber auch deutliche Schwächen in der Argumentation, vor allem in medienzentrierten Analysen zu einer weitgehend medial-manipulativen Wirkung (vgl. Moser 2019: 55f.), einer elitären Orientierung an ästhetischen Avantgarde-Konzepten (vgl. Flitner 2001: 74f.) und einer Praxisferne bezüglich des Medienerlebens von Kindern und Jugendlichen (vgl. Ganguin/Sander 2008: 62f.).

In größeren Teilen der Pädagogik entwickelte sich so etwas wie eine „Bildvergessenheit" – Stehend- und Bewegtbilder wurden nicht als wichtiger Teil von Symbolisierungen betrachtet.[6] Möglicherweise hängt dies mit einer Kombination verschiedener Faktoren zusammen: einem großen „Negativ"-Mythos (die indoktrinäre Propaganda der Nazi-Diktatur, die hierfür auch das Medium Film systematisch instrumentalisierte); Denkmustern wie z. B. einer prinzipiellen Höherwertigkeit von direkten, körperlich-physischen gegenüber medial vermittelten Kommunikationsformen und einer Höherwertigkeit von schrift- und wortsprachlichen gegenüber bildsprachlichen und anderen präsentativen Formen der Symbolisierung.[7] Um Letzteres mit einer Einschätzung von Klaus Mollenhauer zu verdeutlichen: „Das Nachdenken über die Bedeutung von Symbolen im Prozess der Erziehung wurde also aus der Pädagogik, jedenfalls der ‚allgemeinen', exkommuniziert; sie schien überflüssig, blieb Randereignis, interessant nur für

---

6   Diese Einschätzung bezieht sich auf Westdeutschland. Zur Medienpädagogik in der ehemaligen DDR siehe u. a. Süss/Lampert/Wijnen 2013: 71–75.

7   Die Unterscheidung der Begriffe „diskursiv" und „präsentativ" geht auf Susanne Langer (1987) zurück. Das *Diskursive*, die Schrift- und Wortsprache, ist nacheinander, sequentiell, linear zu erschließen. Wir müssen eines nach dem anderen lesen, damit wir den Sinn verstehen. „*Präsentativ*" bedeutet „gegenwärtig machen", betont ganzheitliche Ausdrucks- und Verstehensformen; wir können etwas auf einen Blick wahrnehmen und Bedeutung zuschreiben. Bilder, Musik, Körperausdruck sind wesentliche präsentativ-symbolische Ausdrucksformen. Diskursive und präsentative Symbolisierungen sind grundsätzlich als gleichwertig für menschliche Kommunikation zu betrachten. Es gibt ein vielfältiges Zusammenspiel, auch Möglichkeiten der wechselseitigen Übersetzung – wobei es aufgrund spezifischer Qualitäten und Eigenlogiken Grenzen der Transformierbarkeit gibt. Mit diesem Spannungsfeld verbinden sich zugleich große Chancen für mehrdimensionale Weltzugänge und unterschiedliche Wahrnehmungs-, Erkenntnis- und Ausdrucksformen.

Theoretiker der frühen Kindheit, sozialpädagogische Therapeuten, Kunsterzieher, gelegentlich auch für Jugendforscher, die sich mit Fragen jugendlicher Subkulturen beschäftigten" (Mollenhauer 1991: 105).

Im Unterschied zu dieser „Bildvergessenheit" etablierte sich bereits in den 1970er Jahren und dann verstärkt ab Mitte der 1980er Jahre der Ansatz einer *reflexiv-praktischen, handlungsorientierten* Medienpädagogik in unterschiedlichen Varianten. Damit gelang der entscheidende Schritt zur Überwindung medienzentrierter und bewahrpädagogischer Sichtweisen. Im Mittelpunkt stand nicht die Frage, was Medien mit Menschen machen, sondern die Frageperspektive, was Menschen mit Medien machen. Grundlagen waren sozialisations- und medientheoretische Überlegungen, die die eigenaktive Leistung der Subjekte bei der Mediennutzung betonen. Diese Überlegungen grenzten sich von monokausalen Medienwirkungstheorien ab (vgl. Kübler 2000: 72 ff.) und korrespondierten mit dem Ansatz in der allgemeinen Sozialisationsforschung, dass Kinder, Jugendliche und Erwachsene die Realität aktiv und produktiv verarbeiten (vgl. Hurrelmann 1995). Mediennutzung wird in dieser Perspektive als Teil sozialen Handelns verstanden, es wird nach der Bedeutung der Medien im Alltag und für die Lebensbewältigung gefragt. Bedürfnis- und Lebensweltorientierung, Erfahrungs- und Kommunikationsorientierung entwickelten sich seit den 1980er Jahren zu Leitkategorien einer handlungsorientierten Medienpädagogik (vgl. u. a. Baacke 1997: 51 ff.; Schorb 1995). Im Rahmen dieses handlungs- und subjektorientierten Paradigmas entstanden zahlreiche Studien zur Mediensozialisation und zur Medienaneignung von Kindern, Jugendlichen und Erwachsenen mit einem Schwerpunkt auf die Medienaneignung von Bewegtbildern. Hierzu gehören auch Studien, die medial vermittelte Bilder z. B. von Kindheit, von Jugend, von Schule, von gesellschaftlichen Gruppen zum Gegenstand haben.

Ein wichtiger Teilbereich der handlungsorientierten Medienpädagogik ist die aktive Medienarbeit. Im Mittelpunkt von Projekten aktiver Medienarbeit – gerade mit den Medien Fotografie und Video/Film – steht die Intention, Erfahrungen der Subjekte mit Formen des Öffentlichmachens zusammenzubringen. Fotoapparate und Videokameras werden Kindern, Jugendlichen und Erwachsenen zur Verfügung gestellt, damit sie ihre Bedürfnisse, Interessen und Themen unabhängig von der Selektions- und Steuerungsmacht der Massenmedien öffentlich artikulieren und sich dabei ein vertieftes Verständnis medialer Ausdrucksmöglichkeiten aneignen können (vgl. u. a. Schell 2003; Rösch 2017). Die aktive Medienarbeit mit Foto und Videofilm differenzierte sich in eine mehr journalistische, eine eher ästhetisch-formorientierte und eine mehr alltags- und lebensweltorientierte Grundrichtung aus, inklusive verschiedener Mischformen (vgl. Niesyto 2009). Sich mit Medien kreativ und kritisch zu artikulieren avancierte zum Leitmotiv zahlreicher medienpädagogischer Aktivitäten.

2. Digitale Visualisierungen

Der *digitale Wandel*, der in den letzten 20 bis 30 Jahren in verschiedenen Entwicklungsetappen die Gesellschaft in nahezu allen Bereichen nachhaltig verändert hat, ist auch für die Medienpädagogik in vielfacher Hinsicht ein zentrales Thema. Dabei ist zu beachten, dass visuelle Wahrnehmung und Orientierung als eine Form der symbolischen Welterfahrung schon immer zur anthropologischen Grundausstattung des Menschen gehörten. Technische Bildmedien forcierten im 20. Jahrhundert die Relevanz von visueller Wahrnehmung und Kommunikation. Insbesondere die „Fernsehgesellschaft" beeinflusste unsere Weltsichten – physische Präsenz war keine Bedingung mehr für Begegnungen und Erfahrungen (vgl. Meyrowitz 1987 oder auch die Mediatisierungs-Analyse von Krotz 2007).

Digitale Visualisierung bezeichnet zunächst unter medien*technologischer* Perspektive die numerische Repräsentation visueller Darstellungen und die Generierung von digitalen Foto- und Filmmaterialien sowie ihre Verbreitung in digital strukturierten Kanälen, Plattformen, Netzwerken (digitalisierte Bildträger und Infrastrukturen). Durch die pixelweise Bearbeitung und weitere technische Möglichkeiten durch Editoren und Apps können vorhandene Foto- und Videoaufnahmen unbegrenzt bearbeitet und auch völlig neu digital kreiert werden, inklusive der Verknüpfung und dem Neuarrangement unterschiedlicher Medienarten und Formate (z. B. Animation, Remix, Mashups). Hierzu gehört auch das Thema „Augmentierte und virtuelle Wirklichkeiten".[8] Während die Bezeichnung *virtual reality* auf rein virtuelle, digital erzeugte Wirklichkeiten abzielt, meint *augmented reality* die Anreicherung der physisch-materiellen Welt mit digital erzeugten, virtuellen Elementen. Sowohl zu virtuellen als auch zu augmentierten Wirklichkeiten gehören Stehend- und Bewegtbilder.

Die Digitalisierung entgrenzt zugleich die Fokussierung auf Einzelmedien und eröffnet bisher ungeahnte Möglichkeiten einer „many-to-many"-Kommunikation und eine Vernetzung in globalem Maßstab. Hier kommt Social Media-Diensten und -Plattformen wie z. B. *WhatsApp*, *TikTok*, *Flickr*, *Instagram* oder *YouTube* eine besondere Bedeutung zu. Es geht um eine bildvermittelte Kommunikation unter Nutzung genannter technologischer Möglichkeiten, auch in Verbindung mit wort- und schriftsprachlichen Ausdrucks- und Kommunikationsformen (z. B. Memes). Wolfgang Reißmann legte 2015 die empirische Studie „Mediatisierung visuell" vor, die den Wandel privater Bildpraxis zum Gegenstand hat. Die Studie zeigt aus mediatisierungs- und handlungstheoretischer Sicht das Bildhandeln

---

8 Siehe hierzu u. a. den Sammelband von Beinsteiner et al. (2020) sowie die Artikel von Damberger (2016) und Peez (2018).

Jugendlicher in *Social Network Sites* und arbeitet die Bedeutung von Bildern als alltägliche Ausdrucksmittel, als Anlass und Kristallisationspunkt jugendkultureller Vergemeinschaftung und Medium für Partizipation facettenreich heraus.[9]

Digitale Bildmedien eröffnen in informellen, formalen und non-formalen Bildungs- und Lernkontexten neue Möglichkeiten für die Wissens- und Weltaneignung, für Kommunikation und Kooperation. Insgesamt betrachtet haben sich mit diesen Entwicklungen die Rahmenbedingungen für Selbstausdruck, Kommunikation, Orientierungssuche und Lernen grundlegend verändert.[10] Es geht nicht allein um die (technische) Ausweitung von Kommunikationsmöglichkeiten, sondern um Veränderungen in der Welterfahrung und der Form menschlicher Beziehungen (vgl. Moser 2019: 5). Medien- und kommunikationstheoretisch wurde in den letzten Jahren versucht, diesen medienkulturellen Wandel mit Begriffen wie „Kultur der Digitalität" (Stalder 2016), „tiefgreifende Mediatisierung" (Hepp 2018) oder „digitale Medialität" (Jörissen 2014) zu fassen.

Der digitale Wandel erfordert auf diesem Hintergrund nicht nur neue pädagogische Impulse zur Förderung der Ausdrucks-, Gestaltungs- und Kommunikationskompetenz. Gleichzeitig besteht die Aufgabe, *Problemfelder*, die sich mit dem digitalen Wandel verbinden, zu benennen und zum Gegenstand einer pädagogisch motivierten *Medienkritik* zu machen (vgl. Niesyto/Moser 2018). Hierzu gehören u. a. Fragen nach der Authentizität und Glaubwürdigkeit digitaler Visualisierungen, nach der massiven kommerziellen Verwertung eigener Aufnahmen (Entgrenzung privater Bildpraxis), nach neuen Normierungen und Standardisierungen von digitalen Bildkulturen, nach extrem disziplinierenden und kontrollierenden Formen der digitalen Bildüberwachung (z. B. bestimmte bildbezogene Formen von Data Analytics und Learning Analytics). Es geht um Fragen, welche Aussagen Stehend- und Bewegtbilder zur gesellschaftlichen Wirklichkeit transportieren, welche Orientierungsangebote sie enthalten, wie digital-visuelle Artefakte Relevanzsetzungen beeinflussen, welche ästhetischen und sozial-kommunikativen Strukturen sich in der gesellschaftlich-medialen Kommunikation herausbilden – auch in Zusammenhang mit einer digital-kapitalistischen Datafizierung und Kommerzialisierung (vgl. Niesyto 2017a; Dander

---

9 So betont Reißmann u. a. die wahrnehmungsnahe Kommunikation mit Bildern, ihre Möglichkeit für eine Vergegenständlichung von Erfahrung, für die Anschlusskommunikation und die Vergewisserung soziokultureller Zugehörigkeit, für multilokales Präsenzerleben sowie einer präsentativen Teilhabe (Reißmann 2015; 2017). Siehe in diesem Zusammenhang auch eine repräsentative Umfrage unter 12- bis 19-Jährigen zur Nutzung kultureller Bildungsangebote an digitalen Kulturorten (Rat für Kulturelle Bildung 2019). Es geht vor allem um die Nutzung von Webvideos und Erklärvideos auf YouTube, auch in Zusammenhang mit schulischem Lernen und der Anregung filmischer Eigenproduktionen.

10 Thomas Knaus analysiert in diesem Kontext eine Funktionsänderung vom Text zum Bild: „Im Rahmen der Kommunikation mittels digitaler Medien erfolgt somit eine Funktionsänderung von Bildern, weg von der ursprünglich eher abbildenden beziehungsweise darstellenden (denotativen) Bedeutung zu einer *konnotativen* Funktion" (Knaus 2010: 15).

2017; Initiative Bildung und digitaler Kapitalismus 2021). Die Förderung medialer Ausdrucks-, Gestaltungs- und Kommunikationskompetenz umfasst auch die Auseinandersetzung mit diesen Problemfeldern. Gefragt sind medienpädagogische Ansätze, die aus einer lebensweltbezogenen, sozialästhetischen und sozialethischen Perspektive die kritische Auseinandersetzung mit enteignenden medialen Machtstrukturen fördern und die Menschen ermutigen, widerständige mediale Praktiken zu entwickeln und sich in verschiedenen gesellschaftlichen Bereichen medial zu artikulieren.

Mit Blick auf übergreifende medienpädagogische Aufgaben- und Kompetenzfelder (vgl. Sektion Medienpädagogik 2017) werden auf dem Hintergrund der bisherigen Aussagen in den folgenden Teilen zur Theoriebildung, Praxis und Forschung ausgewählte Ansätze, Studien und Beispiele zur Relevanz von Stehend- und Bewegtbildern in der Medienpädagogik skizziert.[11]

3. Medienpädagogische Theoriebildung im Bereich Stehend- und Bewegtbilder

Als im Jahr 2000 das erste Heft der Online-Zeitschrift „Medienpädagogik – Zeitschrift für Theorie und Praxis der Medienbildung" zum Thema Medienkompetenz erschien,[12] veröffentlichte Lothar Mikos einen Beitrag über „Ästhetische Erfahrung und visuelle Kompetenz". Der Autor bemängelte, dass ihm im damaligen Konzept von Medienkompetenz das gerade für Kinder und Jugendliche bedeutende Element der ästhetischen Erfahrung fehle. Er zeigte (neben dem Beispiel Rockmusik) die Relevanz von Bildern unter Hinweis auf Grundlagen der Bildwahrnehmung für kognitive Reifeprozesse in Zusammenhang mit der Entwicklung medialer Kompetenzen auf. Mikos plädierte dafür, visuelle Kompetenz nicht der linearen, auf Eindeutigkeit ausgerichteten Lesekompetenz unterzuordnen, sondern als Bestandteil der Medienkompetenz zu betrachten.

---

11 Bei der Auswahl der Beispiele werden soweit wie möglich unterschiedliche pädagogische Handlungsfelder und Zielgruppen berücksichtigt. „Zielgruppen medienpädagogischer Aktivitäten können Kinder und Jugendliche sowie jüngere und ältere Erwachsene in Handlungsfeldern der frühkindlichen Bildung, der schulischen und außerschulischen Bildung, der beruflichen Bildung, der Sozialen Arbeit, der Erwachsenen- und Weiterbildung sowie der Seniorenbildung sein" (Sektion Medienpädagogik 2017: 3).

12 Herausgeber der Zeitschrift ist die Sektion Medienpädagogik in der DGfE (bis zum Jahr 2000 war es die Kommission Medienpädagogik).

Symboltheoretische Überlegungen

Der Beitrag von Lothar Mikos knüpfte an frühere Arbeiten aus der medienpädagogischen Community an, u. a. von Ben Bachmair (1996, zu Fernsehkultur), Christian Doelker (1997, zu visueller Kompetenz in der Multimedia-Gesellschaft), Franz Josef Röll (1998, zu Mythen und Symbolen in populären Medien), Maya Götz (1999, zu Mädchen und Fernsehen), Norbert Neuss (1999, zur symbolischen Verarbeitung von Fernseherlebnissen in Kinderzeichnungen) und Horst Niesyto (1991, zur Erfahrungsproduktion mit Medien). Ein verbindendes Element aller Arbeiten ist es, auf die Relevanz bildhaft-präsentativer Formen für die Wahrnehmung und Weltaneignung hinzuweisen.

Auch in dem von Jürgen Belgrad und Horst Niesyto 2001 herausgegebenen Sammelband über „Symbol. Verstehen und Produktion in pädagogischen Kontexten" hatte die Auseinandersetzung mit bildhaft-präsentativen Formen der Symbolisierung einen großen Stellenwert. Der Band enthält Beiträge von über 20 Kolleg*innen aus unterschiedlichen Fachdisziplinen. Mehrere Beiträge beziehen sich auf Ernst Cassirer (1931; 1944) und verweisen auf die Aktualität seines philosophisch-anthropologischen Denkens: Der Mensch als ein „animal symbolicum", als ein symbolisches Lebewesen, das die Fähigkeit besitzt, Dingen, Personen, Situationen *Bedeutung* zuzuschreiben. Symbolisierungsfähigkeit, Bedeutungszuschreibung und Erfahrungsbildung gehören zusammen und konstituieren in elementarer Form Mensch-Sein.

Eine *lebensweltliche Symboltheorie* bezieht sich auf die gesellschaftlichen vorhandenen, vielfältigen Symbolangebote und betont die subjektiven Dimensionen unterschiedlicher Modi der symbolischen Weltaneignung und Erfahrungsbildung. Grundlage ist ein eher *weit gefasster Symbolbegriff*, der diskursive und präsentative Formen der Symbolisierung umfasst und auf die Mehrdeutigkeit insbesondere bei präsentativ-symbolischen Ausdrucksformen hinweist. Bilder und andere präsentative Formen wie Musik und Tanz (Langer 1987) umfassen unterschiedliche Symbolisierungen, die von unbewussten Schichtungen über sehr konkrete Alltagsrituale bis hin zu abstrakten Symbolgebilden reichen. In dieser Perspektive werden Symbolverstehen und Symbolproduktion als zentrale Dimensionen subjektiver Sinnkonstruktion betrachtet (Belgrad/Niesyto 2001: 8f.).[13]

Innere Bilder (Vorstellungs- und Phantasiebilder) und äußere, materiale Bilder (Foto, Film, Video etc.) als Bestandteil einer lebensweltlichen Symboltheorie korrespondieren zugleich mit einem *erweiterten Medienbegriff*, der

---

13 Der Psychologe Hans-Jürgen Seel unterscheidet den Begriff des Symbols von dem Begriff des *Symbolisierens*. Mit Symbolisieren verbindet Seel die eigenständige Aktivität von Bedeutungsgenerierung (Seel 2014: 59ff.). Des Weiteren differenziert er u. a. präsentativ-ästhetische und begrifflich-diskursive Modalitäten des Symbolisierens (ebd.: 74ff.) sowie verschiedene Symbolisierungsmedien, zu denen auch Bilder gehören (ebd.: 98f.). Zum Argumentationshintergrund von Seel siehe auch Schwemmer (2005: 80ff.).

den menschlichen Sehsinn, die Stimme, Mimik, Gestik, Haptik einbezieht (als „Primärmedien"; vgl. Pross 1972: 228). Es ist gerade das Zusammenspiel dieser Primärmedien mit verschiedenen Entwicklungsstufen von technischen Medien – auch im Bildbereich –, die sinnliche und sozial-kommunikative Räume eröffnen und erweitern. Heinz Moser (2019: 2f.) weist darauf hin, dass ein erweiterter Medienbegriff über ein technisch-funktionales Medienverständnis hinausweist und vor allem neue lokale und translokale Kommunikationsmöglichkeiten betont. Friedrich Krotz (2007) bezeichnet diesen Prozess in historischer Perspektive als *„Mediatisierung"* kommunikativen Handelns im Sinne einer zunehmenden Durchdringung von Alltag und Kultur durch verschiedene Formen medialer Kommunikation.

In der medienpädagogischen Fachcommunity besteht Konsens, dass sich kommunikative Kompetenz und Medienkompetenz auf verschiedene Formen der Symbolisierung beziehen: auf die sprachliche und schriftliche Kommunikation, die Kommunikation mit Tönen, Stehend- und Bewegtbildern und anderen präsentativ-symbolischen Formen und die Kommunikation in multimedialen und digitalen Kommunikationsarchitekturen wie sie inzwischen bei den Digitalmedien fester Bestandteil des Alltags sind. Der empirisch belegte Prozess der Mediatisierung und die damit verknüpfte Analyse, dass sich medial-vermittelte und direkte physisch-körperliche Erfahrungsformen kaum noch trennen lassen, sollte allerdings nicht dazu führen, die spezifische Qualität direkter personaler Begegnungen zu unterschätzen. Es gehört meines Erachtens zu den Aufgaben der Medienpädagogik, die jeweils spezifischen Qualitäten unterschiedlicher Modi der Welterfahrung herauszuarbeiten und im pädagogischen Handeln Bildungsprozesse zu unterstützen, die verschiedene Formen der Welterfahrung ermöglichen und miteinander verknüpfen.[14]

Spezifische Qualitäten von Foto und Film

Unabhängig von der Vielfalt von Genres, thematischer Bezüge und Verwendungskontexte verbinden sich mit Stehend- und Bewegtbildern spezifische Möglichkeiten. So liegt die besondere Qualität des Einsatzes der *Fotografie* vor allem in der Reduktion bzw. visuellen Verdichtung auf Momenteindrücke, in der emotional starken Wirkung einzelner Bilder und in der Darstellung räumlicher Kontexte. Im Unterschied zur Fotografie ermöglicht die *filmische/videografische* Gestaltung besonders das Darstellen von zeitlichen Bewegungs- und Handlungsabläufen in Bild und Ton, die Dokumentation komplexer non-verbaler Ausdrucksformen, die symbolische Verarbeitung von Erfahrungen und den Ausdruck von Gefühlen

---

14 vgl. z. B. die Befunde aus einem medienpädagogischen Entwicklungsprojekt zur Integration von Digitalmedien in der Grundschule (Niesyto 2019: 213ff.); siehe auch https://horst-niesyto.de/digitales-lernen-grundschule/

und Stimmungen im Zusammenspiel von Bildern, Musik und Sprache.[15] Zwar lassen sich u. a. produktionstechnische Aspekte zwischen Kino-, Fernseh- und Videofilm unterscheiden, zumal wenn sie sich auf analoge Produktionskontexte beziehen. Entscheidend ist, dass es sich bei allen Filmproduktionen (inklusive Videofilm) um verschiedene Varianten von Bewegtbildern handelt.

Handbücher zur Medienpädagogik bieten diverse Grundlagenbeiträge zu unterschiedlichen Medienarten, Genres, Produktions- und Distributionskontexten von Stehend- und Bewegtbildern. So enthält z. B. das Standardwerk „Grundbegriffe Medienpädagogik" (hrsg. von Schorb/Hartung/Dallmann 2017) Beiträge zu Comic (Vollbrecht), Computerspiele (Fromme), Fernsehen (Wegener), Film (Ruge/Swertz), Fotografie (Holzwarth), Videoportale (Wolf), Medienkonvergenz (Wagner). Auch das „Handbuch Medienpädagogik" (hrsg. von Sander/von Gross/Hugger 2021) bietet mehrere Beiträge zu visuellen/audiovisuellen Medien im Kontext der gesellschaftlichen Medienentwicklung, z. B. zu Kino (Wiedemann), Fernsehen und Video (Mikos) und Webvideo (Gräßer/Noll).

Beispielhaft zum Medium *Fotografie*: Peter Holzwarth (2017a) weist darauf hin, dass Fotografie als Gegenstand an sich, als didaktisches Mittel und als sozial-kommunikative Ausdrucksform ein zentrales Thema für die Medienbildung ist. „So ist jedes Bild immer ein Dokument der abgebildeten Situation und die Erschaffung einer eigenen Wirklichkeit zugleich" (ebd.: 103). In diesem Zusammenhang stellen sich „Fragen nach Verlässlichkeit von Bildquellen, nach Überprüfbarkeit und Verallgemeinerbarkeit, nach Bildkompetenzvermittlung und demokratischem Zugang zu Bildquellen – Fragen, die mit einer *Ethik des Bildes* zusammenhängen" (ebd.). Holzwarth betont, dass die Dimensionen Manipulation am Bild und manipulativer Einsatz von Bildern auseinanderzuhalten sind.[16] Alfred Holzbrecher stellt zum Medium Fotografie die These auf, dass sich Fotografie in besonderer Weise als Basis- oder Ausgangsmedium eigne, um Brückenschläge zu anderen semiotischen System zu schlagen und vorhandene Vorstellungs-, Welt- und Selbstbilder zu reflektieren (vgl. Holzbrecher 2013: 3). Er stellt verschiedene Aufgaben und Grundfunktionen einer visuellen

---

15 Im Rahmen dieses Überblicksbeitrags ist es nicht möglich, auf die Formen des Zusammenspiels von Bild- und Tonebene bei Filmen einzugehen. Wortsprache, Musik, Geräusche sind auch wichtige Bestandteile einer Filmanalyse. In diversen medienpädagogischen Projekten zeigte sich, dass z. B. Jugendliche zwar eine Vielzahl tonsprachlicher Ausdrucksmittel kennen, diese aber nur beschränkt in filmischen Eigenproduktionen anwenden (können). Siehe hierzu u. a. die Analysen von Münch/Bommersheim (2003) aus einem Forschungsprojekt. Zum Thema „Filmmusik im Kontext von Film- und Medienpädagogik" siehe auch einen Beitrag von Imort (2005).

16 Zu bildpädagogischen Grundlagen vgl. auch Holzbrecher/Schmolling 2004; Holzbrecher/Oomen-Welke/Schmolling 2006 und das Themenheft Nr. 23 der Zeitschrift „MedienPädagogik" zu „Visuelle Kompetenz. Bilddidaktische Zugänge zum Umgang mit Fotografie" (hrsg. von Thomas Hermann, Bernd Stiegler und Sarah M. Schlachetzki 2013).

Alphabetisierung vor, um Bilder-Welten zu erschließen, z. B. Foto als Sprech- und Schreibanlass oder fotografierend die Welt entdecken (produktive Fotoarbeit; ebd.: 4 ff.).

Zu dem Thema *Film und Filmbildung* gibt es eine Vielzahl von Theorien und Konzepten, die sich in zwei Grundrichtungen unterscheiden lassen:

a) von der Filmwissenschaft und der Filmkunst her kommende, mehr filmbezogene Konzepte. Der Schwerpunkt liegt auf der Vermittlung theoretischer, historischer, ästhetischer und analytischer Kenntnisse zum Medium (Kino-) Film;
b) von der Medienpädagogik und der kulturellen Bildung her kommende, mehr subjektbezogene Konzepte. Wesentliche Intention dieser Grundrichtung ist es, in der Verknüpfung von persönlichkeitsbildenden und filmästhetisch-kulturellen Dimensionen Film- und Sozialkompetenzen zu fördern (vgl. Niesyto 2006a: 8 ff.).[17]

Abbildung 3: Buch „Filme verstehen" (Holzwarth/Maurer 2019)[18]

---

17 Zu verschiedenen Filmtheorien und Filmbildungskonzepten vgl. auch Barg/Niesyto/Schmolling 2006; Maurer 2010; Spielmann 2011; Zahn 2012; Hartung et al. 2015; Ruge/Swertz 2017. Die Publikation „Filme verstehen" von Holzwarth/Maurer (2019) wendet sich vor allem an Studierende und zeigt die Schritte einer Filmanalyse anschaulich auf (mit exemplarischen Analysepassagen). Auch wird thematisiert, wie man eine geeignete Fragestellung findet und Analyseinstrumente entwickelt.
18 In Zusammenhang mit filmanalytischen Studien entwickelte Peter Holzwarth auch Überlegungen zu einer „Filmanalyse in Filmform", bei der Studierende und Schüler*innen aus Teilen des zu analysierenden Films und anderen audiovisuellen Elementen einen eigenen

Stehend- und Bewegtbilder in der Mediendidaktik

Mit Blick auf das medienpädagogische Aufgabenfeld der Mediendidaktik geht es um die Bedeutung von Foto und Film im Kontext von Lehr-/Lernprozessen. Gerhard Tulodziecki, Bardo Herzig und Silke Grafe weisen in ihrem Grundlagenbuch über „Medienbildung in Schule und Unterricht" (2019) darauf hin, dass in Zusammenhang mit dem jeweiligen lerntheoretischen Grundverständnis, den pädagogischen Intentionen/Zielen, inhaltlichen Themen und Arbeitsformen auch formale Merkmale von medialen Produktionen zu reflektieren und zum Gegenstand von Bildungs- und Lernprozessen zu machen sind. Hierzu gehören z. B. Codierungsarten, Sinnesmodalitäten, Darstellungsformen, Gestaltungstechniken, -formen und -arten (ebd.: 34 ff.). In übergreifender Perspektive beziehen sich die Autor*innen vor allem auf *zeichentheoretische* Ansätze, die bezüglich Codierungsarten zwischen abbildhaften und symbolischen Formen differenzieren (ebd.: 35; 195). In diesem Zusammenhang stellt sich auch die Frage nach dem Verhältnis von zeichen- und symboltheoretischen Ansätzen und der Relevanz für medienpädagogisches Handeln. Dies wurde in der Medienpädagogik bislang nur ansatzweise diskutiert.[19]

In der Mediendidaktik haben *Bildungsmedien* eine große Bedeutung. So unterscheiden Claudia de Witt und Thomas Czerwionka (2013) Unterrichtsmedien (wie z. B. Bild, Film, Tablets), Lehrmedien (wie z. B. Unterrichtsfilm/Lehrfilm) und Lernmedien (wie z. B. Übungs-Software und Arbeitsblätter mit Visualisierungen). Bilder und Filme werden als geeignetes Material zum Selbstlernen, zur Visualisierung komplexer Bewegungsabläufe und raum-zeitlicher Zusammenhänge (ebd.: 115), zu Vorlesungsaufzeichnungen und zur Integration

---

Analysefilm als Ergänzung zu einer schriftlichen Filmanalyse produzieren (Holzwarth 2017a). In diesem Kontext sei auch auf die Analysemethode „Feldpartitur" hingewiesen, die von Christine Moritz entwickelt wurde (siehe http://www.feldpartitur.de).

19 Ich denke, dass ein symboltheoretisches Verständnis, dem ein weiter Symbolbegriff zugrunde liegt, geeignet ist, um Brücken zwischen Konkretem und Abstraktem, inneren Gestalten und äußeren Materialitäten, Bewusstem und Unbewusstem, Realem und Utopischem zu schlagen. So setzte sich z. B. der Soziologe Dirk Hülst (1999) mit Fragen einer soziologischen Symboltheorie auseinander und vertrat die Auffassung, dass es nicht sinnvoll sei, „Symbole als Elemente der Klasse von Zeichen auszugeben" (ebd.: 340). Der Erziehungs- und Kulturwissenschaftler Max Fuchs betont in einer aktuellen Publikation über „Der Mensch und seine Medien" zu symbol- und zeichentheoretischen Ansätzen: „Man muss dabei keineswegs die beiden Ansätze gegeneinander ausspielen, sondern kann sie jeweils dort nutzen, wo sie ertragreich angewandt werden. Ich selbst bevorzuge zwar den symboltheoretischen Ansatz, habe aber in früheren mathematikdidaktischen Arbeiten und auch bei jüngeren Analysen zur Kulturpolitik (Fuchs 2011) den semiotischen Ansatz als hilfreich empfunden" (Fuchs 2021: 25). Dies zu diskutieren wäre ein eigenes Thema (siehe u. a. Pochat 1983; Niesyto 2002; Röll 2003; Spanhel 2011; Seel 2014; Tulodziecki/Herzig/Grafe 2019) – auch im Hinblick auf lerntheoretische Verständnisse und unterschiedliche Erfahrungsformen von Welt.

von Lernvideos genannt (ebd.: 132). So bietet ein Beitrag von Klaus Rummler (2017) einen Überblick über Zugänge und Handlungspraktiken zum Thema Lernen mit Online-Videos (vgl. auch Wolf/Kratzer 2015 und Wolf 2017). Lern- und Erklärvideos sind in den letzten Jahren verstärkt ein Thema im medienpädagogischen Diskurs, auch im Kontext von Open Educational Resources und einer „Partizipativen Mediendidaktik" (Mayrberger 2019). Hervorzuheben sind auch Initiativen wie das Projekt „Digitalisierung und Visualisierung von Archiven und Sammlungen", das von 2018–2020 an der Universität Innsbruck stattfand (Projektleitung: Theo Hug und Eva Zangerle).[20]

Vertiefende Analysen zum Stellenwert von visuellen Medien in mediendidaktischen Arrangements, die dies bereits im Titel von Büchern und Beiträgen deutlich machen, sind im Kontext von Publikationen der Sektion Medienpädagogik interessanterweise eher selten zu finden. So enthält das „Jahrbuch Medienpädagogik 1" (hrsg. von Stefan Aufenanger, Renate Schulz-Zander und Dieter Spanhel) mehrere Beiträge zum Thema *Multimedia*. Aufenanger (2001) gibt einen Überblick zu Chancen und Nutzungsmöglichkeiten von Multimedia im Bildungssystem (Vorschulbereich, Grundschule, weiterführende Schulen, Weiterbildungsbereich) und unterstreicht, dass „für das Verstehen von multimedialen Anwendungen die Fähigkeit zum Entziffern von unterschiedlichen ‚Texten' notwendig" ist, z. B. von Graphiken, Animation und Bildern (ebd.: 117). Er weist darauf hin, dass auch „im Zeitalter der symbolischen Visualisierung, wie wir es in Multimedia-Anwendungen etwa finden", die „Fähigkeit zum Lesen und zum Schreiben immer noch grundlegend für das Verständnis und die Produktion von neuen Medien" sind (ebd.: 188). Damit werden zugleich Fragen des Bild-Text-Verhältnisses angesprochen, die für multicodal und multimodal gestaltete Angebote sowie deren Nutzung sehr wichtig sind (vgl. Tulodziecki/Herzig/Grafe 2019: 103; 121; Herzig 2014: 11 f.).[21]

---

20 „Die zu entwickelnde modulare Software-Architektur ermöglicht auf der Basis vernetzter Visualisierungsstrukturen die Gestaltung generischer Interfaces zur interaktiven Darstellung und Analyse von Archivalien sowie von diskursiven und paradigmatischen Strukturen in mediografischen Archiv-Portalen" (https://www.uibk.ac.at/medien-kommunikation/forschung/projekte/dateien/digitalisierung-und-visualisierung-von-archivalien_kurzbeschreibung-dt_online_2018-08-06.pdf).

21 In der 1. Auflage von „Medienbildung in Schule und Unterricht" (Tulodziecki/Herzig/Grafe 2010) sind diverse Vorschläge für die Gestaltung mit Foto und Film (vgl. S. 191 ff., 195 ff., 251 ff., 279 ff.).

Im Jahr 2003 legte Franz Josef Röll mit der Publikation „Pädagogik der Navigation" eine Grundlagenarbeit vor, die die Potenziale von Computermedien für *selbstgesteuertes Lernen* zum Gegenstand hat. Zu diesen Potenzialen gehören auch Visualisierungen: „Audiovisuelle Medien sind nicht nur Vorbilder und Modelle für Lebensstile, in verstärktem Maße finden sie Verwendung in Dokumentationen und werden immer bedeutender bei der Darstellung von Wissen [...] Audiovisuelle Kompetenz kommt somit für die Assimilation, für die Präsentation und die Verbreitung von neuem Wissen eine immer größere Bedeutung zu" (ebd.: 104). In einem speziellen Kapitel über „Lernen durch Visualisieren und Simulieren" (ebd.: 155 ff.) prognostizierte Röll eine beträchtliche Zunahme visueller Daten und Ausdrucksformen für das Lernen – eine Prognose, die inzwischen Realität geworden ist.

Neben Online- und Erklärvideos sind es allgemein Formen wie z.B. Visual Storytelling oder Apps wie *Actionbound* und *Book Creator*, die es den Lernenden ermöglichen, ihr Wissen selbständig zu erarbeiten, mit anderen zu teilen und es in anschaulicher Form zu präsentieren. Auch Computerspiele und Videogames wurden bezüglich formeller und informeller Bildungskontexte verstärkt zum Gegenstand wissenschaftlicher Analysen und pädagogisch-didaktischer Überlegungen (u.a. Fromme/Petko 2008). Die letzte, größere Publikation der Sektion Medienpädagogik zu visuellen Medien in einem bilddidaktischen Zusammenhang erschien 2013: „Visuelle Kompetenz: Bilddidaktische Zugänge zum Umgang mit Fotografie" (hrsg. von Thomas Hermann, Bernd Stiegler und Sarah M. Schlachetzki). Das Online-Themenheft enthält neben dem Editorial elf Artikel, die von historischen Betrachtungen über unterrichts- und forschungsbezogenen bis hin zu medienkritischen und politisch-kulturellen Themen reichen.[22]

Zur theoretischen Fundierung zeitgemäßer mediendidaktischer Konzepte, die schülerorientierte Lernprozesse fördern, betont Röll (2016) in einem Beitrag über „Digitale Lernszenarien – Social Media als pädagogische Herausforderung" die Notwendigkeit, die Strukturmuster *innerer Bilder* zu aktivieren bzw. zu stören und sich mit den aktuellen Denk- und Wahrnehmungsweisen der Schüler*innen auseinanderzusetzen (Röll 2016: 17). In seinen Überlegungen geht er davon aus, dass Erfahrungen im Umgang mit Medien informelle Lern- und

---

22 An dieser Stelle sei auf zwei wichtige Publikationen hingewiesen, die jeweils auf der Basis einer breiten interdisziplinären Kooperation entstanden, an der auch einzelne Medienpädagog*innen mitwirkten: (1) Gabriele Lieber (Hrsg.) (2008): Lehren und Lernen mit Bildern. Ein Handbuch zur Bilddidaktik; (2) Hans Dieter Huber et al. (Hrsg.) (2002): Visuelle Kompetenz im Medienzeitalter.

Erfahrungsprozesse fördern, die als innere Bilder gespeichert werden. Medien werden vor allem als ein Faktor betrachtet, der Wahrnehmung und Denken beeinflusst: Es geht „um die Strukturen, die konstitutiv die Sozialen Netzwerke (SNS; „social network sites") prägen, sowie um das Dispositiv der Wahrnehmung von SNS (Internet)". Röll betont, dass jedes Medium spezifische Wahrnehmungsdispositive begünstigt und Erlebnisqualität, Teilhabe- und Realitätseindruck vom jeweiligen Dispositiv beeinflusst werden. Bezüglich des Internet analysiert er eine „flanierende Rezeption": „Der Blick ist schweifend und mäanderhaft. Das neue ästhetische Paradigma ist die zerstreute Rezeption" (ebd.: 18).

Bislang gibt es in der schulischen Medienbildung und Mediendidaktik keine systematischen Studien zu diesen Analysen und Überlegungen. Auch wäre zu untersuchen, wie sich spezifisch *visuelle* Wahrnehmungsdispositive im Kontext von internetbezogenen Wahrnehmungsdispositiven verändern – auch unter Einbeziehen der Frage, wie Strukturmuster kommerzieller medialer Angebote und damit verbundene normative Orientierungen die Wahrnehmung, das Denken und Verhalten beeinflussen (vgl. Niesyto 2017a: 16–20). Wichtig ist zugleich die Auseinandersetzung mit *Inhalten* und die *kritische Reflexion* des Zusammenspiels von normativen Orientierungen, ästhetischen Formen und Medienaneignung/-praktiken in unterschiedlichen soziokulturellen Bildungs- und Lernkontexten.

Digitale Medialität, Visualisierungen und Medienkritik

Im Bereich der ästhetischen und kulturellen Bildung veröffentlichte Benjamin Jörissen (2014) bildungs- und kulturtheoretische Analysen zu einer *„digitalen Medialität"*. Es geht um die konstitutiven Aspekte von Medien („Medialität") und um Artikulationen im Spannungsfeld von Ästhetik und Medialität, die ästhetische Differenzerfahrungen und ästhetische Selbstbestimmung intendieren: „Medialität stellt eine zentrale Strukturbedingung von Symbolizität und mithin ein zentrales anthropologisches Moment dar. Vor diesem Hintergrund lassen sich konkrete Medien oder Medienarchitekturen als Möglichkeitsbedingungen menschlicher Artikulation begreifen, die innerhalb eines dreifachen Spannungsfeldes von Zeichen und Symbol (Kultur), Material und Struktur (Technik) sowie Prozess und Produkt (*techné* als Praxis) verortet sind" (ebd.: 511). Im Fokus stehen Fragen nach der ästhetischen Reflexion des Digitalen und nach den Potentialen digitaler Ästhetiken und Praktiken im Kontext postdigitaler Artikulationskulturen, die an den Arbeiten von Franz Josef Röll und weiteren Autor*innen anknüpfen. Jörissen und Unterberg (2019) ist zuzustimmen, dass „Digitalisierung im Rahmen ästhetischer Prozesse und Vollzüge umfassender zu erfahren und zu verstehen ist, als es mit bloßen kognitiven Mitteln möglich wäre" (ebd. 8).²³ Man darf gespannt sein, wie dieser ästhetische Ansatz künftig Fragen von Macht- und Herrschaftsstrukturen, die in „digitaler Medialität" ebenfalls enthalten sind,²⁴ weiter thematisiert und dies zum Gegenstand von Bild-, Daten- und Medienkritik macht – auch im Sinne sozial-ästhetischer Überlegungen zu Subjektivierungen, die zielgruppensensible Bildungsprozesse intendieren.

Abbildung 4 und 5: Bildkritik war schon immer ein Bestandteil von Medienkritik. Hier ein Beispiel in Erinnerung an den Politiker Gerhard Schröder (Bundeskanzler der Bundesrepublik Deutschland von 1998–2005). Mit dem Podest erscheinen die Größenverhältnisse ausgeglichen (Beispiel für Bildinszenierung; Holzwarth 2012: 8).

---

23 So zeigen Jörissen/Unterberg (2019) am Beispiel einer digitalen Bildbearbeitung von Leonardo da Vincis Gemälde „Mona Lisa" auf, dass digitale Medialität ein Prozessgeschehen ist. Während das analoge Trägermedium des Gemäldes in der dargestellten Ordnung nicht veränderbar ist, lassen sich in der digital-medialen Materialität eines Scans Dekontextualisierungen, Remixes etc. vornehmen, die Freiräume, Distanznahme und Transformation im Rahmen kollektiver Aushandlung von Bedeutung eröffnen.

24 Diese Fragen reichen von neuen Möglichkeiten der Bildmanipulation in politischen Kontexten (z. B. „Deepfake"), Formen der Disziplinierung und Überwachung, auch in Bildungskontexten (u. a. Eyetracking und Gesichtserkennung bei Learning Analytics) über die Enteignung und Nutzung persönlicher Bilddaten für kommerzielle Zwecke bis hin zu einer Auseinandersetzung mit Problemfeldern einer globalen digital-kapitalistischen Produktionsweise und der zunehmenden Einflussnahme der IT-Wirtschaft auf öffentliche Bildungseinrichtungen.

Abbildung 6 und 7: Älteres Beispiel für digitale Bildmanipulation: Muhammad Husni Mubarak (Staatspräsident von Ägypten 1981–2011) wurde im Nachhinein mit einem Bildbearbeitungsprogramm an die Spitze der Personengruppe gebracht. Es ist davon auszugehen, dass damit symbolisch die Macht des Politikers verstärkt werden sollte (Holzwarth 2012: 10).

Neuere Beispiele von digitalen Bildbearbeitungen und -manipulationen, insbesondere im Kontext von Künstlicher Intelligenz, „fotorealistischen" Bildkonstruktionen, ChatGPT-4 etc. werfen grundsätzliche Fragen auf, die erweiterte Analysen und Reflexionen, auch zu den Möglichkeiten und Grenzen pädagogischen Handeln sowie zu regulatorischen Maßnahmen erfordern (vgl. Fußnote 1). Gerade mit Blick auf Fragen des Wirklichkeitsgehalts medialer Darstellungen geht es um Fragen der Medienkritik und der Förderung von Medienkompetenz, die sich in digital-medialen Konstellationen verschärft und umfassender stellen.

„Medienkritik im digitalen Zeitalter" – unter diesem Titel erschien 2018 ein Sammelband (hrsg. von Horst Niesyto und Heinz Moser), der in 17 Beiträgen theoretische Grundlagen, konzeptionelle Ansätze und ausgewählte theoretische Aspekte und Handlungsfelder einer pädagogisch motivierten *Medienkritik* behandelt. Bezüglich bildbezogener Dimensionen werden Aspekte genannt wie z. B. die Fähigkeit zur Quellenkompetenz und zur Auseinandersetzung mit inneren Bildern (Röll), Reflexionen zur Verwendung eigener Bilder aus dem Modus der Produktion heraus (Niesyto), Förderung eines problem-, entscheidungs-, gestaltungs- und beurteilungsorientierten Vorgehens bei der Auseinandersetzung mit visuellen Materialien (Tulodziecki/Grafe), Befähigung zur Entwicklung ästhetischer Werturteile bezüglich bildhafter Darstellungen im sozialen Austausch

(Brüggen), Befähigung nicht nur zur Kritik an Bildinhalten, sondern auch an Bildgenerierungsprozessen und zur Förderung von visuellen Gegenentwürfen gegenüber apparativen Hervorbringungen (Missomelius).

Die wissenschaftlich fundierte Medienpädagogik hat sich stets differenziert und kritisch mit medienbezogenen Problemlagen auseinandergesetzt (u. a. Aufenanger 2018; Moser 2019: 54 ff.) und nie alarmistische und pauschalisierende Szenarien geteilt, wie sie z. B. Manfred Spitzer (2005: „Vorsicht Bildschirm!") verbreitet. Auch aus anderen Fachdisziplinen wird deutlich Kritik an diesen Szenarien geübt, unter anderem auch von Medienpsychologen (z. B. Stöcker 2018). Gleichwohl bleibt die Frage, wie die Medienpädagogik vor allem im Kontext von Medienerziehung und auch eines präventiven Kinder- und Jugendmedienschutzes mit der Thematik „Grenzen setzen" umgeht und entwicklungsbezogen im Spannungsfeld verschiedener Einflussfaktoren agiert (vgl. hierzu u. a. den Beitrag von Dieter Spanhel 2016 aus einer systemtheoretischen Perspektive).

Visual Literacy und Digital Literacy

Mit Blick auf die internationale Diskussion möchte ich im theoriebezogenen Teil abschließend auf das Thema „*visual literacy*" eingehen. Christian Swertz und Clemens Fessler (2010) schreiben in ihrem Überblicksartikel zu „Literacy", dass sich der Begriff „visual literacy" in seiner ursprünglichen Konzeption auf John Debes aus den 1960er Jahren bezieht und allgemein die Kommunikation von visuellen Botschaften mit Hilfe von Bildern und Symbolen, Grafiken etc. meint. Später differenzierten sich die Konzepte in eine eher kritisch-reflexive (in Verknüpfung mit „critical viewing skills" und „visual arts") und eine eher technisch-pragmatische, anwendungs- und ausbildungsorientierte „visual literacy" aus (vgl. auch Trültzsch-Wijnen 2020: 217). Swertz/Fessler (2010) weisen auch auf den von Gunther Kress und Carey Jewitt (2003) entwickelten Ansatz „*multimodal literacy*" hin, der auf einer sozial-semiotischen Theorie multimodaler Repräsentation und Kommunikation basiert, zu der auch visuelle Ausdrucks- und Kommunikationsformen gehören.[25]

Silke Grafe (2011) blickt in ihrem Beitrag über „media literacy" und „media (literacy) education" auf die Situation in den USA und kommt bezüglich „visual literacy" zu einer ähnlichen Einschätzung wie Swertz/Fessler (2010). Grafe akzentuiert in neueren Konzepten neben dem Verstehen der visuellen Sprache als ein Hauptziel des Lernens mit und über Medien vor allem den *Produktionsaspekt*, der durch den Einbezug von technischen, kreativen und kritischen Praktiken der Analyse und der Produktion unter Integration von Medienkunst („media

---

25 Siehe hierzu auch die kulturtheoretisch orientierten Arbeiten von Ben Bachmair, der über viele Jahre hinweg mit Gunther Kress im Rahmen der London Mobile Learning Group kooperierte (vgl. Bachmair 2019: 341).

arts education") realisiert werde (ebd.: 69 f.).²⁶ Handlungs- und produktionsbezogene „Media Education"-Konzepte weisen dabei Schnittmengen mit der aktiven Medienarbeit auf, insbesondere mit dem wahrnehmungsorientierten Ansatz im deutschsprachigen Raum der Medienpädagogik. Gleichzeitig gibt es „einige terminologische und translatorische Probleme und Schwierigkeiten der Relation der verschiedenen Konzeptualisierungen", auf die Theo Hug in kritischer Reflexion von Debatten über „Visuelle Kompetenz", „Bildkompetenz", „Medienkompetenz", „visual literacy", „visual competence" und „media literacy" hinweist (Hug 2011: 160 ff.).

Christine Trültzsch-Wijnen (2020) analysiert in ihrer Studie, dass „visual literacy" und „digital literacy" (als Bereich, der auf digitale Kommunikation und Medieninhalte ausgerichtet ist) dem breiteren Konzept der „media literacy" untergeordnet werden können. Allerdings zeige sich auf internationaler politischer Ebene (EU und UNESCO) die Tendenz, „digital literacy" mit „media literacy" gleichzusetzen (ebd.: 218) – eine Tendenz, die seit geraumer Zeit auch in Deutschland zu beobachten ist, hier unter dem Label bzw. Unwort „Digitale Bildung" (vgl. Niesyto 2021). Der britische Medienpädagoge David Buckingham spricht es deutlich an:

> „Policy-makers will often agree that students need 'digital literacy'. But digital literacy is mostly defined in very functional and instrumental terms: it is about the ability to manipulate hardware or software. Media education is much more ambitious and more comprehensive that this. While it does promote creative uses of media, it is centrally concerned with critical thinking. It is significantly more challenging than simply warning children about bad things" (Buckingham 2019: 9; siehe auch Buckingham 2018).

4. Medienpädagogische Praxis im Bereich Stehend- und Bewegtbilder

In der medienpädagogischen Praxis hatten visuelle Medien und foto- und filmpädagogische Angebote schon immer einen hohen Stellenwert. Mit Blick auf die heutigen digitalen Kontexte spricht Heinz Moser von einer „digitalen Visualität": „Die Reflexion auf die Flut der Bilder und ihrer Bedeutungen ist im digitalen Zeitalter zum zentralen Thema der medienpädagogischen Praxis geworden" (Moser 2019: 257). So enthält auch die „Einführung in die Medienpädagogik" (Moser 2019) ein ausführliches Kapitel, das sich u. a. mit visuell-ästhetischen Praktiken befasst (z. B. mit Fragen zur Bildbearbeitung und -manipulation, zum Spiel mit

---

26 Aus kulturpädagogischer Perspektive siehe u. a. den Beitrag von Ernst Wagner (2018) über „Bildkompetenz – Visual Literacy". Der Beitrag setzt sich auch mit dem *Europäischen Referenzrahmen für Visual Literacy* auseinander.

den „Memes"[27], zum Selbstausdruck mit Selfies etc.). Röll stellt in dem bereits erwähnten Beitrag über „Digitale Lernszenarien" (2016) verschiedene Beispiele für neue Lernformen und Lernorte vor, bei denen bildhafte Ausdrucksformen einen wichtigen Stellenwert haben, z. B. Lernen mit Apps zur Aneignung von Wissen in verschiedenen Fächern oder Beispiele für Game-based-Learning bei der spielerischen Erkundung einer Stadt (ebd.: 20 f.). Hierzu gehört auch die verstärkte Nutzung von Webvideos und Erklärvideos auf YouTube und anderen Plattformen für Bildungs- und Lernprozesse.[28]

Der folgende Praxisteil gibt zunächst anhand *ausgewählter* Praxisbeispiele einen kleinen Überblick zu *foto- und filmpädagogischen* Praxisaktivitäten in unterschiedlichen medienpädagogischen Handlungs- und Themenfeldern.[29] Danach folgt eine komprimierte Information zu praxisfeldübergreifend relevanten Publikationen und Webseiten sowie zu weiteren Plattformen auf Bundesebene.

Fotopädagogik

In einem Grundlagenbeitrag über „Fotografie" nennt Peter Holzwarth (2017b) ein Spektrum an Möglichkeiten fotografischer Aktivitäten mit unterschiedlichen konzeptionellen Akzentsetzungen. Sie reichen von produktiv versus rezeptiv, von produkt- versus prozessorientiert, von Bildsprache bis Bild-Text-Verbindungen, von Einzelbild versus Bilderserie, von analoge Bilder versus digitale Bilder, von Einzelproduktion versus Gruppenproduktion, von Projekt mit konkretem Ziel versus freies Arbeiten – jeweils inklusive diverser Mischformen (ebd.: 105). Für das internationale Entwicklungsprojekt FACE (Families and Children in Education) erstellte Holzwarth eine Broschüre, die einfach umsetzbare Projektideen vorstellt – insbesondere für vulnerable Gruppen von Kindern und Jugendlichen: „Using photography is motivating for young people and it can trigger a lot of

---

27 „Meme sind Texte, die im Internet zirkulieren und Textelemente (Bild, Audio, Video) enthalten, die von zahllosen Teilnehmerinnen und Teilnehmern an der Meme-Kultur verändert, abgewandelt, neu zusammengestellt und ins Netz gestellt werden" (Moser 2019: 265).
28 Siehe u. a. die repräsentative Studie „Jugend/YouTube/Kulturelle Bildung" (Rat für Kulturelle Bildung 2019) sowie die während der Corona-Krise zu beobachtende verstärkte Nutzung vorhandener und das Erstellen neuer Erklärvideos in Zusammenhang mit Präsenz- und Online-Lernen. Das Online-Magazin „Ludwigsburger Beiträge zur Medienpädagogik" hat die Ausgabe 22 (2022) zu dem Themenschwerpunkt „Lehre in Zeiten von Corona. Und wir lernen weiter …" herausgegeben (https://www.medienpaed-ludwigsburg.de/issue/view/28).
29 Angesichts der sehr umfangreichen medienpädagogischen Praxisaktivitäten im Bereich Stehend- und Bewegtbilder kommt es einer „Quadratur des Kreises" gleich, auch bei einer Auswahl auf wenigen Seiten einigermaßen die Vielfalt von Aktivitäten und Projekten exemplarisch anzudeuten. Ich habe auch aus diesem Grund an verschiedenen Stellen Hinweise auf Publikationen und Plattformen aufgenommen, die eine breitere Information zu Praxisaktivitäten bieten als dies der vorliegende Beitrag leisten kann.

learning processes: Seeing yourself, your world and others in a new way and learning about communicating with images. Pictures can also be used to motivate verbal expression or writing. In a global visual media-world it is important to have creative, critical and visually literate citizens" (Holzwarth 2017c).[30]

Abbildung 8: Fotomotiv aus dem Projekt FACE

Konzeptionelle Ansätze und viele Praxisbeispiele zur Fotopädagogik bieten u. a. folgende Publikationen: „Kreative Medienarbeit mit Fotografie, Video und Audio. Große und kleine Projektideen für die medienpädagogische Praxis" (Holzwarth 2011); „Foto + Text. Handbuch für die Bildungsarbeit" (hrsg. von Holzbrecher/ Oomen-Welke/Schmolling 2006); „Imaging. Digitale Fotografie in Schule und Jugendarbeit" (hrsg. von Holzbrecher/Schmolling 2004); „Klicken, Knipsen, Tricksen ... Medienerziehung im Kindergarten" (Eder/Roboom 2014).[31] Sehr empfehlenswert ist auch das Themenheft der Zeitschrift „medien concret" über „Lust auf eine neue visuelle Kultur – Schule des Sehens" (2014).[32] Im Bereich Fotopädagogik gibt es auch Wettbewerbe, insbesondere den „Deutschen Jugendfotopreis",

---

30 Siehe https://ipe-textbooks.phzh.ch/globalassets/ipe-textbooks.phzh.ch/english/photography_en.pdf.
31 Weitere Hinweise auf Publikationen zur Fotopädagogik sind u. a. über Recherchen auf den Webseiten und Plattformen zu finden, die am Ende dieses Teils zur Praxis in einer Übersicht vorgestellt werden.
32 Aus der Heft-Ankündigung: „175 Jahre nach der ersten Daguerrotypie beleuchtet es, wie sich das Medium im Laufe der Zeit gewandelt hat, skizziert, was Jugendliche über Bilder und deren Mechanismen wissen und wissen sollten, liefert Impulse für die medienpädagogische Arbeit und macht Lust auf die Auseinandersetzung mit Fotografie" (Deutsches Kinder- und Jugendfilmzentrum / jfc Köln (Hrsg.) (2014).

der vom Deutschen Kinder- und Jugendfilmzentrum veranstaltet wird.[33] Zum Wettbewerb, den prämierten Fotoarbeiten und zu aktuellen Trends in der Fotokultur erscheinen regelmäßig Kataloge. Auch auf regionaler Ebene werden regelmäßig medienpädagogische Fotowettbewerbe durchgeführt, z. B. in Bayern der „Kinderfotopreis".[34]

Filmbildung

Sehr umfangreiche Praxisaktivitäten gibt es im Bereich der Filmbildung. Das Spektrum reicht von klassischen Formen der rezeptiven Filmarbeit (z. B. Filme zusammen mit Kindern, Jugendlichen, Erwachsenen auswählen, anschauen und sich anschließend darüber austauschen, auch im Kontext von Nachspielaktionen) über Formen der aktiven Film-/Videoarbeit (Erstellen und Öffentlichmachen von Videoproduktionen zu unterschiedlichen Themen in örtlich-lokalen Kontexten und im Internet) bis hin zur Teilnahme an bundesweiten und internationalen Projekten und Wettbewerben. Auf Bundesebene sind u. a. folgende Einrichtungen und Aktivitäten zu nennen, die sehr viele Akteure*innen in der Filmbildung erreichen:

- das *Deutsche Kinder- und Jugendfilmzentrum* (KJF), das den Deutschen Jugendfilmpreis, den Deutschen Generationenfilmpreis und den Deutschen Multimediapreis jeweils in Zusammenarbeit mit regionalen und lokalen Partnerorganisationen durchführt; mehrere Filmportale (für Kinder, Jugendliche und Erwachsene) bieten Orientierung und Hintergrundinformationen;[35]
- der *Bundesverband Jugend und Film* (BJF), der sich seit den 1970er Jahren für die Filminteressen von Kindern und Jugendlichen engagiert und durch vielfältige Aktivitäten und ein breites Netzwerk die Filmbildung fördert;[36]
- das Netzwerk *Vision Kino*, das u. a. die Schulkinowochen und Tagungen zur Filmbildung organisiert, zu aktuellen Filmen pädagogische Filmempfehlungen macht und kontinuierlich Filmhefte und Unterrichtsmaterialien anbietet;[37]
- das filmpädagogische Online-Portal *kinofenster.de*, ein Angebot der Bundeszentrale für politische Bildung (bpb) mit aktuellen Filmhinweisen und einem großen Archiv zu Filmbesprechungen und Materialien für die filmpädagogische Praxis.[38]

---

33 https://www.jugendfotopreis.de/home.html
34 https://www.kinderfotopreis.de
35 https://www.kjf.de
36 https://www.bjf.info
37 https://www.visionkino.de
38 https://www.kinofenster.de; siehe auch die Webseite der bpb zu „Bewegtbild und politische Bildung": https://www.bpb.de/lernen/digitale-bildung/bewegtbild-und-politische-bildung/

Das *JFF – Institut für Medienpädagogik in Forschung und Praxis* kann auf eine über 70-jährige Geschichte zurückblicken, die mit Aktivitäten zur Filmerziehung begann und heute das gesamte Spektrum medienpädagogischer Themen- und Kompetenzfelder abdeckt. Im Bereich Filmbildung gibt es diverse Projekte und Publikationen, die vom Projekt FLIMMO (Fernsehen mit Kinderaugen – Orientierungshilfe für Eltern zur Medienerziehung von Kindern) über das Festival „flimmern & rauschen", das Festival „Kino Asyl", die WebVideoReihe „Digitale Jugendbeteiligung" bis hin zu zahlreichen handlungsorientierten Film- und Videoprojekten mit verschiedenen Zielgruppen reichen.[39]

In Deutschland entstanden in den 1970er/1980er Jahren in vielen Städten Medienzentren, die einen Schwerpunkt auf die *Videoarbeit* im außerschulischen Bereich legten. Einrichtungen wie z. B. das Medienzentrum München (Teil des Instituts JFF), das jfc Medienzentrum in Köln (u. a. mit einem interkulturellen Schwerpunkt), das Medienprojekt in Wuppertal (Stärkung von Gegenöffentlichkeiten mit Film/Video), das Medienzentrum „Parabol" in Nürnberg (breit gefächertes Angebot für den außerschulischen und schulischen Bereich), medien+bildung.com (landesweite Lernwerkstatt in Rheinland-Pfalz) haben nachhaltig die Entwicklung der Film- und Medienbildung beeinflusst, auch über ihre jeweilige Region hinaus.

In den letzten zwei bis drei Jahrzehnten kamen neue Initiativen und Einrichtungen hinzu – nicht zuletzt seit der Wiedervereinigung Deutschlands auch in den ostdeutschen Bundesländern, wie z. B. das Medienkulturzentrum Dresden (landesweites Kurs- und Projektangebot für Sachsen, Deutscher Multimediapreis mb21), die Medienwerkstatt Identity Films in Mecklenburg Vorpommern (mit Angeboten für pädagogische Fachkräfte und Praxisprojekten mit Kindern und Jugendlichen), der Verein für Medienbildung e.V. „mediale pfade.org" (mit einem breiten Themen- und Projektspektrum), das Büro Berlin des JFF – Institut für Medienpädagogik (mit zahlreichen Projekten in Berlin-Brandenburg im Schnittbereich von medienpädagogischer Praxis und Forschung), das Medienkompetenz Netzwerk Thüringen, der „FJP Media" (Verband junger Medienmacher*innen in Sachsen-Anhalt). Bundesweit haben sich die Medienzentren in einer Ständigen Konferenz frei arbeitender Medienzentren zusammengeschlossen (FRAME).

Für den Bereich der *schulischen* Filmbildung sind insbesondere die Facheinrichtungen in den Bundesländern wichtig (z. B. Landesmedienzentren und andere Fachstellen für Medienpädagogik), die die Filmbildung in Unterrichtsfächern

---

39 https://www.jff.de; zum Thema „Webvideo" siehe auch das Themenheft von „medien + erziehung" 1/2015.

fördern und dafür spezielle Curricula entwickelt haben.[40] Auch gibt es *themen- und zielgruppenbezogene* Ausdifferenzierungen wie z. B. Filmbildung in bildungsbenachteiligten Milieus (u. a. Beiträge von Maurer, Rüsel und Schuchardt im Band „film kreativ", Niesyto 2006a), Filmbildung und Inklusion (u. a. Maurer/ Schluchter 2012), Sprachförderung durch Integration praktischer Videoarbeit, Filmbildung und interkulturelle Bildung, Filmbildung und Gender, Filmbildung und Migration, Mehrgenerationen-Filmprojekte.[41]

Beispiel: Deutscher Generationenfilmpreis

Der Filmpreis wurde 1997 vom Deutschen Kinder- und Jugendfilmzentrum (KJF) und dem Bundesministerium für Familie, Senioren, Frauen und Jugend (BMFSFJ) unter der Bezeichnung Bundeswettbewerb „Video der Generationen" ins Leben gerufen. Seit 2017 findet er unter dem Namen „Deutscher Generationenfilmpreis" statt. Der Wettbewerb „fördert die Kreativität älterer Menschen und präsentiert öffentlichkeitswirksam ihre Produktionen. Jungen Filmemacherinnen und Filmemachern bietet er ein Forum für die Themenbereiche Alter und Altern. Medienpädagogische Einrichtungen werden zu filmischen Mehr-Generationen-Projekten motiviert".[42] Dieser filmpädagogische Rahmen bringt jüngere und ältere Filmschaffende zusammen und bietet Möglichkeiten, den Blick für die jeweilige Lebenssituation und auch für verbindende Themen zu schärfen: „Gefragt sind ehrliche Geschichten, der kritische Blick auf gesellschaftliche Zustände – und alle Facetten des Zusammenlebens von Jung und Alt. Anliegen und Wünsche, Hoffnungen und Sorgen können hier zur Sprache kommen" (ebd.).

---

40 Siehe auf Bundesebene z. B. das Dokument „Filmbildung in der digitalen Welt", erarbeitet 2020 vom Arbeitskreis Filmbildung der Länderkonferenz MedienBildung (https://lkm.lernnetz.de/index.php/filmbildung.html). Als ein Beispiel für die Länderebene siehe das Landesmedienzentrum Baden-Württemberg, Bereich Filmbildung: https://www.lmz-bw.de/filmbildung/.

41 Siehe u. a. das Projekt „Filme fördern Sprache" (Holdorf/Maurer 2017; https://filme-foerdern-sprache.org), eine Literaturliste von Holzwarth zur interkulturellen Filmbildung (http://phzh.educanet2.ch/peter.holzwarth/.ws_gen/?7), die Dokumentation „Filmbildung in der Migrationsgesellschaft" (https://www.visionkino.de/fileadmin/user_upload/kongress/2016/Berichte/Podium_2_Filmbildung_in_der_Migrationsgesellschaft.pdf) und ein Beitrag von Luca/Decke-Cornill (2010) zu „Jugend – Film – Gender" (zu Medienpädagogik und Gender siehe auch den Überblicksbeitrag von Groen/Tillmann 2017 sowie zum Thema „Heldinnen und Helden – Idole und Ideale" das Themenheft 2018 von „medien concret" (http://www.medienconcret.de/archiv/articles/id-2018-heldinnen-und-helden-idole-und-ideale.html).

42 https://www.deutscher-generationenfilmpreis.de/informationen_ueber_den_wettbewerb.html

Abbildung 9: Der „Deutsche Generationenfilmpreis" bietet neben freier Themenwahl auch Jahresthemen für gemeinsame Filmproduktionen. Für 2021 war das Jahresthema „Arbeit".

An dieser Stelle sei auch auf den Verein „Gesellschaft – Altern – Medien" (GAM) hingewiesen, der sein Augenmerk auf das Medienhandeln im (höheren) Erwachsenenalter legt. Ein zentrales Anliegen von GAM besteht darin, „die nachhaltige Diskussion um die kulturelle, sozialpolitische und gesellschaftliche Bedeutung von Medien für das höhere Erwachsenalter zu fördern und durch empirisch und theoretisch fundierte Erkenntnisse anzuregen" (Anja Hartung-Griemberg).[43] GAM setzt sich auch mit Fragen des intergenerativen Medienhandelns auseinander und betont die Verzahnung von Theorie, Praxis und Forschung. Zu den GAM-Publikationen gehört die Zeitschrift „Medien & Altern", die sich in ihren Themenheften auch mit visuellen und audiovisuellen Darstellungen befasst, z. B. im Heft 5 mit Bildern von Sterben und Tod oder im Heft 9 zur filmischen Darstellung von Erotik und Sexualität im Alter.

Beispiel: Foto und Film als Bestandteil einer politisch-kulturellen Medienbildung

Politisch-kulturelle Medienbildung verknüpft alltags- und gesellschaftsrelevante Themen (im Sinne eines *weiten* Politikverständnisses) mit unterschiedlichen Formen medialer Artikulation und Kommunikation. Es geht um die Orientierung an den handlungsleitenden Themen, den Lebensgefühlen und den Positionierungen von Kindern, Jugendlichen, Erwachsenen. Intendiert wird die Förderung eigensinniger symbolischer Verstehens-, Produktions- und Artikulationsprozesse mit Medien und die Förderung medienkritischen Handelns. Der Selbstausdruck

---

[43] https://www.gesellschaft-altern-medien.de

und die Kommunikation mit Foto und Film sind Bestandteil politisch-kultureller Medienbildung. Medienpädagogik bezieht sich auf vorhandene Bildkulturen und -praxen und fördert visuelle Kompetenzen im Rahmen einer politisch-kulturellen Film- und Medienbildung.

Exemplarisch sei auf das Projekt *bildmachen* hingewiesen, das vom JFF – Institut für Medienpädagogik von 2017–2019 als Pilotprojekt durchgeführt wurde. Das Projekt bot Jugendlichen[44] einen Raum, in dem sie selbst alternative Antworten zu Erfahrungen mit Diskriminierung und Rassismus, aber auch zu religiösen und lebensweltbezogenen Fragen entwickeln konnten. Die Workshops wendeten sich an Jugendliche zwischen 14 und 21 Jahren in schulischen und außerschulischen Einrichtungen. Die Jugendlichen lernten, ihre Ideen in Form von Bildern, Memes und animierten GIFs auszudrücken und auch über den Workshop hinaus in die Online-Kommunikation einzubringen.[45]

Abbildung 10 und 11: Memes aus dem Projekt „bildmachen"

---

44 Als Beispiel für ein Projekt mit Kindern siehe „Kamerakinder NRW", das vom jfc Medienzentrum (Köln) durchgeführt wird (http://challenge.kamerakinder.de/index.html) sowie das Projekt „KinderFilmUni (Hoffmann 2015). Als Beispiel für ein Mehrgenerationen-Filmprojekt siehe der Deutsche Generationenfilmpreis (https://www.deutscher-generationenfilmpreis.de/home.html).

45 Nähere Informationen zum Projekt: https://www.jff.de/schwerpunkte/projektdetail/bildmachen/. Das Modul 3 informiert detailliert über die medienpädagogische Arbeit mit Memes. Das Projekt wurde evaluiert und die Ergebnisse sind einer Broschüre des JFF zu entnehmen, die 2019 erschien (https://www.jff.de/fileadmin/user_upload/jff/projekte/bildmachen/bildmachen_broschuere_20190401.pdf).

In einem weiteren Projekt („RISE") geht es darum, Jugendliche gegen extremistische Ansprachen zu stärken, indem sie sich mit islamistischen Inhalten in jugendlichen Lebenswelten auseinandersetzen, eigene Positionen entwickeln und hierzu Kurzfilme produzieren. „RISE" ist im Schnittfeld von Medienpädagogik, politischer Bildung und Präventionsarbeit angesiedelt.[46]

Während die Medienpädagogik in der Vergangenheit über verschiedene Formen der aktiven Medienarbeit und multimedialer Lernsettings Kindern, Jugendlichen und Erwachsenen handhabbare Geräte und Materialien zur Verfügung stellte, existieren heute relativ breite Zugangsmöglichkeiten zu Digitalmedien mit entsprechenden Informations-, Produktions- und Kommunikationsmöglichkeiten. Doch nach wie vor gibt es auch medienbezogene *soziale Ungleichheiten* (u. a. Verständig/Klein/Iske 2016), die sowohl auf bildungspolitischer als auch auf pädagogischer Ebene besonderer Anstrengungen bedürfen (u. a. Bröckling 2020). Notwendig sind noch bessere Konzepte, wie Medienpädagogik nicht nur an traditionellen Bildungsorten, sondern auch im Internet Kinder, Jugendliche und Erwachsene erreichen kann, um eine bild- und filmbezogene Medienkompetenz und Medienbildung zu fördern.

Praxisfeldübergreifend relevante Zeitschriften, Schriftenreihen und Webseiten/Plattformen

Auf Bundesebene (Deutschland) sind vor allem folgende Publikationen und Webseiten/Plattformen zu nennen:

- Die Webseite der *Gesellschaft für Medienpädagogik und Kommunikationskultur e.V.* mit Sitz in Bielefeld informiert über medienpädagogische Publikationen, Veranstaltungen und Wettbewerbe.[47] Die Schriftenreihe „Dieter Baacke Preis Handbuch" bezieht sich auf die jährlichen Preisträger*innen des Dieter-Baacke-Preises (verschiedene Kategorien) und enthält eine Dokumentation zu den prämierten Medienprojekten und aktuelle Beiträge aus Forschung und Praxis. Eine zweite Reihe „Schriften zur Medienpädagogik" dokumentiert Beiträge des jährlichen GMK-Forums Kommunikationskultur zu wechselnden Themen. Beide Schriftenreihen enthalten regelmäßig auch Beiträge zu bild-/filmbezogenen Aktivitäten in der Medienbildung.

---

46 https://rise-jugendkultur.de
47 https://www.gmk-net.de

- Die Webseite des *JFF – Institut für Medienpädagogik* mit Sitz in München.[48] Das JFF ist die älteste medienpädagogische Einrichtung in Deutschland und arbeitet im Schnittfeld von Forschung, Praxis und Theorie. Zahlreiche Veranstaltungen und Veröffentlichungen beziehen sich auf bild-/filmbezogene Aktivitäten (siehe auch die einzelnen Kompetenzbereiche).
- Der *Medienpädagogik Praxis-Blog* bietet Materialien, Methoden, Projektbeispiele, Tipps, Tricks und aktuelle Informationen für die medienpädagogische Praxis in Jugendarbeit und Schule, die von Medienpädagog*innen aus dem deutschsprachigen Raum gesammelt und veröffentlicht werden.[49]
- Die Webseite der *Bundeszentrale für politische Bildung* (bpb) zum Thema „Medienpädagogik" enthält eine Materialsammlung zur gesellschaftlichen Medienentwicklung und informiert über Möglichkeiten, visuelle und audiovisuelle Medien in die (politische) Bildungsarbeit zu integrieren.[50]
- Im Online-Portal „*Kulturelle Bildung Online*" sind in der Rubrik „Medien" diverse Beiträge zur Medienbildung unter Integration von Foto und Film zugänglich (Grundlagentexte und praxisbezogene Beiträge).[51]
- Die Zeitschrift „*medien + erziehung*" ist eine traditionsreiche medienpädagogische Fachzeitschrift im deutschsprachigen Raum. Jährlich erscheinen fünf Hefte mit wechselnden Themenschwerpunkten im Schnittfeld von Praxis und Forschung sowie Buchrezensionen und Veranstaltungshinweisen, die auch auf foto- und filmpädagogische Aktivitäten aufmerksam machen.[52]
- Die Fachzeitschrift „*MedienConcret*" ist ein Magazin für die pädagogische Praxis und wird vom Deutschen Kinder- und Jugendfilmzentrum (KJF) und vom jfc Medienzentrum Köln herausgegeben. Jedes Heft bietet Praxisberichte, Hintergrundbeiträge und einen Serviceteil zu einem aktuellen Medienthema.[53] Beide Einrichtungen haben eine langjährige Expertise im Bereich Foto- und Filmbildung.
- Die Fachzeitschrift „*TELEVIZION*" ist ein Forum mit Berichten, Analysen und Tendenzen praktischer und wissenschaftlicher Arbeiten rund um das Thema Kinder- und Jugendfernsehen.[54]
- Die Fachzeitschrift „*tv diskurs*" informiert über Entwicklungen im Bereich des Jugendmedienschutzes, der Medienwissenschaft, -politik und -pädagogik sowie anverwandter Disziplinen. Der Bereich „Pädagogik" bietet auch Beiträge für die medienpädagogische Praxis.[55]

---

48 https://www.jff.de
49 https://www.medienpaedagogik-praxis.de
50 https://www.bpb.de/lernen/digitale-bildung/medienpaedagogik/
51 https://www.kubi-online.de/themenfeld/medien
52 https://www.merz-zeitschrift.de
53 http://www.medienconcret.de
54 https://www.br-online.de/jugend/izi/deutsch/publikation/televizion/televizion.htm
55 https://tvdiskurs.de/paedagogik/

Besonders zu erwähnen ist das *„Medienpädagogik Praxis Handbuch"*, das 2012 erschien (hrsg. von Eike Rösch, Kathrin Demmler, Elisabeth Jäcklein-Kreis, Tobias Heinemann). Das JFF – Institut für Medienpädagogik und der Medienpädagogik Praxis-Blog sammelten für das Handbuch bewährte Konzepte aus der aktiven Medienarbeit. Es entstanden knapp 100 Konzepte zu verschiedenen Medienbereichen, darunter Foto, Video, Web, Games. Das ansprechend aufgemachte Handbuch enthält auch Arbeitsmaterialien, Checklisten und Fotos sowie kompakte theoretisch-konzeptionelle Hintergrundartikel, inklusive eines Glossars mit Fachbegriffen.

5. Medienpädagogische Forschung im Bereich Stehend- und Bewegtbilder

Studien zur Mediensozialisation und Medienaneignung, zum Selbstausdruck und zur Kommunikation mit Medien und zu Bildungs-, Erziehungs- und Lernprozessen mit, über und durch Medien sind zentraler Gegenstand medienpädagogischer Forschung. Zahlreiche Studien beziehen sich auf visuelle und audiovisuelle Dimensionen. Es gibt auch viele Studien, die in interdisziplinären Kontexten entstanden sind und an denen Mediensoziologen*innen, Medienpsychologen*innen, Medien- und Kulturwissenschaftler*innen und Vertreter*innen weiterer Disziplinen mitwirkten bzw. von Kolleg*innen anderer Fachdisziplinen durchgeführt wurden. Die erziehungswissenschaftlich orientierte Medienpädagogik verdankt diesen Studien und Kooperationen wertvolle Referenzbezüge und Inspirationen für die eigene Arbeit. Dies betrifft auch Beiträge und Studien von Kolleg*innen, die ihren wissenschaftlichen Schwerpunkt in anderen Teildisziplinen der Erziehungswissenschaft haben, aber an medienbezogenen Fragestellungen und Themen interessiert sind, dazu forschen und publizieren, auch im Rahmen gemeinsamer Forschungs- und Publikationsprojekte.[56]

Es würde den Rahmen dieses Beitrags überschreiten, einen Überblick über das gesamte Spektrum von Studien zu den eingangs genannten Gegenstandsbereichen zu geben.[57] Deshalb erfolgt eine Eingrenzung auf die Frage nach der

---

56 Bezüglich visueller Medien und visueller Forschungsmethoden sind u. a. folgende Publikationen zu erwähnen, an denen Kolleg*innen aus verschiedenen Bereichen der Erziehungswissenschaft beteiligt waren: Schmitt/Link/Tosch (Hrsg.) (1997): Bilder als Quellen der Erziehungsgeschichte; Ehrenspeck/Schäffer (Hrsg.) (2003): Film- und Fotoanalyse in der Erziehungswissenschaft; Friebertshäuser/von Felden/Schäffer (Hrsg.) (2007): Bild und Text. Methoden und Methodologien visueller Sozialforschung in der Erziehungswissenschaft.

57 Einen Überblick zu neueren methodologischen und methodischen Ansätzen, Vorgehensweisen und Fragen medienpädagogischer Forschung bieten das „Jahrbuch Medienpädagogik 10" (hrsg. von Hartung/Schorb/Niesyto/Moser/Grell 2014) und drei Bände

Integration *visueller Methoden* in die medienpädagogische Forschung, insbesondere in *qualitativ* angelegten Studien. In der Sektion Medienpädagogik gibt es hierzu verschiedene Publikationen und Tagungsaktivitäten, die im Folgenden zusammengefasst werden.[58] Dabei wird auch auf Beiträge aus anderen Fachdisziplinen Bezug genommen.

Visuelle Methoden in qualitativ orientierten Forschungsansätzen

Obwohl die Auseinandersetzung mit Stehend- und Bewegtbildern für die Medienpädagogik ein zentrales Thema ist, befasste sich die medienpädagogische Forschung lange Zeit eher zurückhaltend mit visuellen Methoden. Dies betrifft nicht Methoden der Foto- und Filmanalyse. Diese gehörten – in unterschiedlicher methodologischer und methodischer Ausrichtung – schon immer zu einem wichtigen Bereich medienpädagogischer Forschung, bezogen sich jedoch eher auf massenmediale Angebote. An dieser Stelle geht es auch nicht um Beobachtungsmethoden, die schon länger mit (unterstützenden) fotografischen und videografischen Formen der Dokumentation verknüpft werden.[59] Die frühere Zurückhaltung bezieht sich auf visuelle Methoden wie z. B. *Foto- und Video-Elicitation* sowie auf die Analyse von medialen *Eigenproduktionen* von Kindern und Jugendlichen und damit verknüpfte methodologische und methodische Überlegungen.

Inspiriert durch Arbeiten aus anderen wissenschaftlichen Disziplinen (auch außerhalb der Erziehungswissenschaft)[60] sowie eigener Überlegungen zur Weiterentwicklung von Forschungsmethoden gewannen in der Medienpädagogik

---

„Forschungswerkstatt Medienpädagogik" (hrsg. von Knaus 2017; 2018; 2019). Das „Handbuch Medienpädagogik" (hrsg. von Sander/von Gross/Hugger) enthält auch in der 2. Auflage (2022) einen Teil zu „Forschung in der Medienpädagogik" (Teil VI: 341–478).

58 Der folgende Text bezieht sich in verschiedenen Passagen auf frühere Veröffentlichungen, vor allem Niesyto 2017b.

59 Siehe z. B. der aktuelle Boom der Unterrichtsvideografie oder früher die Unterrichtsmitschnitte, die insbesondere von Medienzentren an Hochschulen erstellt wurden (vgl. Rauin/Engartner/Herrle 2016).

60 Insbesondere in der Bildwissenschaft, der Medien- und Filmwissenschaft, der visuellen Anthropologie und der visuellen Soziologie gibt es im methodischen Bereich etablierte Ansätze, wie Foto und Film zur Generierung von Daten im Kontext unterschiedlicher Erkenntnisinteressen und methodologischer Ansätze genutzt und wie vorhandenes visuelles Material analysiert und interpretiert werden kann (für einen Überblick vgl. Niesyto 2017b: 63 ff. und Niesyto 2007: 226 ff.). Exemplarisch seien folgende Publikationen genannt: „Visual Methods in Social Research" (Banks 2001), „Image-based Research" (Prosser 2001), „Visual Methods" (Hughes 2012), „Visuelle Wissenssoziologie" (Raab 2008), „Sozialtheorie des Bildes" (Breckner 2010), „Qualitative Bild- und Videointerpretation" (Bohnsack 2011), „Handbook of Visual Research Methods" (Margolis/Pauwels 2011), „Visual Sociology" (Harper 2012), „Visual Methodologies" (Rose 2016), „Handbuch Qualitative Videoanalyse" (Moritz/Corsten 2018).

Ansätze an Einfluss, die mittels visueller Methoden generiertes Material sowie mediale Eigenproduktionen von Kindern und Jugendlichen stärker berücksichtigen. So erschien 2001 die Publikation „Selbstausdruck mit Medien – Eigenproduktionen mit Medien als Gegenstand der Kindheits- und Jugendforschung" (Niesyto 2001), die auf eine interdisziplinäre Fachtagung zurückging. Der Band enthält neben Beiträgen zu Tagebuchanalysen und Audio-Eigenproduktionen elf Beiträge zu visuellen und audiovisuellen Eigenproduktionen, die vor allem von Jugendlichen erstellt wurden. Die Beiträge zeigen auf, wie die Produktionsprozesse (Symbolproduktion) dokumentiert und mit welchen Methoden die entstandenen Eigenproduktionen analysiert und interpretiert werden können (Symbolverstehen).

Im Jahr 2005 folgte ein von Winfried Marotzki und Horst Niesyto herausgegebenes Themenheft der Online-Zeitschrift „MedienPädagogik" (Heft 9) zum Thema *„Visuelle Methoden in der Forschung"*. Im Editorial stellen die Herausgeber fest: „Artikulation und kommunikative Verständigung vollziehen sich aber nicht nur im Medium der Sprache und des Textes, sondern auch in demjenigen des Bildes bzw. bewegter Bilder (Film). Die Methoden zum Sprach- und Textverstehen sind relativ gut ausgearbeitet, die Methoden zur Film- und Bildinterpretation sind es im Kontext sozialwissenschaftlicher Forschung nicht" (ebd.: 1). Heinz Moser verweist in einem Beitrag auf den *iconic turn*, der seit der Jahrtausendwende verschiedene Wissenschaftsbereiche erfasst hatte und skizziert am Beispiel der praxisorientierten Schulforschung sowie der medienpädagogischen Praxisforschung zu Eigenproduktionen Jugendlicher, wie sich *visuelle* beziehungsweise *audiovisuelle* Möglichkeiten der Forschung neu entwickelten. Das Heft umfasst neun Beiträge, die von Bild-Text-Bezügen (Peez), über ästhetische Annäherungen an Bilder (Stutz), Fragen der Verwendung von Bild-, Ton- und Textdateien zur Navigationsanalyse (Iske/Swertz) bis hin zu Video(technik) in der erziehungswissenschaftlichen Forschung (Kommer/Biermann) und der qualitativen Analyse audiovisueller Informationen mit ATLAS.ti (Gerhold/Bornemann) reichen.[61]

Die Publikation *„Bildinterpretation und Bildverstehen"*, die Winfried Marotzki und Horst Niesyto 2006 herausbrachten, ging auf eine bundesweite Fachtagung zum gleichnamigen Thema zurück, die 2004 stattfand. Der Sammelband stellt methodische Ansätze aus sozialwissenschaftlicher, kunst- und medienpädagogischer Perspektive vor (Beiträge von Marotzki/Stoetzer, Bohnsack, Sowa/Uhlig, Holzbrecher/Tell, Peez, Stutz, Holzwarth, Fuhs, Pilarczyk, Niesyto). Der

---

61 Der Artikel von Gerhold/Bornemann ist einer der wenigen Beiträge, die in medienpädagogischen Publikationsorganen zu methodischen Fragen *computergestützte Auswertungsverfahren* für den Bereich Foto und Film erschienen sind. Aus anderen Fachdisziplinen liegen hierzu diverse Publikationen vor (u. a. Beiträge von Bohnsack/Fritzsche/Wagner-Willi 2015; Kuckartz 2014 und Moritz/Corsten 2018).

Schwerpunkt liegt auf der Interpretation von *Foto-Eigenproduktionen*, die Kinder und Jugendliche erstellten. Bildsprachlich-analytische und alltagskulturell-hermeneutische Ansätze akzentuieren verschiedene methodische Ansätze.

Die Besonderheit der Ludwigsburger Fachtagung bestand vor allem darin, dass die Vortragenden ihren Ansatz nicht nur unter Bezug auf Fotomaterial aus ihrer Forschungsarbeit vorstellten, sondern auch drei Fotos interpretierten, die ihnen zuvor seitens der Tagungsleitung zur Verfügung gestellt wurden. Als Kontextinformation gab es lediglich den Hinweis: „Die Fotos stammen aus einem Forschungsprojekt über die Lebenswelt von Kindern aus Migrationskontexten". Die Tagungsleitung verzichtete bewusst auf weitere Kontextinformationen. Die Tagung erhielt hierdurch ein Stück weit einen Workshop-Charakter und bot Einblicke in verschiedene Methoden der Bildinterpretation, ihre Möglichkeiten und Grenzen. Der abschließende Beitrag im Tagungsband unternimmt den Versuch einer vergleichenden Auswertung der Bildinterpretationen zu den vorgegebenen Fotos und eine methodische Reflexion/Diskussion (Niesyto 2006b).

Abbildung 12: Fachtagung Bildinterpretation – Foto 1

Abbildung 13: Fachtagung Bildinterpretation – Foto 2

Abbildung 14: Fachtagung Bildinterpretation – Foto 3

Für den weiteren Diskurs sind – neben dem Themenheft 14 (2007) der Zeitschrift „MedienPädagogik" zur „Qualitativen Forschung in der Medienpädagogik"[62] – auch fünf Austauschtreffen zum Thema „Visuelle Methoden in der Forschung" zu erwähnen, die von Kolleg*innen der Pädagogischen Hochschulen in Zürich, Bern

---

62 Das Themenheft 14 (hrsg. von Niesyto/Moser 2007) enthält verschiedene Beiträge, in denen auch visuelle Medien und Methoden eine Rolle spielen, vor allem in den Beiträgen von Holzwarth/Maurer (Erfahrungen an der Schnittstelle von Medienarbeit und Praxisforschung), Wagner/Theunert (Konvergenzbezogene Medienaneignung in Kindheit und Jugend), Marotzki (Multimediale Kommunikationsarchitekturen: Herausforderungen und Weiterentwicklungen der Forschungen im Kulturraum Internet) und Schuegraf (Das Surfgramm als grafische Darstellung von Surfwegen im Internet).

und Ludwigsburg im Zeitraum von 2009 bis 2013 organisiert wurden.[63] Auch der im Jahr 2016 in Wien von der GMK-Fachgruppe „Qualitative Forschung" durchgeführte Workshop zu „Visuelle Soziologie meets Medienpädagogik" bot eine Möglichkeit zum Austausch über die eigenen Fachgrenzen hinaus.[64] Diese inter- und transdisziplinären Austauschmöglichkeiten sollten weitergeführt und intensiviert werden. Gleiches gilt auch für das Feld der medienpädagogischen Praxisforschung und den Ansatz „Eigenproduktionen mit Medien" als Gegenstand der Forschung.[65]

Ein wichtiger Schritt zur Dokumentation und Diskussion aktueller medienpädagogischer Forschungsansätze und -methoden erfolgte mit dem Publikationsprojekt *„Forschungswerkstatt Medienpädagogik"*, das von Thomas Knaus initiiert wurde. Das Projekt verfolgt das Ziel, das heterogene Spektrum kreativer Ansätze und innovativer Methoden aufzuzeigen, möchte auch weniger bekannte Ansätze berücksichtigen, die Methodendiskussion in der Medienpädagogik beleben und auch für Studierende und Nachwuchswissenschaftler*innen eine Orientierungsmöglichkeit bieten. Seit 2017 sind drei Bände (Print- und Online-Versionen) in der Herausgeberschaft von Thomas Knaus erschienen. Alle drei Bände enthalten Beiträge, in denen visuelle Methoden einen wichtigen Stellenwert haben.[66]

Visuelle Methoden werden in der qualitativ orientierten medienpädagogischen Forschung in mehreren Bereichen und im Kontext unterschiedlicher Forschungsdesigns eingesetzt. Zu nennen sind u. a.:

- von Forschungspersonen und/oder von Kindern/Jugendlichen/Erwachsenen ausgewählte Medienimpulse/-materialien (z. B. Foto-Interviews, Foto-/Video-Elicitation, Visual Storytelling, MediaMap) als Gesprächsanreiz und

---

63 Infos zu den Tagungen siehe https://horst-niesyto.de/fachtagungen/. Peter Holzwarth hatte diese Tagungsreihe maßgeblich mitinitiiert und in vielen Projekten mit visuellen Methoden gearbeitet (siehe ein Grundlagenbeitrag von ihm im Handbuch „Inklusion und Medienbildung" zu „Visuelle Methoden" (Holzwarth 2019).

64 GMK-Fachgruppe „Qualitative Forschung": https://www.gmk-net.de/ueber-die-gmk/lf-fachgruppe/qualitative-forschung/; die Soziologin Roswitha Breckner stellte ihren Ansatz der fotografischen Segmentanalyse in einem Vortrag mit Workshop vor (siehe auch Breckner 2010).

65 Siehe hierzu verschiedene Beiträge im „Jahrbuch Medienpädagogik 10" (hrsg. von Hartung/Schorb/Niesyto/Moser/Grell 2014) sowie die Schriftenreihe „Medienpädagogische Praxisforschung" (hrsg. von Niesyto, vgl. http://www.kopaed.de/kopaedshop/?pg=2_16&qed=32). Zum Ansatz „Eigenproduktionen mit Medien" als Gegenstand der Forschung siehe eine kompakte Info unter https://horst-niesyto.de/eigenproduktionen-mit-medien-als-forschungsgegenstand/.

66 Nähere Information zu der „Forschungswerkstatt Medienpädagogik" sowie den Print- und Online-Publikationen sind der Webseite des Projekts zu entnehmen: http://forschungs-werkstatt-medienpaedagogik.de.

Ausgangspunkt für Reflexionen in Verbindung mit verschiedenen Interviewformen und Gruppendiskussionsverfahren (u. a. Kulcke 2009; Rummler/Scheuble/Moser/Holzwarth 2014; Waltinger 2019; Schlör 2016);
- Foto- und videografische Dokumentation von Alltagssituationen und medienkulturellen Praktiken von Kindern und Jugendlichen (z. B. Camera Stylo als Form teilnehmender Beobachtung) in Zusammenhang mit ethnographischer Feldforschung (u. a. Moser 2005; Holzwarth 2006);
- Foto- und videografische Dokumentation von Prozessabläufen und Interaktionen, z. B. im Rahmen mediendidaktischer Unterrichtsstudien und medienpädagogischer Praxisprojekte (u. a. Kommer/Biermann 2005);[67]
- bilddidaktische Studien zum Umgang mit Fotografie (vgl. Hermann/Stiegler/Schlachetzki 2013), auch unter historischen[68], politischen, sozialen und kulturell-ästhetischen Aspekten;
- Analyse und Interpretation von Fotos und Videos, die Jugendliche selbst erstellen und in Foto- und Video-Plattformen präsentieren (u. a. Eisemann 2015[69]; Wolf/Kratzer 2015);
- Foto-, Video- und andere mediale Eigenproduktionen, die von Kindern und Jugendlichen in medienpädagogischen Kontexten erstellt werden, als Gegenstand medienpädagogischer Praxisforschung (Prozessbeobachtung und Produktanalysen, u. a. Niesyto 1991; 2003; Witzke 2004; Holzwarth 2008; Ketter 2015).

In der Visuellen Anthropologie und der Visuellen Soziologie gibt es die in vielen Projekten erprobte Forschungsmethode *Foto-Elicitation*: In Interviews werden nicht nur Fragen gestellt, sondern Fotos werden gezielt eingesetzt, um über die verbalen Fragen hinaus Kommentare, Erinnerungen, Detail-Schilderungen bei

---

67 Siehe auch den Beitrag der Erziehungswissenschaftlerinnen Anja Kürzinger und Sanna Pohlmann-Rother (Grundschulpädagogik/-didaktik) zur videogestützten Evaluation des medienpädagogisch-/didaktischen Projekts dileg-SL (2019). Der Beitrag vermittelt über die Evaluation des Projekts hinaus einen Einblick in hochschuldidaktische und professionstheoretische Überlegungen, die sich generell mit unterrichtsbezogenen Videoanalysen verbinden (inkl. Literaturhinweise auf entsprechende Ansätze) – gerade im Hinblick auf tiefergehende Reflexionsprozesse in der universitären Ausbildung von Lehrpersonen.
68 Siehe u. a. Ulrike Pilarczyk (2006) und Thomas Hermann (2014). Ulrike Pilarczyk hat im Schnittfeld von historischer Bildungsforschung und bildwissenschaftlicher Forschung zahlreiche Studien durchgeführt und für ihre wissenschaftlichen Leistungen 2020 den Forschungspreis der Deutschen Gesellschaft für Erziehungswissenschaft (DGfE) erhalten.
69 Die Arbeit von Christoph Eisemann über „C-Walk auf YouTube. Sozialraumkonstruktion, Aneignung und Entwicklung in einer digitalen Jugendkultur" erhielt 2015 den Promotionspreis der Sektion Medienpädagogik/DGfE.

den Beforschten anzuregen.⁷⁰ Holzwarth/Niesyto (2007) betonen, dass ein entscheidender Vorteil von Foto-Elicitation in der Erleichterung (wort)sprachlichen Ausdrucks liegt: „Kindern und Jugendlichen mit Migrationshintergrund, die gerade dabei sind, die neue Sprache zu lernen, fällt es viel leichter sich in Interviews zu äußern, wenn von konkret anschaulichem Material wie Fotos ausgegangen wird. Auch für Kinder ist diese Form der Befragung attraktiv" (ebd.: 87). Neben der Methode Foto-Elicitation werden in medienpädagogischen Studien weitere visuelle Methoden bei der Datenerhebung eingesetzt, z. B. Mediengrundriss, Medientagebuch, Medienzeitstrahl, Medienkartenkoffer, Visiograph und narrative Landkarten, MediaMap. Die Methoden werden im Beitrag von Niesyto (2017b: 66–73) zusammenfassend unter Bezug auf Forschungsarbeiten von Kolleg*innen vorgestellt, die diese Methoden entwickelt und angewendet haben.⁷¹

In den letzten zehn bis 15 Jahren intensivierte sich der Diskurs über die Möglichkeiten, *mediale Eigenproduktionen* von Kindern und Jugendlichen in Forschungsdesigns zu integrieren und als spezifische Quelle für wissenschaftliche Forschung zu nutzen. Methodologisch bedeutet dies vor allem die Integration von Eigenproduktionen in Ansätze der Medienethnografie und der medienpädagogische Praxisforschung.⁷² Angesichts der Mediatisierung der Alltagskommunikation formulierte ich bereits vor 20 Jahren die *These*: „Wer in der heutigen ‚Mediengesellschaft' etwas über die Vorstellungen, die Lebensgefühle, das Welterleben von Kindern und Jugendlichen erfahren möchte, sollte ihnen die Chance bieten, sich – ergänzend zu wort- und schriftsprachlichen Formen – auch in präsentativ-symbolischen Formen auszudrücken" (vgl. Niesyto 2001: 9). Dieser These liegt die Annahme zugrunde, dass Kinder und Jugendliche in der Lage sind, mit Medien zu gestalten und zu kommunizieren. Durch die digitalen

---

70 In seinem Beitrag über visuelle Methoden weist Moser darauf hin, dass die Methode Foto-Elicitation auch unter den Bezeichnungen Foto Interviewing, Foto Novela, Foto Voice eingesetzt wird (Moser 2005: 10). Hinsichtlich der methodischen Integration von Virtual Reality Designs in Foto-Elicitation gelangt McLaughlan (2019: 12) im Rahmen einer empirischen Studie zu dem Ergebnis: „While results from the secondary study were more promising, aided by the inclusion of visible traces of human inhabitation, visual intrigue and opportunities for discovery, this data still failed to approach the richness of responses obtained through traditional photo-elicitation and walk-through interview methods. This confirms the ongoing validity and suitability of these traditional visual research methods".
71 Alle Forschungsarbeiten sind in der zuvor erwähnten, dreibändigen Ausgabe der „Forschungswerkstatt Medienpädagogik" zugänglich (hrsg. von Thomas Knaus).
72 Medienethnografische Forschung: Beobachtung und Analyse der Medienaneignung und Medienproduktion von Kindern und Jugendlichen vor allem in Alltagssituationen und informellen Bildungskontexten. Medienpädagogische Praxisforschung: Beobachtung und Analyse von Aktivitäten in pädagogischen Arbeitsfeldern, zum Beispiel das Erstellen von medialen Eigenproduktionen im Rahmen schulischer oder außerschulischer Bildungsarbeit.

Möglichkeiten für Foto- und Filmproduktionen haben wir es inzwischen mit einer Situation zu tun, in welcher visuelle und audiovisuelle Eigenproduktionen zu einem breitem Phänomen geworden sind (vgl. u. a. Reißmann 2015).

In mehreren nationalen und internationalen Forschungsprojekten wurde deutlich, dass (audio-)visuelle Ausdrucksformen besonders für lebensweltliche Erkundungen in bestimmten Sozialgruppen und zu bestimmten Themen methodische Vorteile bieten. So eröffnen visuelle und audiovisuelle Medien Kindern und Jugendlichen Artikulationsmöglichkeiten (u. a. in Migrations- und in sonderpädagogischen Kontexten), die eine wichtige Ergänzung zu verbalen Ausdrucksformen darstellen. Interkulturelle und länderübergreifende Forschungsprojekte können als Ausdrucks- und Kommunikationsform Foto- und Video-Eigenproduktionen integrieren, um Verständigungsprozesse auf dem Hintergrund der Globalisierung von Medienkulturen und Kommunikation auch im präsentativ-symbolischen Modus zu fördern (Bild, Musik, Körpersprache).[73] Der Ausdruck von Emotionen, Gefühlen, problembelasteten Themen, ambivalenten Haltungen sind in einem präsentativ-symbolischen Modus oft besser möglich. Gerade in einer Situation komplexer gewordener Orientierungs- und Identitätsbildungsprozesse ist dieser Aspekt nicht zu unterschätzen (u. a. Witzke 2004).[74]

Bei dem Forschungsansatz *Eigenproduktionen mit Medien* lassen sich verschiedene Grundformen unterscheiden (siehe Niesyto 2017b: 75–83). So geben medienethnografische Studien, die Fotos und Filme in digitalen Netzstrukturen explorieren und analysieren, Einblicke in alltägliche Lebenswelten und Medienpraxen von Kindern und Jugendlichen in informellen Kontexten (u. a. Eisemann 2015). In diesem Bereich sind auch neuere Ansätze angesiedelt, die die Analyse medialer Artefakte als Grundlage der Erschließung von Medienbildungsprozessen im Sinne von Habitustransformationen betrachten (u. a. Bettinger 2019).

Bei medialen Eigenproduktionen, die entweder in informellen Kontexten oder im Rahmen medienpädagogischer Settings entstehen, ist bei der forschungsbezogenen Analyse und Interpretation zu berücksichtigen, dass präsentative Symbolisierungen andere Methoden als die Analyse von wort- und schriftsprachlichem Material erfordern. So betonen z. B. dokumentarisch-wissenssoziologische Ansätze (vgl. Bohnsack/Fritzsche/Wagner-Willi 2015) zu Recht, den bildhaften, ikonischen Produkten in ihrer „Eigenlogik", ihrer Formalstruktur

---

73 Siehe die Forschungsprojekte „VideoCulture – Video und interkulturelle Kommunikation" (u. a. Niesyto 2003) und das EU-Projekt „Children in Communication about Migration" (u. a. De Block/Buckingham/Holzwarth/Niesyto 2004).
74 Die Integration visueller Ausdrucksformen bewährte sich in unterschiedlichen Kontexten. So konnten z. B. Sekundarschüler*innen in Zürich im Berufswahlunterricht u. a. anhand selbst erstellter Fotos ihre Berufswünsche ausdrücken und in Gesprächen weiter erläutern. Zum Konzept und den Ergebnissen des Praxisforschungsprojekts „Visualisierte Berufswünsche" siehe https://www.uebergang-schule-beruf.ch/wp-content/uploads/sites/172/2021/11/Broschuere_Berufswuensche_V6_GzD.pdf.

und Alltagsästhetik gerecht zu werden und das Visuelle und Audiovisuelle einer genauen Rekonstruktion zu unterziehen. Inwieweit hierfür methodische Vorlagen aus der Kunstgeschichte beziehungsweise Kunstwissenschaft (insbesondere von Panofsky und Imdahl) geeignet sind, ist unter Hinweis auf Differenzen zwischen Foto-/Film-Produktionen in professionellen Kontexten und Foto-/Film-Eigenproduktionen in Alltags- und Bildungskontexten ein umstrittenes Thema. So können die Ausdrucksformen in medialen Eigenproduktionen (wie Fotos und Videofilme) nicht an professionellen Standards gemessen werden. Es geht um selbst produzierte Symbolisierungen (in vielen Fällen sogenannte Erstlingsproduktionen), die meines Erachtens andere Interpretationszugänge als klassische bild- und filmwissenschaftliche Analysemodelle erfordern.[75]

Das konkrete Vorgehen ist für den jeweiligen Gegenstandsbereich und das jeweilige Erkenntnisinteresse zu modifizieren.[76] Sinnvoll erscheinen Kombinationen, die sich zwar auf ‚klassische' Analyseinstrumentarien im Bereich Foto und Film beziehen, zugleich aber kinder- und jugendkulturelle Aspekte beim Umgang mit Bildmedien berücksichtigen und Ergebnisse aus Foto- und Filmanalysen mit dem vorhandenen (erhobenen und dokumentierten) Wissen über die Entstehungskontexte der Eigenproduktionen abgleichen. Außerdem sind unterschiedliche Formen einer kommunikativen Validierung von Befunden sinnvoll. Nur auf diesem Wege lassen sich Stimmigkeit und Geltung von Analysen und Interpretationen überprüfen.[77]

Eine nicht zu unterschätzende Frage ist das Thema *Datenschutz* bezüglich Stehend- und Bewegtbilder. Anonymisierungen sind bei visuellen und audiovisuellen Materialien weitaus schwieriger als bei Textmaterialien. Einerseits besteht der Anspruch, bei Ergebnissen aus Forschungsprojekten, die sich auf Fotos und Filme von beforschten Personen beziehen, im Sinne intersubjektiver Überprüfbarkeit auch den Gegenstand der Forschung – die Medienproduktionen – Dritten zugänglich zu machen. Dies bedeutet, nicht nur in Schriftform Projekte zu dokumentieren, sondern auch visuelle und audiovisuelle Materialien zu veröffentlichen. Andererseits kann es hier einen Konflikt mit Erfordernissen des Datenschutzes, der informationellen Selbstbestimmung und auch ethischen Fragen geben. Hier ist es Aufgabe der Forschenden, sehr sorgfältig Forschungsprojekte zu planen, durchzuführen und zu dokumentieren. Zentral ist die Wahrung des Rechts auf Privatsphäre, auf das eigene Bild und die informationelle

---

75 Eine Darstellung des Forschungsansatzes „*Eigenproduktionen mit Medien*" (Begründung, Grundformen, sozial-ästhetische Perspektive, Konzept einer lebensweltorientierten Bild- und Filmhermeneutik, Methodenentwicklung und -reflexion, bisherige Studien – auch international) findet sich in Niesyto 2007 und 2017b.

76 vgl. Holzwarth 2006 (179–181); Witzke 2004 (133–150); Eisemann 2015 (107–116); Schlör 2016 (96–100).

77 Näheres zur methodischen Auswertung von medialen Eigenproduktionen und zur Kontextrelevanz siehe Niesyto 2006b (271–279) und Niesyto 2017b (80–87).

Selbstbestimmung. Gleichzeitig ist unter aktiver Einbeziehung der Beforschten und der Reflexion ethischer Aspekte zu überlegen, inwieweit Teile des visuellen/audiovisuellen Materials der interessierten (Fach-)Öffentlichkeit zugänglich gemacht werden können (neben Einverständniserklärungen z. B. auch Möglichkeiten der digitalen Nachbearbeitung, um Anonymisierungen zu gewährleisten).

Abschließend sei auf *neuere Studien* hingewiesen, bei denen die Auseinandersetzung mit Fragen digitaler Visualität und visueller Methoden eine Rolle spielt. Auch hier erfolgt nur eine kleine Auswahl, die das Spektrum von Themen und Methoden verdeutlichen soll.

- Forschungsprojekt *„Onlinelabor für digitale kulturelle Bildung"* an der Christian-Albrechts-Universität zu Kiel. Projektleitung: Heidrun Allert; Förderung: BMBF; Laufzeit: 2017–2021. Das interdisziplinäre Projekt untersucht soziale Medien als einen kulturellen Bildungsraum: „Gemeinsam mit den Nutzer*innen sozialer Netzwerke werden die Rezeption, Reflexion und (Re-)Produktion ästhetischer Artikulationen im Rahmen digitaler Alltagspraktiken dokumentiert und analysiert."[78]
- Forschungsprojekt *„Youtuber-Videos, Peers und politische Orientierungen von Jugendlichen"* an der Universität zu Köln. Projektleitung: Kai-Uwe Hugger; Förderung: Grimme Forschungskolleg; Laufzeit: 2017–2018. Im Projekt geht es vor allem darum, wie sich Jugendliche im Alter von 15 bis 24 Jahren über Politik informieren und wie sich ihre politischen Orientierungen entwickeln.[79]
- *„ACT ON!"* ist ein medienpädagogisches Forschungs- und Praxisprojekt, das vom JFF – Institut für Medienpädagogik durchgeführt wird. Projektleitung: Kathrin Demmler; Förderung: BMFSFJ; Laufzeit: 2015 bis heute. Das Projekt setzt sich mit dem aktuellen Online-Handeln von Heranwachsenden im Alter von zehn bis 14 Jahren auseinander. Im Zentrum steht die Perspektive der Heranwachsenden auf Onlinewelten und die damit verbundenen Schutz-, Informations- und Unterstützungsbedürfnisse. Auf der Webseite sind die Projektergebnisse zugänglich.[80]
- Dissertationsprojekt von Michaela Kramer *„Visuelle Biografiearbeit. Eine rekonstruktive Studie über Smartphone-Fotopraktiken in der Adoleszenz"* an der Universität Hamburg. Die Studie reflektiert Smartphone-Praktiken in Zusammenhang mit Biografiearbeit und wertet hierzu mittels der dokumentarischen Methode Interviews und Fotografien der interviewten Jugendlichen

---

78 Siehe https://digitalekultur.medienpaedagogik.uni-kiel.de/view/view.php?id=79
79 Siehe https://www.hf.uni-koeln.de/39500
80 Siehe https://act-on.jff.de

unter Einbezug der sozial-kommunikativen Kontexte aus. Die Forschungsarbeit wurde 2020 veröffentlicht (Kramer 2020) und 2021 mit dem Promotionspreis der Sektion Medienpädagogik ausgezeichnet.[81]

„Bild" und „digitale Visualität" bleiben ein wichtiges Thema in der Medienpädagogik. So fanden 2021 zwei Fachtagungen unter Beteiligung der Sektion Medienpädagogik statt. Im März 2021 luden das „Netzwerk Forschung Kulturelle Bildung" und die DGfE-Sektion Medienpädagogik zur Online-Tagung „Ästhetik – Digitalität – Macht. Neue Forschungsperspektiven im Schnittfeld von kultureller Bildung und Medienpädagogik" ein. Die Tagung setzte sich in thematischer Breite mit dem wechselseitigen Verhältnis von ästhetischen Erfahrungsräumen und der Ausbreitung „digitaler Medialität" und einer „postdigitalen Kultur" auseinander. Im Juni 2021 fokussierte ein Theorieforum an der Universität Magdeburg auf das Thema *„Bilder und Bildpraxen im Kontext digital-vernetzten Kulturen"*. Die Tagung diskutierte in theoretischer und forschungsbezogener Perspektive die Frage nach den „Verhältnissen von Bildern, Bildkulturen und Digitalisierung als dem Zusammenhang von (fotografischen) Technologien, Praktiken, Infrastrukturen und spezifischen Formen der Subjektivierung" (Call).[82]

6. Plädoyer für eine Grundbildung Medien für alle pädagogischen Fachkräfte

Zum Schluss des Beitrags möchte ich anstelle eines Fazits ein bildungs- und professionspolitisches Anliegen artikulieren in der Hoffnung, dass dies bei den künftigen (interdisziplinären) Fachdiskursen zum Thema „Bild und Erziehungswissenschaft" berücksichtigt wird.

In den vergangenen 20 Jahren erhielt das Thema „Bild" in nahezu allen Bereichen der Erziehungswissenschaft eine größere Aufmerksamkeit. Es mangelt aber nach wie vor an den meisten Hochschulen an curricularen Rahmenbedingungen, damit sich *alle* Pädagogik-Studierende in angemessener Weise im Studium wissenschaftliche Grundlagen und handlungsbezogene Medienkompetenzen und medienpädagogische Kompetenzen aneignen können – auch im Bereich visueller

---

[81] Eine zusammenfassende Darstellung erschien in der Onlineversion der „Forschungswerkstatt Medienpädagogik": https://publ.forschungswerkstatt-medienpaedagogik.de/i/document/43 sowie in der Zeitschrift medien + erziehung 6/2020. In dem merz-Heft, das dem Thema „Erinnern in und mit digitalen Medien" gewidmet ist, finden sich weitere Beiträge, die die zentrale Bedeutung von Bildern und Bildpraktiken beim Aufzeichnen und Vergegenwärtigen von Vergangenem verdeutlichen.

[82] Online-Tagung *„Ästhetik – Digitalität – Macht"*: https://www.aedm.fau.de; 13. Magdeburger Theorieforum (2021): https://theorieforum.de.

und audiovisueller (Digital-)Medien. Der Medienpädagogische Kongress, an dem 2011 in Berlin über 400 Fachleute aus Bildung, Wissenschaft und anderen gesellschaftlichen Bereichen teilnahmen, forderte *die Verankerung einer medienpädagogischen Grundbildung als verbindlicher und prüfungsrelevanter Bestandteil in allen pädagogischen Studiengängen und Ausbildungsbereichen* (Initiative KBoM 2011: 5).[83] Auf der Website der Initiative „Keine Bildung ohne Medien!" ist der bisherige Entwicklungsstand für eine Grundbildung Medien dokumentiert.[84]

Während in den ersten Jahren nach dem Berliner Kongress diverse bildungspolitische Gremien auf Bundes- und Länderebene die Forderung nach einer Grundbildung Medien aufgriffen, drehte sich in den letzten Jahren der bildungspolitische Wind. Im Rahmen der „Digitaloffensive" der Bundesregierung geht es vor allem um technische Ausstattungen und die verstärkte Unterstützung informatikbezogener Kompetenzfelder. Immer mehr an den Rand geraten grundlegende Fähigkeiten, die für medienbezogene Bildungs- und Lernprozesse elementar sind, wie z. B. Reflexions- und Kritikfähigkeit, bildungs- und lerntheoretische Grundlagen und elementare pädagogisch-didaktische und medienpädagogische Kompetenzen. Es ist wichtig, sich digitalisierungsbezogene Kompetenzen anzueignen, die grundlegenden Funktionen digitaler Informationsverarbeitung zu verstehen und zu bewerten und mit digitalen Medien aktiv zu gestalten. Aber es gibt nach wie vor Basics visueller und audiovisueller Gestaltung, die zwar durch digitale Entwicklungen beeinflusst und verändert, aber nicht überflüssig werden.

Auch sollten Medienbildungsprozesse nicht in ein engmaschiges curriculares Korsett von „Digitalkompetenzen" gezwängt werden. Es kann nicht darum gehen, *Handlungsorientierung* mit der Vermittlung von „Handlungsrezepten" zu verwechseln. Eine wissenschaftlich fundierte Handlungsorientierung bedarf der Förderung analytischer und reflexiver Kompetenz in Verknüpfung mit verschiedenen Fachkompetenzen, um die pädagogische Praxis (selbst-)kritisch beobachten, reflektieren und weiterentwickeln zu können. Es ist zu hoffen, dass es im bildungspolitischen Diskurs in den kommenden Jahren zu Korrekturänderungen kommt, die sich (wieder) an einem umfassenden Verständnis von Medienbildung orientieren – auch bezüglich visueller und audiovisueller Digitalmedien.

Für die Etablierung einer Grundbildung Medien ist zugleich die interdisziplinäre Kooperation zwischen Bildungswissenschaften und Fachwissenschaften/-didaktiken an den Hochschulen sehr wichtig. Dass dies gelingen kann, zeigen Modelle an einzelnen Hochschulen.[85] In den kommenden Jahren ist es wichtig,

---

83 https://www.keine-bildung-ohne-medien.de/kongressdokumentation/
84 https://www.keine-bildung-ohne-medien.de/grundbildungmedien-uebersicht/; siehe auch https://horst-niesyto.de/medienpaedagogische-grundbildung/
85 Siehe u. a. die Publikation „Grundbildung Medien in pädagogischen Studiengängen" (hrsg. von Imort/Niesyto 2014) und das „Studienprofil Grundbildung Medien" an der PH Ludwigsburg (https://www.ph-ludwigsburg.de/fakultaet-1/institut-fuer-erziehungswissenschaft/

mit dem Aufbau entsprechender Studienmodule an möglichst vielen Hochschulen voranzukommen.[86] Eine stärkere Integration von visuellen und audiovisuellen Medien in Bildungs- und Lernprozesse und in das Hochschulstudium von Pädagogik-Studierenden könnte meines Erachtens auch dazu beitragen, vorhandene *Bildungsungerechtigkeiten* abzubauen. Eine zu starke Orientierung auf Schriftlichkeit unterschätzt vorhandene Potenziale des Visuellen gerade für Kinder und Jugendliche, deren Stärken nicht im Bereich des schriftsprachlichen Ausdrucks liegen. Es geht – um diesen Grundgedanken noch einmal zu betonen – auch im digitalen Zeitalter um die Förderung und das Zusammenspiel *verschiedener* Formen der symbolischen Welterfahrung.

Literatur

Amlung, Ulrich/Meyer, Peter (2008): „Wir möchten eine ‚Nation von Selbstdenkern' werden" – Zur Medienpädagogik Adolf Reichweins. In: Sander, Uwe/von Gross, Friederike/Hugger, Kai-Uwe (Hrsg.): Handbuch Medienpädagogik. Wiesbaden: VS Verlag für Sozialwissenschaften, 32–41.
Aufenanger, Stefan (2001): Multimedia und Medienkompetenz. Forderungen an das Bildungssystem. In: Aufenanger, Stefan/Schulz-Zander, Renate/Spanhel, Dieter (Hrsg.): Jahrbuch Medienpädagogik 1. Opladen: Verlag Leske + Budrich, 109–122.
Aufenanger, Stefan (2018): Media Panics – zur Rhetorik bewahrpädagogischer Positionen in den Medien. In: Autenrieth, Ulla/Klug, Daniel/Schmidt, Axel/Deppermann, Arnulf (Hrsg.): Medien als Alltag. Festschrift für Klaus Neumann-Braun. Köln: Herbert von Halem Verlag, 462–482.
Baacke, Dieter (1997): Medienpädagogik. Tübingen: Verlag Niemeyer.
Bachmair, Ben (1996): Fernsehkultur. Subjektivität in einer Zeit bewegter Bilder. Opladen: Westdeutscher Verlag.
Bachmair, Ben (2019): Exploring Writing in a Digitally-Dominated Culture – Options for Formal Learning in Schools. In: Media Education Nr. 3 (2019), 338–366. Abrufbar unter: https://www.mediagram.ru/netcat_files/101/119/h_176547decc2e3b8ee807d4481b22fb57.
Banks, Marcus (2001): Visual Methods in Social Research. London: Sage.
Barg, Werner/Niesyto, Horst/Schmolling, Jan (Hrsg.) (2006): Jugend:Film:Kultur. Grundlagen und Praxishilfen für die Filmbildung. München: kopaed.
Beinsteiner, Andreas/Blasch, Lisa/Hug, Theo/Missomelius, Petra/Rizzolli, Michaela (Hrsg.): Augmentierte und virtuelle Wirklichkeiten. Innsbruck: Innsbruck University Press. Abrufbar unter: https://www.uibk.ac.at/iup/buch_pdfs/9783903187894.pdf.

---

 medienpaedagogik/studium-und-lehre/profil-grundbildung-medien). An einzelnen Hochschulen sind in pädagogische Studiengänge audiovisuelle Schwerpunkte fest integriert, so z. B. an der Universität Magdeburg (BA- und MA-Studiengang „Medienbildung – Audiovisuelle Kultur und Kommunikation") oder an der PH Ludwigsburg (BA- und MA-Studiengang „Kulturelle Bildung" mit einem Wahlpflichtbereich „Film und digitale Medien").
86 Sinnvoll wäre z. B. eine Erhebung an Hochschulen, die vorhandene visuelle und audiovisuelle Schwerpunkte in pädagogischen Studiengängen dokumentiert (Themen- und Kompetenzfelder, Form der Einbettung in Studiengänge, Formen der interdisziplinären Zusammenarbeit etc.). Die Auswertung der Erhebung sollte mit Handlungsempfehlungen verbunden werden, insbesondere zur Frage, wie Themenfelder zur visuellen Kommunikation und Sozialisation, zur Bild- und Filmkompetenz in hybriden Medienumgebungen und pädagogischen Handlungsfeldern, zu forschendem Lernen (unter Integration visueller Aspekte und Methoden) besser in Studiengängen verankert werden können.

Belgrad, Jürgen/Niesyto, Horst (Hrsg.) (2001): Symbol. Verstehen und Produktion in pädagogischen Kontexten. Baltmannsweiler: Schneider Verlag Hohengehren.

Bettinger, Patrick (2019): Rekonstruktive Medienbildungsforschung – Die Analyse von Bildungsprozessen als Habitustransformationen in mediatisierten Lebenswelten. In: Knaus, Thomas (Hrsg.): Forschungswerkstatt Medienpädagogik. Projekt – Theorie – Methode. Band 3. München: kopaed, 569–600.

Bohnsack, Ralf (2011): Qualitative Bild- und Videointerpretation. 2. Auflage. Opladen, Farmington Hills: Budrich / UTB.

Bohnsack, Ralf/Fritzsche, Bettina/Wagner-Willi, Monika (2015): Dokumentarische Video- und Filminterpretation – Methodologie und Forschungspraxis. Opladen/Berlin/Toronto: Budrich.

Breckner, Roswitha (2010): Sozialtheorie des Bildes – Zur interpretativen Analyse von Bildern und Fotografien. Bielefeld: transcript.

Bröckling, Guido (2020): Inwiefern reproduziert die Medienpädagogik soziale Ungleichheit? In: medien + erziehung, Heft 3, 33–40.

Buckingham, David (2018): Going critical: Zu den Problemen und der Notwendigkeit von Medienkritik. In: Niesyto, Horst/Moser Heinz (Hrsg.): Medienkritik im digitalen Zeitalter. München: kopaed, 45–58.

Buckingham, David (2019): Rethinking digital literacy: Media education in the age of digital capitalism. Abrufbar unter: https://ddbuckingham.files.wordpress.com/2019/12/media-education-in-digital-capitalism.pdf.

Cassirer, Ernst [1931] (1997): Philosophie der symbolischen Formen. Darmstadt: Verlag Primus.

Comenius, Johann Amos (1658): Oribis sensualium pictus. Nürnberg: Verlagshaus Michael Endter. [Digitalisat des Werkes abrufbar unter: https://digi.ub.uni-heidelberg.de/diglit/comenius1698].

Damberger, Thomas (2016): Augmented Reality als Bildungsenhancement? In: medienimpulse, Ausgabe 1/2016. Abrufbar unter: https://journals.univie.ac.at/index.php/mp/article/view/mi893/1055.

Dander, Valentin (2017): Medienpädagogik im Lichte / im Schatten digitaler Daten. Abrufbar unter: https://www.medienpaed.com/article/view/619/567.

De Block, Liesbeth/Buckingham, David/Holzwarth, Peter/Niesyto, Horst (2004): Visions Across Cultures: Migrant Children Using Audio-Visual Images to Communicate. Children in Communication about Migration (CHICAM). Deliverables 14 and 15. Abrufbar unter: https://horst-niesyto.de/wp-content/uploads/2020/08/2004_EU-Projekt-Chicam_Final_Report_Deliverables-14-and-15.pdf.

Deutsches Kinder- und Jugendfilmzentrum / jfc Köln (Hrsg.) (2014): Lust auf eine neue visuelle Kultur – Schule des Sehens. Zeitschrift medienconcret, Themenheft. Abrufbar unter: http://www.medienconcret.de/archiv/articles/2014-lust-auf-eine-neue-visuelle-kultur-schule-des-sehens.html.

de Witt, Claudia/Czerwionka, Thomas (2013): Mediendidaktik. Studientexte für Erwachsenenbildung, hrsg. vom Deutschen Institut für Erwachsenenbildung. Bielefeld: Bertelsmann Verlag.

Doelker, Christian (1997): Ein Bild ist mehr als ein Bild. Visuelle Kompetenz in der Multimedia-Gesellschaft. Stuttgart: Verlag Klett-Cotta.

Eder, Sabine/Roboom, Susanne (2014): Klicken, Knipsen, Tricksen… Medienerziehung im Kindergarten. In: Tillmann, Angela/Fleischer, Sandra/Hugger, Kai-Uwe (Hrsg.): Handbuch Kinder und Medien. Wiesbaden: Springer VS Fachmedien, 501–516.

Ehrenspeck, Yvonne/Schäffer, Burkhard (Hrsg.) (2003): Film- und Fotoanalyse in der Erziehungswissenschaft. Ein Handbuch. Opladen: Verlag Leske + Budrich.

Eisemann, Christoph (2015): C Walk auf YouTube – Sozialraumkonstruktion, Aneignung und Entwicklung in einer digitalen Jugendkultur. Wiesbaden: Springer VS Fachmedien.

Flitner, Andreas (2001): Reform der Erziehung. Impulse des 20. Jahrhunderts. Weinheim/Basel: Beltz.

Friebertshäuser, Barbara/von Felden, Heide/Schäffer, Burkhard (Hrsg.) (2007): Bild und Text. Methoden und Methodologien visueller Sozialforschung in der Erziehungswissenschaft. Leverkusen: Budrich.

Fromme, Johannes/Petko, Dominik (Hrsg.) (2008): Computerspiele und Videogames in formellen und informellen Bildungskontexten. MedienPädagogik, Heft 15. Abrufbar unter: https://www.medienpaed.com/issue/view/15.

Fuchs, Max (2011): Die Macht der Symbole. München: Herbert Utz Verlag.
Fuchs, Max (2021): Der Mensch und seine Medien. Medienbildung als kulturelle Bildung? Weinheim/Basel: Beltz Juventa.
Ganguin, Sonja/Sander, Uwe (2008): Kritisch-emanzipative Medienpädagogik. In: Sander, Uwe/von Gross, Friederike/Hugger, Kai-Uwe (Hrsg.): Handbuch Medienpädagogik. Wiesbaden: VS Verlag für Sozialwissenschaften, 61–65.
Götz, Maya (1999): Mädchen und Fernsehen. Facetten der Medienaneignung in der weiblichen Adoleszenz. München: kopaed.
Grafe, Silke (2011): "media literacy" und "media (literacy) education" in den USA – ein Brückenschlag über den Atlantik. In: MedienPädagogik, Heft 20. Abrufbar unter: https://www.medienpaed.com/article/view/395.
Groen, Maike/Tillmann, Angela (2017): Gender. In: Schorb, Bernd/Hartung-Griemberg, Anja/Dallmann, Christine (Hrsg.) (2017): Grundbegriffe Medienpädagogik. München: kopaed, 106–112.
Harper, Douglas (2012): Visual Sociology. London/New York: Routledge.
Hartung, Anja/Schorb, Bernd/Niesyto, Horst/Moser, Heinz/Grell, Petra (Hrsg.) (2014): Jahrbuch Medienpädagogik 10. Methodologie und Methoden medienpädagogischer Forschung. Wiesbaden: Verlag Springer VS.
Hartung, Anja/Ballhausen, Thomas/Trültzsch-Winjen, Christine/Barberi, Alessandro/Kaiser-Müller, Katharina (Hrsg.) (2015): Filmbildung im Wandel. Wien: new academic press.
Hepp, Andreas (2018): Von der Mediatisierung zur tiefgreifenden Mediatisierung. Konstruktivistische Grundlagen und Weiterentwicklungen in der Mediatisierungsforschung. In: Reichertz, Jo/Bettmann, Richard: Kommunikation – Medien – Konstruktion. Braucht die Mediatisierungsforschung den Kommunikativen Konstruktivismus? Wiesbaden: Verlag Springer Fachmedien, 27–45.
Hermann, Thomas/Stiegler, Bernd/Schlachetzki, Sarah M. (Hrsg.) (2013): Visuelle Kompetenz. Bilddidaktische Zugänge zum Umgang mit Fotografie. In: MedienPädagogik, Heft 23. Abrufbar unter: https://www.medienpaed.com/issue/view/21.
Hermann, Thomas (2014): Bildwelt Schule: Visuelle Darstellung von Schule und ihren Akteuren in der Schweizer Presse. In: Helbig, Jörg/Russegger, Arno/Winter, Rainer: Visualität, Kultur und Gesellschaft. Klagenfurter Beiträge zur Visuellen Kultur. Köln: Herbert von Halem, 72–98.
Herzig, Bardo (2014): Wir wirksam sind digitale Medien im Unterricht? Studie im Auftrag der Bertelsmann Stiftung. Gütersloh: Bertelsmann Stiftung.
Hoffmann, Bernward (2015): KinderFilmUni als medienpädagogisches Projekt der Filmbildung. In: medien + erziehung, Nr. 1/2015, 65–72.
Holdorf, Katja/Maurer, Björn (Hrsg.) (2017): Spiel – Film – Sprache. Grundlagen und Methoden für die film- und theaterpädagogische Sprachförderung im Bereich DaZ/DaF. München: kopaed.
Holzbrecher, Alfred/Schmolling, Jan (Hrsg.) (2004): Imaging. Digitale Fotografie in Schule und Jugendarbeit. Wiesbaden: VS Verlag für Sozialwissenschaften.
Holzbrecher, Alfred/Oomen-Welke, Ingelore/Schmolling, Jan (Hrsg.) (2006): Foto + Text. Handbuch für die Bildungsarbeit. Wiesbaden: VS Verlag für Sozialwissenschaften.
Holzbrecher, Alfred (2013): Fotografie – Bildungsmedium und Forschungsperspektive. In: MedienPädagogik, Heft 23. Abrufbar unter: https://www.medienpaed.com/article/view/161.
Holzwarth, Peter (2006): Fotografie als visueller Zugang zu Lebenswelten von Kindern und Jugendlichen mit Migrationshintergrund. In: Marotzki, Winfried/Niesyto, Horst (Hrsg.): Bildinterpretation und Bildverstehen – Methodische Ansätze aus sozialwissenschaftlicher, kunst- und medienpädagogischer Perspektive. Wiesbaden: VS Verlag für Sozialwissenschaften, 175–205.
Holzwarth, Peter (2008): Migration, Medien und Schule – Fotografie und Video als Zugang zu Lebenswelten von Kindern und Jugendlichen mit Migrationshintergrund. Schriftenreihe Medienpädagogische Praxisforschung, Band 3. München: kopaed.
Holzwarth, Peter (2011): Kreative Medienarbeit mit Fotografie, Video und Audio. Große und kleine Projektideen für die medienpädagogische Praxis. München: kopaed.
Holzwarth, Peter (2012): Menschen verändern Bilder – Bilder verändern Menschen. Dossiers Medien im Kontext. Digital Learning Center. Pädagogische Hochschule Zürich. Abrufbar unter: https://datenschutzlernen.ch/Francais/OEBPS/asset/dossier_bildmanipulation_2012.pdf.

Holzwarth, Peter (2017a): Filmanalyse in Filmform. In: Ludwigsburger Beiträge zur Medienpädagogik, Ausgabe 19/2017. Abrufbar unter: https://www.medienpaed-ludwigsburg.de/article/view/339/334.

Holzwarth, Peter (2017b): Fotografie. In: Schorb, Bernd/Hartung-Griemberg, Anja/Dallmann, Christine (Hrsg.) (2017): Grundbegriffe Medienpädagogik. München: kopaed, 102–106.

Holzwarth, Peter (2017c): Photography with FACE. 7 inspirations for photography-projects. Abrufbar unter: https://ipe-textbooks.phzh.ch/globalassets/ipe-textbooks.phzh.ch/english/photography_en.pdf.

Holzwarth, Peter (2019): Visuelle Methoden. In: Bosse, Ingo/Schluchter, Jan-René/Zorn, Isabel (Hrsg.): Handbuch Inklusion und Medienbildung. Weinheim/Basel: Beltz Juventa, 376–382.

Holzwarth, Peter/Maurer, Björn (2019): Filme verstehen. Anleitung zur Filmanalyse am Beispiel des Spielfilms „Heidi". München: kopaed.

Holzwarth, Peter/Niesyto, Horst (2007): Hinweise zur Gestaltung mediengestützter Forschungsprojekte von Studierenden. In: Niesyto, Horst/Holzwarth, Peter/Maurer, Björn (Hrsg.): Interkulturelle Kommunikation mit Foto und Video – Ergebnisse des EU-Projekts CHICAM „Children in Communication about Migration". München: kopaed, 81–100.

Horkheimer, Max/Adorno, Theodor W. [1944] (1960): Dialektik der Aufklärung. Frankfurt a. M.: Verlag S. Fischer.

Huber, Hans Dieter/Lockemann, Bettina/Scheibel, Michael (Hrsg.) (2002): Bild – Medien – Wissen. Visuelle Kompetenz im Medienzeitalter. München: kopaed.

Hülst, Dirk (1999): Symbol und soziologische Symboltheorie. Untersuchungen zum Symbolbegriff in Geschichte, Sprachphilosophie, Psychologie und Soziologie. Opladen: Verlag Leske + Budrich.

Hüther, Jürgen/Podehl, Bernd (2017): Geschichte der Medienpädagogik. In: Schorb, Bernd/Hartung-Griemberg, Anja/Dallmann, Christine (Hrsg.): Grundbegriffe Medienpädagogik. München: kopaed, 117–124.

Hug, Theo (2011): Von der Medienkompetenz-Diskussion zu den „neuen Literalitäten" – Kritische Reflexionen in einer pluralen Diskurslandschaft. In: Moser, Heinz/Grell, Petra/Niesyto, Horst (Hrsg.): Medienkompetenz und Medienbildung. Beiträge zu Schlüsselbegriffen der Medienpädagogik. München: kopaed, 159–174.

Hughes, Jason (2012):Visual Methods. London: Sage.

Hurrelmann, Klaus (1995): Einführung in die Sozialisationstheorie. Über den Zusammenhang von Sozialstruktur und Persönlichkeit. Weinheim/Basel: Beltz.

Imort, Peter (2005): Filmmusik im Kontext von Film- und Medienpädagogik. In: Ludwigsburger Beiträge zur Medienpädagogik, Ausgabe 7/2005. Abrufbar unter: https://www.ph-ludwigsburg.de/fileadmin/subsites/1b-mpxx-t-01/user_files/Online-Magazin/Ausgabe7/Imort7.pdf.

Imort, Peter/Niesyto, Horst (Hrsg.) (2014): Grundbildung Medien in pädagogischen Studiengängen. Schriftenreihe Medienpädagogik interdisziplinär, Band 10. München: kopaed.

Initiative Bildung und digitaler Kapitalismus (2021): Fachinformation. Abrufbar unter: https://bildung-und-digitaler-kapitalismus.de/wp-content/uploads/2022/02/Initiative_Bildung_und_digitaler_Kapitalismus_Fachinformation_2021.pdf.

Initiative „Keine Bildung Medien!" (2011): Bildungspolitische Forderungen. Medienpädagogischer Kongress. Abrufbar unter: https://horst-niesyto.de/wp-content/uploads/2020/05/2011_Initiative_KBoM_bildungspolitische_Forderungen.pdf.

Jörissen, Benjamin (2014): Digitale Medialität. In Wulf, Christoph/Zirfas, Jörg (Hrsg.): Handbuch Pädagogische Anthropologie. Wiesbaden: Springer Fachmedien, 503–513.

Jörissen, Benjamin/Underberg, Lisa (2019): Digitale Kulturelle Bildung: Bildungstheoretische Gedanken zum Potenzial Kultureller Bildung in Zeiten der Digitalisierung. In: Kulturelle Bildung Online, abrufbar unter: https://www.kubi-online.de/index.php/artikel/digitale-kulturelle-bildung-bildungstheoretische-gedanken-zum-potenzial-kultureller-bildung.

Ketter, Verena (2015): Jugendarbeit im Kontext von Web 2.0 – eine medienpädagogische Praxisforschungsstudie. Abrufbar unter: https://phbl-opus.phlb.de/frontdoor/index/index/docId/57.

Knaus, Thomas (2010): Neues Lernen mit digitalen Medien? Kommunigrafische Aspekte des Einsatzes digitaler Medien. In: Knaus, Thomas/Engel, Olga (Hrsg.): fraMediale. München kopaed, 11–25.

Knaus, Thomas (Hrsg.) (2017): Forschungswerkstatt Medienpädagogik. Projekt – Theorie – Methode. Band 1. München: kopaed.
Knaus, Thomas (Hrsg.) (2018): Forschungswerkstatt Medienpädagogik. Projekt – Theorie – Methode. Band 2. München: kopaed.
Knaus, Thomas (Hrsg.) (2019): Forschungswerkstatt Medienpädagogik. Projekt – Theorie – Methode. Band 3. München: kopaed.
Kommer, Sven/Biermann, Ralf (2005): Video(technik) in der erziehungswissenschaftlichen Forschung, in: MedienPädagogik, Heft 9. Abrufbar unter: http://www.medienpaed.com/04-1/kommer04-1.pdf.
Kramer, Michaela (2020): Visuelle Biografiearbeit. Smartphone-Fotografie in der Adoleszenz aus medienpädagogischer Perspektive. Baden-Baden: Nomos Verlagsgesellschaft.
Kress, Gunther/Jewitt, Carey (2003): Multimodal Literacy. New York: Peter Lang.
Krotz, Friedrich (2007): Mediatisierung. Fallstudien zum Wandel von Kommunikation. Wiesbaden: VS Verlag für Sozialwissenschaften.
Kuckartz, Udo (2014): Qualitative Inhaltsanalyse – Methoden, Praxis, Computerunterstützung. Weinheim/Basel: Beltz Juventa.
Kübler, Hans-Dieter (2000): Mediale Kommunikation. Tübingen: Verlag Niemeyer.
Kürzinger, Anja/Pohlmann-Rother, Sanna (2019): Die videogestützte Evaluation im Projekt dileg-SL. Leitfragen, Ergebnisse und Perspektiven für die Grundschullehrerbildung. In: Junge, Thorsten/Niesyto, Horst (Hrsg.): Digitale Medien in der Grundschullehrerbildung. Erfahrungen aus dem Projekt dileg-SL: Schriftenreihe Medienpädagogik interdisziplinär Bd. 12. München: kopaed, 263–276.
Kulcke, Gesine (2009): Identitätsbildungen älterer Migrantinnen. Die Fotografie als Ausdrucksmittel und Erkenntnisquelle. Wiesbaden: VS Verlag für Sozialwissenschaften.
Langer, Susanne [1942] (1987): Philosophie auf neuem Wege. Frankfurt a.M.: Fischer.
Lieber, Gabriele (Hrsg.) (2008): Lehren und Lernen mit Bildern. Ein Handbuch zur Bilddidaktik. Baltmannsweiler: Schneider Verlag, Hohengehren.
Luca, Renate/Decke-Cornill, Helene (Hrsg.) (2010): Jugend – Film – Gender. Medienpädagogische, bildungstheoretische und didaktische Perspektiven. Stuttgart: Ibidem Verlag.
McLaughlan, Rebecca (2019): Virtual reality as a research method: is this the future of photo-elicitation? In: Visual Studies, 34(3), p. 1–14. DOI: 10.1080/1472586X.2019.1680315.
Margolis, Eric/Pauwels, Luc (2011): Handbook of Visual Research Methods. London: Sage.
Marotzki, Winfried/Niesyto, Horst (2006): Bildinterpretation und Bildverstehen. Methodische Ansätze aus sozialwissenschaftlicher, kunst- und medienpädagogischer Perspektive. Wiesbaden: VS Verlag für Sozialwissenschaften.
Maurer, Björn (2010): Subjektorientierte Filmbildung in der Hauptschule. Theoretische Grundlegung und pädagogische Konzepte für die Unterrichtspraxis. Schriftenreihe Medienpädagogik interdisziplinär, Band 8. München: kopaed.
Maurer, Björn/Schluchter, Jan-René (2013): Filmbildung und Inklusion. Bestandsaufnahme und Perspektiven. In: Maurer, Björn/Reinhard-Hauck, Petra/Schluchter, Jan-René/von Zimmermann, Martina (Hrsg.): Medienbildung in einer sich wandelnden Gesellschaft. Festschrift für Horst Niesyto. München: kopaed, 147–179.
Mayrberger, Kerstin (2019): Partizipative Mediendidaktik. Weinheim/Basel: Beltz Juventa.
Meyrowitz, Joshua (1987): Die Fernsehgesellschaft. Wirklichkeit und Identität im Medienzeitalter. Weinheim/Basel: Beltz.
Mikos, Lothar (2000): Ästhetische Erfahrung und visuelle Kompetenz: Zur Erweiterung der diskursiven Medienkompetenz um präsentative Elemente. In: MedienPädagogik, Heft 1. Abrufbar unter: https://www.medienpaed.com/article/view/4/4.
Mollenhauer, Klaus (1991): Die Funktion des Symbols in der Erziehung. In: Oelkers, Jürgen/Wegenast, Klaus (Hrsg.): Das Symbol – Brücke des Verstehens. Stuttgart/Berlin/Köln: Verlag Kohlhammer, 98–110.
Moritz, Christine/Corsten, Michael (Hrsg.) (2018): Handbuch qualitative Videoanalyse. Wiesbaden: Verlag Springer VS.
Moser, Heinz (2005): Visuelle Forschung – Plädoyer für das Medium Fotografie. In: MedienPädagogik, Heft 8. Abrufbar unter: http://www.medienpaed.com/04-1/moser04-1.pdf.

Moser, Heinz (2008): Geschichte und Strömungen der Reformpädagogik. In: Sander, Uwe/von Gross, Friederike/Hugger, Kai-Uwe (Hrsg.): Handbuch Medienpädagogik. Wiesbaden: VS Verlag für Sozialwissenschaften, 15–21.

Moser, Heinz (2019): Einführung in die Medienpädagogik. Aufwachsen im digitalen Zeitalter. 6. Auflage. Wiesbaden: Verlag Springer VS.

Münch, Thomas/Bommersheim, Ute (2003): Jugendliche Produktionen aus musikkultureller Perspektive. In: Niesyto, Horst (Hrsg.): VideoCulture. Video und interkulturelle Kommunikation. München: kopaed, 317–343.

Neuss, Norbert (1999): Symbolische Verarbeitung von Fernseherlebnissen in Kinderzeichnungen. Eine empirische Studie mit Vorschulkindern. München: kopaed.

Niesyto, Horst (1991): Erfahrungsproduktion mit Medien. Selbstbilder, Darstellungsformen, Gruppenprozesse. Weinheim/München: Juventa.

Niesyto, Horst (Hrsg.) (2001): Selbstausdruck mit Medien – Eigenproduktionen mit Medien als Gegenstand der Kindheits- und Jugendforschung. München: kopaed.

Niesyto, Horst (2002): Medien und Wirklichkeitserfahrung – symbolische Formen und soziale Welt. In: Mikos, Lothar/Neumann, Norbert (Hrsg.): Wechselbeziehungen Medien – Wirklichkeit – Erfahrung. Berlin: Vistas Verlag, 29–53. Abrufbar unter: https://horst-niesyto.de/wp-content/uploads/2020/08/2002_Niesyto_Medien_und_Wirklichkeitserfahrung.pdf.

Niesyto, Horst (Hrsg.) (2003): VideoCulture – Video und interkulturelle Kommunikation. Grundlagen, Methoden und Ergebnisse eines internationalen Forschungsprojekts. München: kopaed.

Niesyto, Horst (2006a): Konzepte und Perspektiven der Filmbildung. In: Niesyto, Horst (Hrsg.): film kreativ. Aktuelle Beiträge zur Filmbildung. Schriftenreihe Medienpädagogik interdisziplinär, Band 6. München: kopaed, 7–18.

Niesyto, Horst (2006b): Bildverstehen als mehrdimensionaler Prozess. Vergleichende Auswertung von Bildinterpretationen und methodische Reflexion. In: Marotzki, Winfried/Niesyto, Horst (Hrsg.): Bildinterpretation und Bildverstehen. Methodische Ansätze aus sozialwissenschaftlicher, kunst- und medienpädagogischer Perspektive. Wiesbaden: VS Verlag für Sozialwissenschaften, 253–286.

Niesyto, Horst (2007): Eigenproduktionen mit Medien als Gegenstand medienpädagogischer Praxisforschung. In: Sesink, Werner/Kerres, Michael/Moser, Heinz (Hrsg.): Jahrbuch Medienpädagogik 6. Medienpädagogik – Standortbestimmung einer erziehungswissenschaftlichen Disziplin. Wiesbaden: VS Verlag für Sozialwissenschaften, 222–245.

Niesyto, Horst (2009): Aktive Medienarbeit. In: Mertens, Gerhard/Frost, Ursula/Böhm, Winfried/Ladenthien, Volker: Handbuch der Erziehungswissenschaft, Band III/2, bearbeitet von Norbert Meder, Cristina Allemann-Ghionda, Uwe Uhlendorff, Gerhard Mertens. Paderborn: Verlag Ferdinand Schöningh, 855–862.

Niesyto, Horst (2017a): Medienpädagogik und digitaler Kapitalismus. Für die Stärkung einer gesellschafts- und medienkritischen Perspektive. In: MedienPädagogik, Heft 27, 1–29. Abrufbar unter: http://www.medienpaed.com/article/view/435.

Niesyto, Horst (2017b): Visuelle Methoden in der medienpädagogischen Forschung: Ansätze, Potenziale und Herausforderungen. In: Knaus, Thomas (Hrsg.): Forschungswerkstatt Medienpädagogik. Projekt – Theorie – Methode. München: kopaed, 59–95.

Niesyto, Horst (2019): Ergebnisse des Entwicklungsprojekts dileg-SL. Kernpunkte in teilprojektübergreifender Perspektive. In: Junge, Thorsten/Niesyto, Horst (Hrsg.): Digitale Medien in der Grundschullehrerbildung. Erfahrungen aus dem Projekt dileg-SL. Schriftenreihe Medienpädagogik interdisziplinär, Band 12. München: kopaed, 207–232. Onlineversion abrufbar unter: https://horst-niesyto.de/wp-content/uploads/2020/06/2019_Niesyto_dileg-SL_Ergebnisse.pdf.

Niesyto, Horst (2021): ‚Digitale Bildung' wird zur Einflugschneise für die IT-Wirtschaft. In: medien + erziehung, Heft 1/2021, 23–28. Onlineversion (Langfassung) abrufbar unter: https://horst-niesyto.de/wp-content/uploads/2021/02/2021_Niesyto_digitale_Bildung_IT-Wirtschaft_Langfassung.pdf.

Niesyto, Horst/Marotzki, Winfried (2004): Editorial: Visuelle Methoden in der Forschung. In: MedienPädagogik, Heft 9. Abrufbar unter: https://www.medienpaed.com/article/view/53.

Niesyto, Horst/Moser, Heinz (Hrsg.) (2007): Qualitative Forschung in der Medienpädagogik. In: MedienPädagogik, Heft 14. Abrufbar unter: https://www.medienpaed.com/issue/view/14.

Niesyto, Horst/Moser, Heinz (Hrsg.) (2018): Medienkritik im digitalen Zeitalter. Schriftenreihe Medienpädagogik interdisziplinär, Band 11. München: kopaed.

Oelkers, Jürgen (1989): Reformpädagogik. Eine kritische Dogmengeschichte. Weinheim/München: Juventa.

Peez, Georg (2018): Augmented Reality – kunstpädagogisch betrachtet. Erfahrungs- und Gestaltungsmöglichkeiten in einer um virtuelle Anteile erweiterten Realität. In: BDK-Mitteilungen 2/2018: 26–31. Abrufbar unter: https://georgpeez.de/wp-content/uploads/2019/07/Augmented-Reality-%E2%80%93-kunstp%C3%A4dagogisch-betrachtet.pdf.

Pilarczyk, Ulrike (2006): Selbstbilder im Vergleich: Junge Fotograf/innen in der DDR und in der Bundesrepublik vor 1989. In: Marotzki, Winfried/Niesyto, Horst (2006): Bildinterpretation und Bildverstehen. Methodische Ansätze aus sozialwissenschaftlicher, kunst- und medienpädagogischer Perspektive. Wiesbaden: VS Verlag für Sozialwissenschaften, 227–251.

Pochat, Götz (1983): Der Symbolbegriff in der Ästhetik und Kunstwissenschaft. Köln: Verlag DuMont.

Popert, Hermann (1927): Hamburg und der Schundkampf. Hamburg-Grossborstel: Kommissions-Verlag der Deutschen Dichter-Gedächtnis-Stiftung.

Pross, Harry (1972): Medienforschung. Film, Funk, Presse, Fernsehen. Darmstadt: Verlag Habel.

Prosser, Jon (Hrsg.) (2001): Image-based Research: A Sourcebook for Qualitative Researchers. London: Routledge.

Raab, Jürgen (2008): Visuelle Wissenssoziologie. Theoretische Konzeption und materiale Analysen. Köln: Herbert von Halem Verlag.

Rat für Kulturelle Bildung (2019): Jugend/YouTube/Kulturelle Bildung. Horizont 2019. Eine repräsentative Umfrage unter 12- bis 19-Jährigen zur Nutzung kultureller Bildungsangebote an digitalen Kulturorten. Abrufbar unter: https://www.fachportal-paedagogik.de/literatur/vollanzeige.html?FId=3379534.

Rauin, Udo/Engartner, Tim/Herrle, Matthias (2016): Videoanalysen in der Unterrichtsforschung – Methodische Vorgehensweisen und aktuelle Anwendungsbeispiele. Weinheim: Verlag Beltz.

Reichwein, Adolf (1938): Film in der Landschule. Vom Schauen zum Gestalten. Stuttgart/Berlin: Verlag Kohlhammer.

Reißmann, Wolfgang (2015): Mediatisierung visuell. Kommunikationstheoretische Überlegungen und eine Studie zum Wandel privater Bildpraxis. Baden-Baden: Verlag Nomos.

Reißmann, Wolfgang (2017): Digitalisierung, Mediatisierung und die vielen offenen Fragen nach dem Wandel visueller Alltagskultur. In: Lobinger, Katharina (Hrsg.): Handbuch Visuelle Kommunikationsforschung. Wiesbaden: Verlag Springer Fachmedien, 45–61.

Röll, Franz Josef (1998): Mythen und Symbole in populären Medien. Der wahrnehmungsorientierte Ansatz in der Medienpädagogik. Frankfurt a. M.: Evang. Gemeinschaftswerk für Publizistik.

Röll, Franz Josef (2003): Pädagogik der Navigation. Selbstgesteuertes Lernen durch Neue Medien. München: kopaed.

Röll, Franz Josef (2016): Digitale Lernszenarien – Social Media als pädagogische Herausforderung. In: Gewerkschaft Erziehung und Wissenschaft (Hrsg.): Erfolgreich mit Neuen Medien! Was bringt das Lernen im Netz? Frankfurt a. M., 15–22. Abrufbar unter: https://www.gew.de/fileadmin/media/publikationen/hv/Bildung-digital/Erfolgreich_mit_Neuen_Medien__-_Was_bringt_das_Lernen_im_Netz.pdf.

Rösch, Eike/Demmler, Kathrin/Jäcklein-Kreis, Elisabeth/Albers-Heinemann, Tobias (Hrsg.) (2012): Medienpädagogik Praxis Handbuch. Grundlagen, Anregungen und Konzepte für aktive Medienarbeit. München: kopaed.

Rösch, Eike (2017): Aktive Medienarbeit. In: Schorb, Bernd/Hartung-Griemberg, Anja/Dallmann, Christine (Hrsg.): Grundbegriffe Medienpädagogik. München: kopaed, 9–14.

Rose, Gillian (2016): Visual Methodologies. London: Sage.

Ruge, Wolfgang B./Swertz, Christian (2017): Film. In: Schorb, Bernd/Hartung-Griemberg, Anja/Dallmann, Christine (Hrsg.): Grundbegriffe Medienpädagogik. München: kopaed, 98–102.

Rummler, Klaus/Scheuble, Walter/Moser, Heinz/Holzwarth, Peter (2014): Schulische Lernräume aufbrechen: Visual Storytelling im Berufswahlunterricht. In: Rummler, Klaus: Lernräume gestalten – Bildungskontexte vielfältig denken. Münster: Waxmann, 224–236.

Rummler, Klaus (2017): Lernen mit Online-Videos – eine Einführung. In: medienimpulse, Ausgabe 2/2017. Abrufbar unter: https://journals.univie.ac.at/index.php/mp/article/view/mi1041.

Sander, Uwe/von Gross, Friederike/Hugger, Kai-Uwe (Hrsg.) (2022): Handbuch Medienpädagogik. 2. Auflage. Wiesbaden: Verlag Springer VS.

Schell, Fred (2003): Aktive Medienarbeit mit Jugendlichen. Theorie und Praxis. München: kopaed.

Schlör, Katrin (2016): Medienkulturen in Familien in belasteten Lebenslagen – Eine Langzeitstudie zu medienbezogenem Doing Family als Bewältigungsressource. Schriftenreihe Medienpädagogische Praxisforschung, Band 11. München: kopaed.

Schmitt, Hanno/Link, Jörg-W./Tosch, Frank (Hrsg.) (1997): Bilder als Quellen der Erziehungsgeschichte. Bad Heilbrunn: Klinkhardt.

Schorb, Bernd (1995): Medienalltag und Handeln. Medienpädagogik in Geschichte, Forschung und Praxis. Opladen: Verlag Leske + Budrich.

Schorb, Bernd/Hartung-Griemberg, Anja/Dallmann, Christine (Hrsg.) (2017): Grundbegriffe Medienpädagogik. München: kopaed.

Schwemmer, Oswald (2005): Kulturphilosophie. Eine medientheoretische Grundlegung. München: Wilhelm Fink Verlag.

Seel, Hans-Jürgen (2014): Beratung: Reflexivität als Profession. Göttingen: Verlag Vandenhoeck & Ruprecht.

Sektion Medienpädagogik in der Deutschen Gesellschaft für Erziehungswissenschaft (2017): Orientierungsrahmen für die Entwicklung von Curricula für medienpädagogische Studiengänge und Studienanteile. Abrufbar unter: https://www.medienpaed.com/article/view/603.

Spanhel, Dieter (2011): Medienbildung als Grundbegriff der Medienpädagogik. Begriffliche Grundlagen für eine Theorie der Medienpädagogik. In: Moser, Heinz/Grell, Petra/Niesyto, Horst (Hrsg.): Medienkompetenz und Medienbildung. Beiträge zu Schlüsselbegriffen der Medienpädagogik. München: kopaed, 95–120.

Spanhel, Dieter (2016): Kinder- und Jugendmedienschutz und Medienpädagogik. Abrufbar unter: https://www.gmk-net.de/wp-content/t3archiv/fileadmin/pdf/jugendmedienschutz_spanhel.pdf.

Spielmann, Raphael (2011): Filmbildung! Traditionen. Modelle. Perspektiven. München: kopaed.

Spitzer, Manfred (2005): Vorsicht Bildschirm! Elektronische Medien, Gehirnentwicklung, Gesundheit und Gesellschaft. Stuttgart: Klett Verlag.

Stalder, Felix (2016): Kultur der Digitalität. Berlin: Suhrkamp.

Stöcker, Christian (2018): Die Methode Spitzer. Abrufbar unter: www.spiegel.de/wissenschaft/mensch/manfred-spitzer-ueber-einsamkeit-an-allem-ist-das-internet-schuld-a-1197453.html.

Süss, Daniel/Lampert, Claudia/Wijnen, Christine W. (2013): Medienpädagogik. Ein Studienbuch zur Einführung. Wiesbaden: Verlag Springer Fachmedien.

Swertz, Christian (2008): Bildungstechnologische Medienpädagogik. In: Sander, Uwe/von Gross, Friederike/Hugger, Kai-Uwe (Hrsg.): Handbuch Medienpädagogik. Wiesbaden: VS Verlag für Sozialwissenschaften, 66–74.

Swertz, Christian/Fessler, Clemens (2010): Literacy. Facetten eines heterogenen Begriffs. In: medienpulse, Heft 4/2010. Abrufbar unter: https://www.pedocs.de/volltexte/2018/15965/pdf/Swertz_Fessler_2010_Literacy.pdf.

Tulodziecki, Gerhard/Herzig, Bardo/Grafe, Silke (2010): Medienbildung in Schule und Unterricht. 1. Auflage. Bad Heilbrunn: Klinkhardt.

Tulodziecki, Gerhard/Herzig, Bardo/Grafe, Silke (2019): Medienbildung in Schule und Unterricht. 2. Auflage. Bad Heilbrunn: Klinkhardt.

Trültzsch-Wijnen, Christine (2020): Medienhandeln zwischen Kompetenz, Performanz und Literacy. Wiesbaden: Verlag Springer VS Fachmedien.

Verständig, Dan/Klein, Alexandra/Iske, Stefan (2016): Zero-Level Digital Divide: Neues Netz und neue Ungleichheiten. Si:So. Analysen – Berichte – Kontroversen, 50–55. Abrufbar unter: https://dspace.ub.uni-siegen.de/bitstream/ubsi/1197/1/Verstaendig_Klein_Iske_Zero_Level_Digital_Divide.pdf.

Wagner, Ernst (2018): Bildkompetenz – Visual Literacy. Kunstpädagogische Theorie- und Lehrplanentwicklungen im deutschen und europäischen Diskurs. Abrufbar unter: https://www.kubi-online.de/artikel/bildkompetenz-visual-literacy-kunstpaedagogische-theorie-lehrplanentwicklungen-deutschen.

Waltinger, Michael (2019): Das Mobiltelefon im Alltagsleben des urbanen Kenia. Eine medienethnografische Studie zur Mobiltelefonaneignung. Wiesbaden: Verlag Springer VS.

Witzke, Margrit (2004): Identität, Selbstausdruck und Jugendkultur – Eigenproduzierte Videos Jugendlicher im Vergleich mit ihren Selbstaussagen. Ein Beitrag zur Jugend(kultur)forschung. München: kopaed.

Wolf, Karsten D. (2017): Videoportale. In: Schorb, Bernd/Hartung-Griemberg, Anja/Dallmann, Christine (Hrsg.) (2017): Grundbegriffe Medienpädagogik. München: kopaed, 395–401.

Wolf, Karsten D./Kratzer, Verena (2015): Erzählstrukturen in selbsterstellten Erklärvideos von Kindern. In: Hugger, Kai-Uwe/Tillmann, Angela/Iske, Stefan/Fromme, Johannes/Grell, Petra/Hug, Theo (Hrsg.): Jahrbuch Medienpädagogik 12. Wiesbaden: Springer Fachmedien, 29–44.

Zahn, Manuel (2012): Ästhetische Film – Bildung. Studien zur Materialität und Medialität filmischer Bildungsprozesse. Bielefeld: transcript.

Alle Online-Zugriffe: 31.10.2022.

… Bild ist ein Bild ist ein Bild ist ein … Repräsentationsstufen der kindlichen Entwicklung und ihre Darstellung in Bildern

Dagmar Ambass

Das Bild, genauer das Körperbild, spielt eine zentrale Rolle bei der Konstitution des Ichs und der Entwicklung des Gefühls eines kohärenten Selbst beim Menschen in westlichen Gesellschaften. Seine Entwicklung und Verfasstheit sollen in diesem Beitrag zur Darstellung kommen. Der westlichen Ausprägung des Selbstgefühls wird als Kontrast das eher dezentrierte Körperbild von indigenen Menschen gegenübergestellt. Beispiele von Kinderspielen und Kinderzeichnungen und -skulpturen sollen der Veranschaulichung dienen.

1. Die Rolle des Bildes bei der Konstitution des Ichs

„Gegeben sind zwei Objekte an zwei verschiedenen Orten: Man würde Objekt B dann das Bild von Objekt A nennen, wenn jedem Punkt oder jeder Ansammlung von Punkten von B ein Punkt von A entspricht" (Nasio 2011: 58 f.). Diese Aussage stellt eine mathematische Definition des Begriffes *Bild* dar. Im Folgenden soll der Frage nachgegangen werden, welche Rolle das Bild gemäß dieser grundlegenden Definition aus der strukturalen psychoanalytischen Perspektive bei der Konstitution des Ichs spielt.

1.1 Das Bild bei Freud

Wie Freud beschrieben hat, setzt sich der psychische Apparat zusammen gemäß seiner zweiten Topik (Ich – Es – Überich) aus Projektionen von Sensationen der Körperoberfläche (die z. T. durch einen anderen, z. B. die Mutter, hervorgerufen werden), also eines Objekts A, auf den psychischen Apparat, ein Objekt B, und konstituiert diesen: „Das Ich ist vor allem ein körperliches, es ist nicht nur ein Oberflächenwesen, sondern selbst die Projektion einer Oberfläche" (Freud 1923: 253). Subjekte eignen sich über den sog. Vorgang der Identifizierung Eigenschaften, aber auch einen „einzigen Zug" (Freud 1923: 117), eine Geste, ein Symptom anderer Subjekte, an. Beim Abwehrvorgang der Projektion ändert sich die Richtung: Das Objekt A wird nun nach außen bzw. auf den Anderen übertragen (vgl. Freud 1944: 77–115). Auch die analytische Kur kommt nicht ohne die Übertragung (von Bildern) aus. Neben dem Erinnern verdrängter Inhalte, was nur eingeschränkt möglich ist, müssen Analytiker*innen Analysand*innen „ein gewisses Stück seines vergessenen Lebens wiedererleben lassen und ha[ben] dafür zu sorgen, daß ein Maß von Überlegenheit erhalten bleibt, kraft dessen die anscheinende Realität doch immer wieder als Spiegelung einer vergessenen Vergangenheit erkannt wird" (Freud 1929: 17).

1.2 Das Bild bei Lacan

Jacques Lacan eröffnet mit seinem Seminar *Die vier Grundbegriffe der Psychoanalyse* (1964/1996b) „ein Forschungsfeld, innerhalb dessen der Frage nach dem Bild eine Schlüsselfunktion zukommt" (Blümle/von der Heiden 2005: 7). Die Erläuterungen in diesem Seminar umkreisen aus so unterschiedlichen Perspektiven wie der Phänomenologie, der Gestaltpsychologie, der Optik, der Ethnologie und der Zoologie die Frage nach der Divergenz von Auge und Blick (ebd.). Die Erschaffung von Bildern erzeugt Sichtbarkeiten, in denen es nicht (nur) um eine Gleichsetzung mit der Wahrnehmung in der Natur oder um einen visuellen Realismus geht (vgl. ebd.: 13). Zwar ahmen Kunstwerke „die Objekte, die sie darstellen, nach, doch ihre Absicht ist gerade nicht, sie darzustellen. Indem sie eine Nachahmung des Objekts geben, machen sie aus diesem Objekt etwas anderes. […] Das Objekt ist in ein bestimmtes Verhältnis zum Ding gebracht, was getan wird, um gleichzeitig einzukreisen, zu vergegenwärtigen und Abwesenheit zu erzeugen" (Lacan 1996a: 173 f.). Dieses Ding liegt außerhalb der Sprache und außerhalb des Bildes und gehört dem Register des Realen an. Es handelt sich um ein verlorenes Objekt, das kontinuierlich wiedergefunden werden muss. Im o. g. Seminar XI taucht das Ding als Objekt klein a wieder auf. Dieses Objekt, das im Bild (auch im Spiegelbild) nicht sichtbar ist, um das die bildhafte und die symbolische Repräsentation kreisen, ist das, was jede Form der Darstellung motiviert (in der Lacanschen Begrifflichkeit das Begehren), das jedoch nie eingeholt werden kann. Im Bild manifestiert sich immer etwas Blickhaftes (vgl. Blümle/von der Heiden 2005: 25), das sich – zumindest auf den ersten Blick – nicht lokalisieren lässt.

Auch Lacan beschreibt den analytischen Prozess mit dem Begriff der Imago. Die Übertragung komme dem Ortswechsel eines Bildes gleich, das von einer vergangenen Person auf das Bild der Analytikerin*des Analytikers übertragen wird (vgl. Julien 2020: 117). „Insbesondere unterstreicht Lacan die Rolle des Bildes (*image*), indem er die Identifizierung definiert als die ‚Transformation, welche sich im Subjekt vollzieht, wenn es ein Bild annimmt'. Ein Bild ‚annehmen' heißt, sich in einem Bild erkennen und dieses als sein eigenes aneignen" (Evans 2002: 144). Während in der Philosophie, genauer in der Phänomenologie, die Imagination als vermittelnde Instanz zwischen Wahrnehmung und Verstehen aufgefasst wird (vgl. Pradelles de Latour 1987: 174; vgl. z. B. Sartre 1940: 21), resultiert nach Lacan das Imaginäre nicht aus einem Bewusstsein, sondern stellt den Ursprung der ersten Ichbildungen dar. Das Bild von einem einheitlichen Selbst ist der Sieg über das Empfinden von unzusammenhängenden Körperteilen und bildet den Ausgangspunkt für die zukünftigen Fähigkeiten der Koordination und Motorik des Subjekts. Dieses Gefühl von Ganzheit geht beim unreif geborenen Menschenwesen, das vollständig vom Anderen abhängig ist, seinen tatsächlichen Fähigkeiten voraus: Es projiziert sich gleichsam in die Zukunft und gleicht die organischen Defizite aus, indem es sich im Spiegel des Anderen betrachtet bzw. sich mit ihm identifiziert (vgl. Pradelles de Latour 1987: 174). „Das Kind vollzieht keine Exteriorisierung seiner selbst, es projiziert sich nicht als Bild; sondern umgekehrt: es wird konstituiert nach dem und durch das Bild, und das lässt sich durchaus auf der Grundlage der zweiten Freud'schen Topik erklären: es gibt eine Übertragung via Identifizierung, d. h. durch eine Brücke, eine Passage von einem Äußeren zu einem Inneren. Die *Imago* ist ein *Urbild, eine psychische Kausalität, die eine informative (Identifizierung durch…) und eine formativ-prägende (Identifizierung auf…) Wirkung mit sich bringt" (Julien 2020: 54). Das heißt mit den Worten Lacans, „dass sich das Subjekt in seinem SELBSTgefühl mit dem Bild des anderen identifiziert und dass das Bild des anderen dann in ihm dieses Gefühl vereinnahmt" (Lacan 2016: 212).

1.3 Das Imaginäre, das Symbolische und das Reale

Trotz dieser konstitutiven Bedeutung des Imaginären für das Subjekt kann dieses nicht ohne das Symbolische und das Reale gedacht werden. Julien zeichnet die drei zentralen Etappen im Denken Lacans nach. Der Phase der 1930er Jahre, in die die Entwicklung des Spiegelstadiums fällt (s. u.), folgt die Phase der Rückkehr zu Freud in den 1950er Jahren, wobei Lacan von dessen zweiter Topik ausgeht und sich dem Symbolischen und dem Signifikanten nach Saussure widmet. Schließlich befasst er sich in den letzten Jahren mit Topologien, die sich mehr und mehr dem Realen, dem Unmöglichen, das jeder Struktur innewohnt, widmen (vgl. Pradelles de Latour 1987: 173). Die drei Register, denen je eine Schaffensphase von Lacan gilt, sind untrennbar miteinander verbunden. Der Betrachtung eines einzelnen Registers haftet etwas Künstliches an. Deren gegenseitige Abhängigkeit illustriert Lacan mithilfe des Borromäischen Knotens.

Abbildung 1: Borromäischer Knoten (Nemitz 2015,, o. S., zit. n. Lacan 2005: 20)

Die drei Register sind so miteinander verwoben, dass die gesamte Struktur auseinanderfiele, würde einer der Ringe herausgelöst. Somit ist auch das Imaginäre, und damit die Identifizierung, sowohl vom Symbolischen als auch vom Realen mitgeprägt. Wir können an dieser Stelle auf das Symbolische und das Reale nicht detailliert eingehen. Unser Fokus liegt auf dem Imaginären, jedoch tauchen auch die anderen Register punktuell auf.

1.4 Das Spiegelstadium

Die Konstitution des Ich erfolgt gemäß Lacan durch das Spiegelstadium. Dieses ist sowohl entwicklungspsychologisch als auch strukturell bedeutsam. Zwischen sechs und 18 Monaten erkennt sich das Kind im Spiegel als Einheit, als In-dividuum. Jedoch ist diese Erkenntnis illusorisch (die imaginäre Dimension), da sich das Kind im Außen, im Spiegel als ganz erkennt, und nicht innerhalb seiner Körpergrenzen. Die Erkenntnis im Spiegelstadium wird sprachlich vermittelt durch die Eltern oder andere Personen, die dem Kind sagen: „Das Bild im Spiegel, das bist du!" (die symbolische Dimension). Jedoch erscheint im Spiegelbild nicht das ganze Subjekt, da z. B. das Sprechen nicht abgebildet werden kann. Es geht stets etwas verloren (die reale Dimension) – es bleibt ein Mangel, der für die Spaltung des Subjekts und sein Begehren verantwortlich ist (vgl. Lacan 1975: 61 ff.). Françoise Dolto, eine Weggefährtin von Lacan und begnadete Kinderanalytikerin, entwirft, aufbauend auf der Konzeption des Spiegelstadiums, ihre Theorie des Körperbildes (vgl. Dolto 1987).

2. Die verschiedenen Dimensionen des Körperbildes

Juan David Nasio, ein Schüler von Dolto, bezieht sich bei seiner Auseinandersetzung mit dem Körper und seinen Bildern und den verschiedenen Formen von Repräsentationen des Körpers sowohl auf Lacan als auch auf Dolto. Wie bereits für Freud bilden auch für ihn der Körper und seine Darstellungen die Schablone für jegliche Form der Kreativität und der Erkenntnis (vgl. Nasio 2011: 124).

Nasio fragt grundsätzlich: „Aber was ist ein Bild? Auf welche Oberfläche projiziert es sich? Was ist seine Struktur? Was sind seine Funktionen und Eigenheiten? Durch welche Energie wird es belebt? Welche Theorien von Freud und Lacan beziehen sich darauf? Und schließlich, von welchem Körper ist das Körperbild die Kopie?" (Nasio 2011: 58). Zunächst räumt Nasio den Irrtum aus, dass das Bild allein der Domäne des Sehens angehöre. Das visuelle Bild stellt nur eine Form des Bildes dar. Gemäß der mathematischen Definition ist ein Bild, wie gesagt, die genaue oder eine ungefähre Wiedergabe eines Originals. Es kann in zwei oder drei Dimensionen erscheinen (Gemälde, Fotografie, Skulptur etc.). Bezogen auf das Körperbild kann dieses auf der glatten Oberfläche eines Spiegels reflektiert, aber auch als mentale Repräsentation auf die virtuelle Oberfläche des Bewusstseins oder des Unbewussten projiziert sein. Ein Beispiel dafür wäre eine Geschmacksempfindung, die eine Kindheitserinnerung wachruft. Das Körperbild kann aber auch in eine Handlung, eine unreflektierte Geste oder eine unbeabsichtigte Körperhaltung übersetzt werden (ebd.: 59).

Nasio leitet die verschiedenen Dimensionen des Körperbildes einerseits entwicklungspsychologisch mit einem Stufenmodell her, andererseits beschreibt er mit einem strukturellen Ansatz die verschiedenen Dimensionen des Selbst.

2.1 Entwicklungspsychologisches Modell

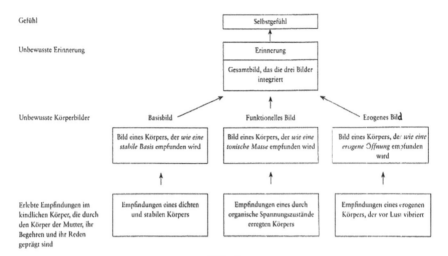

Abbildung 2: Das Selbstgefühl des kleinen Kindes (Nasio 2011: 24)

Auf der untersten Stufe, sozusagen im Kellergeschoß, befinden sich die frühen Empfindungen des kindlichen Körpers, die durch den Körper der Mutter, ihr Begehren und ihr Reden geprägt sind. Nasio unterteilt sie in Empfindungen eines dichten und stabilen Körpers, Empfindungen eines durch organische Spannungszustände erregten Körpers und Empfindungen eines erogenen Körpers, der vor Lust vibriert.

Darauf folgt die Stufe der unbewussten Körperbilder, auf der sich die unterschiedlichen Empfindungsqualitäten zum Basisbild, dem funktionellen Bild und dem erogenen Bild gruppiert haben. Im Basisbild wird der Körper *wie eine stabile Basis* empfunden, im funktionellen Bild *wie eine tonische Masse* (mit ihren Spannungs- und Entspannungszuständen) und im erogenen Bild *wie eine erogene Öffnung* (hin zum Anderen).

Auf der folgenden Stufe werden diese drei Bilder in ein Gesamtbild integriert und bilden die unbewusste Erinnerung (vgl. ebd.: 24f.).

Die oberste Stufe ist die der Emotion, genauer des Selbstgefühls. Das Selbstgefühl, in dem die Vielzahl der Empfindungen zu einer einheitlichen und ganzheitlich empfundenen Form zusammengefasst wurden, tritt etwa im Alter von drei Jahren auf (vgl. ebd.), wenn das Spiegelstadium durchlaufen wurde.

2.2 Der*die Andere

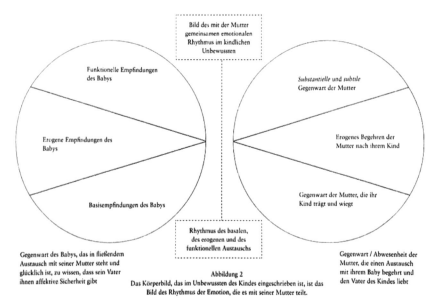

Abbildung 3: Bild des Rhythmus der Emotion (Nasio 2011: 28)

Die Körperbilder bilden sich in einem rhythmischen Zusammenspiel mit dem*der Anderen, z. B. der Mutter heraus. Dieser Rhythmus ist in der obenstehenden Grafik durch die Mittellinie dargestellt. Die drei weiter oben beschriebenen Empfindungsqualitäten, das Basisbild, das funktionelle und das erogene Bild, tauchen auf beiden Seiten der Mittellinie in den Kreisen, rechts auf der Seite der Mutter und links auf der Seite des Babys, wieder auf. Sie münden im „Rhythmus des funktionellen, erogenen und basalen Austausches zwischen dem Kind und seiner Mutter. Der Basisrhythmus eines Neugeborenen etwa stellt sich im Unbewussten des Kindes dann ein, wenn es seinen kleinen Körper einmal warm von den Armen der Mutter umfasst fühlt und danach die Empfindung hat, ratlos zu sein, wenn es seine Mutter in sein Bett hineinlegt. Es ist der Wechsel eines Rhythmus von angenehmen und unangenehmen Empfindungen, der im kindlichen Unbewussten in Form des unbewussten Körperbildes eingeschrieben bleibt" (ebd.: 28 f.). Durch die Wiederholung der Empfindungen erreichen diese aufgrund des rhythmischen Zusammenspiels die Stufe der Emotionen. „Die Emotion ist die intime Spannung der fleischlichen, begehrenden und symbolischen Begegnung zwischen dem Kind und seiner Mutter" (ebd.: 30). Trotz der obenstehenden Grafik betont Nasio, dass der Rhythmus nicht bildhaft darstellbar ist und daher einer „symbolischen Interaktion zwischen einem Kind und seiner Mutter" gleichkommt (ebd.). In der Grafik fehlt auch nicht der Hinweis auf den Vater, den die Mutter ebenfalls begehrt, womit sie dem Kind vermittelt, dass es nicht alles für sie sein kann, dass sie noch andere Interessen hat, was auch den Wechsel ihrer An- und Abwesenheit zu Folge hat. Durch die rhythmische An- und Abwesenheit der Mutter sowie die damit verbundenen Frustrationen wird das Kind ins Symbolische eingeführt.

2.3 Strukturelle Dimension

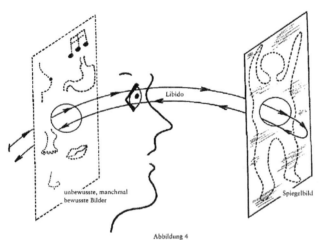

Die beiden Hauptbilder meines Körpers: im Kopf, ein Patchwork von mentalen Bildern meiner physischen Empfindungen; und im Spiegel, das sichtbare Bild meines Körperumrisses (Spiegelbild). Die beiden Bilder sind durchlöchert und durchkreuzt von der Libido, die sie belebt und vereint.

Abbildung 4: Die beiden Hauptbilder meines Körpers (Nasio 2011: 88)

Wie in Zusammenhang mit dem Spiegelstadium erwähnt, ist das Selbstgefühl illusorisch, auch deshalb, weil das ursprünglich fragmentierte Körperbild auf der Ebene der Empfindungen nach Durchlaufen des Spiegelstadiums erhalten bleibt. Nasio illustriert das Selbstbild mit seinen bewussten und unbewussten Anteilen in einer dreiteiligen Grafik (Abb. 4). Links befindet sich im Kopf des Subjekts, „ein Ensemble von mentalen Bildern, nicht figurativ, zumeist unbewusst" (Nasio 2011: 88–89). Einzelne, disparate Piktogramme stehen für Geruchsempfindungen, Töne, Schmerzen, Geschmacksempfindungen etc. Die Empfindungen können aber auch in eine motorische Aktion umgesetzt sein (sog. Aktionsbilder). Auf der rechten Seite ist ein Spiegel mit einem Spiegelbild zu sehen, „das sichtbare Bild meines Körperumrisses" (ebd.: 88). Dabei handelt es sich um das Gesamtbild des Körpers, welches bewusst ist, figurativ, faszinierend, geliebt und gehasst. Ich kann mich mit ihm identifizieren. Es ist der Prototyp jedes von Menschen geschaffenen Objekts (vgl. ebd.: 88–89). Dazwischen befindet sich die Darstellung eines Gesichts. Der Blick ist dem Spiegelbild zugewandt, sodass die disparaten, mentalen Bilder hinter dem Gesicht, also im Kopf situiert sind. In der Mitte der beiden rechts und links angeordneten Bilder befindet sich ein Loch. Beide Löcher werden zweimal durch einen u-förmigen Pfeil durchkreuzt, welcher auch durch das Auge des zentrierten Gesichts verläuft.

„Gleichermaßen habe ich einen Vektor zeichnen müssen, der von einem Bild zum anderen kreist, um die die beiden Bilder verbindende, sie mit Energie aufladende und sie vereinheitlichende Libido darzustellen; die Libido ist ebenso wenig darstellbar wie der Duft eines Parfums. Die zwei Löcher, durch welche der Vektor hindurchgeht, zeigen, dass die Libido als reine Energie kein Bild hat. Hingegen ist es gerade die Libido, welche die beiden Bilder belebt, welche sie uns einprägt und welche sie in einem einzigen Bild verdichtet. Deshalb bitte ich den Leser, sich vorzustellen, dass die beiden Ebenen, jene des Kopfes und jene des Spiegels, nur eine einzige Ebene bilden. In Wirklichkeit müssen die Bilder unseres Körpers als ein einziges Bild begriffen werden, immer gelöchert, um auf die Unmöglichkeit hinzuweisen, den libidinösen Fluss, der uns durchströmt darzustellen" (ebd.: 89).

Diese Durchlöcherung, die weder bildhaft noch symbolisch darstellbar ist, stellt einen Hinweis auf die Anwesenheit des Realen im Körperbild dar.

2.4 Die verschiedenen Repräsentationsformen des Körperbildes

Nasio fasst die unterschiedlichen Dimensionen des Körperbildes folgendermaßen zusammen:

Das Protobild „ist die im infantilen Unbewussten eingeprägte Wiedergabe einer intensiven Empfindung, welche das Kind in der sinnlichen Beziehung zu seiner Mutter oder zu jeder anderen für es affektiv bedeutsamen Person erlebt (*unbewusstes mentales Bild*)" (ebd.: 63). Es „ist der Prototyp aller späteren Bilder, seien sie bewusste Bilder oder Aktionsbilder einer ähnlichen Empfindung" (ebd.).

- *Die mentale Repräsentation*, die auf die virtuelle Oberfläche des Bewusstseins oder des Unbewussten „gedruckt" ist (z. B. das bewusste Bild einer Geschmacksempfindung oder das unbewusste oder verdrängte Bild einer Empfindung aus der Kindheit) = *die Wiedergabe einer körperlichen Empfindung.*
- *Das visuelle Bild* auf einer glatten Oberfläche (z. B. das Spiegelbild) = *die visuelle Wiedergabe der Gestalt des Körpers.*
- *Das Aktionsbild*: Das Bild kann sich zu einer Handlung entwickeln und die Gestalt einer Verhaltensweise annehmen (unreflektierte Gesten, unbeabsichtigte Körperhaltungen). Es ist der körperliche Ausdruck einer Emotion, von der das Subjekt kein Bewusstsein hat = *die agierte Wiedergabe einer unbewussten Emotion.*

- *Das symbolische Bild:* Es handelt sich um einen Signifikanten, ein Wort, das von seinem Klang her für das Kind bedeutsam ist. Das klassische Beispiel ist der Vorname des Kindes (vgl. ebd.: 59–64, 96).

3. Fallbeispiel für ein Aktionsbild und ein symbolisches Bild: Mutter Mariama, Marian und Papa Andi[1]

Ein Fallbeispiel aus der Erziehungsberatung soll illustrieren, wie verschiedene Aspekte des Körperbildes im Spiel des Kleinkindes repräsentiert sind.

Mariama und Andi lernen sich durch eine Kontaktanzeige kennen. Schon bei der ersten Begegnung kommt es zu Eifersucht und heftigen Konflikten, die in Handgreiflichkeiten münden. Trotzdem bleiben die beiden zusammen, Mariama verlässt ihr Heimatland, zieht zu ihrem Partner und wird bald schwanger. Die heftigen Konflikte gehen weiter, es kommt zu Polizei-Einsätzen, die Eltern werden dazu angehalten, eine Elternberatung aufzusuchen. Ich lerne die Eltern und Marian, deren Sohn, kennen, als dieser fünf Monate alt ist. Marian steht in engem Körperkontakt mit der Mutter. Ich kann an seinem Blick ablesen, wie die Stimmung zwischen den Eltern ist: Schwelt ein Konflikt, blickt er nur seine Mutter an und wendet den Blick nicht dem Vater zu. Später, sobald er sich drehen kann, rollt er von der Mutter zu mir, jedoch nicht zum Vater. Im Lauf der Sitzungen, wenn das Gespräch zwischen den Eltern wieder in Gang kommt, rollt er auch zum Vater. Um die Eskalation eines Konflikts zu vermeiden, hat sich der Vater angewöhnt, das Zuhause der Familie zu verlassen, im Büro oder im Auto zu übernachten und manchmal erst nach Tagen nach Hause zurückzukehren. Er kann sich dann auch von Marian nicht verabschieden. Wenn es im Laufe der Sitzung gelingt, dass zwischen den Eltern wieder Vertrauen entsteht, wendet Marian den Blick seinem Vater zu und dieser kann ihn in den Arm nehmen.

Nachdem schwierige Kindheitserlebnisse der Mutter zur Sprache gekommen sind und die Mutter geäußert hat, dass ihre Angst vor dem Partner in Momenten des Konflikts durch frühere Gewalterfahrungen vonseiten des Vaters verstärkt sein könnte, entschließt sie sich, die Familientherapie abzubrechen. Möglicherweise hat sie es als Schuldzuweisung erlebt, dass Themen aus der Vergangenheit mit dem aktuellen Konflikt in Zusammenhang gebracht wurden. Sie ist entschlossen, sich von ihrem Partner zu trennen. Der Vater sagt, dass er bei einer Trennung auch den Kontakt zu seinem Sohn abbrechen werde, da zweiwöchentliche Besuche für ihn zu schmerzhaft seien. Ich setze mich dafür ein, dass der Vater an der Beziehung zu seinem Sohn festhalten solle. Marian zeigt immer

---

1 Alle Personen sowie deren persönliche Daten und Kontexte in den Falldarstellungen dieses Beitrags sind nach nationalen und internationalen Standards und Vereinbarungen für wissenschaftliche Fachpublikationen von der Autorin anonymisiert worden.

wieder eindrücklich, wie interessiert er an seinem Vater ist. Die Mutter wünscht sich ebenfalls, dass der Vater sich mehr um seinen Sohn kümmern möge. Jedoch befürchtet sie, dass er ihr das Kind mit dem Argument, sie sei psychisch krank, wegnehmen könnte.

Nach einem Jahr meldet sich die Mutter wieder bei mir. Die Eltern sind nach wie vor zusammen. Marian hatte bei einem Kontrolltermin bei der Kinder- und Jugendhilfe kurz nach Beendigung des ersten Lockdowns wegen des Corona-Virus ein sehr auffälliges Verhalten gezeigt. Er hatte sich während der gesamten Sitzung angstvoll an seine Mutter geklammert und geschrien. Den Eltern war abermals dringend empfohlen worden, die Familientherapie fortzusetzen. Auch den Eltern war es ein Anliegen, die Therapiesitzungen wieder aufzunehmen, da sie befürchteten, dass Marian unter den Konflikten leiden und Schaden nehmen könnte.

In dieser zweiten Phase beteiligt sich Marian noch aktiver an den Sitzungen. Seine Spiele erlauben immer wieder, seine Perspektive auf die Familiensituation in Worte zu fassen. Er wirft zum Beispiel ein Spielzeug weg und wirkt verzweifelt, nicht wie ein Kind, das aus innerer Unruhe mit seinen Spielsachen um sich wirft. Vielmehr zeigt sein Blick, dass er damit etwas zum Ausdruck bringen möchte, was ihn beschäftigt. Die Kugel, die davonfliegt, ist wie der Papa, der plötzlich verschwindet, niemand weiß, wann er zurückkehrt.

In der folgenden Sitzung begrüßt mich Marian: „Amba, Amba!". Die Mutter erzählt, dass er sich immer freut, wenn sie sagt: „Wir gehen zu Frau Ambass".

Mariana und Marian besuchen auch unseren Begegnungsort, die Oase, wo sie mich ebenfalls öfters antreffen. Zunächst löst sich Marian nicht von seiner Mutter und weint angstvoll. Es dauert eine Zeitlang, bis er sich auf ihrem Arm beruhigen kann. Die Mutter erzählt, dass sie während des Lockdowns praktisch keinen Kontakt zu anderen Kindern und Erwachsenen und viel Zeit allein verbracht hatten. Seitdem sei Marian erneut sehr anhänglich. Allmählich kann er neben der Mutter auf dem Fußboden spielen. Kommt ihm jemand zu nahe, beginnt er zu weinen. Ich kann ihm vorsichtig einen Ball zurollen und er beginnt, sich für das Spiel zu interessieren. Er bezieht auch die Mutter mit ein. In einem Korb findet er Eisenbahnwaggons und möchte sie aneinanderhängen. Gelingt es ihm nicht, ist er verzweifelt und bittet mich um Hilfe. Eine große, schwere Spiellokomotive und ein Anhänger hängen nun zusammen und kurven um die Löcher der Deckplatte eines Holztunnels, durch den die Kinder hindurchkriechen können. Inzwischen kann ich ihn bei seinem Spiel begleiten und die Mutter kann aus der Distanz zusehen. Der Anhänger fällt in ein Loch und Marian macht ein erschrockenes Gesicht. Er achtet dabei penibel darauf, dass der Waggon nicht ins Loch stürzt, sondern an der Lokomotive wie an einem seidenen Faden hängen bleibt. Dieses Spiel wird unablässig wiederholt. Vorsichtig wird der Anhänger heraufgezogen und die Erleichterung ist jeweils groß. Dieses Spiel hat etwas Insistierendes. Warum fällt der Anhänger immer wieder ins Loch, ohne abzustürzen? Es folgen weitere

Spiele: Gegenstände werden in einen Korb geräumt und wieder herausgeholt, ein kleines Auto wird in ein großes gesteckt und wieder herausgeholt, sodass ich an eine Geburtsszene denke.

Beim nächsten Besuch in der Oase ergibt sich ein intimer Moment zwischen der Mutter und mir und ich sage ihr, dass ich mich aufgrund von Marians Spiel mit der Lokomotive gefragt hätte, wie wohl seine Geburt verlaufen sei. Die Mutter erzählt, sie habe während der Schwangerschaft früh Wehen gehabt und länger liegen müssen. Fünf Wochen vor dem Termin sei die Fruchtblase gesprungen und sie sei drei Wochen im Spital gelegen, bis Marian genügend reif gewesen und die Geburt problemlos verlaufen sei. Ich bin überrascht. Drei Wochen lang konnte die Schwangerschaft fortgesetzt werden nach dem Blasensprung? Die Mutter sagt, man hätte ihr zwar dringend empfohlen, die Geburt einzuleiten, da die Gefahr einer Infektion groß gewesen sei. Sie habe sich jedoch dagegen entschieden. Das sei nicht leicht gewesen. Ihr Partner Andi habe sie dabei unterstützt und so sei es ihr entgegen der dringenden Empfehlung der Ärzteschaft gelungen, Marian bis zum eigentlichen Geburtstermin in ihrem Bauch zu tragen. Sie seien die gesamte Zeit über gut überwacht worden, es sei zu keinen Komplikationen gekommen, die Geburt sei gut verlaufen und auch das Stillen habe keine Probleme verursacht.

Mit der Perspektive von Stulz (2021: 31–50) eröffnet sich mir der tiefere Sinn von Marians Spiel. Stulz führt reichhaltiges Fallmaterial aus ihrer Praxis an, welches darauf schließen lässt, dass Kinder im Spiel Geburtserlebnisse zur Darstellung bringen. Sie bezieht sich auf Laing, der bereits 1978 festgehalten hat: „Ich nehme meine Umgebung von Beginn des Lebens an wahr, mit der ersten meiner Zellen. Was den ersten ein oder zwei Zellen widerfährt, vibriert durch alle nachfolgenden Zellgenerationen" (Laing 1978: 32). Stulz belegt ihre These, indem sie Erzählungen der Eltern über die Geburt mit den Darstellungen der Kinder im Spiel in Beziehung setzt. Freud spricht von „Sensationen" und „Innervationen", die sich als Erinnerungen in den Körper einschreiben (1926: 163). Bezogen auf die Hand spricht er von Innervationsbildern (1992: 120) und Widmer präzisiert:

„Mit diesem Ausdruck verbindet Freud Empfindung, Gedächtnis und Sehen dessen, was die Hand im Schreiben hervorbringt. Sie wird damit weit mehr als ein ausführendes Organ des Gehirns, nämlich Träger eines Wissens, eines *know how,* das für das Schreiben unerlässlich ist, weil es angewiesen ist auf Erinnerungsspuren und auf deren Wiedererkennen im Akt des Schreibens" (Widmer 2017: 99).

Analog dazu können auch die Kinderspiele als im Körper eingeschriebene Erinnerungsspuren aufgefasst werden, die direkt vom Körper inszeniert werden, ohne den Umweg über die kognitive Verarbeitung zu nehmen (vgl. Ambass 2017: 63).

In Marians Spiel drohte der Waggon abzustürzen, Marian drohte frühzeitig aus dem Bauch der Mutter zu fallen. Aber es kam nicht dazu. Er wurde an einem seidenen Faden gehalten. Die so zerstrittenen Eltern konnten gemeinsam dafür kämpfen, dass der Entwicklungsraum für den Fötus so lange wie nötig gewahrt blieb. Nun weiß ich auch, dass es etwas gibt, das die Eltern verbindet, was sie ihre Beziehung nicht aufgeben lässt. Auf dieses verbindende Element kann ich mich in den Therapiesitzungen fortan beziehen, wenn die Konflikte überhandnehmen und zu gegenseitigem Misstrauen führen. Marians Spiel scheint überdeterminiert zu sein: Nicht nur sein intrauterines Leben ist an einem seidenen Faden gehangen, sondern auch die Beziehung seiner Eltern und damit die Beziehung zu seinem Vater.

Während ich mit den Eltern weiter daran arbeite, wie sie eine andere Form finden, mit ihren Konflikten umzugehen, sitzt Papa Andi nun häufig mit seinem Sohn auf dem Boden, auf dem Autoteppich und sie spielen zusammen mit den Autos. Eine besondere Rolle spielt dabei das „Ambulanzfahrzeug", das Marian ebenfalls „Amba" nennt, ein Name, der einen weiteren Bezug zur Muttersprache seiner Mutter aufweist. Auch der Name dieses Spielzeugs scheint überdeterminiert zu sein. Nicht umsonst habe ich bei der Veränderung der Vornamen Namen gewählt, die viele Aas enthalten. Die Namen von Mutter und Kind haben den gleichen Wortstamm, jedoch trägt Marian die Namensvariante des deutschen Sprachraums. Der Klang des Buchstaben A in den Namen ist das verbindende Element besonders zwischen Mutter und Kind, aber auch der Name des Vaters enthält ein A. Die Bezeichnungen für Mama und Papa sind ebenfalls voller Aas, und das nicht nur in der deutschen Sprache. Das A scheint ein bevorzugter Laut kleiner Kinder zu sein. Möglicherweise kommt mir mein Name bei den Eltern-Kind-Therapien öfters zu Hilfe in dem Sinne, dass er für die Kinder einen Anker darstellt. Auf das Ambulanz-Auto könnte ich in meiner Praxis jedenfalls nicht verzichten. Hier haben wir neben dem Aktionsbild, das uns bei diesem Fallbeispiel besonders interessiert hat, ein Beispiel für das symbolische Körperbild.

4. Ethnologisches Intermezzo: ein nicht gespiegeltes Körperbild?

Im Folgenden soll durch den Blick auf indigene Gesellschaften Südamerikas die Perspektive dafür geöffnet werden, dass die psychische Struktur des Menschen auch andere Konzeptionen von Körperbildern ermöglicht als diejenige, die durch das Durchlaufen des Spiegelstadiums in einem ganzheitlichen, individualistischen Selbstgefühl mündet und bei dem das visuelle Bild vorherrschend ist.

4.1 Naturalistische, animistische und perspektivische Weltauffassungen

Viveiros de Castro fügt dem in der Ethnologie lange Zeit bestimmenden Dualismus von Naturalismus und Animismus die Sichtweise des Perspektivismus hinzu, die es überhaupt erst ermöglicht, das ethnozentrische Weltbild westlicher Ethnolog*innen zu transzendieren. Im *Naturalismus*, einer Denkweise, der die Auffassung westlicher Gesellschaften zuzuordnen ist, wird grundsätzlich unterschieden zwischen Natur und Kultur. Der Begriff *Natur* bezeichnet das Gegebene, das, was existiert und naturwissenschaftlich untersucht werden kann. Unter dieser Perspektive ist der Mensch nicht grundsätzlich vom Tier verschieden. Wir teilen eine gemeinsame DNA, chemische Prozesse etc. Jedoch unterscheidet sich der Mensch von seiner Umwelt durch die *Kultur*, die gesellschaftlichen Deutungen und Repräsentationen unterliegt.

Im *Animismus*, der beispielsweise dem Denken vieler indigener Völker zugeschrieben wird, projizieren die Menschen ihre Sicht auf die sie umgebende Welt, daher werden nicht nur Tiere, sondern auch Pflanzen, der Kosmos etc. vermenschlicht und sind mit einem Geist bzw. einer Seele[2] ausgestattet. Im Sinne eines Anthropo- bzw. Soziomorphismus (analog zum kindlichen Animismus) werden menschliche Züge und Sozialsysteme verbreiteter als in westlichen Gesellschaften auf tierische Gemeinschaften, Pflanzen, Gegenstände oder die Götterwelt übertragen und diese somit belebt.

Im *Perspektivismus* ist die geistige Perspektive im Körper verwurzelt. Indem man den Körper wechselt, verändert sich auch der Gesichtspunkt. Aus der Perspektive des Menschen sind Menschen, die einer anderen Gruppe oder Ethnie angehören, ebenso wie Tiere und Geister, keine Menschen, sondern sie sind „vertierlicht" (Viveiros de Castro 1997: 108). Aus der Perspektive eines Tieres ist die eigene Spezies menschlich, dagegen gehören die Menschen und die anderen Tierarten den Tieren an, d. h. mit dem Körper wechselt auch die Perspektive, wer bzw. was zu den Subjekten zählt (Mitglieder der eigenen Spezies) und was vertierlicht, d. h. objektiviert wird (Mitglieder anderer Spezies). „Jedes Wesen, das in einem gegebenen Kontext einen Gesichtspunkt einnimmt und so in die Position des Subjektes zu stehen kommt, nimmt sich *sub specie humanitatis* wahr" (ebd.: 106). Nach dieser Auffassung gibt es keine „Multiplizität der *Repräsentationen* von derselben Welt" (ebd.), sondern alle Wesen sehen bzw. repräsentieren die Welt auf dieselbe Art und Weise.

---

2 Viveiros de Castro verwendet die Ausdrücke „Geist" und „Seele" synonym, da diese in der ethnologischen Forschung nicht stringent unterschieden werden.

„Die Tiere belegen das Reale (im Sinne von Realität) mit den gleichen Kategorien und Werten wie die Menschen: Ihre Welten drehen sich, so wie unsere Welt, um das Jagen und um das Fischen, um das Kochen und um die gegärten Getränke, um die Kreuzcousinen und um den Krieg, um die Initiationsriten, um die Schamanen, um die Anführer, um die Geister ... Wenn der Mond, die Schlangen, die Jaguare die Menschen als Tapire oder Wildschweine sehen, dann deswegen, weil sie, so wie wir, Tapire und Wildschweine als Menschennahrung essen ... Aber die Dinge, *die* sie sehen, sind andere: ... was für die Seelen der Toten ein verfaulter Kadaver ist, ist für uns ein gärender Maniok; was wir als schlammige Tongrube sehen, ist für die Tapire ein grosses zeremonielles Haus" (ebd.: 107).

4.2 Mentale und Aktionsbilder in der perspektivistischen Weltsicht – visuelle Bilder im Naturalismus?

Was im Perspektivismus Körper genannt wird, bezeichnet nicht den physiologischen oder morphologischen Körper, sondern „eine Gesamtheit der Affekte oder Seinsarten, die einen *habitus* konstituieren. Zwischen der formalen Subjektivität der Seelen und der substantiellen Materialität der Organismen gibt es eine Zwischenebene, die aus dem Körper als Bündel der Affekte und der Fähigkeiten besteht und die der Ursprung der Perspektiven ist" (ebd.: 107). Darunter fallen Essgewohnheiten, Kulturtechniken, Körperschmuck etc. Bei diesen handelt es sich um Kategorien der Identität, sowohl individueller, kollektiver, ethnischer als auch kosmologischer Identitäten (vgl. ebd.: 108). Der Begriff *Bildung* umfasst aus dieser Perspektive z. B. die Praxis von Nahrungsvorschriften, gemeinsamer Rituale, Kulturtechniken etc. und nicht die geistige Veränderung durch Prozesse wie Erziehung oder Bekehrung. Die Konzeption der Verwandtschaft wird als Prozess der „aktiven Angleichung der Individuen durch die Teilung der körperlichen, sexuellen und nahrungsbezogenen Flüssigkeiten (und nicht als passives Erbe einer substanziellen Essenz)" aufgefasst (ebd.: 109). Köperschmuck dient entweder dazu, die gemeinsame Identität zu betonen oder er ist Teil des Körpers der Spezies, den z. B. ein Schamane in einem Ritual annimmt. Eine Maske ist für die Dauer des Rituals ein Körperteil des Wesens, in welches sich der Schamane inkorporiert hat, und verliert anschließend ihre Bedeutung resp. ihre Besetzung. Wenn Indigene vieler Völker des Amazonasgebiets von Körpern als *Kleider* sprechen, ist damit nicht gemeint, dass der Körper eine Kleidung sei.

„Wir haben es mit Gesellschaften zu tun, die auf der Haut wirkungsvolle Signifikate einschreiben. Sie kennen die Tiermasken (oder zumindest ihr Prinzip), welche mit der Macht ausgestattet sind, metaphysisch die Identität ihrer Träger zu verwandeln, wenn sie im geeigneten rituellen Kontext angewendet werden. Eine Kleidung-Maske zu tragen, bedeutet weniger eine menschliche Essenz unter einer tierischen Apparenz zu verbergen, als Mächte eines anderen Körpers zu aktivieren. Die Tierkleider, welche die Schamanen gebrauchen, um sich im Kosmos fortzubewegen, sind keine Verkleidungen, sondern Instrumente: Sie ähneln den Taucherausrüstungen oder den Raumfahrtanzügen, nicht den Fasnachtsmasken" (ebd.: 110).

Der Körper kann in der indigenen Vorstellung aber nicht beliebig gewechselt werden. Neben dem Schamanismus macht Viveiros de Castro einen weiteren Ort aus, an dem die Grenze zwischen Mensch- und Tierwelt passiert werden kann, und dieser liegt im Mythos.

> „Der Mythos, der damit den Charakter des absoluten Diskurses annimmt. Im Mythos erscheint jedes Wesen einem anderen Wesen so, wie es sich selbst erscheint (nämlich als menschliches Wesen) und handelt indessen so, wie wenn es bereits seine definitive (Tier-, Pflanzen-, oder Geist-)Natur offenbaren würde. Auf bestimmte Art und Weise sind alle mythologischen Figuren Schamanen, was übrigens explizit in einigen Kulturen des Amazonas bestätigt wird. Als universeller Fluchtpunkt des kosmologischen Perspektivismus erzählt der Mythos von einem Seinsstadium, in dem die Körper und die Namen, die Seelen und die Affekte, das Ich und das Andere sich gegenseitig durchdringen, eingetaucht in demselben prä-subjektiven und prä-objektiven Mittel – einem Mittel, dessen Zweck sich die Mythologie gerade zu erzählen vornimmt" (ebd.: 111).

Ein Beispiel für einen transformativen Mythos gibt Pierre Déléage: Ein Mensch beobachtet am Ufer eines Sees den Sexualakt zwischen einem Tapir und einem Anacondaweibchen. Er imitiert die verführerischen Gesten des Tapirs, um das gleiche Ziel zu erreichen. Die Anaconda leistet seinen Avancen Widerstand und wickelt ihn ein, um ihn zu töten; der Mann bittet sie, sich in eine Frau zu verwandeln. Diese akzeptiert den Vorschlag und vereinigt sich mit ihm. Ihre Vereinigung wird besiegelt, indem die Anaconda-Frau ihrem Liebhaber den Saft eines Blattes in die Augen gießt. Im gleichen Moment verwandelt sich der See in ein Dorf und die Eltern der Anaconda-Frau, die im See leben, werden Humanoiden und entpuppen sich als die Meister der Fische (vgl. Déléage 2005: 156–157; zit. n. Pradelles de Latour 2014: 165–166).

Im Perspektivismus wirkt weniger der Körper, den uns das Spiegelbild zurückwirft und auf dem der ‚westliche' Mensch sein Selbstgefühl gründet, identitätsstiftend, sondern vielmehr die Gewohnheiten, die Indigene mit ihren Mitmenschen (im perspektivischen Sinne) teilen. An ihnen manifestieren sich Ähnlichkeit und Differenz. Mentale Körperbilder und Aktionsbilder (siehe Kap. 2.4.) scheinen im indigenen Selbstgefühl stärker präsent zu sein als das visuelle Spiegelbild. Dagegen werden im Zeitalter von Social Media in ‚westlichen' Gesellschaften visuelle Körperbilder übermäßig betont. Es werden Bilder entworfen und präsentiert, die ihren ganzheitlichen, makellosen, mangellosen Charakter bis zum Exzess stilisieren und den Anderen tendenziell ausschalten. Oder sollte man sagen, entkörperlichen, um den Blick zu kontrollieren?

4.3 Der Blick des Anderen

Der perspektivistische Blickwinkel erlaubt es möglicherweise eher, dem Anderen einen Blick zu unterstellen, der vom eigenen Blickwinkel verschieden ist. Er beinhaltet die Möglichkeit, angeblickt zu werden, wobei der Schauende an mir etwas Anderes wahrnimmt als ich selbst. Im perspektivistischen Weltbild besteht zumindest potenziell die Möglichkeit, den Körper und damit den Gesichtspunkt zu wechseln. Die Hauptaufgabe der Schamanen liegt darin, sicherzustellen, dass die Tiere, die verzehrt werden, de-subjektiviert, sprich entmenschlicht sind, um Kannibalismus zu vermeiden. „Die Möglichkeit der Metamorphose [birgt] die Furcht [...], das Menschliche nicht mehr vom Tierischen unterscheiden zu können, und vor allem die Furcht, in jedem Tierkörper, den man isst, das Menschliche zu sehen" (Viveiros de Castro 1997: 109) resp. zu übersehen.

Den stärker vom visuellen Körperbild geprägten ‚westlichen' Menschen treibt häufig ein anderes Unheimliches um, nämlich gerade dieser Blick des Anderen:

> „Deshalb sieht der Sehende, der vom Gesehenen eingenommen ist, immer noch sich selbst: es gibt einen grundlegenden Narzißmus für jedes Sehen, das er praktiziert, auch vonseiten der Dinge, und – wie man von Malern oft sagt – fühle ich mich von den Dingen beobachtet, und meine Aktivität ist gleichermaßen Passivität – was der zweite und tiefere Sinn des Narzißmus ist: nicht wie die anderen von außen den Umriß eines Leibes sehen, den man bewohnt, sondern vor allem gesehen werden von ihm, existieren in ihm, auswandern in ihn, verführt, gefesselt und entfremdet werden durch das Phantom, sodaß Sehender und Sichtbares sich wechselseitig vertauschen und man nicht mehr weiß, wer sieht und wer gesehen wird" (Merleau-Ponty 1986: 183).

Die Begegnung mit dem eigenen Blick kann nur eine verfehlte sein, andernfalls bleibt vom Ich nur ein Fleck unter anderen. Die Erregung verwandelt sich in Scham, der gute wird zum „bösen Blick". Das skopische Objekt, Ursache des Begehrens, ist der Fluchtpunkt, unerreichbar, er rührt an das Unmögliche, ans Reale (vgl. Viveiros des Castro 1997: 177). Ein Beispiel, das die Furcht einiger Menschen aus westlichen Kulturen vor dem Blick des Anderen illustriert, ist die Spinnenphobie. Phobiker*innen fühlen sich von der Spinne, dem gänzlich Fremden, mit menschlichen Augen angeblickt. „Der Blick als Partialobjekt, als Objekt klein a wird – parallel zur Stimme – in seiner unheimlichen Dimension fassbar" (Blümle/von der Heiden 2005: 41).

5. Die Darstellung des Körperbildes in Kinderzeichnungen: Fallbeispiel Armando

Für Dolto war die Technik des Zeichnens und Modellierens in der Arbeit mit Kindern wegweisend.

> „Ich interessiere mich für das Körperbild, welches jeder in jedem Augenblick seines Daseins, also im Wachzustand, als statisches Bild, als funktionelles Bild oder auch während des Schlafs in sich trägt, weil ich mit Kindern und Erwachsenen psychoanalytisch arbeite und weil die Bilder, welche die Erwachsenen in ihrem Sprechen implizit geäußert haben, mir explizit von den Kindern entweder durch ihre Zeichnungen oder durch ihre Modellierarbeiten gezeigt wurden" (Dolto 1984: 86, zit. n. Nasio 2011: 114).

Dabei bilden die Assoziationen der Kinder zu ihren Bildern einen unverzichtbaren Bestandteil, ähnlich den Assoziationen zum Traum bei der Traumdeutung nach Freud (vgl. Freud 1942: 531–534). „Mittels dieser Vorstellungen und durch das Hinhören auf das, was die Kinder darüber sagen oder was sie beim Zeichnen darüber phantasieren, habe ich immer besser zu verstehen gelernt, was es mit diesen unbewussten Körperbildern auf sich hat" (Dolto 1997: 39).

Armando wird mir als fünfjähriger Junge zugewiesen. Er besucht einen Sprachheilkindergarten und zeigt Verhaltensauffälligkeiten in dem Sinne, dass er sich nicht an die Regeln der Lehrperson halten kann, distanzlos wirkt und einen sprachlichen Rückstand aufweist. Armando hat als Baby häusliche Gewalt erlebt. Seine Mutter musste mit ihm vor dem gewalttätigen Vater flüchten. Anschließend durchlebte die Mutter eine etwa einjährige Periode, in der sie physisch geschwächt war und Anzeichen einer Depression zeigte. Sie konnte Armando versorgen, war jedoch emotional nicht immer für ihn erreichbar. Armando verbrachte als Kleinkind von etwa drei Jahren vermutlich viel Zeit vor dem Bildschirm bzw. war auf sich allein gestellt. Sein Entwicklungsrückstand betraf somit besonders seine sozial-emotionale Entwicklung.

Ich erlebe in meiner Praxis einen kleinen, wilden Kerl, der durch den Raum wirbelt. Wenn er sich für einige Minuten mit etwas ruhig beschäftigt, so sind es winzige Legoteile, aus denen er fragile Gebilde zusammensetzt. Dabei kehrt er mir den Rücken zu und beachtet mich nicht. Er spricht kaum mit mir. Sein rudimentäres Spiel ist höchstens von Zischlauten, drohendem Gebrüll etc. begleitet.

Auf meine Versuche, ihn zum Zeichnen oder Modellieren zu animieren, entsteht ein schnell hingeworfenes Gekritzel oder wenig bearbeitete Knäuelfiguren. Die Benennungen seiner Repräsentationen sind „Machine" oder „Robot", allmächtige Gebilde mit kämpferischen und magischen Fähigkeiten (s. Abb. 5–6).

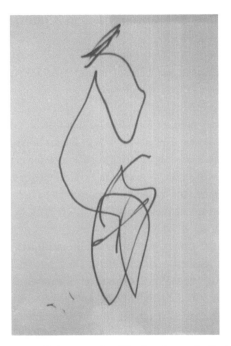

Abbildung 5: Supermachine, Zeichnung des Klienten Armando (Ambass 2019)

Abbildung 6: Schlange mit Zahnstochern/pinchos, skulpturales Produkt des Klienten Armado (Ambass 2020)

Mit den Zahnstochern hat es eine besondere Bewandtnis: Beim oben gezeigten Objekt denken Betrachtende vermutlich unwillkürlich an Stacheln. Armando verwendet jedoch für die Beschreibung nicht das Wort, welches in seiner Muttersprache „Stacheln" bedeutet, sondern das Wort für „Grillspieße/Zahnstocher". Wenn ich ihn frage, ob es sich um Stacheln handle, verneint er und beharrt auf dem Ausdruck für Zahnstocher. Für die Darstellung benutzt er tatsächlich Zahnstocher. Diese Zahnstocher sind ein konkretistisches Element und offenbar noch nicht ganz im Symbolischen angekommen. Allerdings vermutet die Mutter, dass Armando als Baby von seinem Vater aus einem sadistischen Vergnügen heraus manchmal gekniffen wurde, da er die wenigen Male, als der Vater ihn in den Armen hielt, unvermittelt losbrüllte. „Pinchar" hat u. a. die Bedeutung „sticheln". Es ist denkbar, dass das Kind, wenn es vom Vater tatsächlich gekniffen worden ist, das Gefühl Fingernägel, die sich in seine Haut gruben, nachträglich mit dem Stechen von Zahnstochern in Verbindung gebracht hat.

Den weitgehend beziehungslosen Zustand muss ich über längere Zeit ertragen. Armando verfügt bei mir kaum über Frustrationstoleranz, was sich auch bei einfachen Regelspielen zeigt. Wenn ich auf den Regeln beharre, löst das bei ihm Wut und Frustration aus. Er wendet sich anderem zu und ignoriert mich. Es gibt erste Zuschreibungen. Die Legofiguren werden zu seinen Freunden, die Phantasienamen wie „Powerrock", „Shadowman", „Rockman" etc. erhalten (s. Abb. 7–10). Menschliche Legofiguren, kleine Püppchen mit Augen werden hinter das Regal oder aus dem Fenster geworfen oder in der Modelliermasse eingemauert. Menschlich anmutende Figuren mit Augen machen ihm Angst und müssen aus dem Blickfeld verbannt werden, sodass sie ihn nicht mehr anblicken können.

Abbildung 7: Powerrock, Zeichnung des Klienten Armando (Ambass 2020)

Abbildung 8: Shadowman, Zeichnung des Klienten Armando (Ambass 2020)

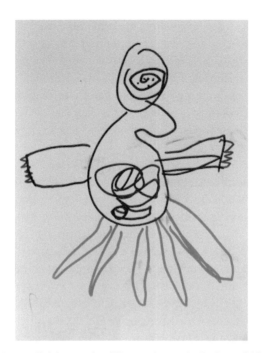

Abbildung 9: Rockman, Zeichnung des Klienten Armando (Ambass 2020)

Abbildung 10: Fliegender Hund, Schlangenhund, Wolfsmensch/Gorilla-Hund-Schlange, Zeichnung des Klienten Armando (Ambass 2020)

Es folgt eine Phase, in der Armando in meinem Praxisraum all die Gegenstände herausreißt, die nicht zum Spielen bestimmt und ihm eigentlich verboten sind. Er bringt mich in die Lage, ihm hinterherzurennen und zu retten, was zu retten ist. Mit Worten erreiche ich ihn zunächst nicht. Schließlich spreche ich in der 56. Sitzung, ermutigt durch ein Fallbeispiel von Dolto, folgendermaßen zu ihm: Anstatt zu sagen, „du kannst es nicht lassen…", sage ich, „deine Hände und deine Beine können dir heute wieder nicht gehorchen. Sie machen was sie wollen und was sie nicht sollen!"

Nasio berichtet in seinem Vortrag vom 03.12.2020 (vgl. Nasio 2020) über einen Fall Doltos, bei dessen Behandlung er und andere Schüler*innen teilgenommen hatten. Ein Mädchen verhielt sich in den ersten Sitzungen ähnlich rastlos wie Armando und Dolto war ebenso ratlos. Eine Intervention, in der Dolto die Arme des Kindes direkt angesprochen hatte, brachte die entscheidende Wende. Nasio kommentierte, dass sich Dolto häufiger an Gliedmaßen oder Körperteile eines Kindes richtete, nämlich dann, wenn sie vermutete, dass die einzelnen Körperteile noch nicht zu einem einheitlichen Körperbild integriert werden konnten, wenn ein Kind in eine frühere Entwicklungsstufe regrediert war oder diese noch nicht überwunden hatte, d. h. die entsprechende symboligene Kastration (Kastration durch Abnabelung, Entwöhnung, anale/motorische Kastration, Ödipuskomplex) noch nicht vollständig durchlaufen worden war. Unter symboligenen Kastrationen werden Separationsschritte (von der Mutter) verstanden, die dem Durchlaufen des Ödipuskomplexes und dem Kastrationskomplex vorausgehen (vgl. Dolto 1987: 57–186).

Auch bei Armando tritt die Wirkung unmittelbar ein. Er wendet sich mir zu und sagt: „Doch, sie können mir gehorchen!" Ich möchte das Gespräch mit ihm fortsetzen, aber er gibt mir zu verstehen: „Mein Mund ist müde, er will nicht mir dir reden!" Seine motorische Aktivität ist zur Ruhe gekommen. Nun tritt der Löwe auf den Plan. Er ist der Bösewicht, der all die Sachen anstellt. Er muss ins Gefängnis und er muss zur Strafe Zeichnungen anfertigen. Er soll seine Gefühle zeichnen. Auch er wird bemalt. Sein Gesicht wird mit gelber Farbe bekritzelt. Armando kann zunehmend kleine Geschichten um den Löwen entwickeln. Es entstehen kleine Rollenspiele, in denen Armando mich instruiert, was der Löwe sagen und was er machen soll. In der 57. Sitzung (Armando ist inzwischen sechseinhalb Jahre alt) wählt er ein Brettspiel aus. Wir sprechen darüber, dass es bei diesen Spielen festgelegte Regeln gibt und der Sinn wäre, diese zu befolgen. Armando entscheidet sich nun, selbst ein Spiel mit eigenen Regeln zu entwerfen und zeichnet einen Plan. Das Spiel heißt „König Armando". Es gibt ein Schloss, einen Wassergraben mit gefährlichen Tieren darin und auch König Armando erscheint auf dem Spielplan (s. Abb. 11–13).

Abbildung 11: Spielplan mit Schloss, Wassergraben und Brücke, Schwertern, Monster, Zeichnung des Klienten Armando (Ambass 2021)

Abbildung 12: Armando mit Krone, Zeichnung des Klienten Armando (Ambass 2020)

Abbildung 13: König Armando, Zeichnung des Klienten Armando (Ambass 2021)

Armando stellt sich als König Armando mit Armen, Beinen, einem Bauch, einem Kopf, mit Augen, Mund und einer Krone auf dem Kopf dar und situiert sich in einem Raum. Es entsteht ein einheitlicheres Bild von einem Körper, in dem die Einzelteile zusammengefügt sind. Nun hat er einen Plan für seine Bilder, während er früher häufig von der Aufgabe, etwas zu zeichnen, überfordert gewesen war.

Analog kann er im Spiel kurze, zusammenhängende Geschichten entwickeln und diese in der nächsten Sitzung wieder aufnehmen. Er tritt entwicklungspsychologisch in die Phase des sprachlich begleiteten Rollenspiels ein, was bei den meisten Kindern etwa ab dem vierten Lebensjahr der Fall ist (vgl. Langnickel/ Ambass 2020: 366). Gleichzeitig wachsen seine zweiten Zähne. Er hatte einen Großteil seiner ersten Zähne durch einen Unfall und damit verbundene Zahnbehandlungen eingebüßt. Jetzt kann der Löwe nicht nur brüllen, sondern auch beißen und sich besser artikulieren!

6. Fazit

Mit der psychischen Strukturierung und Ausformung unseres scheinbar vollständigen Körperbildes gehen dessen Vorläufer eines zersplitterten Bildes nicht unter, sondern bleiben im Unbewussten in Form von Aktionsbildern, mentalen und symbolischen Körperbildern erhalten. Nur manchmal erreichen sie das Bewusstsein, z. B. wenn sie im Traum erinnert werden. Bei kleinen Kindern sind die Körperbilder in ihren Spielen und Zeichnungen repräsentiert, bevor sie der (Ur-)Verdrängung anheimfallen. In einigen nichtwestlichen Gesellschaften, wie beispielsweise südamerikanischen indigenen, sind mentale und Aktionskörperbilder bewusstseinsnäher, bzw. weniger versteckt hinter dem Schleier des figurativen Bildes im Spiegel, und finden sich repräsentiert im Habitus, Körperschmuck, in Ritualen und Mythen.

Für die Psychoanalytische Pädagogik kann die Theorie vom Körperbild in mehrfacher Hinsicht nützlich sein. Einerseits zeigt sie auf, dass das Malen und Gestalten auch in Hinblick auf die Entwicklung von Kindern und Jugendlichen einen Mehrwert hat. Andererseits können die Bilder und Modellierarbeiten insbesondere von kleinen Kindern zur diagnostischen Perspektive bezüglich Entwicklungsstand einen wichtigen Beitrag leisten.

Literatur

Ambass, Dagmar (2017): Der Babys sprechende Hände und Körper: ein Sprechen im Realen? In: Widmer, Peter (Hrsg.): Be-hand-lung. Riss 86, 2017/2. Zürich: Vissivo, 38–66.
Blümle, Claudia/von der Heiden, Anne (2005): Einleitung. In: Blümle, Claudia/von der Heiden, Anne (Hrsg.): Blickzähmung und Augentäuschung. Zu Jacques Lacans Bildtheorie. Zürich, Berlin: Diaphanes: 7–42.
Déléage, Pierre (2005): Le chamanisme sharanua. Enquête sur l'apprentissage et l'épistémologie d'un rituel. Tomes I & II, thèse de doctorat nouveau régime dirigée par Philippe Descola, soutenue le 17 décembre 2005 à l'Ecole des hautes études en sciences sociales.
Dolto, Françoise (1984): Exposé de Mme Dolto. In: Colloque sur la fonction des Images, La Documentation en France, numéro spécial, 3 bis, Éditions documentaires, industrielles et techniques.
Dolto, Françoise (1987): Das unbewusste Bild des Körpers. Berlin: Quadriga.
Dolto, Françoise (1997): Kinder stark machen. Die ersten Lebensjahre. Basel: Beltz.
Evans, Dylan (2002): Wörterbuch der Lacanschen Psychoanalyse. Wien, Berlin: Turia + Kant.
Freud, Sigmund (1891/1992): Zur Auffassung der Aphasien. Frankfurt a. M.: Fischer.
Freud, Sigmund (1920): Jenseits des Lustprinzips. GW XIII, 1–69.
Freud, Sigmund (1926): Hemmung, Symptom und Angst. GW XIV, 111–205.
Freud, Sigmund (1942) Die Traumdeutung. GW II/III.
Freud, Sigmund (1944): Totem und Tabu. GW IX.
Julien, Philippe (2020): Jacques Lacan lesen. Wien, Berlin: Turia + Kant.
Lacan, Jacques (1996a): Die Ethik der Psychoanalyse. Seminar VII. Weinheim, Berlin: Turia + Kant.
Lacan, Jacques (1996b): Die vier Grundbegriffe der Psychoanalyse. Seminar XI. Weinheim, Berlin: Turia + Kant.
Lacan, Jacques (1975): Das Spiegelstadium als Bildner der Ichfunktion, wie sie uns in der psychoanalytischen Erfahrung erscheint. In: Haas, Norbert (Hrsg.): Schriften I. S. Frankfurt a. M.: Suhrkamp, 61–70.
Lacan, Jacques (2016): Schriften I. Wien, Berlin: Turia + Kant.
Laing, Ronald D. (1978): Die Tatsachen des Lebens. Reinbek b. H.: Rowohlt.
Langnickel, Robert/Ambass, Dagmar (2020): Das Kinderspiel im Licht der strukturalen Psychoanalyse. In: Kinder- und Jugendlichen-Psychotherapie. Zeitschrift für Psychoanalyse und Tiefenpsychologie 187, H. 3, Frankfurt a. M.: Brandes & Apsel: 355–385.
Merleau-Ponty, Maurice (1986): Das Sichtbare und das Unsichtbare. München: Wilhelm Fink.
Nasio, Juan David (2011): Mein Körper und seine Bilder. Wien, Berlin: Turia + Kant.
Nasio, Juan David (2020): Le secret de Dolto. Abrufbar unter: https://www.youtube.com/watch?v=M88v9d9A-0A (26.03.2021).
Nemitz, Rolf (2015): Über Knoten. Nach Lacan, Jacques (1975–1976): Le séminaire, livre XXIII. Le sinthome. 1975–1976. Textherstellung durch Jacques-Alain Miller. 1. Auflage. Seuil, Paris 2005. Abrufbar unter: https://lacan-entziffern.de/topologie/ueber-knoten-knotentheorie-psychoanalyse/ (28.03.2021).

Pradelles de Latour, Charles-Henri (1987): L'imaginaire corporel et le social. In: L'Homme, 1987, tome 27 n 102. Tribus en Afrique du Nord et au Moyen-Orient. Pp. 173–179. Abrufbar unter: https://www.persee.fr/doc/hom_0439-4216_1987_num_27_102_368819 (21.02.2021).

Pradelles de Latour, Charles-Henri (2014): La dette symbolique. Thérapies traditionnelles et psychanalyse. Paris: Epel.

Sartre, Jean-Paul (1940): L'Imaginaire. Paris: Gallimard.

Stulz, Antonia (2021): Über pränatale Glücksfeen und Monster. In: Boelderl, Artur R. & Widmer, Peter (Hrsg.): Von den Schwierigkeiten, zur Welt zu kommen. Transdisziplinäre Perspektiven auf die Geburt. Gießen: Psychosozial-Verlag, 31–50.

Widmer, Peter (2017): Die Hand des Subjekts. In: Widmer, Peter (Hrsg.): Be-hand-lung. Riss 86, 2017/2. Zürich: Vissivo, 96–122.

Viveiros de Castro, Eduardo (1997): Die kosmologischen Pronomina und der indianische Perspektivismus. In: Schweizerische Amerikanisten-Gesellschaft Bulletin 61, 99–114. Abrufbar unter: https://www.sag-ssa.ch/bssa/pdf/bssa61_14.pdf (22.03.2021).

„Der ganze mögliche Mensch" als Bezugspunkt von Pädagogik und Erziehungswissenschaft. Perspektiven der Humanistischen Pädagogik

Ulrike Graf, Telse Iwers, Nils Altner und Andreas Brenne

1. Einleitung

Aus der Kommission Pädagogik und Humanistische Psychologie heraus widmen sich vier Autor*innen dem Thema Bild, Bildung und Erziehungswissenschaft. Es werden vier Perspektiven entworfen: Im ersten Abschnitt wird das Menschenbild des Humanistischen Pädagogik, wie es in der Gründungsphase der damaligen AG/Arbeitsgruppe 1997 von Bürmann/Dauber/Holzapfel (1997) beschrieben wurde, aufgegriffen und in seiner konstanten Bedeutung in den seitherigen Transformationsprozessen beschrieben und konturiert. Der zweite Abschnitt widmet sich dem Grundverhältnis von Bildung und Bildern aus erziehungswissenschaftlicher Perspektive und spannt damit den Rahmen einer langen Tradition zum Thema Bildung, das in allen erziehungswissenschaftlichen Disziplinen relevant ist. Im dritten und vierten Abschnitt werden zwei Projekte aus den Professionalisierungskontexten Forschung bzw. Weiterbildung vorgestellt. Im ersten dieser Projekte wird exemplarisch gezeigt, wie mit Bildern als methodischem Forschungszugang in Internationalisierungsprozessen gearbeitet werden kann, um für Differenzkategorisierungen zu sensibilisieren und Gelegenheiten transkultureller Kooperation zu entwickeln. Im zweiten Projekt werden sich wandelnde Selbstbilder von Hochschullehrenden hinsichtlich hochschuldidaktischer Kompetenzen thematisiert. In diesen Abschnitten werden Spezifika der Humanistischen Pädagogik besonders hinsichtlich ganzheitlicher, dialogischer und reflexiver Zugänge auch in Forschungszusammenhängen sichtbar wie auch das Anliegen eines eng verschränkten Theorie-Praxis-Verhältnisses. Im Resümee wird der Fokus der Humanistischen Pädagogik auf Bild und Erziehungswissenschaft zusammengefasst.

Ein gemeinsames Produkt wie dieser Beitrag verdankt sich einem gemeinsamen Prozess, dessen Ergebnis nach dem Gesetz der Übersummation „mehr als die Summe seiner Teile" ist, sodass „das Ganze [als] etwas anderes als die Summe seiner Teile" verstanden wird, denn „was zu einem Teil eines Ganzen wird, nimmt selbst neue Eigenschaften an" (Metzger 1975: 6). In diesem Sinn haben die Autor*innen das gemeinsame Konzept in sichtbarer Kennung der Hauptautor*innenschaft in den Kernkapiteln zwei bis vier umgesetzt.

2. „Der ganze mögliche Mensch" (Bürmann et al. 1997: 7) – Das Menschenbild in der Humanistischen Pädagogik

Ulrike Graf

Die Wahrnehmung und Adressierung des „ganzen möglichen Menschen" Bürmann/Dauber/Holzapfel 1997: 7) ist ein anthropologisches Kernelement der Humanistischen Pädagogik, welche sich als ein „Gesamtentwurf von Pädagogik" neben anderen versteht (Bürmann et al. 1997: 7). Entwicklung wird dabei als „Umstrukturierung (verändertes Bewahren), nicht als ein Verlassen der phylogenetisch wie ontogenetisch früheren Stufen des Erlebens, Fühlens, Ausdrucks und Denkens aufgefasst" (1997: 12). Auf Anregung von Ilse und Jörg Bürmann hin (Bürmann et al. 1997: 12) trugen die ersten Bände der von der damaligen Arbeitsgemeinschaft *Pädagogik und Humanistischen Psychologie* herausgebenen *Schriftenreihe zur Humanistischen Pädagogik und Psychologie* die vier in Abbildung 1 dargelegten Zeichnungen auf dem Cover.

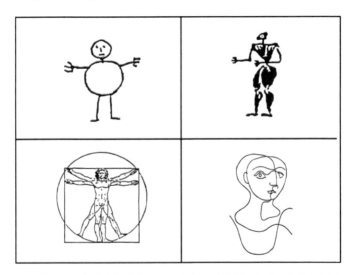

Abbildung 1: Bürmann et al. 1997: Cover und Seite 12, hier in der geringfügig veränderten Version eines späteren Reihenbandes (Skiera 2011: Cover).
Einzelabbildungen von oben links nach unten rechts:
Kinderzeichnung, o.J.; frühgriechische Darstellung eines Menschen, o.J.; Leonardo da Vinci, Der Vitruvianische Mensch, ca. 1490; Pablo Picasso, o.A. (s. jeweils Bürmann et al. 1997: 12)

Sie symbolisierten dieses Verständnis von Umstrukturierung: von der Kinderzeichnung eines Menschen über eine Darstellung aus der frühgriechischen Zeit und den Vitruvianischen Menschen bis hin zu einem Frauenportrait von Picasso – also von einem Bild, in dem die Extremitäten als Appendizes erscheinen, einem in seine Gliedmaßen hinein „aufgelösten" Körper, der „geometrisch ausgemessene[n]" Abbildung bis hin zu einer multiperspektiven Ansicht, die in gewisser Weise auf die Kinderzeichnung verweist (Bürmann et al. 1997: 12).

Die ganze mögliche Person wird im Verständnis der Humanistischen Pädagogik in ihrer habituellen, situationalen sowie kontextbezogenen Aktualisierung gesehen und gleichzeitig in ihren noch nicht ausgeschöpften Potenzialen adressiert: Welche Ressourcen hat die Person in ihrer bisherigen Biografie noch nicht aktiviert bzw. welche können innerhalb der Leib-Seele-Geist-Einheit stärker beachtet werden?

In der konkreten pädagogischen Arbeit wird dementsprechend das *Hier und Jetzt*, die Gegenwart als der einzig existente Handlungsraum des Menschen fokussiert, denn die Vergangenheit ist abgeschlossen und Handlungsräume der Zukunft erscheinen nur als Möglichkeitsraum. Als die mit einer hohen Bewusstheit verbundene Begegnungsform in der miteinander geteilten Gegenwart gilt der *Kontakt* – nicht im Sinn einer Konnotation von „weniger Tiefe", wie es der Alltagsgebrauch von Kontakt (etwa im Unterschied zur Begegnung) nahelegen könnte; vielmehr wird auf den Kontaktbegriff des Gestaltansatzes (Perls/Hefferline/Goodman 2007) rekurriert. Hier gilt Kontakt als die Form von Selbsterleben und Fremdwahrnehmung, in der die beteiligten Personen einen möglichst umfänglichen Zugang zu ihrer jeweiligen Bewegtheit/ihren Bewegtheiten in Leib, Geist und Seele haben (Perls et al. 2007: 163 ff.). Physiologisch ist Kontakt mit Erregung verbunden. Der Gestaltansatz nutzt zur Kennzeichnung dieser sensiblen nach innen und nach außen gerichteten Wahrnehmung das Wort ‚to be aware/awareness', was mit ‚gewahr sein/Gewahrsein' übersetzt wird (Perls et al. 2007: 165).

Im Hinblick auf Forschung strebt(e) die Humanistische Pädagogik danach, ihre Perspektive der Achtung und Anerkennung sowie eine Ressourcenorientiertheit in ihrem besonderen Praxisverhältnis einzulösen. In den 1970er Jahren war sie angetreten, humanistisch-pädagogische Weiterbildungsangebote einer wissenschaftlichen Vergewisserung zuzuführen – ganz im Sinne der Achtung der verschiedenen disziplinären Felder von Pädagogik und Erziehungswissenschaft (Schulpädagogik, Sozialpädagogik, Sonderpädagogik, Erwachsenenpädagogik, Hochschuldidaktik usw.) sowohl in der Praxis als auch im Miteinander von Pädagogik und Erziehungswissenschaft, was die Generierung zu bearbeitender Themen betraf (vgl. Iwers/Graf/Bürmann/Dauber 2019, 8).

Über die Fachkontexte hinaus bzw. durch die Arbeit in ihnen richtet(e) die Humanistische Pädagogik den Blick auch auf die Humanisierung von gesellschaftlichen Strukturen und Institutionen (Iwers et al. 2019: 8).

Zusammengefasst lässt sich sagen: Der *ganze mögliche Mensch* ist Ausgangs- und Zielperspektive der Humanistischen Pädagogik im Hinblick auf

1. die Entwicklung von Menschen
2. die Dimensionen des Menschseins in der Einheit von Leib-Seele-Geist
3. die konkrete pädagogische Arbeit mit Menschen in Wahrnehmung und Adressierung, getragen von einer Ressourcenorientierung, dem Verständnis als Leib-Seele-Geist-Einheit, dem Hier und Jetzt als einzigem existenten Handlungsraum und von Gewahrsein gekennzeichnetem Kontakt als Begegnungsform
4. Forschung im Sinn eines gleichwertigen Miteinanders von Forschung und Praxis
5. die Humanisierung von gesellschaftlichen Strukturen und Institutionen.

Nun tragen Kommission und Schriftenreihe Titel, die Humanistische Pädagogik und Humanistische Psychologie in Verbindung miteinander bringen. Beide Bereiche teilen die genannten Prinzipien von Ganzheitlichkeit und Interaktionsgestaltung, die sich aus gemeinsamen Bezugskonzepten ergeben. Dazu gehören: die Gestalttherapie (z. B. Perls L. 1978; Perls F. S. et al. 2007), der Personzentrierte Ansatz (Rogers 1986; 1994), das Psychodrama (Moreno 2001), die Themenzentrierte Interaktion (Cohn 2009) und die Logotherapie (Frankl 1959/2010) (vgl. Iwers et al. 2019: 6; Graf/Iwers 2020). Aktuell richtet sich der Blick auch auf Konzeptionen und Konzepte von Achtsamkeit (Altner 2006; Schmidt 2015; Kaltwasser 2008; Iwers/Roloff 2021), mit denen die Humanistische Pädagogik die Bedeutung einer Aufmerksamkeitsfokussierung, die Beachtung der Leiblichkeit und das Streben nach Präsenz im Sinn einer „Präsenz im Präsens", dem Hier und Jetzt, teilt (Graf/Iwers 2020: s. o.).

Worin sich Humanistische Pädagogik und Psychologie unterscheiden, ist die differente Rahmung und Zielbestimmung von Pädagogik und Erziehungswissenschaft bzw. Psychologie und Therapie (Iwers et al. 2019: 7).

Nach dieser Skizzierung der nach wie vor von der Humanistischen Pädagogik zur Geltung gebrachten Perspektiven auf den Menschen in pädagogisch-professionellen bzw. erziehungswissenschaftlichen Kontexten stellt sich die Frage nach deren Bedeutung in aktuellen gesellschaftlichen und globalen Transformationsprozessen.

Die historisch-gesellschaftlichen Themen, auf die die Entwicklung der Humanistischen Pädagogik reagierte, sind in den 1990er Jahren zu finden. Bürmann et al. (1997: 8 f.) verweisen auf verstärkte Individualisierungstendenzen, Sinnsehnsüchte und Orientierungsbedürfnisse in ökonomischen und politischen Krisen. In einem Artikel zum Thema *Anerkennung und Wertschätzung aus der Perspektive der Humanistischen Pädagogik* (Graf/Iwers 2020) wurden Migration und Digitalisierung als Beispielbereiche aktueller Transformationsprozesse beleuchtet. Im Vorwort zur Neuorientierung der *Schriftenreihe Humanistische Pädagogik und Psychologie* machen die Reihenherausgeber*innen vor allem Inklusion als zentrales Themenfeld deutlich, das – im weiten Begriffsverständnis, also differenzlinienübergreifend und benachteiligungsreflexiv – die Figur des *ganzen möglichen Menschen* geradezu „verkörpert", indem die Akzeptanz, Wertschätzung und Bildung der vielfältigen Varianten, in der Welt zu sein, zur Aufgabe in allen gesellschaftlichen Feldern erhoben wird.

Die drei genannten Beispielbereiche von Migration, Digitalisierung und Inklusion stehen für aktuelle zentrale Transformationsprozesse. Ebenso ist einsichtig, dass die Themen aus den Gründerjahren der Kommission in verwandelter Form anhaltend bedeutsam sind. Alle diese Themenfelder werden auf der Grundlage verschiedener theoretischer Perspektiven in verschiedenen Disziplinen diskutiert und beforscht. Anliegen der Humanistischen Pädagogik ist es dabei im Speziellen, ihr Bild vom Menschen in seiner Leib-Seele-Geist-Einheit, der auf Basis seiner Leiblichkeit im Kontakt mit anderen im Hier und Jetzt Begegnung lebt, dort seinen Handlungsraum findet und der ressourcenorientiert adressiert wird, in die Mit-Gestaltung aktueller Transformationsprozesse, immer in Richtung einer Humanisierung, einzubringen. Der Mensch in Kontakt mit anderen Menschen als Gestaltungsinstanz wird in den Fokus pädagogischer und erziehungswissenschaftlicher Arbeit gerückt.

Von diesem Bild des Menschen bleiben die Arten und Weisen, Themen zu bearbeiten, nicht unberührt. Die Humanistische Pädagogik steht dafür (ein), neben Erkenntnissen und Gedanken auch die Leiblichkeit zu beachten, Gefühle einzubeziehen und Erfahrungen zu thematisieren, ja partizipativ „mit den betroffenen Individuen gemeinsam nach pädagogischen Antworten [zu] suchen" (Bürmann et al. 1997: 9), nicht ohne Sinn- und Wertfragen als Teil von Entwicklungs- und Bildungsprozessen zu sehen (Bürmann et al. 1997: 8). Bildung wird nach wie vor als „Beziehungsgeschehen zwischen Menschen verstanden, in dem der Austausch von Erfahrungen, Gefühlen und Wissen im Vordergrund von Arbeits- und Lernprozessen steht" (Bürmann et al. 1997, 8). Der ganze mögliche Mensch bleibt als humaner Wert Bezugspunkt von Forschung und Praxis. Die genannten Werte und Prinzipien bringt die Humanistische Pädagogik in die gesellschaftlichen und wissenschaftlichen Transformationsprozesse ein, von denen Globalisierung, Migration, Digitalisierung, Inklusion und Ökologie zentrale Themen sind, deren Auswirkungen auf den Menschen und das Bild vom Menschen Umstrukturierungsprozesse bewirken (können), die noch zu erforschen sind. Im Sinn der vier symbolischen Zeichnungen des Gründungsbandes der Schriftenreihe bleibt offen und gestaltbar, auf welche Weise das Humane in Pädagogik und Erziehungswissenschaft bewahrt wird und entwickelt werden kann.

Das folgende Kapitel weitet die Perspektive der Humanistischen Pädagogik hinsichtlich grundsätzlicher erziehungswissenschaftlicher Traditionslinien zum Verhältnis von Bildung und Bildern. Dabei wird zum einen auf die Bedeutung von Symbolsystemen für Erfahrung und Reflexion als wesentlichen Aspekten von Bildungsprozessen eingegangen und zum anderen wird die Relevanz von Imagination für Zukunftsgestaltung beleuchtet.

3. Bildung durch Bilder

Andreas Brenne

3.1 Bildung vor Bildern

Der Bezug von Bild und Bildung beruht nicht auf einer zufälligen sprachlichen Koinzidenz, sondern kennzeichnet die Bedeutung symbolischer Formen für Bildungsprozesse. Bereits die etymologische Herleitung aus den Begriffen „Vorstellung/Vorstellungskraft" unterstreicht diesen Zusammenhang (Schützeichel 2012). Die Analogie des „sich ein Bild machen" verdeutlicht die symbolische Struktur von Bildungs- und Lernprozessen im Sinne einer Strategie, die Erfahrungssedimente und Erkenntnisse in spezifische Modelle überführt, die derart zum Gegenstand von Reflexionen werden können. Im Sinne von Ernst Cassirers neukantianischer Perspektive müssen Welterfahrung und phänomenale Erkenntnisse in Symbolsysteme überführt werden, um eine kommunikable, d. h. reflexive Struktur zu entfalten (vgl. Cassirer 2010: 4f.). Diese symbolischen Formen verdichten nicht allein sinnlich-ästhetische Eindrücke, sondern können in unmittelbare Handlungszusammenhänge überführt werden. Aus dieser Perspektive bedarf der Mensch eines symbolischen Ordnungssystems, um die mannigfaltigen Eindrücke zum Gegenstand einer produktiven Erfahrungsbildung zu machen. Derartige Formen sind wirkmächtig und ermöglichen Handlungen und Interaktionen. Der Kunst- und Kulturwissenschaftler Aby Warburg bezeichnet dies als ein Bild- und Symbolhandeln, welches einer substantiellen Selbstermächtigung gleichkommt. Er besucht 1895/96 auf einer Amerikareise die Siedlungen der Hopi von Walpi und Orabi und wohnte u. a. dem rituellen Schlangentanz bei. Unter der rituell rückgebunden Nutzung von Symbolen verstand er eine Bewältigungsstrategie, die den Menschen dazu befähigt, den Widerständen und Rätseln des Daseins nahezukommen, ohne den unmittelbaren Kontakt zu den Phänomenen aufgeben zu müssen.

„[…] daß ihre Maskenspiele keine Spielerei sind, sondern die primäre heidnische Frage nach dem Warum der Dinge: Die Unfassbarkeit der Vorgänge in der Natur stellt der Indianer dadurch seinen Willen zur Erfassung entgegen, daß er sich in eine solche Ursache der Dinge persönlich verwandelt. […] Der Maskentanz ist getanzte Kausalität. […] Bei den Indianern wird die Schlange wirklich gepackt und als Ursache lebendig angeeignet in Stellvertretung des Blitzes. […] Die Schlange ist ein internationales Antwortsymbol auf die Frage: Woher kommt elementare Zerstörung, Tod und Leid in die Welt? […] Der Ersatz der mythologischen Verursachung durch die technologische also nimmt ihr den Schrecken, den der primitive Mensch empfindet. Ob sie durch diese Befreiung von der mythologischen Anschauung ihm auch wirklich hilft, die Rätsel des Daseins ausreichend zu beantworten, das wollen wir nicht ohne weiteres behaupten" (Warburg 1988/2011: 51 ff.).

„Bildung durch Bilder" ist aus dieser Perspektive ein Prozess, der die Phänomene zwar individuell verfügbar macht, ohne deren Bedeutung festzulegen. D. h. die begriffene Lebenswelt ist nicht ohne die Bezüge, Konstellationen und Sinnstiftungen denkbar. Dabei stellt sich die Frage, in welcher Art und Weise Bilder Erfahrungen repräsentieren und inwieweit diese der Sprache vorgelagert sind. „Die Frage nach dem ‚Ursprung der Sprache' ist unauflöslich mit der Frage nach dem ‚Ursprung des Mythos' verwoben […]" (Cassirer 2010, S. XI).

Basale Bildungsprozesse der frühen Kindheit artikulieren mittels bildnerischer Symbole substantielle Erfahrungen. Kinder sind in der Lage, Erfahrungszusammenhänge visuell zu artikulieren. Sprachliche Zuordnungen sind zwar bedeutsam, aber letztlich ein Sekundärphänomen. Doch was ist unter einem Bild zu verstehen und welche Handlungsformen und Affektionen gehen aus dem „Bildakt" (vgl. Bredekamp 2010: 25–56; 307–328) hervor? Um dieser Frage nachzugehen, muss das Phantastisch-Imaginäre näher betrachtet werden.

3.2 Das Phantastisch-Imaginäre – Grenzgänge der Phantasie

Der Begriff des Phantastisch-Imaginären ist durchaus schillernd und wird unterschiedlich verstanden. Zum einen denkt man an die Kraft der Phantasie, die zumeist dem kindlichen Denken zugewiesen wird, und meint damit die Fähigkeit, die Welt holistisch wahrzunehmen (Huppertz 2010: 242 ff.). Es gibt (noch) keine Grenze zwischen Innen- und Außenwelt. Das Wahrgenommene verschwimmt mit der emotionalen Welt und die assoziativ einfallenden Bilder verbinden sich phänomenal mit der Wirklichkeit. Diese Welt ist magisch und hat Kraft – sie ist ein sinnerfüllter Ort.

3.3 Bildung und Imagination

Was ist unter Imagination bzw. unter Einbildungskraft zu verstehen? Kant charakterisiert dadurch ein mentales Vermögen, durch das Welt in ein anschauliches Modell transferiert wird (vgl. Kant 1998: 127). Diese präsentativ-visuelle Struktur unterscheidet sich von der diskursiven Sprache im Hinblick auf Kontingenz und Präsenz, was bedeutet, dass die Welt als Bild anders gedacht wird als durch Sprache (vgl. Cassirer 1964: 111). Diese bringt die Dinge auf den Begriff, der sich durch vermeintliche Eindeutigkeit auszeichnet. Bildung im wörtlichen Sinne vollzieht sich aber im Kontext von Bildern, deren Bedeutungen situativ und assoziativ hervorgebracht werden, wobei die dadurch hervorgebrachten Sinnstiftungen sich stetig entziehen und durch andere Bilder überlagert werden (vgl. Pazzini 1992). Der poststrukturalistische Psychoanalytiker und Philosoph Jaques Lacan führt in diesem Kontext den Begriff des Imaginären ein und meint damit ein Register des Psychischen, das sich von den Sphären des Sprachlich-Symbolischen und des Realen unterscheidet (vgl. Lacan 1986: 61–70). Er bezieht sich dabei auf das für die Subjektentwicklung bedeutsame Spiegelstadium in der frühen Kindheit. Gemeint ist die Bewusstwerdung der ganzen Person im Spiegel, was zum einen Freude und Begeisterung auslöst und zum anderen das Selbst als ein vom Inneren abgetrenntes Bild wahrnimmt (vgl. Zizek 1995: 125). Dieses Bildungserlebnis ist verbunden mit einem narzisstisch konnotieren Begehren, das sich in Wunschbildern und Phantasmen ausdrückt – ein durchaus riskanter Prozess, denn diese Bilder sind nur bedingt zu kontrollieren. Gleichzeitig erhalten die Dinge durch die Entwicklung symbolischer Systeme eine manifeste Präsenz und können erinnert und kommuniziert werden. Imagination ist die Voraussetzung einer Bewusstwerdung von Selbst und Welt. Dabei lassen sich unterschiedliche Formen der Imagination bestimmen. Kant unterscheidet zwischen reproduktiver und assoziativer Einbildungskraft (vgl. Kant a. a. O.: 203 ff.). Erstere thematisiert die Abbildung begriffener Zusammenhänge, wobei sich diese Form der Bildgenese auf der Grundlage von erlernten Mustern und visuellen Strukturen vollzieht. Insofern basiert auch diese Form der Abbildung auf Interpretationsprozessen jenseits der transzendentalen Apperzeption. Die zweite Form der Imagination – die Assoziation – bezeichnet die Vorstellungskraft, die zwar einen Wahrnehmungsgehalt hat, diesen aber eben mit Affekten, Bildern, Wünschen, Vorstellungen und Hoffnungen verbindet. Derartige Projektionen basieren auf unbewussten Prozessen, die nahezu einfallen und als Bilder Gestalt annehmen. Phantastische Bilder sind nur bedingt kontrollierbar und enthalten auch Unheimliches, Verstörendes und Unbegreifliches. Nichtsdestotrotz sind sie produktiv, da sie die Welt als entwicklungsfähigen und gestaltbaren Raum erlebbar machen. Imagination, im Sinne Albert Einsteins, ist die Voraussetzung für kulturellen Fortschritt. Sie ist quasi der Motor der Kreativität und Voraussetzung für wissenschaftliches Denken und Forschen. „Imagination ist wichtiger als Wissen […] sie ist ein wichtiger Faktor in der wissenschaftlichen Erkenntnisgewinnung" (Viereck 1929: 17). Durch die Imagination kommt der Mensch zu sich, indem er die als defizitär erlebte Spaltung von äußerer und innerer Welt temporär aufhebt. Die holistischen Strukturen der frühen Kindheit werden zurückgeholt und machen die Welt zu einem sinnhaft strukturierten Ort.

Das Phantastische ist Phantasma und produktive Phantasie zugleich; dadurch kommt die Welt zur Darstellung und wird ins Utopische verlängert. Das hat sowohl eine eskapistische Dimension als auch eine entwerfende. Hier bricht sich Bahn, was noch nicht erreicht wurde, aber virulent werden kann. Ernst Bloch nennt dies konkrete Utopie (Bloch 1967: 63). Zu Ende gedacht ist das Phantastisch-Imaginäre der Motor der Kreativität – eine Kreativität, die nach außen drängt, um Gestalt anzunehmen.

Im folgenden Abschnitt wird eine Arbeit mit Bildern in einem Forschungsprojekt zur Entwicklung hochschuldidaktisch begründeter Kommunikation in universitären Internationalisierungsprozessen vorgestellt. Als methodischer Zugang wurde dabei das Digital Storytelling gewählt, mittels dessen die für Bildungsprozesse relevanten Aspekte biografischer Erfahrung und Reflexion individuell zugänglich gemacht und in diese Bildungsprozesse verbildlichende Darstellungsformen überführt werden.

4. Bilder als Medium in Internationalisierungsprozessen

Telse Iwers

4.1 Einleitung

In diesem Kapitel wird exemplarisch über die Erfahrungen im Umgang mit Bildgestaltungsprozessen in dem DAAD-geförderten Projekt „Transnational Higher Education (THE)"[1] berichtet. Im Zentrum des Projektes stand die transkulturelle Kommunikation mittels Bild- und Filmgestaltung, anhand derer über die pandemiebezogenen Erfahrungen von Lehrenden und Studierenden an der Universität Hamburg und der German Jordanian University in Jordanien reflektiert wurde.

---

1 Das Projekt wurde in der Programmlinie 2: Deutsch-Arabische Kurzmaßnahmen mit Partnerhochschulen in Tunesien, Jemen, Marokko, Libyen, Jordanien, Libanon und Irak des DAAD, Ausschreibungsjahr 2020, Förderzeitraum 2020 (vgl. Iwers/Mitchell 2020).

4.2 Das Projekt

Das Kooperationsprojekt der Universität Hamburg, Fakultät für Erziehungswissenschaft, und der German Jordanian University war ursprünglich hybrid, d. h. mit Anteilen von präsenter und digitaler Kooperation geplant worden, musste dann aber coronabedingt komplett digital transformiert werden. Dabei blieb der Fokus auf die bildgeleitete Kommunikation gerichtet. Es sollte ein multilingualer Austausch über die Themen ‚Transkulturalität' und ‚Orte und Vergangenheit' stattfinden, in dem in deutscher, englischer und arabischer Sprache mittels Bildgestaltung ebenso wie mittels epischer und lyrischer Elemente mit der Methode des Storytelling über die jeweiligen Perspektiven auf bedeutsame historische Entwicklungen und deren transkulturelles Potenzial reflektiert werden konnte. Dazu waren zunächst digitale Workshops zur Vor- und Nachbereitung und zwei zentrale präsente Kooperationseinheiten geplant, wechselnd in Jordanien und in Deutschland. Die präsenten Anteile wurden dann ebenfalls in digitale Formate überführt, sodass das gesamte Projekt folgendermaßen verlief:

1. vier digitale Vorbereitungskonferenzen der beteiligten Universitäten,
2. zwei zentrale, jeweils zweitägige digitale Workshops, in denen mittels der Methode des Storytellings interkulturelle Verständigungen über die Bewältigung der Pandemie angeschoben und in die Erstellung von Filmsequenzen überführt wurden,
3. zwei digitale Nachbereitungskonferenzen, in denen der Projektverlauf reflektiert und aus den Workshops abgeleitete Forschungsthemen diskutiert wurden.

Die Kernstruktur der Zusammenkünfte bestand aus drei interkulturellen Kleingruppeneinheiten, bestehend aus Studierenden, wissenschaftlichen Mitarbeitenden und Professor*innen aus Jordanien und Deutschland, sodass verschiedene Diversitätslinien in den Arbeitsgruppen abgebildet wurden. In den Vorbereitungstreffen stellte sich sehr schnell heraus, dass die ursprünglich geplanten Themen für die Teilnehmenden weniger virulent waren als ein interkultureller Austausch über den Umgang mit und die Bewältigung der coronabedingten globalen Katastrophe. Ebenso wurde ersichtlich, dass die rein digitale Arbeitsform über die Storytelling-Methode hinausgehende Kommunikationsformen brauchte, um ganzheitliche Befassungen zu ermöglichen.

4.3 Das Storytelling und seine bildhaft-videographische Erweiterung

Das Storytelling blieb somit in seiner assoziativ-interaktiven Form erhalten und wurde um die Dimensionen des Bildes und des Films erweitert. Als hochschuldidaktische Methode geht das Storytelling u. a. auf die Handlungsorientierung nach Dewey zurück, die sich bei ihm in dem Kernsatz ‚learning by doing' (1930/2000) ausdrückt. Ausgangspunkt ist die Annahme, dass wir erfahrungsbasiert lernen und dass sich diese Lernerfahrungen wiederum in Handlungen niederschlagen. Dabei stehen Interaktion, Kontinuität und Situation als wesentlich Elemente des Erfahrungslernens im Zentrum, deren Zusammenspiel im Storytelling nachgezeichnet werden kann:

> „For Dewey, to study life and education is to study experience; that is, education, life, and experience are one and the same. Dewey […] used the three-dimensional space narrative structure approach (Interaction, Continuity and Situation) to find meaning and this approach is central to his philosophy of experience in a personal and social context. This approach suggests that to understand people, we need to examine not only their personal experiences, but also their interactions with other people. […] The fluidity in storytelling, moving from the past to the present or into the future, is at the heart of Dewey's theory of experience in the field of education" (Wang/Geal 2015: 196).

Storytelling verbindet dementsprechend am jeweiligen Gegenstand orientierte Verarbeitungsprozesse immer mit der Situation, ihrer Historizität und darin stattfindender Interaktion. Gerade diese Bezüge verweisen auf ihr Potenzial im interkulturellen Kontext:

> „We first know story through our experience, but the stories told to us become part of our tribe, our community, our culture, and are formed into myth and archetype. We see our own lives in the plots of the journey, the romance, the mystery. We see our identity and those of our most important relationships in the characters of the hero, the lover, the seeker, the wizard, the sidekick, the beast. We know them as they reappear in our sacred texts: the Bible, the Quran, the life of Siddharta the Buddha, Anansi the Sider, as well as our epic and children's narratives, The Odyssey, King Arthur, and the Brothers Grimm" (Lambert/Hessler 2018: 8).

Eine Geschichte zu erzählen, geht immer auf die eigene Biographie zurück und bringt interne Prozesse in Kontakt mit anderen.

„Projection, Identification, Empathy, Imitation, and Imagination are important processes when it comes to people and stories. People project themselves into story characters. They identify with the characters. They feel empathy with the characters. This occurs through the use of the listener's imagination. The listener may then imitate the character" (Miller 2011: 2).

Zugleich verbindet die Geschichte die erzählten internen Prozesse mit Sozialität und deren historischer Gewordenheit: „A story may serve as a place where the autobiographical, spatial, ritual, symbolic can be brought into relationship with each other" (Mitchell 2021: 184).

Mit der Erweiterung um visuelle Produktionen bewegt sich die Projektgestaltung in der Tradition des Digital Storytelling (Lambert/Hessler 2018). Diese Methode wurde im Wesentlichen Anfang des Jahrtausends mit dem Anspruch entwickelt, das Storytelling auf moderne mediale Basis zu stellen. Die hier von uns vorgenommene Erweiterung geht über diesen Anspruch hinaus, indem wir das Storytelling nicht nur mit Bildgestaltung verbunden haben, sondern videographisch vorgegangen sind und die grundlegenden Prinzipien der Filmgestaltung angewendet haben.

Die Kleingruppen waren aufgefordert, zu ihren coronabedingten Erfahrungen einen Film zu erstellen, der die Gemeinsamkeiten und Unterschiede in beiden Ländern ebenso wie in der individuellen Verarbeitung zum Ausdruck brachte. Dabei wurden im ersten Schritt die aktuellen Gegebenheiten in den beiden Ländern in ihrem historischen Kontext reflektiert, indem die Pandemie 2020 der Pandemie um 1920 gegenübergestellt wurde. Anschließend wurden in Kleingruppen Geschichten gemäß der fünfschrittigen Methode nach Todorov (Mills/Barlow 2009) verfasst und bildlich sowie filmisch umgesetzt.

Die Phasen:

1. *Equilibrium/Ausgeglichenheit*: In der Ausgangsphase der Erzählung führen die Figuren ein normales Leben und gehen alltäglichen Aktivitäten nach.
2. *Disruption/Unterbrechung*: Eine Unterbrechung, eine Irritation tritt in das Alltägliche ein.
3. *Recognition/Erkenntnis*: Das Problem, die Irritation wird erkannt.
4. *Repair of the Damage/Schadensbehebung*: Die Figuren versuchen, das Problem zu beheben und zu bewältigen.
5. *New Equilibrium/neues Gleichgewicht*: Alle Probleme der Geschichte sind behoben und bewältigt. Die Figuren finden zu einem normalen Leben zurück, das sich der neuen Situation angepasst hat.

Mit Hilfe dieser Phasen begannen die Teilnehmenden in den Kleingruppen, sich ihre Erlebnisse und Bewältigungsversuche zu erzählen und diese in Bildern auszudrücken. Dabei arbeiteten sie zunächst mit Fotos, die ausgetauscht wurden, um die Erfahrungen mehrperspektivisch zu vermitteln und deren Erlebnistiefe zum Ausdruck zu bringen. Auf deutscher Seite haben die Teilnehmenden z. B. abgesperrte Bereiche in der Universität, verklebte Sitzbänke und Verbotsschilder Aufnahmen vorheriger Weite entgegengestellt. Auf jordanischer Seite wurden von Überwachung gekennzeichnete Straßenszenen und Wohnräume präsentiert, in denen die Beteiligten sich aufhalten mussten. Es folgte eine Reflexion über Unterschiede und Gemeinsamkeiten und daran anschließend arbeiteten alle an einer gemeinsamen Geschichte und ihrer Verfilmung in den fünf Phasen der Filmgestaltung.

4.4 Reflexion

Die Reflexion der Prozesse im Projekt erfolgte in verschiedenen Schritten.

Zunächst wurden die Teilnehmenden gebeten, einen kurzen Ausdruck für ihre Projekterfahrung zu finden. Diese Aufforderung führte im Anschluss an das Arbeiten mit Bildern und deren Videographierung unmittelbar dazu, dass auch die Rückmeldungen sehr bildhaft waren. So wurden Begriffe wie „Gewitter", „Tiger", „Spiegel", „Brücke", „Fels", „Olive" und „Wetter" von den Teilnehmenden genannt. Ebenso fanden sich aber auch umfassende Einschätzungen, die auf die Selbstbeteiligung abzielten, wie „Verantwortung" oder Begriffe wie „Resilienz", die auf das eigene Erleben im aktuellen gesellschaftlichen Kontext abzielten.

Im zweiten Schritt wurden die Filmproduktionen genauer betrachtet und daraufhin reflektiert, welche Kognitionen und Emotionen sie bei den Betrachtenden auslösten. Hier wurden Irritationen und Erschütterungen ebenso deutlich wie Reaktionen, die eher in Richtung von Bewältigungsstrategien wiesen wie z. B. Humor.

Im dritten Schritt wurden die Teilnehmenden gebeten, post actu einen Reflexionsbericht in Form eines „Briefes an eine/n Freund*in" zu verfassen, um im Anschluss an Dewey (s. o.) auch die Reflexionen in einen sozialen Kontext zu stellen. „Reflection is a meaning-making process, that moves a learner from one experience into the next with deeper understanding of its relationships with and connections to other experiences and ideas" (Rodgers 2002: 845).

Die so entstandenen Berichte zeigen sehr deutlich, dass die kreativen Bearbeitungsangebote partizipative Gruppenprozesse entstehen ließen, die keine Spuren von Nichtzugehörigkeitsprozessen erkennen ließen, sondern vielmehr eine kollaborative Befassung und einen intensiven Austausch ermöglichten, in denen auch nach anfänglichem Zögern eine lustvolle Beteiligung möglich war:

„[...] in der Wirklichkeit jedoch hat die Teamarbeit super funktioniert, viel besser als ich dachte. Die Rollen wurden ganz natürlich zugeordnet, man hat viel und gerne ausgetauscht, auch Kritik wurde angenommen [...]. In den gegebenen zeitlichen und formalen Rahmenbedingungen hat es prima geklappt: Wir konnten einen Film mit einer Idee organisieren, filmen, montieren und präsentieren. Alle haben sich gleichermaßen beteiligt, was ich sehr schön fand. [...] Zudem bieten diese Ideen ausgezeichnete Vernetzungsmöglichkeiten an" (Teilnehmerin a).

„Einfach mal drauf losfilmen, verschiedene Ideen ausprobieren, ohne dass diese perfekt sein müssen [...]. Zu Beginn habe ich also meine Beobachtungsrolle eingenommen und den vielen Redebeiträgen der deutschen und jordanischen Professor*innen, Tutor*innen und Mitstudierenden gelauscht. In kleineren Arbeitsgruppen habe ich mich immer häufiger getraut, einen kurzen Redebeitrag auf Englisch zu leisten, und irgendwie habe ich einen Teil meiner Hemmung verloren" (Teilnehmerin b).

„You know, we all are facing the same difficulties. It was relieving to know that it is the same despite the language or backgrounds. The group I was in, was such dynamic. I did not feel any boundaries. We exchanged ideas and thought and accepted different opinion or critique" (Teilnehmerin c).

4.5 Ausblick

Im Laufe des Projektes wurde neben den produzierten Filmen ein Blog erstellt, der die verschiedenen Zugänge zu den Themenebereichen präsentiert. Ebenso fand ein abschließendes digitales ‚storytelling film festival' statt und es liegt eine erste Publikation in Form eines Booklets vor (Iwers et al. 2021).

Die gemeinsamen Erfahrungen und deren Reflexionen wurden abschließend in gemeinsame Forschungsinteressen transformiert, die sich inter- und transkulturell mit folgenden Themen befassen und in Arbeitsgruppen weitergehend untersucht werden:

- kulturelle Gemeinsamkeiten von und Differenzen zwischen Storytelling Traditionen
- erfahrungsbezogenes und kritisches Denken
- kulturell bedingt differierender Umgang mit Diversität
- verschiedene Perspektiven auf die COVID-19-Pandemie

Gezeigt werden konnte mit diesem Projekt die mehrdimensionale interkulturelle Kommunizierbarkeit von Krisenerfahrungen mittels des um Bild und Film erweiterten Storytellings und die Überführung dieser Erfahrungen in transkulturelle Forschungsprojekte.

Das nächste Teilkapitel richtet den Blick auf Selbstbilder und deren Veränderung hinsichtlich personaler Professionskompetenzen. Dabei wird der verkörperte phänomenologische Dialog als ein ergänzendes qualitativ-methodisches Element eingeführt. Im Fokus des Zugangs steht die Leiborientierung in Interkationen, die es ermöglicht, verbale Reflexionen einer Person in Kontakt mit der Fremdperspektive einer anderen Person zu bringen, die insbesondere den Blick auf die körpersprachlichen Phänomene weitet.

5. Gemeinsam das Menschsein befragen. Erfahrungen mit Stille und sich wandelnden Selbstbildern im Bildungskontext

Nils Altner

5.1 Selbstbild, Gesundheit und pädagogische Beziehungen

Die in der Tradition der Humanistischen Pädagogik stehende Bildungs- und Gesundheitsforschung der Arbeitsgruppe „Prävention und globale Gesundheit" an der Universität Duisburg-Essen untersucht, wie sich die Kultivierung von Achtsamkeit und (Selbst-)Mitgefühl im Kontext der pädagogischen Aus- und Weiterbildung auf die Gesundheit, die Beziehungen sowie auf die Kultur- und Organisationsentwicklung in Bildungseinrichtungen von Kitas bis Hochschulen auswirken. Hauptthemen unserer Weiterbildungsangebote für Pädagog*innen sind dabei Erfahrungen von Stille und Präsenz aus einer nicht-abwertenden, interessiert wohlwollenden Selbstbeziehung und achtsam verkörperten Haltung heraus. In Anknüpfung an Brinkmann (2019: 21) verstehen wir „Verkörperung" und „Haltung" als Phänomene, die in der „lived body experience" gründen. In der gesundheitspädagogischen Therapieforschung an den Kliniken Essen-Mitte konnten wir zeigen, dass die Kultivierung einer achtsamen und selbstmitfühlenden Haltung, die innere Kritik- und Abwertungsgewohnheiten wohlwollend zur Kenntnis nimmt und ‚sein lässt', die Stressbelastungen erkrankter Personen nachhaltig reduzieren hilft. Stressbedingte und stressassoziierte Beschwerden und Erkrankungen nehmen dabei ab und die Ressourcen für Selbstregulation und Gesundung werden gestärkt (Dobos/Paul 2019). Nach unserem Verständnis erwachsen diese förderlichen Effekte auch aus der veränderten Beziehungsgestaltung der Person zu sich selbst und letztlich aus einem neuen, wohlwollend zugewandten Selbstbild. Das hat für Pädagog*innen eine besondere Relevanz, denn ihr Selbstbild verkörpert sich in ihren Beziehungen zu ihrem Lehrstoff und zu ihren Kolleg*innen, den Schüler*innen und deren Eltern. Diese Beziehungen prägen ganz maßgeblich die Qualität ihrer pädagogischen Arbeit.

5.2 Der verkörperte phänomenologische Dialog

Ein wesentlicher Bestandteil unserer Weiterbildungsangebote sind Gespräche über die inneren Erfahrungen und Entwicklungen, die unsere Teilnehmenden in den stillen, nach innen orientierten Achtsamkeits- und (Selbst-)Mitgefühlsübungen erleben. Diese Gespräche werden als verkörperte phänomenologische Dialoge geführt (Altner/Adler 2021). In dieser von unserer Arbeitsgruppe entwickelten Gesprächsform gehen wir achtsamkeits- und mitgefühlsbasiert vor, indem wir während des Gesprächs immer wieder empathisch Bezüge zur aktuell verkörperten Erfahrung im Zusammenhang mit den Gesprächsinhalten thematisieren. Da die Gesprächsführung beim achtsamen Erforschen solch innerer Körpererfahrungen in einigen Aspekten mit der Haltung übereinstimmt, wie sie die philosophische Schule der Phänomenologie nach Edmund Husserl kultiviert (vgl. Patrik 1994), nennen wir die Gesprächsform „verkörperter phänomenologischer Dialog". So ist diese Haltung seitens der befragenden Person von einer Abstinenz von eigenen Vorannahmen und Vorurteilen geprägt. Motiviert wird die Gesprächsführung von einem genuinen Interesse an den Phänomenen der Wirklichkeit des Gegenübers. Statt wie in Alltagsgesprächen vorrangig nach Geschichten, Meinungen und abstrakten Gedankengebilden zu fragen, fokussiert die fragende Person dabei das Gespräch immer wieder auf sinnliche und (aktuell) im Körper spürbare Phänomene sowohl beim Gegenüber als auch bei sich selbst.

Die vertrauensvolle Begegnung der Perspektiven der ersten, befragten Person und der zweiten, fragenden Person fördert als pädagogische Intervention zum einen den Bildungsprozess der Gewinnung von Selbsterkenntnis. Immer wieder lassen sich dabei auch sprachschöpferische (mäeutische) Prozesse der Selbstbefragung und Selbsterkenntnis beobachten. Zum anderen ergänzt und erweitert der verkörperte phänomenologische Dialog als Methode der qualitativen Forschung die Datengewinnung aus der dritten Perspektive der quantitativ arbeitenden Forscherin, die Fragebögen ausgibt und auswertet. Das Bildungs- und Forschungsformat des verkörperten phänomenologischen Dialogs gründet dabei in einer humanistischen, sokratisch-pädagogischen Grundhaltung, indem es

- auf Selbsterkenntnis und Bildung der befragten und auch der fragenden Person zielt,
- auf verkörperter Introspektion und mäeutischer Schöpfung von Sprachbildern beruht und
- das Format eines vertrauensvollen, achtsamen und empathischen Dialogs nutzt.

Dabei zeigt sich in dieser Gesprächsform die befragte Person nicht nur der fragenden, sondern oft auch sich selbst mit für sie neuen Aspekten ihres Bewusstseins. Wird das Miteinander im verkörperten phänomenologischen Dialog als sicher und vertrauensvoll erlebt und lassen sich beide Gesprächspartner*innen auf die sich in der Situation zeigenden verkörperten Erfahrungen ein, eröffnet sich zuweilen ein gemeinsamer Erfahrungsraum, in dem neue Erkenntnisse über für das Menschsein oft sehr relevante Erkenntnisse in Form von neuen Sprachbildern zu Bewusstsein kommen. Malte Brinkmann (2015) weist in seiner pädagogischen Phänomenologie auf den Bezug zwischen *etwas zeigen* und *sich zeigen* hin. Im verkörperten phänomenologischen Dialog tritt anstelle des Zeigens auf etwas, das außerhalb der Person liegt, das Sich-Zeigen „als Sichtbar-Werden eines Anderen […] der oder die […] mich anspricht und auf den oder die […] ich antworte" (ebd.: 541). Das Ich kann hier Ich am Du werden, wie Martin Buber es beschreibt (1962: 15).

5.3 Dialogische Introspektion und die Entwicklung von Selbstbildern

Im Folgenden sollen exemplarisch Einsichten in Selbstbilder und deren Entwicklungen gezeigt werden, die Relevanz für pädagogisches Handeln haben. Sie stammen aus verkörperten phänomenologischen Gesprächen mit Pädagog*innen im Kontext der von unserer Arbeitsgruppe und der Universität Duisburg-Essen entwickelten achtsamkeits- und (selbst-)mitgefühlsbasierten Weiterbildungen „GAMMA – Gesundheit, Achtsamkeit und Mitgefühl in der menschenbezogenen Arbeit" und „AmSel – Achtsamkeits- und mitgefühlsbasierte Suchtprävention in Schulen". Alle Gesprächspartner*innen haben der anonymisierten Verwendung ihrer Gesprächsaufnahmen für wissenschaftliche Zwecke zugestimmt. Um die Anonymität zu wahren, verzichten wir auf Quellenangaben.

Im ersten Ausschnitt aus einem Gespräch zwischen einer Achtsamkeitskollegin (F) und einem Lehrer (T), der an der GAMMA-Weiterbildung teilnahm, beschreibt der Lehrer eine für ihn sehr bedeutsame Selbsterkenntnis. Sie bezieht sich auf eine Austauschsituation zu zweit während des Achtsamkeitskurses, in der erst eine Person sprach, während die andere nur aufmerksam zuhören sollte, ohne schon eigene Gedanken zum Gesagten zu entwickeln. Danach wurden die Rollen getauscht. Im Nachhinein beschreibt der Lehrer seine Erkenntnisse so:

> T: *Zuerst sprach ich ohne Pause und hätte noch länger sprechen können. Das war mir sehr vertraut. Das wirklich Zuhören aber habe ich als etwas ganz Neues erlebt.*
> F: *Wie war das, der Zuhörer zu sein? Was ist dir aufgefallen?*

T: Wie ich schon sagte, zuzuhören habe ich als viel schwieriger erlebt als das Sprechen. Ich habe bemerkt, wie ich dabei immer wieder in meine eigenen Gedanken abgedriftet bin. Ich habe dauernd das Gehörte mit meinen eigenen Erfahrungen verglichen. Das ist mir zuvor so nicht bewusst gewesen. Ich bin sehr erstaunt darüber (Pause) vielleicht sogar erschreckt (Pause) als Lehrer (Pause). Da werde ich weiter drauf achten.

Der Lehrer beschreibt hier eine Entdeckung, die ihm einen neuen Einblick gibt in seine mentalen Aktivitäten, während er anderen zuhört. Er bemerkt mit Erstaunen, dass ein großer Teil seiner Aufmerksamkeit auf das gerichtet ist, was sein eigener Verstand zu sagen hat, während er jemandem zuhört. Der Lehrer deutet an, dass diese Selbsterkenntnis ihn erschreckt. Möglicherweise unterscheidet sich sein Selbstbild als Lehrer von dem, was er jetzt wahrnimmt. Sich bewusst zu werden, dass die eigene Aufmerksamkeit auch im Gespräch mit anderen Menschen meistens in der eigenen mentalen „Ego-Tunnel"-Aktivität beschäftigt oder auch gefangen ist (Metzinger 2009), kann gleichzeitig als beängstigend und befreiend empfunden werden. Dieses Beispiel zeigt, wie an der Schwelle zum Entwicklungsschritt vom unbewusst agierenden Selbst ein auf die Phänomene der inneren Wahrnehmung gerichteter Dialog mit wirklich aufmerksamen Gesprächspartnern sehr unterstützend sein kann. Entscheidend dafür ist der Wechsel des Wahrnehmungsfokus' weg von den Inhalten oder Geschichten der Gespräche hin zur verkörperten Aufmerksamkeitsqualität des Hörens und Sprechens. Hier werden Gespräche zweiter Ordnung möglich, Gespräche über die Qualität des Zuhörens und Sprechens.

In dem folgenden Gesprächsausschnitt zwischen einer Kollegin (A) und einer Sozialpädagogin (S), die an der AmSel-Weiterbildung teilnahm, wird deutlich, wie die strukturierte Praxis von Achtsamkeit und Mitgefühl sich im Alltag der Pädagogin auf ihre Beziehung zu sich selbst auswirkt.

A: Was ragt für dich aus der AmSel-Fortbildung als besonders wichtig oder berührend heraus?
S: Das Highlight für mich ist wirklich dieses Selbstmitgefühl, dass ich mich jetzt selbst behandel', wie ich meine beste Freundin behandeln würde. Wenn mal 'n schlechter Tag ist, dann hab' ich sogar meine beste Freundin so im Blick und denk' so, was würde sie jetzt sagen. Das ist wirklich sehr, sehr schön, weil ich merke, dass ich mit einem Lächeln durch den Tag gehe, weil ich mich dann umarmt fühle. Das ist wirklich dieses Highlight.
A: Und wenn du das so machst, wenn du in dem Moment selbstmitfühlend mit dir bist und dir vorstellst, wie deine beste Freundin dich behandeln würde, was entsteht daraus für dich?

S: *Das geht dann durch den ganzen Körper. Da ist diese Wärme von innen, ein Lächeln. Und dadurch kann ich dann mit den Dingen, ja, entspannter auch umgehen.*

5.4 Vom Ich zum Wir: Kinder sein und wachsen lassen

Die Pädagogin beschreibt hier einen veränderten Selbstbezug. Das neue starke und für sie auch ganz körperlich wohlig spürbare Selbstbild des Sich-selbst-eine-gute-Freundin-Seins beschreibt sie als Highlight der ganzen Weiterbildung, weil sie es als zutiefst nährend und unterstützend erlebt. Daraufhin fragt die Kollegin (A) sie nach Wirkungen auf die Schüler*innen:

A: *In deiner Arbeit mit den Viertklässlern, wie schätzt du das ein, welchen Einfluss achtsame Momente wie die gemeinsame Stille vor dem Mittagessen oder Achtsamkeitsübungen auf die Kinder nehmen?*
S: *Ich nehme die Kinder sehr genau wahr und spüre, was sie brauchen. Ich bin ja auch Ersthelferin und wenn ein Kind sich verletzt, dann lad ich es ein, bevor ich irgendwas mache, mit mir drei tiefe Atemzüge zu nehmen. Dann beruhigen sie sich und es geht viel besser. Das üben wir und unsere Viertklässler sind schon in der Lage, sich zu spüren, sich wahrzunehmen und zu äußern, wie es ihnen geht. Ich merke auch dadurch, dass ich ruhig bin und mich spüre, dass sich das schon auf die Kinder überträgt. Und wenn ich z. B. spüre, die Gruppe ist unruhig und laut, dann lass ich sie manchmal ein paar Minuten laut sein und spüre sie dabei ganz genau. Jetzt mit Corona haben wir sehr feste Pausenzeiten auf dem Hof. Und wenn dann fünf nach zwei die Hausaufgaben fertig sind, dann kann ich die Uhr danach stellen, da sitzen zwei, drei Jungs schon auf der Fensterbank und schauen sehnsüchtig nach draußen, weil sie gleich raus dürfen. Ich setz mich dann manchmal zu ihnen und wir nehmen ganz bewusst ein paar tiefe Atemzüge. Sie genießen das dann auch und werden gar nicht rappelig. Einer von den Jungs leckt sich immer so um den Mund, dass er da schon ganz viel Ausschlag hatte. Seit wir das machen mit dem Atmen, ist das deutlich weniger geworden in den letzten Wochen. Und der hat das wirklich seit Jahren. Ich hab' ihn auch mal drauf angesprochen und er sagt, „ja stimmt und das Atmen ist einfach schön". (Pause) Das macht schon Spaß! Damit üben wir auch weiter, auch mit dem sich wie ein Baum mit Wurzeln Spüren, das mögen gerade die Jungs sehr. Da lässt sich noch ganz viel umsetzen.*

Die Relevanz ihrer fürsorglichen Fähigkeiten für die Schüler*innen liegt für sie sehr nahe. Berührend und authentisch beschreibt sie, wie sie die Kinder auch in ihrem Bedürfnis nach Lebendigkeit, Bewegung und Lautsein spüren und lassen kann. Im aufmerksamen Sehen, Spüren und Lassen äußern sich die humanistisch-pädagogischen Beziehungsqualitäten von Zuwendung, Wertschätzung und Vertrauen. Die pädagogische Fähigkeit zum zugewandten Sehen und liebevollen

Lassen ermöglicht eine wertebasierte Beziehungsgestaltung und die Erfahrung von Würde sowohl für die Kinder als auch für die Pädagogin selbst (vgl. van Maanen 2016). In diesem achtsamen, taktvollen und gelassenen Beziehungsraum erleben die Erwachsenen und die Kinder, wie sie innere Handlungsimpulse regulieren können. Die Beschreibung der Pädagogin legt nahe, dass in diesem Beziehungsraum die Geduld der Kinder und ihre Kompetenz zur Regulation von inneren Spannungen wachsen können. Das Beispiel zeigt, wie dabei auch zwanghafte Ersatzhandlungen mühelos und freudvoll durch bewusstes Atmen abgelöst werden können. Diese „self regulation without force" ist ein Konzept, das derzeit auch im Kontext der Suchtprävention diskutiert wird (Ludwig/Brown/Brewer 2020).

5.5 Humanistische Selbstbildgründung, Bildung für Gemeinwohl und Demokratiefähigkeit

Ähnlich wie das Selbstbild der inneren Freundin und vielleicht noch existentieller beschreibt ein Hochschullehrer nach einer fünftägigen Stilleerfahrung gemeinsam mit anderen Hochschullehrenden die Veränderung der Basis seines Selbstbildes und Selbstwertes so:

> *Für mich sind in der Woche neue Verknüpfungen zwischen meiner Erfahrung mit Stille und wissenschaftlicher Ethik entstanden. Wenn wir einander in der Stille begegnen, dort Gemeinsames erleben, dann kann ich den anderen, auch wenn er ganz anders denkt als ich, annehmen, akzeptieren und anhören, weil ich eine gemeinsame Basis mit ihm habe. Kognitive Unterschiede und Auseinandersetzungen sind dann spielerischer, weniger bedrohend. Ich kann dann woanders ruhen in meinem Selbstwert. Ich muss dann nicht mehr unbedingt Recht haben, um mich sicher zu fühlen. Meine Identität ist nicht abhängig von meinem Recht haben.*

Die Basis seiner Identität findet er nach der intensiven gemeinsamen Stilleerfahrung nicht mehr in seinen Gedankeninhalten und Meinungen, sondern im gemeinsamen Menschsein, das ihn mit seinen Kolleg*innen verbindet. So gegründet, kann er viel freier und offener im wissenschaftlichen Diskurs mit Andersdenkenden agieren, sagt er. Angesichts der aktuellen Bemühungen um eine bewusste Bildung der Demokratiefähigkeit gewinnt diese Einsicht radikale Relevanz.

Ein anderer Hochschullehrer bezieht seine ganz ähnliche Erfahrung in der gemeinsamen Stille auch auf die Bildung der transkulturellen Dialogfähigkeit und der Gemeinwohlorientierung:

Intentionale Stille öffnet einen Beziehungsraum zwischen Menschen, der das Verbindende stärkt. Lass uns in den Schulen und Hochschulen überall Inseln der gemeinsamen Stille schaffen! Ich bin gespannt, was daraus entsteht. Wenn die Fassaden wegfallen, wenn Menschen sich die Mühe machen, um diese Schablonen auszublenden, und sich fragen, was ist denn wirklich da? Wenn du mich fragst, was ich wirklich gespürt habe, dann entstehen schöne Gespräche. Kann ein Habitus der gemeinsamen Stille Menschen auch aus verschiedenen Zielgruppen und Kulturen verbinden? In der Beschäftigung mit den großen Fragen unseres Menschseins auf der Erde bekommt das Thema „Achtsamkeit und Herzensbildung" eine globale Relevanz. Sonst bleibt es in einer Nische. Wir sollten an der Hochschule die Fragen stellen: Wer sind wir als Menschen? Was haben wir auf der Erde zu tun? Wie kommen wir zu guten Lösungen? Diese Fragen sollten wir mit den Studierenden viel mehr bearbeiten! Auch unseren Bezug zur Umwelt oder besser Mitwelt müssen wir neu anschauen. Dann packen wir unseren Auftrag, einen Beitrag zur Gesellschaft zu leisten, mit mehr Demut an.

Erfahrungen von Stille, Präsenz und Gemeinschaft sowie vertrauensvolle Gespräche über verkörperte Phänomene können zur Gründung von Selbstbildern im gemeinsamen Menschsein beitragen. Die aktuelle Debatte um die Bildung von Demokratiefähigkeit in Schulen und Hochschulen offenbart genau hier Leerstellen in der gängigen Bildungspraxis (vgl. Fukuyama 2019). Das gemeinsame Befragen des Menschseins, Persönlichkeits- und Herzensbildung, Gemeinwohlorientierung und die Stärkung der Fähigkeiten zum beherzten Engagement für eine demokratische und ökologisch nachhaltige Gestaltung des Miteinanders – zur not-wendigen Ausrichtung an diesen Bildungszielen kann die Humanistische Pädagogik substanziell beitragen.

5.6 Fazit

Bildungsangebote für Pädagog*innen, in denen sie Erfahrungen von Stille mit dem Ruhen ihres Aufmerksamkeitsfokus' auf den momentanen Körperempfindungen verbinden und dabei eine dezidert wohlwollende, selbstmitfühlende, empathische Haltung kultivieren, können zur Stärkung von freundlichen und fürsorglichen Selbstbildern beitragen. Diese Selbstbilder wirken dann im pädagogischen Alltag durch die verkörperte Gestaltung freundlicher und wohlwollender Beziehungen der Pädagog*innen zu ihren Schülerinnen, Schülern, Kolleg*innen und Eltern.

Mehrtägige gemeinsame Stilleerfahrungen ermöglichen interessierten Lehrenden die Bewusstwerdung der Gründung ihres Selbst im gemeinsamen Menschsein. Unterschiede in ihren Meinungen und Anschauungen werden dann für ihre

Identität oder ihr Bild von sich weniger wichtig, wenn sie die „darunter" liegenden Erfahrungen ihres gemeinsamen Menschseins „leiblich" wahrnehmen und sie als berührend und relevant erleben. Diese gelebten Erfahrungen können über rein kognitive Kenntnisse und Einsichten hinaus zur Bildung von Selbstbildern beitragen, aus denen sich Handlungs- und Gestaltungsimpulse für eine wertschätzende und ressourcenstärkende humanistische Bildungsarbeit sowie für die Stärkung von Gemeinwohl, Demokratie und ökologischer Nachhaltigkeit ableiten. Die Methode des verkörperten phänomenologischen Dialogs unterstützt durch mäeutisches in Sprachbilder-Bringen das Bewusstwerden dieser inneren Prozesse der Persönlichkeitsbildung.

6. Bild und Erziehungswissenschaft aus humanistisch-pädagogischer Perspektive – ein Resümee

Das Bild vom *ganzen möglichen Menschen*, wie die Humanistische Pädagogik es versteht, war Ausgangspunkt der hier vorgestellten Überlegungen (Kap. 2). Es wurde thematisiert, inwiefern der Mensch sich Bilder macht – von sich, von anderen und der Welt – und wie diese für individuelle (Kap. 5) sowie soziale Transformationsprozesse (Kap. 4) methodisch in Forschung und pädagogischer Praxis zugänglich und für gemeinsame Projekte nutzbar gemacht werden (können). Bilder, die der Mensch im kreativen Sinn des Imaginären als ersten Schritt einer Zukunftsgestaltung entwirft, das wurde theoretisch-systematisch im Rahmen grundsätzlicher Annahmen über *Bild*ungsprozesse skizziert (Kap. 3). Diese Zukunftspotenziale von Bildern finden sich insofern in den beiden Projektkapiteln wieder, als dass dort in der Auseinandersetzung mit Selbst- und Fremdbildern in interaktional gestalteten Kontexten Zukunftsräume hin zu „mehr Möglichkeiten des/der Menschen und des Menschseins", als sie bisher aktualisiert waren, erschlossen wurden.

Was trägt die Perspektive der Humanistischen Pädagogik für Forschung, Praxis und Gesellschaftsgestaltung bei?

Das Engagement der Humanistischen Pädagogik gilt dem Menschsein, das in pädagogischen wie erziehungswissenschaftlichen Feldern in allen seinen Dimensionen im Sinn existenzieller Wachstumsprozesse und einer humanen Entwicklung möglichst umfassend geachtet und beachtet werden soll. Zugleich wird der Mensch mit seiner Fähigkeit des imaginativen Blicks auf noch nicht ausgeschöpfte Zukunftsräume – ob individuell-biografisch oder gesellschaftlich-global – in Kontakt mit anderen als verantwortliche Gestaltungsinstanz adressiert. Diese Perspektive auf den Menschen, der handeln kann und dessen Handlungsmöglichkeiten sich in Bildungsprozessen erweitern, wird immer mit

Sinn- und Werfragen verbunden bleiben, da das Humane nicht ohne Bindung an die menschenrechtliche Perspektive zu denken ist. Insofern teilt die Humanistische Pädagogik menschrechtsbasiert eine demokratiepädagogische Orientierung, die sie besonders in professionellen Handlungsfeldern stärken will. Diese Orientierung gründet in und zielt auf das Menschsein als verbindliche, weil einzig verbindende Grundlage des Miteinanders in regionaler wie globaler und zugleich ökologischer Perspektive.

Bleibt eine Frage: Kann der ganze mögliche Mensch an ein Ende, sprich zu einer umfänglichen Erfüllung gelangen?

Die Idee des *ganzen möglichen Menschen* legt die Vermutung nahe, dass der Mensch sich selbst gegenüber insofern „immer vorläufig" bleibt, als dass davon auszugehen ist, er kann seine Potenziale weiter ausloten. In dieser Hinsicht ist er in Bildungskontexten zu adressieren.

Diese Perspektive bedarf auch der Schulung der pädagogisch verantwortlichen Akteur*innen, die sich wissenschaftlicher Qualifikation zu stellen haben, was bedeutet: möglichst viel zu wissen, um möglichst viel erkennen zu können. Gleichzeitig gilt es die Offenheit der Wahrnehmung zu pflegen. Denn der Mensch ist wissenschaftlich nicht endgültig zu vermessen, er geht nicht auf in dem, was wir über ihn wissen, da jede Forschung Teilerkenntnisse generiert.

Der unterstellte, nie völlig ausgeschöpfte Wachstumsprozess wäre aber falsch verstanden, würde er als unendlicher Fortschrittsgedanken im Sinn von „immer mehr" und „immer weiter" aufgefasst. Vielmehr geraten auch Grenzen des Wachstums in den Blick, individuell wie global. Denn das individuelle Wachstum umfasst nahezu dialektische Dimensionen, wenn es auch angesichts von Alterungsprozessen mit dem Verlust von Kräften, einer zunehmenden Angewiesenheit auf andere und der Beschäftigung mit den letzten Dingen des Lebens darum geht, den *ganzen möglichen Menschen* zu sehen. Weltweite Grenzen des Wachstums treten in Transformationsprozessen wie bspw. dem Klimawandel und der Globalisierung zutage. In diesen Belangen geht es um die Ausschöpfung des *ganzen möglichen Menschseins* für möglichst alle Menschen. Vielleicht ist diese Nuance des Begriffs von Bürmann et al. (1997) eine aktuelle Erweiterung: Das Humane gilt nicht nur individuell und in unmittelbaren sozialen Bezügen, vielmehr ist es angesichts der globalen Vernetzung auf das *ganze mögliche Menschsein* zu erweitern.

Literatur

Altner, Nils (2006): Achtsamkeit und Gesundheit. Auf dem Weg zu einer achtsamen Pädagogik. Reihe Gesundheits- und Bewegungswissenschaften, Band 26, Immenhausen: Prolog-Verlag.

Altner, Nils/Adler, Bettina (2021 i.D.): Being really here as a teacher: Embodied presence and mindful phenomenological dialogues promote intra- and interpersonal life skills in educational settings. In: Iwers, Telse/Roloff, Carola (Hrsg.): Achtsamkeit in Bildungsprozessen. Professionalisierung und Praxis. Wiesbaden: Springer.

Bellmann, Johannes (2011): John Dewey. Democracy and Education. In Böhm, Winfried/Fuchs, Birgitta/Seichter, Sabine (Hrsg.). Hauptwerke der Pädagogik. Leiden: Schöningh, 95–97.

Bloch, Ernst (1967): Zur Ontologie des Noch-Nicht-Seins. In: Holz, Hans (Hrsg.): Ernst Bloch – Auswahl aus seinen Schriften. Frankfurt a. M./Hamburg: Fischer, 63.

Bredekamp, Horst (2010): Theorie des Bildaktes. Frankfurt a. M.: Suhrkamp.

Brinkmann, Malte (2015): Pädagogische Empirie. Phänomenologische und methodologische Bemerkungen zum Verhältnis von Theorie, Empirie und Praxis. In: Zeitschrift für Pädagogik 61. H. 4, 527–545.

Brinkmann, Malte (2019): Embodied Understanding in Paedagogical Contexts. In: Brinkmann, Malte/Türstig, Johannes/Weber-Spanknebel, Martin (Hrsg.): Leib – Leiblichkeit – Embodiment. Pädagogische Perspektiven auf eine Phänomenologie des Leibes. Wiesbaden: Springer, 21–36.

Buber, Martin (1962): Das dialogische Prinzip. Münster: Lambert Schneider.

Bürmann, Jörg/Dauber, Heinrich/Holzapfel, Günther (Hrsg.) (1997): Humanistische Pädagogik in Schule, Hochschule und Weiterbildung. Schriftenreihe zur Humanistischen Pädagogik und Psychologie. Bad Heilbrunn: Klinkhardt.

Cassirer, Ernst (1964): Philosophie der symbolischen Formen. Darmstadt: Wissenschaftliche Buchgesellschaft.

Cassirer, Ernst (2010): Philosophie der symbolischen Formen. Zweiter Teil – Das mythische Denken. Hamburg: Felix Meiner.

Cohn, Ruth (2009): Von der Psychoanalyse zur themenzentrierten Interaktion: von der Behandlung einzelner zu einer Pädagogik für alle. 16. Auflage. Stuttgart: Klett-Cotta.

Dewey, John (1930/2000): Demokratie und Erziehung. Eine Einleitung in die philosophische Pädagogik. 1930: Breslau: Hirt, 2000: Weinheim: Beltz.

Dobos, Gustav/Paul, Anna (2019): Mind-Body-Medizin, 2. erw. Auflage, München: Urban & Fischer in Elsevier.

Frankl, Viktor (1959/2010): Logotherapie und Existenzanalyse. Texte aus sechs Jahrzehnten. Weinheim: Beltz.

Fukuyama, Francis (2019): Identität. Wie der Verlust der Würde unsere Demokratie gefährdet. Hamburg: Hoffmann und Campe.

Graf, Ulrike/Iwes, Telse (2020): Anerkennung und Wertschätzung aus der Perspektive der Humanistischen Pädagogik. In: Zeitschrift für Inklusion. Abrufbar unter: https://www.inklusion-online.net/index.php/inklusion-online/article/view/555. Abgerufen am: 10.03.2021.

Huppertz, Norbert (2010): Lebensbezogener Ansatz. In: Handwörterbuch für Erzieherinnen und Erzieher. Berlin: Beltz, 242–244.

Iwers, Telse/Graf, Ulrike/Bürmann, Jörg/Dauber, Heinrich (2019): Vorwort der Reihenherausgeberinnen und Reihenherausgeber zu Konzeption und Neuorientierung der Schriftenreihe zur Humanistischen Pädagogik und Psychologie. In: Graf, Ulrike/Iwers, Telse (Hrsg.): Beziehungen bilden. Wertschätzende Interaktionsgestaltung in pädagogischen Handlungsfeldern. Schriftenreihe zur Humanistischen Pädagogik und Psychologie. Bad Heilbrunn: Klinkhardt, 5–15.

Iwers, Telse/Marji, Hazar/Mitchell, Gordon/Neumann, Malin/Pfalzgraf, Anne-Marie/Radaideh, Khalida/Schroeer, Miles/Stelljes, Clara Noa (2021): THE. An International Exchange Project Between Universities in Times of the Corona Pandemic. Booklet: Abrufbar unter: https://transnationaledenkraeume.wordpress.com/2021/03/23/das-the-booklet-2/, Abgerufen am: 23.03.2021.

Iwers, Telse/Mitchell, Gordon (2020): Transnational Higher Education. Antrag auf Förderung eines Kurzprojektes im Förderprogramm Programmlinie 2: Deutsch-Arabische Kurzmaßnahmen mit Partnerhochschulen in Tunesien, Jemen, Marokko, Libyen, Jordanien, Libanon und Irak des DAAD.

Iwers, Telse/Roloff, Carola (Hrsg.) (2021): Achtsamkeit in Bildungsprozessen. Professionalisierung und Praxis. Berlin: Springer.

Kaltwasser, Vera (2008): Achtsamkeit in der Schule. Weinheim: Beltz.

Kant, Immanuel (1988): Kritik der reinen Vernunft. Hamburg: Felix Meiner.

Lacan, Jacques (1986): Das Spiegelstadium als Bildner der Ichfunktion. In: Ders.: Schriften I. Weinheim/Berlin: Turia, 61–70.

Lambert, Joe/Hessler, H. Brooke (2018): Digital Storytelling: Capturing Lives, Creating Community. 5th edition. New York: Routledge.

Ludwig, Vera U./, Brown, Kirk W./Brewer, Judson A. (2020): Self-Regulation Without Force: Can Awareness Leverage Reward to Drive Behavior Change? Perspectives on Psychological Science 15, H. 6, 1382–1399.

Merleau-Ponty, Maurice (1986): Das Sichtbare und das Unsichtbare. München: Wilhelm Fink.

Metzger, Wolfgang (1975): Was ist Gestalttheorie? In: Guss, Kurt (Hrsg.): Gestalttheorie und Erziehung. Darmstadt: Steinkopff, 1–17.

Metzinger, Thomas (2009): Der Ego-Tunnel. Vom Mythos des Selbst zur Ethik des Bewusstseins. Berlin: Berlin-Verlag.

Miller, Eric (2011): Theories of Story and Storytelling. Abrufbar unter: https://www.storytellingandvideoconferencing.com/67.pdf, Abgerufen am: 12.03.2021.

Mills, Brett/Barlow, David M. (2009): Reading media theory. New York: Routledge.

Mitchell, Gordon (2021): Pedagogical self-reflection in higher education. In: Iwers, Telse/Roloff, Carola (Hrsg.): Achtsamkeit in Bildungsprozessen. 185–196. Berlin: Springer.

Moreno, Jacob L. (2001): Psychodrama und Soziometrie. Essentielle Schriften (2. Aufl.). Köln: Edition Humanistische Psychologie.

Patrik, Linda (1994): Phenomenological method and meditation. In: The Journal of Transpersonal Psychology 26, H. 1, 37–54.

Pazzini, Karl-Josef (1992): Bilder und Bildung. Vom Bild zum Abbild bis zum Wiederauftauchen der Bilder. Münster/Hamburg: Lit.

Perls, Frederick S./Hefferline, Ralph F./Goodman, Paul (2007): Gestalttherapie. Zur Wiederbelebung des Selbst (9. Aufl.). Stuttgart: Klett-Cotta.

Perls, Laura (1978): Begriffe und Fehlbegriffe der Gestalttherapie. In: Zeitschrift für Integrative Therapie 4, H. 3, 208–214.

Portele, Heik (2017): Gestaltpsychologische Wurzeln der Gestalttherapie. In: Fuhr, Reinhard/Sreckovic, Milan/Gremmler-Fuhr, Martina (Hrsg.): Handbuch der Gestalttherapie (3. Aufl.). Göttingen: Hogrefe, 263–278.

Rodgers, Carol (2002): Defining Reflection: Another Look at John Dewey and Reflective Thinking. Teachers College Record 104, H. 4, 842–866.

Rogers, Carl R. (1986): Die Klientenzentrierte Gesprächspsychotherapie (2. Aufl.). Frankfurt a. M.: Fischer.

Rogers, Carl R. (1994): Klientenzentrierte Psychotherapie. In: Corsini, Raymond J. (Hrsg.): Handbuch der Psychotherapie (1. Bd., 4. Aufl.). Weinheim: Beltz, 471–512.

Schmidt, Stefan (2015): Der Weg der Achtsamkeit. Vom historischen Buddhismus zur modernen Bewusstseinskultur. In: Hölzel, Britta/Brähler, Christine (Hrsg.): Achtsamkeit. Mitten im Leben. Anwendungsgebiete und wissenschaftliche Perspektiven. München: O.W. Barth, 21–42.

Schützeichel, Rudolf (2012): Althochdeutsches Wörterbuch. Berlin: De Gruyter.

Skiera, Ehrenhard (2011): Reflexive Selbsterfahrung als Weg zur Seele. Übungen zur Vertiefung der Beziehung zu sich selbst, zum Anderen und zur Natur. Schriftenreihe zur Humanistischen Pädagogik und Psychologie, hrsg. von Bürmann, Jörg/Dauber, Heinrich/Holzapfel, Günther. Bad Heilbrunn: Klinkhardt.

van Maanen, Max (2016): Pedagogical tact. London/New York: Routledge.

Viereck, George Sylvester (1929): What Life Means to Einstein: An Interview by Viereck, George Sylvester. In: The Saturday Evening Post 26.10.1929, 17.

Wang, Carol Ch./Geal, Sara K. (2015): The power of story: Narrative inquiry as a methodology. In: nursing research. International journal of nursing sciences 6, H. 2, 195–198.
Warburg, Aby (1988/2011): Schlangenritual – ein Reisebericht. Berlin: Wagenbach.
Zizek, Slavoj (1995): Über virtuellen Sex und den Verlust des Begehrens. In: Gerbel, Karl/Weibel, Peter (Hrsg.): Mythos Information. Welcome to the Wired World. Wien/New York: Springer, 125.

Weiterbildungen an der Universität Duisburg-Essen zum Thema

GAMMA-Gesundheit, Achtsamkeit und Mitgefühl im Schulalltag. https://www.nhk-fortbildungen.de/52-0-GAMMA.html.
AmSel-Achtsamkeits- und mitgefühlsbasierte Suchtprävention in Schulen. http://www.achtsamkeit.com/amsel.

Bild und Organisationspädagogik

Susanne Maria Weber und Marc-André Heidelmann

„Every great advance in science has issued from a new audacity of imagination"
(John Dewey, The Quest for Certainty, 1929)

1. Organisationspädagogik als Kontext der Bildlichkeit

Als erziehungswissenschaftliche Subdisziplin befasst sich die Organisationspädagogik mit dem Lernen „in, von und zwischen Organisationen" (vgl. Göhlich/Weber/Schröer u. a. 2014: 96). Dieser vergleichsweise neue Gegenstandsbereich der Erziehungswissenschaft hat sich über die letzten beiden Jahrzehnte hinweg etabliert und institutionalisiert (vgl. Göhlich 2018; vgl. Weber 2020). Von der Initiative Mitte der 2000er Jahre über die Kommissionswerdung im Jahre 2009, der Etablierung eines Forschungsmemorandums im Jahre 2013/2014 (vgl. Göhlich/Weber/Schröer u. a. 2014) und Sektionswerdung im Jahre 2018 konnte sich die Organisationspädagogik allerdings nicht nur im deutschen Sprachraum verankern. Im Jahr 2014 wurde sie in der europäischen Fachgesellschaft European Educational Research Association (EERA) verankert und verabschiedete im Jahre 2016 ein europäisches Forschungsmemorandum (vgl. Göhlich u. a. 2018). Auch in der globalen Fachgesellschaft World Educational Research Association (WERA) etablierte sich die Organisationspädagogik als Forschungsnetzwerk und führt seitdem auch internationale Veranstaltungen und Tagungen durch. Neben dem deutschen und europäischen Forschungsmemorandum befindet sich auch ein globales Forschungsmemorandum in Vorbereitung (Weber & Wieners 2023). Anhand zweier existierender (und eines im Werden begriffenen) Forschungsmemoranden deuten sich bereits einerseits unterschiedliche Perspektiven auf Organisationspädagogik an. Andererseits verweisen sie auf unterschiedliche Relevanzsetzungen, die Perspektivität des ‚Sehens' sowie das ‚was in den Blick kommt'. Um hier aber zunächst an den Grundlagen anzuknüpfen, die sich der deutschsprachige Diskurs der Organisationspädagogik gegeben hat, soll im Folgenden auf das deutschsprachige Forschungsmemorandum Bezug genommen werden. Auf diese Weise soll systematisch der Stellenwert des Bildes für die Organisationspädagogik erschlossen und konkrete Verhältnisbestimmungen ermöglicht werden.

Zunächst gilt es, die noch relativ junge Subdisziplin der Organisationspädagogik in ihren Kernanliegen kurz vorzustellen. In der Präambel des Forschungsmemorandums von 2014 formuliert die Organisationspädagogik das Anliegen einer wissenschaftlichen Selbstverständigung, in der relevante Forschungsgegenstände und -desiderate zu identifizieren, inhaltlich weiter zu systematisieren und das Forschungsgebiet institutionell weiter zu etablieren sei (Göhlich/Weber/Schröer u. a. 2014: 95).

Organisationspädagogik versteht sich hier einerseits als Subdisziplin der Pädagogik, die das Interesse an menschlicher Entwicklung teilt, dieses aber auf den Gegenstand der Organisation bezieht. Diese wird je nach Referenztheorie „als Meso-Ebene der Gesellschaft, als organisierter Kontext von Lernprozessen, als zielbezogenes kollektives Arrangement des Organisierens und Lernens gefasst" (ebd.). Den übergreifenden gemeinsamen Nenner einer organisationspädagogischen Perspektivierung von Organisation stellen pädagogische, aber auch sozial- und kulturwissenschaftliche Referenztheorien dar (vgl. Göhlich u. a. 2018).

Als pädagogische Subdisziplin versteht sich Organisationspädagogik zudem als different zu rein analytischen oder funktionalen disziplinären Selbstverständnissen: Demnach reflektiert Organisationspädagogik „darüber hinaus in normativer Hinsicht die Ziele des Lernens und ist an einer effektiven und humanen Gestaltung von Organisationen interessiert" (Göhlich/Weber/Schröer u. a. 2014: 95). Neben einem rein analytischen Bezug zu Bildlichkeit wird diese demnach auch hinsichtlich normativ-ethischer Dimensionen reflektiert. Bildlichkeit wird für die Organisationspädagogik bereits relevant, insofern das in der Organisationspädagogik angelegte Reflexionsverhältnis bereits für „konflikthafte, widersprüchliche und dysfunktionale Phänomene, aber auch für die jeweilige Perspektivität der Forschungszugänge sensibilisiert" (ebd.: 96). Damit wird Perspektivität als Konstruktionsleistung im Sinne eines situierten Sehens für die Organisationspädagogik zentral gesetzt.

Ein weiteres Spezifikum ist darin zu sehen, dass sich die Organisationspädagogik „einem empirisch-analytischen ebenso wie einem pädagogisch-gestaltungsorientierten Wissenschaftsverständnis verpflichtet" sieht (ebd.). Auch hier zeigt sich der Anschluss an Bildlichkeit, die nicht nur analytisch, sondern auch in gestaltungsorientierter Hinsicht relevant wird. Mit Blick auf das pädagogische Erkenntnisinteresse „fragt die Organisationspädagogik nicht nur nach der strukturellen, sondern auch nach der prozessualen und kulturellen Verfasstheit von Organisationen" (ebd.). Der enge Bezug zu kultur- und praxistheoretischen Vorstellungen des Organisierens lässt darüber hinaus auch einen engen Bezug zum Ästhetischen entstehen (vgl. Weber 2018). Dieser wird allerdings nicht nur in formalen Kontexten pädagogischer Praxis relevant: Organisationspädagogik „bezieht sich sowohl auf pädagogische als auch auf nicht-pädagogische Organisationen" (Göhlich/Weber/Schröer u. a. 2014: 96).

Im Handbuch Organisationspädagogik, das eng an das Forschungsmemorandum anschließt, werden historische Referenzlinien ebenso wie systematische und historische Bezüge pädagogischer Subdisziplinen entfaltet. Es werden unterschiedliche theoretische Referenzpunkte erschlossen ebenso wie organisationspädagogische Forschungsstrategien und Methodologien reflektiert. Es werden spezifische Gegenstände der Organisationspädagogik diskutiert wie auch spezifische Organisationen als Orte organisationspädagogischer Forschung und Praxis vorgestellt. Nicht zuletzt hat auch der Gegenstand der Institutionalisierung und Professionalisierung der Organisationspädagogik seinen Platz nicht nur im Handbuch Organisationspädagogik (vgl. Göhlich/Schröer/Weber 2018), sondern auch in der breit geführten Fachdebatte gefunden.

Welche Anschluss- und Relevanzpunkte zeigen sich hier zu Bildlichkeit und welche Rolle spielt diese in der und für die Organisationspädagogik? Wie deutlich werden wird, setzen wir an der (Multi-)Perspektivität des Sehens, der Bedeutung der Wahrnehmung und der Erfahrung, des Blickens und des Imaginierens an, um die Bildhaftigkeit nicht von einem absoluten, nur rein objekthaften Bildverständnis her zu entfalten. Wir fächern damit verschiedene Dimensionen der Bildlichkeit im Horizont des Organisierens auf, die zu einer Epistemologie des Blicks beitragen und das Organisieren von Blickordnungen zu erhellen suchen. Insgesamt adressiert der Beitrag den Gegenstand aus der Fülle der Wissensbestände heraus in die Frage des Organisierens zwischen Repräsentation und Imagination. Gesellschaft – und entsprechend auch Organisationen – verstanden als imaginäre Institution changiert und oszilliert damit immer in der Frage und den Verhältnisbestimmungen der von Imdahl (1996) aufgeworfenen Differenz zwischen ‚Wiedererkennendem Sehen' und ‚Neu-Sehen'. Wir widmen uns daher im zweiten Kapitel auch der (wissenschaftlichen) Wahrnehmung des Organisierens. Wir nehmen die Verschiebung von einer rationalistischen hin zu einer ästhetischen Organisationsforschung zum Ausgangspunkt unserer Reflexionen, um dann organisationspädagogische Perspektiven auf organisationale Ästhetik zu werfen. Wir blicken auf den Entwurf einer visuellen Organisationspädagogik, die erkenntnistheoretisch nach den Wissensvoraussetzungen des institutionalisierten Sehens fragt. Im dritten Kapitel stellen wir daher Überlegungen zu einer organisationspädagogischen ‚Epistemologie des Blicks' an und fragen danach, wie sich aus diskursiv-viskursiver Perspektive symbolische Blick- und Bildordnungen im Organisieren materialisieren. Die Frage nach den ‚Sichtbarkeiten und Sagbarkeiten' wird als historische, zeitlich und räumlich situierte epistemische Praxis des Sehens und des institutionalisierten Blicks gefasst. Repräsentieren, Disziplinieren, Normalisieren werden knapp als institutionelle Ordnungen des Sehens und Praxis des Blicks vorgestellt, um dann das Träumen, Vorstellen, Entwerfen als alternative visuelle Praktiken und Dispositive des Bildlichen zu erschließen. Diese diskurs- bzw. viskursorientierte Analyseperspektive wird im vierten Kapitel organisationspädagogisch fruchtbar gemacht für den Ansatz ästhetischer Transformation und einer performativen Organisationspädagogik. Diese kann einerseits eine Kritik an organisationaler ‚Dekoration' formulieren. Andererseits macht sie das Intervenieren in Blickordnungen als Ansatz der Organisationsgestaltung zum Ausgangs- und Referenzpunkt einer Veränderung organisationaler Praxis. Im Horizont einer ‚Ikonologie des Performativen' (vgl. Wulf/ Zirfas 2005) werden dialogische und artefaktbasierte Strategien des Entwerfens und Gestaltens umrissen, die auf das Intervenieren in Blickordnungen abzielen. Solche Strategien können dazu beitragen, ein ästhetisches Organisationsmodell und mithin einen ästhetischen Typus des Organisierens hervorzubringen. Im Anschluss an Beuys (1992) formuliert sich hier das Organisieren als ‚Soziale Plastik'. Abschließend wird dann im fünften Kapitel ein Portfolio-Ansatz vorgestellt, mit dem Bildlichkeit im Organisieren organisationspädagogisch erforscht und gestaltet werden kann. Bild und Organisationspädagogik wird damit insgesamt vom Sehen, Wahrnehmen, Blicken und Imaginieren, und damit dem Spektrum bildlicher Praktiken her aufgerollt. Diese werden im Organisieren relevant und entsprechen der prozess-, praxis- und kulturtheoretischen Perspektive der Organisationspädagogik auf das Organisieren. Auf diese Weise soll im Folgenden das Verhältnis von Bild und Organisationspädagogik reflektiert werden.

2. Sehen, Wahrnehmen, Erfahren, Blicken: Dimensionen des Bildlichen im Horizont des Organisierens

Gegen eine allgemein sprachzentrierte Perspektive wurde die Ikonologie von Panofsky (1939) zu einem wichtigen Bezugspunkt für den breiten Strom der heutigen ‚visual studies' (vgl. Rimmele/Stiegler 2012: 72; vgl. Wieners/Weber 2021). Mit dem sogenannten ‚practice turn', dem ‚pictorial turn' (vgl. Mitchell 1994) und ‚iconic turn' (vgl. Boehm 1994) sind Bilder und Ästhetik insgesamt zu einem zentralen Bezugspunkt heutiger theoretischer Erörterungen, Analysen (vgl. Belting/Dilly/Kemp/Sauerländer/Warnke 2008; vgl. Sachs-Hombach 2003) und methodologischen wie methodischen Überlegungen auch der Organisationsforschung (vgl. Strati 2000) geworden. In den letzten Jahrzehnten hat sich das inter- und transdisziplinäre Feld der Bildwissenschaften herausgebildet, welches unterschiedliche Forschungsstränge integriert (vgl. Boehm 1994; vgl. Geimer 2009; vgl. Probst/Klenner 2009; vgl. Sachs-Hombach 2003; 2009; 2010) und sich auch organisations- bzw. arbeitsbezogen ausformuliert (vgl. Türk 2000). Während der ‚iconic turn' vor allem in den philosophischen und theoretischen Debatten der deutschen Bildwissenschaft diskutiert wird, bezieht sich der ‚pictorial turn' viel mehr auf das vor allem sozialwissenschaftlich geführte praxisorientierte Forschungsfeld der ‚Visual Studies'. Hier verorten sich dann auch stärker die organisationstheoretischen und organisationsbezogenen Zugänge. Insbesondere die grundlagentheoretischen Fragen eines ikonischen Erkenntnismodells entfalten hier Relevanz. Hier werden auch bildwissenschaftliche Fragen nach der ‚ikonischen Differenz' (vgl. Boehm 1994), einer Wesensverschiedenheit von Bild und Sprache, oder der Textförmigkeit von Bildern für organisationstheoretische und organisationspädagogische Debatten anschlussfähig.

Das inter- und transdisziplinäre Feld philosophischer und kulturwissenschaftlicher, soziologischer, psychologischer und neurologischer ebenso wie auch pädagogischer Wissensbestände geht ein in die allgemeine Organisationsforschung, ebenso wie in die organisationspädagogische Theoriebildung, empirische Organisationsforschung ebenso wie die Organisationsentwicklung und -beratung einer organisationspädagogischen Praxis (vgl. Weber 2017). Im Folgenden sollen knapp einige Anschlussstellen umrissen werden, die für die Organisationsforschung und insbesondere die organisationspädagogische Forschung fruchtbar gemacht werden (können). Je nach (organisations-)theoretischer Provenienz kann hier an sehr unterschiedliche BildDiskurse[1] (vgl. Maasen/Mayrhauser/Renggli 2006) angeknüpft werden: So greift das Diskursspektrum der Thematisierung des Bildlichen ‚Gesellschaft als imaginäre Institution' auf (vgl. Castoriadis 1975) und adressiert hier das kollektive Imaginäre in seiner reproduktiven ebenso wie transformativen Potenzialität. Gesellschaftswissenschaftliche und gestaltungsorientierte Perspektiven interessieren sich für die Basismetaphern der ‚Bilder des Organisierens' (vgl. Cooperrider 2000; vgl. Morgan 1997) oder für lokale und regionale Imaginationen. Eine kurze Übersicht durch unterschiedliche BildDiskurse verweist auf Bildlichkeit als Medium gesellschaftlicher Repräsentation und Transformation.

2.1 Sehen: Das gesellschaftliche Imaginäre zwischen Repräsentation und Imagination

Im Horizont gesellschaftsorientierter Organisationstheorien wird der Bezug zu Gesellschaft als imaginäre Institution und als Horizont gesellschaftlicher imaginärer Bedeutungen durchaus relevant (vgl. Castoriadis 1975). Solche Perspektivierungen verweisen auf die Repräsentation sozialer Ordnung (vgl. Geimer 2003; vgl. Wolf 2002; 2003). Institutionen bewegen sich im Symbolischen und Imaginären (vgl. Castoriadis 1975: 217). Organisationale Logiken liegen hier beispielsweise in der reproduzierenden Logik und Vorstellung von Welt als Ensemble identischer Elemente und zerlegbarer Mengen. In gesellschaftlichen Imaginationen reproduziert sich eine solche Identitäts- und Mengenlogik. Die Wiederholung

---

[1] Mit dem Kopulativkompositum ‚BildDiskurse' wird die für den vorliegenden Beitrag konstitutive enge Zusammenhangsgestalt von ‚Bild' und ‚Diskurs' sprachlich deutlicher hervorgehoben, als dies aus Sicht der Autor*innen in der ansonsten üblicheren durchgekoppelten Schreibweise der Fall wäre.

des schon Vorhandenen schließt, so Castoriadis (1975), das Anderswerden aus. Ein solcher ontologischer Ausschluss des Neuen und Schöpferischen aus dem philosophischen und wissenschaftlichen Denken auf das Imaginäre als gesellschaftlich-geschichtliche Institution lässt die Forderung nach der Revision des gesellschaftlich Imaginären aufscheinen.

Gesellschaft als imaginäre Institution (vgl. Castoriadis 1975) ist aber nicht nur als imaginäre Ordnung anzusehen (Geimer 2003; Wolf 2002; 2003), sondern birgt – neben dem ‚reproduzierenden Sehen', oder ‚Wieder Sehen' wie es Imdahl (1996) nennt, immer auch das Potenzial des ‚Neu-Sehens', der Imagination und damit der Neu-Konstitution mentaler Imaginationen und symbolischer Formen.

2.2 Wahrnehmen: Die Ästhetisierung der Organisationsforschung

Solche Perspektiven sind auch in die Organisationsforschung eingegangen: Die „bewusste und kollektive Blindheit der Organisationswissenschaftler" (Strati 1999: 3) wurde seit den 1980er Jahren abgelöst von ästhetischen Organisationsvorstellungen. Gegen rationale Konzeptionen der Organisation, gegen einen ‚körperlosen' Begriff des Organisierens (vgl. ebd.: 4; vgl. Hartz/Nienhüser/Rätzer 2019: 6) und ausgehend von der Kritik einer unterkomplexen, kausalen, statischen und rationalistischen Organisationsforschung schlug Strati (2000) eine ästhetische Forschungsperspektive auf organisationale Dynamiken vor. In seiner Vorstellung führt die Aktivierung der Sinne zu einem empathischen Verständnis von Organisationen (vgl. Strati 1999: 67).

Dieser ehemals blinde Fleck der Organisationsforschung und Organisationstheorie wird seit den 1980er Jahren thematisiert und die komplexen Verbindungen zwischen Ästhetik und Organisation (vgl. Gagliardi 1996; vgl. Strati 1999; 2000; vgl. Taylor/Hansen 2005) aufgegriffen. Hier werden vier verschiedene Bereiche der Organisationsforschung unterschieden: So widmet sich ein instrumentell-intellektueller Zugang der Relevanz von Organisationsästhetik und organisationalen Metaphern im Management und dem Lernen des Managements. Ein zweites Feld bezieht sich auf Ästhetik als Inhalt des Organisierens und adressiert z. B. Fragen der Gestaltung in designbezogenen Branchen, Produkten oder Praktiken. Ein dritter Bereich widmet sich instrumentell orientierten kunstbasierten Ansätzen. Hier wird Kunst als Methode zur Problemlösung auf individueller oder kollektiver Ebene angesprochen. Ein viertes Feld bezieht sich auf die Verwendung ästhetischer Formen, um Alltagserfahrungen in Organisationen zu analysieren und zu erschließen (vgl. Taylor/Hansen 2005: 1217). Das Spektrum des Bildlichen bewegt sich demnach zwischen dem Gegenstand explizit-materieller Bildlichkeit und der grundlagentheoretischen Verortung des Organisierens als ästhetischer Erfahrung (vgl. Gagliardi 1996: 566) als sinnliches, stillschweigendes, implizites

Wissen, das sich vom intellektuellen oder kognitiven Wissen unterscheidet. Das Spektrum bewegt sich aber auch zwischen funktional-managerialen und grundlagentheoretisch-analytischen Zugängen.

2.3 Erfahren: Organisationspädagogische Perspektiven auf organisationale Ästhetik

Wie oben bereits deutlich wurde, liegt die Analyse organisationaler Ästhetik ebenso wie das Interesse an organisationalem Lernen und Gestaltung nicht nur im Schnittfeld pädagogischer, philosophischer und kunsttheoretischer Fragen, sondern im Kernbereich organisationspädagogischer Fragen (vgl. Weber 2018) und knüpft damit an den Denktraditionen Baumgartens (2009) an, der Ästhetik bereits 1735 als Wissenschaft der sinnlichen Erkenntnis fasste. An eine Vorstellung von Erkenntnis, die auch durch sinnliche Wahrnehmung, Fühlen, Empfinden und Begreifen entsteht, knüpft die Organisationspädagogik mit ihrem Kern- und Referenzbegriff der ‚Erfahrung' an (vgl. Göhlich/Weber/Wolff 2009) und verweist hier auch auf die pragmatistischen Wurzeln einer an der ästhetischen Erfahrung ansetzenden (Organisations-)Pädagogik (vgl. Elkjaer 2018). ‚Wahrnehmung' (aisthesis) wird hier zum relevanten Bezugspunkt des Organisierens und verstanden als „außen- und innengerichtete Arbeit mit und an den Sinnen, die auch Stofflichkeit, Material und geformte Dinge einbezieht" (Weber 2018: 344). Diese grundlagentheoretische Perspektive auf Ästhetik „zielt auf die Förderung eines Bewusstseins der Sinnestätigkeiten einschließlich der Wahrnehmung des Nichtwahrnehmbaren und der Vorstellungskraft" (ebd.). Die bereits von Aristoteles aufgegriffenen Fragen gingen demnach nicht nur in das bildungsphilosophische und -pädagogische Denken der Klassiker*innen wie Rousseau, Pestalozzi, Humboldt, Fröbel und Reformpädagog*innen wie z.B. Kerschensteiner, Montessori, Hahn etc. ein. In diesen ganzheitlichen Vorstellungen einer Bildung mit ‚Kopf, Herz und Hand' werden Bildungsprozesse generell als ästhetische und leibliche Erfahrung gefasst. Bildung, verstanden als kulturelle Bildung (vgl. Liebau 2007: 83), oszilliert hier zwischen Wahrnehmung und Bewusstsein, zwischen Aisthesis und Ästhetik (vgl. Mollenhauer/Wulf 1996). Gerade auch die Forschungsgruppe um Wulf (vgl. Wulf 2001; vgl. Wulf/Zirfas 2007) stellt Wurzeln auch für die Organisationspädagogik dar und hat mit ihren Beiträgen zu einer ‚performativen Pädagogik' und performativen Bildungstheorie auch eine performative Forschungsorientierung (Wulf/Zirfas 2007: 9) unterstützt. Diese zielt darauf ab, den Blickwinkel hin zu den körperlichen und materiellen Praktiken zu verschieben. Göhlich (2001a) hat diese Forschungsperspektive für die Organisationspädagogik fruchtbar gemacht. Die organisationspädagogische Forschung interessiert sich damit wesentlich für die Analyse kultureller und sozialer Praktiken im Organisieren. Organisationspädagogische Forschungsstrategien knüpfen damit am ‚performative turn' der pädagogischen Forschung an und beziehen phänomenologische, ethnographische und geisteswissenschaftlich-hermeneutische Theorielinien systematisch ein. Solche Perspektivierungen von Organisationen und ihren Praktiken interessieren sich für beobachtbare Regelmäßigkeiten und ‚Praxismuster' (Göhlich 2001b; 2014), die in der organisationalen mimetischen, fragilen und differenzbearbeitenden Praxis aufscheinen (vgl. Gebauer/Wulf 1992). Diese Praxis lässt sich als Wirklichkeitskonstitution kennzeichnen, die im Modus körperlichen und sprachlichen Handelns, Macht und Kreativität entsteht (vgl. Wulf/Göhlich/Zirfas 2001).

Diese analytisch-theoretische Fundierung des ‚Ästhetischen' wird aber auch für ein handlungswissenschaftliches Selbstverständnis der (Organisations-)Pädagogik relevant (vgl. Göhlich 2001: 110 ff.), das eher von Intentionalität, Rationalität, Funktionalität und Normativität getragen ist und Fragen kollektiver und organisationaler Bildungs-, Gestaltungs- und Forschungsprozesse im Horizont formaler, materialer, kategorialer, biographischer und utopischer Bildung aufwirft (vgl. Wulf/Zirfas 2007: 11–12). Damit oszilliert das Ästhetische zwischen ‚Objekten und Subjekten, zwischen Handeln und Prozessgestaltung' (Weber 2018: 345). Das „Sinnenhafte wie Geistige, Alltägliche wie Sublime, Lebensweltliche wie Künstlerische" (Welsch 2003: 10) wird so zu einem Verstehensmedium für Wirklichkeit.

Hatch und Yanow (2008) stellen die Verbindung zwischen epistemischen Forschungsstrategien akademischer Communities und künstlerischen Strategien her. Forscher*innen malen demnach theoretische ‚Leinwände'. Ihre Arten des Sehens lassen sich durchaus metaphorisch mit den Praxismustern der Malerei in Beziehung setzen. So ließen sich die ‚Methodologien' des Sehens, Malens und Forschens hinsichtlich ihrer jeweiligen ontologischen und epistemologischen Vorannahmen unterscheiden, so wie sich beispielsweise die Malerei von Pollock oder Rembrandt unterscheiden lasse. Über den Umweg der Metapher erschließen sich demnach neue Perspektiven – als neue Wege des Sehens und das metaphorische Verstehen methodologischer Differenzen in der Organisationsforschung.

2.4 Blicken: Einer visuellen Organisationspädagogik auf der Spur

Entsprechend schlägt Goldfarb (2002) in seinem Buch ‚Visual Pedagoy: Media Cultures in and beyond the Classroom' vor, dem Visuellen mehr Aufmerksamkeit zu widmen. Während Paulo Freire (1996) das ‚Lesen der Welt' thematisiert habe, um Bildungs- und Sozialsysteme neu zu erfinden, vertritt Goldfarb das Desiderat, sich der neuen Ära des Visuellen zuzuwenden und die Bedeutung des Visuellen für die (Re-)Produktion von Wissen anzuerkennen (vgl. Weber/Heidelmann 2022). Mit dem kritischen Begriff der ‚Visuellen Pädagogik' sucht Goldfarb nach Strategien des Widerstands und der sozialen Transformation im

Spektrum der funktionalen Strategien der Wissensökonomie. Mit dem Fokus auf das transformative Potenzial des Visuellen versteht er eine ‚Visuelle Pädagogik' als ‚kulturelle Politik' einer kritisch-anwaltschaftlichen Pädagogik, die inmitten medialer, Bilder produzierender Komplexe ein kollektives Imaginäres erzeuge und die ‚visuelle Logik der Wissensproduktion' fruchtbar mache (vgl. Goldfarb 2002: 21). Als Beitrag zum Empowerment eröffne sie Möglichkeiten, Hierarchien und pädagogische Autoritäten in Frage zu stellen. Sie könne ein kritisches Ethos in einer historisierenden und transnationalen Perspektive unterstützen, welche sich auch auf Organisationen beziehe. Sie könne öffentliche Repräsentation und performative Reproduktion kultureller Stereotypen problematisieren und zur Identitätsbildung von Individuen und Gemeinschaften beitragen. Indem sie performativ von Denkweisen und der Organisation des Lebens erzähle (vgl. ebd.: 21 f.), könne sie dazu beitragen auch die Modi der Wissensproduktion zu reflektieren. Pädagogische Forschung und Interventionen sollten daher die Frage stellen, ‚unter welchen Bedingungen und mit welchen Mitteln' wir zu Wissen kommen. Eine ‚visuelle Pädagogik' müsse demnach grundsätzlich in einer erkenntnistheoretischen Perspektive verankert sein.

3. Das Sehen der Institutionen: Überlegungen zu einer organisationspädagogischen ‚Epistemologie des Blicks'

Ähnlich wie die ‚Visual Studies' verstehen wir damit Sehen und Wahrnehmen als kulturelle, gesellschaftliche Praktiken. Aus einer organisationspädagogischen Perspektive können poststrukturalistische Analysen das Potenzial einer ästhetischen Epistemologie entfalten. Aus einer Foucaultschen Perspektive heraus ist es weiterführend, Organisationen aus einer Macht-/Wissensperspektive zu analysieren (vgl. Weber/Wieners 2018). Foucault war an den ‚Sichtbarkeiten und Sprechbarkeiten' interessiert und untersuchte mit der Frage nach Wahrnehmungs- und Sichtbarkeitsordnungen (vgl. Flicker 2019: 11) institutionelle ‚Lichtordnungen'. Obwohl sich jeder Diskurs sowohl auf Sichtbarkeiten und Sprechbarkeiten' beziehen kann (vgl. Foucault 1973), hebt Knorr-Cetinas Begriff des ‚Viskurses' (1999) in Anlehnung an den Foucaultschen (1973) Diskursbegriff explizit auf die hervorbringende Qualität des (forscherischen) Sehens ab. Gerade Visualisierungen seien für die Formierung von Macht-Wissen-Konstellationen von wesentlicher Bedeutung: „Wo es Viskurs gibt, wird Diskurs schnell als ‚bloßes Reden' abgetan, der keine experimentellen Ergebnisse ‚zeigt' und keinen Nachweis für die Durchführung bestimmter Arbeiten erbringt" (ebd.: 249).

Die Frage nach dem Verhältnis von Bild und Organisationspädagogik soll insofern als Frage nach der Art institutionalisierten ‚Sehens' und der organisierten Blickordnungen verfolgt werden. Eine solche Frage nach dem Visuellen erweitert auch die diskursorientierte Organisationsforschung (vgl. Weik/Lang 2005), die sich im internationalen Kontext als ‚organizational discourse' (vgl. Grant/Hardy/ Oswick/Putnam 2004) und ‚critical management studies' (vgl. Alvesson/Deetz 2000) formiert hat.

3.1 Sichtbarkeiten: Die Materialisierung diskursiv-viskursiver Ordnungen

Für den politischen Philosophen Foucault stellen Organisationen eine ‚nebensächliche Einheit' dar, da Wissen den Ausgangspunkt seines Denkens bildete. Aus einer Diskursperspektive im Anschluss an Foucault werden Institutionen und Organisationen nicht als Entitäten, sondern im Modus eines ‚Denkens in Handlungsketten' analysiert. Entgegen einer entitätslogischen Vorstellung von Organisationen werden diese nicht als bereits existierende Gebilde verstanden, sondern als sich in komplexen Macht- und Wissensnetzwerken prozessual formierend gedacht. Diese Analyseperspektive interessiert sich für ein sich in der diskursiven Praxis des Organisierens aktualisierendes Macht/Wissen. Solche Untersuchungen organisationaler Praktiken fragen nach den Modi der Hervorbringung und Akzeptabilität von „Ordnungen des Denkbaren und Sagbaren" (Foucault 1969: 74) und zielen demnach auf die Analyse symbolischer Ordnungen. Organisationale Diskurse sind relational zu verstehen als Beziehungen „in einem Feld von Interaktionen" (Foucault 1992: 40), „in einer unlöslichen Beziehung zu Wissensformen", im Möglichkeitsfeld und folglich in einem Feld „der möglichen Umkehrung" (ebd.: 40). Damit wird der Gegenstand des organisationalen Lernens und des Lernens ‚in, von und zwischen Organisationen' (vgl. Göhlich/ Weber/Schröer u. a. 2014) von Wissenspraktiken bzw. dem ‚organisierenden Wissen' sowie den Dispositiven her gedacht. Foucault interessierte sich für institutionalisierte ‚Blickordnungen', die beispielsweise die ‚hysterische Frau', den ‚Delinquenten' oder den ‚Verrückten' systematisch positionierten (vgl. Weber/ Heidelmann 2021; vgl. Wieners/Weber 2021). Diese Perspektive fragt also nach der institutionalisierten Praxis des Sehens und Wahrnehmens (vgl. Wieners/ Weber 2021) und befragt diese reflexiv auf die Möglichkeitsbedingungen des Sehens. Mit dem von Knorr-Cetina (1999) geprägten Terminus des ‚Viskurses' können Wahrnehmungsmuster als Sehordnungen untersucht werden, und auf diese Weise die Praxis des Sehens als Herstellungspraxis deutlicher herausgestellt werden. Die Epistemologie des Blicks, der (institutionellen) Erzeugung von Sichtbarkeiten (von Objekten und Subjekten) und des ‚organisierten' Sehens sind in dieser Konzeption zentrale Elemente. Die Frage organisationalen Wandels stellt sich vor diesem Hintergrund dann als Frage der Transformation organisationaler Blickordnungen in Dispositiven des Blicks.

Foucault (1978: 119) sieht das Dispositiv als ein heterogenes Ensemble, das Diskurse, Institutionen, architektonische Einrichtungen, reglementierende Entscheidungen, rechtliche Rahmenbedingungen, administrative Maßnahmen, wissenschaftliche Positionen, philosophische, moralische oder philanthropische Urteile umfasst. Als Ordnungsmuster und Netz wird es zwischen diesen Elementen hergestellt (vgl. ebd.). Dispositivanalysen interessieren sich für die systematische Analyse sichtbarer Formen. Dispositivanalysen des Visuellen fragen nach den Funktionen von Medien und Medialisierungsprozessen für das Organisieren, ebenso wie für die Selbst- und Subjektbeziehungen. Eine ‚Archäologie der sichtbaren Formen' widmet sich ebenfalls der Analyse komplexer Wissensbestände, die wiederum die Praxis der Bilder organisieren. Eine solche organisationspädagogische Analyse des Bildlichen und Visuellen bezieht immer die Materialität des Raumes und spezifische diskursive Regelmäßigkeiten mit ein. Bildliches und Visuelles wird nicht auf mentale, psychische oder ästhetische Funktionen reduziert, sondern interessiert hinsichtlich der Allianzen und Überschneidungen von ‚Sprechbarkeiten' und ‚Sichtbarkeiten'. Der Frage, was ein Bild ist, geht die Frage voraus, wie ein Bild zu sein hat (vgl. Balke 2011: 169) und wie Bilder ikonisch werden. In diesem Sinne und im Anschluss an Deleuze (2005: 154) sehen wir auch die Dispositive als ‚optische Maschinen', die dem Sehen dienen können, ohne selbst sichtbar zu werden (vgl. Wieners/Weber 2021).

Foucault untersuchte zahlreiche Operationen und Techniken der Visualisierung durch bildbasierte Medien und kulturelle Praktiken (vgl. Balke 2011: 154). Foucaults bildtheoretische Grundposition war dabei immer, dass das Bild als Medium der Wahrheit nicht durch die Sprache ersetzbar ist. Verstehen wir also den institutionalisierten Blick als historische, zeitlich und räumlich situierte Praxis (vgl. Rimmele/Stiegeler 2012: 40 f.) innerhalb institutionalisierter Blickordnungen, dann folgt das Visuelle seinen spezifischen Rationalitäten. Im Folgenden stellen wir daher kontrastierende Bilddispositive vor: Die visuellen Dispositive der Repräsentation, der Disziplinierung, der Normalisierung und der Imagination verweisen auf eine relationale Ontologie und den institutionalisierten Blick als Organisator situierter Praktiken ebenso wie auf Organisationsformen und Konzeptionen der Menschenführung. Sie organisieren Sichtbarkeiten in spezifischen Macht- und Wissensfeldern (vgl. de Certau 1991: 230 f., zit. in Renggli 2007: 2).

3.2 Repräsentieren, Disziplinieren, Normalisieren: Die Praxis des Blickens in Institutionellen Ordnungen

In Velazquez ‚Las Meninas' hat Foucault (1971) das Tableau des repräsentativen Blicks als Monument des Diskurses und der visuellen Ordnung analysiert. Demnach übernimmt der Spiegel in einem mehrschichtigen oder gestaffelten Raum die Funktion der Fixierung dessen, was die Personen im dargestellten Raum

‚außerhalb des Bildes' betrachten – es ist das spanische Königspaar, auf das alle schauen. Als Instanz trägt es die Totalität der Sichtbarkeit in sich – und zugleich das nicht repräsentierte Außen, das sich dem Repräsentiertsein verweigert. Eine solche Bildpraxis lässt das Bild aus seinem Rahmen heraustreten. Die Aufgabe der Repräsentation besteht darin, das Sichtbare zu benennen (vgl. ebd.: 144). Die neue Lichtordnung der Moderne deutet sich bereits mit dem Spiegel und der Tür an: Diese stellt das menschliche Subjekt als Sehendes (die Person an der Türschwelle) und Gesehenen (das Königspaar) in den Mittelpunkt (vgl. Prinz 2014: 74).

Ein weiteres Dispositiv des Visuellen ist im Panoptikum gegeben, einem idealtypischen Gefängnis, bei dem die Überwachung der Gefangenen durch eine*n einzige*n Bewacher*in möglich wird. Aus der Mitte des Bewachungsturmes lässt sich die kreisförmig um diesen Wachturm herum konzentrisch konstellierte Zellenanlage leicht bewachen, da der Einblick in alle Zellen gegeben ist. Zugleich reguliert der potenzielle Blick des Bewachenden die Aktivitäten der Bewachten und wirkt insofern nicht nur disziplinierend auf die einzelnen Körper. Indem sich die gefangenen Subjekte bereits als Bewachte verhalten, wirkt das optische Arrangement des Panoptikums normalisierend auf die gefangenen Subjekte. Das Licht hat in diesem optischen Arrangement eine analytische und überwachende Funktion. Insofern lässt sich das Panoptikum als photophobische Kunst des Lichts, der Sichtbarkeit und der Visualisierung fassen (vgl. Foucault 1976: 221). Der Blick der überwachenden Person kann nicht erwidert werden – daher etabliert das Panoptikum eine radikale Asymmetrie zwischen Beobachter*in und Beobachtete*m. Die überwachte Person wird demnach zum Prinzip eigene Subjektivierung (ebd.: 260). Indem das Zentrum eines solcherart mächtigen Blicks verborgen bleibt, fühlt man das Auge des Gesetzes auf sich gerichtet (vgl. Waldschmidt 2007: 129) und verhält sich entsprechend. Dieses ‚panoptische Schema' (vgl. Foucault 1976: 265) wurde in die unterschiedlichsten Funktionen integriert und gerade auch in der Transparenz, Sicht- und Lesbarkeit erweitert und intensiviert. Verankert in Medien- und Kommunikationstechnologien wird das panoptische Schema kompatibel mit demokratischer Kontrolle (vgl. Balke 2011: 162; vgl. Wieners/Weber 2021.).

Die Klinik kann als ein dritter institutionalisierter Blick gelten (vgl. Foucault 1973: 88). Hier ist es der medizinische und klinische Blick, der ein epistemisches, technisches und organisatorisch kontingentes Feld anonymer Beobachtung organisiert. Um 1800 wird dieser normalisierende Blick durch den legitimen Arzt institutionalisiert. Dieser sucht nach Anomalien der Körper, definiert das Feld des Normalen und des Pathologischen. Das medizinische Feld organisiert Sichtbarkeit in einer seriellen und statischen Weise. Demnach werden hier strukturell Chancen und Risiken ebenso wie pathologische Phänomene als soziale und normalisierende Tatsache konstituiert. Diese Strategie des ärztlichen Blicks ist nicht primär disziplinierend, sondern produziert die visuelle Ordnung der Normalität und Abweichung, und wird so als normalisierende Macht wirksam.

3.3 Träumen, Vorstellen, Entwerfen: Alternative visuelle Praktiken

Eine weitere Diskursposition taucht in der zweiten Hälfte des 19. Jahrhunderts auf. In dieser liegt Potenzial für heterotopische Funktionen, also für ‚andere' Räume und Gegenräume zur bestehenden ‚Normalität der Gesellschaft'. Foucault bezeichnete den Jahrmarkt, aber auch den Friedhof, das Schiff oder die Reise (vgl. Foucault 2005) als solche Gegenorte der Normalität. Wie kommen also alternative visuelle Praktiken zur Geltung? Balke (2011: 155) greift die Foucaultschen Überlegungen zur Frühphase der Fotografie auf. Demnach ließen hier Techniker*innen und Amateur*innen, Künstler*innen und Illusionist*innen Bilder zirkulieren. Diese Bilder waren Hybride zwischen Bildern, Fotografien, Pseudobildern usw. Eine solche spontane Integration völlig unterschiedlicher bildbasierter Medien konfigurierte das Feld der Bilder auf neuartige Weise. Die Hingabe an die Bilder, ihre Reisen, Verwandlungen, Verschleierungen, Verheimlichungen und Verkleidungen ließ Foucault überrascht fragen, wie die Menschen zu dieser Verrücktheit und ungewöhnlichen Freiheit zurückkehren konnten. Bilder erhielten hier demnach eine transaktionale Funktion und setzten ein spezifisches Potenzial des Visuellen frei. Dieses ist als transformatorisches Dispositiv der Logik des Träumens, Imaginierens und Entwerfens nahe. Es folgt eigenen Regeln und spezifischen Strukturen, welche sich eben nicht bereits im Sprechen und in der Sprache abbilden. Im Gegenteil tragen diese die transzendierende Kraft für die menschliche Existenz und die Welt der Imagination in sich (vgl. Balke 2011: 155) und besitzen damit einen eigenen Wahrheitsstatus.

Damit unterscheiden sich die Dispositive von Sichtbarkeiten und die ihnen entsprechenden Bildpraktiken nicht nur zwischen produktivem und kreativem Sehen, sondern auch zwischen verschiedenen Macht-/Wissensordnungen. Wie deutlich wurde, etablieren die repräsentativen, disziplinierenden, normalisierenden und transformatorischen ästhetischen Bildpraktiken vier verschiedene diskursive Strategien der Visualisierung und bringen andere institutionelle Aufmerksamkeitsordnungen des Blicks hervor. Diese ‚Epistemologie des Blicks' ermöglicht, eine tiefere Analyseperspektive anzulegen, indem nach den wissensbezogenen Voraussetzungen organisationaler Veränderung und organisationalen Lernens gefragt wird. Foucault (1988) ging davon aus, dass es nicht reicht, die Institutionen – wie z. B. das Gefängnis oder die Klinik – zu kritisieren, sondern dass es darum gehen müsse, die ihnen zugrunde liegende Rationalität zu hinterfragen und so die Reproduktion dieser Organisationsmuster zu verhindern. Die Analyse müsse darauf abzielen, andere Institutionen daran zu hindern, „mit denselben Zielen und denselben Wirkungen an ihre Stelle zu treten" (ebd.: 66). Die Reflexivierung der Normalität, das ‚unter unseren Füßen graben' war das Anliegen Foucaults, der Normalität als komplexe strategische Situationen begriff, deren produktive Machtwirkungen zwischen Subjekten, Wissen, Praktiken und Dingen (vgl. Foucault 1977: 39) es zu dekonstruieren gilt. Organisationaler

Wandel kann dann aus einer diskursanalytisch-organisationspädagogischen Perspektive verstanden werden als ein Intervenieren in Diskurse bzw. ‚Viskurse', die für Subjekte und Organisationen subjektivierend wirken, also systematisch Plätze anweisen und positionieren. Die Plätze im Diskurs, „die das Subjekt in dem Informationsnetz einnehmen kann" (Foucault 1973: 78) stellen Positionierungen dar, welche in Prozessen des Positioniert-Werdens und des Einnehmens einer Position stattfinden (vgl. Wrana 2015: 129).

4. Das Sehen des Werdens: Ästhetische Transformation als Referenzpunkt der Organisationspädagogik

Mit dem Aufkommen eines weiten und nicht nur kunstbezogenen Ästhetikbegriffs, der die Ästhetik als eigenständige Wissensform thematisiert, wird die diskursive Gegenposition zu einer rationalistischen Epistemologie der Moderne formuliert. Im Gegensatz zur Descartes'schen Konzeptualisierung von Wissen und Erkenntnis, bekannt durch den Grundsatz ‚cogito ergo sum', formuliert Baumgarten (1714–1762) – ein Zeitgenosse des Philosophen Kant – diese als analoge Kunst des Denkens. Hier wird der ästhetische Weltbezug und die ‚Erkenntnis der Sinne' dem rationalen Denken und Verstehen gleichgesetzt. Diese alternative Rationalität der Sinne und ihrer Sensibilisierung mündet in Nietzsches Plädoyer, „die Wissenschaft von der Optik des Künstlers und die Kunst von der Optik des Lebens her zu sehen" (Heidegger 1961: 252). Heidegger (vgl. ebd.: 253) formuliert, dass Kunst als das Sein des Seienden, als ein wesentliches Element des Seins verstanden werden muss. Die Kunst wird zu einer elementaren Kategorie der Grundfragen und der Philosophie. Auch in Nietzsches Philosophie ist die Welt ein künstlerischer und ästhetischer Prozess. Demnach ist das Grundelement des Seins die Kunst; die Kunst ist die höchste ‚Gestalt' und Manifestation des ‚Willens zur Macht'. Für Nietzsche (ebd.: 252) hat die Kunst einen höheren Wert als die Wahrheit. Während die Wahrheit immer nur eine bestimmte Sichtweise als die vermeintlich einzig wahre fixiere, mache Kunst den ganzen Prozess der Verwandlung sichtbar. Sie trage das ‚Werden' als Grundprinzip in sich. Entsprechend einer solchen ästhetischen Lebensphilosophie wird die Welt als ‚werdend' und die Beziehung zwischen Subjekt und Objekt als Gestaltung und Verwandlung gefasst. Statt Prinzipien zu zementieren, sollten Bedingungen des Werdens sichtbar werden. Kunst werde insofern zu einer wahrheitsstiftenden Handlung. Eine Perspektive auf das Werden wird auch für die Organisationspädagogik relevant, insofern hier die Prozessperspektive wesentlich eingelagert ist: „Als Organisation werden im organisationspädagogischen Diskurs sowohl der Prozess des Organisierens als auch die daraus hervorgehende Entität bezeichnet" (Göhlich/ Schröer/Weber u. a. 2014: 96). Ebenso gelten „auch erst in Entstehung befindliche, vergehende, virtuelle oder projektförmige Organisationen sowie mehr oder weniger lose gekoppelte Netzwerke" als „relevante organisationspädagogisch zu untersuchende Entitäten" (ebd.).

4.1 Performative Organisationspädagogik – Ästhetisierende ‚Dekoration' kritisieren

Da sich die Organisationsästhetik meist auf einen analytischen Ansatz bezieht, bieten kunstbasierte Ansätze in den 2000er Jahren neue Perspektiven für die Organisationsforschung (vgl. Guillet de Monthoux 2000; vgl. Weber 2018). Mit der Fokussierung auf Kunst als Erfahrung und Prozesse der Kreativität und des Spielens wurden diese Ansätze auf die instrumentelle Seite der Organisationsforschung angewendet (vgl. Hartz/Nienhüser/Rätzer 2019: 12). Die Auseinandersetzung mit Ästhetik als Gegenstand oder ästhetischen Forschungsperspektiven muss nach Hartz u. a. allerdings nicht zwangsläufig kritisch sein. Sie kann durchaus auch affirmativ sein und sogar auf ‚ästhetische Gewalt' verweisen oder in diese münden (ebd.: 17). In diesem Sinne bedeutet Ästhetisierung, je nach Anordnung der Objekte und Prozesse anders zu sehen, was zu einer bestimmten Form führt. Die im Zusammenhang mit dem ‚ästhetischen Kapitalismus' (vgl. Böhme 2016) wie Waren und Produkte geformten Wahrnehmungen werden in eine bestimmte Form gebracht, genutzt, verwertet und damit einer Kapitalisierung unterworfen. Hartz u. a. (2019: 19) analysieren diese Instrumentalisierungen des Ästhetischen und verweisen auf entsprechende gesellschaftstheoretische Positionen für eine Analyse von Inszenierungen und Repräsentation des Ästhetischen – und zugleich auch auf das Potenzial kritischer Räume.

Zeichentheoretisch fundierte Analysen funktionaler Arrangements organisationaler Ästhetik (vgl. Gray 2013; vgl. Hancock 2005) erforschen die symbolisch mit Bedeutung aufgeladenen, oft romantisierten organisationalen ‚Imageries' und Artefakte. Solche Analysen der kulturellen ‚Technologien der Verzauberung' (vgl. Gell 1992) wollen in kritischer Absicht das Ästhetische als ‚umkämpftes Terrain' im managerialen Zugriff erfassen. So haben Hancock und Tyler (2007) z. B. die ‚expressive Organisation' im Kontext der ‚ästhetischen Ökonomie', also eines sich verstärkenden Performativitätsdrucks auch in Hinsicht der Ausgestaltung von Realitätsdefinitionen, des Selbstperformancemanagements, der Gender-Ästhetik und der Bedeutungsregime untersucht. Organisationen werden hier als performativ vergeschlechtlichende Organisationen und als Landschaft organisationaler Artefakte rekonstruiert, die organisationsbezogen legitime vergeschlechtlichte Subjekte hervorbringt. Cox und Minahan (2006) haben Organisationsentwicklung als ‚Organizational Decoration', als inszenatorische Praxis im Zusammenspiel zwischen Normalem und Temporärem analysiert. Böhme (2016) verweist auf die Figur des ästhetischen Kapitalismus, in dem Ästhetisierung zum Kernfaktor fortgeschrittener kapitalistischer Ökonomien werde (vgl. Hartz/Nienhüser/Rätzer 2019) und auch die Inszenierung des Selbst zu einem Wert mache. Ähnlich wie Produkte in Szene gesetzt würden, müssten sich auch die Leben der Menschen – und die Organisationen – in Szene setzen (vgl. Böhme 2016: 27). Solche Rekonstruktionen des Verhältnisses von Bild, Bildlichkeit und organisationaler Steuerung lassen das Organisieren als eingewoben in ein Netz funktionaler Medialität, multifunktionaler Instrumentalität und Prozessualität erscheinen (vgl. Holert 2008: 27). Das performative Organisieren steht hier im Kontinuum von „Visualität, Subjektivität, Kreativität und Ökonomie" (ebd.). Dekonstruktive Organisationsforschung (vgl. Ammann/Thoma 2009), beispielsweise im Anschluss an Derrida, unterstützt den Einbezug von Ambiguitäten und Paradoxien in die Organisationsanalyse. Ästhetisch-performative Arrangements werden auf das je spezifische Zusammenspiel von Wissen, Ästhetisierung und Transformation untersucht.

4.2 Re-Imaginieren als Ansatz der Organisationsgestaltung

Die Prozessperspektive des ‚Neu-sehen-Lernens', des Re-Imaginierens und einer ästhetischen Transformation (vgl. Weber/Wieners 2018) nimmt das Intervenieren in Blickordnungen zum Ausgangs- und Referenzpunkt einer Veränderung organisationaler Praxis (vgl. Weber 2005). Wie aber lassen sich performative Ordnungen des Organisierens (vgl. Spicer/Alvesson/Kärreman 2009: 538) diskurstransformierend gestalten? Eine poststrukturalistische Organisationstheorie wie z. B. von Cooperrider (2000) verweist auf Imagination als Potenzial, wie der Buchtitel ‚Change at the Speed of Imagination' (vgl. Margruder Watkins/Mohr/Kelly 2000) vermittelt. Imagination wird damit im Modus projektiver Bildlichkeit zur transformativen Kraft organisationalen Wandels. Entsprechend der ‚creative organization theory' Morgans (1989; 1993) ebenso wie auch Cooperriders (1999) Zugang der ‚root metaphor intervention' wäre eine Neu-Imagination der subjektivierenden Blickordnungen der Organisationen dann der Schlüssel zu einer demokratisierenden Praxis der Selbstgestaltung von Subjekten und Organisationen (vgl. Weber 2013). Als gestaltbare und veränderungsoffene Artefakte affirmativen Denkens würden sich Organisationen entlang einer ästhetischen Praxis ‚ikonischer Sinnentstehung' entfalten. Die hier generierten Bilder verändern die Wahrnehmung und die Perspektive des Lebens selbst und werden insofern im lebenspraktischen Sinn performativ (vgl. Wulf 2001; 2005). Indem sie unterschiedliche Sinnwelten und implizite Ordnungen verbinden, wird in den kulturellen Praktiken eines visuellen und neu-imaginierenden Organisierens eine ‚Ikonologie des Performativen' (vgl. Wulf/Zirfas 2005) wirksam. Diese umfasst sowohl die Organisation partizipativer Innovations- und Übergangsräume ebenso wie die Installierung von Grenz- und Übergangsobjekten kollektiver Transformation.

4.3 Intervenieren in Ordnungen des Blicks – Strategien dialogischen Gestaltens mit Zukunfts- und Innovationslaboren

Die Organisationspädagogik fasst das Verhältnis von Theorie, Empirie und Praxis als verschränkt. Mit Blick auf die Ermöglichung der „Entwicklung und Weiterentwicklung des Wissens und Verstehens organisationalen Lernens" (Göhlich/Weber/Schröer u. a. 2014: 99) entstehen „Wissensbestände für organisationspädagogische Praxis [...], die dieser bei gleichzeitiger Anerkennung ihrer Eigenlogik, kritische Reflexionsmöglichkeiten an die Hand geben" (ebd.). Ein solches verschränkendes Theorie, Empirie und Praxis-Arrangement ermöglicht Zukunfts- und Innovationslabore als zeitlich begrenzte methodisierte Transformationssettings, die ‚das ganze System in einem Raum' (vgl. Weisbord/Janoff 2007) zusammenbringen und mittels systematisch strukturierter Prozessschritte die kollektive Bearbeitung komplexer Probleme und Lösungen unterstützen. Indem sie den Wissensaustausch in einem Multi-Stakeholder-Umfeld ebenso wie das Bearbeiten komplexer und komplizierter Problemlagen mittels kreativer und zielgerichteter Methodiken unterstützen, können sie als ‚Rituale der Transformation' gefasst werden (vgl. Weber 2005). Im Zusammenspiel von ‚Bild und Imagination' (vgl. Hüppauf/Wulf 2006) werden hier alternative Visionen entworfen in spielerisch-inszenatorisch angelegten dialogischen Arrangements problemlösender Gemeinschaften. In der interaktiv-methodisierten Praxis produktiver Projektionen (vgl. Cooperrider 1999: 118–121) aktualisiert sich der bildliche Modus ‚sich selbst erfüllender Prophezeiungen'. Cooperrider (1999) sieht seinen lösungsorientierten Ansatz der wertschätzenden Erkundung z. B. als ‚subversive Strategie' der Überschreitung von Einzelinteressen und institutionalisierter Routinen, der Demokratisierung und des ‚Werdens'. Im Öffnen für die Gedanken und Erfahrungen der Anderen lässt sich demnach mittels solcher ikonischer Lernarrangements (vgl. Heidelmann 2023; vgl. Heidelmann/Weber 2021) das institutionelle Imaginäre ‚verflüssigen' und neue Identifikationsrahmen emergieren. Laner (2019: 19) beschreibt, dass über solche Imaginationen „andere mögliche Wirklichkeiten des Wahrnehmens, Denkens und Fühlens [...] als Alternativen zu meinem tatsächlichen Wahrnehmen, Denken und Fühlen inkorporiert" werden. Dadurch würde nicht nur der „eigene[...] Horizont" (ebd.) erweitert und „neue Perspektiven" (ebd.) aufgezeigt, insbesondere könne nur über die Imagination „jene für eine Reflexionsbewegung notwendige Distanz zu sich [...gewonnen werden], wenn es den phantasierenden ‚Umweg' über den_die Andere_n nimmt" (ebd.).

Lernpotenziale beziehen sich somit auf pädagogisch-demokratisierende, philosophisch-ethische und künstlerisch-materielle Dimensionen des Lernens und der Veränderung. Innovationslabore können aus Diskursperspektive als epistemische Räume der Liminalität (vgl. Weber/Heidelmann 2021) gefasst werden, welche die strukturelle Differenz institutioneller Akteur*innen, von Systemen, Interessen und Denkweisen überschreiten helfen. Lernen von der sich abzeichnenden Zukunft bezieht sich auf Vorstellungskraft, auf Visionen als Kristallisationspunkte kollektiver Verständigung.

Zukunfts- und Innovationslabore lassen sich in diesem Sinne als ‚diskursiviskursives Ereignis' fassen, insofern sie die Grenzbearbeitung der Akteurspositionen im ästhetischen Übergangsraum unterstützt. Kollektive Vorstellungskraft ermöglicht es, bestehende Formen des Organisierens in Frage zu stellen (vgl. Strauss 2019: 241) und „sich neu vorzustellen, was andere sich vorgestellt haben" (DeCock 2017: 241–242). Daher können Innovationslabore als ‚imaginäres Organisieren' konzeptualisiert werden. Innovationslabore eröffnen alternative Arenen des Organisierens, unterstützen einen performativen ästhetischen Prozess und ritualisieren Übergänge ins Neue. So können Innovationslaboratorien als Gegenraum zu den bestehenden institutionalisierten Strukturen der Nicht-Kooperation betrachtet werden. Damit stellen Zukunfts- und Innovationslabore ‚andere Räume' dar (vgl. Foucault 2005), die sich als heterotopische Räume verstehen lassen (vgl. Adler/Weber 2019). Gegen das reproduktive Sehen ermöglichen sie das kreative Neu-Sehen.

4.4 Grenzüberschreitendes Sehen: Artefaktbasierte Strategien der Intervention in Blick-Ordnungen

Eine an kritischer Gestaltung interessierte Organisationspädagogik fragt neben dem Arrangieren dialogischer Übergangsräume auch nach den Irritationspotenzialen alternativer Bildpraktiken. Sie interessiert sich dafür, welche Interventionen das Transzendieren organisationaler Wissens- und Blickordnungen unterstützen kann (vgl. Hartz/Rätzer 2014). Inwiefern können hier auch performative Artefakte – wie z. B. am organisationalen Lernen orientierte Gütesiegel – Irritations- und Reflexivierungspotenziale für kollektives Lernen und Strategieentwicklung eröffnen (vgl. Weber 2023), indem sie beispielsweise Diskurse über kulturelle Differenz(ierungen) diskursivieren (vgl. Wieners/Weber 2019)? Ein Gütesiegel, das sich als organisationspädagogischer Interventionsansatz für das organisationales Lernen ‚in, von und zwischen Organisationen' (vgl. Göhlich/Weber/ Schröer u. a. 2014) versteht, stellt beispielsweise das systematisch an kollektiver Strategieentwicklung (Weber 2018) orientierte Gütesiegel ‚Interkulturelle Vielfalt LEBEN' dar. Das leistungsdifferenziert aufgefächerte Logo folgt ebenfalls einem ästhetischen Macht/Wissenstypus ebenso wie der Rationalität des ‚leitenden

Bildes', das als ‚leitendes' Bild nachfolgen lässt (vgl. Weber 1998: 132). Als performatives Artefakt wird ein solches Gütesiegel empirisch analysierbar hinsichtlich des zum Einsatz kommenden Materials selbst, der Perspektivität innerer Repräsentationen, der Dynamik kollektiver Projektionen, der Übergangsdynamiken im organisationalen Bildraum und der institutionellen Modellierungen mittels Leitbilder und bildlicher Artefakte wie z. B. des Logos des Gütesiegels und seiner Verwendung, der Platzierung im organisationalen und medialen Bildraum. Ein solcher organisationspädagogischer Ansatz zielt auf organisationales und Netzwerklernen mittels performativer organisationaler Artefakte, welche die Organisation aufführen, inszenieren, positionieren und zum ‚Sprechen' über interkulturelle Öffnung bringen. Als Diskursintervention richtet sich ein solches Siegel jedoch nicht (nur) auf die einzelne Organisation oder auf das Netzwerk aus, sondern adressiert ebenso sehr die Öffentlichkeiten, die Kenntnis vom Siegel erlangen und für die es Teil der ‚Sichtbarkeiten' und ‚Sprechbarkeiten' der Organisationen und im Organisieren wird. Insofern kann ein organisationspädagogisches Gütesiegel als performatives Artefakt zur Re-organisation des Blicks all dieser ‚Öffentlichkeiten' beitragen und Blickordnungen transformieren. In den Aushandlungen legitimer Positionen und geeigneten Zukunftsstrategien (vgl. Weber 2012) kann es darüber hinaus als epistemisches und organisationspädagogisches Grenzobjekt verstanden werden. Es trägt dann nicht nur zur Integration unterschiedlicher Praxisgemeinschaften bei. Indem es Organisationen für interkulturelle Vielfalt öffnet, trägt es zur Verschiebung institutioneller Positionierungen bei und unterstützt Übergänge in neue institutionelle Blickordnungen. Es kann insofern als Diskursintervention in weitere Diskursinnovationen münden. Auch die offizielle öffentliche Verleihung des Gütesiegels vollzieht sich im Modus des Rituals (vgl. Weber 2005) und schreibt sich als performatives Artefakt in organisationale Strategien und gesellschaftliche Diskurse ein, zu deren Erweiterung und Transformation es angetreten ist. In diesem Sinne können auch performative Artefakte eine auf die Vision hin ausgerichtete energetische Interventionspraxis darstellen, das Imaginieren anstoßen und insofern im regionalen Netzwerk zu epistemischen Grenzobjekten werden (vgl. Weber 2023).

4.5 Organisieren als ‚Soziale Plastik': Ein Ästhetischer Typus der Organisation

Neben diesen organisationspädagogischen prozessualen Perspektiven legt Scharmer (1991) ein alternatives institutionelles Modell vor, das die Elemente der formbaren Strukturen, Plastizität, der Kongruenz von Form und Inhalt, Ästhetik und Gesellschaft, gegenseitiger Reflexivität, kreativer Gemeinschaften und assoziativer Kooperationen, kommunikativer Führung und Verspieltheit in der Gegenwart – und damit einen ästhetischen Typus des Organisierens integriert.

Mit diesem ‚ästhetischen Typus der Unternehmensführung' für die Managementwissenschaft bezieht sich Scharmer auf den (Aktions-)Künstler Beuys. Mit Bezug auf die praxistheoretische Grundposition von Beuys sieht Scharmer die Organisationsmitglieder als formale Strukturen und Rahmenbedingungen der Organisation praktisch hervorbringen. Sein dialogischer, konstitutioneller, prozessualer und koordinativer Ansatz des Organisierens schlägt vor, dass Organisationsmitglieder Strukturen nach Fähigkeiten und Bedürfnissen ‚plastizierend' im Modus einer ästhetischen Governance gestalten, entwerfen und modifizieren (vgl. ebd.: 65). Formale Strukturen werden demnach permanent reorganisiert, insofern Strukturen den Problemen folgen und nicht umgekehrt, wie sonst üblich, die Probleme den Strukturen (vgl. ebd.: 82). Insofern wird die Organisation im Anschluss an den Künstler Beuys als Skulptur verstanden und bleibt in ihrer Plastizität in der Strukturierung fließend. Die künstlerische Fähigkeit, den Schauplatz zu bewegen, zu verkörpern und zu gestalten (vgl. ebd.: 125), verweist auf Schillers ästhetische Fähigkeit der Verspieltheit, mit Scharmer den Fluss, der zum Organisieren nötig ist. Mit den ästhetischen Positionen Schillers und Herders (vgl. ebd.: 56–58) folgt die ästhetische Organisation einem antidualistischen, Geist und Materie transzendierenden Konzept. Erkenntnistheoretisch werden hier physikalische, biologische, wissenschaftliche Weltsichten zu einer ästhetischen Weltsicht verschoben und damit auch die Verschiebung von einem realistischen zu einem konstruktivistischen Erkenntniskonzept realisiert. Wissen und Wahrnehmung werden dann nicht gegenständlich, sondern als schöpferische Tätigkeiten betrachtet. Wissen schafft demnach Wahrheit und Wirklichkeit. Der Aggregatzustand der Plastizität und des ‚Werdens' ist demnach die Eigenwelt des Menschen als Vermittler*in, ‚Werdende' und Schöpfer*in ist. Da sich die Kunst auf das ‚Werden' bezieht, ist das Prinzip der Plastizität ein Prinzip von Zeit und Raum (vgl. ebd.: 88). Durch Kreativität führt die Plastizität vom Chaos zur Form, von der Unbestimmtheit zur Bestimmtheit. Soziale Struktur wird hier als Material verstanden, das durch die Gesamtheit der Menschen als gestaltende Künstler*innen geformt wird. Hierbei wird auch die Wirtschaft als ein kunstbasiertes Phänomen verstanden: Die soziale Plastik ist insofern die zukünftige Gestaltung der menschlichen Beziehungen (vgl. ebd.: 94). Wie schon Kandinsky (1965: 134) die Kunst nicht als „zweckfreie, sich in der Leere auflösende Tätigkeit der Dinge", sondern als zielgerichtete Kraft sah, bezieht sich dieser erweiterte Kunst- und Ästhetikbegriff nicht mehr auf Schönheit, sondern auf Bestimmung. Entsprechend formuliert Scharmer (1991: 99) einen alternativen Begriff von strategischer Führung, der endogene Entwicklungspotentiale freisetzt. Ausgehend von Zeit und Raum als plastischen Substanzen kritisiert er die trennende und hierarchisierende Kosmologie der Universität, die Ziele für andere definiere, feste Organisationsstrukturen etabliere, Wissen in sich selbst importiere und nur unveränderliche Rahmenbedingungen biete. Dagegen bräuchte es eine „Kosmologie der Jugend", welche schöpferisch angelegt sei, sich selbst mittels eines horizontalen und prozessualen Konzeptes offener Prozesse konzeptualisiere und hervorbringe, weiche und formbare Strukturen der Plastizität etabliere, welche von den Mitgliedern nach ihren Bedürfnissen transformiert werden könnten (vgl. ebd.: 103–113). Eine solche Universität der Gegenwart würde sowohl Universität und Gesellschaft als auch Ästhetik und Gesellschaft als zueinander gehörig verbinden (vgl. ebd.: 119) und das Studium auf den Umgang mit Komplexität beziehen. Methoden und eingeschlagene Wege müssten das Ziel reflektieren und Studierende würden dann nicht als Behälter von externem Wissen, sondern als erwachsene und emanzipierte Individuen betrachtet. Gegen die Trennung von Gesellschaft und Universität, von Leitung und Individuum, von Inhalten und Studierenden, von Theorie und Praxis, würden kreative Verbindungen und gegenseitige Reflexionen stattfinden. Eine solche Universität der Zukunft würde dem primären Paradigma von Design und ästhetischer Epistemologie folgen. Als soziale Skulptur würden Forschung und Lehre in Freiheit und Selbstverantwortung verwirklicht. Die Organisationsstrukturen würden auf dem plastischen Prinzip beruhen und von den Mitgliedern nach ihren individuellen Fähigkeiten und Stärken gestaltet werden. Die Strukturen der Entscheidungsfindung beruhten dann auf der Einheit von Verantwortung, Kompetenz und Betroffenheit. Die Form der Zusammenarbeit wäre assoziativ, Führung beziehe sich auf das Kommunikationsmedium des Dialogs (vgl. ebd.: 122–123). Dem Prinzip der Gleichzeitigkeit folgend, entstehe strategisches Führungsdenken in der Gegenwart und im Verhältnis von Strategie und ästhetischem Können. Was Schiller den ‚Spieltrieb', die Fähigkeit, auf wechselndem Terrain zu handeln nannte, setzt eine solche künstlerische Bewegungs- und Gestaltungsfähigkeit voraus.

Ein solches Bild der Universität als atmendem Organismus de-institutionalisiert die Muster hierarchischer Steuerung. Wie Guillet de Monthoux (1993: 243) es ausdrückt: „Die Organisation muss von guter Kunst lernen, die unmittelbar einen ästhetischen Dialog mit ihren Betrachtern eröffnet. Das Individuum muss ästhetisch sensibilisiert werden, um die Kluft zwischen Universität und Gesellschaft, Organisation und Individuum, Wissen und Studenten und schließlich Theorie und Praxis zu überbrücken". In diesem alternativen Diagramm einer „de-institutionalisierten Organisation im Werden" (vgl. Scharmer 2008: 43) transformieren sich die Feldstrukturen kollektiver Aufmerksamkeit auf allen Ebenen und materialisiert sich das Dispositiv ästhetischer Transformation.

5. Bildlichkeit im Organisieren organisationspädagogisch erforschen und gestalten: Ein Portfolio-Ansatz

Wie bereits deutlich geworden ist, spielt Bildlichkeit in ihren Facetten der Bilder, der Imagination, des kollektiven Imaginären, der organisationalen Blickordnungen ebenso wie der ästhetischen Transformation eine erhebliche Rolle. Sowohl in ihren Forschungs-, wie auch in ihren gestaltungsorientierten Zugängen nutzt die Organisationspädagogik „[t]heoretische, empirische, historische, vergleichende" (Göhlich/Weber/Schröer u. a. 2014: 103) ebenso wie zukunftsorientierte Forschungszugänge (Weber 2009; 2014). Darüber hinaus kommen „partizipative, prozessuale, ästhetisierende und gestaltungsorientierte Forschungszugänge" in den Blick (Göhlich/Weber/Schröer u. a. 2014: 105) Im Folgenden soll es daher darum gehen, die Dimension des Bildlichen als Frage (forschungs-)methodischer Interventionen zu adressieren und damit Eckpunkte eines integrierten Portfolio-Ansatzes einer am Visuellen orientierten organisationspädagogischen Forschung zu entfalten. Da es im organisationspädagogischen Kontext mit dem Fokus auf ästhetische Transformation auch um Fragen der Partizipation, Gestaltung und des organisationalen Wandels geht, soll der mehrdimensionale Portfolio-Ansatz hier anknüpfen. Mit dem Fokus auf eine gestaltungsorientierte Forschungsperspektive tragen wir dem Faktum Rechnung, dass Forschungsmethodologien sich immer stärker auch aus Handlungsmethodiken – z. B. einer beraterischen Interventionspraxis – speisen (vgl. Weber 2002), wo vielfach mit bildlichen Medien und Zugängen gearbeitet wird (vgl. Heidelmann/Weber 2022). Im Folgenden adressieren wir material-mediale Bildlichkeit ebenso wie innere Repräsentationen als Referenzpunkte bildbasierter Verfahren. Wir adressieren damit auch eine immaterielle und mentale Dimension von Bildlichkeit. Projektive Bildlichkeit wird relevant in der entwurfsförmigen Gestaltung gewünschter Zukünfte und modellierende Bildlichkeit stellt sich als Frage der Gestaltung und Führung. Als ‚Leitbild' wird Bildlichkeit schließlich zum intentional hergestellten und empirisch untersuchbaren materialisierten Artefakt organisationaler Repräsentation. Damit stehen Partizipation und Imagination im organisationalen Symbolisierungsraum von Aneignung und Vermittlung, Gestaltung und Modellierung, Imagination und Imaginärem, Repräsentation und Transformation (vgl. Weber 2013). Der Modus ästhetischer Transformation selbst lässt sich mit Bezug auf die organisationale Praxis in Bild-Dispositiven – dispositivanalytisch erschließen. Damit leistet der Portfolio-Ansatz bildbasierter organisationspädagogischer Forschung und Gestaltung einen Beitrag einerseits für ikonisch angelegte Organisationsanalysen wie auch für die gestaltungsorientierte bildbasierte organisationspädagogische Forschung.

Bildmaterialien als Forschungsmethodologie, Methodik und Analyseebene

Sei es im Kontext transformativer Evaluation (vgl. Engel 2018; vgl. Weber 2012) und der Organisationsforschung (vgl. Brake 2009) wie auch der Organisationsberatung und Transformation (vgl. Heidelmann/Weber 2022) finden bildbasierte Zugänge eine immer breitere Anwendung und werden methodologisch und forschungsmethodisch breit als Zugang und Analysemedium diskutiert (vgl. Brake 2009; vgl. Ehrenspeck/Schäffer 2003; vgl. Friebertshäuser/von Felden/Schäffer

2007). Selbst- oder fremdgenerierte, vorab oder im Prozess erstellte Bilder und bildliche Materialien werden in der beraterischen und Forschungspraxis vielfältig eingesetzt (vgl. Heidelmann 2023; vgl. Weber 2014). So finden bildliche Materialien wie Bildkarten, Fotografien, kollektiv gemalte Bilder oder Prozesszeichnungen Anwendung, „um Ergebnisse zu dokumentieren, das Sprechen der Beteiligten zu erleichtern, die Erinnerungs- oder Vorstellungskraft der Teilnehmenden zu unterstützen oder Reflexion anzuregen" (Weber 2013: 74). Bilder stellen insofern eine ‚materiale' Bildlichkeit dar, die im Forschungsprozess intentional eingesetzt wird, als solche untersucht und ausgewertet werden kann, um spezifische Funktionen zu erfüllen.

Innere Bilder und die Re-/Dekonstruktion bildlicher Repräsentationen

Im Kontext organisationalen Wandels wird gerade auch die Brückenfunktion des Bildlichen betont, latente vorsprachliche Vorstellungen in Sprache zu übersetzen, die Artikulation gerade auch marginalisierter Akteur*innen zu unterstützen und innere Konstruktionsleistungen rekonstruierbar zu machen (vgl. Guschker 2002; vgl. Purcell 2007). Damit zielen die intentional eingesetzten bildbasierten Zugänge auf Repräsentationen und Imagination. Burow (2008) schließt hier mit seinem Ansatz des ‚Bildwissens' subjekttheoretisch und mit Bezug auf neurologische Begründungsfiguren an, welche auf die bildhafte Organisation des Hirns (vgl. Hüther 2006; vgl. Pöppel 2010) verweisen. Als ‚pädagogisches Tiefenwissen' beziehe sich das auf Routinen und intuitives Wissen bezogene ‚Ich-nahe' bildliche Wissen auf das Sehen, Erkennen, Erinnern und Imaginieren (vgl. Burow 2008). Insofern könne solch ein bildliches Wissen „für das Verständnis und die Gestaltung von Bildungs- und Persönlichkeitsentwicklungsprozessen" (vgl. Burow 2008: 396) von elementarer Bedeutung sein, da es den „persönlichen Rahmen" konstituiere, „in dem wir unser Selbstwissen fassen" (ebd.).

Auch im programmatischen Diskurs der ‚Lernenden Organisation' (vgl. Senge 1990) wird auf die Bedeutung ‚mentaler Modelle' und geteilter Visionen Bezug genommen, welche auf die Symbolisierung der Organisation und des Organisierens verweisen. Die organisationstheoretischen Arbeiten Morgans (1997) adressieren organisationale Bildlichkeit hinsichtlich der kollektiven Bilder des Organisierens und stellen damit eine weitere relevante Erhebungs-, Gestaltungs- und Analyseebene dar.

Imagination und Transformation: Die Untersuchung und Gestaltung kollektiver Projektionen

Neben der Rekonstruktion von Repräsentationen wird aber auch die bildtheoretische Position transformativer Imagination relevant (vgl. Wettig 2009). Imagination überschreitet rein auf Erinnerung fokussierende Funktionen in den Raum des Möglichen hinein. Bilder werden im Anschluss an zeichentheoretische und konstruktivistische Positionen als suggestiv-wirkmächtige Bezeichnungspraxis verstanden (vgl. Schulz 2005). So betont der Zugang der ‚Wertschätzenden Erkundung' (Bruck/Weber 2000) die konstruierende Dimension des Bildlichen mit Bezug auf die Placeboforschung, Sozialpsychologie, positive Emotion, den internen Dialog, kulturelle Vitalität und metakognitive Kompetenz (vgl. Weber 2005: 65). Mittels ihrer definitorischen Kraft sind Repräsentationen machtvoll wirksam als Wirklichkeitsproduzent*innen. Bildliche Selbsterschaffung und Wandel „at the speed of imagination" (Magruder Watkins/Mohr/Kelly 2011) verweisen auf Imagination als Ausgangspunkt und Motor der Veränderung einer energetischen Interventionspraxis im Modus projektiver Bildlichkeit. Die ‚creative organization theory' Morgans (1989; 1993) und ‚root metaphor intervention' (vgl. Cooperrider 1999; 2000) lassen Imagination zur demokratischen Praxis der Selbstgestaltung von Subjekten und Organisationen werden, in der Vorstellungs- und Einbildungskraft (vgl. Hüppauf/Wulf 2006) generativ für das Entwerfen und Visionieren wird. Das positive Bild bringt projektiv eine positive Handlungsdynamik hervor. Organisationen verstanden als organisationale Basismetaphern wären dann durch prophetische, poetische und normative Bilder, durch kollektive Projektion rekonfigurierbar, es entstehe die ‚Evolution des Geistes' (vgl. Cooperrider 1999: 118–121) als imaginative Strategie demokratischer Transformation von Organisationen (vgl. Bruck/Weber 2000). Analytisch lassen sich hier die Verschiebungen bestehender Bilder und die Transformationen kollektiver Bilder untersuchen.

Inszenierung und Gestaltbildung: Kollektive (Selbst-)Führung im ‚symbolic organizing'

Partizipative Organisationsinterventionen lassen sich dann empirisch untersuchen als (potenziell) produktive Inszenierungen, die ‚Bild und Einbildungskraft' (vgl. Hüppauf/Wulf 2006) funktional, strategisch und emergent zueinander ins Verhältnis bringen. Solche bildhaft angelegten Inszenierungen kollektiven Wandels (vgl. Weber 2005: 42 ff.) können als Makrorituale komplexer Transformation (vgl. ebd.: 115 ff.) verstanden werden, die im Modus ‚symbolischen Organisierens' Organisation als imaginäre Communitas und generativen Imaginationsraum (vgl. Böhme 2004: 232 ff.) entwerfen und die reformpädagogische Rationalität des Neuen, der Gemeinschaft, der dialogischen Praxis als Prozess (vgl. Bohm 1998) inszenieren und als bildliches Transformationsmedium Übergänge zum Neuen herstellen.

Das Leitbild als Artefakt des Organisierens: Die Untersuchung bildlicher Materialisierungen idealer Zukünfte

Die kollektive Praxis mäeutischer Selbsttransformation in visionsbasierten Prozessen mündet in die Materialisierung leitender Bilder und damit in den Artefaktcharakter des Leitbildes. „Aus der Immaterialität des Flüchtigen, der Imagination des Möglichen und der Projektion des Gewünschten tritt die Materialität des Bildes nun als Medium kollektiver Symbolisierung und Repräsentation intentionaler Selbstaussagen idealer Zukünfte in den Blick" (Weber 2013: 77). Das Bildliche tritt hier als Fixierung einer prozessual, kollektiv, und zeichenhaft-symbolisch hergestellten, projizierten Zukunft und imaginierten Wirklichkeit auf. Das Leitbild als bildliches Artefakt symbolisiert das Abstrakte im Konkreten und materialisiert den Bild(ungs)prozess im Modus der Metapher und des Zeichens. Diese verweisen auf gemeinsame Wertbezüge und Orientierungen im Horizont von Sinnbildung und ‚Sensemaking' (vgl. Weick/Sutcliffe/Obstfeld 2005), auf synästhetische Zusammenhänge zwischen Wissen, prozessualer Sinnkonstitution und Partizipation, auf Interventionen in Sinnordnungen, als ‚Sinnformeln' und kollektive Orientierungsmuster (vgl. Geideck/Liebert 2003). Als ikonische Artefakte erscheinen Leitbilder auf Websites (vgl. Weber/Wieners/Grosse 2019) und in den organisationalen Bildwelten. Diese visuellen Verdichtungen und Synthetisierungen symbolischer Ordnungen sind analytisch und empirisch erschließbar.

Ikonologische Erkenntnis und Ästhetische Transformation

Es geht also insgesamt darum, ästhetische Prozesse ‚ikonischer Sinnentstehung' zu untersuchen. Als pädagogischer und ästhetischer Steuerungstypus ebenso wie als pädagogischer und ästhetischer Wissens- und Machtmodus bettet sich die Rationalität des ‚leitenden Bildes' in die der Freilassung, der losen Kopplung und der Gestaltung ein: Anstatt etwas zu erzwingen, lässt das ‚leitende' Bild nachfolgen (vgl. Weber 1998: 132) und kann als Dispositiv ästhetischer Transformation wirksam werden.

6. Schluss

Wie deutlich geworden ist, wird Bildlichkeit in organisationalen Transformationsprozessen empirisch analysierbar hinsichtlich des zum Einsatz kommenden Bildmaterials selbst, hinsichtlich der Perspektivität innerer Repräsentationen, der Dynamik kollektiver Projektionen, der Übergangsdynamiken im organisationalen Bildraum und der institutionellen Modellierungen mittels Leitbildern und bildlichen Artefakten. Eine solche Mehrebenenanalyse des Bildlichen im

Organisieren bedarf der Integration unterschiedlicher methodischer Zugänge und mündet in die ikonische Analyse organisationaler Diskurse. Scharmer (2008) schlägt vor, die Grammatiken der Emergenz und die Epistemologie des Werdens zu analysieren. Hierbei kommen die Gesten der Aufmerksamkeit, der Ort des Handelns, das Sehen der Welt und das entstehende Wissen sowie der soziale Raum und die soziale Zeit, die hier realisiert werden, in den Blick. Welcher kollektive soziale Körper entsteht in diesen Prozessen, und welche Kausalität wird hier hergestellt? Wie spielt sich das ‚Werden' in diesen Prozessen ab, und wie entstehen die Episteme – und vor allem, wie wird das Selbst subjektiviert (vgl. Weber 2014)? Zur Analyse und Gestaltung dieser Fragen kann eine bildbasierte Organisationspädagogik einen erheblichen Beitrag leisten. Auch die weitere Institutionalisierung und Professionalisierung des organisationspädagogischen Feldes (vgl. Heidelmann 2023; vgl. Weber 2020) wird sich dem engen Zusammenhang des wissens- und machtbezogenen Sehens, Wahrnehmens, Erfahrens und Blickens im Horizont des Organisierens, des organisationalen Lernens und der Organisationsbildung weiter zuwenden. Hier kommen zukünftig auch Fragen wie auch die methodologische und methodische Erforschung institutioneller und organisationaler ‚visueller Politiken' und des ‚Bildaktivismus' organisationaler Gestaltungsakteur*innen stärker in den Blick (Weber & Wieners 2022) Das lebendige Verhältnis von Bild und Organisationspädagogik wird so für die Organisationspädagogik stetig weiter theoretisiert, analysiert, methodisiert und konzeptualisiert werden.

Literatur

Adler, Annett/Weber, Susanne Maria (2019): Future and Innovation Labs as Heterotopic Spaces. In: Weber, Susanne Maria/Schröder, Christian/Truschkat, Inga/Herz, Andreas/Peters, Luisa (Hrsg.): Organisation und Netzwerke. Wiesbaden: Springer VS, 375–383.

Alvesson, Mats/Deetz, Stanley (2000): Doing Critical Management Research. Thousand Oaks CA: Sage.

Alvesson, Mats/Bridgman, Todd/Willmott, Hugh (2009): The Oxford Handbook of Critical Management Studies. London: Oxford University Press.

Ammann, Markus/Thoma, Michael (2009): Über Möglichkeiten, Organisation in der Wirtschaftspädagogik anders zu denken. Ein Beitrag aus der Perspektive poststrukturalistischer Organisationsforschung. Abrufbar unter: https://www.bwpat.de/content/uploads/media/ammann_thoma_bwpat16_02.pdf. Abgerufen am: 25.11.2021.

Balke, Friedrich (2011): Michael Foucault. In: Busch, Kathrin/Därmann, Iris (Hrsg.): Bildtheorien aus Frankreich. Ein Handbuch. Paderborn: Schöningh, 153–175.

Baumgarten, Alexander Gottlieb (2009): Ästhetik. Hamburg: Meiner.

Belting, Hans/Dilly, Heinrich/Kemp, Wolfgang/Sauerländer, Willibald/Martin Warnke (2008): Kunstgeschichte: Eine Einführung. Berlin: Reimer.

Beuys, Joseph (1992): Jeder Mensch ist ein Künstler – Auf dem Weg zur Freiheitsgestalt des sozialen Organismus. Wangen/Allgäu: FIU.

Boehm, Gottfried (1994): Bild und Text. Was ist ein Bild? München: Fink.

Bohm, David (1998): Der Dialog. Das offene Gespräch am Ende der Diskussion. Stuttgart: Klett-Cotta.

Böhme, Gernot (2016): Ästhetischer Kapitalismus. Frankfurt a. M.: Suhrkamp.
Böhme, Jeannette (2004): Die mythische Dimension in schulischen Ritualen: Rekonstruktion und Theoretisierung einer gescheiterten Performance. In: Wulf, Christoph/Zirfas, Jörg (Hrsg.): Beiheft Zeitschrift für Erziehungswissenschaft, 231–250.
Brake, Anna (2009): Photobasierte Befragung. In: Kühl, Stefan/Strodtholz, Petra/Taffertshofer Andreas (Hrsg.): Handbuch Qualitative und Quantitative Methoden der Organisationsforschung. Wiesbaden: VS Verlag für Sozialwissenschaften, 369–388.
Bruck, Walter/Weber, Susanne Maria (2000): Appreciative Inquiry Summit – der nächste Schritt in der Evolution der Großgruppenarbeit. In: Königswieser, Roswitha/Keil, Marion (Hrsg.): Das Feuer großer Gruppen. Konzepte, Designs, Praxisbeispiele für Großgruppenveranstaltungen. Klett-Cotta: Stuttgart, 164–178.
Burow, Olaf-Axel (2008): Bildwissen als Quelle wirksamer Personal- und Organisationsentwicklung – wie die Organisation zum kreativen Feld wird. Gruppendynamik und Organisationsberatung. In: Zeitschrift für angewandte Sozialpsychologie 39, 4, 391–409.
Castoriadis, Cornelius (1975): The Imaginary Institution of Society. Boston: MIT Press.
Cooperrider, David L. (1999b): Positive Image, Positive Action: The Affirmative Basis of Organizing. In: Srivastva, Suresh/Cooperrider, David L. (Hrsg.): Appreciative Management and Leadership. The Power of Positive Thought and Action in Organizations. Euclid, OH: Williams, 91–125.
Cooperrider, David L. (2000): The "Child" as Agent of Inquiry. In: Cooperrider, David L./Sorensen, Peter F. Jr./Whitney, Diana/Yaeger, Therese F. (Hrsg.): Appreciative Inquiry. Rethinking Human Organization Toward a Positive Theoriy of Change. Champaign, IL: Stipes, 123–129.
Cox, Julie Wolfram R./Minahan, Stella (2006): Organizational Decoration: A New Metaphor for Organization Development. In: Journal of Applied Behavioral Science, 42, 2, 227–243.
DeCock, Christian (2017): From creativity to imagination with Cornelius Castoriadis. In: Beyes, Timon/Parker, Martin/Steyaert, Chris (Hrsg.): Reinventing management education. London: Routledge, 234–248.
Deleuze, Gilles (2005): Was ist ein Dispositiv? In: Francois Ewald (Hrsg.): Spiele der Wahrheit. Michel Foucaults Denken, Frankfurt a. M.: Suhrkamp, 153–162.
Elkjaer, Bente (2018): Pragmatist Foundations for Organizational Education. In: Göhlich, Michael/Schröer, Andreas/Weber, Susanne Maria (Hrsg.): Handbuch Organisationspädagogik. Wiesbaden: Springer, 151–161.
Engel, Juliane (2018): Evaluation als Methode organisationspädagogischer Praxis. In: Göhlich, Michael/Schröer, Andreas/Weber, Susanne Maria (Hrsg.): Handbuch Organisationspädagogik. Wiesbaden: Springer, 697–708.
Flicker, Eva (2019): Medien und Visualität aus kultursoziologischer Perspektive. In: Moebius, Stephan/Nungesser Frithjof/Scherke, Katharina (Hrsg.): Handbuch Kultursoziologie. Wiesbaden: Springer, 1–15.
Foucault, Michel (1971): Die Ordnung der Dinge. Eine Archäologie der Humanwissenschaften. Frankfurt a. M.: Suhrkamp.
Foucault, Michel (1973): Die Geburt der Klinik. Eine Archäologie des ärztlichen Blicks. München: Hanser.
Foucault, Michel (1976): Überwachen und Strafen. Die Geburt des Gefängnisses. Frankfurt a. M.: Suhrkamp.
Foucault, Michel (1977): Sexualität und Wahrheit. Frankfurt a. M.: Suhrkamp.
Foucault, Michel (1978): Dispositive der Macht. Michel Foucault über Sexualität, Wissen und Wahrheit. Berlin: Merve.
Foucault, Michel (1988): Technologies of the Self. In: Martin, Luther H./Gutman, Huck/Hutton, Patrick H. (Hrsg.): Technologies of the Self: A Seminar with Michel Foucault (pp. 16–49). Amherst, MA: University of Massachusetts Press, 16–49.
Foucault, Michel (2005): Die Heterotopien. Frankfurt a. M.: Suhrkamp.
Freire, Paulo (1996): Pedagogy of the oppressed. München: Penguin.
Friebertshäuser, Barbara/von Felden, Heide/Schäffer, Burkhard (Hrsg.) (2007): Bild und Text. Methoden und Methodologien visueller Sozialforschung. Opladen u. a.: Budrich.

Gagliardi, Pasquale (1996): Exploring the aesthetic side of organizational life. In: Clegg, Stewart R./ Hardy, Cynthia/Nord, Walter R. (Hrsg.): Handbook of organization studies. London: Sage, 565–580.
Gebauer, Gunter/Wulf, Christoph (1992): Mimesis. Kultur – Kunst – Gesellschaft. Reinbek: Rowohlt.
Geideck, Susan/Liebert, Wolf-Andreas (Hrsg.) (2003): Sinnformeln. Linguistische und soziologische Analysen von Leitbildern, Metaphern und anderen kollektiven Orientierungsmustern. Berlin, New York: De Gruyter.
Geimer, Peter (2003): Ordnungen der Sichtbarkeit. Fotografie in Wissenschaft, Technologie und Kunst. Frankfurt a. M.: Suhrkamp.
Geimer, Peter (2009): Theorien der Fotografie zur Einführung. Hamburg: Junius.
Gell, Alfred (1992): The Technology of Enchantment and the Enchantment of Technology. In: Coote, Jeremy/Shelton, Anthony (Hrsg.): Anthropology, Art and Aesthetics. Oxford: Clarendon, 40–66.
Goldfarb, Brian (2002): Visual Pedagogy: Media Cultures in and Beyond the Classroom. Durham: Duke University Press.
Göhlich, Michael (2001a): System, Handeln, Lernen unterstützen. Eine Theorie der Praxis pädagogischer Institutionen. Weinheim/Basel: Beltz.
Göhlich, Michael (2001b): Performative Äußerungen. In: Wulf, Christoph/Göhlich, Michael/Zirfas, Jörg (Hrsg.): Grundlagen des Performativen. Eine Einführung in die Zusammenhänge von Sprache, Macht und Handeln. Weinheim/München: Juventa, 25–46.
Göhlich, Michael (2014): Praxismuster der Differenzbearbeitung. In: Tervooren, Anja/Engel, Nicolas/ Göhlich, Michael/Miethe, Ingrid/Reh, Sabine (Hrsg.): Ethnographie und Differenz in pädagogischen Feldern. Bielefeld: transcript, 225–240.
Göhlich, Michael/Weber, Susanne Maria/Stephan Wolff (Hrsg.) (2009): Organisation und Erfahrung. Beiträge der AG Organisationspädagogik. Wiesbaden: VS Verlag für Sozialwissenschaften.
Göhlich, Michael/Schröer, Andreas/Weber, Susanne Maria (Hrsg.) (2018): Handbuch Organisationspädagogik. Wiesbaden: Springer.
Göhlich, Michael/Novotny, Petr/Revsbaek, Line/Schröer, Andreas/Weber, Susanne Maria/Yi, Byung Jun/Staudt, Yvonne (2018): Research Memorandum Organizational Education. In: StudiaPaedagogica, 23, 2, 205–215.
Grant, David/Hardy, Cynthia/Oswick, Cliff/Putnam, Linda L. (2004): The SAGE Handbook of Organizational Discourse. Thousand Oaks, CA: Sage.
Gray, Colin M. (2013): Research – Factors That Shape Design Thinking. In: Design and technology education, 18(3), 8–20.
Guillet de Monthoux, Pierre (1993): The Spiritual in Organizations. On Kandinsky and the Aesthetics of Organizational Work. In: Laske, Stephan (Hrsg.): Spannungsfeld Personalentwicklung. Konzeptionen, Analysen, Perspektiven. Wiesbaden: Springer, 237–252.
Guillet de Monthoux, Pierre (2000): The art management of aesthetic organizing. In: Linstead, Stephen/Höpfl, Heather (Hrsg.): The aesthetics of organization. London: Sage, 35–60.
Guschker, Stefan (2003): Bilderwelt und Lebenswirklichkeit: eine soziologische Studie über die Rolle privater Fotos für die Sinnhaftigkeit des eigenen Lebens. Bern: Peter Lang.
Hancock, Philip (2005): Uncovering the Semiotic in Organization Aesthetics. In: Organization, 12(1), 29–50.
Hancock, Philip/Tyler, Melissa (2007): Un/doing Gender and the Aesthetics of Organizational Performance In: Gender, Work & Organization, 14, 6, 512–533.
Hatch, Mary Jo/Dvora, Yanow (2008): Methodology by Metaphor: Ways of Seeing in Painting and Research. In: Organization Studies, 29, 1, 23–44.
Hartz, Ronald/Nienhüser, Werner/Matthias Rätzer (2019): Ästhetik und Organisation – Pfade durch ein sich entwickelndes Forschungsfeld. In: Hartz, Ronald/Nienhüser, Werner/Matthias Rätzer (Hrsg.): Ästhetik und Organisation. Ästhetisierung und Inszenierung von Organisation, Arbeit und Management. Wiesbaden: Springer, 1–25.
Heidegger, Martin (1961): Nietzsche, Pfullingen: Günther Neske.
Heidelmann, Marc-André (2023): Vom „wilden Fluss" zum „Sieg": Organisationspädagogische Professionalisierung als transformatorischer Bildungsprozess. In: Mensching, Anja/Engel, Nicolas/ Fahrenwald, Claudia/Hunold, Martin/Weber, Susanne Maria (Hrsg.): Organisation zwischen Theorie und Praxis. Wiesbaden: Springer, 285–300.

Hüppauf, Bernd/Wulf, Christoph (2006): Bild und Einbildungskraft. Würzburg: Bild und Text.
Hüther, Gerald (2006): Die Macht der inneren Bilder. Wie Visionen das Gehirn, den Menschen und die Welt verändern. Göttingen: Vandenhoeck & Ruprecht.
Imdahl, Max (1996): Cézanne – Bracque – Picasso. Zum Verhältnis zwischen Bildautonomie und Gegenstandssehen. In: Boehm, Gottfried (Hrsg.): Imdahl, Max Gesammelte Schriften: Reflexion – Theorie – Methode. Frankfurt a. M.: Suhrkamp, 325–365.
Kandinsky, Wassily (1965): Über das Geistige in der Kunst. Bern: Benteil.
Knorr-Cetina, Karin (1999): Epistemic cultures. How the sciences make knowledge. Cambridge, Mass.: Harvard University Press.
Liebau, Eckart (2007): Kulturelles Lernen. In: Bilstein, Johannes/Dornberg, Bettina/Kneip Winfried (Hrsg.): Curriculum des Unwägbaren. Teil: 1., Ästhetische Bildung im Kontext von Schule und Kultur. Oberhausen: Athena, 83–92.
Maasen, Sabine/Mayerhauser, Torsten/Renggli, Cornelia (2006): Bild-Diskurs-Analyse. In: Maasen, Sabine/Mayerhauser, Torsten/Renggli, Cornelia (Hrsg.): Bilder als Diskurse – Bilddiskurse. Göttingen: Velbrück, 7–26.
Magruder Watkins, Jane/Mohr, Bernard/Kelly, Ralph (2011): Appreciative Inquiry: Change at the Speed of Imagination. New York: Pfeiffer.
Mitchell, William T. J. (1994): Picture Theory: Essays on Verbal and Visual Representations. Chicago: Chicago University Press.
Mollenhauer, Klaus/Wulf, Christoph (Hrsg.) (1996): Aisthesis/Ästhetik. Zwischen Wahrnehmung und Bewusstsein. Weinheim: Deutscher Studienverlag.
Morgan, Gareth (1993): Imaginization. The art of creative management. London: Sage.
Morgan, Gareth (1989): Creative organization theory. A resourcebook. Newbury Park: Sage.
Morgan, Gareth (1998): Löwe, Qualle, Pinguin. Imaginieren als Kunst der Veränderung. Stuttgart: Klett-Cotta.
Panofsky, Erwin (1939): Studies in iconology: humanistic themes in the art of the Renaissance. London: Oxford University Press.
Pöppel, Ernst (2010): Der Rahmen. Ein Blick des Gehirns auf unser Ich. München: dtv.
Prinz, Sophia (2014): Die Praxis des Sehens. Über das Zusammenspiel von Körpern, Artefakten und visueller Ordnung. Sozialtheorie. Bielefeld: transcript.
Probst, Jörg/Klenner, Jost Philipp (2009): Ideengeschichte der Bildwissenschaft. Siebzehn Porträts. Frankfurt a. M.: Suhrkamp.
Purcell, Rod (2007): Images for Change: Community development, community arts and photography. In: Community Development Journal. London: Oxford University Press, 1–12.
Renggli, Cornelia (2007): Selbstverständlichkeiten zum Ereignis machen: Eine Analyse von Sag- und Sichtbarkeitsverhältnissen nach Foucault. In: Forum Qualitative Sozialforschung / Forum: Qualitative Social Research 8, 2, 38–58.
Rimmele, Marius/Stiegler, Bernd (2012): Visuelle Kulturen – Visual Culture. Zur Einführung. Hamburg: Junius.
Sachs-Hombach, Klaus (2003): Das Bild als kommunikatives Medium: Elemente einer allgemeinen Bildwissenschaft. Köln: Halem.
Sachs-Hombach, Klaus (Hrsg.) (2009): Bildwissenschaft. Disziplinen, Themen, Methoden. Frankfurt a. M.: Suhrkamp.
Sachs-Hombach, Klaus (Hrsg.) (2010): Bildtheorien. Anthropologische und kulturelle Grundlagen des Visualistic Turn. Frankfurt a. M.: Suhrkamp.
Schäffer, Burkhard/Ehrenspeck, Yvonne (Hrsg.) (2003): Film- und Fotoanalyse in der Erziehungswissenschaft. Ein Handbuch. Wiesbaden: Springer.
Scharmer, Claus O. (1991): Ästhetik als Kategorie strategischer Führung. Der ästhetische Typus von wirtschaftlichen Organisationen. Stuttgart: Urachhaus.
Scharmer Claus O. (2008): Theorie U. Von der Zukunft herführen. Presencing als soziale Technik. Heidelberg: Carl-Auer.
Schulz, Martin (2005): Ordnungen der Bilder. Eine Einführung in die Bildwissenschaft. München: Wilhelm Fink.
Senge, Peter M. (1990): The Fifth Discipline: The Art and Practice of the Learning Organization. New York, Ny: Doubleday.

Spicer, André/Alvesson, Mats/Kärreman, Dan (2009): Critical performativity: The unfinished business of critical management studies. In: Human Relations, 62, 4, 537–560.
Strati, Antonio (1999): Organization and aesthetics. London: Sage.
Strati, Antonio (2000): The aesthetic approach in organization studies. In: Linstead, Stephen/Höpfl, Heather (Hrsg.): The aesthetics of organization. London: Sage, 13–34.
Strauß, Anke (2019): Die (Wieder-)Erfindung der Welt: die Rolle ästhetischer Praktiken in pädagogischen Experimenten mit alternativen Räumen des Organisierens. In: Hartz, Ronald/Nienhüser, Werner/Matthias Rätzer (Hrsg.): Ästhetik und Organisation. Ästhetisierung und Inszenierung von Organisation, Arbeit und Management. Wiesbaden: Springer, 217–245.
Taylor, Steven S./Hansen, Hans (2005): Finding Form: Looking at the Field of Organizational Aesthetics. In: Journal of Management Studies. 42, 6, 1211–1231.
Türk, Klaus (2000): Bilder der Arbeit: Eine ikonografische Anthologie. Opladen: Westdeutscher Verlag.
Waldschmidt, Anne (2007): Die Macht der Normalität: Mit Foucault „(Nicht-)Behinderung" neu denken. In: Anhorn, Roland/Bettinger, Frank/Stehr, Johannes (Hrsg.): Foucaults Machtanalytik und Soziale Arbeit. Wiesbaden: VS Verlag für Sozialwissenschaften, 119–133.
Weber, Susanne Maria (1998): Organisationsentwicklung und Frauenförderung: Eine empirische Untersuchung in drei Organisationstypen der privaten Wirtschaft. Königstein: Ulrike Helmer.
Weber, Susanne Maria (Hrsg.) (2002): Vernetzungsprozesse gestalten. Erfahrungen aus der Beraterpraxis mit Großgruppen und Organisationen. Wiesbaden: Gabler.
Weber, Susanne Maria (2005): Rituale der Transformation. Großgruppenverfahren als pädagogisches Wissen am Markt. Wiesbaden: Springer VS.
Weber, Susanne Maria (2012): Transformative Evaluation. In: Kuckartz, Udo/Rädiker, Stefan (Hrsg.): Erziehungswissenschaftliche Evaluationspraxis. Beispiele – Konzepte – Methoden. Weinheim/Basel: Beltz Juventa, 120–141.
Weber, Susanne Maria (2013): Dispositive des Schöpferischen. Genealogie und Analyse gesellschaftlicher Innovationsdiskurse und institutioneller Strategien der Genese des Neuen. In: Rürup, Matthias/Bormann, Inka (Hrsg.): Innovationen im Bildungswesen. Analytische Zugänge und empirische Befunde. Wiesbaden: Springer, 191–221.
Weber, Susanne Maria (2014): Change by Design!? Wissenskulturen des „Design" und organisationale Strategien der Gestaltung: In: Weber, Susanne Maria/Göhlich, Michael Schröer, Andreas/Schwarz, Jörg (Hrsg.): Organisation und das Neue. Wiesbaden: Springer VS, 27–48.
Weber, Susanne Maria (2017): Gestaltungsorientierte Forschung – organisationspädagogische Perspektiven. In: Schemme, Dorothea & Novak, Hermann (Hrsg.): Gestaltungsorientierte Forschung – Basis für soziale Innovationen. Erprobte Ansätze im Zusammenwirken von Wissenschaft und Praxis. Bonn: BIBB, 379–399.
Weber, Susanne Maria (2018): Ästhetische Interventionen als Methode organisationspädagogischer Praxis. In: Göhlich, Michael/Schröer, Andreas/Weber, Susanne Maria (Hrsg.): Handbuch Organisationspädagogik. Wiesbaden: Springer, 343–354.
Weber, Susanne Maria (2020): Genese, Institutionalisierung und Proprium organisationspädagogischen Wissens: Zur Konstitution und Etablierung einer Diskursfigur im pädagogischen Feld. In: Fahrenwald, Claudia/Engel, Nicolas/Schröer, Andreas (Hrsg.): Organisation und Verantwortung. Wiesbaden: Springer, 355–370.
Weber, Susanne Maria (2023):In Blickordnungen intervenieren? Das Gütesiegel ‚Interkulturelle Vielfalt LEBEN' als performatives Artefakt und epistemisches Grenzobjekt kollektiver Strategieentwicklung. In: Forum pädagogische Organisationsforschung (Hrsg.): Aktuelle Herausforderungen der Organisationspädagogik. Wiesbaden: Springer, 85–100.
Weber, Susanne Maria/Heidelmann, Marc-André (2022): Images – Imagination – Imaginaries: Epistemic Organizing and Epistemologies of the Visual. In: Cambre, Carolina/Barromi-Perlman, Edna/Herman Jr, David (Eds.): Visual Pedagogies. Concepts, Cases and Practices. Leiden: Brill Sense, 37–57.
Weber, Susanne Maria/Wieners, Sarah (2018): Diskurstheoretische Grundlagen der Organisationspädagogik. In: Göhlich, Michael/Schröer, Andreas/Weber, Susanne Maria (Hrsg.): Handbuch Organisationspädagogik. Wiesbaden: Springer, 635–646.

Weber, Susanne Maria/Wieners, Sarah (2022): Visuelle Politiken und Bildaktivismus – Organisationspädagogische und geschlechtertheoretische Perspektiven. In: Bergold-Caldwell, Denise/Dierkes, Wiebke/Georg, Eva/Spahn, Lea/Will, Jakob (Hrsg.): (Denk)Bewegungen zwischen Kritik, Norm und Utopie Grenzgänge und Grenzbearbeitungen. Sulzbach im Taunus. Ulrike Helmer Verlag, 155–170.

Weber, Susanne Maria/Wieners, Sarah (2023): Towards Optimization? Futures in Organizing Research: Thinking Towards a Global Research Memorandum in Organizational Education. In: Weber, Susanne Maria; Schröer, Andreas; Fahrenwald, Claudia (Hrsg.): Organisationen optimieren? Organisationspädagogische Sondierungen zum Optimierungsdiskurs. Wiesbaden. Springer, 329–342.

Weber, Susanne Maria/Wieners, Sarah/Grosse, Leila (2019): Das Netz der Organisation und seine Oberflächen. Potenziale der Websiteanalyse zur Erschließung organisationaler Diskurse. In: Weber, Susanne Maria/Schröder, Christian/Truschkat, Inga/Herz, Andreas/Peters, Luisa (Hrsg.): Organisation und Netzwerke. Wiesbaden: Springer, 83–91.

Weick, Karl E./Sutcliffe, Kathleen M./Obstfeld, David (2005): Organizing and the Process of Sensemaking. In: Organization Science. 16, 4, 409–421.

Weik, Elke/Lang, Reinhart (Hrsg.) (2005): Moderne Organisationstheorien 1. Handlungsorientierte Ansätze. Wiesbaden: Springer.

Welsch, Wolfgang (2003): Ästhetisches Denken. Stuttgart: Reclam.

Wettig, Sabine (2009): Imagination im Erkenntnisprozess. Chancen und Herausforderungen im Zeitalter der Bildmedien. Eine anthropologische Perspektive. Bielefeld: transcript.

Wieners, Sarah/Susanne Maria Weber (2019): Das Dispositiv als Methodologie in der Geschlechterforschung. In: Kubandt, Melanie/Schütz, Julia „Gerne Geschlecht?!" – Methoden und Methodologien in der erziehungswissenschaftlichen Geschlechterforschung. Opladen: Budrich, 180–196.

Weber, Wieners, Sarah; Weber, Susanne Maria (2021): Im Blickfeld der Kamera: Visuelle Geschlechterordnungen in Organisationen diskursanalytisch untersuchen. In: Susann Fegter, Antje Langer und Christine Thon (Hrsg.). Diskursanalytische Geschlechterforschung in der Erziehungswissenschaft. Opladen: Budrich, 103–122.

Wolf, Herta (Hrsg.) (2002): Paradigma Fotografie. Fotokritik am Ende des fotografischen Zeitalters, Bd. 1. Frankfurt a. M.: Suhrkamp.

Wolf, Herta (Hrsg.) (2003): Diskurse der Fotografie. Fotokritik am Ende des fotografischen Zeitalters, Bd. 2. Frankfurt a. M.: Suhrkamp.

Wrana, Daniel (2015): Zur Analyse von Positionierungen in diskursiven Praktiken. In: Fegter, Susann/Kessl, Fabian/Langer, Antje/Ott, Marion/Rothe, Daniela/Wrana, Daniel (Hrsg.): Erziehungswissenschaftliche Diskursforschung. Wiesbaden: Springer, 123–141.

Wulf, Christoph/Göhlich, Michael/Zirfas, Jörg (Hrsg.) (2001): Grundlagen des Performativen. Eine Einführung in die Zusammenhänge von Sprache, Macht und Handeln. Weinheim/München: Juventa.

Wulf, Christoph (2005): Zur Performativität von Bild und Imagination. In: Wulf, Christoph/Zirfas, Jörg (Hrsg.): Ikonologie des Performativen. München: Wilhelm Fink, 35–49.

Wulf, Christoph/Zirfas, Jörg (2005): Ikonologie des Performativen. München: Wilhelm Fink.

Wulf, Christoph/Zirfas, Jörg (2007): Performative Pädagogik und performative Bildungstheorien. Ein neuer Fokus erziehungswissenschaftlicher Forschung. In: Wulf, Christoph/Zirfas, Jörg (Hrsg.): Pädagogik des Performativen. Theorien, Methoden, Perspektiven. Weinheim/Basel: Beltz, 7–41.

Bilder und videografische Daten im Kontext erziehungswissenschaftlicher Inklusionsforschung

Tanja Sturm und Benjamin Wagener

Inklusion als Begriff für einen teildisziplinären Diskurs der Erziehungswissenschaft ist – betrachtet man die Disziplingeschichte insgesamt – im Verhältnis sehr jung. Während er in der englischsprachigen Erziehungswissenschaft seit dem Ende des letzten Jahrhunderts aufgerufen wird, gilt dies für die Breite des Fachdiskurses im deutschsprachigen Raum erst seit den 2010er Jahren. Im Jahr 2017 wurde in der Deutschen Gesellschaft für Erziehungswissenschaft eine Arbeitsgemeinschaft gegründet, in der sich Kolleg*innen unterschiedlicher Sektionen und Kommissionen gemeinsam mit dem Thema auseinandersetzen; theoretische wie empirische Arbeiten sind dabei in der Vielfalt von Metatheorien und Methodologien verankert, die die Erziehungswissenschaft auszeichnen. (Bewegte) Bilder sind dabei ebenfalls – wie der Diskurs um Inklusion – eine noch relativ neue Form des Zugangs zur (pädagogischen) Praxis. Die Themen, die heute unter dem Stichwort Inklusion erziehungswissenschaftlich bearbeitet werden: Benachteiligungen und Behinderungen der akademischen und sozialen Teilhabe in pädagogischen Kontexten, werden hingegen bereits länger in der Fachdisziplin aufgerufen, u. a. in der sog. Verallgemeinerungsbewegung Ende des 19. Jahrhunderts (vgl. Ellger-Rüttgardt 2008: 108 ff.). In den 1980er Jahren wurde die Auseinandersetzung in der ehemaligen Bundesrepublik v. a. durch Eltern initiiert, die das Recht ihrer Kinder auf integrativen Unterricht sog. behinderter und nicht-behinderter Schüler*innen gefordert haben. Dies erfolgte parallel zur Bürger*innenbewegung für die Rechte von Menschen mit (zugeschriebener) Behinderung (vgl. zsf. Köbsell 2018; Schnell 2003). Die zentralen Gegenstände sind (Nicht-)Behinderungen sowie Inklusion/Exklusion in Erziehung und Bildung, v. a. in einzelnen pädagogischen Organisationen sowie in der Gesellschaft und ihren Institutionen. Dabei haben soziale bzw. kulturelle v. a. individuelle Perspektiven auf Behinderungen weitgehend abgelöst (vgl. Waldschmidt 2005); sie verstehen Behinderung als sozial-kulturell hervorgebrachte Konzepte ‚normaler' und davon abweichender Körper und/oder Fähigkeit(serwartung)en. Werden die Normalitätserwartungen (wiederholt) irritiert, können Teilhabe- und Partizipationsmöglichkeiten behindert werden (vgl. Weisser 2018). Entlang dieses Verständnisses sowie unter Bezugnahme auf soziologische Diskurse wird Inklusion im Fachdiskurs zunehmend in Relation zu Exklusion aufgerufen (vgl. z. B.

Hoffmann 2018; Willmann & Bärmig 2020). Die Relationierung eröffnet v. a. deskriptiv-analytische Betrachtungen und geht so über vornehmlich normative Perspektiven hinaus, die nicht selten in imaginären Bildern im Sinne utopischer, visionärer Vorstellungen ihren Ausdruck finden, wie Zukunft gestaltet werden könnte.

Schule und Unterricht stellen im erziehungswissenschaftlichen Fachdiskurs zu Inklusion nicht die einzigen institutionellen und organisatorischen Zusammenhänge dar, die Forschungsgegenstand sind, jedoch einen vielfach erforschten. Gründe für diese Dominanz innerhalb des Fachdiskurses lassen sich nur vermuten: zum Beispiel eröffnet und/oder behindert Schule (Bildungs-)Zugänge aufgrund ihrer Vielzahl kodifizierter Normen, v. a. auf der Grundlage von den Schüler*innen zugeschriebenen Leistungsdifferenzen, der sich nach wie vor haltenden Sondereinrichtungen resp. Sonderschulen für Schüler*innen und der Kategorie des sonderpädagogischer Förderbedarfs. Stärker als andere gesellschaftliche Differenzdimensionen geht die schuleigene Kategorie des Förderbedarfs im deutschsprachigen Schulkontext mit strukturellen und systematischen Formen der Separation und der damit verbundenen Exklusion einher, die es zu erkennen gilt. Schule und Unterricht formulieren zudem Rollenerwartungen an Schüler*innen und Lehrer*innen, die in vielfältigen Normen und Erwartungen kodifiziert sind, wie z. B. die Erwartung der (erfolgreichen) lernenden Auseinandersetzung mit fachlichen Inhalten, die u. a. in Bildungs- und Rahmenlehrplänen festgehalten sind. ‚Scheitern' Schüler*innen an den schulischen Erwartungen, wird dies vielfach individualisiert und hat Folgen für ihren weiteren Bildungs- und Lebensweg.

Vergleichbar zu anderen erziehungswissenschaftlichen Diskursen zeichnet sich der zu Inklusion/Exklusion durch die Verankerung der Gegenstandsbetrachtungen in unterschiedlichen meta-theoretischen und methodologisch-methodischen Zugängen aus. Neben Makroperspektiven auf schulisch-unterrichtliche Inklusion (vgl. z. B. Lütje-Klose, Neumann, Gorges & Wild 2018; Schuck, Rauer & Prinz 2018) finden sich im Forschungsfeld zunehmend mikroperspektivisch geprägte Studien. Letztere rekonstruieren die Praxis der sozialen Akteur*innen u. a. mithilfe von Interviews und Gruppendiskussionen und/oder auf der Grundlage von Videografien und Bildern, wobei je nach methodologischem Zugang Bilder für sich oder in Relation zu videografischen bzw. textbasierten Daten betrachtet werden. Gemeinsames Erkenntnisinteresse der im deutschsprachigen Kontext generierten Studien, die u. a. in der Ethnographie (vgl. z. B. Herzmann, Merl, Panagiotopoulou, Rosen & Winter 2016), der Objektiven Hermeneutik (vgl. Dlugosch & Thönnes 2017) oder der Praxeologischen Wissenssoziologie (z. B. Hackbarth 2017; Wagener 2020) verankert sind, bezieht sich auf Prozesse von Inklusion/Exklusion in Schule und Unterricht. Eines der zentralen Ergebnisse von Studien, die sich mit der Konstruktion von Differenzen in diesem Feld befassen, lautet, dass Leistungs(un)fähigkeit im (inklusiven) Unterricht die zentrale

Differenzdimension darstellt. Dies dokumentiert sich v. a. handlungspraktisch, also nicht (verbal) explizit, und findet seinen Ausdruck in einer individuellen und hierarchisierenden Unterscheidung der Schüler*innen. Die Ergebnisse zeigen weiter, dass das Etikett des sonderpädagogischen Förderbedarfs bzw. des besonderen Bildungsbedarfs in der Schweiz unterrichtlich eine hohe handlungspraktische Relevanz für die beteiligten Lehrpersonen wie auch für die Schüler*innen hat (vgl. z. B. Sturm, Wagener & Wagner-Willi 2020). Diese Erkenntnis dokumentiert sich in Erzählungen und Beschreibungen im Rahmen von Interviews und Gruppendiskussionen sowie in Videografien und (Stand-)Bildern, d. h. – mit den noch näher zu beschreibenden Komplexitätsreduktionen, die mit diesen Erhebungsformen einhergehen – in der Praxis selbst. Letztgenannte Erhebungsformen eröffnen dabei u. a. den Einbezug der körperlich-räumlich-materialen Dimension der Praxis. Dies setzt voraus, dass die bildhaften Daten in ihrer *Eigenlogik* einbezogen werden und nicht vornehmlich in Ergänzung zum Text, also z. B. zur Illustration und/oder des visuellen Nachvollzugs verwendet werden, bspw. bei der Zuordnung von Sprachbeiträgen in komplexen sozialen Interaktionen mit diversen Akteur*innen. Dabei können sich sowohl auf der Bildebene als auch in der Relation von Bild und Text gleichzeitig ambivalente Formen von Inklusion/Exklusion in der Unterrichtspraxis zeigen (Sturm, Wagener & Wagner-Willi 2022).

In unserem Beitrag wollen wir diese Perspektive aufgreifen und die Erkenntnismöglichkeiten, die Bilder im Rahmen von Videografien, die zu Forschungszwecken erhoben werden, für die Erforschung von Inklusion/Exklusion in unterrichtlichen Praxen, die dem formalen Anspruch nach inklusiv sind, aufzeigen und diskutieren. Dies soll exemplarisch entlang eines der methodologischen Zugänge erfolgen, die in der erziehungswissenschaftlichen Inklusionsforschung derzeit aufgerufen werden: die Praxeologische Wissenssoziologie (vgl. Bohnsack 2017; 2020) und die mit ihr verbundene Dokumentarischen Methode (vgl. Bohnsack 2009; Fritzsche & Wagner-Willi 2015). Die zugrundeliegenden Daten wurden in Schulen der Sekundarstufe I in der Schweiz und in Kanada videografisch erhoben. Neben der Unterrichtssprache unterscheiden sich die Schulsysteme, in denen die Praxen beobachtet wurden, auf der formalen Ebene; so hat Kanada ein integratives bzw. eingliedriges Schulsystem, während das der deutschsprachigen Schweiz ein separatives oder mehrgliedriges ist. Um unserem Vorhaben nachzukommen, beginnen wir mit einer theoretischen Einführung in die Grundannahmen bzw. -begriffe der Praxeologischen Wissenssoziologie und der dokumentarischen Bild- und Videografieanalyse mit ihren Arbeitsschritten (Abschnitt 1). Anschließend zeigen wir entlang einer kurzen Sequenz aus dem Mathematikunterricht einer Schweizer Schule die Arbeitsschritte und Erkenntnismöglichkeiten von Standbild- bzw. Fotogrammanalysen und deren Verbindung mit der Sequenzanalyse der Dokumentarischen Methode auf und stellen zentrale Ergebnisse der Studie, in der die Daten generiert wurden, mit Fokus auf Inklusion/Exklusion vor. Daraufhin vergleichen wir diese mit Ergebnissen, die wir auf der Grundlage von Bild- bzw. videografischen Daten aus dem Unterricht einer kanadischen Lerngruppe rekonstruiert haben (Abschnitt 2). Der Beitrag endet mit einem Fazit und Perspektiven, die Bilder und Videografien als Forschungsdaten einer rekonstruktiven und vergleichenden Inklusions- und Unterrichtforschung eröffnen (Abschnitt 3).

1. Dokumentarische Interpretation von Bild- und videografischen Daten

Zunächst beschreiben wir die erkenntnistheoretischen Prämissen der Dokumentarischen Methode bzw. der Praxeologischen Wissenssoziologie, wobei wir den Fokus auf Schule und Unterricht legen. Im Anschluss daran skizzieren wir die methodologischen Grundlagen und Arbeitsschritte der Interpretation von (Unterrichts-)Videografien mit einem besonderen Fokus auf die sie wesentlich konstituierende Bildebene.

1.1 Metatheoretische Grundannahmen der Praxeologischen Wissenssoziologie und der Dokumentarischen Methode mit Fokus auf Schule und Unterricht

Die Dokumentarische Methode als Methodologie und Methode ist grundlagen- bzw. metatheoretisch in der Praxeologischen Wissenssoziologie (vgl. Bohnsack 2017) verankert und schließt an Mannheims (1980: 211 ff.) Leitdifferenz des „kommunikativen" und „konjunktiven" Wissens an. Erstgenanntes ist i. S. einer „propositionalen Logik" (Bohnsack 2017: 63) in den Konstruktionen des Common-Sense verankert, die sich durch einen zweckrationalen Charakter auszeichnen und u. a. Normen bzw. Regeln sowie Rollen- und Identitätserwartungen betreffen (vgl. ebd.). In der Schule als *Institution* (vgl. Berger/Luckmann 1969; Schütz 1971) zählen hierzu u. a. die mit der Schüler*innen- bzw. Lehrer*innenrolle verbundenen Verhaltenserwartungen, wie etwa das Sich-Melden im Unterricht. Unter die propositionale Logik fallen auch die gesellschaftlichen Identitätsnormen (z. B. in Bezug auf Gender oder das sozial-ökonomische Milieu), mit denen Lehrpersonen und Schüler*innen in Schule und Unterricht konfrontiert sind. Wie Goffman (1967: 9 ff.) deutlich macht, sind diese „virtualen sozialen Identitäten" nicht mit der Handlungspraxis identisch. Dies gilt auch für die (kodifizierten) Normen bzw. Regeln auf der Ebene der Programmatik der (je spezifischen) schulischen *Organisation*, z. B. das ‚inklusive' Selbstverständnis einer Schule, oder auch die Norm der Leistungsbeurteilung (die ihrerseits organisationsübergreifend im Schulgesetz kodifiziert ist). Beide Ebenen der propositionalen Logik – die institutionellen wie die organisationalen (Identitäts-)Normen – geben jedoch noch keine Auskunft über das *Wie* der Herstellung der (Unterrichts-)Praxis, die „performative Logik" (Bohnsack 2017: 63) auf der Ebene des konjunktiven Wissens. Beide Logiken stehen vielmehr in „notorischer Diskrepanz" (ebd.: 106) zueinander.

Das konjunktive Wissen wird als habitualisiertes (vgl. Bohnsack 2017: 63) bzw. „atheoretisches" (Mannheim 1980: 211 ff.), die Handlungspraxis implizit orientierendes Wissen in der gemeinsamen Erfahrung, im „konjunktiven Erfahrungsraum" (ebd.), erworben. Die Habitus der Organisationsmitglieder als „Orientierungsrahmen im engeren Sinne" (Bohnsack 2017: 104) sind wiederum in gesellschaftlichen Erfahrungsräumen bzw. Milieus verortet (u. a. gender-, bildungs- oder migrationsspezifische Milieus), die sozusagen in die Organisation ‚hineinragen'. Die schulische bzw. unterrichtliche Praxis lässt sich jedoch nicht auf die gesellschaftlichen Milieus und deren „Passung" (Kramer/Helsper 2010) reduzieren. Vielmehr setzt Unterricht als selbstreferentielles Interaktionssystem (vgl. Luhmann 2002) aus praxeologischer Perspektive die gemeinsame Bewältigung der Diskrepanz bzw. des Spannungsverhältnisses von propositionaler und performativer Logik in der (auf Dauer gestellten) Interaktion der Beteiligten voraus. Die Eigendynamik des Interaktionssystems gründet dabei nicht auf einer der propositionalen Logik inhärenten „Reziprozität der Perspektiven" (Schütz 1971: 12) i. S. gegenseitiger Unterstellungen von Intentionen bzw. „Um-zu-Motiven" (ebd.: 24), sondern v. a. auf einer „Reziprozität der Akte" (Bohnsack 2017: 106), d. h. einer gegenseitigen Bezugnahme der Akteur*innen auf ihre (korporierten) Akte sowie deren Habitualisierung (vgl. ebd.). Ein sich derart performativ konstituierender neuer bzw. „reflexiver Erfahrungsraum" (ebd.: 118) bzw. ein „Organisationsmilieu" (ebd.: 128) vermag es ebenso, die Rahmeninkongruenzen zwischen den Akteur*innen im „performativen Gedächtnis" (Bohnsack 2020: 46) zu ‚erinnern', so dass sich eine gegenseitige implizite Erwartbarkeit des Handelns einstellt. Dieser „Orientierungsrahmen im weiteren Sinne" (Bohnsack 2017: 103) zeichnet sich wiederum – im Unterschied zu gesellschaftlichen Erfahrungsräumen – durch die organisationale Rahmung der Interaktion aus, die aufgrund normativer organisationaler Programmatiken wesentlich durch „Fremdrahmungen" charakterisiert ist (Bohnsack 2017: 135). Im Fall von Unterricht umfasst dies z. B. die leistungsbezogene oder disziplinarische Bewertung der Praxis der Schüler*innen, ‚individuelle Förderungen' oder die zu vermittelnden (fachlichen) Sachbezüge (vgl. Wagener 2020: 89 ff.). So wird z. B. der Beitrag eines Schülers zur Lösung einer fachlichen Problemstellung im Kunstunterricht einer Leistungsbewertung unterzogen. Bohnsack (2017: 135) spricht in diesem Zusammenhang von der „konstituierenden Rahmung" oder „Erst-Codierung", da derartige (Fremd-)Rahmungen (oder Codierungen) der Praxis bzw. Identität der Klientel (z. B. ‚leistungsstarke' Schülerin) v. a. für „people processing organizations" (Luhmann 1978: 248), d. h. Organisationen, die über die Identität der Klientel entscheiden, wozu auch die Schule zählt, konstitutiv sind.

1.2 Zur dokumentarischen Interpretation von (Unterrichts-)Bildern und Videografien

Der empirische Zugang zu unterrichtlichen Interaktionssystemen mit ihrer Selbstreferentialität setzt den methodischen Zugang zu deren Performativität voraus – ihrer „performativen Performanz" i. S. der beobachtbaren Praxis im Unterschied zur „proponierten Performanz" (Bohnsack 2017: 92) als metaphorische Darstellung der Praxis in Erzählungen und Beschreibungen (vgl. ebd.). Die Videografie bietet hierfür ein besonderes Potential, da sie verbale und nonverbale, also korporierte, räumlich-materiale und bildhafte Elemente erfassen kann. Dabei ist einschränkend zu berücksichtigen, dass die Dreidimensionalität der räumlich-sozialen Interaktionen im (videografischen) Bild zu einer zweidimensionalen Fläche reduziert wird (vgl. Fritzsche/Wagner-Willi 2015). Hingegen besteht ein Vorzug videografischer Daten darin, neben der *Sequenzialität* der sozialen Interaktion, d. h. ihrer zeitlich strukturierten Prozesshaftigkeit, auch die *Simultaneität* der Praxis, also die Gleichzeitigkeit der interaktiven Bezugnahmen, zu erfassen, wobei diese beiden Ebenen immer ineinander verwoben sind (vgl. Wagner-Willi 2005: 51). Das Verhältnis von Simultan- und Sequenzstruktur betrifft die Praxis bzw. performative Performanz der (schulischen) Akteur*innen vor der Kamera, die Bohnsack (2009: 140, Herv. i. O.) als Gestaltungsleistungen der *„abgebildeten* Bildproduzent(inn)en" bezeichnet, i. S. einer Simultaneität und Sequenzialität „erster Ordnung" (Bohnsack/Fritzsche/Wagner-Willi 2015: 23 ff.). Davon unterscheidet sich die Praxis bzw. performative Performanz der *„abbildenden* Bildproduzent(inn)en (Bohnsack 2009: 140, Herv. i. O.), also der Forschenden mit der Kamera. Es ist neben dem Forschungsinteresse v. a. ihre (milieuspezifische) Standortgebundenheit, die ihre Selektionsentscheidungen in Bezug auf die Aufnahme (implizit) orientiert, was zu Neu- bzw. Fremdrahmungen der Praxis der Abgebildeten führen kann. Baltruschat (2015: 268) hat z. B. in Unterrichtsvideos im Kontext der Lehrer*innenbildung die Konstruktion einer „passiv-rezeptiven" Schüler*innen-Identität aufgrund des Ausblendens von Schüler*innen-Lehrer*innen-Interaktionen im Kamerabild rekonstruiert, worin sich die „implizite Didaktik" der abbildenden Bildproduzent*innen dokumentiere. Die Gestaltungsleistungen der Abbildenden lassen sich daher auch als Simultaneität und Sequenzialität „zweiter Ordnung" bezeichnen (Bohnsack/Fritzsche/Wagner-Willi 2015: 24 f.).

Der ‚Schlüssel' zur Eigenlogik des Bildes ist nach Imdahl (1996: 23) die Formal- bzw. „Simultanstruktur" als ein „kompositionsbedingtes, selbst sinnstiftendes Zugleich". Während die Analyse von Texten (z. B. Interviews) und ihrer Sequenzstruktur die qualitative Sozialforschung lange dominiert hat, ist die Rekonstruktion des Bildes und seiner Formalstruktur ein relativ neuer Ansatz (vgl. Bohnsack 2009: 169). Für die dokumentarische Bild- und Videointerpretation ist die unter 1.1 skizzierte Unterscheidung zwischen propositionaler und performativer Logik leitend. Sie korrespondiert mit der Unterscheidung von „Ikonographie" und „Ikonologie" des Kunsthistorikers Panofsky, der sich auf Mannheim bezieht, und setzt die „vorikonographische Beschreibung" der Abbildung voraus (Panofsky 1978: 36 ff.; Bohnsack 2009: 30). So lässt sich die vor-ikonografische Beschreibung des Arm-Streckens erst auf der ikonografischen Ebene als ein Sich-Melden interpretieren, was die Unterstellung von Um-zu-Motiven sowie den Einbezug institutionalisierten Vor-Wissens voraussetzt, z. B. Schülerin A meldet sich, um ihren Redewunsch anzuzeigen. Die (genaue) vor-ikonografische Interpretation erfordert jedoch den Bruch mit den Common-Sense-Konstruktionen auf der ikonografischen Ebene und ermöglicht den Zugang zur Ikonologie, zur performativen Performanz bzw. zum Habitus, also der Frage nach der Herstellung des ‚Wie', z. B. Schüler B meldet sich ambitioniert.

Bei Videografien erfolgt der empirische Zugang zum Ikonischen und dessen Selbstreferentialität am validesten über das Standbild, das sog. Fotogramm. Im Unterschied zur performativen Performanz der *abgebildeten* Bild- bzw. Videoproduzent*innen (z. B. Schüler*innen) erfolgt die Rekonstruktion der performativen Performanz der *abbildenden* Bild- bzw. Videoproduzent*innen (Forschende) über die Rekonstruktion der formalen Komposition des Fotogramms, also des Standbildes, wodurch die methodische Kontrolle ihrer Standortgebundenheit und ihres Einflusses auf die Darstellung der Abgebildeten angestrebt wird. Letzteres betrifft v. a. die Rekonstruktion der Einstellungsgröße und die Position der Kamera, die Perspektivität und den Bildausschnitt (Kadrierung). Die Fotogrammauswahl erfolgt v. a. nach inhaltlichen Kriterien der Fokussierung, d. h. in Momenten der Steigerung der interaktiven Dichte bzw. der Diskontinuitäten, in denen sich der Orientierungsrahmen i. d. R. prägnant dokumentiert (vgl. Bohnsack 2009: 197). Nach dem methodologischen Prinzip der komparativen Analyse werden mehrere, möglichst kontrastierende Fotogramme i. S. einer „Kompositionsvariation" (ebd.: 168 ff.; Imdahl 1994: 302 ff.) interpretiert.

Auf die Fotogrammanalyse folgt die Analyse der Sequenzstruktur der videografischen Daten. Zunächst werden die „Handlungs- und Interaktionselemente wie Gebärden, Blickkontakte, Mimik etc." (Fritzsche/Wagner-Willi 2015: 144) sowie die (para-)sprachlichen Äußerungen im Sequenzverlauf vor-/ikonografisch in Form eines Videotranskripts beschrieben (vgl. Wagener 2020: 84 ff.). Auf dieser Grundlage wird – analog zur Fotogrammanalyse – die Frage nach der Herstellung des ‚Wie' der Handlungen und Interaktionen, ihrer performativen Performanz, gestellt. Dafür ist auch die Rekonstruktion der formalen Interaktionsstruktur, der *„Modi der Interaktionsorganisation"* (Bohnsack/Fritzsche/Wagner-Willi 2015: 25, Herv. i. O.) relevant. Es geht dabei v. a. um die Frage, ob sich In-/Kongruenzen hinsichtlich der Orientierungsrahmen der sozialen Akteur*innen dokumentieren. In der Praxeologischen Organisationsforschung, v. a. im Kontext von people processing organizations, konnten bisher verschiedene

Interaktionsmodi rekonstruiert werden, so z. B. „Macht" (Bohnsack 2017: 246 ff., 270; Wagener 2020: 89 ff. und 143 ff.). Eine exemplarische Beschreibung dieses Modus erfolgt in Abschnitt 2.1.

Die Frage nach der Eigenlogik der Handlungspraxis bzw. des Interaktionssystems und deren bzw. dessen Interaktionsmodus ist die Frage nach dem „genetischen Prinzip" (Bohnsack et al. 2018: 25), der *Sinngenese*. Diesem lässt sich über fallinterne wie -externe Fotogramm- und Sequenzvergleiche nachgehen, die schließlich zur sinngenetischen Typenbildung führen. Dabei wird ein fallübergreifender Orientierungsrahmen, die „Basistypik" (ebd.), abstrahiert und in seine unterschiedlichen Ausprägungen differenziert. Davon zu unterscheiden ist die *Soziogenese*, bei der die Suche nach dem Erfahrungsraum zentral ist, in dem das jeweilige Interaktionssystem seine Genese hat (vgl. ebd.).

2. Fotogramm- und Sequenzanalysen am Beispiel von Differenzkonstruktionen im inklusiven Mathematikunterricht in der Schweiz und in Kanada

Die skizzierten Arbeitsschritte der dokumentarischen Interpretation von (Unterrichts-)Videografien werden nun anhand einer Videosequenz aus dem Mathematikunterricht einer ‚inklusiven' Sekundarschule der Schweiz illustriert. Die Rekonstruktionsergebnisse, die um weiteres Datenmaterial des Dissertationsprojekts von Benjamin Wagener (2020) ergänzt werden, werden anschließend mit einer Videosequenz aus dem Mathematikunterricht einer kanadischen Secondary School kontrastiert.

2.1 Differenzkonstruktionen im inklusiven Mathematikunterricht in einer Schweizer Schule der Sekundarstufe I – Videosequenz „Gruppenarbeit ‚Knack die Box'"

Die Videosequenz stammt aus der Studie zu leistungsbezogenen Differenzkonstruktionen im Fachunterricht in ‚inklusiven' und ‚exklusiven' Schulformen (vgl. Wagener 2020), die in dem SNF-Projekt „Herstellung und Bearbeitung von Differenz im Fachunterricht der Sekundarstufe I" (Sturm/Wagner-Willi 2014) verortet ist. Die Klasse des achten Jahrgangs einer integrativen Sekundarschule in der deutschsprachigen Schweiz[1] wird von siebzehn Schüler*innen besucht, von denen vierzehn Schüler*innen dem Bildungsgang mit „erweiterten Ansprüchen" zugeordnet sind und drei Schüler*innen die Zuschreibung eines „besonderen

---

1 Das mehrgliedrige Schweizer Schulsystem, in dem die Daten erhoben wurden, ist demjenigen in Deutschland ähnlich.

Bildungsbedarfs"[2] (SKBF 2018: 42) aufweisen. Im Mathematikunterricht werden sie von der Mathematiklehrerin, *Frau Krüger*[3], und der Schulischen Heilpädagogin[4], *Frau Franke*, und deren Praktikant, *Herr Egger*, unterrichtet. Letztgenannter ist für die Begleitung und Unterstützung von *Lirim*, einem Schüler mit „besonderem Bildungsbedarf", verantwortlich. Der Unterricht wurde aus zwei einander ergänzenden Kameraperspektiven aufgezeichnet. Darüber hinaus wurden v. a. bei Gruppenarbeiten mobile Audioaufnahmegeräte auf den Tischen der Schüler*innen positioniert.

Die nachfolgende Videosequenz entstammt der Einführung in ein Unterrichtsthema der Algebra und einer damit verbundenen Gruppenarbeit mit dem Titel „Knack die Box". Die Schüler*innen ohne „besonderen Bildungsbedarf" werden zunächst aufgefordert, für das neue Thema ein neues Heft zu nutzen, diejenigen mit „besonderem Bildungsbedarf" verwenden eigene Hefte. Nachdem *Frau Krüger* die Gruppen eingeteilt hat, erklärt sie die Aufgabenstellung der Gruppenarbeit mit einem Plakat an der Tafel (s. Abb. 1).

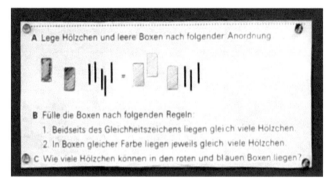

Abbildung 1: Aufgabenstellung der Gruppenarbeit „Knack die Box" (Plakat an der Tafel mit blauen Boxen auf der linken Seite der Gleichung und roten Boxen auf der rechten Seite) (Sturm/Wagner-Willi 2016)

Die Schüler*innen erhalten sieben Minuten, um verschiedene Lösungen zur Aufgabe zu erarbeiten. Die Videosequenz fokussiert die Bearbeitung der Aufgabe in der Gruppe, der *Dan, Ramiro, Kabir, Pablo* und *Lirim* angehören. Dies wird wiederholt durch Interventionen von *Frau Krüger*, was methodologisch als „Fokussierungsakt" (Nentwig-Gesemann 2006: 28) bezeichnet werden kann,

---

2   Der Schweizer Begriff des besonderen Bildungsbedarfs ist vergleichbar mit dem sonderpädagogischen Förderbedarf im schulischen Kontext in Deutschland.
3   Alle Namen sind pseudonymisiert.
4   Äquivalent zur Sonderpädagogin in Deutschland.

unterbrochen. In dem für die Interpretation ausgewählten Fotogramm (Abb. 2) bildet das Halten des Buches durch die Lehrerin, das vor *Ramiro* auf dem Tisch liegt, einen solchen fokussierten Moment.

2.1.1 Fotogrammanalyse

Abbildung 2: Fotogramm Min. 13:27 (Sturm, Wagner-Willi, Elseberg & Wagener 2017)

Im Folgenden wird die körperlich-räumlich-materiale Situation in der genannten Schüler-Gruppe fokussiert, während die anderen drei Gruppen sowie eine detaillierte Beschreibung des Raums aus Platzgründen vernachlässigt werden.

Vor-ikonographische Interpretation

Das Fotogramm zeigt das Innere eines Raumes mit einer Tafel in der oberen rechten Bildecke sowie gereihten Tischen im gesamten Bildausschnitt, an denen jeweils Personen im Alter von ca. 13 bis 14 Jahren gruppiert und einander zugewandt auf Drehstühlen sitzen. Auf den Tischen liegen verschiedene Gegenstände wie Hefte und Stifte. Am linken Bildrand sind sechs sitzende und eine stehende Person erkennbar. Die Person im Bildvordergrund (links) ist im Seitenprofil abgebildet und erscheint wesentlich größer und älter als die anderen sitzenden Personen (ca. 25 Jahre). Mit der rechten Hand, die auf weißen Papierblättern auf dem Tisch liegt, hält sie einen Stift in Schreibstellung, während ihr Kopf in dieselbe Richtung geneigt ist. Sie verdeckt zwei Personen; von der einen ist nur die rechte Hand, die einen kleinen dunklen Gegenstand hält, sichtbar. Vor ihr liegen auf dem Tisch weiße Papierblätter, ein Stift und eine blaue Streichholzschachtel. Von der anderen Person sind der Hinterkopf sowie beide Hände, die etwas in der

Tischmitte zu berühren scheinen, zu erkennen. Die im Bild rechts davon sitzende Person ist nahezu frontal abgebildet. Sie ist etwas nach vorn über den Tisch gebeugt, während ihr Kopf leicht geneigt ist. Beide Unterarme sind quer vor dem Oberkörper auf dem Tisch aufgestützt. In der rechten Hand hält sie einen Stift. Vor dem linken Unterarm liegt eine Federmappe. Die unmittelbar links von ihr stehende Person ist ca. 50 Jahre alt. Sie steht nach vorne gebeugt, während ihr Kopf etwas geneigt ist und ihre Lippen geschürzt sind. Mit den gespreizten Fingern der rechten Hand berührt sie von oben ein geschlossenes rotes Heft, unter dem sie mit der linken Hand ein aufgeschlagenes Buch entweder hält, hervorzieht oder unter das Heft schiebt. Sie trägt außerdem ein Funkmikrofon. Die von ihr links sitzende Person wird größtenteils von der links von ihr sitzenden Person verdeckt. Die linke Hand scheint neben dem Buch auf dem Tisch zu liegen. Die links davon sitzende Person hat beide Ellenbogen auf dem Tisch abgestützt und hält einen weißen Umschlag in den Händen. Darunter liegen ein aufgeschlagenes Heft und ein Stift. Die Person ist im Seitenprofil abgebildet. Dabei ist sie leicht nach vorn gebeugt und hat den Kopf in Richtung des Buchs geneigt. Links von ihr liegt ein Diktiergerät auf dem Tisch.

Ikonografische Interpretation

Bildexternes Kontextwissen: Die stehende Person ist die Mathematiklehrerin *Frau Krüger*. Die sitzenden Personen sind überwiegend Schüler*innen; die sitzende Person im Bildvordergrund links ist der Praktikant *Herr Egger*. Er ist für die Unterstützung von *Lirim*, der neben ihm sitzt und dem ein „besonderer Bildungsbedarf" zugeschrieben ist, zuständig. Bei den anderen Schülern an diesem Tisch handelt es sich um *Pablo, Kabir, Ramiro* und *Dan* (v. l. n. r.), die dem Bildungsgang mit „erweiterten Ansprüchen" angehören. Zugleich liegt eine Forschungssituation vor, worauf auch das Funkmikrofon der Mathematiklehrerin und das Diktiergerät auf dem Tisch hinweisen.

Gestaltungsleistungen der abbildenden Bildproduzent*innen

Abbildung 3: Rekonstruktion der Perspektivität (Wagener 2018)

Bei der Einstellungsgröße handelt es sich um die Totale. Im Zusammenhang mit der Kadrierung zeigt sich eine Selektivität, die einen Großteil des Klassenraums und der Schüler*innen zu erfassen beansprucht. Durch die Nähe zur Kamera rücken die beiden Gruppen im Bildvordergrund in den Fokus der Betrachtenden, was v. a. für die Gruppe um die Lehrerin gilt, die (ungefähr) im Goldenen Schnitt abgebildet ist (breite Linie). Verstärkt wird die Fokussierung durch die frontale Abbildung der Lehrerin sowie ihre stehende Position, die sie von den anderen abgebildeten Personen unterscheidet. Weiter verstärkt die Weitwinkelaufnahme die zentralperspektivische Projektion, wodurch die Personen und Objekte im Bildvordergrund deutlich größer erscheinen als die von der Kamera entfernteren. Ferner liegt eine Übereckperspektive mit zwei Fluchtpunkten vor, die sich außerhalb des oberen linken Bildrands (Schnittpunkt durchgezogene Linien) und des oberen rechten Bildrands (Schnittpunkt gestrichelte Linien) befinden (s. Abb. 3). Die Horizontlinie (gepunktet) verläuft durch die beiden Fluchtpunkte etwa auf Augenhöhe der Lehrerin, wodurch diese zusätzlich in den Betrachtungsfokus gerät, während die Horizontlinie eine Draufsicht auf die sitzenden Personen erzeugt.

Gestaltungsleistungen der abgebildeten Bildproduzent*innen

In der stehenden Position der Lehrerin zeigt sich eine Asymmetrie gegenüber den sitzenden Schülern sowie dem Praktikanten. Diese erfährt eine Steigerung in ihrer Geste – dem Berühren des Heftes, das vor *Kabir* liegt, und das Hervor- bzw. Wegziehen oder Schieben des z. T. darunter liegenden Buches vor *Ramiro* –, mit der sie in die persönlichen „Territorien" (Goffman 1982: 54) der Schüler eingreift. Sie verfügt über die Schüler bzw. deren persönliche Gegenstände. Dabei sind die (sichtbaren) Schüler körperlich zueinander sowie zur Tischmitte hin ausgerichtet und scheinen zu der Lehrerin zu schauen (v. a. *Kabir* und *Dan*). Davon unterscheidet sich die körperlich-räumliche Ausrichtung *Herrn Eggers*, der etwas notiert und die Intervention der Lehrerin nicht zu beachten scheint. Er sitzt zwar dicht neben *Lirim*, aber zugleich etwas abseits der Gruppe, der er körperlich nur partiell zugewandt ist. Seine (Art der) Involviertheit in die Gruppen bleibt somit unklar. Die anderen Schüler*innen-Gruppen sind in dem Moment ohne direkte Kontrolle durch Lehrkräfte bzw. Praktikant, worin sich eine auf selbstständige Kooperation ausgerichtete unterrichtliche Rahmung dokumentiert, die im Fall der hier näher betrachteten Gruppe durch die körperlich nahe Anwesenheit und Intervention der Lehrerin gebrochen wird.

In der Relation der Gestaltungsleistungen der abbildenden und abgebildeten Bildproduzent*innen dokumentiert sich in der Kameraeinstellung eine gewisse Annäherung an die Lehrer*innen-Position durch den Verlauf der Horizontlinie auf ihrer Augenhöhe und der damit verbundenen Draufsicht auf die Schüler*innen, wobei die Distanz der Kamera zu den Abgebildeten diese Annäherung etwas relativiert.

2.1.2 Sequenzanalyse

Zunächst wird das Videotranskript dargestellt, das sowohl die körperlich-räumlich-materiale als auch die verbale Dimension der Interkation berücksichtigt.[5] Anschließend erfolgt die tiefergehende Interpretation der Interaktion.

---

5 Die auf Schweizerdeutsch geführte Unterhaltung der Schüler wurde an das Schriftdeutsche angeglichen. Die Transkription der verbalen Anteile basiert auf dem System „TiQ" („Talk in Qualitative Research"; Bohnsack 2009: 242 f.). Die Kursivschrift repräsentiert die ergänzende Kameraperspektive.

Fr. Krüger stellt sich schräg hinter Ramiro und schaut in Richtung der Gruppe Melek, Kira, Timur und Isabella. Während Herr Egger Lirims Heft aufschlägt, kurz zur Tafel schaut und im Heft zu schreiben beginnt, sind alle Gruppenmitglieder zur Tischmitte ausgerichtet. Dan sagt: Da hast du doch **blau** zuerst und ( ) (1) und dann müssen wir=wir müssen dreht sich zur Tafel um, streckt seinen rechten Arm in dieselbe Richtung ( ) (schaffen). Ramiro tippt mit seiner linken Hand jeweils einmal an die Stelle des Tisches, an der die blauen und die roten Boxen liegen, und schaut dabei kurz auf das vor ihm aufgeschlagene Buch: Jo da ist fünf und da ist drei. Währenddessen dreht sich Dan wieder zum Tisch, nimmt ein paar Hölzchen und beginnt sie neben die blauen Boxen zu legen: Wieso auch immer eigentlich. (mhmm) jo wieso? hä wart kurz woher hast du das? Ramiro legt seine rechte Hand auf eine Buchseite und schaut Dan an: °Alter schau.° Während Dan kurz in Richtung des Buches schaut, sagt Pablo: (Wahrscheinlich ist=s) voll anders rum. Während Dan weiter Hölzchen legt, sagt er in Richtung Ramiro: °Stehts dort in der Lösung? ° Ramiro dreht sich kurz um und streckt seine rechte Hand in Richtung Tafel: ° (Es=ist das gleiche.)° Dan, weiterhin Hölzchen legend:°Hat=s dort eine Lösung? (.) aber (.) wo?°
Kabir lehnt sich weit über den Tisch und greift nach einem Korrekturroller, der zwischen Ramiro und Dan liegt. Fr. Krüger schaut in Richtung Kabir. Dieser nimmt den Roller in beide Hände und betrachtet ihn. Fr. Krüger: Kabir machst du nicht mit? Kabir dreht sich kurz zu Fr. Krüger um: Doch doch. und legt den Korrekturroller auf den Tisch zurück. Währenddessen berührt Fr. Krüger ihn mit der rechten Hand kurz an der Schulter: Lass das sein. und geht dann, in Richtung Tischmitte schauend, ein paar Schritte zurück. *Zeitgleich geht Fr. Franke, in Richtung der Gruppe schauend, den Gang entlang, um die Gruppe herum und stellt sich dann hinter Pablo.* Ramiro und Dan beugen sich währenddessen über das Buch; Ramiro: ( ) (1) (da schau Hölzchen) die Boxen nach (fallen) der ( ). können die Boxen nach (fallen) ( ) (außen ist) (.) Alter ( ) aha jo das ist das ist= (.) Währenddessen nimmt Dan den Briefumschlag mit den Hölzchen und schaut kurz zu Lirims Heft, in das Hr. Egger weiterhin schreibt. Zeitgleich schaut Fr. Krüger in Richtung des vor Ramiro liegenden Buchs, über das er weiterhin gebeugt ist: Nein nur mit den Informationen aus der Tafel, gell? Ramiro dreht sich kurz in Richtung Tafel um: Aha, Fr. Krüger beugt sich vor, greift mit beiden Händen nach dem Buch und zieht es unter Ramiros rechtem Arm vom Tisch: Das Buch hab ich gesagt brauchen wir noch nicht; hä? klappt es zu so. *und legt es auf einen benachbarten, leerstehenden Tisch.* Dann stellt sie sich schräg hinter Ramiro, zur Tischmitte schauend, während sich Fr. Franke links neben sie bzw. hinter Kabir stellt und ebenfalls in Richtung Gruppe schaut.

Indem sich *Frau Krüger* in der Nähe der Schüler positioniert, dokumentiert sich eine erhöhte Kontrolle ihrer Aktivitäten. Damit sind zunächst noch keine weitergehenden Interventionen verbunden, was eine Erwartung an die selbstständige Aufgabenbearbeitung durch die Schüler*innen impliziert. Im Kontrast dazu beginnt *Herr Egger* in *Lirims* Heft zu schreiben, wodurch dieser zwar die Möglichkeit erhält, sich den Gruppenaktivitäten zuzuwenden; in der Übernahme einer unterrichtsbezogenen Aufgabe (worauf das Notieren des Praktikanten in *Lirims* Heft verweist), ohne dies gegenüber *Lirim* zu kommunizieren, deutet sich aber auch eine Absprache eigenverantwortlichen Handelns des Schülers *Lirim* hinsichtlich der Unterrichtsorganisation an: die Aufgabe wird v. a. durch *Dan*, *Ramiro* und *Pablo* bearbeitet. Dabei scheint *Dan* zunächst zu versuchen, die Anordnung der Materialien (das Verbale ist im Datenmaterial z. T. nicht verständlich) mit der an der Tafel abgebildeten Aufgabenstellung abzugleichen, während *Ramiro* sogleich die Anzahl der Hölzchen benennt, die als Teil der Aufgabenstellung den beiden Seiten (Termen) der Gleichung zugewiesen werden müssen (s. Abb. 1). Die Information entnimmt *Ramiro* dem vor ihm liegenden Buch, was er *Dan* anschließend offenlegt, nachdem dieser sein Nicht-Verstehen über die proponierte Vorgehensweise mitteilt. In *Ramiros* gedämpfter Lautstärke und dezenten Gestik deuten sich ein Wissen um die potentielle Regelwidrigkeit der Zuhilfenahme des Buchs sowie ein subversiver Versuch der Unterwanderung der Regel an. Weiter entspannt sich dann eine diskrete Interaktion über mögliche Lösungen der Aufgabe im Buch zwischen *Dan* und *Ramiro*, an der *Pablo*, *Kabir* und *Lirim* offenbar nicht beteiligt sind.

In den anschließenden Interventionen durch *Frau Krüger* dokumentiert sich in der Disziplinierung *Kabirs*, der nach dem Korrekturroller greift und diesen betrachtet, ein Unterbinden einer nicht-sach- bzw. nicht-aufgabenbezogenen Handlung, worin sich ein Hindern an Distanzierungsmöglichkeiten von der Schüler*innenrolle und damit verbundenen Verhaltenserwartungen zeigt. Weiter dokumentieren sich in der Disziplinierung von *Dan* und *Ramiro* – die Ermahnung, nicht das Buch zu verwenden, und schließlich sein Entzug – die erhöhte Erwartung an die eigenständige Bearbeitung der Aufgabe sowie die Durchsetzung der Unterrichtsregeln durch die Lehrerin. Die sequenzielle Betrachtung ermöglicht – im Gegensatz zu der des Fotogramms –, die Bewegung nachzuvollziehen, die die Lehrerin mit dem Buch in ihren Händen vollzieht. Beide Situationen gehen mit Disziplinierung und Eingriffen in die persönlichen Territorien der Schüler und ihrer Materialien einher. Dies steht wiederum im Kontrast zur Interaktion von *Herrn Egger* und *Lirim* und der sich bereits andeutenden Absprache der Kompetenz zum selbstständigen Handeln im Unterricht. In der folgenden Sequenz erfährt diese eine Steigerung, indem sie mit dem Ausschluss *Lirims* von der kooperativen Bearbeitung der Aufgabe einhergeht.

Währenddessen greift Lirim nach den Hölzchen, die auf dem Blatt liegen, und nimmt eines davon an sich. Dan schaut ihn an: Alter leg das wieder hin. und tippt dabei zwei mal auf das Blatt. Hr. Egger lehnt sich zu Lirim: °Lass die mal da.° (.) Lirim legt das Hölzchen zurück auf das Blatt. Hr. Egger: Weißt du die müssen sie jetzt nehmen um zu (rechnen).

Als *Lirim* nach einem zur Aufgabe gehörenden Hölzchen auf dem Blatt greift, reagiert *Dan* oppositionell, indem er ihn auffordert, die Hölzchen sofort hinzulegen. Dabei adressiert er ihn in peerkultureller Sprache („Alter"), wie schon *Dan* zuvor selbst von *Ramiro* angesprochen wurde („Alter schau"). Dies unterscheidet sich von der folgenden Erklärung bzw. Belehrung durch *Herrn Egger*: Indem er *Lirim* anweist, die Hölzchen „da zu lassen" und erklärt, dass „die" die Hölzchen benötigen, „um zu rechnen", werden die anderen Schüler als eigenverantwortlich handelnd und kompetent hinsichtlich der Aufgabenbewältigung gerahmt. Umgekehrt wird *Lirim* diese Kompetenz abgesprochen, was zu einer weitgehenden Entmündigung des Schülers führt. Diese soziale Pathologisierung (vgl. Bohnsack 1983: 75) kann im Zusammenhang mit den damit verbundenen exkludierenden Mechanismen als Konstruktion einer sogenannten behinderten Identität bezeichnet werden (vgl. Wagener 2020: 118 ff.).

In der komparativen Analyse von Fotogramm und den zwei Sequenzen zeigen sich Aspekte zweier differenter und paralleler Interaktionssysteme, die sich in fallinternen wie -externen Schulform- und Fachvergleichen im Rahmen des genannten Dissertationsprojekts zu zwei sinngenetischen Typen abstrahieren ließen und die im Folgenden näher beschrieben werden: *primäre Rahmung durch Sachbezug und Individualisierung* und *primäre Rahmung durch Pathologisierung und Konstruktion ‚behinderter' Identität*. Beide Interaktionstypen unterscheiden sich von drei weiteren Typen, die im Rahmen des Projekts rekonstruiert wurden (vgl. Wagener 2020: 89 ff.), auf die aus Platzgründen jedoch nicht weiter eingegangen werden kann. Die komplexe Typenbildung verweist auf das Abstraktions- und Generalisierungspotential des bild- bzw. videoanalytischen Zugangs der Dokumentarischen Methode im Kontext erziehungswissenschaftlicher Inklusionsforschung, das im Folgenden ansatzweise veranschaulicht werden soll.

2.2 Sachbezug und Pathologisierung – parallele Interaktionssysteme im ‚inklusiven' Mathematikunterricht

Das leitende Erkenntnisinteresse der Studie lag in der unterrichtlichen Konstruktion von (Leistungs-)Differenzen zwischen Schüler*innen im Fachunterricht der Sekundarstufe I in dem formalen Anspruch nach ‚inklusiven' und ‚exklusiven' Schulformen. Zu erstgenannten zählen Schulen, die von Schüler*innen besucht werden, die Bildungsgänge mit „allgemeinen" und „erweiterten Ansprüchen" zugeordnet sind und/oder denen ein „besonderer Bildungsbedarf" attestiert wurde. Letztgenannte werden von Schüler*innen besucht, die dem gymnasialen Bildungsgang zugeordnet sind. Das Sample, das je eine Klasse aus zwei ‚inklusiven' und ‚exklusiven' Schulen umfasst, greift das Prinzip des „*Kontrasts in der Gemeinsamkeit*" (Bohnsack 2010: 143, Herv. i. O.) auf. Eine weitere Vergleichsdimension stellt der Fachunterricht dar; neben dem Mathematik- wurden der Deutsch- und der Kunstunterricht untersucht (vgl. Wagener 2020).

Anhand der bild- und videobasierten komparativen Analyse von elf Fällen – ein Fall steht für ein Interaktionssystem von Schüler*innen und Lehrkräften – wurden fünf sinngenetische Typen rekonstruiert, die sich in Bezug auf die *Differenzierung und Hierarchisierung nach Leistung in Relation zur Konstruktion der persönlichen bzw. der sozialen Identität der Schüler*innen* (Basistypik) unterscheiden. Dabei findet sich der Typ *Primäre Rahmung durch Pathologisierung und Konstruktion ‚behinderter' Identität* ausschließlich im – dem formalen Anspruch nach – ‚inklusiven' schulisch-unterrichtlichen Kontext. Dort betrifft er das Interaktionssystem zwischen den Schüler*innen mit „besonderem Bildungsbedarf" und den Vertreter*innen der Schulischen Heilpädagogik und zeichnet sich durch eine Zweit-Codierung durch *Pathologisierung* – im soziologischen, nicht im medizinischen Sinne (vgl. Bohnsack 1983: 75) – aus. Damit ist gemeint, dass den Schüler*innen die Kompetenz zu eigenverantwortlichem Handeln aberkannt wird, wozu auch die Suspendierung der Leistungsordnung mit einer weitgehenden Entmündigung der Schüler*innen hinsichtlich der Beteiligung an der Unterrichtsorganisation zählt. Die schulische Erst-Codierung durch Leistungsbewertung ist hier partiell aufgehoben. Eine derartige Konstruktion von „Behinderung" (Sturm 2016: 108) führt zu einer Suspendierung von Komponenten der Schüler*innenrolle bzw. -identität. An ihre Stelle tritt die Identität der ‚Behinderung', die mit vielfältigen, z. T. klassenöffentlichen Praktiken des Ausschlusses und damit verbundenen Stigmatisierungen (vgl. Goffman 1967) einhergeht, von denen sich die Schüler*innen kaum distanzieren können. Es handelt sich hierbei um die Konstruktion „totaler Identität" (Garfinkel 1967: 206), die eine zentrale Voraussetzung für Macht aus praxeologisch-wissenssoziologischer Perspektive darstellt.

Im Kontext der ‚inklusiven' Programmatik tritt dieser Interaktionstyp parallel zu anderen Typen auf, die v. a. die Interaktion zwischen den Fachlehrpersonen und den Schüler*innen ohne „besonderen Bildungsbedarf" betreffen. Dabei zeichnet sich eine deutliche Fachspezifik ab, indem sich der Typ *Primäre Rahmung durch Sachbezug und Individualisierung* schulformunabhängig in allen Fällen des Mathematikunterrichts findet. Die Fachlehrkräfte enthalten sich weitgehend eines individuellen Zugriffs auf die Person der Schüler*innen im Rahmen einer Zweit-Codierung und hiermit verbundener Konstruktionen totaler Identität, was damit zusammenhängt, dass die Prozesse der Aneignung und Leistungsbewertung und deren je individuelle Differenzen nicht zu einer Angelegenheit der Klassenöffentlichkeit gemacht werden. Im Mathematikunterricht steht dies im Zusammenhang mit einer hohen Standardisierung und Objektivierung der Sachinhalte, des Lösungswegs und der Bewertungskriterien. Die Standardisierung und Fokussierung auf die Sache geht mit einer tendenziellen Suspendierung nicht-sachbezogener Kommunikation seitens der Schüler*innen sowie erhöhter Steuerung durch die Lehrperson zur Aufrechterhaltung eines möglichst reibungslosen Unterrichtsverlaufs einher. Von *Individualisierung* kann hier deshalb gesprochen werden, da eine erhöhte Anforderung an die *individuelle* Verantwortung der Schüler*innen besteht, die unterrichtlichen Ziele zu erreichen. So werden individuelle Unterstützungsangebote weitgehend aus dem Unterricht ‚delegiert' (z. B. Nachhilfe). Wie in der exemplarischen Videoanalyse (2.1) gezeigt wurde, dokumentieren sich Aspekte dieser primären Rahmung auch in Interaktionen, die explizit auf Kooperation ausgerichtet sind, wenn in Gruppenarbeiten die Eigenstrukturiertheit der Schüler*innen-Interaktionen zu unterbinden versucht und die Lösung der Aufgaben – ohne Hilfsmittel – gefordert werden.

Diese auf der Basis vergleichender Fotogramm- und Sequenzanalysen rekonstruierten soziogenetischen Tendenzen (Schulform- und Fachunterrichtsspezifik der Typologie) können nun weiter ausdifferenziert werden, indem sie mit weiteren Vergleichsdimensionen kontrastiert werden. Im Folgenden wird eine solche Suchstrategie anhand eines Projekts, das ebenfalls mit Unterrichtsvideographien arbeitet, exemplarisch dargestellt.

2.3 Mathematikunterricht einer kanadischen Secondary School – primäre Rahmung durch Sachbezug und individuelle Unterstützung

Das Projekt „Soziale Genese unterrichtlicher Praktiken der Konstruktion und Bearbeitung von Differenzen im transnationalen Vergleich" (Sturm 2019) geht der Frage nach der Bedeutung schulstruktureller und -rechtlicher Rahmenbedingungen für die unterrichtliche Konstruktion von (Leistungs-)Differenzen nach; und verfolgt damit u. a. das Erkenntnisinteresse, inwiefern die im vorherigen Abschnitt dargelegte Basistypik spezifisch für mehrgliedrige Schulsysteme ist. Der Vergleich unterrichtlicher Praxen, die in Schulen in Kanada hervorgebracht werden, einem Land, in dem schulisch-unterrichtliche Inklusion als umfassende Programmatik für das gesamte Schulsystem besteht und das ein integratives Schulsystem aufweist (vgl. z. B. Köpfer & Óskarsdóttir 2019), stellt einen Kontrast zur Strukturiertheit des deutschsprachigen Raums dar.

Die ausgewählte Sequenz stammt aus dem Mathematikunterricht einer 9. Schulstufe einer Secondary School in einer Stadt in der Provinz British Columbia. Die Schule wird von Schüler*innen der Klassenstufen 8 bis 12 besucht, die in Mathematik jahrgangsbezogen unterrichtet werden. Die Schüler*innen wählen aus unterschiedlichen Kursen, die sich in Bezug auf Leistungserwartungen und Inhalte nicht unterscheiden, für die Dauer eines Schuljahres einen aus, die Zusammensetzung der Lerngruppe variiert gemäß der Wahlmöglichkeiten zwischen den Fächern. An dem Unterricht nehmen Schüler*innen mit/ohne zugeschriebene Special Educational Needs (vgl. BCME 2016) teil.

Die Schulstunden an dieser Schule dauern i. d. R. 80 Minuten. Neben vier Unterrichtsstunden umfasst ein Schultag sogenannte Flex-Times, in denen die Schüler*innen Fachlehrpersonen aufsuchen können, um bei der Bearbeitung von Aufgaben Unterstützung zu erhalten. Die Schüler*innen haben pro Schulhalbjahr acht Fächer, vier jeden Tag, organisiert im zweitägigen Wechsel. Die Unterrichtssprache ist Englisch. Die englischen Zitate werden nachfolgend im Original dargelegt.

Ausgewählt wurde die Unterrichtssequenz „Make your life a lot simpler", an der der Mathematiklehrer *Mr. Williams* und der Schüler *Marvin* beteiligt sind, und in der es um eine algebraische Gleichung geht.

2.3.1 Sequenz: „Make your life a lot simpler"

In dem Unterricht, aus dem die Sequenz entnommen ist, sind 25 Schüler*innen, eine Educational Assistant und der Fachlehrer *Mr. Williams* beteiligt. Die Aufzeichnung erfolgte mit zwei ergänzenden Kameras und vier Audioaufnahmegeräten, die an den vier Wänden des Raumes, die fast durchgängig mit Whiteboards versehen sind, an denen die Schüler*innen etwa die Hälfte der Unterrichtsstunde

Aufgaben bearbeiten, platziert sind. In der ersten Hälfte der Stunde führt der Lehrer in einer frontal organisierten räumlichen Anordnung in den Inhalt ein: algebraische Gleichungstypen. Er verweist mehrfach darauf, dass beim Lösen der Aufgabe die „Bedmas-Rule", eine Eselsbrücke für „Brackets, Exponents, Divide, Multiply, Add, Substract", anzuwenden sei, die die Reihenfolge der Schritte beim Lösen von Gleichungen beschreibt. Nach einer kurzen Pause führt *Mr. Williams* in der zweiten Stundenhälfte in „today's assignment" ein, das „all types of equations" umfasst. Er sagt: „So as I said today's assignment kind of includes really all different types of equations. So from some very easy up to the very complicated ones like the last one that we did. [...] So if you remove the brackets first, you don't have to run into that issue, the fractions will all remove correctly and you'll be able to come up with a correct answer at the end. Okay, so we're gonna do some board work. [...] Anybody have any questions?". Niemand stellt eine Frage. Der Lehrer fordert die Schüler*innen auf, an die Whiteboards zu gehen. Der Aufforderung kommen sie mit Aufgabenblättern in der Hand nach und arbeiten weitestgehend selbstständig. Nur z. T. sprechen sie kurz und leise mit den unmittelbar neben ihnen stehenden Schüler*innen. Der Lehrer geht (mehrfach) von Schüler*in zu Schüler*in und spricht sie einzeln, namentlich und mit Bezug auf ihre Rechnungen an. Die ausgewählte Sequenz dauert knapp zweieinhalb Minuten. Sie hat sich unmittelbar vor einer der zwei Kameras zugetragen, was zu einer Nahaufnahme führt.

Es wurden zwei Fotogramme ausgewählt, mit dem Ziel, die Simultaneität vergleichend in den Blick zu nehmen. Aufgrund der fehlenden Darstellungserlaubnis werden hier Skizzen dargelegt, die in bildlicher Hinsicht an dieser Stelle v. a. einen illustrierenden Charakter haben; im interpretativen Vorgehen wurde jedoch mit den Fotogrammen gearbeitet. Aufgrund der Entscheidung, welche Elemente des Fotogramms übernommen werden, sind Skizzen ebenfalls als Interpretationen zu verstehen. Zudem können sie den Detaillierungsgrad eines Bildes nicht ersetzen. Trotz dieser Einwände stellen Skizzen eine Möglichkeit dar, Situationen verfremdet darzulegen, wenn eine Abbildungserlaubnis fehlt. Die Ergebnisdarstellung erfolgt auf der ikonologischen Ebene auf der Grundlage der uns vorliegenden Fotogramme. Auf die Darlegung vergleichbar differenzierter Analysen, wie sie für die Sequenz aus dem Schweizer Unterricht dargestellt wurden, muss hier verzichtet werden.

2.3.2 Vergleichende ikonologische Interpretation von zwei Fotogrammen

Das erste als Skizze dargestellte Fotogramm (Abb. 4) wurde ausgewählt, da es repräsentativ für die Sequenz ist, in der die zwei Akteure, ein Lehrer und ein Schüler, miteinander in Bezug auf eine Rechnung an der Tafel interagieren. Die Interaktion erfolgt neben verbalen Anteilen, v. a. vonseiten *Mr. Williams*, wesentlich durch die Notation von Symbolen an dem Whiteboard. Es ist insofern fokussiert, als der Lehrer die Notationen des Schülers beobachtet. Das zweite Fotogramm wurde mit dem Ziel der Kontrastierung ausgewählt; es entstand etwa eine halbe Minute vor dem ersten. Das Vorgehen zeigt, dass die Reihenfolge der Bilder im Verlauf der Sequenz hier nicht ausschlaggebend für die Auswahl ist, sondern dass die Suche nach einem möglichst maximalen Kontrast leitend ist. Dies ist erst nach der analytischen Betrachtung des ersten Bilds möglich. Darin dokumentiert sich das Verständnis der Eigenlogik des Bildes gegenüber der Sequenz bzw. dem sequenziellen Verlauf. Die Kameraperspektive ist gegenüber dem ersten leicht verändert, die Distanz zwischen Kamera und den abgebildeten Personen ist etwas größer. Ein weiterer Unterschied zwischen den Fotogrammen ist, dass der Lehrer in dem zweiten derjenige ist, der eine Notation an dem Whiteboard vornimmt und dabei von *Marvin* beobachtet wird.

Abbildung 4: Skizze Min. 06:55 (Sturm 2019). Abbildung 5: Skizze Min. 06:27 (Sturm 2019)

Die stehende, beobachtende Position des Lehrers im ersten Fotogramm und seine provisorisch abgelegte Hand auf dem Stuhlbein verweisen weder auf eine flüchtige Interaktion noch auf eine längerfristige Anwesenheit bei dem Schüler. Die Körperhaltung des Lehrers – die Neigung zum Schüler bzw. zu dessen Rechnung bei gleichzeitigem Abstand zum Whiteboard und zurückgenommener Armhaltung – drückt zudem eine interessierte und beobachtende Bezugnahme auf die Rechnung am Whiteboard sowie eine gewisse Wahrung von Distanz aus. Der Lehrer lässt den Schüler demonstrieren, ohne körperlich zu intervenieren. Die Körperhaltung des Schülers weist ebenfalls eine Öffnung zum Lehrer auf. Zudem befinden sie sich (in etwa) auf Augenhöhe. Hier dokumentiert sich, dass der Schüler die mathematische Aufgabe bearbeitet und *Mr. Williams* dessen Auseinandersetzung beobachtet. Konträr hierzu stellen sich ihre Positionen im zweiten Fotogramm dieser Sequenz (Abb. 5) dar, in dem *Mr. Williams* etwas an dem Whiteboard notiert, während *Marvin* dies zu beobachten scheint. Die aufrechte Körperhaltung des Lehrers im zweiten Bild unterscheidet sich von der im ersten. Gemeinsam ist den Fotogrammen, dass die abgebildeten Personen konzentriert und fokussiert auf die Symbole bzw. die Rechnung an dem Whiteboard zu sein scheinen. Eine Auseinandersetzung mit den Symbolen deutet sich auch bei den im Bildhintergrund – in der Skizze nicht zu sehenden – abgebildeten Personen an, die ebenfalls an einem Whiteboard stehen und miteinander zu kommunizieren scheinen.

Weiter ist aus dem Kontext bekannt, dass deutlich mehr Personen im Raum sind, als in den Fotogrammen bzw. der Skizze zu erkennen ist; entsprechend ist der Schüler einer von vielen und nicht alleine mit dem Lehrer. Dadurch sowie durch die körperliche Nähe der Schüler*innen zu den Whiteboards relativiert sich die räumlich-soziale Isolation der Interaktion, die durch die Gestaltungsleistungen der abbildenden Bild- bzw. Videoproduzent*innen konstruiert wird.

2.3.3 Sequenzanalyse

Marvin rechnet einige Minuten am Whiteboard, bevor *Mr. Williams* von hinten an ihn herantritt. Er schreibt mehrmals bis zu vier Zeilen der Gleichung, wischt die dritte und die vierte Zeile wiederholt weg und spricht kurz leise und im Video unverständlich mit dem Schüler, der unmittelbar rechts neben ihm steht. Nachfolgend sollen ausgewählte Ausschnitte aus der Sequenzanalyse dargelegt werden.

Marvin steht vor einem Whiteboard, auf dem Symbole stehen, die er anzublicken scheint, in seiner linken Hand hält er zwei Blätter, als *Mr. Williams* von hinten an ihn herantritt und sagt How about we get rid of the fraction Marvin. *Marvin* hält kurz inne, dreht seinen Kopf leicht nach links, in Richtung *Mr. Williams*, und guckt dann zurück zum Whiteboard, während *Mr. Williams* weiter spricht make your life a lot simpler; und geht einen Schritt auf *Marvin* zu, der °Oh° (2) okay sagt und einen Schritt in Richtung Whiteboard macht. *Mr. Williams* tritt näher an das Whiteboard, beugt seinen Oberkörper leicht nach vorne und verschränkt die Hände r hinter dem Rücken und sagt Right cause then you're not having to work with things like this (.) während er mit der linken Hand auf einen Teil der Rechnung zeigt, (3 1/3x-8). *Mr. Williams* So just (.) we'll take this line up während er mit geöffneter rechter Hand wenige Zentimeter über der dritten Zeile der Gleichung an dem Whiteboard kreist und *Marvin* mit dem Schwamm die dritte und vierte Zeile der Rechnung wegwischt.

Mr. Williams tritt langsam und mit körperlicher Distanz von hinten an den am Whiteboard schriftlich rechnenden bzw. seine Gleichung notierenden Schüler *Marvin* heran. Der Lehrer spricht ihn namentlich an: „How about we get rid of the fractions Marvin". Die Ansprache des Schülers durch den Lehrer zeichnet sich durch umgangssprachliche (to get rid of) und fachsprachliche (fractions, dt. Brüche) Elemente aus sowie durch den expliziten Vorschlag, gemeinsam („we") die Brüche zu entfernen, hat also einen fachlichen Bezug. *Marvin* beendet daraufhin seinen Schreibprozess und dreht sich kurz leicht in die Richtung des Lehrers, ohne diesen allerdings direkt anzuschauen bzw. sich körperlich ihm komplett zuzuwenden, vielmehr wendet er sich wieder dem Whiteboard zu. In der Ansprache *Marvins* verweist der Lehrer auf ein Problem in Bezug auf die Brüche, die er aufzulösen vorschlägt und mit der Perspektive verbindet: „make your life a lot simpler". Ob *Marvin* seine Auseinandersetzung mit der Aufgabe selbst als (s)ein Problem (mit der Rechnung/seinem Leben) ansieht oder ob der Lehrer dies so fremdrahmt, bleibt hier offen. *Marvin* signalisiert mit einem leisen „Oh" und einem „okay" jedoch, dass er sich auf das Gespräch mit dem Lehrer und den aufgeworfenen Inhalt einlässt. Aus dem Kontext ist bekannt, dass *Mr. Williams* in dieser Unterrichtsphase alle Schüler*innen nacheinander aufsucht und sie namentlich und mit Bezug auf ihre Rechnungen anspricht. Dies stellt eine ritualisierte Form der interaktiven Auseinandersetzung zwischen dem Lehrer und den Schüler*innen dar. In der fachlichen Bezugnahme des Lehrers ist neben der angedeuteten Hilfestellung die Erwartung impliziert, dass *Marvin* den (vorgesehenen) Rechenweg anwendet, bei dem die Brüche früh aufgelöst werden.

Bevor der Lehrer seinen Vorschlag zum Vorgehen differenziert, die Brüche aufzulösen, indem er auf einen Bruch in der Gleichung zeigt, ratifiziert er mit einem „right" zunächst die gemeinsame Bearbeitung der Aufgabe, die *Marvin* kurz zuvor bestätigt hat. In seiner verbalen Äußerung „cause then you're not having to work with things like this", unterstützt durch das Zeigen auf einen Teil der Gleichung, wird deutlich, dass er dort das Problem verortet. Das „you" in der Ansprache des Lehrers kann, ins Deutsche übersetzt, sowohl auf ein direkt *Marvin* adressierendes – und damit das ‚Problem' individualisierendes – „du" oder eine auf die allgemeinere Bedeutung von „man" verweisen, worin sich das (Spannungs-)Verhältnis zwischen einer Orientierung an der fachlichen Norm und einem Personenbezug dokumentiert. *Marvin* ratifiziert die Ansprache durch ein „oh (2) okay". Der Lehrer fährt mit geöffneter Hand zeigend über die dritte Zeile der Rechnung und sagt, „we" verwendend, dass sie mit dieser, der dritten, Zeile der Rechnung beginnen werden („we'll take this line up"). Vergleichbar zum Sequenzanfang verweist der Lehrer hier nicht (explizit) auf einen Fehler, sondern auf einen ‚einfacheren' Rechenweg. *Marvin* löscht die dritte und die vierte Zeile der Rechnung mit einem Schwamm weg und elaboriert so die implizite Bewertung des Lehrers, dass dieser Teil seiner Rechnung nicht erwartungskonform ist. Das Wegwischen weist zudem den prozesshaften Charakter der unterrichtlichen Produktherstellung sowie die Korrekturmöglichkeiten resp. lernende Auseinandersetzung aus.

Die Ambivalenz von körperlicher Beobachtung, Nähe und fachlicher Intervention, die sich in den Fotogrammen dokumentiert, zeigt sich homolog in der Sequenz: Der Lehrer nähert sich dem Schüler an und nimmt dabei Bezug auf dessen unmittelbare Tätigkeit resp. das an dem Whiteboard notierte Produkt, indem er auf ein Problem verweist, ohne verbal eine explizite Bewertung des Produkts und/ oder des Schülers vorzunehmen. Korporiert und handlungspraktisch verweist er auf den Teil der Rechnung, an dem seine (implizite) Kritik ansetzt. Dass *Marvin* unmittelbar in der Folge den Teil der Gleichung löscht, kann als Ausdruck einer routinierten bzw. habitualisierten Handlungspraxis zwischen Lehrer und Schüler gefasst werden. Es dokumentiert sich eine geteilte unterrichtliche Leistungserwartung, die sich an der Sache in Form der korrekten Anwendung mathematischer

Rechenregeln in einer spezifischen Reihenfolge orientiert. Der Erwartung soll der Schüler individuell nachkommen; dort, wo das aus Sicht des Lehrers nicht gelingt, weist er ihn darauf hin und unterstützt ihn dabei. In der Fokussierung auf einen Teil der Rechnung wird zugleich deutlich, dass die anderen Arbeitsschritte bzw. Gleichungsteile nicht vergleichbar nicht-erwartungskonform sind.

Nach einer kurzen Metakommunikation über den *Marvin* aus der Hand fallenden Schwamm und einer Aushändigung des Stifts von *Marvin* an *Mr. Williams* geht die auf die Lösung der Gleichung bezogene Sequenz wie folgt weiter:

Mr. Williams so this is what we=re gonna do we take this (.) we=re gonna do this (.) während, er – den Stift haltend, eckige Klammern zunächst um die linke Seite der Gleichung /(3x+1/3x-1-7 der unteren Zeile der Gleichung schreibt, dann um die rechte schreibt und weiter sagt We=re gonna do this (2) *((x-1-7))*. Er setzt den Stift ab, hebt seinen linken Arm und zeigt auf den linken Teil des Terms (3x+1/3x-1-7) der unteren Zeile der Gleichung und sagt so the only denominator that was left over at the end of all of this was this right, während er mehrfach mit seiner Hand auf 1/3x tippt. *Marvin* sagt Yeah. *Mr. Williams* fährt fort So we=re gonna multiply this side by three. We=re gonna multiply this side by three während er zunächst auf der linken, dann auf der rechten Seite des Terms *3* neben die Klammern schreibt. *Marivn*: Yeah.

Auch hier dokumentiert sich die implizit bleibende Erwartung, den einfachen resp. richtigen Rechenweg (ohne Brüche) anzuwenden, der sowohl verbal („Bedmas") als auch auf dem Aufgabenblatt nahegelegt wird, und damit Bestandteil der konstituierenden Rahmung ist. *Mr. Williams* notiert, sein Vorgehen verbal erläuternd, eckige Klammern um den linken und rechten Teil der Gleichung und anschließend, außerhalb der Klammern, je eine Drei. *Marvin* beobachtet und ratifiziert das Vorgehen des Lehrers mit einem „yeah". Sowohl verbal als auch non-verbal dokumentiert sich, dass der gemeinsame Bezug beider der Lehr-Lernprozess bzw. die Auflösung der Brüche in der konkreten Gleichung ist.

Mr. Williams sagt And then we won't have to worry about the fraction während er mit der linken Hand eine Wischbewegung in der Luft vollzieht und dann über dem linken Term der Gleichung zeigt. *Marvin* sagt Okay. *Mr. Williams* sagt So.I`ll let you go und den Stift an *Marvin* gibt, der nach ihm greift und eine Gleichung notiert, während *Mr. Williams* sich zurücklehnt.

Der Lehrer verwendet in seiner Äußerung „And then we won't have to worry about the fractions" erneut die „We"-Form und greift die (mögliche) „Sorge", die er eingangs bereits erwähnt hat, auf. Der Lehrer inszeniert sich als Unterstützter in einer für den Schüler vermeintlich problematischen Situation, ohne jedoch die Person des Schülers zu bewerten. Die Unterstützung in Form eines Vorschlags der Multiplikation soll *Marvin* dann selbst berechnen, wozu ihn der Lehrer verbal auffordert und ihm den Stift gibt. *Mr. Williams* beobachtet im weiteren, hier nicht dargestellten, Verlauf *Marvins* Rechnungen, ohne sie zu kommentieren. In der Beobachtung dokumentiert sich die fachliche Begleitung *Marvins* durch den Lehrer. Dabei wird die temporär gemeinsame Verantwortung – ebenso wie die

Möglichkeit fachliche Leistung zu zeigen – der Bearbeitung der Aufgabe wieder zu *Marvins*. Sowohl die beobachtende als auch die intervenierende Auseinandersetzung des Lehrers mit dem Produkt des Schülers ist an einer sachlichen Auseinandersetzung orientiert.

Die Fotogramme resp. die Skizzen wie auch die Sequenz zeigen eine enge und dyadisch gestaltete Interaktion der zwei Personen, die an der Lösung der Gleichung auf dem Whiteboard, auf das sie körperlich ausgerichtet sind, orientiert ist. Sie wechseln dabei komplementär zwischen Beobachtung und Intervention resp. Ausführung, während letztgenannte v. a. schriftlich erfolgen. Dies erfolgt insofern ‚rollenkonform', als der Lehrer der Zeigende und Bewertende ist, während der Schüler die Vorschläge aufgreift und umsetzt. Die hier dargelegte dyadische Auseinandersetzung von Lehrer und Schüler ist Teil des unterrichtlichen Arrangements und ist, das ist aus dem Kontext bekannt, nicht auf einzelne, wenige Schüler*innen bezogen.

2.4 Vergleich der rekonstruierten Unterrichtspraxen

Die Ergebnisse der Simultanitäts- und Sequenzanalyse von „Make your life a lot simpler" resp. die rekonstruierte Praxis zeichnet sich durch Homologien und Differenzen zur exemplarischen Praxis des Typs „Primäre Rahmung durch Sachbezug und Individualisierung" der Studie von Wagener (2020: 130 ff.) aus. Homolog ist eine primäre Rahmung, die auf die Sache, d. h. auf die Durchführung der Arbeitsschritte bzw. Regeln, die von der Lehrperson vorgegeben werden und von den Schüler*innen umzusetzen sind, bezogen ist. Während dies in der Sequenz „Make your life a lot simpler" primär die sachgerechte Anwendung von Rechenverfahren und den individuellen Nachvollzug des Rechenschritts im Sinne einer personenbezogenen Individualisierung betrifft, der temporär durch den Lehrer unterstützend korrigiert wird, bezieht es sich in der Sequenz „Gruppenarbeit ‚Knack die Box'" primär auf die unterrichtliche Verhaltenserwartung, die Aufgabe nur mit den vorgegebenen Informationen zu bearbeiten. Dabei ist die Lehrerin v. a. an der kollektiven Durchsetzung der unterrichtlich-normativen Erwartungen an die Schüler*innen bzw. des vorgesehenen Unterrichtsverlaufs orientiert, was mit der erhöhten Erwartung an eine selbstständige Aufgabenbearbeitung – ohne Hilfsmittel – einhergeht.

Eine weitere Differenz liegt in der Gleichzeitigkeit zweier differenter Interaktionssysteme in der Sequenz „Gruppenarbeit ‚Knack die Box'" bzw. in dem Unterricht, aus dem die Sequenz stammt. Das zweite Interaktionssystem betrifft – in dieser Sequenz – die Interaktion zwischen Praktikant und *Lirim*, dem ein „besonderer Bildungsbedarf" zugeschrieben wird, und repräsentiert den Typ „Primäre Rahmung durch Pathologisierung und Konstruktion ‚behinderter' Identität". Die sich dokumentierende Absprache der eigenständigen bzw.

kooperativen fachlichen Auseinandersetzung des Schülers im Sinne einer Zweit-Codierung, die mit einer auf Dauer gestellten körperlich engen Adressierung verbunden ist, lässt sich in der Interaktion zwischen *Mr. Williams* und *Marvin* nicht vergleichbar beobachten. In den körperlich-räumlichen Positionierungen der Akteur*innen in den dargelegten Bildern bzw. Skizzen und deren Dauerhaftigkeit („Knack die Box") gegenüber kurzweiligen zugleich aber durchgängig auf eine Sache bezogenen Interaktionen („Make your life a lot simpler") spitzt sich die Differenz zu.

Zusammenfassend kann festgehalten werden, dass sich die rekonstruierte Praxis in der Sequenz „Make your life a lot simpler" nicht ohne Weiteres der Typologie der Studie von Wagener (2020) zuordnen lässt. Zwar zeigen sich Homologien zum Typ „Primäre Rahmung durch Sachbezug und Individualisierung" in der primär sachbezogenen Kommunikation und einer – zumindest in der ausgewählten Sequenz – nicht zu beobachtenden klassenöffentlichen Hierarchisierung von Leistungsdifferenzen. Vergleiche mit anderen Sequenzen, an denen eine andere kanadische Lehrerin, *Mrs. Wilson*, beteiligt ist, zeigt, dass sich diese Praxis der persönlichen und sachbezogenen Bezugnahmen ebenfalls dokumentiert (vgl. Sturm 2021; 2022). Unterschiede zeigen sich u. a. darin, dass an die persönliche Auseinandersetzung des Schülers mit der Sache bzw. des Lösungswegs angeschlossen und auch Hilfestellungen gegeben werden, jedoch ohne, dass dies mit klassenöffentlichen Degradierungen (und Gradierungen) i. S. der Konstruktion totaler Identität einhergeht, wie dies im Typ „Primäre Rahmung durch Pathologisierung und Konstruktion ‚behinderter' Identität", aber auch in anderen Typen, in denen die Schüler*innen persönlich für ihre Leistungen verantwortlich gemacht werden (vgl. Wagener 2020: 89 ff.), erfolgt. Bei *Marvin* wird hingegen die individuelle Verantwortung temporär zu einer gemeinsamen von Lehrer und Schüler.

3. Rekonstruktive Inklusionsforschung mit Bild- und videografischen Daten – Resümee und Perspektiven

So wie Inklusion als im Vergleich sehr junger Gegenstandsbereich der deutschsprachigen Erziehungswissenschaft identifiziert werden kann, stellt auch die Bildanalyse noch keinen etablierten Zugang innerhalb dieses Forschungszweigs dar. Dies korrespondiert zugleich mit der insgesamt marginalen Bedeutung des Bildhaften in der Entwicklung qualitativer Methoden in den Sozial- und Erziehungswissenschaften (vgl. Bohnsack/Fritzsche/Wagener-Willi 2015: 11 f.). Zugleich zeichnet sich der Diskurs um Inklusion/Exklusion durch eine hohe Normativität aus. Aus unserer Perspektive müssen sich elaborierte bildanalytische Verfahren im Kontext der Inklusionsforschung u. a. daran messen lassen, ob es ihnen gelingt, einen empirisch validen und methodisch kontrollierten Zugang zur Praxis zu gewinnen, der sich von den im Diskurs normativ entworfenen Bildern, die eine *wünschenswerte* Praxis *imaginieren*, zu distanzieren vermag sowie daran, Erkenntnisse zu generieren, die den Gegenstand differenzieren.

In dem Beitrag haben wir empirische Möglichkeiten aufgezeigt, die die Arbeit mit Bildern – als Teilbereich von resp. in Verbindung mit videografischen Daten – für eine erziehungswissenschaftliche, rekonstruktive Inklusionsforschung eröffnen. Die Bild- und videografischen Daten, die in dem dargelegten methodologisch-methodischen Vorgehen der Dokumentarischen Methode insofern verbunden sind, als Bilder resp. Fotogramme den Videografien entnommen sind und in der Analyse zunächst separat, mit Fokus auf die Simultaneität, betrachtet werden, in einem nächsten Schritt jedoch aufeinander sowie ihre Sequenzialität bezogen werden, eröffnen die Auseinandersetzung mit körperlich-räumlich-materialen sowie auch verbalen Bezügen der unterrichtlichen Interaktionen. Dieser Zugang, der sich gleichermaßen auf Unterrichtsforschung insgesamt bezieht, erlaubt eine thematische Fokussierung auf Fragen schulisch-unterrichtlicher Inklusion/Exklusion, wie v. a. mit der Sequenz „Gruppenarbeit ‚Knack die Box'" gezeigt werden konnte. In dieser wird die Differenz der körperlich-räumlichen Begleitung zwischen Schüler*innen mit/ohne zugeschriebenem „besonderen Bildungsbedarf" deutlich, eine Praxis, die sich in anderen Fällen des Schweizer Samples vergleichbar zeigt (vgl. Sturm/Wagner-Willi 2016; Wagener 2020: 155 ff.). Die Praxis geht mit einer Delegation der Begleitung der so etikettierten Schüler*innen an die Schulischen Heilpädagog*innen einher, während sich die Fachlehrerin v. a. für die Schüler*innen ohne dieses Etikett verantwortlich zeigt. *Mr. Williams* hingegen – dies speist sich wesentlich aus Kontextwissen – sucht in seinem Unterricht alle Schüler*innen auf und setzt sich, wie in der dargelegten Interaktion mit *Marvin*, mit diesen temporär auseinander – unabhängig davon, ob ihm „Special Educational Needs" attestiert wurde oder nicht.

In dem Vergleich unterrichtlicher Praxen, die in der deutschsprachigen Schweiz und in Kanada rekonstruiert wurden, deutet sich zudem an, dass nicht nur Räume anders ausgestaltet und genutzt werden, sondern dass Inklusion resp. Schüler*innen, die sich mit Aufgaben unterschiedlich auseinandersetzen, nicht vergleichbar als Irritationen des Unterrichtsablaufs bearbeitet werden, sondern die Unterrichtsgestaltung so konzipiert ist, dass sie bearbeitet werden können. Ein Erklärungsansatz hierfür könnte sein, dass sowohl das integrative Schulsystem mit einem Bildungsgang, dem alle Schüler*innen angehören, bereits seit den 1980er Jahren die leitende Programmatik des Schulsystems ist (vgl. Köpfer & Óskarsdóttir 2019). In der deutschsprachigen Schweiz erfolgt die inklusive Gestaltung des Unterrichts in einer weiterhin separativ organisierten Schulstruktur und stellt zugleich eine programmatische Besonderheit dieser Schule gegenüber anderen dar. Eine längsschnittliche Betrachtung der Entwicklung inklusiven Unterrichts schließt sich hier als Forschungsperspektive ebenso an, wie die Differenzierung des Vergleichs mit unterrichtlichen Praxen in eingliedrigen Schulsystemen.

Das zugrunde liegende eigenlogische Verständnis von Bildern, das hier aufgerufen wurde, eröffnet einen Zugang zu (pädagogischen) Praxen, die in zweifacher Hinsicht über eine rein verbalsprachliche Ebene der Betrachtung hinausweisen: die differenzierte und zugleich komparative – v. a. durch den Vergleich von zwei oder mehr Bildern einer Sequenz sowie fallexterner Sequenzen – Analyse der Simultaneität und die damit verbundene ansatzweise methodische Kontrolle der Standortgebundenheit der Forschenden selbst. Letztere ist aus unserer Sicht jedoch nicht nur für die Inklusionsforschung von zentraler Bedeutung, sondern für eine rekonstruktive erziehungswissenschaftliche Forschung allgemein.

Literatur

Baltruschat, Astrid (2015): Unterricht als videografische Konstruktion. In: Bohnsack, Ralf; Fritzsche, Bettina; Wagner-Willi, Monika (Hrsg.), Dokumentarische Video- und Filminterpretation. Methodologie und Forschungspraxis. Opladen et al.: Budrich, 267–292.

Berger, Peter L.; Luckmann, Thomas (1969): Die gesellschaftliche Konstruktion der Wirklichkeit. Frankfurt/M.: S. Fischer.

Bohnsack, Ralf (1983): Alltagsinterpretation und soziologische Rekonstruktion. Wiesbaden: Springer VS.

Bohnsack, Ralf (2009): Qualitative Bild- und Videointerpretation. Die dokumentarische Methode. Opladen und Framington Hills: Budrich.

Bohnsack, Ralf (2010): Rekonstruktive Sozialforschung. Opladen/Farmington Hills: Budrich / UTB.

Bohnsack, Ralf (2017): Praxeologische Wissenssoziologie. Opladen, Toronto: Budrich.

Bohnsack, Ralf (2020): Professionalisierung in praxeologischer Perspektive: Zur Eigenlogik der Praxis in Lehramt, Sozialer Arbeit und Frühpädagogik. Opladen/Toronto: Budrich / UTB.

Bohnsack, Ralf; Hoffmann, Nora F.; Nentwig-Gesemann, Iris (Hrsg.) (2018): Typenbildung und Dokumentarische Methode. Opladen/Toronto: Budrich.

Ellger-Rüttgardt, Sieglind Luise (2008): Geschichte der Sonderpädagogik. Eine Einführung. München: Ernst Reinhardt.

Fritzsche, Bettina; Wagner-Willi, Monika (2015): Dokumentarische Interpretation von Unterrichtsvideografien. In: Bohnsack, Ralf; Fritzsche, Bettina; Wagner-Willi, Monika (Hrsg.), Dokumentarische Video- und Filminterpretation. Opladen und Farmington Hills: Budrich. 131–152.

Garfinkel, Harold (1967): Conditions of Successful Degradation Ceremonies. In: Manis, Jerome G.; Meltzer, Bernard N. (Hrsg.), Symbolic Interaction. A Reader in Social Psychology. Boston: Allyn and Bacon. 205–212.

Goffman, Erving (1967): Stigma. Frankfurt/M.: Suhrkamp.

Goffman, Erving (1982): Das Individuum im öffentlichen Austausch. Frankfurt/M.: Suhrkamp.

Hackbarth, Anja (2017): Inklusionen und Exklusionen in Schülerinteraktionen. Empirische Rekonstruktionen in jahrgansübergreifenden Lerngruppen an einer Förderschule und an einer inklusiven Grundschule. Bad Heilbrunn: Klinkhardt.

Herzmann, Petra; Merl, Thorsten; Panagiotopoulou, Argyro; Rosen, Lisa; Winter, Julia (2016): EFiS-NRW – Auf dem Weg zur Inklusion: Ethnographische Feldstudien in Schulen in NRW. Retrieved 03.07.2016, from https://www.hf.uni-koeln.de/36314.

Hoffmann, Thomas (2018): Inklusive Pädagogik als Pädagogik der Befreiung. In: Hoffmann, Thomas; Jantzen, Wolfgang; Stinkes, Ursula (Hrsg.), Empowerment und Exklusion. Zur Kritik der Mechanismen gesellschaftlicher Ausgrenzung. Gießen: Psychosozial-Verlag. 19–48.

Imdahl, Max (1996): Giotto – Arenafresken. Ikonographie – Ikonologie – Ikonik. München: Fink.
Köpfer, Andreas; Óskarsdóttir, Edda (2019): Analysing support in inclusive education systems – a comparison of inclusive school development in Iceland and Canada since the 1980s focusing on policy and in-school support. In: International Journal of Inclusive Education, 1–15.
Kramer, Rolf-Torsten; Helsper, Werner (2010): Kulturelle Passung und Bildungsungleichheit – Potenziale einer an Bourdieu orientierten Analyse von Bildungsungleichheit. In: Krüger, Heinz-Hermann; Rabe-Kleberg, Ursula; Budde, Jürgen (Hrsg.), Bildungsungleichheit revisited. Bildung und soziale Ungleichheit vom Kindergarten bis zur Hochschule. Wiesbaden: Springer VS, 103–125.
Luhmann, N. (1978): Erleben und Handeln. In: H. Lenk (Hrsg.), Handlungstheorien interdisziplinär II. Handlungserklärungen und philosophische Handlungsinterpretationen. Erster Halbband (S. 235–253). München: Fink.
Luhmann, Niklas (2002): Das Erziehungssystem der Gesellschaft. Frankfurt a. M.: Suhrkamp.
Lütje-Klose, Birgit; Neumann, Phillip; Gorges, Julia; Wild, Elke (2018): Die Bielefelder Längsschnittstudie zum Lernen in inklusiven und exklusiven Förderarrangements (BiLieF) – Zentrale Befunde. In: Die Deutsche Schule, 110(2), 9–23.
Mannheim, Karl (1980): Strukturen des Denkens. Frankfurt a. M.: Suhrkamp.
Matthes, Joachim (1992): The Operation Called „Vergleichen". In: Ders. (Hrsg.), Zwischen den Kulturen? Die Sozialwissenschaften vor dem Problem des Kulturvergleichs. Soziale Welt: Sonderband 8. Göttingen: Schwartz, 75–99.
Nentwig-Gesemann, Iris (2006): Regelgeleitete, habituelle und interaktionistische Spielpraxis. Die Analyse von Kinderspielkultur mit Hilfe videogestützter Gruppendiskussionen. In: Bohnsack, Ralf; Przyborski, Aglaja; Schäffer, Burkhard (Hrsg.), Das Gruppendiskussionsverfahren in der Forschungspraxis. Opladen: Budrich, 25–44.
Panofsky, Erwin (1978): Ikonographie und Ikonologie. Eine Einführung in die Kunst der Renaissance. In: Ders.: Sinn und Deutung in der bildenden Kunst. Köln: Dumont, 36–67.
Schnell, Irmtraud (2003): Geschichte schulischer Integration. Gemeinsames Lernen von SchülerInnen mit und ohne Behinderung in der BRD seit 1970. Weinheim/München: Juventa.
Schuck, Karl Dieter; Rauer, Wulf; Prinz, Doren (Hrsg.) (2018): Evaluation inklusiver Bildung in Hamburger Schulen (EiBiSch). Quantitative und qualitative Ergebnisse. Münster: Waxmann.
Schütz, Alfred (1971): Gesammelte Aufsätze, Bd. 1: Das Problem der sozialen Wirklichkeit. Den Haag: Martinus Nijhoff.
SKBF (2018): Bildungsbericht Schweiz. Aarau: SKBF/CSRE Schweizerische Koordinationsstelle für Bildungsforschung.
Sturm, Tanja (2016): Lehrbuch Heterogenität in der Schule. München/Basel: Ernst Reinhardt Verlag/UTB.
Sturm, Tanja (2019): Constructing and addressing differences in inclusive schooling – comparing cases from Germany, Norway and the United States. In: International Journal of Inclusive Education, 23(6), 656–669.
Sturm, Tanja (2019): Projekt: Soziale Genese unterrichtlicher Praxen der Konstruktion von (Leistungs-)Differenzen im transnationalen Vergleich.
Sturm, Tanja; Wagner-Willi, Monika (2014): Herstellung und Bearbeitung von Differenz im Fachunterricht der Sekundarstufe I – eine Vergleichsstudie zu Unterrichtsmilieus in inklusiven und exklusiven Schulformen. Retrieved 22.02.2021, from http://p3.snf.ch/project-152751.
Sturm, Tanja/Wagner-Willi, Monika (2016): Kooperation pädagogischer Professionen. Bearbeitung und Herstellung von Differenz in der integrativen Sekundarstufe. In: Kreis, Annelies; Wick, Jeanette; Kosorok Labhart, Carmen (Hrsg.), Kooperation im Kontext schulischer Heterogenität. Münster/New York: Waxmann, 207–221.
Sturm, Tanja; Wagener, Benjamin; Wagner-Willi, Monika (2020): Inklusion und Exklusion im Fachunterricht. Ambivalente Relationen in Schulformen der Sekundarstufe 1. In: Ackeren, Isabell van; Bremer, Helmut; Kessl, Fabian; Koller, Hans Christoph; Pfaff, Nicolle; Rotter, Caroline; Klein, Dominique; Salaschek, Ulrich (Hrsg.), Bewegungen. Beiträge zum 26. Kongress der Deutschen Gesellschaft für Erziehungswissenschaft. Opladen: Budrich. 581–595.
Wagener, Benjamin (2020): Leistung, Differenz und Inklusion. Eine rekonstruktive Analyse professionalisierter Unterrichtspraxis. Wiesbaden: Springer VS.

Waldschmidt, Anne (2005): Disability Studies: individuelles, soziales und/oder kulturelles Modell von Behinderung? In: Psychologie und Gesellschaftskritik, 29(1), 9–31.
Weisser, Jan (2018): Inklusion, Fähigkeiten und Disability. In: Sturm, Tanja; Wagner-Willi, Monika (Hrsg.), Handbuch schulische Inklusion. Opladen, Toronto: Budrich. 93–107.
Willmann, Marc; Bärmig, Sven (2020): Inklusionshilfe – Exklusionsrisiko. Sonderpädagogische Bildungspraktiken zwischen Ideologie und Wirklichkeit. Stuttgart: Kohlhammer.

Die Autor*innen

Nils Altner, Dr. phil., ist Gastprofessor für professionelle Selbstfürsorge an der Alice Salomon Hochschule Berlin, Senior Researcher der AG Prävention & Globale Gesundheit an den Kliniken Essen-Mitte, Vorstandsmitglied der Kommission für Humanistische Pädagogik und Psychologie der DGfE. Den Beitrag für den vorliegenden Sammelband schrieb er gemeinsam mit Ulrike Graf, Telse Iwers und Andreas Brenne über den Zugang der Kommission Pädagogik und Humanistische Psychologie der DGfE.

Dagmar Ambass, M.A., Ethnologin und Psychoanalytikerin in eigener Praxis in Zürich. Den Beitrag für den vorliegenden Sammelband schrieb sie über den Zugang der Kommission Psychoanalytische Pädagogik der DGfE.

Patrick Bettinger, Prof. Dr. phil., ist Professor für Erziehungswissenschaft mit dem Schwerpunkt digitale Medienkulturen an der Otto-von-Guericke-Universität Magdeburg. Den Beitrag für den vorliegenden Sammelband schrieb er gemeinsam mit Michaela Kramer über den Zugang der Kommission Qualitative Bildungs- und Biografieforschung der DGfE.

Jeanette Böhme, Prof. Dr., ist Professorin für Erziehungswissenschaft mit dem Schwerpunkt Schulpädagogik, AG Jugend- und Schulforschung am Institut für Erziehungswissenschaft der Universität Duisburg-Essen. Den Beitrag für den vorliegenden Sammelband schrieb sie über den Zugang der Sektion Schulpädagogik der DGfE.

Kathrin Borg-Tiburcy, Dr. phil., ist wissenschaftliche Mitarbeiterin in der Abteilung Allgemeine Erziehungswissenschaft, Sozialpädagogik und frühe Bildung der Universität Osnabrück. Den Beitrag für den vorliegenden Sammelband schrieb sie über den Zugang der Kommission Pädagogik der frühen Kindheit der DGfE.

Andreas Brenne, Prof. Dr. phil., ist Professor für Kunstpädagogik und Kunstdidaktik an der Universität Potsdam. Den Beitrag für den vorliegenden Sammelband schrieb er gemeinsam mit Ulrike Graf, Telse Iwers, und Nils Altner über den Zugang der Kommission Pädagogik und Humanistische Psychologie der DGfE.

Dieter Brinkmann, Dr. phil., ist Lektor an der Fakultät Gesellschaftswissenschaften der Hochschule Bremen. Den Beitrag für den Sammelband schrieb er gemeinsam mit Renate Freericks über den Zugang der Kommission pädagogische Freizeitforschung der DGfE.

Georg Cleppien, Dr. phil., ist Professor für Pädagogik mit sozialpädagogischem Forschungsschwerpunkt an der Universität Augsburg. Den Beitrag für den vorliegenden Sammelband schrieb er über den Zugang der Kommission Sozialpädagogik in der DGFE.

Olaf Dörner, Prof. Dr. phil., ist Professor für Erziehungswissenschaft mit dem Schwerpunkt Wissenschaftliche Weiterbildung und Weiterbildungsforschung an der Otto-von-Guericke-Universität Magdeburg. Den Beitrag für den vorliegenden Sammelband schrieb er über den Zugang der Sektion Erwachsenenbildung der DGFE.

Renate Freericks, Prof. Dr. phil., ist Professorin an der Fakultät Gesellschaftswissenschaften der Hochschule Bremen. Den Beitrag für den Sammelband schrieb sie gemeinsam mit Dieter Brinkmann Freericks über den Zugang der Kommission pädagogische Freizeitforschung der DGfE.

Karl-Heinz Gerholz, Prof. Dr., ist Professor für Wirtschaftspädagogik an der Universität Bamberg. Den Beitrag für den vorliegenden Sammelband schrieb er gemeinsam mit Mandy Hommel über den Zugang der Sektion Berufs- und Wirtschaftspädagogik der DGfE.

Ulrike Graf, Prof. Dr., ist Professorin für Erziehungswissenschaft/Grundschulpädagogik an der Pädagogischen Hochschule Heidelberg und Vorsitzende der Kommission Pädagogik und Humanistische Psychologie der DGfE. Den Beitrag für den vorliegenden Sammelband schrieb sie gemeinsam mit Telse Iwers, Nils Altner und Andreas Brenne über den Zugang der Kommission Pädagogik und Humanistische Psychologie der DGfE.

Marc-André Heidelmann, Prof. Dr. phil., ist Professor für Soziale Arbeit am Fachbereich Sozialwissenschaften der IU Internationale Hochschule. Den Beitrag für den vorliegenden Sammelband schrieb er gemeinsam mit Susanne Maria Weber über den Zugang der Sektion Organisationspädagogik der DGfE.

Mandy Hommel, Prof. Dr. rer. pol. habil., ist Professorin für Berufspädagogik und Didaktikbeauftragte an der OTH Amberg-Weiden. Den Beitrag für den vorliegenden Sammelband schrieb Sie gemeinsam mit Karl-Heinz Gerholz über den Zugang der Sektion Berufs- und Wirtschaftspädagogik der DGfE.

Telse Iwers, Prof. Dr. phil., MoHE, ist Prodekanin für Studium, Lehre und Prüfungswesen an der Fakultät für Erziehungswissenschaft der Universität Hamburg; Professorin für Erziehungswissenschaft unter besonderer Berücksichtigung der Pädagogischen Psychologie. Den Beitrag für den vorliegenden Sammelband schrieb sie gemeinsam mit Ulrike Graf, Nils Altner und Andreas Brenne über den Zugang der Kommission Pädagogik und Humanistische Psychologie der DGfE.

Michaela Kramer, Jun.-Prof. Dr. phil., ist Juniorprofessorin für Erziehungswissenschaft mit dem Schwerpunkt digitale Medien in der Bildung an der Universität zu Köln. Den Beitrag für den vorliegenden Sammelband schrieb sie gemeinsam mit Patrick Bettinger über den Zugang der Kommission Qualitative Bildungs- und Biografieforschung der DGfE.

Moritz Krebs, Dr. phil., arbeitet als wissenschaftlicher Mitarbeiter am Arbeitsbereich Allgemeine Erziehungswissenschaft mit dem Schwerpunkt Pädagogische Anthropologie an der Universität zu Köln. Den Beitrag für den vorliegenden Sammelband schrieb er gemeinsam mit Jörg Zirfas über den Zugang der Kommission Pädagogische Anthropologie der DGfE.

Iris Laner, Prof. Dr. phil., ist Professorin für Bildende Kunst und Bildnerische Erziehung an der Universität Mozarteum Salzburg. Den Beitrag für den vorliegenden Sammelband schrieb sie über den Zugang der Kommission Bildungs- und Erziehungsphilosophie der DGfE.

Antje Langer, Prof. Dr., ist Professorin für Schulpädagogik mit dem Schwerpunkt Geschlechterforschung an der Universität Paderborn und hat dort die wissenschaftliche Leitung des Zentrums für Geschlechterstudien/Gender Studies inne. Den Beitrag für den vorliegenden Sammelband schrieb sie gemeinsam mit Ann-Catrin Schwombeck über den Zugang der Sektion Frauen- und Geschlechterforschung in der Erziehungswissenschaft der DGfE.

Horst Niesyto, Prof. i.R., Dr. rer. soc., Professor für Erziehungswissenschaft mit dem Schwerpunkt Medienpädagogik an der Pädagogischen Hochschule Ludwigsburg, seit 2017 im Ruhestand. Den Beitrag für den vorliegenden Sammelband schrieb er über den Zugang der Sektion Medienpädagogik der DGfE.

Ann-Catrin Schwombeck war wissenschaftliche Mitarbeiterin in der Erziehungswissenschaft der Universität Paderborn und ist derzeit als Sozialpädagogin in Elternzeit in Hamburg tätig. Den Beitrag für den vorliegenden Sammelband schrieb sie gemeinsam mit Antje Langer über den Zugang der Sektion Frauen- und Geschlechterforschung in der Erziehungswissenschaft der DGfE.

Tanja Sturm, Prof. Dr. phil., ist Professorin für Erziehungswissenschaft, insbesondere Grundschulpädagogik mit dem Schwerpunkt des Diversitätsspektrums im Vor- und Grundschulalter an der Universität Hamburg. Den Beitrag für den vorliegenden Sammelband schrieb sie gemeinsam mit Benjamin Wagener über den Zugang der Arbeitsgemeinschaft Inklusionsforschung der DGFE.

Michalina Trompeta, M.A., ist Beauftragte für Diversität und Antidiskriminierung an der Ruhr-Universität Bochum. Den Beitrag für den vorliegenden Sammelband schrieb sie gemeinsam mit Tim Wolfgarten über den Zugang der Kommission Erziehung und Bildung in der Migrationsgesellschaft der DGFE. (Im Herbst 2023 wurde die Kommission Interkulturelle Bildung umbenannt und heißt seitdem Kommission Erziehung und Bildung in der Migrationsgesellschaft.)

Benjamin Wagener, Dr. phil., befindet sich derzeit in Ausbildung zum Kinder- und Jugendlichenpsychotherapeuten an der Akademie für Psychotherapie und Interventionsforschung an der Universität Potsdam. Den Beitrag für den vorliegenden Sammelband schrieb er gemeinsam mit Tanja Sturm über den Zugang der Arbeitsgemeinschaft Inklusionsforschung der DGfE.

Susanne Maria Weber, Prof. Dr. phil. habil., ist Professorin für gesellschaftliche, politische und kulturelle Rahmenbedingungen von Bildung und Erziehung unter Berücksichtigung internationaler Aspekte am Fachbereich Erziehungswissenschaften der Philipps-Universität Marburg. Den Beitrag für den vorliegenden Sammelband schrieb sie gemeinsam mit Marc-André Heidelmann über den Zugang der Sektion Organisationspädagogik der DGfE.

Tim Wolfgarten, Dr. phil., ist wissenschaftlicher Mitarbeiter am Lehrerbildungszentrum der RWTH Aachen. Den Beitrag für den vorliegenden Sammelband schrieb er gemeinsam mit Michalina Trompeta über den Zugang der Kommission Erziehung und Bildung in der Migrationsgesellschaft der DGFE. (Im Herbst 2023 wurde die Kommission Interkulturelle Bildung umbenannt und heißt seitdem Kommission Erziehung und Bildung in der Migrationsgesellschaft.)

Jörg Zirfas, Prof. Dr., leitet den Arbeitsbereich Allgemeine Erziehungswissenschaft mit dem Schwerpunkt Pädagogische Anthropologie an der Universität zu Köln. Den Beitrag für den vorliegenden Sammelband schrieb er gemeinsam mit Moritz Krebs über den Zugang der Kommission Pädagogische Anthropologie der DGfE.